U0583489

中国古代法律文献研究

第八辑

中国政法大学法律古籍整理研究所　编

徐世虹　主　　编

赵　晶　执行编辑

社会科学文献出版社
SOCIAL SCIENCES ACADEMIC PRESS (CHINA)

纪念中国政法大学法律古籍整理研究所建所三十周年

目 录

《中国古代法律文献研究》第八辑
2014年，第1~21页

“𪔂”、“殹”、“历”三字的疑难与困惑：枣阳曾伯陭钺铭文之再研读

李　力*

摘　要：在出土于湖北枣阳郭家庙曾国墓地21号墓的曾伯陭钺铭文中，可见有“𪔂”、“井”两个“刑”字。有学者据“𪔂”字推定西周时期早已有“铸刑鼎”事件，因而判定该器在中国法律史上具有重要意义。这是对该钺铭文之误读与过度解释“𪔂”字、“则”字的结果。曾伯陭钺属于西周晚期至春秋早期之器，是曾国国君权力的象征物。其铭文所见“𪔂”、“井”这两个“刑”字，当为古文字常见的所谓“同字同辞异构”现象。“𪔂”字、“则”字乃至兮甲盘铭文，均与“铸刑鼎”事件没有任何关联。曾伯陭钺铭文“非历殹井（刑）”一句的解读，仍存有疑惑；尤其关于“历”字的含义，尚有待进一步研究。

关键词：𪔂　刑　曾伯陭钺　铸刑鼎　兮甲盘

一　引言

曾伯陭钺，现收藏于湖北省襄樊市博物馆，① 2002年11月至2003年4月期间，出土于枣阳市东赵湖村郭家庙岗地古墓葬群（即曾国墓地）第21号墓（GM21）之中。该器呈“T”字形，“U”形锋刃，通长19.3厘米、刃宽14.8厘米，重680克，沿刃部两面共铸有18字铭文，每面9字。②

---

*　华中科技大学法学院教授。

①　湖北省文物考古研究所编《曾国青铜器》，文物出版社，2007，第114页。

②　襄樊市考古队、湖北省文物考古研究所、湖北孝襄高速公路考古队编著《枣阳郭家庙曾国墓地》，科学出版社，2005，“前言”第XIX页，第19页。

目前所见，有关曾伯陭钺铭文的研究成果，只有区区两篇论文。最早考释研究的成果，是古文字学者黄锡全应发掘者之邀而撰写的《枣阳郭家庙曾国墓地出土铜器铭文考释》一文，为进一步研读该铭文扫清了文字上的障碍，首次阐述该钺铭文的法律史意义在于——其中所见“𣪘”字证明铸刑（法典）于鼎不晚于春秋早期。[①] 后来，法制史学者王沛发表《刑鼎源于何时？——由枣阳出土曾伯陭钺铭文说起》一文，进一步从法制史立场解读该器铭文，并提出“𠛬”、“则”这类字的存在，充分证明铸法律于鼎彝至少在西周时代已很常见。[②] 这两篇论文虽在相关文字的隶释与铭文的断读、理解上存在着一定分歧，但一致认为其中所见“𣪘”（或“𠛬”）字（甚至其他铭文所见的“则”字）与“铸刑书于鼎”有关，因而该铭文具有重要的法律史意义。

关于曾伯陭钺所属时代，有不同的判断，究竟哪种认识比较合适？此外，该器铭文字数虽少，但比较晦涩难懂，其中“𣪘”（“𠛬”）、“历”、“殹”三个字最为关键。“𣪘”与“𠛬”哪个隶释是正确的？“历”与“殹”二字如何解读？该器所见“𣪘”字（乃至金文“则”字）与“铸刑鼎”事件有关联吗？此类问题仍有不小的研究空间。曾伯陭钺铭文关涉中国法制史上一个重大法律事件，因此有必要再作进一步研读和申论。

以下，首先，确定曾伯陭钺所属的时代；然后，校订该器铭文释文，介绍、分析不同断读方案及其相关的疑难与困惑；再就其中所见“𣪘”字现象作另一种解读，明确“𣪘”字与“则”字与“铸刑鼎”事件的关系；最后，指明王沛论文误读兮甲盘铭文和界定子禾子釜时代之瑕疵。

二　西周晚期至春秋早期：曾伯陭钺所属时代的判断

对曾伯陭钺铭文展开正式研究之前要做的一项基础性工作，就是先确定该器所属的时代。

关于曾伯陭钺所属的时代，目前学界的判定有一定的分歧，主要有以下五种意见：（1）西周中晚期之说；[③]（2）西周晚期（或西周末期）之说；[④]

---

① 襄樊市考古队、湖北省文物考古研究所、湖北孝襄高速公路考古队编著《枣阳郭家庙曾国墓地》，第371～378页。

② 原载《法学》2012年第10期，后收入王沛主编《出土文献与法律史研究》第2辑，上海人民出版社，2013，第230～245页。

③ 笪浩波：《从近年出土新材料看楚国早期中心区域》，《文物》1912年第2期，第58页。

④ 襄樊市考古队、湖北省文物考古研究所、湖北孝襄高速公路考古队编著《枣阳郭家庙曾国墓地》，第311页。

（3）西周晚期或春秋早期之说；[①]（4）春秋早期（或前期）之说；[②]（5）西周晚期至春秋早期（两周之际或可晚至春秋初期）之说。[③]

其中，仅有发掘报告《枣阳郭家庙曾国墓地》、张昌平《曾国青铜器研究》各自进行了较详细的论证，且都将传世曾伯陭壶作为参考标准器。该两器所见"曾伯陭"已被公认为同一人。问题是，关于曾伯陭壶年代的判断本身，就众说纷纭，存在四种不同的认识：西周中晚期之说；[④] 西周晚期之说；[⑤] 春秋早期（或春秋时期）之说；[⑥] 西周晚期或春秋早期之说。[⑦]

由于学界对该标准器曾伯陭壶的断代存有分歧，因此最终导致对曾伯陭钺所属时代的判断出现了不同意见，进而也影响到对于曾伯陭壶 M21 墓葬年代的界定。

发掘报告《枣阳郭家庙曾国墓地》还特别强调："同时该墓大量兵器、车马器以及玉器的形态、纹式与三门峡虢国墓地西周晚期的虢季墓基本相同"，因此曾伯陭钺等器亦应在西周晚期或西周末期。[⑧]

相比较而言，张昌平所做的论证和推断，似乎更令人信服，"曾伯陭壶：同人所作之钺见于枣阳郭家庙墓地 M21"，"该墓早期遭严重盗扰，曾伯陭壶流出或可能与盗扰相关"；曾伯陭"壶以环带纹为主体纹饰，壶盖带莲瓣形饰，接近段营壶和郭家庙 M17 壶，因此曾伯陭壶和郭家庙 M21 都与段营、郭

① 黄锡全：《枣阳郭家庙曾国墓地出土铜器铭文考释》，襄樊市考古队、湖北省文物考古研究所、湖北孝襄高速公路考古队编著《枣阳郭家庙曾国墓地》，第 378 页。

② 刘雨、严志斌编著《近出殷周金文集录二编》第 4 册，中华书局，2010，第 296 页。

③ 钟柏生、陈昭容、黄铭崇、袁国华编《殷周青铜器铭文暨器影汇编》（二），艺文印书馆，2006，第 842 页；湖北省文物考古研究所编《曾国青铜器》，第 114 页；张昌平：《曾国青铜器研究》，文物出版社，2009，第 73、92 页。

④ 笪浩波：《从近年出土新材料看楚国早期中心区域》，《文物》1912 年第 2 期，第 58 页。

⑤ 容庚：《商周彝器通考》上册，第 434、437 页；马承源主编《商周青铜器铭文选》（三），文物出版社，1988，第 333 页。

⑥ 郭沫若：《两周金文辞大系图录考释》下册，上海书店出版社，1999，第 186 页反；容庚、张维持：《殷周青铜器通论》，文物出版社，1984，第 57、58 页；朱凤瀚：《古代中国青铜器》，南开大学出版社，1995，第 114 页；中国社会科学院考古研究所编《殷周金文集成释文》第 5 卷，香港中文大学中国文化研究所，2001，第 453～454 页；吴镇烽编《金文人名汇编（修订本）》，中华书局，2006，第 327 页；中国社会科学院考古研究所编《殷周金文集成（修订增补本）》第 6 册，中华书局，2007，第 5097～5099、5365 页；朱凤瀚：《中国青铜器综论》上册，上海古籍出版社，2009，第 227 页。

⑦ 吴镇烽编《金文人名汇编》，中华书局，1987，第 249 页；周永珍：《曾国与曾国铜器》，《考古》1980 年第 5 期，第 439 页。按：前揭笪浩波、黄锡全文，均系以该周永珍文为据。

⑧ 襄樊市考古队、湖北省文物考古研究所、湖北孝襄高速公路考古队编著《枣阳郭家庙曾国墓地》，第 311 页。

家庙 M17 年代相同”，即其所谓第一阶段（两周之际及其前后）第二期。由于“中原地区西周晚期至春秋早期青铜器无论是在时间上还是在地域上都表现出较强的一致性，这一时期青铜器的变化速率较为缓慢，造成铜器分期的困难。第一阶段曾国青铜器有些器物群也具有这一时代特征，因此对曾国青铜器分期观点分歧，并不足为奇”。[①]

此前，李永迪也曾指出：“此器纹饰的设计模式与段营环带纹壶、曾仲斿父方壶相同，这种形制是两周之际及前后颇为流行的一种造型，在曾国如郭家庙 M17、段营、何店何家台壶均为此类形制，甚至壶带莲瓣型盖的风格也在曾国多见并为其后的壶所继承形成曾国壶的一种特点。”因此，张昌平得出的结论是：“M21 严重被盗，出土器物特征不甚明确，而曾伯陭壶则是判断 M21 年代的标志物。如上述壶的形制特征，曾伯陭壶的年代大约略晚于段营环带纹壶而与曾仲斿父方壶相同，即在两周之际时期。”[②]

简言之，关于曾伯陭钺所属的时代，本文在此暂且从（5）西周晚期至春秋早期之说。

三　疑难与困惑：曾伯陭钺铭文释文与断句的不同方案

关于该器铭文的释文和断读，以管见所及，目前至少有四种不同方案。在此抄录如下，以便讨论。

（1）发掘者、黄锡全等所作释文如下：

曾白（伯）陭铸戚戊（钺），用为民（正）𠛱（刑），非历殴井[③]（刑），用[④]为　民政。（背）[⑤]

① 张昌平：《曾国青铜器研究》，第 56、72、61、73、62 页。

② 湖北省文物考古研究所编《曾国青铜器》，第 118 页。按：李永迪之说也见于《曾国青铜器》第 118 页。

③ 黄锡全：“刑字处有缺口，仅存‘井’形，根据文义，当是‘刑’字，构形当与上一‘刑’字类同，只是刀形位于左面，下未见从鼎。”（《枣阳郭家庙曾国墓地》，第 376 页）按：审核图版，看不出黄氏所说的刀形残迹。不知其说的根据何在。

④ 但湖北省文物考古研究所编《曾国青铜器》第 114 页所录最后一句释文是：“作为民政。”不知该“作”字是否为其笔误。此外，其他各家均释该器背面铭文该倒数第四字为“用”字。但是，细审照片与摹本，其与正面的“用”字似乎不同，且仅存其右半边？不知是否当释为“用”字？存疑待考。这里暂且从各家所释的“用”字。

⑤ 襄樊市考古队、湖北省文物考古研究所、湖北孝襄高速公路考古队编著《枣阳郭家庙曾国墓地》，第 19、372 页；湖北省文物考古研究所编《曾国青铜器》，第 114 页。按：“历”，本当隶释为“歷”。为印刷方便，本文以下所录铭文，一般采用宽式。

（2）刘雨、严志斌所作释文如下：

曾伯陭铸杀钺，用为民。（正）刑非历也，刑用为民政。（背）[①]

（3）笪浩波所作释文如下：[②]

曾伯陭铸戚钺，用为民，（正）刑非历殴刑，用为民政。（背）[③]

（4）王沛所作释文如下：

曾白（伯）陭铸戚戉（钺），用为民（正）㓝（刑），非历殴井（刑），用为民政。（背）[④]

首先，关于释字，各家意见分歧不大。在此，需要提出再讨论的，只有以下A（铭文正面第五个字）、B（铭文背面第一个字）这两个字。

A字，（1）释为"戚"字，（3）（4）从之。（2）释为"杀"字。最早释读该钺铭文的黄锡全，将该字隶释为"戚"，其考辨主要是根据裘锡圭研究的成果，[⑤] 左之以《左传》等传世文献所见"鏚钺"一词。另外，鏚、钺是同一类兵器，但有大小之别：小型者为"鏚"，大型者为"钺"。"鏚"，是斧的一种，除了作为刑器以外，还可以当作乐舞时的道具。[⑥] 因此，释为"戚"字，可从。

（2）未说明释为"杀"字的根据和理由。而如裘锡圭所指出的，周代钟铭屡用从该字左部偏旁之声的字来形容钟声，"这个字不易隶定而且变体颇多"，例如"叔弓钟和莒平钟略去了下部的点，上部则沿袭有点的写法而加以变化，因此就跟古文字里有些'杀'字的左旁难以区分了〔关于这种'杀'字的写法，请看李家浩《齐国文字中的"遂"字》,[⑦]《湖北大学学报》

① 刘雨、严志斌编著《近出殷周金文集录二编》第4册，第297页。

② 笪浩波：《从近年出土新材料看楚国早期中心区域》，《文物》1912年第2期，第58页。

③ 笪浩波：《从近年出土新材料看楚国早期中心区域》，《文物》1912年第2期，第58页。

④ 王沛主编《出土文献与法律史研究》第2辑，第231页。

⑤ 裘锡圭：《裘锡圭学术文集》第3卷，复旦大学出版社，2012，第115～117页。

⑥ 马承源：《中国青铜器》，上海古籍出版社，1988，第64～65页。

⑦ 李家浩：《著名中年语言学家自选集·李家浩集》，安徽教育出版社，2002，第35～37、48～49页。按：裘氏认为，叔弓钟、鎛和莒平钟从"戈"的这个字，"跟'戚'字是否有关，尚待研究"。（前揭《裘锡圭学术文集》第3卷，第117页）而李家浩则推定，这些

（哲学社会科学版）1992 年 3 期，第 30～31 页〕”。[①]不知（2）的“杀”字说是否即以李家浩此文的推测为根据的。

无论如何，将 A 字隶释为“杀”字之说，带有相当大的疑点与或然性，[②] 着实令人感到不安。比较而言，（1）隶释为“戚”字说更有说服力，在此从之。

B 字，各家均读作“刑”，并无分歧。但如何隶定，其意见不一致：（1）隶释为“䵢（刑）”，（4）隶释为“贾（刑）”。

其分歧在于，B 字的下部是“鼎”字还是“贝”字。黄锡全：“刑字下从‘贝’，实‘鼎’之演变。刑字从鼎，金文首见。”[③] 王沛：“用为民刑”之刑，“释作贾，即刑下一个‘鼎（贝）’字。按，在古文字中，贝和鼎是同一个象形字，对此黄先生的论文中已经阐明了”。[④]

然而，若根据裘锡圭的研究，则“贝”与“鼎”分别是两个表意字之中的象物字。[⑤] 在西周金文中，其区别十分明显。[⑥] 然而，如高明所指出的，“鼎与贝字相混发生在战国时代，早期贝字写作‘ɛɜ’，与鼎字形体绝远，互不混用。自贝字演化成‘[illegible]’后，正如许氏所讲，鼎贝互用，如战国文字则写作‘鼑’；员写作‘鼏’”。[⑦]

“贝”与“鼎”混用的这种现象，也被文字学者称为“讹混”，即“指

字“有可能是古文‘杀’字的异体”。（第 37 页）此外，或将这个从“戈”之字隶定为“𢦏”〔中国社会科学院考古研究所编《殷周金文集成（修订增补本）》第 1 册，第 179、333 页〕，或隶定为“央”、“㦯”字。（中国社会科学院考古研究所编《殷周金文集成释文》第 1 卷，第 132、246 页）可见该字隶定之难，学者意见分歧之大。

① 裘锡圭：《裘锡圭学术文集》第 3 卷，第 115、116 页。

② 裘锡圭认为，叔弓钟、鎛和莒平钟从“戈”的这个字，“跟‘戚’字是否有关，尚待研究”。（前揭《裘锡圭学术文集》第 3 卷，第 117 页）而李家浩则推定，这些字“有可能是古文‘杀’字的异体”。（前揭《著名中年语言学家自选集·李家浩集》，第 37 页）此外，或将这个从“戈”之字隶定为“𢦏”〔中国社会科学院考古研究所编《殷周金文集成（修订增补本）》第 1 册，第 179、333 页〕，或隶定为“央”、“㦯”字。（中国社会科学院考古研究所编《殷周金文集成释文》第 1 卷，第 132、246 页）可见该字隶定之难，学者意见分歧之大。

③ 襄樊市考古队、湖北省文物考古研究所、湖北孝襄高速公路考古队编著《枣阳郭家庙曾国墓地》，第 375 页。

④ 王沛主编《出土文献与法律史研究》第 2 辑，第 232 页。

⑤ 裘锡圭：《文字学概要（修订本）》，商务印书馆，2013，第 118、119 页。

⑥ 徐中舒主编《汉语古文字字形表》（中），四川人民出版社，1980，第 240～241 页，第 274～275 页；高明、涂白奎编著《古文字类编（增订本）》，上海古籍出版社，2008，第 1163、1418 页。

⑦ 高明：《中国古文字学通论》，北京大学出版社，1996，第 91、93、114、105 页。

一个文字构形因素与另一个与其形体接近的构形因素之间产生的混用现象”。①

而春秋时齐器“国差”铭文所见的“鼏”字，② 学者亦释为“（鼏）”，或注释：“字复从贝者，鼎与贝古文每互讹也。”③ 或注释：“从冂声，与冖同；又从贝为从鼎省：故即鼏字。”④ 实际上，“国差𦉜”铭文这个字隶释为“鼏”才是正确的。这也许反映在春秋时期“贝”“鼎”字已开始出现讹混的趋势。

因此，B 字的下部，当是从“鼎”字，而非从“贝”字。（1）隶释为“䵻”字，读为“刑”，是正确的。曾伯陭钺正面铭文的这个“䵻（刑）”字，与其背面铭文的“井（刑）”字，则是所谓“同辞同字异构”的现象（详见下节）。

其次，关于该铭文的断句与读法，目前所见至少有三个方案〔其中（1）、（4）的断句一样而对铭文的理解则不同，在此看作是一个句读方案〕。这是一个比较有趣的现象。

问题的关键在于，“用为民䵻（刑）非历殹井（刑）用为民政”这 12 个字如何断句。而如何理解其中的“殹”字，则是一个无法回避的疑难点。

“殹”字，在两周金文中并不多见，据学者归纳，主要有这样三种用法：⑤

a. 在西周时期格伯簋铭文中，用作人名。⑥

b. 在春秋晚期王子午鼎铭文中，用作句首语气词，通“繄”。⑦

c. 在战国时期秦器新郪虎符铭文中，用作“句末语助词，秦系文字所特有，汉兴后渐易为‘也’字”。⑧

不管各家怎样断句，在此可以确定一点：曾伯陭钺铭文中的“殹”字不

---

① 刘钊：《古文字构形学》，福建人民出版社，2006，第 139～140 页，第 338 页。

② 徐中舒主编《汉语古文字字形表》（中），第 275 页；高明、涂白奎编著《古文字类编（增订本）》，第 1419 页；郭沫若：《两周金文辞大系图录考释》上册，第 239 页反；王辉：《商周金文》，文物出版社，2006，第 287 页注解［8］。

③ 郭沫若：《两周金文辞大系图录考释》下册，第 202 页反。

④ 马承源主编《商周青铜器铭文选》（四），文物出版社，1990，第 537 页。

⑤ 张世超、孙凌安、金国泰、马如森：《金文形义通解》上册，中文出版社，1996，第 691～693 页；陈初生编纂，曾宪通审校《金文常用字典（修订本）》，陕西人民出版社，2004，第 352～353 页。

⑥ 郭沫若：《两周金文辞大系图录考释》下册，第 81 页反；马承源主编《商周青铜器铭文选》三，第 144 页。

⑦ 马承源主编《商周青铜器铭文选》（四），第 424 页。

⑧ 马承源主编《商周青铜器铭文选》（四），第 613 页。

是上述的 a 用法，即不是作为人名使用的。

方案（2）的断句恐怕是难以成立的。“殹”字的 c 用法，是学界公认的秦系文字具有的特点，亦多见于睡虎地秦简等出土文字资料之中。① 但是，至少目前还没有证据表明，这种用法在西周晚期至春秋早期已出现。因此，方案（2）采用这一读法，恐怕令人难以信从。而且，在背面的铭文“刑非历也，刑用为民政”中，两个“刑”字作为主语，也让人感觉到其语气颇为不自然。

方案（3）的断句也让人难以接受。方案（3）与方案（2）对于正面铭文的断句基本相同，但“用为民”一句，则似乎让人多少感到有点别扭。而背面读作“刑非历殹刑，用为民政”，虽然避免了上述的方案（2）中出现两个“刑”字用作主语之不自然的缺憾，但是“刑非历殹刑”一句，则让人颇为费解。

方案（1）的断句可从。其将“用为民𠛬（刑）非历殹井（刑）用为民政”读作：“用为民𠛬（刑），非历殹井（刑），用为民政。”如此，“用为民刑”，与“用为民政”对应，四字一句，相当工整。如黄锡全在其文中所揭，“民刑”一词见于《尚书·多方》，当为两周时期的用语。因此，方案（1）在该铭文中将正面的“𠛬（刑）”字上读，可从。比较而言，方案（2）与方案（3）将该“刑”字从下读，不妥。

“非历殹刑”，黄锡全采用陈剑之说：“殹，当假为伊”，“非……伊……”为一种句式。“‘非历殹刑’，可读‘非历伊刑’。‘非Δ伊Δ’这种句式，见于《诗经·小雅·蓼莪》”，“于此可知，‘非……伊……’句义，则为‘不是……而是’”。黄锡全认为：“历有行义。如《战国策·秦策》‘横历天下’，即‘横行天下’。‘劈历’为联绵词，或主张此‘历’似可读如‘辟’。辟与刑义近，都是既有杀伐义，又有型范义。”“此句大意是说，不是行用此钺杀伐用刑，而是以刑律治理人民。犹如上举‘伯夷降典，折民惟刑。’《尚书·多方》：‘厥民刑用劝。’”②

① 〔日〕大西克也著《“殹”“也”之交替——六国统一前后书面语言的一个侧面》，任锋译，宋起图校，载李学勤、谢桂华主编《简帛研究二〇〇一》下册，广西师范大学出版社，2001，第 614～626 页；陈昭容：《秦系文字研究——从汉字史的角度考察》，中研院史语所，2003，第 102、198 页。按：在睡虎地秦简中，“殹”为传承字，其构形承自西周中期格伯簋铭文。详见郝茂《秦简文字系统之研究》，新疆大学出版社，2001，第 260 页。

② 襄樊市考古队、湖北省文物考古研究所、湖北孝襄高速公路考古队编著《枣阳郭家庙曾国墓地》，第 376 页，第 376 页注①；又，关于这种“非……伊……”的句式，可以参见杨树达《词诠》，中华书局，1965，第 343 页；裴学海《古书虚字集释》上册，中华书局，2004，第 218～219 页。

正如黄氏论文所断读的，“用为民刑”一句在文献上确实是有根据的。《尚书·多方》有“厥民刑，用劝”，“厥民刑，言施民以刑罚。用劝，言用以劝民为善也”。[①] “用为民刑”，或当大致与此同义。又，同《吕刑》“折民惟刑”：“折，制也，犹今言管理也。则所谓‘折人惟刑’者，犹今言管理人民只有以刑法制裁之耳。”[②] 或按：此符合王引之《述闻》“哲人惟刑”条所云：“折之言制也。‘折人惟刑’，言制民人者惟刑也。”此为该句正确解释。[③] “用为民刑”所说也与此基本同义。而末句读作“用为民政”，正与“用为民刑”一句相呼应。如黄氏文中所举，“刑”、“政”是春秋战国时期的基本政治概念，只是在西周晚期至春秋早期可能还没有出现后来成为主流的“德”、“礼”。

方案（4）从方案（1）之断句，认为上引“黄先生这种解释较为迂回，况且辟字具有刑罚乃至法律的义项，也是较晚的事情了”。[④] 因此，对于“历”、“殹”二字，另作如下的分析与理解：“‘历’当是乱的意思”，《大戴礼记》及其注都表明，“历和乱法之间密切相关。‘殹’在西周金文中出现的不多，在古文献中‘殹’常作‘繄’，通‘伊’。‘伊’的意思为‘是也’。不过古书中‘伊’为‘是’的情形中，又分化出两个义项：一为‘此’字之义，二为‘是非’之‘是’。黄先生取第二个义项，然而这虽使形式符合了‘非……伊……’句型，铭文却因之变得难以卒读。黄先生的翻译，其实并不能依顺序落实每个字的含义，而是变通文句以揣摩其大义。笔者认为，完全不必削足适履地套用‘非……伊……’句型。‘伊’应当训为‘此’，井，即刑，指法律。‘伊井’就是此刑、此法之义。井与上文㓝之含义差异在于，井是法律的通称，㓝特指铸于鼎上的法律。而需要特别指出的是，西周时代的‘井’没有刑罚的含义，而是指规则、法度、规范。‘非历殹井（刑）’的意思就是不乱此刑、不乱此法。此刑、此法即指前铭之‘㓝’。”[⑤]

其中，所谓“古书中‘伊’为‘是’的情形中，又分化出两个义项”，引自裴学海《古书虚字集释》（上册，第218页）：“一为‘此’字之义”，其文例为《诗经·邶风·雄雉》“自诒伊阻”。据研究，该“伊”字作为指

① 屈万里：《尚书集释》（屈万里先生全集②），联经出版事业股份有限公司，1983年初版，第216页；顾颉刚、刘起釪：《尚书校释译论》第4册，中华书局，2005，第1610、1625～1626页。

② 顾颉刚：《顾颉刚读书笔记》第8卷（下），台北：联经出版事业股份有限公司，1990，第6204页。

③ 顾颉刚、刘起釪：《尚书校释译论》第4册，第1965～1966页。

④ 王沛主编《出土文献与法律史研究》第2辑，第232页。

⑤ 王沛主编《出土文献与法律史研究》第2辑，第232～233页。

示代词，在西周晚期不多见。[①] 不过，从裴学海书中所列的《诗经》文例来看，“伊”字常与“匪”、“不”字搭配，作为判断词，相当于“却是”、“即是”。在该器铭文中，“伊”字是与“非”字搭配的，因此恐怕还是不要将该“伊”字作为指示代词处理的为好，而作为判断词则更为妥当。

综上所述，本文赞同前揭（1）之释文及其断读方案。然而“非历殴刑”之“历”字，黄、王论文的解释都不能令人满意。在“非历殴井(刑)”这个句型中，从上下文揣摩，“历”与“刑”二字当是指两种结果相反的情况。但该“历”字究竟应如何理解，还不能最终确定，在此暂且存疑。

四　过度解读的结果：“鼏”字、“则”字与“铸刑鼎”事件的关系

在曾伯陭钺铭文中，最为法制史学界所注目的，就是黄、王文对其中所见“鼏”字的解读及其所具有的法律史意义的认识。

黄锡全推测：“刑字从鼎，金文首见，可能与铸成文法典于鼎有关”，“这件戚钺要早于郑国、晋国‘铸刑书于鼎’之时。根据此字，似可以说明‘铸刑书于鼎’早已有之”。其意义在于，“曾伯陭钺的铭文，对于研究中国早期法制制度和思想有极为重要的意义，是难得的实物资料，不仅可以证明铸刑（法典）于鼎不晚于春秋早期，而且可以证明先秦法制从‘礼法合一’到‘政刑合一’的转变也不晚于春秋早期”。[②]

王沛亦赞同此推测：“黄先生特别指出，刑字从鼎，金文首见，是金文中首次见到，可能与铸成文法典于鼎有关，这是很有见地的。”[③] 并就此展开论述“古文字中的刑鼎”问题。

初看此论，似乎给人以比较新颖的感觉，但仔细推敲则知，这是一个难以站住脚的看法。其实，曾伯陭钺铭中两个不同结构“刑”字同见的这种现象，在古文字资料中并非初见偶遇。此前，古文字学界前辈李学勤已经在其论文中谈到，并做出更为合理而令人信服的解释。

1983 年，李学勤在《师同鼎试探》一文中，曾质疑师同鼎铭文所见的两

① 张玉金：《西周汉语代词研究》，中华书局，2006，第 285～288 页。

② 襄樊市考古队、湖北省文物考古研究所、湖北孝襄高速公路考古队编著《枣阳郭家庙曾国墓地》，第 375、379 页。

③ 王沛主编《出土文献与法律史研究》第 2 辑，第 232 页。

个"'车'字写法前后不一，有的字结体诡异等，易启疑窦"。[①] 2000 年，他专门在《甲骨文同辞同字异构例》一文中，解释了这个疑问：

> 句中有两个"车"字，但其写法却不相同。"车马五乘"的"车"字象形，有轮、辕、衡、轭，近于《说文》籀文；"大车廿"的"车"字省简，仅象一轮，同于《说文》篆书及后世隶揩。
>
> 长期以来我一直考虑，师同鼎一句话中"车"字为什么有不一样的写法？或以为前一"车"字指战车，所以部件齐备，然而后者指牛拉的载重车，何以只表现一轮？这是讲不通的。看来当时"车"字已有繁简两种写法并行，鼎铭书写者兼取两体，动机在于书法艺术的变化，似不必凿求高深，强找更多的理由。
>
> 因此我想到，在甲骨文里偶尔也有类似现象，一辞中同一字有不同的写法，引起释读上的疑难。这里试拈取两例，未必妥当，与大家商榷。

接着，又举出宾组卜辞屡次出现的"雨"字等文例，并暂称甲骨文这种现象为"同辞同字异构"。[②]

在这里，我们也可以据此说来解释曾伯陭钺铭文出现的这两个"刑"字。或许可以说，曾伯陭钺铭文所见的这两个"刑"字，也属于甲骨文、金文中出现的这种"同字同辞异构"现象。其中，第一个"刑"字（"䵼"）就是繁体结构，第二个"刑"字（"井"）则是简体结构。因此，这两个"刑"字并无特别的意义。曾伯陭钺铭文中的这个"䵼"字，并不意味着在鼎上铸法律，也就是说"䵼"字与《左传》所记载的郑、晋两国"铸刑鼎"事件无任何关系。

此外，王沛论文还提到另一个与"铸刑鼎"事件相关的金文"则"字。这里有必要顺便再作辨析。

"则"字，由"鼎"与"刀"构成（段簋铭文所见"则"字是从两鼎一刀）。[③] 有学者析其字形如下：

---

① 该文原载《文物》1983 年第 6 期，后收入李学勤《新出青铜器研究》，文物出版社，1990，第 115 页。

② 该文原载《江汉考古》2000 年第 1 期，后收入李学勤《中国古代文明研究》，华东师范大学出版社，2005，第 3～6 页。

③ 徐中舒主编《汉语古文字字形表》（上），第 162 页。高明、涂白奎编著《古文字类编（增订本）》，第 103 页。

则字金文从刀从鼎，与《说文》籀文同，或从二鼎，古文字中每单复异构。小篆从贝乃鼎之讹变。《说文》古文从二贝亦当为二鼎之讹变。从刀从鼎，意为用刀刻划鼎文。①

精于古文字研究的前辈学者孙常叙，曾研究金文“则”字之字形演变及其本义等相关问题。② 王沛曾质疑孙常叙论文之说，强调“孙先生所举的文辞例句并不具有说服力”。③

情况究竟是否如此呢？以其所论西周时期段簋铭文有“令龏𤔲馈（馈）大劃（则）于段”为例，关于其中的“大则”一词，各有解释。

郭沫若：“余意‘则’即采地，谓宰割土地也。土地之宰割有大有小，故此言‘大则’也。”④

孙常叙：“郭沫若据《周礼》郑注‘则，地未成国之名’以为采地。大系考释按：馈遗之事主要指物，与采地不很相应，况且采地之上著以‘大’字，在语义上也似有未安。”而“段簋‘则’字从两鼎一刀，正是照器样作器之意。它所写的词作名词使用有器样或样器之义。‘大’是一种尊的名称……那么‘大则’就是大尊的样器。这在段簋铭文语言上是完全可通的”。“这是‘则’为器样在周金文中证据。”⑤

王沛：“铭文中的‘大则’，便是‘大法’的意思。天子赐则，在古书中有迹可寻。《周礼·大宗伯》中说‘五命赐则’，郑众对此解释道‘则者，法也’，是十分正确的。郭沫若用郑玄的训读，将‘则’理解为土地，其说欠妥。天子赏赐给段作为法律的‘则’，当有特殊意义。”下引《左传·文公十八年》“先君周公制周礼曰：则以观德……在九刑不忘”一段（略），该“引文中的‘则’特指和礼有关的法度、规则。周公作誓命禁止‘毁则’，天子赏赐给段‘大则’，都体现出则的重要性。而段又正是周公之后。在段簋铭文中，段自称为毕仲孙子，而毕仲即毕公高，乃周公之子，位列三公，史

① 陈初生编纂，曾宪通审校《金文常用字典（修订本）》，第466页。

② 孙常叙：《则、灋度量、则誓三事试解》，《古文字研究》第7辑，中华书局，1982，第7～24页，后收入孙屏、张世超、马如森编校《孙常叙古文字学论集》，东北师范大学出版社，1998，第297～313页；张世超、孙凌安、金国泰、马如森：《金文形义通解》上册，第1021～1026页。

③ 王沛：《〈尔雅·释诂〉与上古法律形式——结合金文资料的研究》，杨一凡主编《中国古代法律形式研究》（《法律史论丛》第11辑），社会科学文献出版社，2011，第60～63页。

④ 郭沫若：《两周金文辞大系图录考释》下册，第51页正；马承源主编《商周青铜器铭文选》三，第189页。

⑤ 孙屏、张世超、马如森编校《孙常叙古文字学论集》，第301～302页。

籍中名声显赫。天子在毕公之封地卜问蒸礼，因周公重视礼则，而赏其后代以某部礼则作为勉励，自然是合情合理的事情了”。①

不过，关于《周礼》“五命赐则”以及“则”字的郑众注、郑玄注，孙氏在其文中如是论述、辨析：

> 《周礼》又有“受器”“赐则”之事。
>
> 《春官》大宗伯之职“以九仪之命，正邦国之位：壹命受职，再命受服，三命受位，四命受器；五命赐则，六命赐官，七命赐国；八命作牧，九命作伯。”这九命实有三类：四受为一类，职位服器只能受成，不得以自己的意志更动；三赐为一类，可以在规定的“国”土之内，按自己的意志置官治国，行使统治权力；两作为一类，可以超出自己国土，行使一定的权力。
>
> 三类性质不同，而“赐则”上与“受器”相接。“则”是制模器样。“受器”是受成，不能自造。“赐则”则赏给器样，可根据需要依式自铸。三赐之命，明授权力：得以自作器，得以自置官（郑玄谓“赐官者，使得自置其官”），得以自治其国。
>
> “赐则”一事，郑众以为“则者，法也。”郑玄以为“则，地未成国之名”，他的根据只是“王莽时，以二十五成为则，方五十里，合今俗说子男之地。”王莽托古改制，说本刘歆。而“独刘子骏等识古有此制焉”，这句话却透露了其中消息。《经典释文序录》“王莽时，刘歆为国师，始建立周官经以为周礼”，那么，与“今俗说子男之地”相合的“以二十五成为则”的“地未成国”为“则”之说，实际上是刘歆对这段周官九命的误解。
>
> 这是“则”为器样在古文献中的证据。②

比较以上两位学者关于“大则”一词的理解及其论据，就可以很清楚地看到何说为优。段簋铭文“令龏𤴕遣（馈）大鼎（则）于段”，其意即“王命令龏𤴕赐段以大则”。③ 赐物（“大尊”这种器样）给段，是合情合理的，金文中多见这种王馈赠物或赐物的情况。而赐“大法”给段，在金文和文献记载中似乎难以找到相关的实例。以“毁则为贼”之“则”，来解读“大则”，似乎有点牵强。此“则”与彼“大则”之“则”，二者恐怕还不是一

① 王沛主编《出土文献与法律史研究》第2辑，第234～235页。

② 孙屏、张世超、马如森编校《孙常叙古文字学论集》，第302页。

③ 马承源主编《商周青铜器铭文选》三，第189页。

个概念。

可以推想，在西周“礼治”的社会中，“礼”是各级贵族都要遵守的，很难理解或想象周王要馈赠或赐给某人以“大法”（某部礼则）。相反，如依孙常叙论文所说，即“‘赐则’上与‘受器’相接。‘则’是制模器样。‘受器’是受成，不能自造。‘赐则’则赏给器样，可根据需要依式自铸”，则《周礼·春官》“大宗伯”之职那段文字才可以顺理成章地读通。

再看一看，王沛最后得出的结论是：

> 不过“则”的确为以刀刻鼎之形，再以古人“则，法也”的训诂来考察字形，其结论当是则为刻铸法律在鼎上的表现。鼎有一有二，说明铸法之鼎亦可能有数个。
>
> 曾伯陭钺铭文中的𠛬字与则字之构形几乎完全相同，也是从鼎从刀。所不同的是，更增添了井字以确定其含义。如前文所述，西周金文中的井字本身即后世的刑、型，表示法律。刑、鼎合文，则特指铸于鼎上的刑书，作为会意字，其涵义较“则”字更为明确。“𠛬”、“则”这一类字的存在，充分证明了铸法律于鼎彝历史之悠久，至少在西周时代已很常见。①

在此，今可确定的是，就目前所见资料而言，“则”字最早出现于西周早期（成王时期）的甲骨文（H11：14）之中。② 其文辞释文为：楚白（伯）乞（迄）今秋来，惟于（以）王其则。则，法也、効也。这句话的大意是说：楚王至今秋来朝王，楚伯只以我王乃其效法之人（意谨以周之法度是守也）。③

这条甲骨文资料似乎正可佐证以上所引王沛论文考察“𠛬”、“则”这一类字得出的结论：“铸法律于鼎彝历史之悠久，至少在西周时代已很常见”。但是，恐怕结论并非如此简单。

这是因为，关键问题是以“则”（以刀刻鼎）的字形为据，来推测“则为刻铸法律在鼎上的表现”，这种作法有过度解释之嫌。“以刀刻鼎”，既可以在鼎上刻划纹式，也可以在鼎上刻划文字。如果在鼎上刻划文字，就形成了有铭文之鼎，但由此并无法说明鼎上所刻划的这些文字之具体内容到底是

① 王沛主编《出土文献与法律史研究》第2辑，第235页。

② 高明、涂白奎编著《古文字类编（增订本）》，第103页；曹玮编著《周原甲骨文》，世界图书出版公司北京公司，2002，第14页。

③ 陈全方、侯志义、陈敏：《西周甲文注》，学林出版社，2003，第41~42页。

什么？如果可以用“则”字字形来证明“则为刻铸法律在鼎上的表现”这一点，那么通过西周甲骨文所见的“则”字就可以了，何必还需要那么多的金文“鼎刂”、“则”之类的文字呢？再者，如果将来在商代甲骨文或者更早的什么文字资料中又发现了从鼎从刀的“则”字，那又该如何解释呢？所以说，这种以字形来解释其含义的作法恐怕是一种过度解释，是很难令人信服的。

可以说，以曾白陭钺铭文所见“鼎刂”字，以及西周甲骨文、金文中所见“则”字，来推测“铸刑鼎”最早出现于西周时代——这一结论是过度解释“鼎刂”、“则”字的结果，难以站得住脚且令人信服。进而，在此可以明确断定一点，即曾白陭钺铭文与文献所记载的“铸刑鼎”事件根本无所关联。在没有其他证据的情况下，硬将两者扯在一起联想，是不妥当的。

五 余论

在此，简要归纳一下以上本文再次研读曾伯陭钺铭文所得出的几点粗浅的认识：

（1）暂可判定曾伯陭钺的时代属于西周晚期至春秋早期。

（2）曾伯陭钺铭文的释文如下：

> 曾白（伯）陭铸戚戉（钺），用为民（正面）鼎刂（刑），非历殹井（刑），用为民政。（背面）

但是，如何理解“非历殹井（刑）”一句，仍有待进一步研究，尤其是关于“历”字的含义。

（3）该铭文中的这两个“刑”字，属于“同字同辞异构”现象。“鼎刂”、“则”字与《左传》所载“铸刑鼎”事件没有任何关联，切不可将这两个字作过度解释。

发掘整理者推测，曾伯陭钺铭文所见“曾伯陭”即该钺器主，是枣阳郭家庙曾国墓地 GM21 的墓主，亦当为曾国国君，因此该钺为曾国国君君权的象征之物。[①] 这个意见已经为大家所接受。该铭文的内容，也与其这种性质

---

① 襄樊市考古队、湖北省文物考古研究所、湖北孝襄高速公路考古队编著《枣阳郭家庙曾国墓地》，第 322 ~ 323 页。按：一般认为，在商周时期，钺是政治、军事权力的象征，亦即王权的象征。详见马承源《中国青铜器》，第 64 页；朱凤瀚《中国青铜器综论》上册，第 415、418 页。

相符。

尤其值得注意的是，曾伯陭钺“形制特殊，为同时期罕见”，虽与殷墟时期到西周早期“文化属性可能多与北方少数民族文化相关”的若干钺“之间在时间上存在较大的缺环，但近似的形制又显示出发展上的某种关联。这使曾伯陭钺显得格外异常，似乎它反映曾国国君可能的少数民族的族性，或者似乎可以将曾伯陭钺的出现理解为一种复古。这与两周之际国君一级墓葬所谓玉戈的复古之风或许有一致之处”。[①] 这一推测，或许有助于理解曾伯陭钺的形制的特点与其铭文内容的内涵：以象征权力的具有复古之风的钺来强化“用为民刑”与“用为民政”的统治政策。

最后，有必要指明前揭王沛论文对兮甲盘铭文之误读和界定子禾子釜时代之瑕疵，以结束本文。

首先，对兮甲盘铭文本身的误读，主要有以下两点。为了不曲解其意，摘录其理解的主要内容如下。

其一，认为铭文“记载了兮甲向南淮夷以及周人相关机构发布的命令。在铭文中，兮甲首先阐明自己享有立法权的依据何在。兮甲说，天子命令他主管征收成周（洛阳）四周诸侯的委积，而所谓‘四方’的范围及至南淮夷的地界，所以有权力颁布相关法令。接下来就是法令的正文。法令中说，南淮夷历来都属于当向王朝进贡的部族，所以必须缴纳纺织品和粮草。南淮夷向周人提供役力，以及从事商贸活动，必须在指定的军营或者市场上。如果不服从此命令，将要循例（井）施加扑伐，周人一方的诸侯、机构和南淮夷从事贸易活动时，也必须来到指定的市场，而不能擅自进入淮夷的地界进行交易，否则也要循例责罚”。[②]

其二，认定“兮甲盘或与会盟之礼有关”，“兮甲代表王朝向诸侯发布命令，当行会盟之礼。通过这种仪式，确定王朝和诸侯之间的尊卑关系”。兮甲盘的功能相当于《周礼·玉府》所谓“珠盘”。“在兮甲盘铭文中提到的各方集团包括王朝的兮甲、周方的诸侯、百官，以及南淮夷，在诸方齐聚的盟会场合中，颁布法令，并将法令铸于歃血之盘中，而表示一定恪守无违，便是礼制之法律功能的充分体现，所谓‘铸刑鼎’的意义就在这里”。[③]

---

① 张昌平：《曾国青铜器研究》，第134页。

② 王沛主编《出土文献与法律史研究》第2辑，第237页。按：但在其文末，又认为兮甲盘“铭文内容是王朝针对南淮夷地区发布的法令”。（第245页）

③ 王沛主编《出土文献与法律史研究》第2辑，第238页。

众所周知，兮甲盘是传世的西周晚期重器。其铭文中值得再讨论的释字问题不少，在此暂且不论，仅仅从法制史角度审视其铭文的基本结构及其主要内容。为此，抄录其铭文如下：

（1）唯五年三月既死霸庚寅，王初各伐玁狁于𠷎𢧵。兮甲从王，折首执讯。休，亡敃。王赐兮甲马四匹、驹车。（2）王令甲：政辭成周四方责，至于南淮夷。淮夷旧我帛畮人，毋敢不出其、其责、其进人、其贾，毋敢不即次、即市。敢不用令，则即刑、扑伐。其唯我诸侯百姓，厥贾毋不即市，毋敢或入蛮宄贾，则亦刑。（3）兮伯吉父作盘，其眉寿万年无疆，子子孙孙永宝用。①

该铭文所记载的是，周宣王五年征伐玁狁的战争，并命令兮甲管理成周地区及南淮夷部族的粮草征收与商贾贸易的史实。正如学者所言，此可与《诗·小雅·六月》所载的内容吻合。② 这是正确解读该铭文必须了解的一个大前提。

该铭文包括（1）（2）（3）三个段落。（1）兮甲随周王征伐，立战功受奖得到赏赐。（3）兮甲作盘记其功事。

关于（2），陈梦家认为：“记王命兮甲政司成周与四方之积，‘王令’至‘亦刑’乃周王命之命。”③ 陈公柔则主张：“自‘王令甲’至‘则亦刑’，乃照录了时王给予兮甲的‘王命’。”④

据此，一般理解（2）的大意是说：周宣王向兮甲发布一项关于管理南淮夷及诸侯百姓贡赋和商业贸易的法令：征收管理成周地区的粮草委积，直至南淮夷地区。淮夷过去就是我周朝的赋贡之臣，不敢不贡纳其丝帛、粮草和劳役；其商贾不敢不到周朝军队的驻扎地和集市进行贸易。如敢违命，就

① 中国社会科学院考古研究所编《殷周金文集成释文》第6卷，第131页；中国社会科学院考古研究所编《殷周金文集成（修订增补本）》第7册，第5482～5483页。按：铭文中的（1）、（2）（3）序号为笔者所加。王沛论文中未抄录（1）段。学者多认为，该铭文包括三个段落（陈连庆：《兮甲盘考释》，《吉林师大学报》1978年第4期，第24页；陈公柔：《西周金文中的法制文书述例》，氏著《先秦两汉考古学论丛》，文物出版社2005年，第136页）。这个意见是正确的。该铭文句读主要从陈公柔论文，尤其“王令甲：”之处。

② 详见陈连庆《兮甲盘考释》，《吉林师大学报》1978年第4期，第24页；陈絜《商周金文》，文物出版社，2006，第201～202页；吴镇烽编《金文人名汇编（修订本）》，第55～56页。

③ 陈梦家：《西周铜器断代》上册，中华书局，2004，第324页。

④ 陈公柔：《西周金文中的法制文书述例》，氏著《先秦两汉考古学论丛》，第137页。

施以刑罚，并进行征伐。望我周朝诸侯百姓的商贾全都到集市上去，不能再去淮夷之地进行贸易，否则也要处以刑罚。

通读（1）（2）段铭文，找不到与所谓“会盟之礼有关”的蛛丝马迹，更无描写所谓会盟场面的文字。再细读（2）这段铭文，似乎也体会不到哪些文字表明兮甲有所谓立法权及其依据。不知王沛论文作出这样的论断和推测，其根据何在?

或以为，这个命令“很象后世的诏书”。[①] 或以为，这“是我国最早的一篇关于市场管理的法令”。[②] 或以为，“这即后世（例如清代）通常谓之‘谕’的”，“此节自‘王令’以下，皆时王谕兮甲之词”；“此盘铭所记王命（谕），为传世青铜器铭文中所仅见者，材料十分重要。”[③] 无论如何，兮甲盘铭文所记载的是政府的法律条令。[④] 但更准确地说，兮甲盘铭文应属于记事铭文，其中保留了周王向兮甲发布的一个法令。

据此，大致可以看到西周时期周王发布法令的大致情况。兮甲因征伐有功而受到周王的赏赐并受命，因而铸器，以作为纪念，并非出于公布周王命令之目的。因此，兮甲盘铭文中所记载的法令，与战国时期青铜器铭文中所见的律令，有着本质的区别。甚至可以说，兮甲之铸器，也不能与春秋末期郑、晋两国的“铸刑鼎”事件相提并论。因此，认为兮甲盘“其性质与刑鼎无异”的看法，[⑤] 也是值得商榷的。

其次，关于子禾子釜所属时代的界定。王沛论文说：“除了兮甲盘以外，还有一件青铜器上镌刻了官方之法令，这就是铸造于战国初年的子禾子釜。”[⑥]

目前所知，关于此器时代的判定，学界大致有几种意见：战国早期之说，[⑦]

---

① 连劭名：《〈兮甲盘〉铭文新考》，《江汉考古》1986 年第 4 期，第 90 页。

② 刘海年、杨升南、吴九龙主编《中国珍稀法律典籍集成》甲编第 1 册《甲骨文金文简牍法律文献》，第 236 页。

③ 陈公柔：《西周金文中的法制文书述例》，氏著《先秦两汉考古学论丛》，第 137、139 页。

④ 马承源主编《中国青铜器》，第 37 页。

⑤ 王沛主编《出土文献与法律史研究》第 2 辑，第 245 页。

⑥ 王沛主编《出土文献与法律史研究》第 2 辑，第 239 页。

⑦ 郭沫若：《两周金文辞大系图录考释》下册，第 221 页；马承源主编《商周青铜器铭文选》（四），第 554 页；丘光明、邱隆、杨平：《中国科学技术史：度量衡卷》，科学出版社，2001，第 119 页；杨宽：《战国史》，上海人民出版社，2003，第 241、244 页；刘海年、杨升南、吴九龙主编《中国珍稀法律典籍集成》甲编第 1 册《甲骨文金文简牍法律文献》，科学出版社，1994，第 239 页。

战国中期之说，[①] 战国晚期之说，[②] 战国中晚期之说。[③]

关于战国初期之说，郭沫若在《两周金文辞大系图录考释》之中曾有详细的评判：

> 旧说此釜之子禾子为齐太公和，今案铭中有陈得之名，与《陈骍壶》之陈得，自是一人，则二器之相距必不甚远，子禾子断非太公和也。大率皆齐湣王末年之器。[④]

又如本页揭注②引李学勤B据陈梦家考证所说的那样，则郭沫若的这个评判是比较有力的。相对而言，战国初期之说的说服力相对薄弱。退一步讲，无论采取哪种意见，都无可厚非，但是至少也应当以适当的方式介绍学界存在的若干看法，并阐明自己所采取之说的理由。这是进行具体问题讨论之前必须做好的基础性工作。

此外，关于子禾子釜铭文的性质，或以为，子禾子釜“铭文记子禾子给陈得的关于左关官署中使用标准量器的命令，即统一齐国量器的一道法令，与相传晋国的刑鼎性质相似”。[⑤] 王沛则认为，“战国初期铸造的子禾子釜，虽然亦铸刻有内容完整的法律条款，但因为它不是礼器，所以性质就和刑鼎不同了”。[⑥]

其实，战国时期，各个诸侯国颁布法律已成为常态。战国晚期乃至秦，在度量衡、符节等器物之上刻与之相关的单行法规法令，是当时司空见惯的作法，例如：齐子禾子釜、左关𨱍、陈纯釜，秦商鞅量、高奴禾石权，秦杜

---

① 中国社会科学院考古研究所编《殷周金文集成（修订增补本）》第7册，第6186页。

② 郭沫若：《两周金文辞大系图录考释》下册，第221页；李学勤A：《战国题名概述（上）》（原载《文物》1959年第7期，第51页），氏著《李学勤早期文集》，河北教育出版社，2008，第303页；李学勤B：《东周与秦代文明》，文物出版社，1984，第107页；陈梦家：《战国度量衡略说》，《考古》1964年第6期，第313页。按：郭沫若以为，是齐湣王末年之器。李学勤A以为，该铭“中有人名陈得，据陈璋壶铭是齐宣王时人”；李学勤B认为，由陈梦家考证可知，该釜“不会早过齐威王晚年，是战国中期偏晚的器物”。陈梦家以为，是“战国田（前314年前后）”时器（《齐量》）。笔者曾据此从战国晚期之说。

③ 马承源主编《中国青铜器》，第453页。朱凤瀚：《中国青铜器综论》上册，第321、652页。按：前书甚至将子禾子釜作为战国中晚期的标准器之一，强调战国中期与晚期的区别不大。

④ 郭沫若：《两周金文辞大系图录考释》下册，第221页反。

⑤ 刘海年、杨升南、吴九龙主编《中国珍稀法律典籍集成》甲编第1册《甲骨文金文简牍法律文献》，第239页。

⑥ 王沛主编《出土文献与法律史研究》第2辑，第245页。

虎符、新郪虎符、阳陵虎符和栎阳虎符，楚鄂君启节、王命龙节，中山国“兆域图版”。这些当与春秋晚期“铸刑鼎”事件无甚关系。

因此，选择传世的西周晚期的兮甲盘与战国中晚期的子禾子釜及其铭文来论述“刑鼎”问题，恐怕是不太恰当的做法。

诚然，古文字学者以新近出土的曾伯陭钺铭文所见“䵼”字，大胆提出该器与“铸刑鼎”事件的关系，讨论其在法律史上所具有的意义。这样的观点确实新颖独创，但却因证据薄弱而难以经得起进一步的推敲。为什么会出现这样的情况？值得我们深思反省。

在此，首先必须要检讨反思的，就是法制史学界较为盛行的这种仅以古文字字形考释研究商周法制问题的研究方法（当然也包括我本人的研究在内）。从方法论上看，这是有很大问题的。

如何考释古文字？当然也是古文字学界多年来面对的一个重要的理论问题。作为外行，我们很难说出个道道来。姑且看看古文字学者对此是如何检讨分析的：

> 在古文字的考释上长期存在着两种截然相悖的方法的抗争：一种方法是建立在科学的文字符号观基础上，坚持“以形为主”的基本原则的方法。这种方法是正确可行的；另一种方法则是把文字当作图画，采用“看图识字”，“猜测想象”的手段，将古文字考释引入歧途。由于这种“看图识字”错误方法的易于掌握，使得一切初学古文字的人或古文字学界外的学者常常加以仿效，经常臆说争放，奇想竞呈，将古文字考释视同儿戏。①

将古文字学界的这一检讨放在法制史学界中，也同样是一语中的，切中要害的。法制史学者的相关研究成果，是否也犯了这样的毛病呢？值得我们考虑检讨。

早在1930年代，唐兰在《古文字学导论》下编第五节“研究古文字的戒律”中，总结当时古文字学界的现状是：

> 在学者们片段的研究中，固然有许多精确的发见，但最大的弊病，是没有一定的理论和方法，因之也没有是非的标准。在同一的题目上，各自做了解说，各人都以为自己是对的，在局外的人，当然辨不清谁是对的。这种现象所引起学术上的损失是狠大的。第一，许多别的学术，

① 刘钊：《古文字构形学》，第222页。

像古史学，古社会学等的研究，处处和古文字有关的，因此就不能进步。第二，许多学者的自尊心加强，只要自己说的话，总是对的，不愿接受批评和忠告，因之，阻碍其个人学业的进步。第三，猜迷式的风气既盛，有些人对于这种研究就灰心起来，以为是没有出路的，有些人借此幌子，以卖狗肉，因之，弄成极大的混乱，初学者无路可从，而阻碍这种研究的进步。

并针对此提出以下六条戒律：（一）戒硬充内行；（二）戒废弃根本；（三）戒任意猜测；（四）戒苟且浮躁；（五）戒偏守固执；（六）戒驳杂纠缠。“凡研究一种学问，第一要有诚意。我想真要研究古文字学的人，一定会接受这种戒律的。”①

这些不仅是古文字学者强调要遵守的，也更是我们这些商周法制史研究者——古文字学的外行——要时刻牢记在心的学术守则。至少在商周乃至秦汉法制史研究领域中，应该考虑考古学、古文字学、历史学、法学学科的科际整合与合作。因为我们面对的可能是同样的问题，使用的是同样的传世文献与出土文献资料，尽管学者的学术知识结构和背景不尽一致。法制史学者必须要有这样的基本认识。

2014 年 8 月 5 日修改定稿

① 唐兰：《古文字学导论（增订本）》，齐鲁书社，1981，第 270 ~ 275 页。

《中国古代法律文献研究》第八辑
2014年，第22~48页

《为狱等状四种》标题简“奏”字字解订正

——兼论张家山汉简《奏谳书》题名问题

〔德〕陶 安*

摘 要：在《岳麓书院藏秦简（叁）》所收秦代司法文书集成《为狱等状四种》第二类卷册的部分简背上，呈现出三种标题，其中二种包含“奏”字。敝注将其说成进言陈事文书，将“为奏”解释为“写立进言文书”，均不确。在理解“奏”字时，应区分文书术语与普通词语的语言层次以及秦汉至汉初与东汉以后的时代层次。《为狱等状四种》标题所谓“为奏”系秦代文书术语，义为办理进言陈事业务以及为此写立文书所附加的文字。张家山汉简《奏谳书》题名所谓“奏谳”则系普通词语，将高祖诏书所用文书术语之“为奏”和“以闻”合并为一词，以动宾结构表示进奏“谳疑”，如同《史记·酷吏列传》之“奏谳疑事”。东汉以后“奏”字始成为专指进言陈事文书本身的文书术语。

关键词：岳麓书院藏秦简 为狱等状四种 奏谳书 奏 文书体式 发文形式

一 问题所在

拙著《岳麓书院藏秦简（叁）》① 所收秦代司法文书集成《为狱等状四

---

* 日本国立东京外国语大学亚洲非洲语言文化研究所副教授。小文写完初稿后，曾承蒙好友指教。陈剑、李力、籾山明、铃木直美、青木俊介等先生都提供了珍贵的意见，深为感谢！

① 朱汉民、陈松长主编，陶安著《岳麓书院藏秦简（叁）》，上海辞书出版社，2013。

种》（以下简称《为狱等状》）在共四种卷册中第二类卷册的部分简背上呈现出三种标题，其中二种包含“奏”字，即“为气（乞）鞫奏状”（简 139）和“为覆奏状”（简 140）。在注释中，笔者将“奏”字解释如下：

> 奏，向上进言，申报。《说文·夲部》：“奏，奏进也。”《书·舜典》“敷奏以言”，孔传：“奏，进也。”《语书》简 13：“其画最多者，当居曹奏令、丞。”又引申为进言文书。蔡邕《独断》卷上：“凡群臣上书于天子者，有四名：一曰章，二曰奏，三曰表，四曰驳议。”为奏，写立进言文书。《奏谳书》简 227～228：“令曰：狱史能得微难狱，上。今狱史举闟得微难狱，为奏廿（二十）二牒。”

在《前言》中又称：

> “奏”应该是指向上奉进的文书以及其附件材料，即第二类所常见的给破案立功者的推荐文书。

《文物》所载拙稿《岳麓书院藏秦简〈为狱等状四种〉概述》中，笔者进一步对文书集成所收文书和标题的关系说明如下：

> 《为狱等状》是秦代的司法文书集成，以四种不同形制收录三类司法文书，即狭义的奏谳文书、自称为“奏”的进言陈事文书和覆审乞鞫案件的下行文书。……第二类竹木简在背面记有三种标题，即“为狱訋状”（简 137）、“为气（乞）鞫奏状”（简 139）、“为覆奏状”（简 140）。“乞鞫”、“覆”和“奏”分别与第二类所收两种文书相应，表示《为狱等状》的编者（或使用者）对收录文书的类别具有较为清楚的认识。①

笔者现在仍然认为《为狱等状》收录的司法文书基本上可以分为三种，② 即狭义的奏谳文书、进言陈事的文书和覆审乞鞫案件的下行文书，并且坚

① 岳麓书院藏秦简整理小组：《岳麓书院藏秦简〈为狱等状四种〉概述》，《文物》2013 年第 5 期。全文由笔者撰写。

② 因为残缺情况等原因，第四类卷册所收文书的性质仍未详，因此小文所谓“文书三种”仅就前三类卷册而言。

持标题所谓“乞鞫/覆”和“奏”分别与第二类卷册所收的两种文书具有对应关系的看法，但将“奏”说成进言陈事文书的“自称”不妥，将“为奏”解释为“写立进言文书”也未确。其实，《文物》所载拙稿对《为狱等状》的命名方式比拙著《前言》略加详细，其中已不难看出相关破绽：

> 最后，还应该说明《为狱等状》的命名方式。如上所述，第二类简册背面有三种标题，即“为狱訆状”（简137）、“为气（乞）鞫奏状”（简139）和“为覆奏状”（简140）。“状”指书状。《玉篇·犬部》：“状，状书。”《为狱等状》的编者则有意搜集“为狱”、“为訆”、“为乞鞫”、“为覆”、“为奏”的文书。“为”训“治”，是“治理”、“办理”的意思。“为乞鞫”与“为覆”指办理乞鞫案件的覆审程序，“为奏”即写立进言陈事的文书。此二者正好与第二类简册所收文书类别相应。“为訆”意思不明，而“为狱”指办理刑事案件……

标题简中“奏”字与“狱”、“乞鞫”、“覆”等并列使用，既然“狱”等都是程序名称，“奏”怎么会是文书自称？

当然，办理“狱”、“乞鞫”、“覆”和“奏”时必然会产生相关文书，有时程序名与文书名无法严格区分。比如说在传世文献的一些辞例中，“狱”是可以抱在怀里或夹在腋下的，如《汉书·于定国传》“抱其具狱”，又可以将其挂起来，如《汉书·何并传》：“并皆县（悬）头及其具狱于市”。此时所谓“狱”无疑是指断狱程序所产生的文书。“奏”字本身表示“进言陈事”义，就更离不开相关文字材料。《奏谳书》简068称“上奏七牒”，《为狱等状》简169“为奏十六牒，上”，可与里耶秦简J1⑧1525“为付券一，上”、J1⑧0135“今写校券一牒，上”、J1⑧0645“牒书水火败亡课一牒，上”、J1⑧0686+⑧0973“疏书作徒薄牒北（背）上”等辞例相比，“奏若干牒”无疑指由若干枚简牍构成的文字材料。但这份文字材料与《为狱等状》所收进言陈事之文书并不完全一致，“奏”仍不能视为此类文书的自称。

具体而言，上引J1⑧1525所谓“付券”一词见于启陵乡守意的上行文书，启陵乡守意将粟六十二石交给仓佐赣，并写立券书一份。券书证明此交付行为，因而称为“付券”。上行文书全文如下：

> 卅（三十）四年七月甲子朔癸酉，启陵乡守意敢言之：廷下仓守庆书

言：令佐赣载粟启陵乡。今已载粟六十二石，为付券一，上。谒令仓守。敢言之。

所谓“券”是用于出纳、买卖、债务等的契据，写在简牍上，侧面加刻齿，分为两半（或三份），双方（或三方）各执其一，以为凭证。里耶秦简有“付券”、“出券”、“入券”等，此举“付券”一例：

粟米十二石二斗少半斗。卅五年八月丁巳朔辛酉，仓守择付司空守俱□。　J1⑧1544

据张春龙先生的说明，左侧刻齿为“十二石二斗少半斗”。[①] 启陵乡守意将此类“付券”附在上行文书上，呈献给迁陵县。上行文书与所附“券书”有别，不能因“为付券一”等字样将“券”视为上行文书自称。同理，《奏谳书》所谓“上奏七牒”、《为狱等状》所谓“为奏十六牒”等见于上行文书，尽管所附文字材料或可称为“奏”，附件绝不能与文书主体部分混为一谈。差之毫厘，谬之千里，不能不谨慎。

二　《奏谳书》与《为狱等状》标题“奏”字之不同

张家山汉简《奏谳书》所收案例至少可以分为两大类。第一类与高帝七年诏书所规定的“奏谳”制度密切相关，二十二则案例中此类占十三例。第二类尽管也不妨进一步细分，也可以初步将其概括为不直接与高帝诏书相关的案例，即剩余的九则案例。张家山汉简整理小组在《江陵张家山汉简概述》中解释《奏谳书》的书名时似以第一类案例为中心：

“潚”、“谳”字，《说文》：“议罪也。”刑狱之事有疑上报称为“谳”，所以此字又训为请或疑。汉制，“县道官狱疑者，各谳所属二千石官，二千石官以其罪名当报之。所不能决者，皆移廷尉，廷尉亦当报之。廷尉所不能决，谨具为奏，傅所当比律令以闻。”竹简《奏谳书》正是这种议罪案例的汇集。[②]

彭浩先生在《谈〈奏谳书〉中的西汉案例》中大致沿袭整理小组的理解，将

① 湖南省文物考古研究所编《里耶秦简（壹）》，文物出版社，2012，释文第76页。

② 张家山汉墓竹简整理小组：《江陵张家山汉简概述》，《文物》1985年第1期，第11页。

这种制度称为“奏谳”,[①] 相关案例概括为“奏谳案例”。同时，他指出“《奏谳书》中少数案例不属于奏谳而是审讯记录，它们被编入书中的原因尚须研究”。彭先生又主张“《奏谳书》中各案例的文书格式大致可以分作以下五类”，即（1）县道呈报的奏谳案例（案例一至五）；（2）郡守呈报的奏谳案例（案例六至十三）；（3）郡上奏的案例（案例十四）；（4）郡断治的案例（案例十五）、（5）“淮阳守行县掾新郪狱”（案例十六）。[②] 表面上为五类，但（1）、（2）同属奏谳案例，（4）与（3）颇近，（3）之共四项文书格式中（4）仅缺一项，或可视为（3）之省略形式，（5）又缺乏任何概括性说明，似系特例。因此，从实际上说，彭浩先生所谓“五类”恐怕也只能概括出“奏谳案例”与“上奏案例”两类。

张建国先生的着眼点与彭文相似，他在《汉简〈奏谳书〉和秦汉刑事诉讼程序初探》中引用整理小组注释之后说：

> 笔者以为说它们是“议罪案例的汇集”似乎欠妥。既然是疑案上报才称为“谳”，那么通观22件案例，其中有些并非疑案亦非议罪是可以肯定的。如“狱史平舍匿无名数大男子”一案（案例一四）、“醴阳令恢盗县官米”一案（案例一五）、“新郪信谋贼杀人”一案（案例一六）等等。[③]

也就是说，除与高帝诏书相符者之外，还有与“疑案”和“议罪”都不相关的案例。张文首举的案例也与彭文无异。但张先生很明确将《奏谳书》所收案例分为两类，并且将此二类分别与《奏谳书》标题所谓“奏”和“谳”联系起来。与高帝诏书符合的称为“谳书”，其他的为“奏书”。原文云：

> 不过我觉得，我们现在见到的这部《奏谳书》看来似是一个合成词，也就是说，除了谳的部分案例外，还有奏的部分文案，也许我们可以分别称它们为“奏书”和“谳书”，所以不妨在理解时将它们视为两类。[④]

---

① 彭浩：“汉代司法制度规定，县（道）、郡官吏断治狱事有疑难不能决者，均须经县（道）—郡—廷尉—皇帝逐级呈报，再议罪、断决。这种制度就是奏谳。”《谈〈奏谳书〉中的西汉案例》，《文物》1993年第8期，第32页。

② 彭浩：《谈〈奏谳书〉中的西汉案例》，第36页。

③ 张建国：《汉简〈奏谳书〉和秦汉刑事诉讼程序初探》，原载《中外法学》1997年第2期，引自张建国《帝制时代的中国法》，法律出版社，1999，第295页。

④ 张建国：《汉简〈奏谳书〉和秦汉刑事诉讼程序初探》，第296页。

张先生还关注案例十四、十六和二十二所出现的共同字词，即“上奏七牒”（简068）、“为〈奉〉（奏）① 当十五牒”（简098）、“为奏廿二牒”（简228）和“敢言之”（简068、098、228）。对于所谓“谳书”也指出“疑×罪”字样和“敢谳之”等共同格式特征。案例十七至二十一不具备相同字词或格式特点，对这些案例张文做个别解释。案例十九和二十“符合议罪范畴”，与“最初也是县官府因疑罪上谳”的案例二十一一同归入“谳书”类。案例十七和十八分别是“已决案的再审”和“久拖未决案的复审”，“这些案件本来是供个人学习参考的，不一定必须严格按照标题汇集。也就是说，案例十七和十八为特例，与“奏书”、“谳书”都有别。

2013年《岳麓书院秦简（叁）》问世之后，邬勖先生发表《〈奏谳书〉篇题再议——以文书类型和案件性质的考察为视角》② 一文，其中他按照张建国先生的思路，对《奏谳书》和《为狱等状四种》的“文书类型和案件性质”进行进一步细分的考察。邬文将相关分析结果归纳为如下表格：

《奏谳书》				《为狱等状》[1]
奏谳书	谳书	疑狱上谳	案例1～13	案例1、5、7、14
		疑购上谳	无	案例2
		疑累论上谳	无	案例6
		奉命审查案卷上谳	无	案例3
		奉命重新调查上谳	无	案例4
	奏书	“闻”、“请”之奏	案例14、15、16	无
		“狱史得微难狱”之奏	案例22	案例9、10
		奉御史书覆狱之奏	案例18	无
乞鞫覆狱案			案例17	案例11、12
诸子书类的作品			案例19、20、21	无

注：[1] 邬文作“《岳麓简（三）》”。

从大类来讲，对《为狱等状》案例的分类与拙著一致，即将其分为三大类，可以暂称为“谳类”、“奏类”、“覆类”。“谳类”虽与《奏谳书》案件

① 张文应该是第一个指出“奉”字系“奏”之误。

② 邬勖：《〈奏谳书〉篇题再议——以文书类型和案件性质的考察为视角》，简帛网，2013年12月10日。

一至十三略有出入，内容并不限于高帝诏书所谓“狱疑者”，[①] 但仍可以看出二者之间存在某种继承关系。邬文对此表述如下：

> 秦代“谳书”所涉的事务范围远较汉代的谳疑狱为宽，这是秦、汉“谳”字词义有别的一个反映……今由《岳麓简（三）》案例3、4可知，秦代的“谳”即便是作为刑狱程序也并非都与“疑”有关，因此“议罪”、“平议”、“质”（亦即平）、“疑”的训释都不适合秦代的“谳”，它只能用“白”即报告和“请”即请示来解释……到了时隔不久的汉初，“谳”字的词义发生收缩。

“奏类”和“覆类”分别与《为狱等状》标题简所见“为覆”、“为乞鞫”和“为奏”相应。邬文虽然未提及此一项相应关系，但对案例九、十和十一、十二的分类，并与拙著无异。《为狱等状》“奏类”（案例九、十）和“覆类”（案例十一、十二）与《奏谳书》案例二十二和十七的对应关系，也已在拙著指出。可以说，邬文的创建集中在对三大类的细分工作。

邬文与张文的差异也主要表现在此方面。因为《奏谳书》所收“谳类”案例都已较为单一，所以细分的效果主要限于“覆类”和“奏类”。邬文即将张先生当作特例处理的案例十七和十八分别归入“乞鞫覆狱案”和“奏书”，即小文所谓“覆类”和“奏类”。案例十七与“覆”或“乞鞫”的关系很明显，不言而喻，而案例十八是据简154所见“别奏”字样归类。据上述“文书类型和案件性质的考察”，邬文最后得出如下两点结论：

> （1）张建国先生区分“奏”、“谳”的意见是正确的，“奏”和“谳”是二种不同的文书类型和程序。“奏”作为司法程序指向上级报告案情或判决结果，“谳”在汉代仅指疑狱的上谳，在秦代则是宽泛的向上请示事务之意，当作为司法程序时也不限于疑狱的上谳。
>
> （2）“奏谳书”的篇题显然无法涵盖《奏谳书》的全部22则案例，同样的情况也发生在“封诊式”的篇题上，“封”即“封守”，“诊”包括勘验、鉴定及身份识别等工作，25条《封诊式》的内涵也远远不止于

① 拙著《前言》称：“第一类简共有七个案例，内容都属于狭义之奏谳文书。每个案例前后称‘敢谳之’，主文称‘疑某人罪’、‘疑某人购’等，均系下级机关对上级机关有关法律适用方面的请示。这一点与张家山汉简《奏谳书》前十三个案例相似，但所请示的内容范围更为广泛一些，不仅包含罪名的选择，而且涉及未成年的责任能力、职务上过失的处理办法等法律适用的原则性问题。”

封和诊而已，这应是秦汉基层法律文献的普遍现象，在这一点上似不必太过强求名实的统一。

第二点可以说属常识。不仅秦汉法律文献如此，就连现代多数学术著作的书名都难以保证全面覆盖书籍所有内容，并不足为怪。第一点重新肯定了张先生对《奏谳书》题名研究的结论，应该是邬文重点所在。在方法论方面，张文、邬文都强调文书格式的分析，但邬文认为张文“未能将这一客观标准贯彻到底”，因而尝试在这方面“在其基础上对‘谳书’的形式特征作进一步的提炼”。

其分析重点放在“谳书”方面，是因为邬先生以为：

> 学界长期以来仍把“奏谳”视为一词，“谳书”的存在因此也遭到忽视。相对于此，“奏书”很早就已为学界所认可，彭浩先生把《奏谳书》的“上奏”案例与“奏谳”案例区别看待，岳麓秦简整理小组则以“自称为‘奏’的进言陈事文书”称之。

从中不难看出，邬文深受拙著、拙稿前述疏忽的影响，对此笔者感到十分惭愧。笔者虽然认为《为狱等状》所收案例可分为“谳类”、“覆（或乞鞫）类”、“奏类”三类，但拙著、拙稿一直将所谓“谳类”称为“狭义的奏谳文书”、“狭义的奏谳案件”① 等，并且未曾将“奏类”与《奏谳书》之“奏”字联系起来。张文也承认《奏谳书》案例一至十三与高帝七年诏书有关，对此学界无分歧可言，张说能否成立的关键并不在此。问题在于能否从

① 认为“奏谳”一词有狭义和广义两义的想法，似来自宫宅潔《秦漢时代の裁判制度——張家山漢簡〈奏讞書〉より見た》（《史林》第81卷第2号，1998）。宫宅文主张，“谳”字在汉代表示将有疑义的案件向上级呈报并请示的意思，而《奏谳书》所收案例中只有案例一至十三和二十一与此义吻合，其他案例与“疑义”无关。据此推测，宫宅文似以有无疑义为区分“谳”字狭义与广义的标准，广义的“谳”泛指司法程序中的请示行为。另一方面，宫宅文还指出，《秦律十八种》简115～124含有与司法无关的“谳”字，将其理解为“向上级呈报”。从其中不难看出，“谳”字或者“奏谳”一词之所谓“广狭”之别有一定的伸缩性。若以“疑义”为标准的话，《为狱等状》案例三和四或许已脱离狭义奏谳的范围，应属广义。拙著、拙稿将这些案例一并归入狭义奏谳案例中，是因为笔者着重于文书格式的共同特征，即第三节所介绍的“发文形式”。宫宅文的中文译文见徐世虹译《秦汉时期的审判制度——张家山汉简〈奏谳书〉所见》，收入籾山明主编《中国法制史考证》丙编第一卷，中国社会科学出版社，2004。《奏谳书》题名研究的来龙去脉参看李力《張家山247號墓漢簡法律文獻研究及其述評（1985.1～2008.12）》第3部第2章“《奏讞書》題名再研究”，東京外國語大學アジア·アフリカ言語文化研究所，2009。

《奏谳书》中剖析出一群可以概括为“奏”的案例。因为笔者认为张文未能证明这一群案例的存在，所以拙著、拙稿着重于“谳类”案例与《奏谳书》以及高帝诏书的继承关系，将其概括为“狭义的奏谳案件”，相关文书为“狭义的奏谳文书”。

《为狱等状》与《奏谳书》不同的是，“为乞鞫奏”等标题的“奏”字与案例分类的关系很清楚。案例九和十是两封为破案立功的狱史所写的推荐文书，其中称“为奏九牒”（简148）和“为奏十六牒”（简169），标题所谓“为奏”无疑与此相应。同类的推荐文书在《奏谳书》仅见一例，即案例二十二。《奏谳书》除案例二十二的推荐文书和案例一至十三的狭义奏谳文书之外，还收录八则案例，案例性质和内容又各不相同。正如邬文细分工作所证明，其中并不存在明确的连贯性。

其实，张文、邬文对所谓“奏书”的文书格式也未作深入的分析。“敢言之”字句在文书类简牍中常见，与《奏谳书》之“奏”字并无任何必然的关系。案例十四至十六、十八、二十二所见“为奏”字样也无法说明相关文书的性质。这一点如同第一节所述《为狱等状》“为奏”字样。

归根结底，无论从案例性质还是从文书格式来讲，《奏谳书》“谳类”之外的案例没有一项可以与标题“奏”字直接联系起来的共同点。当然也不能将其限定为《为狱等状》标题简“为奏”所相应的推荐文书。《奏谳书》标题“奏”字的用意恐怕与《为狱等状》大相径庭。

三　公文书的基本体式

邬文已经很正确地指出文书格式在方法论上的意义。文书格式的形式特征“具有很强的客观性”，它能提供一个客观的判断标准。正因为这个原因，文书格式的分析不能缺少一个对整个文书体式的较为全面的理解，避免研究工作者从文书字面上仅挑出对自己论证有利的一些字词。笔者认为秦汉时代多数公文书使用较为固定的文书体式，本节将尝试据里耶秦简对此做一些初步的分析。

先看一份极为简单的上行文书：

> 廿（二十）八年七月戊戌朔辛酉，启陵乡赵敢言之：令曰：二月壹上人臣治（笞）者名。·问之：毋当令者。敢
> 言之。　J1⑧0767 正
> *七月丙寅水下五刻，邮人敞以来。/敬半。*　贝手。　J1⑧0767 背

这是启陵乡啬夫赵写给迁陵县的文书。据令的规定，两个月应该上报一次被鞭

打人臣的人名。啬夫赵则按照规定呈报，启陵乡在相关期间没发生相关事实。文书开头第一句话包含历日、签发人官职、人名和套语“敢言之”。套语“敢言之”后来又重复出现一次，表示文书主体部分结束。此后是有关制作和收发文书的记录。“七月丙寅水下五刻，邮人敞以来。/敬半”系别笔，是县廷属吏收到文书时所记录的。[①] 内容为收文历日和时间、传递人官职和人名以及开封者的人名。[②]“以来”表示邮人敞送来文书，县廷收文。县廷发文时，此处改为“某人行”等。“贝手”笔迹又与“敢言之”以前相同，“贝”是经手人。[③]

被夹在两个“敢言之”间的部分是文书的正文，又可以分为前后两半。前半部分引用令文，[④] 标出本次上行文书的法律依据。墨点后边的是文书要表达的主要呈报内容，即经过调查，启陵乡没有与“令”相符者。也可将其称为主文。为了参考方便，将文书的不同层次整理为如下表格：

<table>
<tr><th colspan="3">文书结构</th><th>释文</th></tr>
<tr><td rowspan="6">文书主体</td><td colspan="2">开头</td><td>廿(二十)八年七月戊戌朔辛酉，启陵乡赵敢言之：</td></tr>
<tr><td rowspan="4">正文</td><td rowspan="2">法律依据</td><td>令曰：</td></tr>
<tr><td>二月壹上人臣治(笞)者名。</td></tr>
<tr><td rowspan="2">主文</td><td>·问之：</td></tr>
<tr><td>毋当令者。</td></tr>
<tr><td colspan="2">结尾</td><td>敢言之。</td></tr>
<tr><td rowspan="2">附记</td><td colspan="2">收发记录</td><td>七月丙寅水下五刻，邮人敞以来。/敬半。</td></tr>
<tr><td colspan="2">制作记录</td><td>贝手。</td></tr>
</table>

① 学界早已关注里耶秦简中笔迹与文书结构等关系，可以参看邢义田《湖南龙山里耶J1（8）157和J1（9）1－12号秦牍的文书构成、笔迹和原档存放形式》（《简帛》第1辑，2006）等。

② “半”字的出现位置与其他相似文书的“发”相同，“半”表示“分为两半”，“发”训为“启”，都是“启封”、“打开文书”的意思。“半”、“发”所使用的时代不同，似秦始皇三十一年以后改用“发”字。起初“半”字误释为“手”，造成多种不必要的混乱。参看陈剑《读秦汉简札记三篇》，《出土文献与古文字研究》第4辑，上海古籍出版社，2011。

③ “手”字也曾有颇多歧义，可以参看陈伟主编《里耶秦简校释》第5页，注12。《为狱等状》案例一简013称“州陵守绾、丞越、史获论令癸、琐等各赎黥”，简030“获手，其赀绾、越、获各一盾”，可以看出“手”表示经手义。参看拙稿《岳麓秦簡司法文書集成〈為獄等狀等四種〉譯注稿——事案一》（《法史學研究會會報》第17号，2013，第115～116页，注45）。处理行政案件的核心问题是写立相关文书，因此所谓“制作文书”说与拙稿所谓“经手”很接近，可以参看高村武幸《公文書の書記官署名——里耶秦簡・居延漢簡の事例から》，《中国出土資料》第9号，2005。

④ 《为狱等状》简063称“大（太）守令曰”，可知“令”不限于朝廷颁布的法规。

平行文书和下行文书基本上使用相同的体式。比如 J1⑧1515 是贰春乡针对县廷下属机构司空的平行文书：

> 卅（三十）年十月辛卯朔乙未，贰春乡守绰敢告司空主
> =（主：主）令鬼薪轸、小城旦乾人为贰春乡捕鸟及羽。羽皆已备。今已以甲午属司空佐田，可定薄（簿）。敢告主。 J1⑧1515 正
> *十月辛丑旦，隶臣良朱以来。/列半。* 邛手。 J1⑧1515 背

开头处的套语改用“敢告”，并标明主送人“司空主”，即司空啬夫。“敢告”在文书主题结尾处重新出现，与上引上行文书“敢言之”相同。收发记录、制作记录也无变化。正文部分以“今”字前后分为两半，前半为情况说明，与上引法律依据相应，后半部分是主文，因为相关者已交给司空佐田，所以要求司空“定簿”。文书结构如下：

<table>
<tr><th colspan="3">文书结构</th><th>释文</th></tr>
<tr><td rowspan="5">文书主体</td><td colspan="2">开头</td><td>卅(三十)年十月辛卯朔乙未,贰春乡守绰敢告司空主:</td></tr>
<tr><td rowspan="3">正文</td><td>情况说明</td><td>主令鬼薪轸、小城旦乾人为贰春乡捕鸟及羽。羽皆已备。</td></tr>
<tr><td rowspan="2">主文</td><td>今</td></tr>
<tr><td>已以甲午属司空佐田,可定薄(簿)。</td></tr>
<tr><td colspan="2">结尾</td><td>敢告主。</td></tr>
<tr><td rowspan="2">附记</td><td colspan="2">收发记录</td><td>十月辛丑旦,隶臣良朱以来。/列半。</td></tr>
<tr><td colspan="2">制作记录</td><td>邛手。</td></tr>
</table>

J1⑧1560 为下行文书之例：

> 卅（三十）一年后九月庚辰朔辛巳，迁陵丞昌谓仓啬夫：令史言以辛巳视事。以律令假养，袭令史朝走启。定其符。它如律令。
> J1⑧1560 正
> *后九月辛巳旦，守府快行。* 言手。 J1⑧1560 背

“谓”在下行文书开头处常见，表示发文人对主送人指令的口气。指令的具体内容为，按照律令的相关规定贷予炊事员，以原给令史朝作走的启充当此炊事员，确认并发行符券。这就是此份文书的主文。令史言在辛巳日开始治事，这是对相关情况的说明。结尾处的“它如律令”与表示指令的“谓”字相应，是下行文书常见的套语，有时也作“它有律令”等。这种套语的功能

应与上行或平行结尾处重复出现的套语“敢言之”、“敢告某”相似。

J1⑧1560 的文书结构可以整理如下：

<table>
<tr><th colspan="3">文书结构</th><th>释文</th></tr>
<tr><td rowspan="4">文书主体</td><td colspan="2">开头</td><td>卅一年后九月庚辰朔辛巳，迁陵丞昌谓仓啬夫：</td></tr>
<tr><td rowspan="2">正文</td><td>情况说明</td><td>令史言以辛巳视事。</td></tr>
<tr><td>主文</td><td>以律令假养，袭令史朝走启。定其符。</td></tr>
<tr><td colspan="2">结尾</td><td>它如律令。</td></tr>
<tr><td rowspan="2">附记</td><td colspan="2">收发记录</td><td>后九月辛巳旦，守府快行。[1]</td></tr>
<tr><td colspan="2">制作记录</td><td>言手。</td></tr>
</table>

注：[1]“行”表示由县廷往外发出文书，可知 J1⑧1560 是在迁陵县留下的副件，正件已发出。副件的收发记录也为别笔，应与县廷收发业务有关，但具体情况未详。

除上述内容之外，文书还经常注明抄送或答复事宜，如 J1⑧0647 正“酉阳已腾书沅陵”、J1⑧1517 正/J1⑧0066 + J1⑧0208 “当腾 =（腾，腾）”、① J1⑧2006 + J1⑧0666 正“谒报”、J1⑧0197 正“谒报，署主吏发”等，夹在正文与结尾之间。另外，还特别值得注意的是“附加材料”。文书经常除主体部分之外附加其他文字材料。有时附加材料占大部分篇幅，主体部分反而非常简略，比如 J1⑧0145：

第 1～3 栏

☑……　　　　　二人取芒：阮、道。

☑□□□人。　　　一人守船：遏。

☑□□十三人。　　三人司寇：豢、类、② 款。

① 《说文·马部》：“腾，传也。”腾书，即现代所谓抄送；当腾腾，应当传送者传送。最初关注“腾”字传送义似为张春龙、龙京沙：《湘西里耶秦代简牍选释》（《中国历史文物》2003 年第 1 期）：“当腾腾。词语见于云梦睡虎地秦简之《封诊式·有鞫》：‘……当腾腾，皆为报，敢告主’。旧以第二‘腾’字属下读，非是。疑第一个‘腾’字为‘誊’，是抄录的意思；第二个‘腾’字读为本字，是传送的意思。”最初正确理解“当腾腾”的语法结构似为胡平生的《读里耶秦简札记》（《中国文物报》2003 年 9 月 12 日、19 日），后刊于《简牍学研究》第 4 辑（2004）：“‘当’是‘应当’之意。‘当腾腾’的两个字都要读为‘誊’，是说应当移写抄录的部门就抄录给他们。”马怡《里耶秦简选校》（《中国社会科学院历史研究所学刊》第 4 集，2007）则提出“或说”，正确分析“‘腾’读为本字，‘当腾，腾’意谓‘应该传送的，传送’。《后汉书·隗嚣列传》：‘因数腾书陇蜀，告示祸福。’”起初有关“腾”字的讨论颇多，可以参看陈伟主编《里耶秦简校释》，第 3～4 页注 9。

② “三人司寇”之“类”，原释文作“頪”，校释作“貇”，据施谢捷《里耶秦简释文稿》改释。

⍁……囷、段、却。
七人市工用。
八人与吏上计。
一人为舃：剧。
九人上省。
二人病：复、卯。
一人当传酉阳。

⍁隶妾毄（系）舂八人。
⍁隶妾居赀十一人。
受仓隶妾七人。
·凡八十七人。
其二人付畜官。
四人付贰春。
廿四人付田官。
二人除道沅陵。
四人徒养：枼、痤、带、复。

二人付都乡。
三人付尉。
一人付臣。
二人付少内。
七人取□：□、林、娆、粲、鲜、夜、□。①
六人捕羽：刻、□、② 卑、□、娃、变。
二人付启陵。
三人付仓。
二人付库。

第4~5栏

二人传徙酉阳。
一人为笥：齐。
一人为席：婍。
三人治枲：梜、兹、缘。
五人毄（系）：婢、般、橐、南、儋。
二人上眚。
一人作庙。
一人作务：青。
一人作园：夕。
⍁□囷敢言之：写上。敢言之。/痤手

·小城旦九人
其一人付少内。
六人付田官。
一人捕羽：强。
一人与吏上计。
·小舂五人。
其三人付田官。
一人徒养：姊。
一人病：□。
J1⑧0145 正
J1⑧0145 背

<table>
<tr><th colspan="3">文书结构</th><th colspan="2">释文</th></tr>
<tr><td rowspan="4">附件（作徒簿）</td><td colspan="2">表题</td><td colspan="2">……</td></tr>
<tr><td rowspan="3">城旦舂（?）</td><td>人员</td><td>……</td><td></td></tr>
<tr><td>小计</td><td>……</td><td></td></tr>
<tr><td>工作</td><td>⍁……囷、叚、却。
七人市工用。
八人与吏上计。
一人为舃：剧。</td><td>九人上省。
二人病：复、卯。
一人当传酉阳。</td></tr>
</table>

① “七人取□”之“林”上一人名，原释文作“繶”，校释作“繕”；“夜”下一人名，原释文、校释作“丧”，均据施谢捷《里耶秦简释文稿》改释。

② “六人捕羽”之“刻”下一人名，原释文作“绰”，校释作“婢”，据施谢捷《里耶秦简释文稿》改释。

续表

<table>
<tr><th colspan="3">文书结构</th><th colspan="2">释文</th></tr>
<tr><td rowspan="8">附件
（作徒簿）</td><td rowspan="3">隶臣妾(?)</td><td>人员</td><td>⍁□□□人。
⍁□□十三人。
⍁隶妾毄(系)春八人。
⍁隶妾居赀十一人。
受仓隶妾七人。</td><td></td></tr>
<tr><td>小计</td><td>·凡八十七人。</td><td></td></tr>
<tr><td>工作</td><td>其二人付畜官。
四人付貳春。
廿四人付田官。
二人除道沅陵。
四人徒养:枼、瘥、带、复。
二人取芒:阮、道。
一人守船:遏。
三人司寇:豰、类、款。
二人付都乡。
三人付尉。
一人付臣。
二人付少内。
七人取□:□、林、娆、粲、鲜、夜、□。</td><td>六人捕羽:刻、□、卑、□、娃、变。
二人付启陵。
三人付仓。
二人付库。
二人传徙酉阳。
一人为笥:齐。
一人为席:姱。
三人治枲:梜、兹、缘。
五人毄(系):婢、般、橐、南、儋。
二人上省。
一人作庙。
一人作务:青。
一人作园:夕。</td></tr>
<tr><td rowspan="2">小城旦</td><td>人员</td><td>·小城旦九人</td><td></td></tr>
<tr><td>工作</td><td>其一人付少内。
六人付田官。</td><td>一人捕羽:强。
一人与吏上计。</td></tr>
<tr><td rowspan="2">小春</td><td>人员</td><td>·小春五人。</td><td></td></tr>
<tr><td>工作</td><td>其三人付田官。
一人徒养:姊。</td><td>一人病:□。</td></tr>
<tr><td colspan="4" style="display:none"></td></tr>
<tr><td rowspan="3">文书主体</td><td colspan="2">开头</td><td colspan="2">……□图,敢言之。</td></tr>
<tr><td colspan="2">正文</td><td colspan="2">写上。</td></tr>
<tr><td colspan="2">结尾</td><td colspan="2">敢言之。</td></tr>
<tr><td rowspan="2">附记</td><td colspan="2">收发记录</td><td colspan="2">……</td></tr>
<tr><td colspan="2">制作记录</td><td colspan="2">瘥手。</td></tr>
</table>

主体部分正文只有“写上”两字，可知此份文书专门为提交附加材料而写。从实质意义来讲，附件似是本文书的主要部分，但从文书体式来讲，文

书主体部分与常见的公文书格式无异，作徒簿只不过是附加在主体部分上的一种附件。除簿籍之外，也可以附加文书，如 J1⑧1525：

> 卅（三十）四年七月甲子朔癸酉，启陵乡守意敢言之：廷下仓守庆书言：令佐赣载粟启陵乡。今已载粟六十二石，为付券一，上。谒令仓守。敢言之。*·七月甲子朔乙亥，迁陵守丞配告仓主：下券。以律令从事。/壬手。*/**七月乙亥旦，守府印行。**
>
> J1⑧1525 正
>
> *七月乙亥旦，□□以来。/壬发。* 恬手。 J1⑧1525 背

<table>
<tr><td colspan="3">文书结构</td><td>释文</td></tr>
<tr><td colspan="3">附件 1（付券）</td><td>（未见）</td></tr>
<tr><td rowspan="6">附件 2
（上行文书）</td><td colspan="2">开头</td><td>三十四年七月甲子朔癸酉，啓陵鄉守意，敢言之：</td></tr>
<tr><td rowspan="4">正文</td><td rowspan="2">资料依据</td><td>廷下仓守庆书言：</td></tr>
<tr><td>令佐赣载粟启陵乡。</td></tr>
<tr><td rowspan="2">主文</td><td>今</td></tr>
<tr><td>已载粟六十二石，为付券一，上。
谒令仓守。</td></tr>
<tr><td colspan="2">结尾</td><td>敢言之。</td></tr>
<tr><td rowspan="2">附记</td><td colspan="2">收发记录</td><td>七月乙亥旦，□□以来。/壬发。</td></tr>
<tr><td colspan="2">制作记录</td><td>恬手。</td></tr>
<tr><td rowspan="3">文书主体</td><td colspan="2">开头</td><td>·七月甲子朔乙亥，迁陵守丞配告仓主：</td></tr>
<tr><td colspan="2">正文</td><td>下券</td></tr>
<tr><td colspan="2">结尾</td><td>以律令从事。</td></tr>
<tr><td rowspan="2">附记</td><td colspan="2">收发记录</td><td>/七月乙亥旦，守府印行。</td></tr>
<tr><td colspan="2">制作记录</td><td>/壬手。</td></tr>
</table>

此份文书是迁陵守丞配对县仓的下行文书。文书中配告知仓主下达一份券书，并命令其按照相关法律规定处理。文书附加两种文字材料，一份是启陵乡守意所制作的“付券”，另一种是启陵乡守意向县廷呈献“付券”的上行文书。启陵乡守意的文书“七月乙亥旦”抵达县廷，属吏“任”立即以迁陵守丞配的名义写立一份下行文书，由守府印发送出去。我们现在看到的是

留在县廷的底本或副本①。“付券”原件应该下达县仓，今无法知道县廷副本原来包含不包含“付券”的复件。

如上文所介绍，无论上行、平行或下行的公文书，其体式基本上是相同的，可以归纳如下列表格：

文书结构		记载内容
附件		文书或簿籍的原件或抄件(格式如同原件)
文书主体	开头	发文年月日、签发人(官职＋人名)、发文形式(文种)、收文人/主送人
	正文	资料依据(法律依据、情况说明等) 主文
	附记	抄送、答复事宜
	结尾	发文形式(文种)/“它如律令”
附记	收发记录	收发月日时、传递人、启封者
	制作记录	制作人

其中所谓“发文形式”或“文种”指常称为“文书套语”或“习惯用语”的“敢言之”、“敢谳之”、“敢告某”等词语。其实这些“套语”具有明确的法律涵义。比如《秦律十八种》所收〈司空律〉规定如下：

> 139 官作居赀赎责而远其计所官者，尽八月各以其作日及衣数告其计所官，毋过九月而觱（毕）到
> 140 其官。官相紤（近）者，尽九月而告其计所官。计之其作年……

据此，役使“居赀赎责”等劳动力的官府有义务在每年九月将“作日”和“衣数”等信息“告”到“计所官”。“计所官”收到这些信息之后，将其写进当年的上计资料中。除《秦律十八种》所见之外，秦律还应该存在很多类似的有关国有劳动力管理的规定。上引 J1⑧0145 所见“敢言之”也应与此类规定相应，签发人“圂”则通过上达“敢言之”形式的文书履行他上报作徒信息的法律义务。“计之其作年”等事务则是受送机关的法律义务，已与

① 从三种不同笔迹推测，简 J1⑧1525 是起初从启陵乡寄来的原件，属吏壬直接在原件上加写县廷对仓的下行文书，并将其留在县廷作底本或副本。正本则另写在其他简牍上，向县仓下达，因而不应保留在里耶秦简里。上述“正本”、“副本”等概念都属现代描写术语，与秦汉代所谓“副”等未必一致，并且同一份文字材料在收发和转送等过程中会扮演多种不同角色，在此不细说，可以参看角谷常子《簡牘の形状における意味》，〔日〕冨谷至《邊境出土木簡の研究》（朋友书店，2003）；邢义田《汉代公文书的正本、副本、草稿和签署问题》，《中央研究院历史语言研究所集刊》第 84 本第 4 分（2011）。

“圂”不相关。平行文书的“敢告某”和下行文书的“告某”，也应具有相似的法律效果。

“谳”的法律涵义则大不一样。《秦律十八种》中见如下徭律规定：

> 121……县毋敢擅坏更公舍官府及廷，其有欲坏更殹（也），必灋（谳）
> 122之……

据此，秦律不允许县擅自决定拆建官府，若要拆建的话，一定要提前进行“谳”，即请示或申请批准。获得上级机关指示或批准之后，“谳”的发文机关实行所申请的业务，比如拆建官府等。此一点与上述“敢言之”、“敢告某”等呈报、报告文书正好相反。按照法律规定以“敢言之”等形式报告之后，发文机关已完成了法律义务，收文机关负责下一步工作。[①] 这种差别都应理解为发文形式的法律效果，表示发文形式的“敢言之”等词语并非单纯的套语。

除上举之外，常见的发文形式还有“移”（平行文书）、“下”、“谓”、“却”、“报”、“追”、“诏”（下行文书）等发文形式。其中有的词义不言而喻，有的还很难说准其法律涵义，但其在文书中的位置都相同，无疑是区分不同文书类别的主要标志。

最后，还应该说明，平行文书和下行文书都标明主送机关或主送人，如“告仓主”之“仓主”等，而下行文书则不然。这是因为行政系统的统属关系都很明确，上行文书只能交给直属的上级机关，[②] 不标出收文人也不会产生歧义。因此均从省，仅称“敢言之”、“敢谳之”等。其他有重复或不言而喻者也都可以从略。比如历日一般只有一次纪年，第二个历日仅标出月日；下行文书主文经常包含与结尾“它如律令”等重复的内容，结尾则省略。甚至也有发文形式兼作主文等特殊情况，如后引“追”。公文书的体式会因上述原因出现一些繁简之不同，但基本结构并无变化。

---

① 张建国先生的理解与小文正好相反，张文云：“奏书不存在基层审判机关在定罪量刑方面的疑难之处，事情已经得出了明确的结论，向上级奏请为的是获得批准，是法定的例行公事。也就是说，请求上级批准是这类文书的特性。”的确，《奏谳书》案例十四至十六和二十二不存在任何疑难处，但这并不意味着下级向上级申请批准。案例二十二简228有“谒以补卒史”字样，无疑是下级机关要求上级机关直接处理此事，收到上行文书的内史将要补举为卒史，并不仅是批准咸阳县自行调任。

② 有关向朝廷上请的下引条文也可以理解为不能超越统属关系这一原则的具体表现。《二年律令》：

> 219县道官有请而当为律令者，各请属所二千石官，二千石官上相国、御史，相国、御史案致，当请请之。毋得径请。径请者，
> 220罚金四两。

四 “奏”在公文书中的位置

“奏”字在里耶秦简的公文书中也颇为常见，但其出现位置与上述“敢言之”、“敢告某”、“谓某”等发文形式不同，大致可以细分两种情况。第一，“奏”字出现在文书主体部分的正文。比如⑧1617＋0869云：

为奏，傅所以论之律令，① 言展薄留日。·令☐②

前后文未详，但从语气判断，“为”至“日”一文系下行文书的断片，上级机关指令下级机关写立一份“奏”，附加论罪所依据的法律规定，并呈报“展薄留日”。墨点下面的“令”字或许为“今”之误。若然则墨点前的来自下行文书的一句话是其他上行文书中当作资料依据所引的指令。

类似情况见于下列三例：

☐有廱（应）书者，为奏当上薄（簿）。 J1⑧0251
廱（应）令及书所问，且弗廱（应）？弗廱（应）而云当坐之状何如？其谨桉（案）致，更上奏夬（决）、展薄（簿）留日，毋腾却。它 J1⑧1564
☐□上论奏，守府却曰： J1⑧1695

前二者也应系下行文书的断片。J1⑧0251中上级机关要求下级机关，如果管辖范围内有与文书所说情况相应者，则写立“奏当”并奉上相关簿籍；J1⑧1564要求奉上“奏决”和“展薄留日”。J1⑧1695应该是上行文书的断片，下级机关（大概是县）描写其曾经上献“论奏”并遭到郡府驳回的情况。“奏当”和“奏决”以“奏”字分别修饰“当”（判断意见）和“决”（判决），“论奏”相反以“论”（判决）修饰“奏”，可以理解为以“论”为内容的“奏”。

那么所谓“奏”意味为何？J1⑧1060＋J1⑧1405③ 有如下记载：

① “傅”字原释文、校释作“传”，“令”字原缺释，据何有祖《里耶秦简牍缀合（六则）》（简帛网，http：//www. bsm. org. cn/show_ article. php？ id＝1765，2012年12月24日）改、补释。

② 本简缀合据何有祖《里耶秦简牍缀合（六则）》。

③ 本简缀合据何有祖《里耶秦简牍缀合（七则）》，简帛网，http：//www. bsm. org. cn/show_ article. php？ id＝1679，2012年5月1日。

☐至乙亥凡十一日。

☐□劾奏。迁陵守丞衔曰：移□[①]。问。当论＝（论，论），言夬（决）。☐

☐衔敢言之：写上。谒以临夬（决）。敢言之。/歆☐

文书结构		释文
附件（劾奏？）	？	……至乙亥凡十一日。
	？	……□劾奏。
	？	迁陵守丞衔曰：
	？	移□。问。当论，论，言夬（决）。
文书主体	开头	……衔敢言之：
	正文	写上。谒以临夬（决）。
	结尾	敢言之。
附记	收发记录	……
	制作记录	歆/【手。】

文书结构相似的公文书见于：

守府以恒恒赋迁陵券☐

三月甲辰令佐华劾奏。□☐

卅（三十）五年三月庚寅朔☐　J1⑧0433

文书结构		释文
附件（劾奏？）	？	守府以恒恒赋迁陵券……
	？	三月甲辰令佐华劾奏。
	？	□……
	？	……
文书主体	开头	三十五年三月庚寅朔……
	正文	……
	结尾	……
附记	收发记录	……
	制作记录	……

两份文书都不完整，但结合二者分析，可以推测“三月甲辰令佐华劾奏”和“……□劾奏”都为附件的标题，文书主体部分正文所谓“写上”

① “□”，何有祖作“□●”，疑“问”前墨点实为笔画残形，非标点符号。未释字疑为“狱”。

则指此。“劾奏”的组合与上述“论奏”相同，也可以理解为以“劾”为内容的“奏”。从 J1⑧1060 + J1⑧1405 可知，附加“劾奏”的文书是使用发文形式“敢言之”的上行文书，与《为狱等状》案例九和十无异。

最后还应举 J1⑧0755 至 0759。这份资料印证秦代已对文书本身和附加材料的名称加以区别：

0755A　卅四年六月甲午朔乙卯，洞庭守礼谓迁陵丞＝（丞：丞）
言徒隶不田，奏曰：司空厌等当坐，皆有它罪，
0756　耐为司寇。有书＝（书，书）壬手。令曰：吏仆、养、走、
工、组织、守府门、削匠及它急事不可令田，六人予田徒
0757　四人。徒少及毋徒，薄（簿）移治虏御＝史＝（御史，御
史）以均予。今迁陵廿五年为县，廿九年田，廿六年尽廿八
年当田，司空厌等
0758　失弗＝令＝田＝（弗令田。弗令田）即有徒而弗令田且徒少，
不傅于」奏。及苍梧为郡九岁，乃往岁田。厌失，当坐论，即
0759　如前书律令①。丿七月甲子朔癸酉，洞庭叚守
绎追迁陵。丿歇手。·以沅阳印行事。
0755B　歇手。

<table>
<tr><th colspan="4">文书构造</th><th>释文</th></tr>
<tr><td rowspan="9">附件（洞庭郡下行文书）</td><td rowspan="8">文书主体</td><td colspan="2">开头</td><td>卅（三十）四年六月甲午朔乙卯，洞庭守礼谓迁陵丞：</td></tr>
<tr><td rowspan="6">正文</td><td rowspan="4">资料依据</td><td>丞言徒隶不田，奏曰：</td></tr>
<tr><td>司空厌等当坐，皆有它罪，J1⑧0755 正耐为司寇。</td></tr>
<tr><td>有书，书壬手。令曰：</td></tr>
<tr><td>吏朴、养、走、工、组织、守府门、削匠及它急事不可令田，六人予田徒 J1⑧0756 四人。徒少及毋徒，薄（簿）移治虏御史，御史以均予。</td></tr>
<tr><td rowspan="2">主文</td><td>今</td></tr>
<tr><td>迁陵廿（二十）五年为县，廿（二十）九年田。廿（二十）六年尽廿（二十）八年当田，司空厌等 J1⑧0757 失弗令田。弗令田，即有徒而弗令田，且徒少，不傅于奏。及苍梧为郡九岁，乃往岁田。厌失当坐论，即 J1⑧0758 如前书律令。</td></tr>
<tr><td colspan="2">结尾</td><td>歇手。</td></tr>
<tr><td>附记</td><td colspan="2">制作记录</td><td></td></tr>
</table>

① 此处简文并不十分顺通，或许还缺其他简文。

续表

文书构造		释文
文书主体	开头	七月甲子朔癸酉,洞庭叚守绎追迁陵。
	主文	
	结尾	
附记	制作记录	·以沅阳印行事。
	签发形式	歇手。

所谓“丞言徒隶不田”表示迁陵丞向郡呈报“徒隶不田”一事，“有书，书壬手”说明迁陵丞的报告使用公文书的书面形式，文书由属吏壬经手。“奏”与“书”有别，“奏曰”以下则只能指来自迁陵丞上行文书附加材料的引文，情况与上述“劾奏”等相似。从中可推知，“奏”是进言陈事的附加材料，“劾奏”和“论奏”是进言“劾”和“论”的附加材料，“奏当”和“奏决”是以附件形式所进献的判决意见和判决结果。①

五 “奏书”之说不成立

从文书结构来讲，将狭义的奏谳文书称为“谳书”，并无不可。比如《奏谳书》案例三的文书结构可以整理如下列表格：

《奏谳书》是一部书籍，经过一番编辑，文书格式已与文书原貌有一定差距。比如有关制作、收发等附记均被删除，附件2和附件3已看不出其原始面貌等等。但是文书的基本结构还是很清楚。案例三是太仆不害将经过皇帝批准的判决意见下达给胡啬夫的下行文书。我们所关注的狭义的奏谳文书原来是胡啬夫向郡请示的上行文书，由郡转达之后，被附加在太仆不害的下行文书又下发到胡县。②

附件1所见狭义奏谳文书的结构与第三节所分析的基本体式无异。开头列出发文年月日、签发人的官职和人名、发文形式。与其他上行文书相同，主送人被省略。正文由资料依据和主文构成。资料依据抄录多种侦查、审理

① 传世文献中此类辞例似不多，《史记·李斯列传》之“奏当上”可以如此理解。

② 其他案例将上级的批复仅称“廷报”等，这是《奏谳书》编者对相应下行文书的简称，文书结构应原与案例三无异。从《为狱等状》案例一和二可知，“报”也是上级批复文书的发文形式。我们怀疑案例三发文形式不用“报”而使用“谓”的原因与太仆不害“行廷尉事”有关，但此两种发文形式之间的法律效果有何不同，现在还难以判断。

文书构造				释文
附件1（奏潚文书）	开头			·十年七月辛卯朔癸巳，胡状、丞憙敢潚（谳）之：
	正文	资料依据（县级审理记录）	揭发	刻（劾）曰： 临菑（淄）狱史阑令女子南冠缴（缟）冠，详（佯）病卧车中，袭017大夫虞传，以阑出关。
			供述（阑）	·今阑曰： 南，齐国族田氏，徙处长安。阑，送行，取（娶）为妻，与偕归临菑（淄）。未018出关得。 它如刻（劾）。
			供述（南）	·南言如刻（劾）及阑。
			诘问	·诘阑： 阑非当得取（娶）南为妻也，而取（娶）以为妻，与偕归临菑（淄），019是阑来诱及奸，亡之诸侯，阑匿之也。何解？
			供述（阑）	阑曰： 来送南而取（娶）为妻，非来诱也。吏以为奸020及匿南，罪。 毋解。
			诘问	·诘阑： 律所以禁从诸侯来诱者，令它国毋得取（娶）它国人也。阑虽021不故来，而实诱汉民之齐国，即从诸侯来诱也。何解？
			供述（阑）	阑曰： 罪。 毋解。
			查询	·问如辤（辞）。
			县廷审理	·鞫：022 阑送南，取（娶）以为妻，与偕归临菑（淄）。未出关得。 审。
		主文		疑阑罪。
	附记			（系）。它县论。
	结尾			敢潚（谳）之。
附件2（判例）				·人婢清023助赵邯郸城，已，即亡，从兄赵地，以亡之诸侯论。今阑来送徙者，即诱南。
附件3	吏议1			·吏议： 阑与清024同类，当以从诸侯来诱论。
	吏议2			·或曰： 当以奸及匿黥舂罪论。025
文书主体	开头			十年八月庚申朔癸亥，大（太）仆不害行廷尉事，谓胡啬夫：
	主文			潚（谳）狱史阑，潚（谳）固有审。廷以闻： 阑026当黥为城旦。
	结尾			它如律令。027

记录,[①] 主文称“疑某人罪”等。结尾又重复标出发文形式。所谓“谳书”之“谳”则取自发文形式的“敢谳之”,加以表示文书义之“书”字。虽然秦汉文献似未出现相关辞例,但从组词原理来看,也并无不可。

张文、邬文所谓“奏书”则完全不同。案例十八有标题简(简124),称:

> 南郡卒史蓋(盖)庐、摯、朔、叚(假)卒史瞗复(覆)攸庳(雁)等狱薄(簿)

案例十八也不具有标明发文年月日、签发人、发文形式的开头和结尾,可知此案例并不是一份公文书,而是一份簿籍,即“狱簿”。案例十四至十六和二十二都来自以“敢言之”形式发文的上行文书,[②] 在此仅举案例十四为例:

<table>
<tr><th colspan="2">文书构造</th><th>释文</th></tr>
<tr><td rowspan="18">附件(奏七牒)</td><td rowspan="2">揭发</td><td>··八年十月己未,安陸丞忠刻(劾):</td></tr>
<tr><td>狱史平舍匿无名数大男子种。</td></tr>
<tr><td rowspan="3">供述(平)</td><td>·今平曰[1]:</td></tr>
<tr><td>诚智(知)种无名数,舍063匿之。罪。</td></tr>
<tr><td>它如刻(劾)。</td></tr>
<tr><td>供述(种)</td><td>种言如平。</td></tr>
<tr><td rowspan="3">查询</td><td>问:</td></tr>
<tr><td>平爵五大夫,居安陆和众里,属安陆相。</td></tr>
<tr><td>它如辤(辞)。</td></tr>
<tr><td rowspan="3">郡府审理</td><td>鞫:</td></tr>
<tr><td>平智(知)种无064名数,舍匿之。</td></tr>
<tr><td>审。</td></tr>
<tr><td rowspan="5">判决意见</td><td>当:</td></tr>
<tr><td>平当耐为隶臣,锢,毋得以爵当、赏免。</td></tr>
<tr><td>·令曰:</td></tr>
<tr><td>诸无名数者,皆令065自占书名数。令到县道官,盈卅(三十)日不自占书名数,皆耐为隶臣妾,锢,勿令以爵、赏免。066舍匿者,与同罪。</td></tr>
<tr><td>以此当平。</td></tr>
<tr><td>附记</td><td>南郡守强、守丞吉、卒史建舍治。067</td></tr>
</table>

① 详见拙稿《张家山汉简〈奏谳书〉吏议札记》(《出土文献与法律史研究》第2辑,2013)。“鞫”的较为原始的审理记录见于里耶秦简,可参看拙稿《「鞫书」と「鞫状」に関する覚书》,“中國古代簡牘の横斷領域的研究”网站,http://www.aa.tufs.ac.jp/users/Ejina/note/note07%28Hafner%29.html,2014年3月24日。

② 案例十五仅保留上行文书的附加材料,文书主体部分被删除,但从残存部分不难推知,其原始结构与案例十四无异。

续表

文书构造		释文
文书主体	开头	八年四月甲辰朔乙巳,南郡守强敢言之:
	主文	上奏七牒,谒以闻。
	附记	种县论。
	结尾	敢言之。068

注:[1] 简 063“大男子种・今平曰”原作“大男子种一月平曰”,据陶安、陈剑《〈奏谳书〉校读札记》(《出土文献与古文字研究》第 4 辑,2011 年 12 月)改释。

附件抄录有关本案的侦查和审理记录,主体部分的正文称“上奏七牒,谒以闻”,即表明传达相关资料的意思,并要求将本案上达皇帝。在案例十五、十六和二十二中“奏”字同样出现在文书主体部分的主文中,案例十八则在查询记录。如果据此将相关文书和簿籍命名为“奏书”的话,也可以将其称为“上书”、“谒书”等,似乎不存在任何客观标准或限制。这就难以令人信服。

六 《奏谳书》标题之“奏”字

“奏谳书”之所谓“奏”既然与“为奏”之“奏”无关,其字义究竟如何?在秦汉文献中,“奏谳”一词除“奏谳书”之外仅见于复合词“奏谳掾”。《汉书・兒宽传》云:

> 会廷尉时有疑奏,已再见却矣……宽为言其意,掾史因使宽为奏。奏成,读之皆服,以白廷尉汤。汤大惊,召宽与语,乃奇其材,以为掾。上宽所作奏,即时得可……汤由是乡学,以宽为奏谳掾,以古法义决疑狱,甚重之。

兒宽“为奏”,即写立一份文字材料,如上所缕述。张汤则将此份文字材料奉上,即时得到武帝批准。兒宽因此事得为奏谳掾,可知奏谳掾的职掌仍与“为奏”有关。

按照张说、邬说,“奏谳书”是由“奏书”和“谳书”组合的复合词。若真如此,奏谳掾的职掌也应能细分为“奏”和“谳”两项。这与下列两种辞例相矛盾。先看《汉书・张汤传》:

> 是时,上方乡文学,汤决大狱,欲傅古义,乃请博士弟子治尚书、春秋,补廷尉史,平亭疑法。奏谳疑,必奏先为上分别其原,上所是,

受而着谳法廷尉挈令，扬主之明。奏事即谴，汤摧谢，乡上意所便。

“奏谳疑”，《史记·酷吏列传》作“奏谳疑事”，可知其为动宾结构，“谳疑”是动词“奏”的宾语，正如颜师古注：“言平均疑法及为谳疑奏之。”既然补为廷尉史的博士弟子等上奏“谳疑事”，那么奏谳掾的“奏谳”也应如此理解。顺着这条思路重新查看高帝诏书原文，“奏谳”之疑则迎刃而解。《汉书·刑法志》云：

县道官狱疑者，各谳所属二千石官，二千石官以其罪名当报之。所不能决者，皆移廷尉，廷尉亦当报之。廷尉所不能决，谨具为奏，傅所当比律令以闻。

据此，以皇帝为顶峰的奏谳程序共分三个环节，即（县）“谳”、（郡）“移”、（廷尉）“为奏/以闻”。“移”也是文书术语，当作发文形式用于转送其他文书、簿籍的平行文书。常见的“签发人+‘移’+主送人”格式即是。换言之，高帝诏书袭用当时文书术语。当作文书术语，“奏”字专指附加在上行文书的文字材料，“以闻”指进呈御览。从字义推知，文字材料“奏”的使用目的不外乎进言陈事。“奏”则是为进言陈事而写的一份文字材料。但文书术语中撰写和进呈有别，前者称“为奏”，后者为“以闻”或“上”。里耶秦简中也不存在将进呈行为直接称为“奏”的辞例。

传世文献等所使用的普通词语当然灵活性更大，诏书中廷尉所承担“为奏”和“以闻”的两项职务可以一并称为“奏谳疑事”。再进一步省略，就成为“奏谳”。此时，“奏”字是动词，表示进言陈事，“谳”是宾语，即“谳疑事”。“奏谳掾”和“奏谳书”之“奏谳”则是进奏谳疑事的意思。

换言之，“奏谳”一词使用普通的语言，从廷尉职掌的角度概括出高帝诏书所规定的上请制度。① 与《为狱等状》不同，《奏谳书》所收狭义的奏谳文书不包含由郡批复的地方性司法案件，除案例二缺乏明确记载之外，其他所有案例都以“廷报”结束。《奏谳书》所收“乞鞫类”、“奏类”案例似乎也多与中央的司法机关有关。“乞鞫类”的案例十七由“廷尉兼”向“汧啬夫”下达，案例十四至十六都由郡向上呈报地方长吏的犯罪行为，审判权似属朝廷。案例二十二虽然由咸阳县丞上报，但咸阳属内史，与外地二千石官有别。

① “请”和“上请”虽然也常见于秦汉法律术语，但小文所谓“上请”与此无关，仅指“谳”字所表示的请示行为，属现代的描写术语。

与此相反，《为狱等状》所收文书多反映地方性司法案件。具有批复文件的案例一和二都由南郡批复。第一类其他奏谳文书也多可以确定为南郡下属县的上行文书。第二类虽然也涉及内史等下属县，但中央司法机关的干预始终不甚明显，地方性案件的色彩更浓厚。与《奏谳书》之“奏谳”相比，《为狱等状》标题简所见“为狱”、“为乞鞫/覆”、“为奏”等也似乎与地方文官职务的关系更为密切。《奏谳书》与《为狱等状》的题名之不同，或许与二者所收文书的来源有关，反映编者视线之不同。

不过，我们不能因此又贸然断定《奏谳书》为廷尉或朝廷所统一颁布的法律文献。小嶋茂稔曾经指出，《奏谳书》所收文书呈现出明显的“地域性偏差”，[①] 即文书原貌保存状况较好的案例多为南郡和内史县级或郡级文书，而来自其他地域的案例多数仅保留最基本的案情和判决内容，文书格式都已消失。从这一点判断，《奏谳书》也很可能由南郡附近的地方属吏所编，只是搜集文书的范围与《为狱等状》有所不同，即编者的视线从南郡转向廷尉。也就是说，与高帝时上请渠道的制度化相应，地方属吏的视线和信息来源产生了变化。这些变化在标题中得到反映，但并未必能证明中央的编纂事业。[②]

七 《为狱等状》标题之“奏”字

与普通词语之“奏谳”不同，《为狱等状》标题简之“为奏”属文书术语。敝注“奏”字字解对相关词义演变的描述恐怕过于简单，须要作出补充说明。敝注所引蔡邕《独断》将“奏”解释为“群臣上书与天子”的文书形式之一。《后汉书·胡广传》注引《汉杂事》亦云：“凡群臣之书，通于天子者四品：一曰章、二曰奏、三曰表、四曰驳议。”[③] 《广雅》释诂四所谓“奏，书也”，也可归并同一类训诂。敝注据此得出“奏”字“引申为进言文书”的结论，并将“为奏”解释为“写立进言文书”。这其实混淆了两个不直接相关的层次问题，即文书术语与普通词语的语言层次和秦代至汉初与东汉以后的时代层次。标题简之“为奏”与“为狱”、“为覆”、“为乞鞫”并

---

① 〔日〕小嶋茂稔：《読江陵張家山出土〈奏讞書〉劄記》，《アジア・アフリカ歴史社会研究》第2号，1997年4月，第20页。

② 小文仅讨论与“奏”字相关的问题，《奏谳书》题名研究其他方面的讨论或仍需今后新材料的出现。对《奏谳书》题名研究较为全面的介绍和评述，可参看李力《张家山247号墓汉简法律文献研究及其述评（1985.1～2008.12）》第3部第2章“《奏谳书》题名再研究”。

③ 《文心雕龙》章表篇也有极其相似的表述：“秦初定制，改书曰奏。汉定礼仪，则有四品：一曰章，二曰奏，三曰表，四曰议。”

列使用，可知其指办公业务之一，即办理进言陈事业务。办理此项业务一般写立一份相关的文字材料，并附加在“敢言之”形式的上行文书上，向上级机关进呈。文书术语将此份文字材料称为“奏”，“为奏”则在文书中专指写立此份文字材料。值得注意的是，高帝奏谳诏书仍用此义，并严格区分写立和进呈文字材料的两项业务内容（即“为奏”与“以闻”）。这反映秦代以来文书业务的用词习惯。“奏谳掾”、“奏谳书”等复合词的“奏谳”则不区分此两项内容，用奏字普通词义“进”笼统地表示进奏“谳疑事”。

从《独断》等传世文献可知，东汉以后文书术语之“奏”确实能表示“进言文书”本身，与秦代文书术语呈现出不可忽略的差距。而且秦代文书术语之奏多用于官府之间的往来文书，东汉以后似专指群臣向皇帝进言陈事的文书。遗憾的是，此二者之间的继承关系并不十分清楚。这是因为居延等西北汉简中“为奏”等辞例完全消失，并且难以找出能确定为文字材料或进言文书两义的辞例。较常见的“奏书”、“奏记”等都可以直接据“奏”字本义解释为奉上“书”、“记”等。这种普通词语的“奏”字正是里耶秦简文书中所未尝出现的。同时，西北汉简特有的“奏封”、“奏发”、“奏草”似可理解为“奏而封/发/草”，即进言而得到主管者批准之后封上、启封或起草文书。这恐怕也与秦代文书术语之“奏”没有直接的联系。换言之，秦代与东汉以后的文书术语之间目前仍缺乏能证明二者之间具有继承关系的史料环节。也无法排除秦代文书术语所谓官府往来文书的附加材料“奏”一旦消失，东汉向皇帝进言文书之“奏”又重新从类似于“奏谳”等普通词语即奏字“进言陈事”义发展出来的可能性。

据上述分析，敝注应分别对“奏”和“为奏”加以订正如下：

> 奏，向上进言，申报。《说文·夲部》：“奏，奏进也。”《书·舜典》“敷奏以言”，孔传：“奏，进也。”《语书》简 13：“其画最多者，当居曹奏令、丞。”秦代文书术语专指进言文书所附加的文字材料。《奏谳书》简 068：“上奏七牒，谒以闻。”
>
> 为奏，办理进言陈事业务，为字训治，与为覆、为狱等相同。秦代文书术语专指写立进言文书所附加的文字材料。《奏谳书》简 098：“为奉〔奏〕当十五牒，上，谒请。”简 227～228：“今狱史举闒得微[难]狱，为奏廿二牒……谒以补卒史。”

初稿：2014 年 4 月 14 日

定稿：2014 年 6 月 10 日

《中国古代法律文献研究》第八辑
2014年，第49~54页

“累论”与数罪并罚

张伯元*

摘　要：《岳麓书院藏秦简（叁）》“暨过误失坐官案”中的“累论”与数罪并罚问题，很有代表性，是研讨“累论”问题的典型司法实例。本文以“暨过误失坐官案”和《效律》为例证，证实在秦律中，虽未形成“数罪并罚”的制度，但毫无疑问它是《唐律》“诸二罪以上俱发，以重者论”及“更犯”适用法律之滥觞，并且直接影响汉律乃至我国整个帝制时代的法律适用。

关键词：秦简　累论　数罪并罚　暨

《岳麓书院藏秦简（叁）》第六则案例是“暨过误失坐官案”。案中涉及“累论”的罪罚问题，首先简要复述该案案情：

暨是一位县级属官。他被控告犯有八项罪名，即简文所说的“八劾”，结果“以羸（累）论”论处。所谓“以累论”，就是数罪并罚。暨不服，向上一级官府提出诉讼。

有哪八项罪名？1. □豁乡粮仓的天窗可以容鸟；2. 公士豕种橘擅自离岗；3. 偃不应当傅籍，官府傅籍时没有发觉；4. 任命销史丹担任江陵史，□未定（?）；5. 因有一百张弩的误差而被检举。6. 因没有下传戍守的命令而被检举；7. 因箭杆的事被检举；8. 因非法拘禁而被检举。

暨在上诉中强调，所犯过错失误是相互关联以及身为职官的原因，[①] 不

---

* 华东政法大学法律古籍整理研究所教授。

① 案中有“坐官”一语，见简095“此过误失及坐官也。相遝，羸（累）论重”。整理者译文：“用来累计论处我，这些是因违章和疏忽所引起的失误以及职务上的连坐罪。（案件都）相互关联，累计论罪太重。”简102“暨曰：不幸过误失，坐官弗得，非敢端犯”。整理者译文：“不幸因违章和疏忽引起了失误，（又）因未能查觉部门内失误导致连坐，而非敢故意违犯（法令）。”此“坐”字，表原因，我们解作“因为”，不作连坐讲。

当用数罪并罚论处。不当作“累论”论处的理由是：“不幸过误失，坐官弗得”的缘故。认为判重了，请求上谳。

官府认为：八项罪名不应当相互联系在一起。上诉被驳回。

经郡署审理，认为暨因受到八次检举，小的违犯法令二次，大的失误一次，因为担任官职犯小的失误五次。已经判处过赀一甲，其他没有判决，都相互关联。清楚确凿。

郡署属官（或都吏）裁断：处暨赀一甲，不用累计，不当累论。

一　按“累论”处断暨

暨被控告犯有“八劾”之罪，结果“以羸（累）论”论处。“八劾”即八项罪名，它们是否相互联系在一起，是解决“累论”当否的关键。为此，我们先将“八劾”列一简表，看一看哪些可以归属于违犯法令，哪些可以归属于失误、失职（参见表1）。

表1　简文中所见“八劾”

<table>
<tr><th>劾序</th><th>八劾</th><th colspan="2">性质归类[1]</th><th>处断</th><th>吏议</th></tr>
<tr><td>1</td><td>□豯乡粮仓的天窗可以容鸟</td><td rowspan="2">职官失误</td><td rowspan="2">违犯行政规章</td><td></td><td rowspan="8">赀一甲</td></tr>
<tr><td>2</td><td>公士豕种橘擅自离岗</td><td></td></tr>
<tr><td>3</td><td>偃不应当傅籍,官府傅籍时没有发觉</td><td>违犯法令</td><td rowspan="2">违法</td><td></td></tr>
<tr><td>4</td><td>任命销史丹担任江陵史,□未定(?)</td><td>大的失误</td><td>赀一甲</td></tr>
<tr><td>5</td><td>因有一百张弩的误差而被检举</td><td rowspan="3">职官失误</td><td rowspan="3">违犯行政规章</td><td></td></tr>
<tr><td>6</td><td>因没有下传守戍的命令而被检举</td><td></td></tr>
<tr><td>7</td><td>因箭杆的事被检举</td><td></td></tr>
<tr><td>8</td><td>因非法拘禁而被检举</td><td>违犯法令</td><td>违法</td><td></td></tr>
</table>

注：[1] 举劾性质的归类存在主观性，不能确定是否与实际相符，只能是概而言之，大体如此。

上述“八劾”多数语焉不详，从简文中我们看不出“八劾”在案情上的关联。其原因，要么是相关简文残缺，要么文书记录史官在行文时作了省略，甚或案情本身并没有多少关联，或许只是暨的辩辞而已。

不过，暨作为一位县级官员，管理事无巨细，职务范围广泛、繁重，各种事务小而具体（劾序1、2、5、6、7），如粮仓的修缮、橘园的主管、组织守边、监督弓弩的制造和箭杆的制作或收储等，都将受到罪处。

简096（劾序1）中说：□豯乡粮仓的天窗可以容鸟，也就是说粮食仓库的顶棚有洞，鸟可以钻进去吃掉粮食；或者有了洞，漏水了，会烂坏粮食。这在云梦秦简的《仓律》、《效》中确有规定，如“仓漏朽禾粟……其不可食者不盈百石以下，谇官啬夫”。[①] 所谓“谇”，即受到斥责，有说是一种行政处分。

简 096（劾序 2）中说：公士豕种橘擅自离岗，没有指责就自首了，应当恢复种橘，官府下令他守边，（暨）没有审察查实；他逃跑了。云梦秦简《封诊式》中有“亡自出”一则爰书，说的就是出逃后自首而受到“诣论”，被押送论处的案例。

简 097（劾序 5）中说：（暨）因有一百张弩的误差而被检举。对甲兵，包括殳、戟、弩等的管理，云梦秦简《效律》中有严格规定：“殳、戟、弩，漆彤相易也，勿以为赢、不备，以识耳不当之律论之。”[②] 如果殳、戟、弩上的标记弄错，将按法律论处。在武器上都要刻上官府名称。如果不能刻记的，要用丹或漆书写。[③]

简 098（劾序 6）中说：因（暨）没有下传守戍的命令而被检举。在云梦秦简《语书》中提到文书下达的事：“发书，移书曹，曹莫受，以告府，府令曹画之。”画，过也，责也。将对不接受命令的属曹进行责处。

简 098（劾序 7）中说：（暨）因箭杆（榦、幹，笴）的事被检举。这条举劾与简 097 是同一性质的事。

尽管我们能从秦律中能得到法律上的依据，但是我们仍然很难从上述事务中看出它们的关联。

二　暨不服“累论”的理由

暨不服“累论”的理由是：“此过误失及坐官也。相遝，赢（累）论重。”[④] 暨说：用“累论”论处我，之所以被论罪，是因为过错失误以及担任官职的缘故。这些失误是相互关联的被作为“累论”处断，判重了。

正如我们在上节所分析的那样，看不出“八劾”之间的内在关联，充其量在担任官职这一点上失职是共同的，说这一点上的关联，诚然能得到司法官员的认同，五次小的失误都是违犯行政规章，八劾中的违法行为都

① 睡虎地秦墓竹简整理小组编《睡虎地秦墓竹简》，文物出版社，1978，第 97 页。

② 睡虎地秦墓竹简整理小组编《睡虎地秦墓竹简》，第 121 ~ 122 页。

③ 睡虎地秦墓竹简整理小组编《睡虎地秦墓竹简》，第 71 页。

④ 《岳麓书院藏秦简（叁）》简 095 正。整理者译文：“用来累计论处我，这些是因违章和疏忽所引起的失误以及职务上的连坐罪。（案件都）相互关联，累计论罪太重。”见朱汉民、陈松长主编《岳麓书院藏秦简（叁）》，上海辞书出版社，2013，第 294 页。

在暨所担任的职务范围之内，但是它们仍不能表明“八劾”本事之间的内在关联。

值得注意的是，还有一个不能不引起我们关注的问题，那就是此案件所处的时空关系。“暨过误失坐官案”中有几个地名：简 096“权□谿卿（乡）”、简 097“除销史丹为江陵史”中的销县和江陵县。权□谿卿（乡），地望不明。销县和江陵县均属南郡。里耶秦简［16］52 简文：“鄢到销百八十四里，销到江陵二百四十六里。”江陵县曾为战国楚国郢都，秦攻下郢以后设为江陵县，属南郡治。由此可见，“暨过误失坐官案”发生在故楚地。

“暨过误失坐官案”中有几个时间：简 097“与从事廿一年库计”中的秦王政二十一年；简 098 中的“其（?）六（?）月己未劾”、“其七月丁亥（幹,）”、“其八月癸丑劾”、“其辛未劾”；简 99 中的“其丁丑劾”、“廼十月己酉”、“其乙亥劾”。据整理者推算，分别为：秦王政二十一年，即公元前 226 年；六月十一日；七月初九；八月初六；当月二十四日；当月三十日；（秦王政二十二年）十月初三；当月二十九日。前后相距一年零四个月的时间。正处于秦统一六国的前夜，离开灭楚仅两三年时间。对照云梦秦简《编年记》“廿一年，韩王死。昌平君居其处，有死□属。廿二年，攻魏梁”。在这两年中，秦攻燕，魏亡，李信、王翦伐楚。戎马倥偬、兵事不断。

明白了案件发生的时代背景，那么回顾表 1 的劾序 1、2、5、6、7 都可能与秦统一六国的战争和巩固战争成果有关。这种关联在和平时期不一定存在，但时值戎马倥偬、兵刃相接的非常时期，无论是军需（劾序 1 中的粮食）、武器（劾序 5 中的弩、劾序 7 中的箭杆）还是后方的兵源补充（劾序 2 中的守边、劾序 6 中的守戍的命令）都是十分急迫的，暨不可推卸的分内职责。

三　“累论”与数罪并罚

累论，注云：“累，积累。”“累论，与后文‘相遝’相对，二者所指为现代法学所谓‘罪数问题’即同一行为人所实施的（多种）行为应以一罪处理还是作为数罪处理。”“累论，积累论罪，即每一行为算一罪并判一刑，也就是将多种‘过误失’作为数罪处理。”① 此话的最后似乎还应补上“并判一刑”四字，即数罪并罚。否则，“作为数罪处理”的表述容易引起误解。数罪并罚的“并”是合并的意思。

羸（累）论之“羸（累）”，首见于睡虎地秦简《效律》：“为都官及县

① 见朱汉民、陈松长主编《岳麓书院藏秦简（叁）》，第 150 页注 2。

效律；其有赢、不备，物直（值）之，以其贾（价）多者罪之，勿赢（累）。”① 累，累计。“以其贾（价）多者罪之，勿赢（累）”，意思是：按其中价值最高的论罪，不要把各种物品价值累计在一起论罪。这里指的是物资的检验，与犯罪的性质有所不同，但是从法律制定的角度看，它同样有个准则，即按其中价值最高的论处。

这与张家山汉简《二年律令》简 99 所规定的“一人有数罪也，以其重罪罪之”的法理是一致的，即不以“累论”论。

不过，如果据此认为秦律已经据“一人有数罪也，以其重罪罪之”的法意，确立了罪数制度，还缺乏充分的依据。事实上可能恰恰相反，在秦律中尚未形成“数罪并罚”的法意自觉和制度。云梦秦简《法律答问》简 127、简 128 有这样一条法律解释：

> 大夫甲坚鬼薪，鬼薪亡，问甲可（何）论？当从事官府，须亡者得。•今甲从事，有（又）去亡，一月得，可（何）论？当赀一盾，复从事。从事有（又）亡，卒岁得，可（何）论？当耐。

大夫甲有三宗罪：一是今“鬼薪亡”，二是鬼薪“一月得”，三是鬼薪“卒岁得”。分别论处为：一“当从事官府”，二“当赀一盾”，三“当耐”。② 分段论罪，全然没有考虑罪数问题。当然这里用一“今”字，含有假设的性质；又出于法律解释，而非司法实例。从《法律答问》的例证可知“一人有数罪也，以其重罪罪之”的法意自觉和法律制度尚在孕育之中。至少应该是这样：存在数罪并发的情况下，是否“累论”，视不同性质、不同对象、不同发生时间而定。

在《法律答问》简 127、简 128 中“当耐”的处断是数罪中最重的。不过，它是对大夫甲的处断。《二年律令》简 157 所规定的“吏民亡，盈卒岁，耐；不盈卒岁，系城旦舂”。这里的“当耐”是对逃亡罪的论处，不能相提并论。

由此可见，秦、汉初已有数罪情况下是从一罪还是数罪并科的分别，秦汉法律中的罪数问题是客观存在的，不过，具体适用标准还没有完全弄清

① 睡虎地秦墓竹简整理小组编《睡虎地秦墓竹简》，第 113 页。

② 参见《睡虎地秦墓竹简》，第 206 页。原译文：“如甲服役而逃亡，一月后被拿获，如何论处？应罚一盾，仍旧服役。如再服役而又逃亡，满一年后被拿获，如何论处？应处耐刑。”我们认为，服役逃亡者不是甲，而仍然是鬼薪。因为甲并没有逃亡的经历，简文中用了一个“又”字表明是再次逃亡，再次逃亡的只有鬼薪，不可能是别人。“今甲从事，有（又）去亡”，可译为：“如果甲在官府服役，鬼薪又逃亡。”后半句转换了主语。

楚，尚须更多的法史资料予以支撑。在“暨过误失坐官案”中官府曾反问道：“羸（累）论有令，何故曰羸（累）重?”说“累论有令”就是指累计论处有明文规定，可能过于绝对。此“令”还不能贸然指认为律文规定，更贴近的意思是，直接针对“暨过误失坐官案”案中官府的命令，即对此案的处断。退一步说，即使有这方面的明文规定，也是模糊的说辞。因为事实上，“八劾”缺乏应有的内在关联，不能视为“累论”法律制度的存在依据。

若追溯秦汉之前，则更无史可证。[①] 秦、汉初律文中尚不存在较系统的罪数问题法律适用。学者的研究大多是由《唐律》的倒逼而引起的。

的确，《唐律》的罪数问题是十分成熟的，并有详尽的法律解释。《唐律疏议·名例》：“诸二罪以上俱发，以重者论。等者，从一。”贯穿其间的基本原则是数罪并罚之罪轻于数罪相加之和。[②] 即使是“更犯”，在判决之后的犯罪，其罪罚虽是“重其罪”，但也没有违背这个原则。见《唐律疏议·名例》：“诸犯罪已发及已配而更为罪者，各重其罪”。

今以岳麓秦简“暨过误失坐官案”和《效律》为例证，证实在秦律中，虽未形成“数罪并罚”的制度，但毫无疑问它是《唐律》“诸二罪以上俱发，以重者论”及“更犯”适用法律之滥觞，并且直接影响汉律乃至我国整个帝制时代的法律体系。

附：《湖南大学学报》（社会科学版）2014 年第 4 期最新发表了史达《岳麓秦简〈为狱等状四种〉新见的一枚漏简与案例六的编联》一文，与本文有关。

① 战国时期，在司法实践中是否存在“累论”的情况？不存在这方面的具体材料，我们无法确定“累论”的存在与否。不过，在包山楚简中，如“郑偧窃马杀人案”中的犯罪嫌疑人郑偧就犯有二宗罪，一是杀人，一是窃马。我们试图从中去发现“累论”的蛛丝马迹。在交代中，郑不承认自己盗马，只承认杀人。按照现代人的想法，既然你承认了杀人，那么盗马与否就无足轻重了。被告郑否认盗马，可能的确他没有盗马，但官府认定他盗马了。是否盗马，无法对证。但是被告郑则认为这很重要。我们原以为：从司法的角度看，杀人的严重性重于盗窃，盗马问题就没有再纠缠的必要了。其实际情况可能不是这样，它与二罪并发有关，犯有杀人、窃马二宗罪，其罪名毫无疑问会重于一罪，或许楚国当时尚不存在“一人有数罪也，以其重罪罪之”的司法适用。虽然说这是个案，没有普遍意义，但是，如果这个推测成立，那么表明战国楚可能还存在“累论”。

② 其要点见钱大群《唐律疏义新注》，南京大学出版社，2007，第 193 页。

《中国古代法律文献研究》第八辑
2014年，第55~88页

睡虎地秦简法律文书集释（三）：《秦律十八种》（《仓律》）*

中国政法大学中国法制史基础史料研读会

摘　要：本文对《秦律十八种》中的《仓律》篇予以集释，就一些字句提出理解：21简的“比黎之为户”，是指排列万石之积并施行封缄，反映了粮食入仓与封印的程序，“为户”是指收纳结束后对仓门进行封缄这一程序；据里耶秦简的出稟记录，具有出稟权的还有乡级官员，故21～22简的“而遗仓啬夫及离邑仓佐主稟者各一户以气（饩）”，可读为“而遗仓啬夫及离邑仓佐、主稟者各一户以气（饩）”；23简的“唯仓自封印者是度县”中的“是”，是提前宾语的结构助词，而“非入者是出之”及24简的“其前入者是增积”、“其它人是增积”之“是”同“之”，是在主谓间取消句子独立性的用法；45简“赍食”的含义，应指由公家派发口粮而非出差者自行携带；54简的“总冗”或可有两种解释，即召集未处于轮值服役的吏隶妾与召集冗隶妾；55简的“守署”与“垣”相对，

* 本篇律文的研读主持人为徐世虹教授，参与者有（以姓氏笔画为序）：山珊、王志敏、支强、司小茹、牟翔、朱潇、庄小霞、齐伟玲、陈鸣、杨静、周毅、慕容浩、颜丽媛。台湾大学历史学研究所游逸飞博士也参与了研读活动。全文统稿人：徐世虹、朱潇。庄小霞、支强、慕容浩、陈鸣参与了部分统稿工作。

本文所引张家山汉简皆出自张家山汉墓竹简整理小组《张家山汉墓竹简［二四七号墓］》（文物出版社，2001）；所引龙岗秦简皆出自中国文物研究所等编《龙岗秦简》（中华书局，2001）；所引居延汉简则出自谢桂华、李均明、朱国炤《居延汉简释文合校》（文物出版社，1987），甘肃省文物考古研究所、中国社会科学院历史研究所《居延新简——甲渠候官》（中华书局，1994）。为避文烦，文中不再逐一出注。又，所引里耶秦简皆出自陈伟主编《里耶秦简校释》第1卷（武汉大学出版社，2012），引用时略去了原文中的分栏、分行符号。

指在原派遣地工作而非“伺寇虏”；56简的“舂司寇”不宜理解为“由舂减刑”，如果“城旦司寇”是指城旦舂的监管者，则舂司寇亦可同此理解；57简的“犯令律”，指惩治不遵守法律行为的律条（或律文）。

关键词：比黎之为户　是　赍食　总冗　舂司寇　犯令律

仓　律

【题解】

按整理小组整理，《仓律》条文共计26条，其中47、48简末尾抄有“仓律”二字，其他各条律文末尾均写作“仓”。“仓律”之名在出土文献中见于睡虎地秦简与岳麓书院藏秦简，[①] 未见于传世文献中的汉、魏、晋律，至南朝《梁律》则有“仓库律”，但规范的内容当有变化。本篇《仓律》所涉及的内容有：粮食入仓的容积、封缄、核验、出仓、增积、防虫及廥籍制作的规定，对出仓时出现多余、不足情况的处理；对粮食分类记录、保管的规定；对生产用种子的定量、麦种的收藏及粗粮加工后出粮率的规定；对从事公务的不同身份者的食粮配给规定；对传马的喂养规定；对城旦等各类刑徒在不同情况下的各种口粮规定；赎隶臣妾的规定；仓曹有关小家畜的规定。里耶秦简“仓曹计录”共有十计，为禾稼计、贷计、畜计、器计、钱计、徒计、畜官牛计、马计、羊计、田官计；“仓课志”则有八课，为畜彘鸡狗产子课、畜彘鸡狗死亡课、徒隶死亡课、徒隶产子课、作务产钱课、徒隶行□（徭）课、畜鴈死亡课、畜鴈产子课。[②] 互相对读，可见《仓律》与仓曹行政事务的关系。

【简文】

入禾倉萬石一積而比黎之爲户縣嗇夫若丞及倉鄉相雜以印之而遺倉嗇夫及離邑倉佐主21

稟者各一户以氣自封印皆輒出餘之索而更爲發户嗇夫免效者發見雜封者以隄效之而復22

雜封之勿度縣唯倉自封印者是度縣出禾非入者是出之令度＝之＝當堤令

① 据整理者介绍，岳麓书院藏秦律令简经初步整理，抄录的秦律有《田律》、《仓律》、《金布律》等十余种。参见陈松长《岳麓书院藏秦简综述》，《文物》2009年第3期，第86页。

② 陈伟主编《里耶秦简牍校释》第1卷，武汉大学出版社，2012，第164、169页。

出之其不備出者負之23

其贏者入之雜出禾者勿更入禾未盈萬石而欲增積焉其前入者是增積可毆其它人是增積＝24

者必先度故積當堤乃入焉後節不備後入者獨負之而書入禾增積者之名事邑里于廥籍萬25

石之積及未盈萬石而被出者毋敢增積櫟陽二萬石一積咸陽十萬一積其出入禾增積如律令長吏相26

雜以入禾倉及發見𡩖之粟積義積之勿令敗　　倉27

【释文】

入禾倉，萬石一積而比黎之爲户，［1］縣嗇夫若丞及倉、鄉［2］相雜以印之，而遺倉嗇夫及離邑倉佐主21稟者各一户以氣（餼），［3］自封印，皆輒出，餘之索而更爲發户。嗇夫免，效者［4］發，見雜封者，以隄（題）［5］效之，而復22雜封之，勿度縣，唯倉自封印者是度縣。［6］出禾，非入者是出之，令度之，度之當堤（題），令出之。其不備，出者負之23；其贏者，入之。雜出禾者勿更。入禾未盈萬石而欲增積焉，其前入者是增積，可毆（也）；其它人是增積，積24者必先度故積，當堤（題），乃入焉。後節（即）不備，後入者獨負之；而書入禾增積者之名事邑里［7］於廥籍。［8］萬25石之積及未盈萬石而被（柀）出者，毋敢增積。櫟陽二萬石一積，咸陽十萬一積，其出入禾、增積如律令。長吏相26雜以入禾倉及發，見之粟積，義積之，［9］勿令敗。　　倉27

【集释】

［1］比黎之为户

整理小组（1977）：比黎，排列。①

整理小组：比黎，荆笆或篱笆。为户，设置仓门（译）。

何四维：比黎，1977年本整理者“排列成排”的解释无疑是正确的；户，组成一个“房间”，中国北部将带秸秆的谷物堆积成垛，像稻草棚。这种形制在汉代的陶制明器中很常见。②

太田幸男：“比黎之，为户”。为户，关闭门户。户是仓库的一部分，在排列好禾后再设置恐怕不自然。③ 冨谷至：比黎，原文为荆，同时还有并列的意思。“户”是一种单位。秦简的“户”也表示某种空间，如果涉及人，

① 睡虎地秦墓竹简整理小组：《睡虎地秦墓竹简》，文物出版社，1977，第29页。

② A. F. P. Hulsewé：Remnants of Ch'in Law，Leiden E. J. Brill，1985，p. 36.

③ 〔日〕太田幸男：《湖北睡虎地出土秦律の倉律をめぐって・その一》（1980），收入氏著《中国古代国家形成史論》，汲古書院，2007，第336页。

那么它就是家；如果涉及谷仓，“户”就是保管一万石谷物的场所，与表示谷物堆积单位的“一积”相对应，“一户”应该是收纳谷物的空间单位。①

【按】

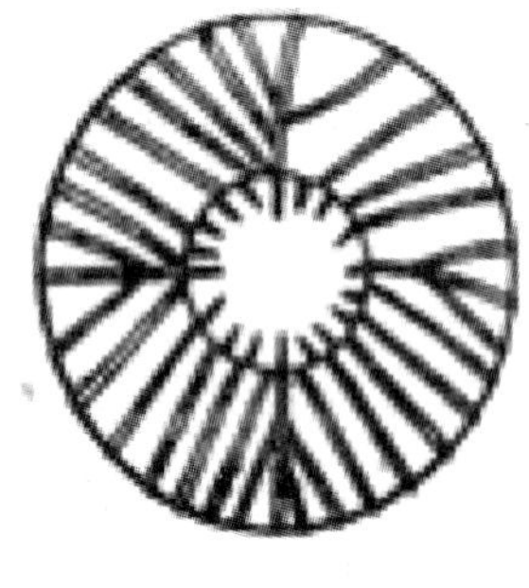

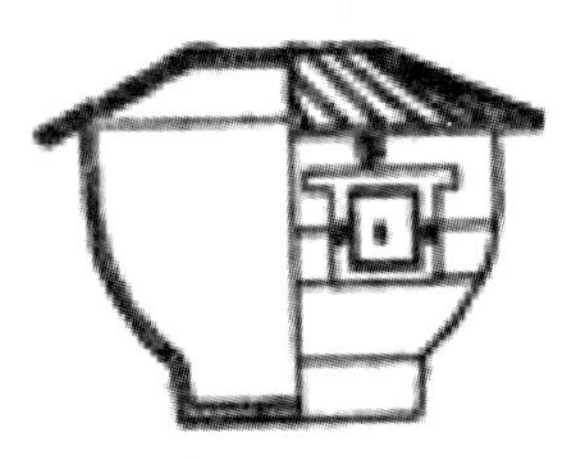

从《仓律》21简~22简规定的内容来看，应是粮食从入仓到出仓的过程，其中包含了重量、单位、摆放、“为户”、封缄、自封印、出仓等规定。“万石”是重量，“积”为容积单位。“比黎之”，整理小组初释为排列，后释为以荆笆隔离。但若据后说，不清楚是在一个仓内用荆笆隔离若干积，还是一个万石之积的收纳物为荆笆。从文意来看，释作“排列”较为通顺。至“比黎之”，粮食入仓结束，随后执行封缄制度。这一制度包括两个方面，一是基本规定，即由县长官、仓长官、乡长官共同加印封缄；另一是允许仓长官及其属下就授权的仓自行加印封缄。封缄的目的在于防止粮食私自出仓，从常理看自然应封在出粮口。左图为1976年出土于陕西临潼上焦村秦墓中的陶仓，其有仓门，阴刻有“囷”字。② 像此类门或许就是封缄的对象。因此关于“为户”，整理小组的见解基本可从，但“设置仓门”的含义不作收纳粮食后再做门理解，而是指收纳结束后对仓门进行封缄这一程序。如此，“比黎之为户”读作“比黎之。为户”亦无不可。又，“户”是仓门封缄所在，因而又指代了万石积聚，故下文的“各一户”实际即指各一积。

《仓律》的“比黎之为户”也见于《秦律十八种·效律》及《效律》，两相对读可能会有不同的句读。不过《效律》显然不是《仓律》的原样复制。如《秦律十八种·效律》168简在“比黎之为户”与“封印”之间，有“籍之”的程序，这是《仓律》所无的。《仓律》虽然也有“廥籍”的规定，然而只见于对“入禾增积”者的记载。反之也有《仓律》有而《效律》所无的内容，如“自封印，皆辄出之，余之索而更为发户”。③ 与此同时，“《效律》还有其他与《仓律》符合，但是较《仓律》而简略的内容，这也

① 〔日〕冨谷至：《文书行政的汉帝国》，江苏人民出版社，2013，第331、332页。

② 秦俑考古队：《临潼上焦村秦墓清理简报》，《考古与文物》1982年第2期，第42~51页。

③ 参见冨谷至《文书行政的汉帝国》，第334页。

是简略《仓律》的结果”。[①] 差异的存在，应是律的规范对象不同，即《仓律》重在仓制度的创立与执行，而《效律》重在校验监督制度执行的效果，同时还有时代差异的因素。因此两者不是底本与他本的关系，不宜作文字校读。

［2］仓、乡

整理小组：仓、乡主管人员

陈抗生：仓、乡是仓啬夫与乡啬夫的省称。[②]

【按】里耶秦简中可见由迁陵县下达给乡司空与仓主的文书：“三月庚戌，迁陵守丞敦狐敢告尉，告乡司空、仓主，听书从事。尉别书都乡司空，司空传仓；都乡别启陵、贰春。皆勿留脱，它如律令。”[③] “二月丙辰，迁陵丞欧敢告尉，告乡司空，仓主，前书已下，重听书从事尉。[④] 这两份文书都由迁陵县下发到启陵乡，因此可以断定仓主与乡司空均是乡级别的官员。卜宪群先生认为：“‘仓主’是仓啬夫设在乡的属吏。《仓律》、《效律》中的主稟者、主廥者皆可称仓主，仓主是仓系统在乡级别上吏员的通称。”[⑤]

［3］而遗仓啬夫及离邑仓佐主稟者各一户以气（饩）

中央大秦简讲读会：“而遗仓啬夫及离邑仓佐、主稟者各一户以气（饩）”。[⑥]

太田幸男：“而遗仓啬夫及离邑仓佐、主稟者各一户以气（饩）”。分别向仓啬夫、仓佐、主稟者给予一座仓库的管理责任。[⑦]

【按】整理小组译文为：“而给仓啬夫和乡主管稟给的仓佐各一门。”这样，具有离邑仓出稟权的人是仓啬夫与乡主管稟给的仓佐。但是里耶秦简所见出稟人有乡守、乡佐及稟人。如8－1241简：“粟米一石四斗半斗。卅一年正月甲寅壬午，启陵乡守尚、佐冣、稟【人】☐令史气视平。☐”[⑧] 又8－1557简：“粟米一石二斗六分升四。令史逐视平。卅一年四月戊子，贰春乡

---

① 〔日〕江村治樹：《雲夢睡虎地出土秦律の性格をめぐって》，《東洋史研究》第40卷第1号，1981年，第8页。

② 陈抗生：《〈睡简〉杂辨》，《武汉大学哲学社会科学论丛（法学专辑）》，武汉大学法律系，1979，第111页。

③ 湖南省文物考古研究所、湘西土家族苗族自治州文物处：《湘西里耶秦简选释》，《中国历史文物》2003年第1期，第1页。

④ 湖南省文物考古研究所、湘西土家族苗族自治州文物处：《湘西里耶秦简选释》，第2页。

⑤ 卜宪群：《秦汉之际乡里吏员杂考》，《南都学刊》2006年第1期，第2页。

⑥ 〔日〕中央大学秦簡講讀會：《〈睡虎地秦墓竹簡〉訳註初稿》，《論究》第10卷第1期，1978，第90页。

⑦ 〔日〕太田幸男：《中国古代国家形成史論》，第334、337页。

⑧ 陈伟主编《里耶秦简牍校释》第1卷，第298页。

守氏夫、佐吾、稟人蓝稟隶妾廉。”① 如果以里耶秦简的记载与此条律文对读，可知具有出稟权的还有乡级官员。因此，“离邑仓佐主稟者”应该包括“离邑仓佐”与“主稟者”两种人。“离邑仓佐”由仓啬夫派出，是在离邑管理仓的官员，属于乡的级别，而“主稟者”指的是乡的主管人员。据此，该句可读为“而遗仓啬夫及离邑仓佐、主稟者各一户以气（饩）”。这样，也可以解释律文为何规定“县啬夫若丞及仓、乡相杂以印之”，即在仓封缄的过程中，乡也要参与其中，原因是乡的主管官员也有出稟权，是离邑仓的管理者之一。

［4］效者

整理小组：对仓进行核验的人。

何四维：充当核验或者管理角色的人，不一定是官职的名称。②

黄今言：新任仓管吏员。③

【按】此规定为官吏在离任的时候须接受专门核查，以确保国家物资没有损失。《效律》中也有新任官吏上任后核验仓库的规定，172～173 简：“仓啬夫及佐、史，其有免去者，新仓啬夫、新佐、史主廥者，必以廥籍度之。其有所疑，谒县啬夫，县啬夫令人复度及与杂出之。”从这条简文可以看到，新任的仓管理人员会参与核验。至于此处的“效者”是指新任仓管吏员，还是指专职核验人员，尚难定论。

［5］隄

整理小组：题识，这里指仓上记载贮粮数量的题记。

李孝林：仓库存粮数量及有关人员的签名。如“某廥禾若干石，仓啬夫某、佐某、史某、稟人某”，类似于当代的保管卡片。④

蔡万进：至少包含两项具体内容：一是仓内储藏粮食的名称；一是仓内储藏粮食的数量。⑤

【按】“题”的内容包括储粮数量，出稟粮食时，需要将“题”与出稟记录相验核，如《仓律》23 简：“出禾，非入者是出之，令度之，度之当堤（题），令出之。”“题”的内容应该还包括谷物的种类，《仓律》34 简“计禾，别黄、白、青。桼（秫）勿以稟人”，在计算谷子账目的过程中，需要区分品种。从目前出土的秦汉时期的陶仓来看，其上还标明了粮食的种类，

① 陈伟主编《里耶秦简牍校释》第 1 卷，第 358 页。

② A. F. P. Hulsewé：Remnent of Ch'in Law，p. 36.

③ 黄今言：《秦汉赋役制度研究》，江西教育出版社，1988，第 88 页。

④ 李孝林：《从云梦秦简看秦朝的会计管理》，《江汉考古》1984 年第 3 期，第 91 页。

⑤ 蔡万进：《秦国粮食经济研究》，内蒙古人民出版社，1995，第 44 页。

如“大麦万石”、“小麦万石”等内容，[①] 说明当时入仓时已将不同品种的谷物分类存放。

《仓律》28 简：“入禾稼、刍稾，辄为廥籍，上内史。”所谓“廥籍”记录的内容，就是《效律》168 简所见的“某廥禾若干石，仓啬夫某、佐某、史某、稟人某”，它与“题识”不同。秦汉时期仓库的题识、廥籍制度对后世的影响，可见《唐六典》的相关记载。如卷十九“司农寺太仓署令职掌”条：“太仓署令掌九谷廪藏之事……凡凿窖、置屋，皆铭砖为庾斛之数，与其年月日，受领粟官吏姓名。又立牌如其铭焉。”[②] 天圣令复原唐令中的规定更为详细：“造砖铭，记斛数、年月及同受官吏姓名，置之粟上，以苫覆之……筑土高七尺，并竖木牌，长三尺，方四寸，书一记如砖铭。仓屋户上，以版题榜如牌式。”[③] 唐代在粮食入仓过程中，每贮毕一仓，都要将储藏数量、时间、相关责任人等重要信息镌刻或墨书在砖上，置于仓中；此外，还要将同样内容另外书写到木牌上，立在仓窖之处。唐代的“铭砖”之制的本源应该就是秦汉的“题识”与廥籍制度。

［6］唯仓自封印者是度县

整理小组（1978）：是，用法同“之”。是度，即度之。下文“非入者是出之”，即“非入者之出之”。

整理小组：是，在此用法同“寔”字。参看王引之《经传释词》者是下文“非入者是出之”同。

石峰：是，结构助词。[④]

裘锡圭：律文中的“是”字应是起复指作用的代词。“唯仓自封印者是度县”句的结构……与“唯你是问”一类句子相同……“是”字在这里是用来复指提前的宾语的。[⑤]

梁冬青：是作副词，用法同“寔”，充当状语。[⑥]

【按】《经传释词》卷九“是氏”释“是”，有“犹寔也”之说，[⑦] 但所

---

① 张剑、李献奇：《洛阳烧沟西 14 号汉墓发掘简报》，载中国社会科学院考古研究所编《中国考古学·秦汉卷》，中国社会科学出版社，2010，第 556 页。

② （唐）李林甫等撰《唐六典》，陈仲夫点校，中华书局，1992，第 526 页。

③ 天一阁博物馆，中国社会科学院历史研究所天圣令整理课题组校证：《天一阁藏明抄本天圣令校证（附唐令复原研究）》，中华书局，2006，第 485 页。

④ 石峰：《睡虎地秦墓竹简的系词“是”》，《古汉语研究》2003 年第 3 期，第 41 页。

⑤ 裘锡圭：《〈睡虎地秦墓竹简〉注释商榷（八则）》，《裘锡圭学术文化随笔》，中国青年出版社，1999，第 116 页。

⑥ 梁冬青：《出土文献“是是”句新解》，《中国语文》2002 年第 2 期，第 131 页。

⑦ （清）王引之：《经传释词》，岳麓书社，1985，第 202 页。

见例文中的“寔”意为此、这之意，是代词。若将“是”解为“寔”，则在简文中文意不通。裘锡圭先生指出提前宾语并以“唯你是问”为例是正确的，但“复指作用的代词”还可再酌；石峰先生的结构助词说未作明确阐释。

此处“是”应是使宾语提前的结构助词，相同的用法可见《左传·襄公十四年》：“荀偃令曰：‘鸡鸣而驾，塞井夷灶，唯余马首是瞻。’”又《张家山汉简·盖庐》24简：“申胥曰：凡攻之道，德义是守，星辰日月，更胜为右。”需要指出的是，用结构助词解释“唯仓自封印者是度县”可通，但解释“非入者是出之”则有碍。原因是上句是宾语前置的动宾结构，而此句是主谓结构，主语是“非入者”，谓语是“出之”，“出之”本身就是动宾结构，“出”的对象是谷物而非“非入者”，因此“是”既不能提前“之”，也不能提前“非入者”，不能套用上句的“是”。在此，此“是”可采用整理小组1978年本之说，作“之”解，但它的作用不是前置宾语，而是在主谓之间取消句子的独立性，如同27简的“见屡之粟积”句，所不同的是“非入者是出之”取消独立性后作主语，而“见屡之粟积”取消独立性后作“见”的宾语。24简的“其前入者是增积”、“其它人是增积”句与“非入者是出之”同。

［7］名事邑里

整理小组：姓名、身份、籍贯。

朱绍侯：秦代的公文中均记有当事人的姓名、身份、籍贯。称“名事邑里”或“名事里”。①

太田幸男：姓名、职业、住所。②

【按】《说文·史部》“事，职也”，事指所从事的工作。睡虎地秦墓竹简《封诊式》作“名事里”。里耶秦简也可见“名事”，8～144简：“☑□月己亥朔辛丑，仓守敬敢言之：令下覆狱遝迁陵隶臣邓☑□□名吏（事）、它坐、遣言。”③ 名指“名字”，事指“职事”。汉代有“名县爵里”，应该与秦代的“名事邑里”相似。《汉书·宣帝纪》：“其令郡国岁上系囚以掠笞若瘐死者所坐名、县、爵、里，丞御史课殿最以闻。”汉简中“名县爵里”后往往还有“年姓”，如居延汉简214·127简：“☑县爵里年姓官秩它☑。”

［8］廥

整理小组：仓。

① 朱绍侯：《秦末有爵者沦为居赀辨》，《军功爵制研究》，上海人民出版社，1990，第199页。

② 〔日〕太田幸男：《中国古代国家形成史論》，第339页。

③ 陈伟主编《里耶秦简牍校释》第1卷，第76页。

何四维：根据整理小组，“廥”指存放干草与秸秆的仓库，但是这里显然是指存放谷物的仓库。①

太田幸男：廥与放置谷物的仓不同，但是此处使用廥籍而不言仓籍，不解。②

【按】《说文·广部》：“廥，刍稾之藏。”但在睡虎地秦简中廥并非专指，粮仓与刍稾仓都称为廥。如《秦律十八种·效律》174～175 简：“禾、刍稾积廥，有赢、不备而匿弗谒，及者（诸）移赢以赏（偿）不备，群它物当负赏（偿）而伪出之以彼（貱）赏（偿），皆与盗同法。”龙仕平博士认为廥为仓，是引申义的用法。③

［9］见屡之粟积，义积之

整理小组：屡，疑读为蝝。义积之，应重加堆积。

张守中：屡，该字为屡。④

方勇：屡应隶定为“扅”，是“录”的异体字，用为“録”，意思是簿籍。⑤

太田幸男：义积之，改善堆积方式。⑥

【按】整理小组将其释为“粟”，恐简文字形与“粟”有一定差异。就文意而言，整理小组将此句译作“如发现有小虫到了粮堆上，应重加堆积”，太田幸男先生作“改善堆积方式”，前者不太好理解，后者也有碍于语法。姑存疑。

【译文】

谷物入仓，以一万石为一积排列，设置仓门，由县啬夫或丞及仓、乡的主管官吏共同封缄，而给仓啬夫及离邑仓佐、乡主管禀给的人员各一仓，用来发放粮食，由他们独自封印，都就此可以出仓，到仓中没有剩余时才再开启另一仓的封缄。啬夫免职，由核验人负责开启，查验共同的封缄，要根据题记核验，然后再共同封缄，不需要称量，只称量独自封印的仓。谷物出仓，如果不是原入仓人员出仓，需要加以称量，称量后符合题记，才可以出仓。如有数量不足，由出仓者赔偿；如有盈余，就上缴。共同出仓的人员中间不要更换。谷物入仓时不满万石而需要增积的，由原来入仓的人增积，可

① A. F. P. Hulsewé：Remnants of Ch'in Law，p. 36.

② 〔日〕太田幸男：《中国古代国家形成史論》，第 339 页。

③ 龙仕平：《〈睡虎地秦墓竹简〉文字研究——以〈说文解字〉为主要参照系》，西南大学博士学位论文，2010，第 365 页。

④ 张守中：《睡虎地秦简文字编》，文物出版社，1994，第 134 页。

⑤ 方勇：《读秦简札记两则》，《江汉考古》2011 年第 3 期，第 114 页。

⑥ 〔日〕太田幸男：《中国古代国家形成史論》，第 340 页。

以准许；由其他人增积的，增积者必须先称量原有的谷物，符合题记，才入仓。此后如有数量不足，由后来入仓者独自赔偿，并将入仓增积者的姓名、身份、籍贯记录在廥籍中。万石之积和虽未满万石而正在零散出仓的，不准增积。栎阳以二万石为一积，咸阳以十万石为一积，其出入谷物和增积的办法与上述律文规定相同。负责官员共同收纳谷物入仓和开启封缄，如发现有小虫在粮堆上，应重加堆积，不要使谷物败坏。　　仓

【简文】

入禾稼芻稾輒爲廥籍上内史・芻稾各萬石一積咸陽二萬一積其出入增積及效如禾　　倉28

【释文】

入禾稼、芻稾，輒爲廥籍，上内史。・芻稾各萬石一積，咸陽二萬一積，其出入、增積及效如禾。[1]　　倉28

【集释】

[1] 如禾

整理小组：意为与上条关于谷物的规定相同。

【按】“如”字表示以法律已规定的处理方式处理此事项，“如禾”即表明对本条所规定的事项，按照《仓律》21～27简规定的“入禾仓”进行。“如”字的类似用法还可见《秦律十八种・效律》170简：“其出禾，有（又）书其出者，如入禾然。”此处“如入禾然”当指该条168简中的“籍之曰……”的记录方式，“如入禾然”即要求在“出禾”时按照“入禾”时的记录方式对“出禾”人员进行记录。

【译文】

收纳谷物、刍稾，要制作入仓的簿籍，上报内史。刍稾各以万石为一积，咸阳以二万石为一积，刍稾的出、入仓、增积与核验，都按照关于谷物的规定。　　仓

【简文】

禾芻稾積廥出日上贏不備縣廷出之未廥而已備者言縣廷廷令長吏雜封其廥與出之輒上數29

廷其少欲一縣之可殹廥才都邑當□□□□□□□□□者與雜出之　　倉30

【释文】

禾、芻稾積廥（索）出日，上贏不備縣廷。[1] 出之未廥（索）而已備者，言縣廷，廷令長吏雜封其廥，與出之，輒上數29廷；其少，欲一縣之，可殹（也）。[2] 廥才（在）都邑，當□□□□□□□□□者與雜出之。　　倉30

【集释】

[1] 上赢不备县廷

【按】赢与不备指多余与不足两种情况，整理小组在《秦律十八种·效律》174简也读作"有赢、不备而匿弗谒"，故"赢不备"当如太田幸男先生所读，为"赢、不备"。

［2］廷令长吏杂封其廥……可殹（也）

【按】整理小组译文为"由县廷命令长吏会同一起将仓封缄，并参与出仓"，语义有些不明。如果所出之仓如整理小组所言是"一积"，则封仓后再出仓，就失去了封缄的意义。因此这里的"杂封其廥"的"廥"，或作"廥籍"理解为宜。即暂时先封存账册，然而继续出仓。自"出之未索（索）而已備者"至"可殹（也）"表达了两层意思：一是出仓时尚未出尽而数额已足，要报告县廷，县廷命令负责官员共同履行封缄手续；二是继续出仓并报告所出数量，如果这部分数量少于规定，则可以和此前多出的部分打通计算。据此，"廷令长史杂封其廥"后的"，"可改为"；"。

【译文】

谷物、刍稾之积出尽时，应向县上报多余或不足的数量。尚未出尽而数额已足，要向县廷报告，县廷命负责官员共同封缄该仓后，允许（继续）出仓，并报告所出的数量，如果这部分少于规定的数量，希望（与此前多出的部分）一并称量，可以准许。仓如在都邑，应由……参与共同出仓。　仓

【简文】

□□□□□不備令其故吏與新吏雜先索出之其故吏弗欲勿强其毋故吏者令有秩之吏令31

史主與倉□雜出之索而論不備雜者勿更＝之而不備令＝丞與賞不備倉32

【释文】

□□□□□不備，令其故吏與新吏雜先索（索）出之。其故吏弗欲，勿强。其毋（無）故吏者，令有秩之吏、令31史主，與倉□［1］雜出之，索（索）而論不備。雜者勿更；［2］更之而不備，令令、丞與賞（償）不備。倉32

【集释】

［1］□

中央大秦简讲读会：按文意补入"佐"字。或是"乡"字。①

【按】简牍上该处为不规则墨点，观其形状实难辨认为何字。

［2］杂者勿更

【按】整理小组在"杂者勿更"后加"；"号。据上下文意，自"杂者

① 〔日〕中央大学秦簡講読會：《〈睡虎地秦墓竹簡〉訳註初稿》，第91页。

勿更”至“与赏（偿）不备”，所言为一事，连贯而下，因此可改为逗号。

【译文】

……数量不足，命令原任吏和新任吏一起先将仓出尽。如原任吏不同意，不要强迫。如果没有原任吏，就命令有秩吏、令史负责人和仓□共同出仓，出尽后再处理数量不足。共同出仓的人员不要更换，如果更换后出现了数量不足，命令令、丞也承担赔偿责任。　　仓

【简文】

程禾黍□□□□以書言年别其數以稟人　　倉33

【释文】

程［1］禾、黍□□□□［2］以書言年，别其數，以稟人。［3］

倉33

【集释】

［1］程

整理小组：程，量。

【按】程，用作度量衡的总名（对某物计量规定的标准）。《荀子·致士》：“程者，物之准也。”[①] 程字在简牍中的常见用法有二：一是作为名词，意为“规格、标准”，如张家山汉简《算数书》70简：“程曰：竹大八寸者为三尺简百八十三，今以九寸竹为简，简当几何？”二是用作动词，表“称量”、“计量”，如龙岗秦简133简：“程田以为臧（赃），与同法。”[②] 又岳麓书院藏秦简《数》5简：“取禾程，三步一斗，今得粟四升半升，问几可（何）步一斗？”[③]

［2］□□□□

何四维：大概有十个字的空缺。[④]

【按】对照图版并根据《仓律》第38简，也许此处缺失五个字，即稻、麻、麦、荅、叔（菽）。算上禾、黍，共七种谷物。

［3］稟人

整理小组：发放给人。

【按】据《仓律》下文，此处的“人”包括了宦者、都官吏或为朝廷办事而督送到县的都官的一般人员（44简），以及隶臣妾（大小隶臣妾）、城

---

① （清）王先谦撰《荀子集解》，中华书局，1988，第262页。

② 于振波：《简牍所见秦名田制蠡测》，《湖南大学学报》（社会科学版）2004年第2期，第5～10页。

③ 朱汉民、陈松长主编《岳麓书院藏秦简（贰）》，上海辞书出版社，2011，第3页。

④ A. F. P. Hulsewe：Remnent of Ch’ in Law，p. 40.

旦（大小城旦）、舂作者等刑徒（52 简）。里耶秦简的出稟记录也反映了当时的出稟对象有大隶妾与小隶臣等。如 8～762 简："径廥粟米一石二斗半斗。·卅一年十二月戊戌，仓妃、史感、稟人援出稟大隶妾援。" 8～1551 简："粟米二斗。廿七年十二月丁酉，仓武、佐辰、稟人陵出以稟小隶臣益。"①

【译文】

计量谷子、黍子……要以文书报告生产（或入仓）年份，分别记数，以便发放给人。　　仓

【简文】

計禾別黃白青秶勿以稟人　　倉 34

【释文】

計［1］禾，別黃、白、青。秶（秫）勿以稟人。　　倉 34

【集释】

［1］计

整理小组：算账。

【按】《说文·言部》："计，会也，筭也。"段注："会，合也。筭当作算，数也。"②《仓律》63 简："猪、鸡之息子不用者，买（卖）之，别计其钱。"其中"计"即记账。

【译文】

计算谷子，要区分黄、白、青。黏谷不要发放给人。　　仓

【简文】

稻後禾孰計稻後年已穫上數別粲穤秙稻別粲穤之襄歲異積之勿增積以給客到十月牒書數 35

上內　　倉 36

【释文】

稻後禾孰（熟），計稻後年。已獲［1］上數，別粲、穤（糯）秙（黏）稻。別粲、穤（糯）之襄（釀），歲異積之，勿增積，以給客，［2］到十月牒書數 35，［3］上內【史】。　　倉 36

【集释】

［1］獲

魏德胜："穫"之误。③

① 陈伟主编《里耶秦简牍校释》第 1 卷，第 219、356 页。

② （汉）许慎著，（清）段玉裁注《说文解字注》，上海古籍出版社，1981，第 93 页。

③ 魏德胜：《〈睡虎地秦墓竹简〉词汇研究》，华夏出版社，2003，第 241 页。

［2］勿增积，以给客

中央大秦简讲读会：勿增积以给客（増積して以て客に給することは勿れ）。[①]

［3］牒书

整理小组：牒，薄小的简牍。

太田幸男：指“作为账簿的简”。[②]

李均明：以小简书写文书皆称“牒书”，其特征并非限定使用范围……用于与人事有关的公文，亦普遍用于其他方面。[③]

【按】里耶秦简可见以牒书报告上级的记载。如8~645简：“廿九年九月壬辰朔辛亥，贰春乡守根敢言之：牒书水火败亡课一牒上。敢言之。”8~768简：“卅三年六月庚子朔丁未，迁陵守丞有敢言之：守府下四时献者上吏缺式曰：放（仿）式上。今牒书應（应）书者一牒上。敢言之。”[④]

【译文】

稻在谷子后成熟，将稻计入下一年。已收获上报产量的，要区分籼稻和糯稻。区分用于酿酒的籼稻和糯稻，每年另外贮积，不要增积，用来供给宾客，到十月用牒写明数量，上报内史。　　仓

【简文】

縣上食者籍及它費大倉與計偕都官以計時讎食者籍　　倉37

【释文】

縣上食者籍［1］及它費大（太）倉，與計偕。都官以計時讎食者籍。　倉37

【集释】

［1］食者籍

整理小组：领取口粮人员的名籍。

【按】《史记·秦始皇本纪》：“尽征其材士五万人为屯卫咸阳，令教射狗马禽兽。当食者多，度不足……”“当食者”，《正义》：“谓材士与狗马。”里耶秦简也有关于发放口粮的记录，8－743简：“度卅五年县官〼食当食者〼。”[⑤] 当食者，即指应由公家供给食粮的对象。《居延新简》EPT68－195、

① 〔日〕中央大学秦簡講読會：《〈睡虎地秦墓竹簡〉訳註初稿》，第90页。即以“增积以给客”为“勿”的宾语。

② 〔日〕太田幸男：《中国古代国家形成史論》，第345页。

③ 李均明：《简牍文书名实辨正》，收入《饶宗颐学术研讨会论文集》，翰墨轩出版公司，1997，第79页。

④ 陈伟主编《里耶秦简校释》第1卷，第189、222页。

⑤ 陈伟主编《里耶秦简校释》第1卷，第212页。

68－207简为“当食者案”文书，EPF22－304简又有“以法当食”之语，可知当食者享受供给是制度规定并受法律保护。

【译文】

县向太仓上报当食者的簿籍和其他费用，与年度计簿同时上报。都官在每年上计时核对当食者的簿籍。　　仓

【简文】

種稻麻畝用二斗大半斗禾麥畝一斗黍荅畝大半斗叔畝半斗利田疇其有不盡此數者可毆其有本者 38

稱議種之　　　　　　　　　　　　倉 39

【释文】

種：稻、麻畝用二斗大半斗，禾、麥畝一斗，黍、荅畝大半斗，叔（菽）畝半斗。利田疇，［1］其有不盡此數者，可毆（也）。其有本［2］者 38，稱議種之。　　倉 39

【集释】

［1］利田畴

整理小组：良田（译）。

何四维：良好地利用田地，“利”不是做形容词。①

太田幸男：效率高的土地，也就是少播种而收获多的土地。②

［2］有本

整理小组（1977）：作物的根。③

整理小组：疑指田中已有作物。

中央大秦简研读会：长于农事的人。④

太田幸男：根茬残留，有可能再发芽。⑤

方勇：已经收获的作物残存在土中的根部，也就相当于后来的“茬”义。⑥

汤志彪、孙德军：本不能训作“根”、“根株”理解为“茬”。本，本来的，原先的。⑦

---

① A. F. P. Hulsewé：Remnants of Ch'in Law，p. 41.

② ［日］太田幸男：《中国古代国家形成史論》，第347页。

③ 睡虎地秦墓竹简整理小組：《睡虎地秦墓竹简》，第34页。

④ ［日］中央大学秦簡講読會：《〈睡虎地秦墓竹簡〉訳註初稿》，第91页。

⑤ ［日］太田幸男：《中国古代国家形成史論》，第347页。

⑥ 方勇：《读秦简札记三则》，复旦大学出土文献与古文字研究中心，http://www.gwz.fudan.edu.cn/srcshow.asp?src_id=877，2009年8月5日。

⑦ 汤志彪、孙德军：《秦简文字琐记（三则）》，《西华大学学报》第30卷第1期，2011，第89、90页。

【按】本条前半部分为不同农作物每亩播种量的一般性规定，38 简“利田畴”之后为特殊性规定。包含了两种情况，一是“利田畴”，可不受一般规定的限制；一是“有本者”，亦可酌情耕种。前引汤志彪、孙德军文认为：整理小组的“田中已有之物”说可从；“其有本者，称议种之”的意思是，“如果田畴原先已种植了某种植物，则根据所剩土地的大小以及土地的肥薄等具体情况‘称议种之’”。不过“田中已有之物”与“所剩土地”的关系仍有未安之处。如果田地原先已种植了某种植物，则剩余土地按律文规定或既有的播种标准种植即可，无需“称议”。在此，律文中的“本”可取“本来”、“原先”之意，不过它与前述规定中的稻、麻、禾、麦、黍、荅、叔（菽）相对而言，是指这些种类以外的作物。这些作物原先已然种植，因此可不受律文限定而“称议种之”。

【译文】

种子：稻、麻每亩用二斗又三分之二斗，谷子、麦子每亩用一斗，黍子、小豆每亩用二斗，大豆每亩半斗。良田用不到这个数量，也可以。田地如已种植其他作物，酌情确定种子数量。　　仓

【简文】

縣遺麥以爲種用者殽禾以臧之　　倉 40

【释文】

縣遺麥以爲種用者，殽禾以臧（藏）之。　　倉 40

【译文】

县里留下作为种子的麦子，像谷子一样收藏。　　仓

【简文】

□□□石六斗大半斗舂之爲＝米＝一＝石＝爲糳米九＝斗爲毀米八斗稻禾一石有米委賜稟禾稼公盡九月 41

其人弗取之勿鼠　　倉 42

【释文】

【粟一】［1］石六斗大半斗，［2］舂之爲糲（糲）米一石；糲（糲）米一石爲糳（糳）米九斗；九【斗】爲毀（毇）米八斗。稻禾一石。有米委賜，稟禾稼公，盡九月 41，其人弗取之，勿鼠（予）。　　倉 42

【集释】

［1］粟一

整理小组：二字据《说文》补。

邹大海：应补为禾黍一。①

① 邹大海：《从〈算数书〉和秦简看上古米粮的比率》，《自然科学史研究》第 22 卷第 4 期，2003，第 325 页。

彭浩：简四一上部残断部分约缺失三、四字，补入“粟一”后，至少还有一字之空，粟一前补入“禾”字是恰当的。释文补入“粟”字不妥，“粟”是泛指，《仓律》中涉及黍（粟）、稻两种粮食，需要首先区别“禾黍”与“稻禾”，故应补入“黍”字。①

【按】邹大海、彭浩两位先生所引用的张家山汉简《算数书》88 简“程禾”条，与本律相似：“程曰：禾黍一石为粟十六斗泰半斗，舂之为粝米一石，粝米一石为糳米九斗，糳米九斗为毇米八斗。程曰：稻禾一石为粟廿斗，舂之为米十斗为毇，粲米六斗泰半斗。”岳麓书院藏秦简《数》中可见“黍粟”、“稻粟”、“稷粟”等内容，如“黍粟廿三斗六升重一石”，“稻粟廿七斗六升重一石。稷粟廿五斗重一石”。②“粟”为谷物的泛指，“粟”前加一谷物具体名称区分谷物种类。因此此处或可补为“黍粟一”。

［2］石六斗大半斗

彭浩：对照《程禾》简八八“禾黍一石为粟十六斗大半斗”，可知《仓律》简四一“［禾黍一］石”后确实脱抄“为粟十”三字。③

【按】据彭浩先生的研究，“禾黍一石为粟十六斗大半斗”是根据秦国的标准升——商鞅铜方升的容量得出的，在此基础上，确定与（粟）、稻对应的各种精细程度不同的米的比率；以黍（粟）、稻为基准，确定其他种类粮食与粟、稻及彼此的互换率。④不过上文已补出“粟一”或“黍粟一”，则“【粟一】石六斗大半斗”即为粟十六斗大半斗，它本身就是一商鞅铜方升的容量，而且《算数书·程禾》88 简所见的换算率为粟: 粝米: 糳米: 毇米 = 50∶30∶27∶24，与《仓律》本条的换算率相同，⑤因此不一定需要补上述三字。

【译文】

谷子一石六又三分之二斗，舂成粝米一石；粝米一石舂成糳米九斗；糳米九斗舂成毇米八斗。赏赐米或者从官府领取谷物，截至到九月底，该人不领取，不再发放。　　仓

---

① 彭浩：《睡虎地秦墓竹简〈仓律〉校读（一则）》，北京大学考古文博学院编《考古学研究（六）庆祝高明先生八十寿辰暨从事考古研究五十年论文集》，科学出版社，2006，第 500 页。

② 朱汉民、陈松长主编《岳麓书院藏秦简（贰）》，第 15 页。

③ 彭浩：《睡虎地秦墓竹简〈仓律〉校读（一则）》，第 501 页。

④ 彭浩：《关于〈秦和西汉早期简牍中的粮食计量〉的一点补充》，发表于简帛网。http://www.bsm.org.cn/show_article.php?id=1827，2013 年 1 月 30 日。

⑤ 参见張家山漢簡《算數書》研究会：《漢簡〈算數書〉——中国最古の数学書》，朋友書店，2006，第 53 页。

【简文】

爲粟廿斗舂爲米十＝斗＝粲毀米六斗大半斗麥十斗爲三斗叔荅麻十五斗爲一石·稟毀粺者以十斗爲石　　倉43

【释文】

爲粟廿斗，舂爲米十斗；十斗粲，毀（毇）米六斗大半斗。［1］麥十斗，爲䵂三斗。叔（菽）、荅、麻十五斗爲一石。·稟毀（毇）粺者，以十斗爲石。　　倉43

【集释】

［1］为粟廿斗，舂为米十斗；十斗粲，毀（毇）米六斗大半斗

整理小组：《说文》："粲，稻重一□为粟二十斗，为米十斗曰毇，为米六斗大半斗曰粲。"应依简文校正。

裘锡圭：根据这条律文，《说文》"粲"字注解里"毇"、"粲"应二字位置应互易。①

陈抗生：关于毇、粲的比例应该颠倒过来。睡简《仓律》本身的叙述……也应改为："粟二十斗，舂为米十斗，曰毇；十斗粲，为毇米六斗大半斗。"②

邹大海：秦简中"毇粲"二字误倒……"十斗粲，毇米六斗大半斗"当作"十斗毇，粲米六斗大半斗"……只须校正秦简的一处误倒，即可使《算数书》、秦简与《说文》三种文献得到统一……《说文解字》关于粲与毇的记载是正确的……稻和粟舂出的米分属两个不同的系列。③

【译文】

（稻禾一石）共稻谷二十斗，舂成米十斗；十斗粲，舂成毇米六又三分之二斗。麦十斗，出三斗。大豆、小豆、麻以十五斗为一石。领取毇粺的，以十斗为一石。　　仓

【简文】

宦者都官吏都官人有事上爲將令縣貣之輒移其稟＝縣＝以減其稟已稟者移居縣責之　　倉44

【释文】

宦者、［1］都官吏、都官人有事上爲將，［2］令縣貣（貸）之，輒移其稟縣，稟縣以減其稟。已稟者，移居縣責之。　　倉44

---

① 裘锡圭：《考古发现的秦汉文字资料对于校读古籍的重要性》，收入氏著《古代文史研究新探》，江苏古籍出版社，2001，第18～20页。

② 陈抗生：《"睡简"杂辨》，《武汉大学哲学社会科学论丛（法学专辑）》，第126页。

③ 邹大海：《从〈算数书〉和秦简上看上古几种粮米的比率》，第324～325页。

【集释】

［1］宦者

整理小组：阉人。

何四维：与《法律答问》191 简的宦者意思相同，是指做官的人。[①]

【按】《法律答问》191 简："可（何）谓'宦者显大夫?'·宦及智（知）于王，及六百石以上，皆为'显大夫'。"整理小组小组注："宦者，此处意为仕宦者，即做官的人。"又提到可与《汉书·惠帝纪》"爵五大夫、吏六百石以上，及宦皇帝者而知名者……"参看。关于"宦皇帝者"，阎步克先生认为主要包括中大夫、中郎、外郎、谒者、执楯、执戟、武士、驺、太子御骖乘、太子舍人等，他们构成了一个侍臣系统，从而与作为行政吏员的"吏"区分开来。"宦皇帝者"与"吏"的一个重要区别，就是在最初"吏"有禄秩，而"宦皇帝者"无禄秩。所以"宦皇帝者"是皇帝的侍臣，并非指宦官。[②] 故本条中的"宦者"可指"宦及智（知）于王"者或"宦皇帝者"。

［2］有事上为将

整理小组：有事上，为朝廷办事。

中央大秦简研读会："有事，上为将"。[③]

【按】中央大秦简研会读作"……有事，上为将"，意义未作解释。此暂从整理小组，只是"为将"之意尚存疑问，待考。

【译文】

宦者、都官吏、都官的一般人员为公家办事而实施督送，令所在县垫发口粮，随即移文这些人的原领粮关系所在县，原领粮关系所在县据此扣除他们的粮食。如已在原领粮关系所在县领取过口粮，移文现所在县追偿。　　仓

【简文】

有事軍及下縣者齎食毋以傳貣縣　　倉 45

【释文】

有事軍及下縣者，齎食，［1］毋以傳貣（貸）縣。　　倉 45

【集释】

［1］赍食

整理小组：携带口粮。

---

① A. F. P. Hulsewé：Remnants of Ch'in Law，p. 44.

② 阎步克：《论张家山汉简〈二年律令〉中的"宦皇帝"》，《中国史研究》2003 年第 3 期，第 73～74 页。

③〔日〕中央大学秦簡講読會：《〈睡虎地秦墓竹簡〉訳註初稿》，第 91 页。

何四维：获得供给。①

戴世君：本简之“赍”也可从“资”字解释，“赍食”即按资付费取食。②

【按】 整理小组释“携带口粮”，意思有些不明确。里耶秦简 5－1 简：“元年七月庚子朔丁未，仓守阳敢言之：狱佐辨、平、士吏贺具狱，县官食尽甲寅，谒告过所县乡以次续食。”③ 秦二世元年七月八日，零阳县仓守阳向县报告：狱佐辨、平与士吏贺承担了具狱任务，由本县负责提供的口粮到七月十五为止，因此请县里发文通知沿途县乡依次提供伙食。又据该简“七月戊申，零阳龏移过所县乡”、“七月庚子朔癸亥，迁陵守丞固告仓啬夫，以律令行事”，即七月九日零阳县长官龏发文通知，七月二十四日迁陵县守固收文后通知仓啬夫“按律令行事”，可知出公差者由沿途县乡提供口粮是制度规定，受律令规范。这与下文中“月食者已致稟而公使有传食”的规定也相一致。因此，如果说“携带口粮”者是出公差者，就与里耶秦简所见的供给粮食的实例不合。在此，“携带口粮”的含义应指由公家派发口粮，而非出差者自行携带。或“赍”可取送、付之义，“赍食”指公家已经提供口粮，因此不得再以传向县贷食。

【译文】

在军队以及所属县从事公务者，已提供口粮，不得以符传向经过的县借支。　　仓

【简文】

月食者已致稟而公使有傳食及告歸盡月不來者止其後朔食而以其來日致其食有秩吏不止　　倉 46

【释文】

月食者［1］已致稟而公使有傳食，及告歸盡月不來者，止其後朔食，而以其來日致其食；有秩吏不止。　　倉 46

【集释】

［1］月食者

整理小组：按月领取口粮的人。

【按】 据《秦律十八种·金布律》82 简“官啬夫免，复为啬夫，而坐其故官以赀赏（偿）及有它责（债），贫窭毋（无）以赏（偿）者，稍减其秩、月食以赏（偿）之”，可知官啬夫是“月食”者。里耶秦简中可见各种“月食

---

① A. F. P. Hulsewé, Remnants of Ch'in Law, p. 44.

② 戴世君：《云梦秦律译注商兑（续三）》，简帛网，http：//www. bsm. org. cn/show_article. php? id = 854。

③ 陈伟主编《里耶秦简牍校释》第 1 卷，第 1 页。

者”。如县丞，8－1345＋8－2245简“稻一石一斗八升。丗一年五月乙卯，仓是、史感、稟人援出稟迁陵丞昌。·四月、五月食”；如乡啬夫，8－1238简“☑稟人廉出稟乡夫七月食”；如士伍，8－1109简“☑城父士五（伍）□九月食”；如冗作大女，8－1239＋8－1334简“径廥粟米三石七斗少半升。·丗一年十二月甲申，仓妃、史感、稟人窯出稟冗作大女韱十月、十一月、十二月食”；如大隶妾，8－1839简“☑启陵乡守增、佐直、稟人小出稟大隶妾徒十二月食”。①

【译文】

按月领取口粮的人员在领取口粮后，因公务外出而接受沿途供给食物的，或休假归家到月底未归的，停发下月口粮，从他回来之日起再发放。有秩吏不停止发放。　　仓

【简文】

駕傳馬一食禾其顧來有一食禾皆八馬共其數駕毋過日一食駕縣馬勞有益壺禾之　　倉律47

【释文】

駕傳馬，［1］一食禾，其顧來有（又）一食禾，皆八馬共。其數駕，［2］毋過日一食。駕縣馬勞，有（又）益壺〈壹〉禾之。　　倉律47

【集释】

［1］驾传马

整理小组：传马，驿传驾车用的马。驾传马，意思是使这种马驾车在规定路线上奔走一趟。

【按】张家山汉简《二年律令·置吏律》213～214简：“郡守二千石官、县道官言边变事急者，及吏迁徙、新为官，属尉、佐以上毋乘马者，皆得为驾传。”整理小组注“驾传”，引《汉书·高帝纪》如淳注：“律：四马高足为置传，四马中足为驰传，四马下足为乘传，一马二马为轺传。急者乘一乘传。”② 陈伟先生认为，简牍中的传、置，或与“驾”、“乘”连言，或与“马”、“车”连言，都是指某种交通工具。③

［2］其数驾

整理小组：如连驾几次（译）。

魏德胜：整理小组译文：“如连驾几次。”没能准确理解“驾”义。《荀子·劝学》：“驽马十驾，功在不舍。”刘台拱补注：“一日所行为一驾，十

① 简文皆引自陈伟主编《里耶秦简牍校释》第1卷，依征引顺序分见第313、297、278、398页。

② 张家山二四七号汉墓竹简整理小组：《张家山汉墓竹简［二四七号墓］》（释文修订本），文物出版社，2006，第37页。

③ 陈伟：《秦与汉初的文书传递系统》，收于氏著《燕说集》，商务印书馆，2011，第372页。

驾，十日之程也。”“一驾”指马驾车一天。《睡简》“数驾”，与《荀子》中的“驾”义一致，指连续多日驾车出行。下文言“毋过日一食”，不要超过每天喂食一次。正与“数驾”相应。①

【译文】

每次使用传马，喂一次饲料，回程再喂一次，都要八匹马一起喂。连续多日使用，不得超过每天喂养一次。如路远马匹劳累，再增加喂养一次饲料。　　仓律

【简文】

妾未使而衣食公百姓有欲叚者叚之令就衣食焉吏輒柀事之　　倉律48

【释文】

妾未使而衣食公，百姓有欲叚（假）者，叚（假）之，令就衣食焉，吏輒柀［1］事之。　　倉律48

【集释】

［1］柀

整理小组：一说，柀读为罢，柀事即停止役使。

吉仕梅：柀是由“离析”、“破裂”的动词义引申而来，可译为“一部分”。表范围的副词“柀”是《睡简》中新产生的副词。②

单育辰：这里的柀应读为颇，用作程度副词，表示一定程度或数量，所以解释为百姓只在一定程度上役使女奴，女奴的所有权还在官府，官府仍然有权役使她。③

【译文】

妾未到役使年龄而由官府提供衣食，百姓如果需要借用，可以出借，让妾到借者那里获取衣食，（在出借期内）官吏可部分役使。　　仓律

【简文】

隸臣妾其從事公隸臣月禾二石隸妾一石半其不從事勿稟小城旦隸臣作者月禾一石半石未能作者月禾一石小49

妾舂作者月禾一石二斗半斗未能作者月禾一石嬰兒之毋母者各半石雖有母而與其母冗居公者亦稟之禾50

月半石隸臣田者以二月＝稟二石半石到九月盡而止其半石舂月一石半石隸臣城旦高不盈六尺五寸隸妾舂高不盈51

六尺二寸└皆爲小高五尺二寸皆作之　　倉52

① 魏德胜：《〈睡虎地秦墓竹简〉词汇研究》，第233页。

② 吉仕梅：《秦汉简帛语言研究》，巴蜀书社，2004，第165、181页。

③ 单育辰：《秦简“柀”字释义》，《江汉考古》2007年第4期，第82~83页。

【释文】

隸臣妾［1］其從事公，隸臣月禾二石，隸妾一石半；其不從事，勿稟。小城旦、隸臣作者，［2］月禾一石半石；未能作者，月禾一石。小 49 妾、舂作者，［3］月禾一石二斗半斗；未能作者，月禾一石。嬰兒之毋（無）母者各半石；雖有母而與其母冗居公［4］者，亦稟之，禾 50 月半石。隸臣田者，以二月月稟二石半石，到九月盡而止其半石。舂，月一石半石。隸臣、城旦高不盈六尺五寸，隸妾、舂高不盈 51 六尺二寸，皆爲小；高五尺二寸，皆作之。　倉 52

【集释】

［1］隶臣妾

【按】从性别区分上，读“隶臣、妾”为宜。

［2］小城旦、隶臣作者

整理小组：小城旦或隶臣劳作的……（译）。

栗劲：这里的“小城旦、隶臣”当为“小城旦、小隶臣”的略语，应译为“小城旦”或“小隶臣”劳作的……①

［3］小妾、舂作者

整理小组：小隶妾或舂劳作者……（译）

栗劲：“小妾、舂”是“小妾、小舂”的略语。译文当为：小隶妾或小舂劳作的……②

［4］冗居公

整理小组：居，即居作，罚服劳役。

张铭新：所谓“冗居公”，就是给官府服杂役……“居”并不是对犯罪的直接惩罚方式……它是一种有代价的抵偿劳役。③

宫宅潔：“冗居公”的含义就是长期在官衙就役，居所也是被分配到的官衙的某个处所。④

【按】既往解释多只说“居”而未释“冗”。依宫宅潔、杨振红先生的意见，“冗”是与“更”相对的一种服役方式，指不更代、不倒班就役。⑤

---

① 栗劲：《〈睡虎地秦墓竹简〉译注斟补》，国务院古籍整理出版规划小组编《古籍点校疑误汇录》（二），中华书局，1990，第 261 页。

② 栗劲：《〈睡虎地秦墓竹简〉译注斟补》，第 261 页。

③ 张铭新：《关于〈秦律〉中的“居”——〈睡虎地秦墓竹简〉注释质疑》，《考古》1981 年第 1 期，第 48～49 页。

④ 〔日〕宫宅潔著《汉代官僚组织的最下层——“官”与“民”之间》，《中国古代法律文献研究》第七辑，顾其莎译，社会科学文献出版社，2013，第 140 页。

⑤ 详参见中国政法大学法制史基础史料研读会《睡虎地秦简法律文书集释（二）：〈秦律十八种〉（〈田律〉〈厩苑律〉）》，《中国古代法律文献研究》第 7 辑，第 95 页。

“冗居公”的“冗”是对“居公”的一个限定，“居”指“居作”，因此“冗居公”指的是不更代、在官府长期居作。

【译文】

隶臣、妾在官府服役，隶臣每月发粮二石，隶妾一石半；不（在官府）服役，不得发给。小城旦、小隶臣劳作的，每月发粮一石半；不能劳作的，每月发粮一石。小隶妾、小舂劳作的，每月发粮一石二斗半；不能劳作的，每月发粮一石。没有母亲的婴儿每人发粮半石，虽有母亲而随其母在官府长期服役的，也发给粮食，每月半石。隶臣从事农业劳动的，从二月起每月发粮二石半，到九月底停发加发的半石。舂，每月发一石。隶臣、城旦身高不满六尺五寸，隶妾、舂身高不满六尺二寸，都属于小；身高达到五尺二寸，都要劳作。　仓

【简文】

小隸臣妾以八月傅爲大隸臣妾以十月益食　　倉53

【释文】

小隸臣妾以八月傅爲大隸臣妾，以十月益食。　倉53

【译文】

小隶臣、妾在八月份登记为大隶臣、妾，在十月份增加口粮。　仓

【简文】

更隸妾節有急事總冗以律稟食不急勿總　　倉54

【释文】

更隸妾［1］節（即）有急事，總冗，［2］以律稟食；不急勿總。　倉54

【集释】

［1］更隶妾

整理小组：更，轮番更代。更隶妾，当为以部分时间为官府服役的隶妾。

苏诚鉴：轮值更代在官府服役的“隶妾”，并非全部时间为官府役使，而且并非监居。①

何四维：“更”表示“轮流义务”，“更隶妾”意不详，但此情况显然与A12（第49－52简）的描述有关，即隶妾可能是“不工作的”。②

广濑薰雄：“冗”是与“更”相对的用语，意味着没有固定的服役义务。最明显的例子是睡虎地秦简《秦律十八种·工人程》的“冗隶妾”、“更隶妾”。③

① 苏诚鉴：《秦“隶臣妾”为官奴隶说——兼论我国历史上“岁刑”制的起源》，《江淮论坛》1982年第1期，第91页。

② A. F. P. Hulsewé：Remnants of Ch’in Law，p. 32.

③ 〔日〕广濑薰雄：《〈二年律令·史律〉札记》，收入《楚地简帛文献思想研究（二）》，湖北教育出版社，2005，第426页。

宫宅潔："更"因轮流而意为"倒班（制）"，与此相对的"冗"则是不能纳入此种轮流范畴的勤务方式。①

杨振红：指轮番更代去官府服役的隶妾。②

杨广成、李军："更隶妾"是"隶妾"的一种，本质上属于官府所有，不存在人身自由。其特殊身份在于，它可以由官府借给百姓役使，劳动力归官府和百姓共同持有。③

【按】学者多认为"更隶妾"之"更"是轮番更代之意。由于"更隶妾"并不是所有时间均在官府从事劳动，而是轮流到官府从事一定时间的短期劳动，因此其劳动价值与"冗隶妾"相比也较低，如《工人程》109 简所见："更隶妾四人当工一人，冗隶妾二人当工一人"。

［2］总冗

整理小组：总冗，把零碎的聚集到一起，即集合。

中央大秦简讲读会：总冗隶妾。④

杨振红：即在一定时间内汇集到官府居作。⑤

宫宅潔：召集冗隶妾。⑥

【按】"更隶妾节（即）有急事"，似有两种情况。一是更隶妾在未轮值服役期间遇有紧急差役，另一种是情况相反。若是前者，整理小组的解释可从，即召集未处于轮值服役的更隶妾，将她们与正服役者汇总起来，并按法律规定向她们提供服役时的口粮标准。若是后者，出于"急事"对劳力的需要，就有可能组织更隶妾以外的人手。在秦律中，更隶妾与冗隶妾虽然都是隶妾，但其服役方式有更与冗之别。广濑薰雄先生将"更"与"冗"比喻为非常勤与常勤的不同；杨振红先生则拟作唐代的"上番"与"长上"；宫宅潔先生则将"冗"理解为在勤务处所起居的常态性就役。⑦ 因此，"总冗"之"冗"也可以是指冗隶妾，即当更隶妾遇到紧急事项时，可以调集冗隶妾

---

① 〔日〕宫宅潔：《有效勞役刑體系の形成——〈二年律令〉に見える漢初の勞役刑を手がかりにして》，《東方学報》第 78 冊，2006，第 32 页。

② 杨振红：《秦汉简中的"冗"、"更"与供役方式》，《简帛研究二〇〇六》，广西师范大学出版社，2008，第 87 页。

③ 杨广成、李军：《睡虎地秦简"更隶妾"蠡测》，复旦大学出土文献与古文字研究中心，http://www.gwz.fudan.edu.cn/srcshow.asp?src_id=1505，2011 年 5 月 25 日。

④ 〔日〕中央大学秦簡講読會：《〈睡虎地秦墓竹簡〉訳註初稿》，第 89 页。

⑤ 杨振红：《秦汉简中的"冗"、"更"与供役方式》，第 87 页。

⑥ 〔日〕宫宅潔：《有效勞役刑體系の形成——〈二年律令〉に見える漢初の勞役刑を手がかりにして》，第 32 页。

⑦ 学者关于"更"、"冗"的讨论，可参见宫宅潔《汉代官僚组织的最下层——"官"与"民"之间》，第 138～141 页。

加强力量。对他们在特殊情况下的口粮供应，按法律规定行事。

【译文】

更隶妾遇有紧急差役，就调集冗隶妾，按照法律规定发给口粮；如果不是紧急差役，就不调集。　　仓

【简文】

城旦之垣及它事而勞與垣等者旦半夕参其守署及爲它事者参食之其病者稱議食之令吏主城旦55

舂＝司寇白粲操土攻参食之不操土攻以律食之　　倉56

【释文】

城旦之垣及它事而勞與垣等者，旦半夕参；其守署［1］及爲它事者，参食［2］之。其病者，稱議食之，令吏主。城旦55舂、［3］舂司寇、［4］白粲操土攻（功），参食之；不操土攻（功），以律食之。　　倉56

【集释】

［1］守署

整理小组：署，岗位。本条垣即筑城，守署即伺寇虏。

何四维："署"作动词，表示"被指派某项工作"。此处"守署"的意义当与居延汉简中的"见署"、"居署"相同。整理小组的意见有误，最重要的原因是劳役刑徒几乎不可能被委以军事职责。①

宫宅潔：守卫官衙。②

【按】何四维先生关于"守署"的意见较妥。里耶秦简8－140简："☐日已，以迺十一月戊寅遣之署。迁陵曰：赵不到，具为报。"③ 其中"署"字的意义和用法与本律相同，作"署所"理解。所谓"守署"，可理解为"在被派遣地从事固定的劳役"。即"守署"者依旧在原派遣地点工作，而服筑墙劳役者须离开原处所地前往工作地点。相比较筑墙，"守署"确属相对轻松的工作，因此规定早晚供给三分之一斗口粮。

［2］参食

整理小组：早晚两餐各三分之一斗。

【按】《二年律令·传食律》233简也涉及"参食"："车大夫粺米半斗，参食，从者□（糲）米，皆给草具。"整理小组指出"参食"意为"每日三餐"，并认为秦简原注有误。陈伟先生认为，《二年律令》是说车大夫一餐用

① A. F. P. Hulsewé：Remnants of Ch' in Law，pp. 32－33.

② 〔日〕宫宅潔：《有効勞役刑體系の形成——〈二年律令〉に見える漢初の勞役刑を手がかりにして》，第20页。

③ 陈伟：《里耶秦简牍校释》第1卷，第81页。

半斗稗米（精米），从者一餐用三分之一斗□米（糙米）。睡虎地秦简整理小组的意见正确可靠。《傳食律》该句应断读为：“车大夫粺米，半斗；参食从者，□米。皆给草具。”[①] 整理小组与陈伟先生的意见可从。整理小组所征引的《墨子·杂守》对“参食”的解释是“食参升小半”。《岳麓书院藏秦简（贰）》也见“参食”，139～140简：“一人斗食，一人半食，一人参食，一人驷食，一人馯食，凡五人，有米一石，欲以食数分之，问各得几可（何）？曰：斗食者得四斗四升九分升四└，半食者得一（二）斗二升九分升二└，参食者一斗四升廿七分升廿二，驷食者一斗一升九分升一└，馯食者七升。”[②] 从该记录可知，参食与斗食之间的比例为1∶3。

［3］城旦舂

何四维：此句以“城旦”开端令人费解，因为城旦为男性，而舂及以下刑徒皆为女性。由于“城旦舂”这一表达出现的太过频繁，此处大概为抄手误写。[③]

韩树峰：“城旦舂”当为“舂”之误。这里的“城旦”二字可能是衍文。[④]

【按】 万荣先生指出，“城旦”一词在某些场合中亦可指代女性刑徒，如《二年律令·具律》88～89简：“……女子当磔若要（腰）斩者，弃市；当斩为城旦者黥为舂，当赎斩者赎黥。当耐者赎耐。”[⑤] 日本专修大学《二年律令》研究会认为：“‘斩为城旦’应看做‘斩为舂’为宜，但这是因为没有‘斩为舂’这一刑名。”[⑥] 从文意来看，此处“城旦舂”即指舂这种女性刑徒。但是上述《具律》所见的情况并不能对应于此，毕竟“城旦舂”单指女性太容易引起混淆，因此不排除误书的可能。

［4］舂司寇

整理小组：据《司空律》，城旦可减刑为城旦司寇，此处舂司寇可能也是由舂减刑的一种刑徒。

中央大秦简讲读会：简文中“司寇”前的“舂”字可能是衍文。[⑦]

---

① 陈伟：《云梦睡虎地秦简〈秦律十八种〉校读（五则）》，《中国简帛学国际论坛2012：秦简牍研究论文集》，2012，第232页。

② 朱汉民、陈松长：《岳麓书院藏秦简（贰）》，第107页。

③ A. F. P. Hulsewé：Remnants of Ch’in Law，p. 33.

④ 韩树峰：《秦汉刑徒散论》，《历史研究》2005年第3期，第41页。

⑤ 万荣：《张家山汉简二年律令之“司寇”、“城旦舂”名分析》，《晋阳学刊》2005年第6期，第72～73页。

⑥〔日〕專修大学《二年律令》研究会：《張家山漢簡〈二年律令〉訳注（三）——具律》，《專修史学》第37号，2004，第137页。

⑦〔日〕中央大学秦簡講読會：《〈睡虎地秦墓竹簡〉訳註初稿》，第91页。

刘海年：秦的“舂司寇”就是与“城旦司寇”相应的女刑徒，类似汉代的“作如司寇”。①

【按】整理小组依据《司空律》146简“司寇不踐，免城旦劳三岁以上者，以为城旦司寇”，认为城旦可减刑为城旦司寇，因此推测舂司寇可能也是舂减刑后的刑徒。宫宅潔先生不从减刑的角度论“城旦司寇”，认为“城旦～”这种称呼可见“城旦傅坚”，意思是“以城旦而专做夯筑一类的劳役”，司寇也是指任务之语，如果“城旦司寇”同样可以解释为“以城旦而专做司寇的劳役”，那么对“城旦+任务”就应给与一致的解释。他主张“免城旦”、“免隶臣妾”之“免”，都应解释为“免老”。② 从146简看，如果监管城旦舂的城旦司寇不足，就由符合规定条件的城旦充任，监管20名城旦舂。这里的“免”是指免老还是“免除”（参见下条“免隶臣妾”）尚难定论，即使是“免除”之意，也不宜作减刑理解。如果是减刑，在城旦舂之下依次为鬼薪白粲与隶臣妾，不存在城旦司寇这一等级。因此这里的“司寇”，未必就是徒刑等级意义上的刑徒及其所服劳役，“城旦司寇”只是指城旦舂的监管者而已。舂司寇的理解同此。

【译文】

城旦从事筑墙以及其他强度与筑墙相当的劳作，早饭半斗，晚饭三分之一斗；在原派遣岗位从事劳役及其他工作的，早晚饭各三分之一斗。有病的酌情供给口粮，由吏负责。城旦舂、舂司寇、白粲从事土木工程，早晚各三分之一斗；不从事土木工程，按法律规定供给口粮。　　仓

【简文】

日食城旦盡月而以其餘益爲後九月稟所城旦爲安事而益其食以犯令律論吏主者減舂城旦 57

月不盈之稟　　倉 58

【释文】

日食城旦，［1］盡月而以其餘益爲後九月稟所。［2］城旦爲安事［3］而益其食，以犯令律［4］論吏主者。減舂城旦 57 月不盈之稟。　　倉 58

【集释】

［1］日食城旦

整理小组：按天发给城旦口粮（译）。

---

① 刘海年：《秦律刑罚考析》，收入《云梦秦简研究》，中华书局，1981，第185页。

② 〔日〕宫宅潔：《有效勞役刑體系の形成——〈二年律令〉に見える漢初の勞役刑を手がかりにして》，第61页注（24）。

于豪亮：隶臣妾只要为官府服役就按月发给口粮，而城旦的口粮按日发给。①

蔡万进：秦国刑徒口粮的发放是按日进行的，因此秦律中有“日食城旦”之语。②

【按】“日食城旦”为叙述句，指每天给城旦提供伙食。里耶秦简中有日食牍，如8－1566简：“卅年六月丁亥朔甲辰，田官守敬敢言之；疏书日食牍北（背）上。敢言之。城旦、鬼薪十八人。”③ 可与本条律文对读。

［2］以其余益为后九月禀所

整理小组：以所余粮食移作闰月的口粮。

中央大秦简讲读会：以其余益，为后九月之禀所。④

【按】此句当读作“尽月而以其余，益为后九月禀所”。意为：将城旦按月统计后结余的粮食，补助到实际发放口粮之处，用作后九月的口粮。益，补助、补益。《战国策·秦策二》：“甘茂攻宜阳，三鼓之而卒不上……于是出私金以益公赏。”⑤ 又《二年律令·徭律》411简“以訾（赀）公出牛车及益”，整理小组认为“益，疑意为助”。⑥ 禀所，实际发放口粮之处。城旦服役的地点不止一处，粮食配给随人走账，在甲地剩余的粮食可在乙地补助，故禀所即指城旦当下服役并配给口粮之地。

［3］安事

整理小组：指轻的徭役。

张建国：“其守署及为它事者，参食之”所述的情况即所谓“安食”，早饭只能给三分之一斗，给半斗则可能是“益其食”。⑦

［4］犯令律

【按】整理小组以《法律答问》142简“何如为犯令、废令”作解。学界对“犯令”大体上有两种理解。一种为实体令在律中的残存。堀敏一先生认为，秦律十八种中每一条原先都以“令”的单行法令形式出现，后经收集、分类和冠以律名而成为律。⑧ 张建国先生认为，“犯令”之“令”是一

---

① 于豪亮：《西汉对法律的改革》，《中国史研究》1982年第2期，第157页。

② 蔡万进：《秦国粮食经济研究》，内蒙古人民出版社，1996，第71页。

③ 陈伟主编《里耶秦简校释》第1卷，第362页。

④ ［日］中央大学秦簡講読會：《〈睡虎地秦墓竹簡〉訳註初稿》，第89页。

⑤ （汉）刘向集录《战国策》卷四《秦二·甘茂攻宜阳》，上海古籍出版社，1985，第154页。

⑥ 张家山二四七号汉墓竹简整理小组编《张家山汉墓竹简［二四七号墓］》（释文修订本），第65页。

⑦ 张建国：《秦令与睡虎地秦墓主简相关问题略析》，《中外法学》1998年第6期，第36页。

⑧ ［日］堀敏一：《中國の律令と農民支配》，《歷史學研究》别冊，1978；又见《晋泰始律令的制定》，《中国法制史考证》丙编第二卷，中国社会科学出版社，1993，第283页。

种特殊的法律形式，此条所谓“犯令”是指未按照仓律55简“城旦之垣及它事而劳与垣等者，旦半夕参；其守署及为它事者，参食之”的令文规定去做。[①] 滋贺秀三先生指出，“犯令”、“废令”之令是单行指令，与它们实质对应的是唐律的违制条。[②] 另一种为对律文法律属性的违背。冨谷至先生认为，“不从令”、“犯令”就是违反禁止命令或不履行命令，而律属于当为规定、禁止规定，因而具有命令的形态。秦律条文中的“令”，并非作为单行法令而存留于律文中的令，而是律所具有的当为命令、禁止命令这一属性。[③] 广濑薰雄先生认为“令”指该律本身，因为违反某条律等于违反制定该律的令，因而违反律叫“不从令”、“犯令”。[④]

《管子·立政》：“宪既布，有不行宪者，谓之不从令，罪死不赦。”[⑤] 这是说“不从令”的行为要件是不施行已然公布的法令。因此，“犯令”未必皆指违反了一条具体的实体令，也有不遵守法律的含义。就本条而言，“犯令律”即指惩治不遵守法律行为的律条。

【译文】

城旦按日提供伙食，到月底统计若有剩余，就将剩余的粮食补助到现服役地的（账上），作为后九月的口粮。城旦从事较轻的劳作反倒增加了口粮，按照“不遵守法律的律文”论处主管官吏。城旦舂服役不满月的，扣除未劳役天数的口粮。　　仓

【简文】

免隸＝臣＝妾＝垣及爲它事與垣等者食男子旦半夕參└女子參　　倉59

【释文】

免隸臣妾、［1］隸臣妾垣及爲它事與垣等者，食男子旦半夕參，女子參。　　倉59

【集释】

［1］免隶臣妾

整理小组：免，疑即达到免老年龄，隶臣妾也有免老的规定。

黄展岳：年老免去重役的隶臣妾。[⑥]

---

① 张建国：《秦令与睡虎地秦墓竹简相关问题略析》，第36页。

② 〔日〕滋贺秀三：《中國法制史論集》，創文社，2003，第40页。

③ 〔日〕冨谷至：《晉泰始令への道——第一部：秦漢の律と令》，《東方学報》京都72册，2000年3月，第97页。

④ 〔日〕广濑薰雄：《秦汉时代律令辨》，《中国古代法律文献研究》第7辑，第111页。

⑤ 黎翔凤撰，梁运华整理《管子校注（上）》，中华书局，2004，第66页。

⑥ 黄展岳：《云梦秦简简论》，《考古学报》1980年第1期，第17页。

杨剑虹：是指刑满释放恢复自由的刑徒，他们还要继续服徭役。①

何四维：被释放的隶臣妾，完成了一定期限的高强度劳动的隶臣妾。但奇怪的是仍被强制劳动，是否被视为法律上普通的劳动者？②

张金光：不是刑满恢复自由的刑徒，刑徒身份是终身的，只是因年老而免除重役。③

魏德胜：“隶臣”、“隶妾”到一定年龄即免除劳役，称为“免隶臣妾”，但要解除隶臣妾的名分仍需要人来赎。④

陶亮：“免隶臣妾”与“其老当免老”不同，不是指达到免老年龄的隶臣妾，而是服满一定期限特定等级劳役之后，转而从事较轻的劳役的隶臣妾，有时出于紧急情况还会跟服役期间的隶臣妾从事“垣”等工作。⑤

李力：可能是隶臣妾达到免老年龄尚未赎身顶替者，可能会有两种境遇，要么被赎身成为庶人，要么无人赎身顶替继续在官府劳作，身份可能是官奴隶。⑥

【按】有关免隶臣妾的解释众说纷纭，有免老、释放、老而免役、老而转役、免老而尚未赎身等诸说，诸说的形成又涉及秦代有无刑期、隶臣妾是刑徒还是官奴婢的不同认识。在秦律中，隶臣妾成为庶人的途径有二：一是“免”，条件是冗边（《司空律》151 简）、归爵（《军爵律》155～156 简）。从情理上说，作为官刑徒的隶臣妾一旦满足这些条件，即可具有庶人身份，理应不再服刑徒之役。61 简说“边县者，复数其县”，也表明隶臣妾被赎后可脱离原管束机构而回到原籍。若然，此后即使服官役，也是以庶人而非隶臣妾的身份。《军爵律》156 简“工隶臣斩首及人为斩首以免者，皆令为工”，指工隶臣因斩获敌首而获免后，其身份就是“工”，不再是“隶臣”。隶臣妾被免后是否还带有“免隶臣妾”的身份标识，目前无法确证。岳麓书院藏秦简 126 简：“卿（乡）唐、佐更曰：沛免为庶人，即书户籍曰：免妾。沛后妻，不告唐、更。今籍为免妾。不智（知）它。”⑦ 即婏原是沛的妾，被沛免为庶人后，在户籍中登记的身份是“免妾”。沛以后以婏为妻，但未告

① 杨剑虹：《“隶臣妾”简论》，《考古与文物》1983 年第 2 期，第 90 页。

② A. F. P. Hulsewé：Remnants of Ch'in Law，p. 34.

③ 张金光：《关于秦刑徒的几个问题》，《中华文史论坛》1985 年第 1 辑，上海古籍出版社，1985，第 40～41 页。

④ 魏德胜：《〈睡虎地秦墓竹简〉语法研究》，第 32～33 页。

⑤ 陶亮：《“免隶臣妾”解》，《文化学刊》2005 年第 7 期，第 158～159 页。

⑥ 李力：《“隶臣妾”身份再研究》，中国法制出版社，2007，第 349～350 页。

⑦ 朱汉民、陈松长主编《岳麓书院藏秦简（叁）》，上海辞书出版社，2013，第 159 页。

知乡里官员。据该简可知，主人之妾被免为庶人后，其身份是“免妾”。不过这里是主人与私人奴婢的关系，这一关系能否折射国家与刑徒的关系，当时的刑徒在免为庶人后，是否要在户籍中登记为“免隶臣妾”，他们是以庶人还是以“免隶臣妾”的身份参与服役，尚不得而知。二是“赎”，61 简所见即为这一途径。即一般隶臣两名壮年男子赎一名，而年至免老的隶臣，一名壮年男子赎一名。可见隶臣即使到了免老的年龄也不能免役，更不能免除身份，只有在一名壮年男子来赎的情况下方可解除刑徒身份。如果无人来赎，便成为免隶臣妾而一直服役。在这种情况下，也有可能存在年至免老而无人来赎的隶臣妾。然而这样的隶臣妾，劳动价值已然较低，其不仅要参加重劳作且与一般隶臣妾伙食标准相同，似乎又有碍于情理。总之限于目前所见资料，这里的“免”尚待进一步研究。

【译文】

免隶臣妾、隶臣妾从事筑墙和与筑墙强度相当的劳作，男子早饭半斗，晚饭三分之一斗，女子都是三分之一斗。　　仓

【简文】

食𩜵囚日少半斗　　倉 60

【释文】

食𩜵囚，日少半斗。　　倉 60

【译文】

给受饥饿惩罚的囚徒供给口粮，每天三分之一斗。　　仓

【简文】

隸臣欲以人丁粼者二人贖許之其老當免老小高五尺以下及隸妾欲以丁粼者一人贖許之贖 61

者皆以男子以其贖爲隸臣女子操敃紅及服者不得贖邊縣者復數其縣　　倉 62

【释文】

隸臣欲以人丁粼者［1］二人贖，許之。其老當免老、小高五尺以下［2］及隸妾欲以丁粼者一人贖，許之。贖 61 者皆以男子，以其贖爲隸臣。女子操敃紅及服者，不得贖。邊縣者，復數其縣。　　倉 62

【集释】

［1］人丁粼者

整理小组：粼，疑为龄，丁龄即丁年，“丁壮之年”。

中央大秦简讲读会：“人丁之粼者”。①

① 〔日〕中央大学秦簡講読會：《〈睡虎地秦墓竹簡〉訳註初稿》，第 91 页。

方勇："丁"指"丁壮"，"粼"意为"邻"，指同伍中的其余人家。[①]

【按】整理小组说可从。文中的"丁粼者"是"人"的修饰语。此处之所以强调"人"，意在限制赎的实质内容，即不得以"钱"赎和丁粼外的其他人赎，而必须是丁壮之人赎，以此确保官方在劳动力上获得高于原状况的满足。

［2］小高五尺以下

【按】据《仓律》51～52 简："隶臣、城旦高不盈六尺五寸，隶妾、舂高不盈六尺二寸，皆为小；高五尺二寸，皆作之"，则可知五尺以下"小"是不必劳作的。

【译文】

隶臣要求用两个壮年人赎自己的身份，可以准许。已达到免老的隶臣、身高不满五尺的未成年人以及隶妾要求以一个壮年人赎自己的身份，可以准许。来赎的都应是男性，在赎后将他们作为隶臣。从事绣工、制衣的女子，不允许赎。（被赎的隶臣妾）原籍在边县的，仍回原县入籍。　　仓

【简文】

畜雞離倉用犬者畜犬期足豬雞之息子不用者買之別計其錢　　倉 63

【释文】

畜雞離倉。［1］用犬者，畜犬期足。豬、雞之息子不用者，買（賣）之，［2］別計其錢。［3］　　倉 63

【集释】

［1］畜鸡离仓

【按】里耶秦简 8－495 简"仓课志"中包括"畜彘雌狗产子课"和"畜鴈产子课"，可知秦代的仓不仅饲养猪、狗以及家禽，并且饲养状况也属于考课的范围。

［2］息子

整理小组：此处指小猪、小鸡。

【按】里耶秦简 8－1516 简："廿六年十二月癸丑朔庚申，迁陵守禄敢言之：沮守瘳言：课廿四年畜息子得钱殿。沮守周主。为新地吏，令县论言史（事）。·问之，周不在迁陵。敢言之。"[②] 结合本简与《仓律》本条，可知秦代还将出售畜产孳息所获收入作为官吏考课的内容。

［3］别计其钱

【按】里耶秦简中"仓"机构涉及"计"的名目甚多。如 8－481 简

① 方勇：《秦简札记四则》，《长春师范学院学报》2009 年第 3 期，第 64 页。

② 陈伟：《里耶秦简牍校释》第 1 卷，第 343 页。

“仓曹计录”中有“禾稼计”等“十计”，涉及牲畜的有“畜计”、“畜官牛计”等四种，另有“钱计”。本条中的“别计其钱”，大概就是在统计钱财的账簿上登记出售畜产孳息后所获的收入。

【译文】

养鸡要离开仓库。使用狗的，以实际用的数量为限。不用的小猪、小鸡要卖掉，另外登记出售所获得的金钱。　　仓

《中国古代法律文献研究》第八辑
2014年，第89~104页

汉代“卖子”“鬻子孙”现象与“卖人法”

王子今*

摘 要：汉代文献屡见“卖子”、“鬻子孙”现象的记录。未成年人往往因此遭受沉重的身心迫害。严重违背基本伦理、破坏家庭结构、伤害亲族感情的这一情形，被看作社会反常表现，往往标示着社会危机和社会灾难。“卖子”、“鬻子孙”现象发生的原因，是社会不平等导致的下层民众的生存艰险。人身奴役制度的存在作为主要因素也不宜忽视。国家行政集团对“卖子”、“鬻子孙”现象有所关注，有时亦采取相应对策。相关法律亦有予以禁止的条文。汉光武帝建武二年诏宣布民有“卖子”而“欲归父母者，恣听之”，又强调“敢拘执，论如律”。建武七年诏言同类事又说到“敢拘制不还，以卖人法从事”。建武十三年“诏益州民自八年以来被略为奴婢者，皆一切免为庶人；或依托为人下妻，欲去者，恣听之；敢拘留者，比青、徐二州以略人法从事。”张家山汉简《二年律令·盗律》可见对“不当卖而私为人卖”之“卖人”情形予以惩罚的内容。在综合考虑法律史诸种信息的基础上，对于因“大饥馑”“高祖乃令民得卖子，就食蜀汉”的理解，或许可以得以澄清。

关键词：汉代　社会　国家　卖子　鬻子孙　卖人法

汉代文献记录屡见有关“卖子”、“鬻子孙”的史实。未成年人被迫成为买卖对象的情形，严重违背社会伦理，破坏家庭结构，伤害亲族感情，在史

* 中国人民大学国学院教授。

家笔下被看做灾难和罪恶。而未成年人确实往往因此遭受沉重的身心迫害。这一情形政论家亦视为社会危机的征象，对上层执政者每多警告。国家行政集团对“卖子”、“鬻子孙”现象往往予以关注，有时亦采取相应的对策。汉光武帝建武二年（公元 26 年）诏宣布民有“卖子”而“欲归父母者，恣听之”，又强调“敢拘执，论如律”。建武七年诏言同类事又说到“敢拘制不还，以卖人法从事”，建武十三年“诏益州民自八年以来被略为奴婢者，皆一切免为庶人；或依托为人下妻，欲去者，恣听之；敢拘留者，比青、徐二州以略人法从事。”可知有相关法律条文予以禁止。张家山汉简《二年律令·盗律》确有对“不当卖而私为人卖”之“卖人”情形予以惩罚的内容。“卖子”、“鬻子孙”现象的发生，是社会不平等导致的下层民众的生存艰险在战乱和灾害时的极端化显现。追索其原因，应当重视当时社会人身奴役制度的存在及影响。在综合考虑法律史诸种信息的基础上，对于因“大饥馑”“高祖乃令民得卖子，就食蜀汉”的理解，或许可以得以澄清。

一 “卖子”、“鬻子孙”史事

《汉书》卷二四上《食货志上》回顾汉初经济史，言“接秦之敝”，在社会经济秩序遭受严重破坏的形势下，又因“诸侯并起，民失作业，而大饥馑”，于是出现“卖子”现象。

对于汉武帝时代的军事扩张等政策导致的社会压力，《汉书》卷六四下《贾捐之传》载录贾捐之的批评：

> 赖圣汉初兴，为百姓请命，平定天下。至孝文皇帝，闵中国未安，偃武行文，则断狱数百，民赋四十，丁男三年而一事。时有献千里马者，诏曰：“鸾旗在前，属车在后，吉行日五十里，师行三十里，朕乘千里之马，独先安之？”于是还马，与道里费，而下诏曰：“朕不受献也，其令四方毋求来献。”当此之时，逸游之乐绝，奇丽之赂塞，郑卫之倡微矣。夫后宫盛色则贤者隐处，佞人用事则诤臣杜口，而文帝不行，故谥为孝文，庙称太宗。①

在颂扬汉文帝“行文”之成功之后，贾捐之指出汉武帝时代发生的政策转变，“至孝武皇帝元狩六年，太仓之粟红腐而不可食，都内之钱贯朽而不可

① 《汉书》卷六四下《贾捐之传》，中华书局，1962，第 2832 页。

校。乃探平城之事，录冒顿以来数为边害，籍兵厉马，因富民以攘服之。西连诸国至于安息，东过碣石以玄菟、乐浪为郡，北却匈奴万里，更起营塞，制南海以为八郡，则天下断狱万数，民赋数百，造盐铁酒榷之利以佐用度，犹不能足。当此之时，寇贼并起，军旅数发，父战死于前，子斗伤于后，女子乘亭鄣，孤儿号于道，老母寡妇饮泣巷哭，遥设虚祭，想魂乎万里之外。淮南王盗写虎符，阴聘名士，关东公孙勇等诈为使者，是皆廓地泰大，征伐不休之故也。”① 所谓“廓地泰大，征伐不休”危害之严重，致使“民众久困”，竟然至于“嫁妻卖子”：“今天下独有关东，关东大者独有齐楚，民众久困，连年流离，离其城郭，相枕席于道路。人情莫亲父母，莫乐夫妇，至嫁妻卖子，法不能禁，义不能止，此社稷之忧也。”②

《汉纪》卷二一《孝元皇帝纪上》“初元三年”对同一历史迹象的记载文句略异：“及孝武皇帝，西连诸国至于安息，东过碣石至于乐浪，北却匈奴万里，南制南海为八郡，兵革数起，父战于前，子斗于后，女子乘亭鄣，孤儿啼于道，老母寡妇饮泣街巷，设虚祭于道傍，招神魂于万里之外。扩地泰大，征伐不休，而天下断狱万数，民赋数百。今关东困乏，至有嫁妻卖子，此社稷之忧。”同样对导致“卖子”现象的行政失误的批评，荀悦以为“天下断狱万数”也是直接原因。③

处理民族关系的不当政策，包括“赋役”和“酷刑”的沉重压迫，也会导致类似现象的发生。《后汉书》卷八六《南蛮传》说“板楯蛮夷”反叛，“连年不能克。帝欲大发兵，乃问益州计吏，考以征讨方略。汉中上计程包对曰：‘板楯七姓，射杀白虎立功，先世复为义人。其人勇猛，善于兵战。’”程包说，巴郡板楯人曾有功于平定羌乱，然而却因地方基层官吏的盘剥奴役被迫反抗：“忠功如此，本无恶心。长吏乡亭更赋至重，仆役棰楚，过于奴虏，亦有嫁妻卖子，或乃至自刭割。虽陈冤州郡，而牧守不为通理。阙庭悠远，不能自闻。含怨呼天，叩心穷谷。愁苦赋役，困罹酷刑。故邑落相聚，以致叛戾。”程包以为“今但选明能牧守，自然安集，不烦征伐也”。后来朝廷调整政策，“宣诏赦之，即皆降服”。④

① 颜师古注“饮泣”曰：“泪流被面以入于口，故言饮泣也。”（《汉书》卷六四下《贾捐之传》，第2832～2833页）

② 《汉书》卷六四下《贾捐之传》，第2833页。

③ 《两汉纪》，张烈点校，中华书局，2002，上册，第375页。《汉书》卷六四下《贾捐之传》言：“天下断狱万数”，以为与“民赋数百，造盐铁酒榷之利以佐用度，犹不能足”共同构成前提背景。

④ 《后汉书》卷八六《南蛮传》，中华书局，1965，第2843页。

二　汉高帝政策疑议："令民得卖子"？"令民无得卖子"？

《汉书》卷一上《高帝纪上》："（汉高帝二年六月）关中大饥，米斛万钱，人相食。令民就食蜀汉。"又《汉书》卷二四上《食货志上》记载或许可以理解为与此对应的历史记录：

> 汉兴，接秦之敝，诸侯并起，民失作业，而大饥馑。凡米石五千，人相食，死者过半。民得卖子，就食蜀汉。①

《食货志》的记载，《太平御览》卷三五引《汉书》则作：

> 汉兴，接秦之敝，诸侯并起，民失作业，而大饥馑。米石五千，人相食，死者过半。高祖乃命民得鬻子，就食蜀汉。②

看来，"卖子"似乎得到行政权力以"命"、"令"形式的批准。然而《太平御览》卷八二八引《汉书》却是另一种说法：

> 汉兴，接秦之弊，诸侯并起，民失作业，而大饥馑。米石五千，人相食，死者过半。高祖令民无得卖子，就食蜀汉。③

一言"令民得卖子"，一言"令民无得卖子"，两说比较，刘邦的政治意向竟然完全相反。所谓"就食蜀汉"，是缓和灾情的一种有效措施，或许也是"令民无得卖子"的一种政策性补偿。"令民无得卖子"与"令民得卖子"、"命民得鬻子"比较，也许更符合历史的真实。

《资治通鉴》卷九"汉高帝二年"取《汉书》卷一上《高帝纪上》说："（六月）关中大饥，米斛万钱，人相食。令民就食蜀汉。"不言"令民得卖子"或"令民无得卖子"事。

然而，宋徐天麟《西汉会要》卷四九《民收四》"奴婢"条，卷五〇

① 《汉书》卷二四上《食货志上》，第1127页。

② （宋）李昉等：《太平御览》卷三五，文渊阁《四库全书》本。

③ （宋）李昉等：《太平御览》卷八二八，文渊阁《四库全书》本。

《食货一》“劝农桑”条，卷五五《食货六》“荒政”条，均引《食货志》作“令民得卖子”。清马端临《文献通考》卷一一《户口考二》“奴婢”条也写道：“汉高祖令民得卖子。”看来，“令民得卖子”之说颇得史家认同。

三　贾谊和晁错的警告

《汉书》卷二四上《食货志上》记载，汉文帝时，贾谊发表的建议充实“公私之积”的政论言及“卖子”现象：

> 文帝即位，躬修俭节，思安百姓。时民近战国，皆背本趋末，贾谊说上曰：“《筦子》曰：‘仓廪实而知礼节。’民不足而可治者，自古及今，未之尝闻。古之人曰：‘一夫不耕，或受之饥；一女不织，或受之寒。’生之有时，而用之亡度，则物力必屈。古之治天下，至孅至悉也，故其畜积足恃。今背本而趋末，食者甚众，是天下之大残也；[①] 淫侈之俗，日日以长，是天下之大贼也。残贼公行，莫之或止；大命将泛，莫之振救。生之者甚少而靡之者甚多，天下财产何得不蹶！汉之为汉几四十年矣，公私之积犹可哀痛。[②] 失时不雨，民且狼顾；[③] 岁恶不入，请卖爵、子。既闻耳矣，[④] 安有为天下阽危者若是而上不惊者！”[⑤]

对于所谓“请卖爵、子”，颜师古注：“如淳曰：‘卖爵级又卖子也。’”

同样的意见，贾谊《新书·无蓄》的表述是：“《管子》曰：‘仓廪实，知礼节；衣食足，知荣辱。’民非足也，而可治之者，自古及今，未之尝闻。古人曰：‘一夫不耕，或为之饥；一妇不织，或为之寒。生之有时而用之无度，则物力必屈。古之为天下者至悉也，故其蓄积足恃。今背本而以末，食者甚众，是天下大残；从生之害者甚盛，是天下之大贼也；汰流、淫佚、侈靡之俗日以长，是天下之大祟也。残贼公行，莫之或止；大命贬败，莫之振救；何计者也，事情安所取？生之者甚少而靡之者甚众，天下之势，何以不危？汉之为汉几四十岁矣，公私之积犹可哀痛也。故失时不雨，民且狼顾

① 颜师古注：“本，农业也。末，工商也。言人已弃农而务工商矣，其食米粟者又甚众。残谓伤害也。”（《汉书》卷二四上《食货志上》，第1128页。以下仅注页码）

② 颜师古注：“言年载已多，而无储积。”（第1129页）

③ 颜师古注：“郑氏曰：‘民欲有畔意，若狼之顾望也。’李奇曰：‘狼性怯，走喜还顾。言民见天不雨，今亦恐也。’师古曰：‘李说是也。’”（第1129页）

④ 颜师古注：“如淳曰：‘闻于天子之耳。’”（第1129页）

⑤ 颜师古注：“阽危，欲坠之意也。”（第1129页）

矣；岁恶不入，请卖爵鬻子。既或闻耳矣，安有为天下阽危若此而上不惊者!"[1]《汉书》卷二四上《食货志上》所谓"请卖爵、子"，此作"请卖爵鬻子"，可知如淳"卖爵级又卖子"的解释是正确的。

贾谊《新书·忧民》强调国家粮食储备的重要："王者之法，民三年耕而余一年之食，九年而余三年之食，三十岁而民有十年之蓄。故禹水九年，汤旱七年，甚也野无青草，而民无饥色，道无乞人。岁复之后，犹禁陈耕。古之为天下，诚有具也。王者之法，国无九年之蓄谓之不足，无六年之蓄谓之急；无三年之蓄曰国非其国也。"针对汉初经济形势，也说到灾年"未获"而"富人不贷，贫民且饥，天时不收，请卖宅鬻子"的情形：

> 今汉兴三十年矣，而天下愈屈，食至寡也，陛下不省邪？未获耳，富人不贷，贫民且饥；天时不收，请卖爵鬻子，既或闻耳。曩顷不雨，令人寒心。一雨尔，虑若更生。天下无蓄若此，甚极也。其在王法谓之何？必须困至乃虑，穷至乃图，不亦晚乎？窃伏念之，愈使人悲。[2]

也指出"鬻子"现象因"天时不收"和"富人不贷"的共同作用而发生的情形。

据《汉书》卷二四上《食货志上》，晁错建议调整经济政策，指出"农人"生活的困苦："今农夫五口之家，其服役者不下二人，其能耕者不过百亩，百亩之收不过百石。春耕夏耘，秋获冬臧，伐薪樵，治官府，给繇役；春不得避风尘，夏不得避暑热，秋不得避阴雨，冬不得避寒冻，四时之间亡日休息；又私自送往迎来，吊死问疾，养孤长幼在其中。"农夫如此辛劳，因天灾发生和暴政压力，会面临不得不"鬻子孙"的极端困境：

> 勤苦如此，尚复被水旱之灾，急政暴赋，赋敛不时，朝令而暮改。当具有者半贾而卖，亡者取倍称之息，于是有卖田宅、鬻子孙以偿责者矣。[3]

贾谊和晁错所说，并非危言耸听，应当都是看到了经济问题和行政问题的严

---

① （汉）贾谊撰，阎振益、钟夏校注《新书校注》，中华书局，2000，第163页。

② （汉）贾谊撰，阎振益、钟夏校注《新书校注》，第124页。

③ 《前汉纪》卷七《孝文一》作："卖田宅、鬻子孙以偿债者众也。"《通典》卷一《食货一·田制上》："于是有卖田宅、鬻子孙以偿债者矣。"《白孔六帖》卷八四《债负》引作："故有鬻子孙、卖田宅以偿债也。"又将"鬻子孙"置于"卖田宅"之前。

重，察觉到社会危机的相关迹象，向最高执政者提出的警告。

贾谊和晁错所说是承平之世经济秩序出现严重问题时的情形，至于战乱之世，未成年人被迫“为人仆隶”的情形可能相当普遍，战火之余孑遗人口“非锋刃之余，则流亡之孤”，“幼孤”、“流离”是最为惨重的悲剧。① 战争致使“死者则露尸不掩，生者则奔亡流散，幼孤妇女，流离系虏”，② “幼孤”更可能成为遭受残酷奴役的“系虏”。

四 《淮南子》与《政论》的政治批判

汉代以“政论”为主题的文献遗存，也可以看到“鬻子”、“卖子”等社会现象。

《淮南子·本经》也曾经指出，“鬻子”现象是社会危机严重的表征之一。论者以为“末世之政”的危害：

> 末世之政，田渔重税，关市急征，泽梁毕禁，网罟无所布，耒耜无所设，民力竭于徭役，财用殚于会赋，居者无食，行者无粮，老者不养，死者不葬，赘妻鬻子，以给上求，犹弗能澹，愚夫惷妇皆有流连之心，悽怆之志。

《淮南子·本经》指出的“赘妻鬻子”现象发生的原因，与天灾无关，完全在于行政失误，即所谓“重税”、“急征”、“徭役”、“会赋”导致的沉重压力，民众“赘妻鬻子，以给上求，犹弗能澹”。“赘妻”，高诱注：“赘，从嫁也。或作赁妻。”刘文典说：“《群书治要》引，作‘犹不能赡其用’。澹、赡古通用。”③

所谓“愚夫惷妇皆有流连之心，悽怆之志”，高诱注：“流连，犹澜漫，失其职业也。悽怆，伤悼之貌。”杨树达指出高注“流连”之不合理：“赘妻鬻子，则骨肉生离，故有流连之心。流连即今语之留恋，谓不能决舍也。高注云澜漫，谬以千里矣。”④ 《淮南子·本经》此“流连”语义，应与《汉书》卷八六《师丹传》载汉哀帝策免师丹诏“间者阴阳不调，寒暑失常，变

① 《后汉书》卷二三《窦融传》，第801～802页。

② 《后汉书》卷一三《隗嚣传》，第517页。

③ 刘文典撰《淮南鸿烈集解》，冯逸、乔华点校，中华书局，1989，上册，第266页。

④ 杨树达：《淮南子证闻》，上海古籍出版社，1985，第74页。

异娄臻，山崩地震，河决泉涌，流杀人民，百姓流连，无所归心”之“流连”[①] 相近。又《汉书》卷一〇〇上《叙传上》载班伯语：“‘式号式謼’，《大雅》所以流连也。”颜师古注：“《大雅·荡》之诗曰：‘式号式謼，俾昼作夜。’言醉酒号呼，以昼为夜也。流连，言作诗之人嗟叹，而泣涕流连也。”[②] 如果《淮南子·本经》“流连之心”之“流连”即“嗟叹”，即“泣涕流连”，则与“悽怆之志”之“悽怆”彼此对应。此说正符合同篇上文所谓“人之性，心有忧丧则悲，悲则哀”的意思。

有的辞书说，“流连”“亦作‘流涟’。哭泣流泪貌。”书证即《西京杂记》卷一：“高帝戚夫人善鼓瑟击筑，帝常拥夫人倚瑟而弦歌，毕，每泣下流涟。”我们还看到嵇康《声无哀乐论》：“声音和比，感人之最深者也。劳者歌其事，乐者舞其功。夫内有悲痛之心，则激切哀言，言比成诗，声比成音，杂而咏之，聚而听之，心动于和声，情感于苦言，嗟叹未绝而泣涕流涟矣。”[③] 魏晋时“流涟”习见于文献，如《晋书》卷一〇《恭帝纪》：“观其摇落，人有为之流涟者也。”卷五六《江统传》：“拜辞道左，悲泣流涟。”卷八二《徐广传》：“野民运遭革命，流涟于旧朝。”卷九六《列女传·王凝之妻谢氏》：“道韫风韵高迈，叙致清雅，先及家事，慷慨流涟，徐酬问旨，词理无滞。”多例为“哭泣流泪貌”，然而《徐广传》“流涟于旧朝”，则接近杨树达所谓“流连即今语之留恋，谓不能决舍也”。

《通典》卷一《食货一·田制上》引崔寔《政论》对秦政的回顾，也说到“下户”、“贫者”的悲惨境遇：“历代为虏犹不赡于衣食，生有终身之勤，死有暴骨之忧。岁小不登，流离沟壑，嫁妻卖子，其所以伤心腐藏，失生人之乐者，盖不可胜陈。”[④] 虽然《政论》的批判从字面看，直接针对“暴秦”，但是所指责的经济现象是“并兼”，即汉代逐渐盛起，影响危重的社会问题。有关“嫁妻卖子”等文字如果读作时政批判，也是合理的。

五　“僮”的普遍存在与“卖子”、“鬻子孙”现象

“卖子”、“鬻子”、“鬻子孙”现象中的受害未成年人的去向与前途，即他们未来的社会角色究竟是怎样的呢？

《汉书》卷六四上《严助传》淮南王安上书，说到人口所属权转移现象

---

① 《汉书》卷八六《师丹传》，第3507页。

② 《汉书》卷一〇〇上《叙传上》，第4201～4202页。

③ 《嵇中散集》卷五，文渊阁《四库全书》本。

④ （唐）杜佑：《通典》，中华书局据原商务印书馆万有文库十通本影印版，1984，第12页。

中与“卖子”、“鬻子”、“鬻子孙”有所不同的“赘子”：“间者，数年岁比不登，民待卖爵赘子以接衣食，赖陛下德泽振救之，得毋转死沟壑。”对于所谓“赘子”，颜师古注：“如淳曰：“淮南俗卖子与人作奴婢，名为赘子，三年不能赎，遂为奴婢。”师古曰：“赘，质也。一说，云赘子者，谓令子出就妇家为赘婿耳。赘婿解在《贾谊传》。”[①] 所谓“赘子”，一种解说，以为即“卖子与人作奴婢”。对于上文讨论的《淮南子·本经》“赘妻鬻子”，多有研究者与此“赘子”联系起来理解。

杨树达说：“《说文·贝部》云：‘赘，以物质钱也，从敖贝。’敖贝犹放贝，当复取之。《汉书·严助传》载淮南王安《谏诛闽越疏》云：‘间者数年岁比不登，民待卖爵赘子以接衣食。’如淳曰：‘淮南俗：卖子与人作奴婢，名为赘子，三年不能赎，遂为奴婢。’此赘妻与彼文赘子义同。高云从嫁，似非其义。两文皆出刘安，故如淳知为淮南俗矣。”[②] 有学者以为《淮南子·本经》“赘妻鬻子”，应为“鬻妻赘子”。张双棣《淮南子校释》“笺释”：“易顺鼎云：《一切经音义》八〇引许注：‘赘者，卖子与人作奴婢也。’按：今注乃高注，故与许异。《淮南》本文当作‘赘妻鬻子’。《汉书·严助传》：‘卖爵赘子，以接衣食。’如淳注：‘淮南俗卖子与人作奴婢，名为赘子，三年不能赎，遂为奴婢。’可与此互证。陶方琦与易说同。”[③]

汉代社会奴婢数量众多。以《史记》卷三〇《平准书》所见，就有“乃募民能入奴婢得以终身复，为郎增秩，及入羊为郎，始于此”。“卜式相齐，而杨可告缗遍天下，[④] 中家以上大抵皆遇告。杜周治之，狱少反者。乃分遣御史廷尉正监分曹往，即治郡国缗钱，得民财物以亿计，奴婢以千万数，田大县数百顷，小县百余顷，宅亦如之。”“其没入奴婢，分诸苑养狗马禽兽，及与诸官。诸官益杂置多，徒奴婢众，而下河漕度四百万石，及官自籴乃足。”[⑤]

“奴婢”又称作“僮”。《史记》卷一二九《货殖列传》“僮手指千”，裴骃《集解》引《汉书音义》：“奴婢也。”《汉书》卷五七上《司马相如列传上》：“卓王孙僮客八百人。”颜师古注：“‘僮’谓奴。”王莽批判秦制，有“置奴婢之市，与牛马同兰”语。[⑥] 而《汉书》卷四八《贾谊传》载贾谊

---

① 《汉书》卷六四上《严助传》，第2779～2780页。

② 杨树达：《淮南子证闻》，第74页。

③ 张双棣：《淮南子校释》，北京大学出版社，1997，上册，第883～884页。

④ 裴骃《集解》：“瓒曰：‘商贾居积及伎巧之家，非桑农所生出，谓之缗。《茂陵中书》有缗田奴婢是也。’”（《史记》卷三〇《平准书》，中华书局，1959，第1435页）

⑤ 《史记》卷三〇《平准书》，第1436页。

⑥ 《汉书》卷九九中《王莽传中》，第4110页。

《陈政事疏》也说到“今民卖僮者，为之绣衣丝履偏诸缘，内之闲中”情形。颜师古注：“服虔曰：‘闲，卖奴婢阑。’”关于“僮”，颜师古注引如淳曰：“僮，谓隶妾也。”“僮”通常专指未成年的“奴婢”。[①]《急就篇》：“妻妇聘嫁赍媵。”颜师古注：“僮，谓仆使之未冠笄者也。”汉代画象资料多见贵族豪富身边未成年服务人员形象，所表现的身份职任，应当就是“僮”。[②]“僮”的普遍存在，与“卖子与人作奴婢”现象的发生有密切的关系。

《史记》卷一一六《西南夷列传》记载：“巴蜀民或窃出商贾，取其筰马、僰僮、髦牛，以此巴蜀殷富。”《史记》卷一二九《货殖列传》概括巴蜀经济地理形势，说道：“（巴蜀）南御滇僰，僰僮。”《汉书》卷二八下《地理志下》说巴蜀“南贾滇、僰僮，西近邛、莋马旄牛”。颜师古注：“言滇、僰之地多出僮隶也。”《史记》卷一一六《西南夷列传》司马贞《索隐》：“韦昭云：‘僰属犍为，音蒲北反。’服虔云：‘旧京师有僰婢。’”服虔所言“僰婢”，是珍贵的社会文化信息。[③]四川屏山福延镇斑竹林遗址 M1 汉代画象石棺墓出土陶俑（M1：22），据发掘简报介绍，“墓主人应该是汉人，而非少数夷”，而陶俑“从外形看，似乎并非汉族”，[④]体现出不同民族间特殊的人身依附关系。如果我们推想这件陶俑表现的是“僰僮”身份，或许是有一定道理的。

六　汉光武帝诏与“卖人法”、“略人法”

所谓“卖子”、“鬻子”、“鬻子孙”情形导致的未成年人的生活景况，相当多数应当已经成为丧失人身自由的奴隶。《后汉书》卷一上《光武帝纪上》：“（建武二年五月）癸未，诏曰：民有嫁妻卖子欲归父母者，恣听之。敢拘执，论如律。”[⑤]经历“卖子”情境的未成年人“欲归父母者，恣听之”，并予以法律力量的保障，体现出对前引贾捐之所谓“人情莫亲父母”的情感关系的尊重。

还应当注意，建武二年这一诏令颁布的背景，是对奴婢生存条件予以保

---

① 《说文·人部》：“僮，未冠也。从人，童声。”朱骏声《说文通训定声》：“十九以下八岁以上也。”《论衡·偶会》：“僮谣之语当验。”“僮谣”就是童谣。

② 王子今：《汉代劳动儿童——以汉代画像遗存为中心》，《陕西历史博物馆馆刊》第17辑，三秦出版社，2010。

③ 参看王子今《秦汉称谓研究》，中国社会科学出版社，2014，第434～435页。

④ 四川省文物考古研究院、宜宾市博物院、屏山县文物保护管理所：《四川屏山县斑竹林遗址 M1 汉代画像石棺墓发掘简报》，《四川文物》2012年5期。

⑤ 《后汉书》卷一上《光武帝纪上》，第30页。

障的一系列政策的推行。所谓“论如律”的“律”，应当怎样理解呢？建武七年五月，刘秀又有与本文讨论主题相关的值得重视的诏令颁布，其中与“论如律”对应的文字是“以卖人法从事”：“甲寅，诏吏人遭饥乱及为青、徐贼所略为奴婢下妻，欲去留者，恣听之。敢拘制不还，以卖人法从事。”李贤注：“言从卖人之事以结其罪。”[①]

建武十三年，刘秀又颁布一道解放“被略为奴婢者”及“依托为人下妻，欲去者”的诏书：“冬十二月甲寅，诏益州民自八年以来被略为奴婢者，[②]皆一切免为庶人；或依托为人下妻，欲去者，恣听之；敢拘留者，比青、徐二州以略人法从事。”[③]其中明确说到“略人法”。

顾炎武《日知录》卷二七“后汉书注”条对于李贤解释“以卖人法从事”时所谓“言从卖人之事以结其罪”提出不同解说：“言比略卖人口律罪之，重其法也。”[④]惠栋《后汉书补注》卷一于“略为奴婢下妻”下注：“《方言》曰：就室曰搜，于道曰略。略，强取也。栋按：汉《盗律》有劫略之科。”又于“以卖人法从事”下写道：“《盗律》云：‘略人略卖人和卖和买人为奴婢者，死。’陈群《新律序》曰：‘《盗律》有和卖买人，案此则《汉律·盗篇》有卖人之条。前二年诏曰：敢拘执，论如律。所谓律者即卖人法也。’”[⑤]王先谦《后汉书集解》全引惠栋此说。沈家本《汉律摭遗》卷二“和卖买人”条引录汉光武帝建武七年诏之后写道：“又十三年诏：‘益州民自八年以来被略为奴婢者，皆一切免为庶民。或依托为人下妻，欲去者，恣听之，比青、徐二州，以略人法从事。’”除前说“以卖人法从事”之外，又言“以略人法从事”。[⑥]提示我们注意所谓“略人法”。

沈家本《刑法分考十五》“奴婢放赎之制”条写道：“按：两汉免良之诏，历朝多有，而以建武时为多。惟西汉所免者多官奴婢，建武所免者乱时略取之人，为不同耳。邓后所免遣者，又多掖庭宫人，尤为旷典。”[⑦]沈家本《汉律摭遗》又对刘秀建武七年和建武十三年这两道诏书体现“建武所免者乱时略取之人”情形进行了较为具体的讨论：

---

① 《后汉书》卷一上《光武帝纪上》，第52页

② 李贤注：“谓公孙述时也。”（《后汉书》卷一下《光武帝纪下》，第63页）

③ 《后汉书》卷一下《光武帝纪下》，第63页。

④ （清）顾炎武著，黄汝成集释《日知录集释》，栾保群、吕宗力校点，上海古籍出版社，2006，下册第1549页。

⑤ 清嘉庆九年冯集梧刻本。

⑥ （清）沈家本撰《历代刑法考》，邓经元、骈宇骞点校，中华书局，1985，第3册，第1402页。

⑦ （清）沈家本：《历代刑法考》，第1册，第406～407页。

按：《王莽传》："秦为无道，置奴婢之市，与牛马同兰，制于民臣，颛断其命。奸虐之人因缘为利，至略卖人妻子，逆天心，誖人伦，缪于天地之性人为贵之义。"① 是秦时和卖买人，在所不禁。《汉律》特立"和卖买人"之条，此力矫秦之弊俗，乃世辄谓汉法皆承于秦，非通论矣。建武二诏，系是一事，而一引卖人律，一引略人律，可见卖人、略人《汉律》本在一条。光武承大乱之后，于良人之略为奴婢者尤为注意，屡颁诏诰，盖深有念于贵人之义，故反复申命，不惮烦也。此二事并是略人，然一是略良人为妻，故罪至弃市，一是赎身之旧奴婢，故仅止免侯，事状不同，拟罪亦不同也。《唐律》略卖人为奴婢者绞，盖亦源于汉法。②

刘秀诏所谓"卖人法"、"略人法"，沈家本此称"卖人律"、"略人律"。

那么，"卖子"、"鬻子"是否违犯汉法呢？从前引贾捐之言所谓"嫁妻卖子，法不能禁"看，"卖子"确实是违法行为。张家山汉简《二年律令·盗律》中可以看到如下律文：

智（知）人略卖人而与贾，与同罪。不当卖而私为人卖，卖者皆黥为城旦舂；买者智（知）其请（情），与同罪。（六七）③

"卖子"、"鬻子"、"鬻子孙"，或许即属于"不当卖而私为人卖"情形。

《唐律疏议》卷二〇《贼盗》有"略人略卖人"条："诸略人、略卖人不和为略。十岁以下，虽和，亦同略法。④ 为奴婢者，绞；为部曲者，流三千里；为妻妾子孙者，徒三年。因而杀伤人者，同强盗法。"刘俊文"解析"："现存史料证明，类似此律之规定早具于汉。汉律有'略人法'及'卖人法'"。所举史例即"《后汉书》卷一《光武纪》"载建武七年诏与建武十

① 《汉书》卷九九中《王莽传中》载"莽曰"："古者，设庐井八家，一夫一妇田百亩，什一而税，则国给民富而颂声作。此唐虞之道，三代所遵行也。秦为无道，厚赋税以自供奉，罢民力以极欲，坏圣制，废井田，是以兼并起，贪鄙生，强者规田以千数，弱者曾无立锥之居。又置奴婢之市，与牛马同兰，制于民臣，颛断其命。奸虐之人因缘为利，至略卖人妻子，逆天心，誖人伦，缪于'天地之性人为贵'之义。"颜师古注："《孝经》称孔子曰'天地之性人为贵'，故引之。性，生也。"

② （清）沈家本：《历代刑法考》第3册，第1402页。

③ 张家山二四七号汉墓竹简整理小组编著《张家山汉墓竹简［二四七号墓］》（释文修订本），文物出版社，2006。

④ 【疏】议："十岁以下，未有所知，易为诳诱，虽共安和，亦同略法。"

三年诏。并指出：“《汉书》中多载其法应用之实例”，如《汉书》卷一六《高惠高后文功臣表》“曲逆献侯嗣侯陈何”“坐略人妻，弃市”案及卷一七《景武昭宣元成功臣表》“蒲侯嗣侯苏夷吾”“坐婢自赎为民，后略以为婢，免”案等。①

《唐律疏议》卷二〇《贼盗》又有以下内容，涉及“卖子”、“鬻子”、“鬻子孙”现象：

诸略卖期亲以下卑幼为奴婢者，并同斗殴杀法；无服之卑幼亦同。即和卖者，各减一等。其卖余亲者，各从凡人和略法。

【疏】议曰：期亲以下卑幼者，谓弟、妹、子、孙及兄弟之子孙、外孙、子孙之妇及从父弟、妹，并谓本条杀不至死者。假如斗杀弟妹徒三年，杀子孙徒一年半；若略卖弟妹为奴婢，同斗杀法徒三年，卖子孙为奴婢徒一年半之类。故云“各同斗殴杀法”。如本条杀合至死者，自入“余亲”例。无服之卑幼者，谓己妾无子及子孙之妾，亦同“卖期亲以下卑幼”，从本杀科之，故云“亦同”。假如杀妾徒三年，若略卖亦徒三年之类。“即和卖者，各减一等”，谓减上文“略卖”之罪一等：和卖弟、妹，徒二年半；和卖子孙，徒一年之类。其卖余亲，各从凡人和略法者，但是五服之内，本条杀罪名至死者，并名“余亲”，故云“从凡人和略法”。

刘俊文“解析”指出：“此条规定卖亲属罪之刑罚。按卖亲属罪，指以威力掠卖或两和相卖内外亲属为奴婢之行为。此类行为虽属于贩卖人口罪，但因是亲属相犯，带有‘九族不睦’之性质，故律定为重罪，列入‘十恶’之‘不睦’；同时因亲属有尊卑长幼之名分，处罚有别于常犯，故律设此专条，不与一般贩卖人口罪同科。类似此律之规定，后魏律已有之。”言“《魏书》卷一一一《刑罚志》载后魏宣武帝景明中，三公郎中崔鸿议冀州人费羊皮卖女一案，引后魏律（当是《盗律》）”事：

三公郎中崔鸿议曰：“案律：‘卖子有一岁刑；卖五服内亲属，在尊长者死，期亲及妾与子妇流。’唯买者无罪文。然卖者既已有罪，买者不当不坐。但卖者以天性难夺，支属易遗，尊卑不同，故罪有异。”

刘俊文说：“据文可知，后魏律卖亲属罪有专条，刑有差等：卖子孙者绞，

① 刘俊文：《唐律疏议笺解》，中华书局，1996，下册，第1419～1423页。

卖期亲卑幼以下流，卖五服尊长者死。与唐律此条相较，大旨不异而科刑稍重，足证二者之间存在承袭演变之关系。”[①]《魏书》卷一一一《刑罚志》又记载：“廷尉少卿杨钧议曰：“谨详《盗律》‘掠人、掠卖人为奴婢者，皆死’，别条‘卖子孙者，一岁刑’。卖良是一，而刑死悬殊者，由缘情制罚，则致罪有差。”也没有说到“卖子孙者绞”。刘俊文或据尚书李平奏：“冀州阜城民费羊皮母亡，家贫无以葬，卖七岁子与同城人张回为婢。回转卖于鄃县民梁定之，而不言良状。案盗律‘掠人、掠卖人和卖人为奴婢者，死’。回故买羊皮女，谋以转卖。依律处绞刑。”费羊皮案比较复杂，议者有“卖子葬亲，孝诚可美”之说，最后定案，结论为：“诏曰：‘羊皮卖女葬母，孝诚可嘉，便可特原。张回虽买之于父，不应转卖，可刑五岁。’”对于“卖子孙”的刑罚处置，考察法史“承袭演变之关系”，显然，关注汉律的相关内容是必要的。

《开元占经》卷五四《辰星占二・辰星犯东方七宿》“辰星犯尾六”条说：“辰星守尾，大饥，人相食，民异其国。君子卖衣，小人卖子。”[②] 所谓“小人卖子”，似乎又隐含某种道德批判意味。

七　沈家本说辨议

虽然依沈家本《汉律》“力矫秦之弊俗”之说，“令民无得卖子”似乎有更明显的合理性。但是沈家本在《历代刑法考》中《刑法分考一五》“奴婢”条又引录《汉书》卷九九中《王莽传中》涉及秦汉人口“卖人”、“略人”现象及奴婢制度问题，又以按语形式进行了司法史的判断：

> 《汉书・王莽传》：莽曰：秦为无道，厚赋税以自供奉，置奴婢之市，与牛马同兰，师古曰：“兰谓遮兰之，若牛马兰圈也。”制于民臣，颛断其命。奸虐之人因缘为利，至略卖人妻子，逆天心，誖人伦，缪于“天地之性人为贵”之义。《书》曰“予则奴戮女”，唯不用命者，然后被此辜矣。今更名奴婢曰“私属”，皆不得卖买。
>
> 按：买卖奴婢，实始于秦，有《莽传》可证。汉接秦敝，其俗未改，王莽禁之，不得谓其非也，惟莽遇事操切，转病民耳。
>
> 《汉书・食货志》：汉兴，接秦之敝，诸侯并起，民失作业，而大饥馑。凡米石五千，人相食，死者过半。高祖乃令民得卖子，就食蜀汉。

① 刘俊文：《唐律疏议笺解》，下册，第1431～1434页。

② （唐）瞿昙悉达编《开元占经》，李克和校点，岳麓书社，1994，上册，第577页。

> 贾谊说上曰：岁恶不入，请卖爵、子，既闻耳矣。注如淳曰：“卖爵级又卖子也。”
>
> 按：贾谊所言，盖即指高祖时事。①

沈家本此说“买卖奴婢，实始于秦”，“汉接秦敝，其俗未改”，显然与前引《汉律》“力矫秦之弊俗”，又言“乃世辄谓汉法皆承于秦，非通论矣”之说完全不同。

不过，沈家本两说看起来自相矛盾，但其实还是体现出清晰的逻辑关系的。沈说：“建武二诏，系是一事，而一引卖人律，一引略人律，可见卖人、略人《汉律》本在一条。光武承大乱之后，于良人之略为奴婢者尤为注意，屡颁诏诰，盖深有念于贵人之义，故反复申命，不惮烦也。此二事并是略人，然一是略良人为妻，故罪至弃市，一是赎身之旧奴婢，故仅止免侯，事状不同，拟罪亦不同也。”“卖人律”与“略人律”惩罚的“卖人”和“略人”，应是指“乱时略取之人”，“良人之略为奴婢”，而与刘邦特许的“民得卖子”是有明显区别的。而前引《汉书》卷六四上《严助传》颜师古注引如淳曰“淮南俗卖子与人作奴婢，名为赘子，三年不能赎，遂为奴婢”的情形，很可能亦存在于汉高帝二年刘邦“令民得卖子”的临时性举措导致的合法的“卖子”现象中，这也是可以大致推知的。

八　刘邦时代“卖子”现象的再讨论

考虑到汉初法律禁止“不当卖而私为人卖”情形，上文讨论刘邦“令民无得卖子”与“令民得卖子”、“命民得鬻子”之异文，也许《汉书》卷二四上《食货志上》“令民得卖子”的记载是准确的。作为特殊情况下的非常措施，原本“不当卖”情形得到特许，成为“当卖”。

前引《汉书》卷二四上《食货志上》的记载：“汉兴，接秦之敝，诸侯并起，民失作业，而大饥馑。凡米石五千，人相食，死者过半。高祖乃令民得卖子，就食蜀汉。”似与《汉书》卷一上《高帝纪上》的如下记录有对应关系：“（汉高帝二年六月）关中大饥，米斛万钱，人相食。令民就食蜀汉。”两条史料共同之处在于“大饥”或“大饥馑”导致“人相食”，而执政者处理社会危机的对策都有“令民就食蜀汉”形式。但是二者之间的区别也是明显的。《高帝纪》言“关中大饥，米斛万钱”，《食货志》则言“大饥馑，凡米石五千”，没有区域指示。因此，如果以为“高祖乃令民得卖子，就食蜀

① （清）沈家本：《历代刑法考》第1册，第393～394页。

汉”事在汉高帝二年六月，似乎未能提供确证。《资治通鉴》卷九“汉高帝二年”的处理方式是取用《高帝纪》说：

> 六月，汉王还栎阳。壬午，立子盈为太子，赦罪人。汉兵引水灌废丘，废丘降。章邯自杀，尽定雍地。以为中地、北地、陇西郡。关中大饥，米斛万钱，人相食，令民就食蜀汉。初秦之亡也，豪桀争取金玉。宣曲任氏独窖仓粟。及楚汉相距荥阳，民不得耕种，而豪桀金玉尽归任氏。任氏以此起，富者数世。

关中新定，又面对随即“楚汉相距荥阳”的战争形势，刘邦缓解“大饥”的政策应是不得已而为之。司马迁有关“任氏”事迹的记录，[①]《资治通鉴》亦置于“关中大饥，米斛万钱，人相食，令民就食蜀汉”之后，值得我们注意。

就现有历史信息看，《汉书》卷二四上《食货志上》所谓“汉兴……而大饥馑……高祖乃令民得卖子，就食蜀汉”，与《汉书》卷一上《高帝纪上》汉高帝二年六月“关中大饥，米斛万钱，人相食，令民就食蜀汉”的记录即使不能完全对应，也应理解为确凿可信的历史真实。而“令民得卖子，就食蜀汉”，就当时刘邦实际控制区域与移民方向判断，灾区亦即刘邦政策的施用空间确实应当是“关中”。

① 《史记》卷一二九《货殖列传》：“宣曲任氏之先，为督道仓吏。秦之败也，豪杰皆争取金玉，而任氏独窖仓粟。楚汉相距荥阳也，民不得耕种，米石至万，而豪杰金玉尽归任氏，任氏以此起富。富人争奢侈，而任氏折节为俭，力田畜。田畜人争取贱贾，任氏独取贵善。富者数世。”（第3280页）

《中国古代法律文献研究》第八辑
2014年，第105~129页

“南郡卒史复攸庳等狱簿”再解读*

杨振红**

摘　要： 张家山汉简《奏谳书》案例一八“南郡卒史复攸庳等狱簿”，是考察秦汉审判制度的重要案例。本文在前贤研究基础上，对释文的断句、释读、理解等提出新看法，并译成白话文，进而对此案的审判性质、相关法律问题等进行探讨。本案不是现代审判制度中的重审或再审案，而是接到最高级监察机构——御史举劾、指示后进行的立案审判，为初审案。“复”通“覆”，无重新、再次之意。“复狱”由御史发起，案由为攸县令上书请求减免新黔首罪，御史认为是“欲纵囚”，故根据其“受公卿奏事，举劾按章”的职责进行举劾，并下南郡进行“复狱”。此案为南郡卒史复攸县利乡反狱系列狱案之一。

关键词： 复（覆）狱　初审　上书　举劾按章　儋乏不斗　篡遂纵囚

张家山汉简《奏谳书》案例一八“南郡卒史盖庐、挚、朔，叚（假）卒史瞗复攸庳等狱簿”，自1995年在《文物》公布释文以来，由于学者的不断努力，研究逐渐深入，无论是对简文的释读、内容的理解还是相关法律制度的复原，都有了很大进展。① 但截至目前，关于此案例仍有进一步探讨的余

* 本文得到青海师范大学人文学院“昆仑学者”项目资助。

** 中国社会科学院历史研究所研究员。

① 相关研究主要有：李学勤：《〈奏谳书〉解说（下）》（《文物》1995年第3期）；彭浩：《谈〈奏谳书〉中秦代和东周时期的案例》（《文物》1995年第3期）；张建国：《关于张家山汉简〈奏谳书〉的几点研究及其他》（《国学研究》第4卷，1997，收入其著《帝制时代的中国法》，法律出版社，1999）；陈伟：《秦苍梧、洞庭二郡刍论》（《历史研究》2003年第5期）；高恒：《秦汉简牍中法制文书辑考》十七“《奏谳书》注释”（社会科学文献出版社，2008）等。

地。本文拟在前贤研究基础上，对本案例的释读、理解及相关问题作进一步的讨论。

一 文本解读

为了便于讨论，本文以《二年律令与奏谳书》[①] 的释文为底本，重新分段、标点，改动处以页下注标明。

A. ·南郡卒史盖庐、挚、朔，叚（假）卒史瞗复攸等狱簿。（简 124）

B. 御史书以廿七年二月壬辰到南郡守府，即下，甲午到盖庐等治所，其壬寅挚益从治，上治（简 125）它狱。

C. ·四月辛卯瞗有论去。五月庚午朔益从治，盖庐有资（赀）去。八月庚子朔论去。尽廿八年九月甲午已。（简 126）凡四百六十九日。朔病六十二日。[②] 行道六十日，乘恒马及船行五千一百卌六里，衛（率）之，日行八十五里，（简 127）畸（奇）卌六里不衛（率）。除弦（元）、伏不治，它狱四百卌九日，定治十八日。（简 128）

D. ·御史下书别居它笥。

E. ·今复之：曰："初视事，【一】苍梧守竈、尉徒唯谓：'利乡反，新黔（简 129）首往毄（击），去北当捕治者多，皆未得，其事甚害难，恐为败。'【二】[③] 视狱留，【三】以问狱史氏。[④] 氏曰：（简 130）'苍梧县反者，御史恒令南郡复。【四】义等战死，新黔首恐，操其叚（假）兵匿山中，诱召稍（简 131）来，皆榣（摇）恐，畏其大不安，有（又）须南郡复者，即未捕。'[⑤]【五】义等将吏卒毄（击）反盗，弗先候视，（简 132）为惊败，义等罪也，上书言财（裁）新黔首罪。【六】它如书。【七】"

---

① 彭浩、陈伟、工藤元男主编《二年律令与奏谳书——张家山二四七号汉墓出土法律文献释读》，上海古籍出版社，2007，第 363～365 页。下文略称《二年律令与奏谳书》。

② 原为逗号，笔者改。

③ 为了方便辨析简文内容，笔者将文中对话等加引号。此前高恒文（高恒：《秦汉简牍中法制文书辑考》十七"《奏谳书》注释"，第 382～386 页）已加，笔者与其相同者不出注，不同者注明。

④ 原为逗号，笔者改。

⑤ 各种释本均作："有须南郡复者即来捕"。此从陶安、陈剑说。（〔德〕陶安、陈剑：《〈奏谳书〉校读札记》，复旦大学出土文献与古文字研究中心编《出土文献与古文字研究》第 4 辑，上海古籍出版社，2011，第 389～391 页）另，"有"，整理小组读作"又"。（张家山二四七号汉墓竹简整理小组《张家山汉墓竹简〔二四七号墓〕（释文修订本）》，文物出版社，2006，第 103 页）《二年律令与奏谳书》注释："疑当如字读，助词，无义。"（第 367 页注〔一七〕）。此从整理小组。下简 140 同，不再出注。

F. 竈、徒唯曰：“教谓新黔首当捕者不得，（简 133）勉力善（缮）备，弗谓害难恐为败。唯谓久矣，忘弗识。它如。”

G. ·氏曰：“刻（劾）下，与偹（攸）守（简 134）媱、丞魁治。[1]【八】令史駐与义发新黔首往，候视反盗多，益发与战，义死。偹（攸）有（又）益发新（简 135）黔首往毄（击）破。凡三辈，駐并主籍。其二辈战北当捕名籍、副并居一笥中，毄亡不得，未（简 136）有以别智（知）当捕者。及屯卒备敬（警），卒已罢去移徙，遝之皆未来。【九】好畤辟駐有鞫。[2] 氏（简 137）以为南郡且来复治。庳问，氏以告庳，不智（知）庳上书。它如庳。”

H. 媱、魁言如（简 138）氏。

I. ·诘氏：“氏告曰：‘义等战死，新黔首恐，操其叚（假）兵匿山中，诱召稍来，皆榣（摇）恐，（简 139）畏其大不安，有（又）须南郡复者，即未捕。’吏讯氏，氏曰：‘駐主新黔首籍三辈，战北皆并（简 140）居一笥中，未有以别智（知）当捕者，遝駐未来，[3] 未捕。’【一〇】[4] 前后不同，皆何解？”

氏曰：“新黔（简 141）首战北当捕者，与后所发新黔首籍并，未有以别智（知）。駐主，遝未来，狱留须駐。（简 142）庳为攸令，先闻庳别异，[5] 不与它令等。义死，黔首当坐者多，皆榣（摇）恐吏罪之，有（又）别离居（简 143）山谷中，民心畏恶。恐弗能尽偕捕，而令为败，幸南郡来复治。庳视事掾（录）[6] 狱，【一一】问氏，氏即以（简 144）告，恐其怒，以自解于庳。[7] 实须駐来别籍，以偕捕之，请（情）也。毋它解。（简 145）”

---

① 原为逗号，笔者改。

② 原为逗号，笔者改。

③ 此逗号为笔者所加。

④ 原为逗号，高恒将其断开，将“‘駐主新黔首籍三辈…未捕”加引号，作为“氏曰”内容。（高恒：《秦汉简牍中法制文书辑考》十七“《奏谳书》注释”，第 384 页）笔者从。

⑤ 整理小组释文作“为攸令，失闻。别异”。（张家山二四七号汉墓竹简整理小组：《张家山汉墓竹简〔二四七号墓〕（释文修订本）》，第 104 页）张建国将“失”释为先，并与下文属读，作“先闻别异”，意思是“（我）以前曾听说为人有些特别，和其它的县令不一样。”（张建国：《关于张家山汉简〈奏谳书〉的几点研究及其他》，其著《帝制时代的中国法》，第 281 页）《二年律令与奏谳书》校释：“此字与同篇一三二、一五三号简中的‘先’字有别，而与案例六四九号简中的‘先’字近似。或是‘先’字之误。”（第 368 页注〔三〇〕）陶安、陈剑意见亦同。（〔德〕陶安、陈剑：《〈奏谳书〉校读札记》，《出土文献与古文字研究》，第 391 ~ 393 页）此从。

⑥ 笔者从高恒意见，“掾”通“录”（錄）。（高恒：《秦汉简牍中法制文书辑考》十七“《奏谳书》注释”，第 385 页）详见后文。

⑦ 原为逗号，笔者改。

J. ·诘庫:“毄(击)反群盗,儋乏不斗,论之有法。【一二】庫挌掾狱,【一三】见罪人,不以法论之,而上书言独财(裁)新黔首罪,是庫欲(简146)绎(释)纵罪人也。何解?”

庫曰:“闻等,[①] 上论夺爵令戍。【一四】[②] 今新黔首实不安辑,上书以闻,欲陛下幸诏庫以抚定之,不敢择(释)(简147)纵罪人。毋它解。(简148)”

·诘庫:“等虽论夺爵令或〈戍〉,而毋法令。[③] 人臣当谨奏〈奉〉法以治。今庫绎(释)法而上书(简149)言独财(裁)新黔首罪,是庫欲绎(释)纵罪人明矣。吏以论庫,庫何以解之?”

庫曰:“毋以解之,罪。”(简150)

K. ·问:【一五】南郡复吏到攸,攸遝䟣未来,未有新黔首当捕者名籍。䟣来会建〈逮〉,曰:“义死,自以(简151)有罪,弃籍去亡。”[④] 得,熟视氏所言籍居一笥中者,不署前后发,毋章,朵[⑤]不可智(知)。南郡复吏(简152)乃以智(知)巧令修(攸)诱召宂(聚)城中,潛(潜)讯传先后以别,捕毄(系)战北者。狱留盈卒岁,不具(简153)断,苍梧守已劾,论[⑥]□嫋、魁各□,氏一甲。[⑦] 䟣及吏卒不救援义等去北者,[⑧] 颇不具,别奏。【一六】它如(简154)辤(辞)。

L. ·鞫之:义等将吏卒新黔首毄(击)反盗,反盗杀义等,吏、新黔首皆弗救援,去北。当(简155)遝䟣,传诣脩(攸),须来以别黔首当捕者。当捕者多别离相去远,其事难,未有以捕章(简156)捕论。【一七】庫上书言独财(裁)新黔首罪,欲纵勿论,得,审。

---

① 此逗号为笔者所加。

② 原为逗号,笔者改。

③ 原为逗号,笔者改。

④ 高恒在原释文“来会,建曰”的基础上,将引号加在本段结束处,即简154~155“它如辞”后。(高恒:《秦汉简牍中法制文书辑考》十七“《奏谳书》注释”,第385页)笔者与其意见不同。

⑤ 各释本均作“求”。此从陶安、陈剑说,意为“杂乱”。(〔德〕陶安、陈剑:《〈奏谳书〉校读札记》,《出土文献与古文字研究》第4辑,第393~397页)

⑥ 原释文断作“苍梧守已劾论,”,笔者改。

⑦ 原为逗号,笔者改。《二年律令与奏谳书》按:“‘嫋魁’二字在红外线影像中比较清楚。第四字‘各’,第六字‘氏’,亦比较清楚。第七字参看原图版与红外线影像,应是‘一甲’合文。首字从贝,疑是‘赀’。第五字疑是‘二甲’合文。《睡虎地秦墓竹简·秦律杂抄》八~九号简云‘夺中卒传,令、尉赀各二甲’,可参看。”(第370页注〔四二〕)

⑧ 《二年律令与奏谳书》未断开,此从《张家山汉墓竹简〔二四七号墓〕(释文修订本)》(第104页)。

M. ·令：【一八】所取荆新地多群盗，吏所兴与群盗遇，（简157）去北，以儋乏不斗律论。律：“儋乏不斗，斩。”“篡遂纵囚，死罪囚，黥为城旦，上造以上耐为鬼薪。”【一九】以此（简158）当庳。·当之：庳当耐为鬼薪。·庳毄（系）。（简159）

N. 讯者七人，其一人毄（系），六人不毄（系）。【二〇】（简160）

O. 不存【二一】皆不讯。（简161）①

注释：

【一】初视事

高恒译文：“我开始审理此案时”。②

按：指庳刚刚上任攸县令一职。③视事，就职治事。《汉旧仪》卷上：“诸吏初除谒视事，问君侯应阁奴名，白事以方尺板叩阁，大呼奴名。”④《史记集解》引《皇览》曰：“亚父冢在庐江居巢县郭东。居巢廷中有亚父井，吏民皆祭亚父于居巢廷上。长吏初视事，皆祭，然后从政。”⑤上任是在利乡反叛事件发生，攸县三次发兵平叛，领兵的令史义战死，令史䝙逃亡之后。因此，很可能是因为抓捕去北者的需要，才被任命为攸县新县令的。

【二】其事甚害难，恐为败

张建国认为，“恐”的意思是担心，“败”指败事、败官，严重时指身败名裂，如张汤为三长史揭发，畏罪自杀。⑥高恒译文：“此案很难处理，恐怕要出差错。”⑦

按：其事，指新黔首去北（战败逃亡），当逮捕治罪者多，但至今未抓到之事。甚害难，指危害大、困难多。恐，担心、恐惧。传世文献中多有“为败”的文例，如《史记·河渠书》：“于是禹以为河所从来者高，水湍悍，难以行平地，数为败，乃厮二渠以引其河。”⑧《淮南子·时则训》：“孟春之月……行冬令，则水潦为败，雨霜大雹，首稼不入。”⑨指成灾、造成危害。

① 陶安认为简160、161应该分别移到简150与151之间和简087与088之间。(〔德〕陶安：《张家山汉简〈奏谳书〉编排商榷两则》，《出土文献与古文字研究》第4辑，第428～432页）

② 高恒：《秦汉简牍中法制文书辑考》十七“《奏谳书》注释”，第387页。

③ 一些学者如张建国虽未明确辨析，但从文中表述来看，也将其理解为上任攸县令。

④ （清）孙星衍等辑：《汉官六种》，周天游点校，中华书局，1990，第71页。

⑤ 《史记》卷七《项羽本纪》，中华书局，1959，第326页。“皆祭”后逗号为笔者所加。

⑥ 张建国：《关于张家山汉简〈奏谳书〉的几点研究及其他》，其著《帝制时代的中国法》，第285～286页。

⑦ 高恒：《秦汉简牍中法制文书辑考》十七“《奏谳书》注释”，第387页。

⑧ 《史记》卷二九，第1405页。

⑨ （汉）刘安：《淮南子》，张双棣《淮南子校释》本，北京大学出版社，1997，第515页。

简文中的“为败”也在此意义上使用，指抓捕失败造成灾难，或造成新的伤亡，或酿成更大的反叛事件。下文中，狱史氏也谈到“恐弗能尽偕捕，而令为败”，与此意思相同。也就是说，当时从苍梧郡守、尉到攸县的狱史均担心抓捕困难、酿成更大的事件。因此，痒任命为攸县令，赴任前，苍梧郡守、尉特意以此事相嘱托，让他做好充分思想准备，加强戒备。苍梧郡守、尉在回答复吏问话时，否认对痒说过“害难，恐为败”（即“弗谓害难恐为败”）的话，这应是因为这席话可能对后来上书产生影响，苍梧郡守、尉为了撇清与上书的关系，否认说过这番话。

【三】痒视狱留

高恒译文：“我视察了狱中关押的人。”①

按：狱，指抓捕新黔首去北案。留，指拖延未结。狱留的动宾用法为“留狱”。《周易浅释》引钱启新注“象曰：山上有火旅，君子以明慎用刑，而不留狱”云：“君子所以用刑，火留则延烧，狱留则淹系，君子所以不留狱。”② 狱留必然会造成囚犯长期关押在监狱，得不到处理。但是，“狱留”本身并非指狱中关押的犯人。这可以从简 142 的“狱留须”得到佐证。上任攸县令后，立即调查抓捕新黔首去北案没有进展的情况。

【四】苍梧县反者，御史恒令南郡复

陈伟认为，“这句话实际表明，南郡复审苍梧县反者，是奉御史之命行事，属于一种特别情形，而不是在按常规履行郡府的职责。这可能是位于首都的御史授权南郡对与之相近的苍梧代行自己的职权”。其举《二年律令·具律》

> 气（乞）鞫者各辞在所县道，县道官令、长、丞谨听，书其气（乞）鞫，上狱属所二千石官，二千石官令都吏覆之。都吏所覆治，廷（简 116）及郡各移旁近郡，御史、丞相所覆治移廷。（简 117）③

条佐证，认为“汉初‘旁近郡’之间的司法关联，有助于理解本案中苍梧与南郡的关系”。④ 郭洪伯认为，此案和“乞鞫”无关，“反者”表明此案是牵涉死罪的审判，因此与《二年律令·兴律》

> 县道官所治死罪及过失、戏而杀人，狱已具，勿庸论，上狱属所二

① 高恒：《秦汉简牍中法制文书辑考》十七“《奏谳书》注释”，第 387 页。

② （清）潘思椝：《周易浅释》卷四，文渊阁四库全书电子本。

③ 《二年律令与奏谳书》，第 139 页。

④ 陈伟：《秦苍梧、洞庭二郡刍论》，《历史研究》2003 年第 5 期，第 170 页。

千石官。二千石官令毋害都吏复案，问（闻）二千石官，二千石官（简396）丞谨掾，[①] 当论，乃告县道官以从事。彻侯邑上在所郡守。（简397）[②]

规定的复核直接相关。南郡守府是按御史府的指示，对苍梧郡的县道行使司法复核职能。[③]

按：谋反案是统治者最为重视的狱案，故在汉律中有多篇涉及谋反案。《晋书·刑法志》所载《魏律序》述汉律情况时说：“《囚律》有告劾、传覆，《厩律》有告反逮受，科有登闻道辞，故分为《告劾律》。”[④] 秦汉时期对谋反案的处罚最重，[⑤] 因此，若有谋反案发生，一定要及时向中央报告。由于中央掌管文书的是御史（御史大夫的省称），故上报的对象以及回复的主体均为御史。由简文的这句话可知，秦时谋反案由御史亲自下达指令，令旁近郡“复”，已经成为一种惯例、原则。这一原则与郡一级的乞鞫案处理方式相同，可以参照《二年律令》简116～117“都吏所覆治，廷及郡各移旁近郡”的规定。即，都吏覆治的场合需要“移旁近郡”即移交临近的旁郡“覆治”，[⑥] 御史、丞相覆治的场合则需要移交到廷尉府。此律中的“廷”指的就是廷尉。

庳一上任就视察新黔首去北案稽留不办的问题，向县主管狱案的狱史氏询问，了解情况。氏回答：“苍梧县反者，御史恒令南郡复。”告诉他：按照惯例，苍梧郡所属县发生谋反案，御史通常让南郡来“复”。氏的意图从后文可以窥知：无法抓捕去北者的直接原因是，三次平叛所征新黔首的名籍、副本混放在一个笥中，而负责名籍的令史逃亡，因此，无法区别前两次“去北”的新黔首到底是谁。但他没有告诉庳实情，而是说现在新黔首人心惶惶、动摇不安，需要等南郡“复者”来了之后再行抓捕。他不如实禀告，应是担心讲出实情，被庳治罪。但其所讲新黔首人心惶惶也是事实。

需要指出的是，“苍梧县反者”并非引发本案即“复攸庳”的直接案由。

---

① 《张家山汉墓竹简〔二四七号墓〕（释文修订本）》将此字释作“录”，第62页。

② 《二年律令与奏谳书》，第242页。

③ 郭洪伯：《“郡守为廷”——秦汉时期的司法体系》，第八届北京大学史学论坛论文集，2012。

④ 《晋书》卷三〇，中华书局，1974，第924页。

⑤ 杨振红：《从出土秦汉律看中国古代的“礼”、“法”观念及其法律体现——中国法律之儒家化说商兑》，《中国史研究》2010年第4期。

⑥ 整理小组注释：“移，移书。”〔《张家山汉墓竹简〔二四七号墓〕（释文修订本）》，第25页〕误，应是指移交案件。

就本案而言，御史令南郡“复”者，是攸县令庫“上书言独财（裁）新黔首罪，欲纵勿论”罪，犯罪的主体是庫，庫是因上书获罪。详见下文。

【五】有（又）须南郡复者，即未捕。

整理小组注释：“须，等待。”① 《二年律令与奏谳书》：“原释文‘有’读为‘又’。疑当如字读，助词，无义。”②

按：各释本均作：“有须南郡复者即来捕”。如前文注，此从陶安、陈剑说。须，须要，需要。与后文简142“狱留须”的“须”同义。复者，复治此事者，即后文简151、152中的“南郡复吏”。此南郡复吏很可能就是“复攸庫”的南郡卒史盖庐等，但是狱史氏所说“有（又）须南郡复者”的复者是苍梧郡所属县发生反叛案，与本案南郡卒史所复者为攸县令庫上书案案由不同。即，就。其句意为：又需要南郡复吏，就未抓捕去北的新黔首。

【六】上书言财（裁）新黔首罪。

整理小组注释：“裁，《战国策·秦策》‘大王裁其罪’注：‘裁，制也。’”③ 李学勤、彭浩、高恒等都是在这一注释基础上理解此句含义。张建国认为，裁是“减免”的意思，上书的内容是要求皇帝单独赦免新黔首的败北不战之罪。④ 陈伟与张建国意见相同，并举下例为证：《汉书·食货志上》“而裁其贾以招民”，颜注：“贾读曰价。裁谓减省之也。”⑤

按：张建国、陈伟的意见是正确的。庫前面说“义等将吏卒击反盗，弗先候视，为惊败，义等罪也”，即认为县令史义等率领吏卒进击反盗，不事先观察好敌情，轻率进军，战败导致吏卒大惊逃亡，这是义等县吏的罪过。所以，他主张减轻对随从出征的新黔首即百姓的刑罚。如前所述，庫的罪名是“上书言独财（裁）新黔首罪，欲纵勿论”，“欲纵勿论”即想放纵罪犯，不论其罪。如果将“独财（裁）新黔首罪”理解为只制裁新黔首的罪，前面又说是义等县吏的罪，那么其“欲纵勿论”的对象又是谁呢？而且，庫在回答南郡卒史“复”时，一再强调苍梧郡守、尉以及狱史氏都对他说，对“去北”的新黔首状况十分担忧，苍梧郡守、尉说“其事甚害难，恐为败”，氏也说“皆榣（摇）恐，畏其大不安”。后文在回答复吏的诘问时也解释说：“今新黔首实不安辑，上书以闻，欲陛下幸诏庫以抚定之”，即现在新黔首确实不安定，上书请求是希望皇帝下诏让我安抚稳定他们。由此可知，只有将

① 《张家山汉墓竹简〔二四七号墓〕（释文修订本）》，第105页。

② 《二年律令与奏谳书》，第367页注〔一七〕。

③ 《张家山汉墓竹简〔二四七号墓〕（释文修订本）》，第105页。

④ 张建国：《关于张家山汉简〈奏谳书〉的几点研究及其他》，其著《帝制时代的中国法》，第283～284页。

⑤ 陈伟：《秦苍梧、洞庭二郡刍论》，《历史研究》2003年第5期，第169页注⑤。

“财（裁）”理解为减免之意，全文才可通解。

【七】它如书。

高恒译文：“其他情节，见呈上的文书。”①

按：书，当指前文所说“御史书”、“御史所下书”。这是理解此案性质的关键。本案的发起，实际上是因为御史下书，举劾攸县令庳“上书言财（裁）新黔首罪”。故庳的供辞均围绕“上书”展开。庳在初次面对复吏陈辞时，旨在说明如此“上书”的原因：苍梧郡守、尉和攸县狱史均说新黔首惶恐不安，恐为败。言下之意，其上书减免新黔首的罪是为了避免更恶劣的后果。而且他认为，两次平叛失败的主要责任在于攸县令史义等指挥失误。随后，苍梧郡守、尉围绕他的指控进行了辩解。苍梧郡守、尉不承认说过上述话，说是因为时间久了，庳忘记了。氏的证词在陈述了事情的经过后，最后总结为“不知道庳上书”。后文南郡卒史与庳、氏继续针对“上书”问题进行了诘问和回答，详见下文。

庳的“上书”显然是给“陛下”即秦始皇的，这可以根据简147“上书以闻，欲陛下幸诏庳以抚定之”得到确认。按秦制，大臣的上书必须经御史（大夫），由其确定是否呈递皇帝。与此同时，御史也负责审核上书中是否有违法行为。此制为人所习之：

> 《汉书·百官公卿表上》：“御史大夫，秦官，位上卿，银印青绶，掌副丞相。有两丞，秩千石。一曰中丞，在殿中兰台，掌图籍秘书，外督部刺史，内领侍御史员十五人，受公卿奏事，举劾按章。”②
>
> 《续汉书·百官志三·少府》：“侍御史十五人，六百石。本注曰：掌察举非法，受公卿群吏奏事，有违失举劾之。凡郊庙之祠及大朝会、大封拜，则二人监威仪，有违失则劾奏。”③

御史接受公卿群吏的奏事，按照法令规定，审查其奏事中是否有违背法令、有过失之处。此案中，庳上书请求减免“去北”的新黔首罪，于法令无据，即简149复吏所说“而毋法令”，因此被御史举劾，并下书令南郡卒史治其罪。由于是御史所下书，而且所治者为县令，案情涉及苍梧郡守、尉等，所以此案交由旁近郡的南郡“复”。

正因为举劾庳的是御史所下书，所以庳在供辞中没有使用惯常的“它如

① 高恒：《秦汉简牍中法制文书辑考》十七“《奏谳书》注释”，第387页。

② 《汉书》卷一九，中华书局，1962，第725页。

③ 《后汉书》志第二六，中华书局，1965，第3599页。

劾”、“它如辞”之类，而是说“它如书”，意为：其他情况均如御史书所说。

【八】刻（劾）下，与脩（攸）守嬬、丞魁治。

整理者最初由于对苍梧是郡还是县的问题理解有误，故对本案牵涉的几个关键人物的关系存在误读。如李学勤认为，朝廷“将庫撤职囚禁，任嬬为攸县守令”。[①] 张建国认为，嬬担任守令应在上任之前，而不是在庫撤职囚禁之后。守令是代理县令，当正式的县令庫到任后，他的代职自然撤销，仍为新县令的下属，因此才能在氏的第一次陈述后说出与氏同样的证言。[②] 高恒译文：“劾文书下达之后，与攸县代理县令嬬、县丞魁共同审理此案”。[③]

按：关于嬬担任守令的时间，张建国的意见是正确的，即在庫上任攸县令之前。但是，对于此句的理解，还有几个关键点需要澄清：第一，“劾”为谁所下；第二，狱史氏与脩（攸）守嬬、丞魁所治者为何事。

“劾”应为苍梧郡守所下，所劾者为庫上任攸县令前，攸县抓捕吏卒去北者不力事。故劾下后，由代理县令嬬、丞魁、狱史氏“治”即承办此案。其理由如下：第一，从氏所说内容的逻辑关系来看，“庫问，氏以告庫，不智（知）上书”应为陈述情况的最后阶段，此前的内容理应发生在“庫问”之前。第二，若所治者为攸县令庫“上书言财（裁）新黔首罪”案，狱史氏是重要涉案人员，不可能参与案件的审理。第三，从法律程序来说，庫为县令，其狱事不能由其县佐官和属吏（守令嬬、丞魁、狱史氏）承办，而应由上级部门处理。第四，正如张建国所分析，嬬担任守（即守令）在庫上任攸县令之前。庫任县令后，嬬不再担任守，不可能接受“劾”进行治狱。第五，此案中氏的身份应和苍梧郡守、尉一样，为攸县令案的证人，其所证者即庫供辞中涉及他的部分是否属实。庫的供辞说，在调查攸县狱留时，氏跟他说担心去北的新黔首“大不安”，须要等南郡复者来捕。而从后文复吏的诘问来看，他的证词与庫不符，即“前后不同”。因此，氏证词的关键——“未捕”也应指庫上任前情况。

【九】及屯卒备敬（警），卒已罢去移徙，遝之皆未来。

整理小组：“遝，与‘逮’字通用。”[④] 宫宅洁认为：“当应受审讯者不在审判机构的管辖区域内，则由该机构传唤本人。率领讨伐军的紘和从军士卒被攸县传唤，是为其例。此种传唤程序，原文为‘攸遝紘未来’，表现为

① 李学勤：《〈奏谳书〉解说（下）》，《文物》1995 年第 3 期。

② 张建国：《关于张家山汉简〈奏谳书〉的几点研究及其他》，其著《帝制时代的中国法》，第 284 页。

③ 高恒：《秦汉简牍中法制文书辑考》十八“汉代诉讼制度论考”，第 387 页。

④ 《张家山汉墓竹简〔二四七号墓〕（释文修订本）》，105 页注〔一八〕。

‘逻’，即‘逮’。”[①]《二年律令与奏谳书》按：“‘逻’、‘捕’有别。盖搜捕辖域内涉案人员为‘捕’，传讯辖域外人员为‘逻’。”[②]

按：以上各家关于“逻”、“捕”的意见可参考。此句意思难解。推测屯卒指平定利乡反乱时派往平乱的士卒，反乱平定后，被派往其他县或郡。攸县令为了抓捕去北的新黔首，传唤他们，结果都未到。

【一〇】逻肱未来，未捕。

几种释文本均作：“逻肱未来未捕”。

按：“未来未捕”应断开。“未来”指肱，“未捕”指去北的新黔首。此句意为：传唤肱未来，所以不能区别去北者名籍，未能抓捕去北者。

【一一】庳视事掾狱。

高恒认为，掾通“录”。译文作：“庳来视察本县监狱囚犯”。[③] 张建国注释后文简 146 的“捁掾狱”时推测：“捁”当释为“按”即“桉”字，与“案”通，意思为“审查”，“按掾狱”可能是指新县令审查县掾即属下经手的狱事。[④]

按：视事，如前所述，指就职治事，此指庳上任攸县令，开始处理县事务。掾，当通“录”（錄）。“掾狱”，应与案例十六“淮阳守行县掾新郪狱”的“掾……狱”意思相同。《三国志·蜀书·杨洪传》注引《益部耆旧传杂记》载：（何祗）“初仕郡，后为督军从事。时诸葛亮用法峻密，阴闻祗游戏放纵，不勤所职，尝奄往录狱。众人咸为祗惧。祗密闻之，夜张灯火见囚，读诸解状。诸葛晨往，祗悉已暗诵，答对解释，无所凝滞，亮甚异之。”[⑤]《三国志·吴书·顾雍传》：顾雍为丞相。“久之，吕壹、秦博为中书，典校诸官府及州部文书。壹等因此渐作威福……毁短大臣，排陷无辜，雍等皆见举白，用被谴让。后壹奸罪发露，收系廷尉。雍往断狱，壹以囚见，雍和颜色，问其辞状，临出，又谓壹曰：‘君意得无欲有所道？’壹叩头无言。”裴松之注引《江表传》载徐众评曰：“雍不以吕壹见毁之故，而和颜悦色，诚长者矣。然开引其意，问所欲道，此非也……若壹称枉邪，不申理，则非录狱本旨；若承辞而奏之，吴主倘以敬丞相所言，而复原宥，伯言、承明不当

① 宫宅洁：《秦漢時代の裁判制度—張家山漢簡“奏讞書”より見た—》，《史林》第 81 卷第 3 号，1998，中译本收入《中国法制史考证》丙编第 1 卷，中国社会科学出版社，2003。

② 《二年律令与奏谳书》，第 368 页注〔二七〕。

③ 高恒：《秦汉简牍中法制文书辑考》十七“《奏谳书》注释”，第 387 页。

④ 张建国：《关于张家山汉简〈奏谳书〉的几点研究及其他》，其著《帝制时代的中国法》，第 281 ~ 282 页。

⑤ 《三国志》卷四一，中华书局，1959，第 1015 页。

悲慨哉!"[①]"录"是省察、审核的意思。录狱，秦汉时期也习称"录囚"。[②]《汉书·隽不疑传》"每行县录囚徒还"，颜师古注："省录之，知其情状有冤滞与不也。今云虑囚，本录声之去者耳，音力具反。而近俗不晓其意，讹其文遂为思虑之虑，失其源矣。"[③]《续汉书·百官志五·州郡》：州刺史"诸州常以八月巡行所部郡国，录囚徒，考殿最。"刘昭注引胡广曰："县邑囚徒，皆阅录视，参考辞状，实其真伪。有侵冤者，即时平理也。"[④]

【一二】毄（击）反群盗，儋乏不斗，论之有法。

整理小组注释："儋，疑读为'憺'，安而不动。"[⑤]彭浩："此条律文不完整。汉律有'行逗留畏懦者要（腰）斩'（《汉书·武帝纪》如淳引军法）。上令所云'儋乏不斗律'，即为本律。"[⑥]刘钊："'儋乏'应是一个联绵词。疑应读为'殚乏'，乃'困顿'之意。"[⑦]《二年律令与奏谳书》按："憺，震动，畏惧……乏，疲倦。"[⑧]高恒："儋，疑读为'胆'。'胆乏'，无勇气。"[⑨]

按：儋，当读为"詹"或"赡"，供给。乏，匮乏、缺乏。儋乏，指"乏兴"，即"乏军之兴"。《晋书·刑法志》载《魏律序》说："《厩律》有乏军之兴，及旧典有奉诏不谨、不承用诏书，汉氏施行有小愆之反不如令，辄劾以不承用诏书乏军要斩"。[⑩]此说"乏军之兴"要处以腰斩刑，与本案简158所载秦律律文"儋乏不斗，斩"正相吻合。《后汉书·章帝纪》：建初七年九月，"诏天下系囚减死一等，勿笞，诣边戍；妻子自随，占著所在；父母同产欲相从者，恣听之；有不到者，皆以乏军兴论"。李贤注："军兴而致阙乏，当死刑也。"[⑪]《汉书·赵广汉传》载，赵广汉令尉史禹"劾贤为骑士屯霸上，不诣屯所，乏军兴。贤父上书讼罪，告广汉，事下有司覆治。禹坐要斩，请逮捕广汉。有诏即讯，辞服，会赦，贬秩一等"。后广汉实施报复，"宣帝恶之，下广汉廷尉狱，又坐贼杀不辜，鞠狱故不以实，擅斥除骑士乏军兴数罪。天子可其奏……广汉竟坐要斩"。[⑫]亦可为证。

---

① 《三国志》卷五二，第1226～1227页。
② 参见高恒《秦汉简牍中法制文书辑考》十八"汉代诉讼制度论考"，第369页注①。
③ 《汉书》卷七一，第3036～3037页。
④ 《后汉书》志第二八，第3618、3619页。
⑤ 《张家山汉墓竹简〔二四七号墓〕（释文修订本）》，第105页。
⑥ 彭浩：《谈〈奏谳书〉中秦代和东周时期的案例》，《文物》1995年第3期。
⑦ 刘钊：《〈张家山汉墓竹简〉注释商榷（一）》，《古籍整理研究学刊》2003年第3期。
⑧ 《二年律令与奏谳书》，第369页。
⑨ 高恒：《秦汉简牍中法制文书辑考》十八"汉代诉讼制度论考"，第385页注②。
⑩ 《晋书》卷三〇，第924页。
⑪ 《后汉书》卷三，第143页。
⑫ 《汉书》卷七六，第3204、3205页。

本律中“儋乏”与“不斗”应是并列的两个罪名，如后文的“篡遂纵囚”，两个罪名的刑罚是相同的，即均为腰斩。不斗，应与如淳说“军法，行逗留畏愞者要斩”[①] 的“逗留畏愞”意相近。光武帝实行度田，十六年秋九月，“郡国大姓及兵长、群盗处处并起，攻劫在所，害杀长吏。郡县追讨，到则解散，去复屯结。青、徐、幽、冀四州尤甚。冬十月，遣使者下郡国，听群盗自相纠擿，五人共斩一人者，除其罪。吏虽逗留回避故纵者，皆勿问，听以禽讨为效。其牧守令长坐界内盗贼而不收捕者，又以畏愞捐城委守者，皆不以为负，但取获贼多少为殿最，唯蔽匿者乃罪之。于是更相追捕，贼并解散”。[②] 后文将证“回避故纵”为“纵囚”，那么，“逗留”、“畏愞捐城委守”当即“不斗”。

【一三】挌掾狱。

整理小组注释：“挌，《后汉书·钟离意传》注：‘执拘也。’”[③] 高恒认为，挌通“格”，掾通“录”。格，“推究。《礼记》卷六十《大学》：‘致知在格物。’”[④]《二年律令与奏谳书》按：“‘挌’与一四四号简‘视事’相当，疑当读为‘略’。《广雅·释诂》：‘略，治也。’”[⑤]

按：高恒意见当是。格与录意思大致相同，均指考察、省录。

【一四】闻等，上论夺爵令戍。

高恒译文：“曾提出对罪犯剥夺爵位，令其戍边的惩罚。”[⑥]

按：闻，听说，指庳听说。等，相同、相等，指相同情况。论夺爵令戍，似指《二年律令》简 140～143：[⑦]

> 群盗杀伤人、贼杀伤人、强盗，即发县道，县道亟为发吏徒足以追捕之，尉分将，令兼将，亟诣盗贼发及之所，以穷追捕之，毋敢□（简140）界而环（还）。吏将徒[⑧]追求盗贼，必伍之，盗贼以短兵杀伤其将及伍人，而弗能捕得，皆戍边二岁。卅日中能得其半以上，尽除其罪；

① 《汉书》卷六，第 204 页。

② 《后汉书》卷一《光武帝纪下》，第 67 页。

③ 《张家山汉墓竹简〔二四七号墓〕（释文修订本）》，第 105 页。

④ 高恒：《秦汉简牍中法制文书辑考》十八“汉代诉讼制度论考”，第 385 页注③。

⑤ 《二年律令与奏谳书》，第 369 页注〔三二〕。

⑥ 高恒：《秦汉简牍中法制文书辑考》十八“汉代诉讼制度论考”，第 388 页。

⑦ 《二年律令与奏谳书》此简未出注，在简 149 复吏诘问的“夺爵令戍”后出注说：“《二年律令》二四二—二四三号简：‘逗留畏耎弗敢就，夺其将爵一络〈级〉，免之，毋爵者戍边二岁。”（第 369 页注〔三五〕）“二四二—二四三号简”应为“一四二—一四三号简”之误。

⑧ 几种释文本此处以“，”断开，笔者改。

（简141）得不能半，得者独除；·死事者，置后如律。大痍臂臑股胻，或诛斩，除。与盗贼遇而去北，及力足以追逮捕之[而][官]□□□□□逗（简142）留畏耎（懦）弗敢就，夺其将爵一络〈级〉，免之，毋爵者戍边二岁；[而][罚][其][所][将][吏][徒][以][卒][戍][边][各][一][岁]。兴吏徒追盗贼，已受令而逋，以畏耎（懦）论之。（简143）①

若依据此条法律，"去北"、"逗留畏耎"者，领兵的"将"若有爵，处以夺爵一级，免其职，若无爵，戍边二岁；其所率领的吏、徒戍边各一岁。因此，当时可能根据情况不同，处以不同的刑罚。从下列《晋书》记载来看，当时论"乏军兴"有戍军、征军之别，戍军不以乏军兴论，处罚轻。若为征军，则以乏军兴论，处罚重。《晋书·刘隗传》：

建兴中，丞相府斩督运令史淳于伯而血逆流，隗又奏曰："……自顷蒸荒，杀戮无度，罪同断异，刑罚失宜。谨按行督运令史淳于伯刑血著柱，遂逆上终极柱末二丈三尺，旋复下流四尺五寸。百姓喧哗，士女纵观，咸曰其冤。伯息忠诉辞称枉，云伯督运讫去二月，事毕代还，无有稽乏。受赇使役，军不及死。军是戍军，非为征军，以乏军兴论，于理为枉。四年之中，供给运漕，凡诸征发租调百役，皆有稽停，而不以军兴论，至于伯也，何独明之？捶楚之下，无求不得，囚人畏痛，饰辞应之……"②

沈家本在"骑士不诣屯所"（前引《汉书·赵广汉传》）条按，唐律中此类属镇防人，不同于从军征讨，不以乏军兴论，唐与汉律不同。其文曰：

《唐律》诸防人在防未满而亡者，罪止满流。镇人亦同。此狱苏贤屯霸上，乃镇防人，非从军征讨者，其不诣屯所，至重罪止满流，不得以乏军兴论。在《唐律》从流入死罪，以金罪论，亦当科以死罪。《汉律》未详。而按之后文，广汉所坐以擅斥除骑士为乏军兴，则骑士之不诣屯所亦必以乏军兴论，尉史禹及广汉之坐要斩，皆依乏军兴律也。③

① 《二年律令与奏谳书》，第148～149页。
② 《晋书》卷六九，第1836～1837页。
③ （清）沈家本：《历代刑法考》三《汉律摭遗》卷一三《厩律·乏军兴》，邓经元、骈宇骞点校，中华书局，1985，第1500页。

秦时应已有《二年律令》简140～143类的法律，故下文简149复吏说：“等虽论夺爵令或〈成〉”。但当时秦始皇关于新占领的荆楚地专门下达了平定反乱的诏令，即简157：“令：所取荆新地多群盗，吏所兴与群盗遇，去北，以儋乏不斗律论。”因此，当时无论何种情况，吏所兴与群盗相遇，战败均要以“儋乏不斗律”论，而不能以“兴吏徒追盗贼”的“畏耎律”论。也正因为如此，复吏才说“等虽论夺爵令或〈成〉，而毋法令”。

【一五】问。

高恒译文：“验问”。[①]

按：指核实涉案人员身份、案件相关情况的调查询问。常与“诊”合为一个程序，称“诊问”。如张家山汉简《奏谳书》案例五“江陵谳求盗视追捕亡大奴武互伤案”简45：“·问：武士五（伍），年卅七岁，诊如辤（辞）。”[②] 案例一六“淮阳守行县掾新郪狱案”简88：“诊问：苍、信、丙、赘，皆关内侯。”[③] 此是询问南郡复吏有关“复”利乡反案的情况。

【一六】南郡复吏到攸……别奏。

按：南郡复吏应即南郡卒史盖庐、挚、朔，叚（假）卒史瞗等。此段是南郡复吏回答“问”的情况，可分为五部分：第一，南郡复吏奉御史书，到达攸县后，攸县传唤駐仍未到，仍没有应当抓捕的新黔首的名籍。第二，后来駐被传唤到，供出逃亡原因：义死后，自觉有罪，故弃名籍逃亡。第三，复吏仔细查看名籍，都放在一个笥中，没有标明征发的先后顺序，杂乱无章，仍然无法知道应当抓捕谁。第四，复吏以计谋让攸县诱召平叛的新黔首聚集城中，区分出前后征发的人，将去北者逮捕归案。第五，此案稽留不办超过一年，没有审结，苍梧郡守已经举劾，论定办案的县吏嫭、魁、氏的罪名，但是駐及去北的吏卒者大多仍没有审结，此事另外上奏。

由此可以推测，南郡复吏即卒史盖庐等接受御史书，到苍梧郡攸县复狱，其肩负的使命至少包括以下四个：第一，监督对谋反者的审判执行；第二，抓捕去北的吏卒（吏及新黔首），并进行审判；第三，审理攸县吏“狱留”案；第四，审理新任攸县令庳“上书言独财（裁）新黔首罪”。而此案是复吏所“复”的第四个案子。

【一七】其事难，未有以捕章捕论。

整理小组注释：“捕章，指捕律。”[④] 高恒译文：“事情还难在没有按法

---

① 高恒：《秦汉简牍中法制文书辑考》十八“汉代诉讼制度论考”，第388页。

② 《二年律令与奏谳书》，第343页。

③ 《二年律令与奏谳书》，第354页。

④ 《张家山汉墓竹简〔二四七号墓〕（释文修订本）》，第28页。

令拘捕论处。”[①]

按：其事难，当指抓捕去北的新黔首之事困难。这是导致下句“没有按照捕律抓捕去北者论罪”的原因。捕章，当如整理小组注释指捕律，应指前引《二年律令》简140～143律文。

【一八】令：

彭浩将其理解为律令之令。[②] 高恒译文：“兹命令”。[③]

按：彭浩的理解为是。令，即皇帝下达的诏令，具有法律效力，若能作为制度长期施行的在修订律典时（主要由后任皇帝）通常被编辑入律。[④] 此为秦始皇下达的诏令。

【一九】篡遂纵囚，死罪囚，黥为城旦，上造以上耐为鬼薪。

整理小组注释：“以上所引秦律系摘要，可与《二年律令》有关律文对照。”[⑤] 高恒注：“篡，非法劫取。《汉书》卷四十七《济川王传》颜师古注：‘逆取曰篡。’‘篡遂纵囚’，劫取囚犯将其释放。‘死罪囚’已判死刑的囚犯。《汉书》卷十五《王子侯表上》：‘攸与侯则，太初元年，坐篡死罪囚，弃市。’”[⑥]

按：整理小组所说《二年律令》有关律文，或指下列简：

> 城旦舂、鬼薪白粲有罪罨（迁）、耐以上而当刑复城旦舂，及曰黥之，若刑为城旦舂，及奴婢当刑畀主，其证不言请（情），诬（简121）告，告之不审，鞫之不直，故纵弗刑，若论而失之，及守将奴婢而亡之，篡遂纵之，及诸律令中曰同法、同罪，其所（简107）与同当刑复城旦舂，及曰黥之，若鬼薪白粲当刑为城旦舂，及刑畀主之罪也，皆如耐罪然。其纵之而令亡城旦（简108）舂、鬼薪白粲也，纵者黥为城旦舂。（简109）[⑦]

整理小组注释：“篡，劫夺。《汉书·成帝纪》注：‘逆取曰篡。’遂，道路。”[⑧] 三国时代出土文字资料研究班：“遂，整理小组认为是‘道路’之

---

① 高恒：《秦汉简牍中法制文书辑考》十八“汉代诉讼制度论考”，第388页。

② 彭浩：《谈〈奏谳书〉中秦代和东周时期的案例》，《文物》1995年第3期。

③ 高恒：《秦汉简牍中法制文书辑考》十八“汉代诉讼制度论考”，第389页。

④ 参见杨振红《从〈二年律令〉的性质看汉代法典的编纂修订与律令关系》，《中国史研究》2005年第4期，其著《出土简牍与秦汉社会》第2章，第56～68页。

⑤ 《张家山汉墓竹简〔二四七号墓〕（释文修订本）》，第106页注〔二五〕。

⑥ 高恒：《秦汉简牍中法制文书辑考》十八“汉代诉讼制度论考”，第388页。

⑦ 《二年律令与奏谳书》，第135页。

⑧ 《张家山汉墓竹简〔二四七号墓〕（释文修订本）》，第23页注〔一〕。

意，暂从之。但是否有'逃'之意。或者'篡遂'连读，为'追夺'之意呢?"① 张建国："篡遂纵之"和《奏谳书》中所提到的"篡遂纵囚"，大概可以解释为劫囚和窃囚。②

笔者认为，遂，指实现、完成，指已经判定罪刑。篡遂，劫取已经判刑的囚犯。"纵囚"适用的律文，不是"篡遂纵之"的"纵之"，或者"其纵之而令亡城旦舂、鬼薪白粲也"的"纵之"，而是简 107 的"故纵弗刑"。睡虎地秦简《法律答问》：

> 论狱【何谓】"不直"？可（何）谓"纵囚"？罪当重而端轻之，当轻而端重之，是谓"不直"。当论而端弗论，及□其狱，端令不致，论出之，是谓"纵囚"。③

对"纵囚"进行了释义：即应当论其罪却故意不论，应当将其逮捕归案却故意将其释放。晋灼所引"律说"也佐证了这一点："律说：出罪为故纵，入罪为故不直。"④ 颜师古注："纵谓容放之。"⑤ 因此，"篡遂"、"纵囚"应是两个罪名，而"纵囚"与"故纵"当是同一罪名。

《二年律令》上述律条中将"篡遂纵之"与"证不言情"，"诬告"、"告不审"等并列，说"皆如耐罪然"，然而对于"如耐罪"却没有明确记载。但《二年律令》中有关于"证不言情"等律条：

> 证不言请（情），以出入罪人者，死罪，黥为城旦舂；它各以其所出入罪反罪之。狱未鞫而更言请（情）者，除。吏谨先以辨告证。（简110）
>
> 诬告人以死罪，黥为城旦舂；它各反其罪。（简 116）
>
> 告不审及有罪先自告，各减其罪一等，死罪黥为城旦舂，黥为城旦舂罪完为城旦舂，完为城旦舂罪（简 127）⑥

① 三国时代出土文字资料研究班：《江陵張家山漢墓出土〈二年律令〉訳注稿その（一）》，《東方學報》京都 76 册，2004，转引自《二年律令与奏谳书》，第 136 页。

② 张建国：《张家山汉简〈具律〉一二一简排序辨正——兼析相关各条律条文》，《法学研究》2004 年第 6 期。

③ 睡虎地秦墓竹简整理小组：《睡虎地秦墓竹简》，文物出版社，1978，第 191 页。

④ 《汉书》卷一七《景武昭宣元成功臣表》颜师古注引，第 662 页。"律说"后的冒号为笔者所加。

⑤ 《汉书》卷七《昭帝纪》，第 222 页。

⑥ 分见《二年律令与奏谳书》第 136、144、144 页。

这三种罪名下，嫌犯被判死罪，做伪证的证人、诬告者等要处以“黥为城旦舂”，嫌犯被判死罪以外的刑罚，则以所判刑判处做伪证的证人、诬告者等。由于“篡遂纵之”、“故纵弗刑”可以等同“证不言情”等，因此，篡遂、纵囚也适用“死罪，黥为城旦舂；它各以其所出入罪反罪之”的律条。它表明汉初即《二年律令》时期“篡遂纵囚”等的刑罚沿袭了秦律，处以黥城旦舂刑。

“上造以上耐为鬼薪”。上造是二十等爵划分层级的一个等级，上造是公卿大夫士之“士”的起始级，享有一定的特权。[①] 睡虎地秦简《秦律杂抄》：“·有为故秦人出，削籍，上造以上为鬼薪，公士以下刑为城旦。·游士律。”[②] 帮助秦人出境或削籍的，上造以上只处鬼薪，而一级爵公士以下则刑为城旦。这与本案所载律文内容相符。《汉书·惠帝纪》载惠帝即位诏：“上造以上及内外公孙耳孙有罪当刑及当为城旦舂者，皆耐为鬼薪白粲。”[③] 当是将这一特权普及皇帝的内外公孙、耳孙。

【二〇】讯者七人，其一人毄（系），六人不毄（系）。

李学勤：一共传讯了七人。这七人即文书中所见的庳、灶、徒唯、氏、嬬、魁和南郡复吏，“其一人系”即指庳而言。[④]

按：李学勤意见是正确的。讯者，指传讯的人。被传讯的七人中只有一人被关押，即原攸县令庳，为本案的被告。苍梧郡守灶等六人，则是本案的证人。其中，狱史氏、嬬、魁因狱留也被处以刑罚，但不属此案，而是另案处理的。

【二一】不存。

高恒译文：“尚未传讯到庭的”。[⑤]

按：存，在，指当时在当地的与本案有关的人员。

二　译文

南郡卒史盖庐、挚、朔，假卒史瞗覆审攸县令庳等狱案簿书。

---

① 参见杨振红《从出土秦汉律看中国古代的“礼”、“法”观念及其法律体现——中国古代法律之儒家化说商兑》，《中国史研究》2010年第4期，第83~84、96页；杨振红《吴简中的吏、吏民与汉魏时期官、吏的分野——中国古代官僚政治社会构造研究之二》，《史学月刊》2012年第1期。

② 《睡虎地秦墓竹简》，第130页。

③ 《汉书》卷二，第85页。

④ 李学勤：《〈奏谳书〉解说（下）》，《文物》1995年第3期。

⑤ 高恒：《秦汉简牍中法制文书辑考》十八“汉代诉讼制度论考”，第389页。

御史所下书于秦始皇二十七年二月壬辰（1日）到达南郡守府，当即向下传达，甲午（3日）到达盖庐等治所，壬寅（11日）挚增补随从治事，上治其他狱案。

四月辛卯（30日）鴡因被论罪离开。五月庚午（8日）朔增补随从治事，盖庐因有赀罪离开。八月庚子（6日）朔因被论罪离开。到廿八年九月甲午结束。共四百六十九日。朔病了六十二日。行道六十日，乘恒马及船行五千一百四十六里，平均每天行八十五里，余四十六里没有计算在内。除去弦（元）、伏不治事，治理其他狱案四百四十九日，确定治此案十八日。

御史下的文书另外放在其他笥中。

现在覆审此案，庳说：“刚刚任命时，苍梧郡守灶、郡尉徒唯对我说：‘利乡反叛，新黔首前往攻击，战败逃亡应当抓捕治罪的人很多，都未抓到，这件事十分危险困难，担心造成灾祸。’我视察狱留情况，以此事问狱史氏。氏说：‘苍梧郡县反叛的人，御史一直命令南郡来覆审。义等战死，新黔首害怕，拿着他们借来的兵器逃匿到山中，引诱召唤一些人回来，都动摇惊恐，担心他们很不安定，又须要南郡覆审，就未抓捕。’义等率领吏卒攻打反叛的群盗，不先好好探查敌情，被他们所惊失败，这是义等的罪过，我上书说减免新黔首的罪。其他情况如御史书所说。”

灶、徒唯说：“指示庳说新黔首应当抓捕者没有抓到，努力戒备防范，没有说危害困难担心造成灾祸。只是这话对庳说得时间长了，他忘记不记得了。其他如庳所说。”

氏说：“郡的劾书下达后，和攸县守令媱、县丞魁负责抓捕败亡的新黔首。令史駐和义征发新黔首前往，探查反叛的盗贼很多，进一步征发（吏卒）和他们战斗，义战死。攸县又增加征发新黔首前往打败他们。总共三批，都由駐掌管名籍。其中两批战败应当抓捕的名籍、副本都放在一个笥中，駐逃亡了没有抓到，没有办法区别知道应当抓捕的人。等到屯卒备敬（警），卒已经解散离开迁移，传唤他们都没来。好畤辟駐有罪案。我认为南郡就要来覆治此案。庳问我，我就把这些情况告诉庳，不知道庳上书。其他如庳所说。”

媱、魁证词如氏。

诘问氏：“氏告诉庳说：‘义等战死，新黔首恐惧，拿着借来的兵器逃匿到山中，引诱召唤一些人回来，都动摇恐惧，担心他们很不安定，又须要南郡覆审的人，就未抓捕。’覆吏讯问氏，氏说：‘駐掌管新黔首名籍三批，战败者的名籍都放在一笥中，没有办法区别知道应当抓捕的人，传唤駐没有来，没有抓捕新黔首。’前后说法不同，都如何解释？”

氏说："新黔首战败应当抓捕的人，和后来所征发的新黔首的名籍合并在一起，没有办法区别知道。㕟主管名籍，传唤未来，狱案留滞须要㕟。庳身为攸令，以前听说庳别异，和其他县令不一样。义战死，黔首应当坐罪的人很多，都动摇担心官吏治罪他们，又分散逃亡到山谷中，民心畏惧。担心不能都尽数抓捕，而让此事酿成灾祸，希望南郡来覆治。庳治事省录狱案，问我，我就把这些情况告诉了庳，担心他发怒，就对庳为自己辩解。实在须要来区别名籍，以悉数抓捕他们，这是实情。没有其他解释。"

诘问庳："攻打反叛的群盗，儋乏不斗，论此罪有法可依。庳省录狱案，见罪人，不依法论他们的罪，却上书建言只减免新黔首的罪，这是庳想要放纵罪人。如何解释？"

庳说："听说同样的情况，皇上论罪夺去爵位令他们戍边。现在新黔首确实很不安稳，上书报告此情况，想要陛下恩幸下诏给我安抚稳定他们，不敢放纵罪人。没有其他解释。"

诘问庳："同样情况虽然论罪夺去爵位令他们戍边，但是却没有法令依据。身为人臣应当谨慎奉行法律来治理。现在庳不顾法令而上书建言只减免新黔首的罪，这很明显是庳想要放纵罪人了。吏以此论的罪，用什么来解释？"

庳说："对此无法解释，有罪。"

问：南郡覆吏到攸后，攸传唤㕟还未来，没有应当拘捕的新黔首名籍。后来㕟来接受传唤，说："义战死，自认为有罪，丢弃名籍逃亡。"得，熟视氏所说的名籍放在一个笥中者，没有署名征发先后顺序，没有章次，杂乱不能区别知道。南郡覆吏于是通过智慧方法让攸县引诱招来新黔首聚集县城中，隐秘传讯区别先后征发的人，拘捕战败逃亡的人。此案稽留超过一年，没有结案断狱，苍梧郡守已经举劾，论嫭、魁赀罪各二甲，氏一甲。㕟及吏卒没有救援义等败逃的人，大多没有判决，另外上奏。其他如辞书。

宣读审讯记录：义等率领吏卒新黔首攻打反叛的群盗，反盗杀死义等，吏、新黔首都不救援，败逃。应当传唤㕟，传唤到攸县，须要他来区别黔首中应当拘捕的人。应当拘捕的人大多遣散离开相距远，拘捕的事情困难，因此没有根据捕律进行拘捕论罪。庳上书建言只减免新黔首的罪，想要放纵他们不论罪，拘捕，情况属实。

诏令：新夺取的荆地多群盗，吏所兴兵与群盗遭遇，败逃，依据儋乏不斗律论罪。律："儋乏不斗，腰斩。""劾囚纵囚，如果是死罪囚，黥为城旦，上造以上耐为鬼薪。"根据以上律令判决庳的罪。判决他：庳应当耐为鬼薪。·庳已经拘押。

传讯的共七人，其中一人拘押，六人没有拘押。

不在的人都皆没有传讯。

三　相关问题讨论

（一）关于此案的性质

学界一般将此案称为复审案，复通"覆"，如整理小组注释："复，覆审。"① 但关于"复审"的定义和原因，则说法不一。如李学勤说："这次复审，是由秦朝御史通知进行的。"② 彭浩认为，这"是一起复审案件的记录，复审原因并未说明，是依据御史大夫之令进行的"。③ 高恒说："复，即复狱，复审。对已审理的案件再行进行审理。《资治通鉴》卷七，秦始皇'谪治狱吏不直及复狱不直者，筑长城及处南越地'。注：'秦当以成而复按之。'"④ "从秦汉审判制度而言，此案是一桩'复狱'案。它既非下级审判机关'奏谳'的疑狱，也非乞鞫者请求重审的案件。而是经人举劾，或经上级机关检查而发现的下级审判机关已断决的案错。《奏谳书》编入这件文书的用意，在于说明'复审'所应遵循的审判程序。《张家山汉简汉墓竹简·二年律令·兴律》有规定'复案'的律文一条，可参考。"⑤ "复，即复狱，重审案件，即对已审判断决的案件，发现有错误，重新审理……它具体阐明复狱是纠正错案的一项重要司法制度。复狱虽然也是对已经审断案件的重新审理，但与上面所说的乞鞫、录囚制度不同。"⑥《二年律令与奏谳书》校释此案时还引了程政举的观点："程政举：我们可以将覆讯制度定义为，案件经初次审讯，案情基本清楚后，再由其他官员或审讯人进行二次审讯，以验证初次审讯真实性的程序。"⑦

此案正如李学勤、彭浩所说，是由御史通知或下令进行的。然而，现代诉讼法中并没有"复审"的概念，该如何定义和理解此案的"复审"或"覆审"概念呢？对此，李、彭文并没有论及。高恒认为复狱、复审、重审三个概念相通，是对已审断案件的重新审理，但不同于乞鞫、录囚案，是旨

① 《张家山汉墓竹简〔二四七号墓〕（释文修订本）》，第105页注〔一〕。

② 李学勤：《〈奏谳书〉解说（下）》，《文物》1995年第3期。

③ 彭浩：《谈〈奏谳书〉中秦代和东周时期的案例》，《文物》1995年第3期。

④ 高恒：《秦汉简牍中法制文书辑考》十七"《奏谳书》注释"，第382页注③。

⑤ 高恒：《秦汉简牍中法制文书辑考》十七"《奏谳书》注释"，第389~390页。

⑥ 高恒：《秦汉简牍中法制文书辑考》十八"汉代诉讼制度论考"，第465页。

⑦ 《二年律令与奏谳书》，第365页校释〔一〕。程政举：《略论〈奏谳书〉所反映的秦汉"覆讯"制度》，《法学评论》2006年第2期。但程文主要以案例一六"黥城旦讲乞鞫"案为例。

在纠正错案的重审。高恒此处使用的“重审”概念相当于现代诉讼法中的“再审”，而不是“重审”概念。现代诉讼法中的“重审”，指上级法院经过对上诉案件审理，认为原审法院的判决存在认定事实错误或者认定事实不清，证据不足，或者违反法定程序，或者遗漏当事人、诉讼请求等事由，作出撤销原审判决的裁定，将案件发回原审法院重新审理的审判制度。重审必须具备以下要素：第一，当事人不服原审法院未生效的裁判而在法定期间内向上级法院提起上诉；第二，上级法院撤销原判决，发回原审法院重新审理。因此，现代诉讼法中的“重审”概念与古代“乞鞫”后引发的“复狱”更为接近。现代诉讼法中的“再审”，指对判决、裁定或调解协议已经发生效力的案件重新进行审理的程序，进入再审程序并不停止原判决的执行，直至再审重新作出新的判决。

然而，从前一节的分析来看，此案并没有经历过初审的迹象。此“复狱”是由御史发起的，发起的原因是因为御史接到了攸令庫的上书，“上书言独财（裁）新黔首罪”，御史认为这是“欲纵囚”，故根据其“受公卿奏事，举劾按章”的职责，进行举劾，并下南郡守府进行“复”，故立案为“复攸庫等狱”。因此，此案不是重审或再审案，而是接到最高级监察机构——御史举劾、指示后所进行的立案审判。我们有必要对秦汉法律制度中的“覆”、“覆狱”、“覆案”、“覆治”等概念重新进行讨论，因篇幅关系，笔者拟另文论考。

（二）关于秦汉法律的驳杂及适用问题

本案中对于战败逃亡的新黔首，攸县令庫提出“夺爵令戍”的建议，想从轻处罚，以“抚定之”。《二年律令》中有“逗留畏愞律”（简 140 ~ 143），对与盗贼遭遇去北（败逃）和逗留不敢进者，率兵之将，有爵者夺爵一级、免职；无爵者戍边二岁；所率吏徒以卒戍边一岁。虽然此律是汉初吕后二年时期的法律，但所说情况与此律十分吻合。然而，庫的建议违背了秦始皇专门针对“荆新地”下达的“令”：“所取荆新地多群盗，吏所兴与群盗遇，去北，以儋乏不斗律论。”我们由此了解到，秦时同时还有“儋乏不斗律”，对“儋乏不斗”者处以腰斩刑。“畏愞”与“不斗”性质应当大致相同，但秦对两者的刑罚却相差悬殊，这无疑会给官吏断狱造成困惑，并留下舞文弄法的空间。

但是，传世文献中见不到秦汉时期有关于“不斗”的律条，而且，汉代对“逗留畏愞”的刑罚也与《二年律令》简 140 ~ 143 的规定不同。如武帝天汉三年“秋，匈奴入雁门，太守坐畏愞弃市”。[1] 合骑侯公孙敖“至元狩

① 《汉书》卷六《武帝纪》，第 204 页。

元年坐将兵击匈奴与票骑将军期后，畏懦当斩，赎罪”。[①] 博望侯张骞“元狩二年，坐以将军击匈奴畏懦，当斩，赎罪，免”。[②] “上怒恢不出击单于辎重也……于是下恢廷尉，廷尉当恢逗桡，当斩。”颜师古注引如淳曰：“军法，行而逗留畏懦者要斩。”[③] “畏懦”、“逗桡”或处以弃市，或处以斩刑，但允许赎。但也有处罚较轻者，如永平十六年，“（祭）肜到不见虏而还，坐逗留畏懦下狱免。肜性沈毅内重，自恨见诈无功，出狱数日，欧血死”。[④] 此外，建武十二年，“参狼羌寇武都，陇西太守马援讨降之。诏边吏力不足战则守，追虏料敌不拘以逗留法”；十六年对平定度田反叛不力的官吏，“吏虽逗留回避故纵者，皆勿问，听以禽讨为效。其牧守令长坐界内盗贼而不收捕者，又以畏愞捐城委守者，皆不以为负，但取获贼多少为殿最，唯蔽匿者乃罪之”。[⑤] 光武帝两次下诏不追究“逗留”、“畏懦”者之罪，当是权宜之计。元后祖父王贺字翁孺，“为武帝绣衣御史，逐捕魏郡群盗坚卢等党与，及吏畏懦逗遛当坐者，翁孺皆纵不诛。它部御史暴胜之等奏杀二千石，诛千石以下，及通行饮食坐连及者，大部至斩万余人，语见《酷吏传》。翁孺以奉使不称免”。[⑥] 这当是宅心仁厚的官吏不顾法律，对畏懦逗留者采取宽大处理，结果被免官。这表明法律的宽严与时势及执法者的品性均有一定的关系。

秦汉时期对“篡遂纵囚”罪的刑罚也并非一致。前文已证，秦及汉初《二年律令》规定，“篡遂纵囚”罪，所篡、所纵之囚为死罪囚，篡、纵者黥为城旦舂；所篡、所纵之囚非死罪囚，则以其罪刑篡、纵者。但是，传世文献中有篡囚处以弃市刑的记载，如《汉书·王子侯表上》：攸舆侯刘则“太初元年，坐篡死罪囚，弃市”。[⑦]《晋书·刑法志》载《魏律序》说：魏新制定的魏律“正篡囚弃市之罪，断凶强为义之踪也”。[⑧] 沈家本对此颇为不解：“攸舆以王子侯篡囚弃市，是《汉律》本系死罪。《晋志》云魏世所改，岂汉法中间曾改轻欤？拟攸舆所篡死罪囚，其非篡死罪囚不弃市欤？今无可考矣。”[⑨] 从下面列举的秦汉时期对于“纵囚”的断刑情况来看，应是当时法

---

① 《汉书》卷一七《景武昭宣元成功臣表》，第645页。
② 《汉书》卷一七《景武昭宣元成功臣表》，第646页。
③ 《汉书》卷五二《韩安国传》，第2404~2405页。
④ 《后汉书》卷二〇《祭遵传附从弟肜》，第746页。
⑤ 《后汉书》卷一《光武帝纪下》，第60、67页。
⑥ 《汉书》卷九八《元后传》，第4013~4014页。
⑦ 《汉书》卷一五上，第459页。
⑧ 《晋书》卷三〇，第926页。
⑨ （清）沈家本：《历代刑法考》三《汉律摭遗》卷六《囚律·断狱》“篡囚”条，第1500页。

律各律篇对“篡囚”的刑罚规定不同。

从现有材料来看，汉代“纵死罪囚”有以下几种论刑：第一，斩左趾为城旦。《二年律令》简93：“鞠（鞫）狱故纵、不直，及诊、报、辟故弗穷审者，死罪，斩左止（趾）为城旦，它各以其罪论之。”第二，弃市刑。除上举例子外，再如《汉书·昭帝纪》：“（始元四年冬）廷尉李种坐故纵死罪弃市。”① 再如，《奏谳书》案例一六“淮阳守行县掾新郪狱”案中，校长丙、发弩赘所“纵囚”为贼杀人与谋贼杀人的罪犯，杀人与谋杀人当判弃市刑，故丙、赘也被判为弃市刑。② 第三，所纵为谋反者甚至处腰斩刑和族刑。如《汉书·昭帝纪》：“（元凤三年）夏四月，少府徐仁、廷尉王平、左冯翊贾胜胡皆坐纵反者，仁自杀，平、胜胡皆要斩。”③《汉书·田叔传附子仁》：“数岁，戾太子举兵，仁部闭城门，令太子得亡，坐纵反者族。”颜师古注曰：“遣仁掌闭城门，乃令太子得出，故云纵反也。”④ 田仁当是被处族刑，即其父母、妻子、同产均被处死。

《汉书·刑法志》载，武帝以后，“奸猾巧法，转相比况，禁罔寖密。律令凡三百五十九章，大辟四百九条，千八百八十二事，死罪决事比万三千四百七十二事。文书盈于几阁，典者不能遍睹。是以郡国承用者驳，或罪同而论异。奸吏因缘为市，所欲活则傅生议，所欲陷则予死比，议者咸冤伤之”。⑤ 法律驳杂，为奸臣舞文弄法、营私舞弊提供了条件，同样的罪行却处以不同的刑罚，想要罪犯活命的就依据轻的法律，想要罪犯死的就依据严酷的律条。《晋书·刑法志》叙述汉律的混乱情况说：“世有增损，率皆集类为篇，结事为章。一章之中或事过数十，事类虽同，轻重乖异。而通条连句，上下相蒙，虽大体异篇，实相采入。《盗律》有贼伤之例，《贼律》有盗章之文，《兴律》有上狱之法，《厩律》有逮捕之事，若此之比，错糅无常。”⑥ 张汤、杜周等为廷尉，均以舞文弄法著称。史载：张汤“所治即上意所欲罪，予监吏深刻者；即上意所欲释，予监吏轻平者。所治即豪，必舞文巧诋；即下户羸弱，时口言‘虽文致法，上裁察。’于是往往释汤所言”。⑦ 对于皇上要治罪的，张汤就把案子交给监吏深刻者；对于皇上要开罪的，就交

① 《汉书》卷七，第222页。

② 《二年律令与奏谳书》，第354～355页。

③ 《汉书》卷七，第229页。《汉书》卷六〇《杜周传附子延年》记载略不同：“（霍）光以廷尉、少府弄法轻重，皆论弃市，而不以及丞相，终与相竞。”（第2663页）

④ 《汉书》卷三七，第1984页。

⑤ 《汉书》卷二三，第1101页。

⑥ 《晋书》卷三〇，第923页。

⑦ 《汉书》卷五九《张汤传》，第2639页。

给监吏轻平者。之所以如此，就在于法律中本就大量存在"罪同而论异"的情况，这给了贪官污吏"舞文巧诋"的机会。杜周为廷尉，做法与张汤大抵相同，"善候司。上所欲挤者，因而陷之；上所欲释，久系待问而微见其冤状"。他的门客对此很不理解，问他："君为天下决平，不循三尺法，专以人主意指为狱，狱者固如是乎？"杜周回答："三尺安出哉？前主所是著为律，后主所是疏为令；当时为是，何古之法乎！"[①] 露骨地道出中国古代法律的本质。

"南郡卒史复攸庫等狱"发生在秦始皇刚刚统一中国之后，刚刚平定的"荆新地"仍未完全并入统一的轨道，时常发生反叛事件。对于平叛败逃者，秦始皇采取强硬姿态，不用宽松的"逗留畏懦律"，而专门下令采用"儋乏不斗律"，处以腰斩刑。攸县令庫作为一个负责任的地方长吏，从现实出发，为国家安危着想，上书建议对败逃的新黔首采取"夺爵令戍"的刑罚，不仅没有受到当局者的重视，反而专门立案，将其治罪。十余年后，在荆楚之地终于爆发反秦起义，并迅速燃遍全国，秦王朝灭亡，亦是必然之势。

（附记：王安宇同学对本文亦有贡献，特此感谢）

① 《汉书》卷六〇《杜周传》，第2659页。

《中国古代法律文献研究》第八辑
2014年，第130~147页

The Conception of Fornication

—From The Han Code to The Tang Code

Itaru　Tomiya（Kyoto University）

Abstract: The articles in the Tang Code include the content that the sexual intercourse in the case of unmarried couple still constitutes a crime. And if the intercourse is made in mutual agreement, it means "和姦 he jian" (fornication by consent), on the other hand if it is forced one, it is defined as "強姦 qiang jian (assault)". In this article, I would like to examine these three points.

ⅰ Is it correct that the word 姦 jian means illicit sexual intercourse between unmarried couple?

ⅱ Has such a stipulation in The Tang Code existed since the laws in the Qin and Han?

ⅲ Is it true that if unmarried person have sexual intercourse, it constitutes a crime to be punished in the pre-modern China?

Keywords: Sexual intercourse　Fornication　Tang code　Han code

Ⅰ　The fornication prescribed in The Tang Code

In my contribution to the publication to mark the 30th anniversary of the foundation of Institute for Chinese Ancient Legal Documents, China University of Political Science and Law, I would like to discuss the notion of fornication between Confucius ethical concept and effective criminal statute.

Now we should enter the articles of The Tang Code（唐律）.

There are following articles on sexual intercourse between male and female in the Miscellaneous Statute（雜律）in The Tang Code.

All cases of illicit sexual intercourse punish both partners by one and one-half years of penal servitude. If the woman has a husband, her punishment is two years of penal servitude. If personal retainers, general bondsmen, and government bondsmen have illicit sexual intercourse with commoners, the punishment is increased one degree in each case. Illicit sexual intercourse with a government or private female slave is punished by ninety blows with the heavy stick.

Illicit sexual intercourse with another person's personal retainer's wife, or a general bondsman's or government bondsman's wife or daughter, is punished by one hundred blows with the heavy stick. If force is used, the punishment is increased one degree in each case. If a tooth or more is broken or the person is wounded, the punishment for breaking or wounding in an affray is increased one degree. (410)

All cases of illicit sexual intercourse with relatives within the fifth degree of mourning or their wives, or a daughter of a wife's former husband, or half-sisters of the same mother but a different father, are punished by three years of penal servitude.

If force is used, the punishment is life exile at a distance of 2000 *li*（里）. If a tooth or more is broken or the person is wounded, the punishment is strangulation.

If the person is a concubine, the punishment is reduced one degree. (411)①

According to the article 410, "姦 *Jian*" between man and woman warrants one-half years of forced labor. In this article, what is the meaning of the word "姦

① "*The Tang Code*" translated with an introduction by Wallnce Johnson, Prinston University Press, New Jersey, 1979

諸姦者、徒一年半、有夫者、徒二年。部曲・雜戶・官戶姦良人者、各加一等、即姦官私婢者、杖九十、(奴姦婢、亦同) 姦他人部曲妻・雜戶・官戶婦女者、杖一百。強者、各加一等。折傷者、各加鬪折傷罪一等。410

諸姦緦麻以上親及緦麻以上親之妻、若妻前夫之女及同母異父姊妹者、徒三年、強者、流二千里、折傷者、絞。妾、減一等（餘條姦妾、準此）。411

諸姦從祖祖母姑・從祖伯叔母姑・從父姊妹・從母及兄弟妻・兄弟子妻者、流二千里、強者、絞。412

諸姦父祖妾・（謂曾經有父祖子者）伯叔母・姑・姊妹・子孫之婦・兄弟之女者、絞。即姦父祖所幸婢、減二等。413

諸奴姦良人者、徒二年半、強者、流、折傷者、絞。其部曲及奴、姦主及主之期親、若期親之妻者絞。婦女減一等、強者、斬。即姦主之緦麻以上親及緦麻以上親之妻者、流、強者、絞。414

諸和姦、本條無婦女罪名者、與男子同。強者、婦女不坐。其媒合姦通、減姦者罪一等（罪名不同者、從重減）。415

Jian"? Wallance Johnson translates it "illicit sexual intercourse" as above.

However, what is the illicit act? Why is the sexual intercourse between male and female illicit, illegal, and wrong?

The 410 – 411 articles in The Tang Code should include the content that even if it is in the case of unmarried couple, the sexual intercourse still constitutes a crime. And if the intercourse is made in mutual agreement, it means "和姦 *he jian*" (fornication by consent), on the other hand if it is forced one, it is defined as "強姦 *qiang jian* (assault)".

I completely agree that the article 410 of the Miscellaneous Statute is the stipulation on the fornication of unmarried male and female. Nevertheless here I dare to ask following questions:

ⅰ Is it correct that the word 姦 *jian* means illicit sexual intercourse between unmarried couple?

ⅱ Has such a stipulation in The Tang Code existed since the laws in the Qin and Han?

ⅲ Is it true that if unmarried person have sexual intercourse, it constitutes a crime to be punished in the pre-modern China

In this presentation, I would like to examine these three points. As the initial step, I am entering the room of analyzing the meaning of the word 姦 *jian*.

The Tang Code prescribes 姦 *jian* as a crime in many articles. "内乱 *nei luan* (inner disorder)", one of the ten abominations, is the crime of sexual intercourse with relatives who are of the forth degree of mourning or closer and the sexual intercourse with one's father's or paternal grandfather's concubines, including those who give their consent. ①

Indeed the word 姦 *jian* appears in reference to the sexual act between male and female, but in some articles this word is used as the illicit or evil deed, like robbery, villainy and falsity.

In the military bases of the frontier, if it occurs that foreign villains successfully enter China or Chinese villains go abroad and the lookout is not aware of it, he is punished by one and one-half years of penal servitude. ②

---

① 十曰内亂（謂姦小功以上親・父祖妾及與和者）。 名例律 十惡

② 諸緣邊城戍、有外姦内入（謂非衆成師旅者）、内姦外出、而候望者不覺、徒一年半、主司、徒一年（謂内外姦人出入之路、關於候望者）。其有姦人入出、力所不敵者、傳告比近城戍。若不速告及告而稽留、不即共捕、致失姦寇者、罪亦如之。 衛禁 89

This is the article of the Imperial guard and prohibitions（衛禁律）in The Tang Code. It is obvious that the word 姦 *jian* in this regulation never means the illicit sexual intercourse.

Next we should examine the Han code and other historical sources in the Jin-Han periods.

Ⅱ The fornication prescribed in Qin-Han Statute

We can find the articles on the crime of 姦 *jian* fornication in the statute of Qin and Han periods.

奴與庶人奸、有子、子爲庶人。189　Miscellaneous Statute（襍律　張家山出土漢律）

If a slave fornicates with a commoner to have a child, the child should belong to a commoner.

奴取（娶）主、主之母及主妻、子以爲妻、若與奸、棄市。190MS

If a slave takes his master or his master' s mother or wife or child to his wife, or if he fornicates with them, he is punished by execution at the market place. ……

同産相與奸、若娶以爲妻、及所取（娶）皆棄市。其強與奸、除所強。191MS

If a brother commits incest with his sister or takes her to his wife, they are punished by the execution at the market place. If it is the case of assault, she is not punished.

諸與人妻和奸、及其所與皆完爲城旦舂。其吏也、以強奸論之。192MS

If a man fornicates with a married woman by consent, both he and she are punished by forced labor without mutilation. If an officer commits it, he is sentenced for assault.

強與人奸者、府（腐）以爲宮隸臣。193MS

If a person commits fornication by force, he is punished by castration to be a palace servant.

同母異父相與奸、可（何）論。棄市。秦律法律答問　172

If children of the same mother but of different fathers fornicate with each other, how are they sentenced? It is execution at the market place.

However, we must bear it in our mind that in the other articles of The Han Statute there are the words "奸 jian（姦）" which meaning is evil or evildoer as The Tang Code.

嗇夫不以官爲事、以奸爲事、論可殹……答 61

How an overseer to be is sentenced who does not apply himself to the business of his office, but to evil things?

Ⅲ The meaning of the word 姦

Regarding the two words "奸 *jian*" and "姦 *jian*", *Explaining Writing and Analysing Charecters* Vol. 12 説文解字 gives separate interpretation.

奸：犯婬也。[段注、此字謂犯姦婬之罪、非即姦字也。今人用奸爲姦、失之。]

The word 奸 means to commit 婬 *yin* (license).

[Duan comment (段玉裁注), this word means the crime of 姦婬 (licentious evil), and is not same as the word of 姦 *jian*. Though contemporary persons think 奸 is 姦, it is not correct.]

姦：厶也。[段注、厶下曰姦衺也。(厶 9 篇上、厶、姦衺也。)]

The word 姦 *jian* means 厶 *si* (evil).

[Duan comment, In the explanation on 厶 *si*, it is said this word means evil].

婬：厶逸也。[段注、厶音私。姦衺也、逸者、失也。失者縱逸也、婬之字、今多以淫代之、淫行而婬廢矣。]

婬 *yin*: 厶 *si* means 逸 *yi* (excessive).

[Duan comment, the pronunciation of 厶 *si* is same as 私 *si*, its meaning is evil.

逸 *yi* means 失 *yi*、which meaning is to be excessive.]

Though 姦 *jian* and 奸 *jian* came to be used in the same meaning, the word 奸 means to commit? *yi* (excessive evil) and the other 姦 *jian* is the noun which means evil. This is the comment of 段玉裁 *Duan Yucai*. Actually these two words are used in the same category in other historical record in the Han period. *Exempli gratia*, the book of interpretation on the words named *Shi Ming* 釋名/言語 explains that the word 姦 *jian* is same as the word 奸 *jian*. Its meaning is to break the canonical regulation, i. e. elicit act, evil, excessive misdeed, etc.

Here I ask once again. What kind of act between male and female constitutes the evil and illegality? And is it true that if unmarried person had sexual intercourse, it constituted a crime to be punished in Han and Tang? Was the sexual intercourse admitted only under the condition of married couple?

Ⅳ Sexual intercourse in the Han bamboo slips

Now I can quote very interesting and fruitful archeological documents in order to examine the conception of 姦 *jian* in Qin-Han period. It is the Han bamboo slips excavated from the Han tomb at 江陵張家山 *Jiang Ling Zhang Jia Shan* in 1983. About 200 slips named as 奏讞書 *Zou Yan Shu*, are the records of the judicial controversy, in which there is an affair of a sexual intercourse. I am presenting the outline of it.

A widow 甲 *jia* had sexual intercourse at an inner chamber behind the coffin of her late husband. It was during mourning when the funeral ceremony had not completed yet. The controversy was on the crime and punishment applied to her.

The first opinion: The widow did not only conduct funeral proceedings without grief but also unbelievably had sexual intercourse with other man beside her husband' s coffin. If this were the funeral case of her husband' s parent, her act should have corresponded to the crime of lack of filial devotion. Actually, it was under the situation of her husband' s funeral proceedings. So the crime of impertinent and irreverent behavior in the funeral ceremony should put on her and the punishment sentenced to her should be forced labor without mutilation reduced one degree.

The rebuttal opinion: If a married woman has sexual intercourse with other man, her deed should correspond to disloyalty to her husband. Such guilt, however, is not applied to the situation in which her husband was already dead. Additionally, there is no record of pretrial investigation for this judicial affair. Therefore she should be judged "not guilty"。①

Here what I would like to indicate as the most important matter is that

---

① 故律曰、死夫以男爲後、毋男以父母、毋父母以妻、毋妻以子女爲後律曰「諸有縣官事而父母若妻死者、歸寧卅日、大父母同産十五日、敖悍、完爲城旦舂、鐵袂其足、輸巴縣鹽、教人不孝、次不孝之律、不孝者棄市、棄市之次、黥爲城旦舂、當黥公士、公士妻以上完之、奸者耐爲隸臣妾、捕奸者、必案之校上」

今杜瀘女子甲夫公士丁疾死、喪棺在堂上、未葬、與丁母素夜喪環棺而哭、甲與男子丙偕之棺後内中和奸、明旦素告甲吏、吏捕得甲、疑甲罪. 廷尉轂正始監弘廷史武等卅人、議當之、皆曰. 律「死置後之次、妻次父母、妻死歸寧與父母同法」、以律置後之次人事計之、夫異尊于妻、妻事夫、及服其喪資、當次父母、如律妻之爲後、次夫父母、夫父母死、未葬奸喪旁者當不孝、不孝棄市、不孝之次、當黥爲城旦舂、敖悍完之、當之妻尊夫當次父母、而甲夫死不悲哀、與男子和奸喪旁、致之不孝・敖悍之律二章、捕者雖弗案校上、甲當完爲舂、告杜論甲

concerning 甲 *Jia*' s act, the sexual intercourse itself never involves illicitness, but it comes to constitute a crime under certain conditions. The conditions are mourning period, or act ignoring filial devotion, or disloyalty to her husband, or impertinent and irreverent behavior in the funeral ceremony and so on. If these conditions are not met, the sexual intercourse between male and female could not be guilty. In this framework, does "unmarried" meet the condition which constitutes the crime of fornication?

The context of the 奏讞書 *Zou Yan Shu*, I quoted above, is far from proving it. In addition to the excavated sources, it is impossible to find the verifiable examples in any historical data in the Han period.

The word 姦 *jian* in the historical sources including 史記 *Shi Ji* and 漢書 *Han Shu* mainly means an evil act/person which is unrelated from the crime of sexual matter between male and female. Even limited in the meaning of fornication, the crimes of 姦 are following acts.

(1) 永光二年，坐強姦人妻，會赦，免。　王子侯表

(2) 建元六年，侯生嗣，八年，元朔二年，坐與人妻姦，免。　高惠高后文功臣表

元鼎元年，坐母公主卒未除服姦。《高惠高后文功臣表》

(3) 元鼎元年，坐母公主卒未除服姦。《高惠高后文功臣表》

(4) 建始四年，坐尚陽邑公主與婢姦主旁，數醉罵主，免。　景武昭宣元成功臣表

(5) 五鳳中，青州刺史奏終古使所愛奴與八子及諸御婢姦。　高五王傳

• 今廷史申繇使而後來、非廷尉當、議曰、當非、是律曰「不孝棄市、有生父而弗食三日、吏且何以論子、廷尉縠等曰「當棄市」。

有曰「有死父、不祠其家三日、子當何論」。

廷尉縠等曰「不當論」。

「有子不聽生父教、誰與不聽死父教、罪重」。

縠等曰「不聽死父教、毋罪」。

有曰「夫生而自嫁、罪誰與夫死而自嫁罪重」。

廷尉縠等曰「夫生而自嫁及取者、皆黥爲城旦舂。夫死而妻自嫁、取者毋罪。」

有曰「欺生夫、誰與欺死夫罪重。」

縠等曰「欺死夫毋論」。

有曰「夫爲吏居官、妻居家日、與它男子奸、吏捕之弗得□之何論。」

縠等曰「不當論」。

曰「廷尉史議皆以欺死父罪、輕於侵欺生父、侵生夫罪、［輕］于侵欺死夫、□□□□□□□與男子奸棺喪旁、捕者弗案校上、獨完爲舂、不亦重乎。縠等曰誠失之。」

奏讞書　180 - 196

(6) 地節元年，王年嗣，四年，坐與同產妹姦，廢遷房陵，與邑百家。諸侯王表

The details of these deeds are:

A: Sexual intercourse with a married woman either by consent or by violence (assault)

B: Fornication in the mourning period of their parents

C: Sexual intercourse between close relatives (incent)

D: Sexual intercourse between commoner and slave, or master and slave

We cannot seek the evidences that unmarried couple' s intercourse constituted crime to be punished in any historical data in the Qin-Han period.

It is possible to think that the period when 奏讞書 *Zou Yan Shu*, was completed must be in Han 高帝 *Gaodi* reign. This shows the Han statute had not the regulation that the sexual intercourse between unmarried couple was fornication to constitute any crime.

It is beyond certain "boundary" like above A-D that the sexual intercourse should come to be a crime. The original meaning of the word 婬 (淫) *yin* is "licentious", which means the licentiousness beyond self-control. In this context, the interpretation of 說文解字 can correspond to it.

V Confucian influence toward the Tang period

The social notion on the fornication between male and female changed in a half millennium from Han to Tang. Although mere sexual intercourse between unmarried male and female was not the crime in the Han statute, it changed in The Tang Code to be prescribed as the crime of fornication. It is the article 410 of the Miscellaneous Statute in Tang Code.

What caused the change? And when did the sexual intercourse between unmarried couple come to constitute the criminal act?

As it is well-known, the strict distinction between male and female is prescribed in the ritual of Confucianism. In the chapter named Inner Rule 内則 of the Note of Ritual 禮記, we can find out a lot of sentences expressing strict distinction,① which

① 『禮記』内則：禮始於謹夫婦。為宮室。辨外內。男子居外。女子居內。深宮固門。閽寺守之。男不入。女不出。男女不同椸枷。不敢縣於夫之楎椸。不敢藏於夫之篋笥。不敢共湢浴。夫不在。斂枕篋簟席。襡器而藏之。少事長。賤事貴。咸如之。

lead the Confucian morality and chastity expected to woman.

The influence of Confucianism could be verified in *The Commentary of Tang Code* 唐律疏議 on the Inner disorder 内亂 prescribed in the Statute of General principals 名例律, i. e *The Book of the Zuo Commentary* 左傳 *Zuo Zhuan* states: "The woman has her husband's house ; the man has his wife's chamber; and there must be no defilement on either side." If this is changed, then there is incest. …… the rules of morality are confused. Therefore this is called inner disorder.

The meaning of the idiom 内亂 *nei luan* is nothing but the confusion (亂) of familial/ inner regularity. (内則 *nei ze*)

It is certain that the Confucian morality appeared even in the crime of 奸 *Jian* in the Han Statute, such as in the case of ignoring mourning ceremony and filial devotion. However there is no evidence that breaking strict sexual distinction written in Inner rule of the Note of Ritual constitutes a crime to be punished.

Whether the regulation prescribed in the Miscellaneous Statute in Tang Code was actually applied as a penal code in the judicial decision or not, putting aside the effectiveness of Tang Code, now I am discussing the historical stage of the increasing impact of Confucian morality into the ancient and medieval Chinese codes.

To my examination on this, there were five stages toward the Tang period.

The first stage is the reign of 漢武帝 Han *Wudi*, 100BC. Then the Han Statute was decided to be written on bamboo slips three 尺 *chi* in length. It means both legal

---

夫婦之禮。唯及七十。同藏無間。故妾雖老。年未滿五十。必與五日之御。將御者。齊。漱。澣。慎衣服。櫛。縰。笄。總角。拂髦。衿纓。綦屨。雖婢妾。衣服飲食。必後長者。妻不在。妾御莫敢當夕。六年。教之數與方名。七年。男女不同席。不共食。八年。出入門戶。及即席飲食。必後長者。始教之讓。九年。教之數日。十年。出就外傅。居宿於外。學書記。衣不帛襦袴。禮帥初。朝夕學幼儀。

請肄簡諒。十有三年。學樂誦詩。舞勺。成童。舞象。學射御。二十而冠。始學禮。可以衣裘帛。舞大夏。惇行孝弟。博學不教。內而不出。三十而有室。始理男事。博學無方。孫友視志。四十始仕。方物出謀發慮。道合則服從。不可則去。五十命為大夫。服官政。七十致事。

○女子十年不出。姆教婉娩聽從。執麻枲。治絲繭。織紝組紃。學女事。以共衣服。觀於祭祀。納酒漿籩豆菹醢。禮相助奠。十有五年而笄。二十而嫁。有故。二十三年而嫁。聘則為妻。奔則為妾。

『書経』益稷「朋淫于家、用殄厥世」朋、羣也。丹朱習於無水陸地行舟、言無度。羣淫於家、妻妾亂用、是絕其世、不得嗣、(羣淫於家、言羣聚妻妾、恣意淫之、無男女之別、故言妻妾亂也、用是之惡、故絕其世位、不得嗣父也。)

statute and Confucian classics were put on the same level as imperial canon. This is the first step toward the Tang situation.

The secondly, it is in the Jin Dynasty 晋泰始律令 *Jin Tai Shi Statute and Ordinance* were enacted in 268 AD（晋泰始四年）. Regarding the establishment of *Jin* law, I have published one article to discuss the development from the Han Statute to the Jin law.

In this stage two kind of Chinese law are codified, i. e the criminal code（律 *lü*）and administrative code（令 *ling*）. In particular Jin Administrative Code（令）in 40 volumes, was strongly influenced by the Confucian Ritual Code（礼典）.

The third stage, the matter concerns the intercourse between male and female.

In the year 339, when the Northern *Wei* 北魏 still maintained the non-Chinese tribal state before they transformed themselves into an imperial state like China in the North, the stipulation that the sexual intercourse without the ritual should warrant the death penalty was enacted. ①

It is quite doubtful whether the word "禮 ritual" in this article "不以禮交皆死" corresponds to the ceremonial way of Confucianism. Considering it was the affair in early 4th century, I think it should be a strict ordinance on conjugality which prohibits the endogamy. However, I think the historical fact that they established the strict ordinance on the intercourse or marriage between male and female could relate the regulation on the fornication of the 北魏 *Bei Wei* penal code enacted in 5th century, even if the conception of prohibition was totally different in between.

And the fourth stage, when the *Bei Zhou* 北周 code and ordinance, which formed the foundation of the 隋 Sui law, were enacted, one of the Confucian canon, 周禮 *Ritual in Zhou* had a significant influence on the legislation. Though the direct effect of *Zhou Li* was appeared in the administrative ordinances, it could be possible that the rigorous observance of normative ethics led to the severe punitive statute. The Confucian morality and distinction between male and female described in Inner Rule of *Note of Ritual* 禮記 came to be embodied in the criminal code from *Bei Zhou* to Tang.

---

① 『魏書』刑罰志
昭成建國二年（339）、當死者、聽其家獻金馬以贖；犯大逆者、親族男女無少長皆斬；男女不以禮交皆死、民相殺者、聽與死家馬牛四十九頭、及送葬器物以平之、無繫訊連逮之坐；盜官物、一備五、私則備十、法令明白、百姓晏然。

And the last, while the criminal code came close to the ritual code, *Lü* 律 reduced the function as effectual legal stipulation. In the year 541, Dong *Wei* period, a new ordinance named *Ge* 格 was added to the history of codified law in medieval China. It was the 15 volumes of 麟趾格 *linzhi Ge*. It has been thought that the new ordinance named *Ge* 格 is a secondary law as an aid to the Criminal Code 律. I myself, however, the *Ge* 格 was the effectual and practical code which should be applied to real affairs instead of the Criminal Code.

The Tang Code was enacted in the year 624 and was revised in 651 and 653. As we discussed it, there are articles on sexual intercourse between male and female in the Miscellaneous Statute in The Tang Code. But it is impossible to seek the actual adjudication according to the article 410 in the Miscellaneous Statute in any historical sources.

It is because The Tang Code changed itself from norms of adjudication（裁判規範）to norms of conduct（行為規範）after the several stages from Han to Tang mentioned above.

附：奸罪的观念

——从汉律到唐律*

〔日〕冨谷　至著　赵　晶** 译

摘　要：《唐律》的条文规定，未婚男女之间的性交行为亦构成犯罪。若是双方合意，则名为“和奸”；反之，若一方被迫，则称之为“强奸”。本文拟检证以下三点：第一，“奸”是否确实意指未婚男女之间的非法性交？第二，秦汉法律中是否已经存在如唐律这般的规定？第三，在前近代中国，未婚之人若有性交行为，是否真的会因此构成犯罪而被处罚？

关键词：性交　奸罪　唐律　汉律

* 此文据本辑所载冨谷至（Itaru Tomiya）教授英文稿译出，仅供读者参考。

** 冨谷至，日本京都大学人文科学研究所教授；赵晶，中国政法大学法律古籍整理研究所副教授。

一 《唐律》对奸罪的规定

在这册纪念中国政法大学法律古籍整理研究所成立30周年的专刊中，我拟探讨介于儒家伦理观念与生效律典之间的奸罪概念。

我们从探讨唐律开始。在《唐律·杂律》中，有如下关于男女性交的条文：

> 第410条：诸奸者，徒一年半；有夫者，徒二年。部曲、杂户、官户奸良人者，各加一等。即奸官私婢者，杖九十（奴奸婢，亦同）。奸他人部曲妻，杂户、官户妇女者，杖一百。强者，各加一等。折伤者，各加斗折伤罪一等。
>
> 第411条：诸奸缌麻以上亲及缌麻以上亲之妻，若妻前夫之女及同母异父姊妹者，徒三年；强者，流二千里；折伤者，绞。妾，减一等。（余条奸妾，准此）①

根据第410条，男女和奸将被判处1年半的劳役刑。在此条中，何为“奸”？Wallance Johnson在英译本《唐律》中将它译为“违法的性交”。然而，何为违法行为？为何男女之间的性交是违法的、错误的？

唐律第410、411条涵盖以下内容：即便是未婚男女，其性交依然构成犯罪；而且如果是双方合意的性交，即名为“和奸”，反之则是被迫，名为“强奸”。

我完全同意《杂律》第410条是有关未婚男女之间奸淫的规定，但对此有如下疑问：

1. “奸”是否确实意指未婚男女之间的非法性交？

2. 秦汉法律中是否已经存在如唐律这般的规定？

3. 在前近代中国，未婚之人若有性交行为，是否真的会因此构成犯罪而被处罚？

---

① 有关这些条文的英译本，参见 *The Tang Code*, translated with an introduction by wallnce Johnson, Prinston University Press, New Jersey, 1979。除上述2条外，还有以下诸条：第412条“诸奸从祖祖母姑、从祖伯叔母姑、从父姊妹、从母及兄弟妻、兄弟子妻者，流二千里；强者，绞”；第413条“诸奸父祖妾、（谓曾经有父祖子者）伯叔母、姑、姊妹、子孙之妇、兄弟之女者，绞。即奸父祖所幸婢，减二等”；第414条“诸奴奸良人者，徒二年半；强者，流；折伤者，绞。其部曲及奴，奸主及主之期亲，若期亲之妻者绞。妇女减一等；强者，斩。即奸主之缌麻以上亲及缌麻以上亲之妻者，流；强者，绞”；第415条“诸和奸，本条无妇女罪名者，与男子同。强者，妇女不坐。其媒合奸通，减奸者罪一等（罪名不同者，从重减）”。

在本文中，我拟逐一考察这三点，而最先要做的，便是分析“奸”字的意涵。

唐律有数条律文将“奸”定为犯罪。作为十恶之一，内乱是指“奸小功以上亲、父祖妾及与和者”。

虽然“奸”字确实与男女之间的性行为相关，但在一些条文中，该字却被用于表示非法或罪恶的行径，如劫掠、恶行和诈伪。如《唐律·卫禁律》第89条载：

> 诸缘边城戍，有外奸内入，（谓非众成师旅者）内奸外出，而候望者不觉，徒一年半；主司，徒一年。（谓内外奸人出入之路，关于候望者）其有奸人入出，力所不敌者，传告比近城戍。若不速告及告而稽留，不即共捕，致失奸寇者，罪亦如之。

显然，在这一条文中，“奸”字与非法性交无关。

以下，我们将考察汉律及其他秦汉时代的史料。

二　秦汉律对奸罪的规定

我们可以在秦汉时代的法律中找到以下有关奸罪的条文，如《张家山出土汉律·襍律》载：

> 奴与庶人奸，有子，子为庶人。189
>
> 奴取（娶）主、主之母及主妻、子以为妻，若与奸，弃市……190
>
> 同产相与奸，若娶以为妻，及所取（娶）皆弃市。其强与奸，除所强。191
>
> 诸与人妻和奸，及其所与皆完为城旦舂。其吏也，以强奸论之。192
>
> 强与人奸者，府（腐）以为宫隶臣。193

《秦律法律答问》载：

> 同母异父相与奸，可（何）论？弃市。172

然而，我们必须牢记，其他汉律条文与唐律一样，也存在着表示恶行或恶人的“奸”字用例，如《法律答问》载：

> 啬夫不以官为事，以奸为事，论可殴……61

三 “姦”的字义

有关“奸”与“姦”两个字，《说文解字》卷一二分别解释为：

奸：犯婬也。（段注：此字谓犯姦婬之罪，非即姦字也。今人用奸为姦，失之。）

姦：厶也。〔段注：厶下曰，姦衺也。（厶九篇上：厶，姦衺也。）〕

婬：厶逸也。（段注：厶音私，姦衺也。逸者，失也。失者，纵逸也。婬之字，今多以淫代之，淫行而婬废矣。）

虽然“姦”与“奸”趋于同义，但“奸”字意为犯逸（放纵之过），而“姦”字作为名词，表示罪恶。这是段玉裁的注释。事实上，在汉代的其他文献中，这两个字也被释为同义，如《释名·言语》载：“姦，奸也，言奸正法也”，即意指违反正当性的规则，即违法、犯罪、罪行等。

于此，我将再度追问：男女之间发生何种行为方构成犯罪？未婚之人进行性交，是否构成犯罪并为汉、唐法律所惩处？合法的性交是否只能发生在已婚者之间？

四 汉简中的性交

我将引用非常有趣且丰富的考古资料，来考察秦汉时期有关“姦”的观念。这批约为200枚的汉简于1983年出土于江陵张家山汉墓，被命名为“奏谳书”，是有关司法争议的记录。其中有一件与性交相关的案例，以下则述其大要：

寡妇甲的丈夫死亡，停柩堂中，甲在灵柩之后与人性交。此事发生在葬仪未完的居丧期间。所争论者，乃是甲之罪、罚为何。

最初的意见是：该寡妇不但在丧仪进行中全无哀戚，竟然还与其他男子在丈夫灵柩旁进行性交。如果服丧对象是她的公婆，那么她的行为将被定为“不孝”。而事实上，该行为发生于其为丈夫服丧期间，所以她应适用丧中敖悍之条并被处以完城旦舂的刑罚。

反驳意见则认为：如果一个已婚妇女与其他男子性交，其行为应被定为欺谩丈夫。但若丈夫已死，则不构成欺谩。此外，此案并未做成审前调查取证的公文书，因此寡妇甲应被判为“无罪”。①

于此，我想指出其中最重要的一点：有关甲的行为，其性交本身并不违法，只是在特定条件之下才构成犯罪。这些条件包括居丧期间、不孝、欺谩丈夫或葬仪期间的敖悍行为等。如果并不满足这些条件，则男女之间的性交并不是罪。据此，“未婚”是否是构成奸罪的条件之一？

上开所引《奏谳书》的案例无法证实这一点。除了出土文献之外，我们也无法从其他汉代的史料中找到可据以为证的例子。

在《史记》、《汉书》等史料中，“奸”字主要表示罪行或罪人，而与男女之间的性犯罪无关。即便仅限于表示奸罪之意，有关“奸”的犯罪行为亦有如下数端：

（1）永光二年，坐强奸人妻，会赦，免。（《王子侯表》）

（2）建元六年，侯生嗣，八年，元朔二年，坐与人妻奸，免。（《高惠高

---

① 故律曰：死夫以男为后，毋男以父母，毋父母以妻，毋妻以子女为后。律曰：诸有县官事而父母若妻死者，归宁卅日，大父母同产十五日。敖悍，完为城旦舂，铁袂其足，输巴县盐。教人不孝，次不孝之律，不孝者弃市，弃市之次，黥为城旦舂，当黥公士、公士妻以上完之。奸者耐为吏臣妾，捕奸者，必案之校上。

今杜滹女子甲夫公士丁疾死，丧棺在堂言上，未葬，与丁母素夜丧环棺而哭，甲与男子丙偕之棺后内中和奸，明旦素告甲吏，吏捕得甲，疑甲罪。廷尉谷正始监弘廷史武等卅人，议当之，皆曰：律“死置后之次，妻次父母，妻死归宁与父母同法”，以律置后之次人事计之，夫异尊于妻，妻事夫，及服其丧资，当次父母，如律妻之为后，次夫父母，夫父母死，未葬奸丧旁者当不孝，不孝弃市，不孝之次，当黥为城旦舂，敖悍完之，当之妻尊夫当次父母，而甲夫死不悲哀，与男子和奸丧旁，致之不孝、敖悍之律二章，捕者虽弗案校上，甲当完为舂，告杜论甲。

• 今廷史申繇使而后来，非廷尉当，议曰：“当非，是律曰不孝弃市，有生父而弗食三日，吏且何以论子？”廷尉谷等曰：“当弃市”。

有曰：“有死父，不祠其家三日，子当何论？”

廷尉谷等曰：“不当论”。

“有子不听生父教，谁与不听死父教，罪重？”

谷等曰：“不听死父教，毋罪。”

有曰：“夫生而自嫁，罪谁与夫死而自嫁罪重？”

廷尉谷等曰：“夫生而自嫁及取者，皆黥为城旦舂。夫死而妻自嫁，取者毋罪。”

有曰：“欺生夫，谁与欺死夫罪重？”

谷等曰：“欺死夫毋论。”

有曰：“夫为吏居官，妻居家日，与它男子奸，吏捕之弗得□之何论？”

谷等曰：“不当论。”

曰：“廷尉史议皆以欺死父罪，轻于侵欺生父，侵生夫罪，［轻］于侵欺死夫，□□□□□□□与男子奸棺丧旁，捕者弗案校上，独完为舂，不亦重乎？”谷等曰：“诚失之。”（《奏谳书》180～196）

后文功臣表》)

(3)元鼎元年，坐母公主卒未除服奸……(《高惠高后文功臣表》)

(4)建始四年，坐尚阳邑公主与婢奸主旁，数醉骂主，免。(《景武昭宣元成功臣表》)

(5)五凤中，青州刺史奏终古使所爱奴与八子及诸御婢奸……(《高五王传》)

(6)地节元年，王年嗣，四年，坐与同产妹奸，废迁房陵，与邑百家。(《诸侯王表》)

这些行为的具体情节为：

A. 强奸已婚妇女或与之和奸；

B. 居父母丧时犯奸；

C. 近亲之间的性交；

D. 庶人与奴婢或主、奴之间的性交。

我们无法在秦汉时期的任何史料中找到未婚者之间性交构成犯罪并被惩罚的证据。

《奏谳书》可能成书于汉高帝时期。这说明，汉律并未将未婚者之间的性交定为奸罪。只有上述这些 A—D 的“越界”性交，才构成犯罪。“婬(淫)”字的原始含义是过度、放逸，换言之，是无法自制。在这种情况下，《说文解字》的解释是与之契合的。

五　汉唐之间的儒学影响

汉唐之际的五百年间，有关男女之间奸罪的社会观念发生了变化。未婚男女之间的性交虽然在汉律中不被作为犯罪，但在唐律中却被改定为奸罪。这便是《唐律·杂律》第 410 条。

因何导致了这种变化？未婚者之间的性交从何时起被定为犯罪？

众所周知，严格的男女之防规定于儒家礼制之中，《礼记·内则》之中便有许多与此相关的内容，[①] 体现了儒家对妇女的道德和贞操要求。

---

① 礼始于谨夫妇。为宫室，辨外内。男子居外，女子居内，深宫固门，阍寺守之，男不入，女不出。男女不同椸枷，不敢县于夫之楎椸，不敢藏于夫之箧笥，不敢共湢浴。夫不在，敛枕箧簟席，襡器而藏之。少事长，贱事贵，咸如之。

夫妇之礼，唯及七十，同藏无间，故妾虽老，年未满五十，必与五日之御。将御者，齐、漱、澣、慎衣服，栉、縰、笄、总角、拂髦、衿缨、綦屦。虽婢妾，衣服饮食，必后长者。妻不在，妾御莫敢当夕……

六年，教之数与方名。七年，男女不同席，不共食。八年，出入门户，及即席饮食，必后长者，始教之让。九年，教之数日。十年，出就外传，居宿于外，学书记。衣不帛襦裤。礼帅初，朝夕学幼仪，请肄简谅。十有三年，学乐诵诗，舞勺。成童，舞象，学射御。

儒学影响可为《唐律疏议·名例律》有关“内乱”的解释所证实，即“《左传》云：‘女有家，男有室，无相渎。易此则乱。’……紊乱礼经，故曰‘内乱’”。内乱之义无他，扰乱家庭或内部规则（内则）而已。

可以确定的是，儒家的道德业已体现在汉代有关奸罪的法律之中，如居丧为奸、不孝。然而，没有证据显示，违反《礼记·内则》所定男女之防便会被定为犯罪并受到惩罚。

不论《唐律·杂律》的规范是否如刑法典一般为司法判决所适用，即暂且撇开《唐律》的实效性问题，儒家道德对于中国古代、中世法典的影响可谓日益加深，我拟讨论这一历史变迁的阶段性问题。

在我看来，这一逐步发展至唐代的过程经历了五个阶段：

第一阶段为汉武帝时代（100BC）。那时规定，汉律应写于三尺长的竹简上。这意味着，汉律在帝国的典制序列中取得了与儒家经典相同的地位。这是走向唐代的第一步。

第二阶段为晋朝。泰始律令颁布于晋泰始四年（268）。有关晋法的形成，我已发表专文，探讨从汉律到晋律的发展。在这一阶段，有两种法典被编纂，即刑事法典（律）和行政法典（令），尤其是40卷的行政法典（令），受到儒家礼典的强烈影响。

第三阶段则事涉男女性交。公元339年，彼时的北魏仍然处于非中国的部落时代，尚未进入北中国的帝国时代。北魏颁布了一项法律规定，不符合礼的性交将受到死刑的处罚。① 令人怀疑的是，“不以礼交皆死”的“礼”是否对应儒家的礼仪之道。考虑到这发生在4世纪前期，我认为这是一条严禁同姓婚姻的法令。然而，他们所制定的有关男女性交或婚姻的法令可能与5世纪的北魏刑法典中有关奸罪的规定相关，虽然两种禁令背后的理念截然

二十而冠，始学礼，可以衣裘帛，舞大夏，惇行孝弟，博学不教，内而不出。三十而有室，始理男事，博学无方，孙友视志。四十始仕，方物出谋发虑，道合则服从，不可则去。五十命为大夫，服官政。七十致事……

女子十年不出，姆教婉娩听从，执麻枲，治丝茧，织纴组紃，学女事，以共衣服。观于祭祀，纳酒浆、笾豆、菹醢，礼相助奠。十有五年而笄。二十而嫁，有故，二十三年而嫁。聘则为妻，奔则为妾。

《书经·益稷》曰：“朋淫于家，用殄厥世”。疏曰：“朋，群也。丹朱习于无水陆地行舟，言无度。群淫于家，妻妾乱，用是绝其世，不得嗣”；“群淫于家，言群聚妻妾，恣意淫之，无男女之别，故言妻妾乱也。用是之恶，故绝其世位，不得嗣父也”（引自《尚书正义》）。

① 《魏书·刑罚志》载：“昭成建国二年（339），当死者，听其家献金马以赎；犯大逆者，亲族男女无少长皆斩；男女不以礼交皆死；民相杀者，听与死家马牛四十九头，及送葬器物以平之，无系讯连逮之坐；盗官物，一备五，私则备十。法令明白，百姓晏然。”

不同。

第四阶段是北周律令的制定。它体现了儒家经典《周礼》在立法层面的重要影响，奠定了隋朝法律的基础。虽然《周礼》仅直接作用于行政法令方面，但它在道德规范上的严格要求，可能催生严厉的惩罚性规范。《礼记·内则》所记载的儒家伦理与男女之分由此进入从北周到唐代的刑法典中。

最后一个阶段是，随着刑法典的经书化，律的实用性被降低。东魏兴和三年（541），一种名为“格”的新兴法典在中世中国诞生，这就是15卷的《麟趾格》。既往研究认为，“格”是辅助刑法典（律）的副法，但是我认为，作为具有实效性的法典，格在实际适用上取代了律。

唐律颁布于624年，修订于651年并于653年颁布《律疏》。如上所及，《唐律·杂律》中存在着有关男女性交的条款，但我们无法在任何史料中找到适用第410条的司法裁决。这是因为经历了上述汉唐之际的数个历史阶段，《唐律》业已由裁判规范转变成了行为规范。

《中国古代法律文献研究》第八辑
2014年，第148~177页

从唐代礼书的修订方式看礼的型制变迁*

吴丽娱**

摘　要：《开元礼》和《唐六典》是唐朝升平之际创作的两部大礼书，但唐后期这类制作却不再进行，两书（其中特别是《唐六典》）的行用也都曾遭到质疑。笔者从此出发，回顾唐初以来礼法同修的过程及变迁；从中讨论两者的动态和关系，说明从礼法并行到令式入礼，再到完全由格敕代礼的制作形式与唐前、后期及五代礼制参照方式的不同，以此证实礼书制作和礼的型制受制敕法规支配的现实性、实用性趋势及特征，从礼法的角度观察理解唐宋变革问题。

关键词：《唐六典》　《开元礼》　删定施行　格敕代礼

一　从对《唐六典》和《开元礼》的行用质疑说起

唐朝前期，礼书的修订由朝廷组织进行，其制作规模之宏伟盛大，莫过于玄宗时代的《开元礼》和《唐六典》。二书分别于开元二十年（732）九月与开元二十六年修成奏上。虽然后世对之制作褒贬不一，但作为唐玄宗营造“盛世”和统治升平的象征，及借以成为中古礼典等同（甚至取代）上古三《礼》的“不刊之典”的地位，却是毫无疑问的。

然则关于二书、其中特别是《唐六典》的行用，史书对此却有不同说法，而对这一问题，《文苑英华》所载元和初吕温《代郑相公请删定施行

* 本文为2012年度国家社会科学基金重大招标项目“中国礼制变迁及现代价值研究”（12&ZD134）的阶段性研究成果。

** 首都师范大学历史学院特聘教授。

〈六典〉〈开元礼〉状》也提供了更多证据和线索。其内称：

> （玄宗）爰敕宰臣，将明睿旨，集儒贤于别殿，考古训于秘文。以论材审官之法，作《大唐六典》三十卷；以导（《集》作“道”）德齐礼之力，作《开元新礼》一百五十卷。网罗遗逸，芟翦奇邪，亘百代以旁通，立一王之定制。草奏三复，只令宣示中外，星周六纪，未有明诏施行。遂使丧祭冠婚，家犹异礼；等威名分，官靡成规。不时裁正，贻弊方远。伏惟睿圣文武皇帝陛下，恢纂鸿业，升于大猷……每怀经始，则知贞观之艰；言念持盈，思复开元之盛。臣……伏见前件《开元礼》、《六典》等，圣（《集》作“先”）朝所制，郁而未用，奉扬遗美，允属钦明。然或损益之间，讨论未尽，或弛张之间，宜称不同；将贻永代之规，必俟（《集》作“候”）不刊之妙。臣请于常参官内，选学艺优深，理识通远（《集》作“敏”）者三五人，就集贤院各尽异同，量加删定。然后敢尘（《集》作“冀纾”）睿览，特降德音，明下有司，著为恒式。使公私共守，贵贱遵行，苟有愆违，必正刑宪（下略）。①

状中明言二书“草奏三复，只令宣示中外，星周六纪，未有明诏施行”，请求对之加以“删定施行”，且“明下有司，著为恒式”，似乎坐实了二书此前不曾行用的说法。所以日人内藤乾吉即以此为据，并结合唐宋史家的说法，对《唐六典》的行用展开辨析，② 由此开始了研究者关于《唐六典》行用和性质的争论。③ 以往笔者和刘安志先生对《开元礼》的行用也做过一些

---

① 吕温：《代郑相公请删定施行〈六典〉〈开元礼〉状》，《文苑英华》卷六四四，中华书局，1966，第3306页；并见《吕和叔文集》卷五，《四部丛刊》本，上海古籍出版社，1936。

② 内藤乾吉：《唐六典の行用について》，《东方学报》7，京都，1936，收入氏著《中国法制史考证》，有斐阁，1963，第103～134页。

③ 如严耕望《略论唐六典之性质与施行问题》，《历史语言研究所集刊》第24本，1953，第69～76页；陈寅恪：《隋唐制度渊源略论稿·职官》，中华书局，1963，第96～99页；韩长耕：《关于〈大唐六典〉的行用问题》，《中国史研究》1983年第1期，第84～92页；刘逖：《试说〈唐六典〉的施行问题》，《首都师范大学学报》1983年第2期，第38～42页；钱大群、李玉生：《〈唐六典〉性质论》，《中国社会科学》1989年第6期，收入钱大群《唐律与唐代法律体系研究》；钱大群：《〈唐六典〉不是行政法典——答宁志新先生》，《中国社会科学》1996年第6期；〔法〕戴何都：《〈唐六典〉正确地描述了唐朝制度吗?》，《中国史研究动态》1992年第10期；韩国磐：《中国古代法制史研究》，人民出版社，1993；宁志新：《〈唐六典〉仅仅是一般的官修典籍吗?》，《中国社会科学》1994年第2期；宁志新：《〈唐六典〉性质刍议》，《中国史研究》1996年第1期，第99～110页；吴宗国主编、撰写《盛唐政治制度研究·绪论》第2节“《唐六典》与唐前期政治制度”，上海辞书出版社，2003；汪超《〈唐六典〉研究》，安徽大学博士论文，1989。

讨论。刘安志先生以敦煌和吐鲁番所出《开元礼》残卷说明其向地方颁行的事实，并认为《开元礼》作为礼典的行用，应当与具体的仪注分开。[①] 笔者也提出，礼书的是否行用不能简单地认定。因为现实中的礼是不断修改的，而元和状中提到开元两部礼典的落实，也表明并不是简单地恢复与照搬，而是从损益、弛张之间“量加删定”，这正是考虑到已经变化了的因素，是唐后期对待《开元礼》的原则。[②] 此二者之作，虽然是粉饰太平，但实施与否关系到它与当代法令结合的程度。

当然与法令的结合，并不止于诏敕的要求和礼仪实践。与此状意图实现与否相关，其实还有一些操作方面的具体问题需要解答。即状的奏请上达后，是否得到批准？内所要求的选常参官三五人，至集贤院对礼典“量加删定”、“著为恒式”的修礼工作有否真正进行？如果进行，那么最后的成果是以何种形式呈现或者颁布？

因此礼的颁行，既关系到与当代法令的结合，与礼书的修订也是分不开的。本文言及礼典的行用与删修，并不是要旧事重提，再来论证礼典的性质及行用与否，而是希望从此出发，探讨礼书的制作方式与行用的关系。在这方面，此前楼劲曾研究魏晋“故事”，南朝科、仪和北朝《麟趾格》、《大统式》的法系发展，指出其中与制诏编纂的关系，其中故事和科、仪的内容也涉及礼。[③] 他并详细讨论宋代礼例的编撰、普及、性质及应用，对宋朝礼法的结合与礼制形态方面作了很好的研究。[④] 然中间唐五代的情况却未见论述。因此笔者希望通过追寻礼的型制变迁及其受令式、制敕支配，最终以格敕取代礼书修撰的趋势与旨趣，借以观察此问题在唐五代的特色与发展方向，从而对此期的礼书形态以及礼法结合问题作些补充。

二　唐前期礼典与律令格式同修的编撰方式及其行用程度的变化

对于唐代前期官修的三部礼书，史料多有记载。其修撰的一个共同特点

① 刘安志：《关于〈大唐开元礼〉的性质和行用问题》，《中国史研究》2005 年第 3 期，第 95～117 页。

② 参见吴丽娱《礼用之辨：〈大唐开元礼〉的行用释疑》，《文史》2005 年第 2 辑，第 97～130 页。

③ 楼劲：《〈格〉、〈式〉之源与魏晋以来敕例的编纂》，《文史》2012 年第 2 期，第 151～178 页。

④ 楼劲：《宋初三朝的礼例与礼制形态的变迁》，《中国社会科学院历史研究所学刊》第 5 集，商务印书馆，2008，第 157～189 页。

即制作或颁下的同时也多见有律令格式的发表，但两者修撰时的结合及相互依赖程度不同，而礼书的权威性也愈来愈受到令式、格敕的挑战。令式格敕对礼的渗入成为礼书制作的一个趋势。

（一）《贞观礼》的礼法制作及其行用权威

关于唐前期三部礼书的修成，史书略有记载。而其共同的特点之一，就是在礼的修撰或者颁定同时，也有律令的同修和颁行。例如《旧唐书》卷三《太宗纪》下便记载道："〔贞观十一年（637）春正月〕庚子，颁新律令于天下……甲寅，房玄龄等进所修五礼，诏所司行用之。"此处房玄龄等所进"五礼"，即《旧唐书》卷四六《经籍志》所载之《大唐新礼》一百卷也即《贞观礼》，记载证明，太宗朝的律令与五礼都是在贞观十一年正月修成，两者相差不过十余日而已。①

虽然礼法开始修撰的时间史料记载不甚详细，但据《唐会要》所载，《贞观礼》是"太宗皇帝践祚之初，悉兴文教，乃诏中书令房玄龄、秘书监魏征等礼官学士，修改旧礼"而成。据《旧唐书·太宗纪》上载唐太宗贞观三年二月戊寅，诏令房玄龄自中书令改尚书左仆射、魏徵自右丞改秘书监，参与朝政，② 所以下诏修礼当不晚于贞观二、三年间。而据同书《刑法志》载律令修撰虽在高祖已开始且武德七年已颁，但"及太宗即位，又命长孙无忌、房玄龄与学士法官，更加厘改"，③ 可证太宗朝律令的修撰在武德基础上，也是贞观初即进行了。

礼法的同时修订在唐虽然始于贞观，但其做法前朝已有之。如北齐文宣帝受禅，即以邢邵、魏收等定礼，与此同时，勘定北魏《麟趾格》及"议造齐律"也已开始。④ 至于隋朝，虽然因开皇元年（581）已诏高颎、李德林等

---

① 按《通典》、《唐会要》、《册府元龟》载房玄龄进礼时间，均系于贞观七年，但高明士已证应据《旧唐书》及《资治通鉴》，在贞观十一年正月甲寅，颁行则在三月丙午，见氏著《论武德到贞观礼的成立——唐朝立国政策的研究之一》，台北中国唐代学会编《第三届国际唐代学术会议论文集》，1993，第1163页。

② 据《旧唐书》卷二《太宗纪》（中华书局，1975，第36页）、《新唐书》卷二《太宗纪》、卷六一《宰相表》上（中华书局，1975，第30、1630～1631页），房玄龄武德九年（626）七月任中书令，贞观三年（629）二月戊寅为尚书左仆射；魏征贞观三年二月戊寅为秘书监，贞观六年五月任检校侍中，则两人职有先后。但《旧唐书》卷六六《房玄龄传》称其四年改左仆射，卷七一《魏征传》称其贞观二年为秘书监，如此中书令、秘书监职当同时，存疑，但结合两者当在贞观二年或三年初。

③ 《旧唐书》卷五〇《刑法志》，第2134～2135页。

④ 《隋书》卷二五《刑法志》，中华书局，1973，第704页。

修律令而颁布稍早，[①] 但陆续仍有修订。据《隋书·刑法志》，开皇三年，“又敕苏威牛弘等，更定新律”。而据《隋书·牛弘传》：“（开皇）三年，拜礼部尚书，奉敕修撰五礼，勒成百卷，行于当世。”同书《高祖纪》称“（开皇）五年春正月戊辰，诏行新礼”，[②] 在律令修撰同时或稍后，隋礼也已撰成颁行。至仁寿二年（602），文帝复下诏使苏威、牛弘、李德林等人继续修礼，[③] 可见礼法甚至是由一些重臣兼修并治的。且两者同撰并非出自一时，而是早有传统，从这个意义上说，大约已经是制度创建的一种必行之规。

当然需要进一步发掘的是礼法同撰方式之下的追求及特色。唐朝在修撰律令之际，也有格、式的修撰。《唐会要》卷三九《定格令》和《旧唐书》卷五〇《刑法志》所记武德元年刘文静等“因隋开皇律令而损益之”的“五十三条格”。旧志复称：“于时诸事始定，边方尚梗，救时之弊，有所未暇，惟正五十三条格，入于新律，余无所改。”刘俊文于此指出，“在武德律、令制定以前，此格一直作为暂行法规，制定五十三条格文被全部‘正’为律文，吸收于律中”，因此他认为“此格在某种程度上可视为《武德律》之基础”。[④] 也就是说唐初格是作为当朝法规而入律的。

格作为法令之一种以往已有很多研究，[⑤] 贞观以后格的独立性更强。《唐会要》说“贞观十一年正月十四日，颁新格于天下”。[⑥] 而这个格是在律令之外，“删武德贞观已来敕格……以为格十八卷，留本司施行”。[⑦]《旧志》

① 《隋书》卷四二《李德林传》，中华书局，1973，第1200页；《隋书》卷二五《刑法志》，第710页，下引文见711～712页。

② 《隋书》卷四九《牛弘传》，卷一《高祖纪上》，第1300、22页；《资治通鉴》卷一七六亦同，中华书局，1956，第5480页。

③ 《隋书》卷二《高祖纪下》仁寿二年闰十月己丑诏，第48页。

④ 刘俊文：《论唐格——敦煌写本唐格残卷研究》，中国敦煌吐鲁番学会编《敦煌吐鲁番学研究论文集》，汉语大词典出版社，1990，第524～560页，说见第528、529页。

⑤ 前揭刘俊文文章外，又如菊池英夫《唐代史料における令文と诏敕文との关系について——〈唐令复原研究序说〉の一章》，《北海道大学文学部纪要》32，1973；坂上康俊：《〈令集解〉に引用された唐の格·格后敕について》，《史渊》128卷，1991；《关于唐格的若干问题》，戴建国主编《唐宋法律史论集》，上海辞书出版社，2007，第60～70页；牛来颖：《诏敕入令与唐令复原》，《文史哲》2008年第4期，第105～112页；戴建国：《唐格条文体例考》，《文史》2009年第2期；戴建国：《唐格后敕修纂体例考》，《江西社会科学》2010年第9期，并见氏著《唐宋变革时期的法律与社会》第2章，上海古籍出版社，2011，第135～166页；牛来颖：《〈天圣令〉中的别敕》，徐世虹主编《中国古代法律文献研究》第4辑，法律出版社，2010，第164～180页；桂齐逊：《唐格再析》，徐世虹主编《中国古代法律文献研究》第4辑，第244～286页。

⑥ 《唐会要》卷三九《定格令》，第819页。

⑦ 《旧唐书》卷五〇《刑法志》，第2138页。

说贞观修格是“斟酌今古，除烦去苛，甚为宽简，便于人者”，“盖编录当时制敕，永为法则，以为故事”；这一点其实是继承了隋以来的观念。虽然有学者提出，隋代尚未形成唐代那种《律》、《令》、《格》、《式》并行的法律体系，当时立法和司法的核心仍是《律》、《令》。其格、式所称，并无定准，有时可以指代律令，有时不过是一些“随时随事推出的敕例或条制”。[①] 但所见对于立法的争议，仍不时采用格的称呼。《隋书·李德林传》记载了隋初对于“格令”的态度：

> 开皇元年，敕令与太尉任国公于翼、高颎等同修律令……格令班后，苏威每欲改易事条。德林以为格式已颁，义须画一，纵令小有踳驳，非遇蠹政害民者，不可数有改张。[②]

此条“格令”或即指律令。但据《北史·苏威传》，言其“所修格令章程并行于当世，然颇伤苛碎，论者以为非简久之法”。[③] 此处“颇伤苛碎”的“格令章程”，也许即指临时编成的格敕条制。格由制敕编排组成，其修撰在后世无疑是最频繁的，但李德林反对将法令随时修改的说法却体现了维护法律稳定性的意图，这一精神也贯彻于早期的格。《旧志》言贞观修格“永为法则”，是格（此明确指格）一旦修成颁下，即不得轻易改动，这一点作为开皇、贞观的原则，则从法影响到礼。从两《唐书》记载来看，《贞观礼》的制定是和贞观初的礼仪活动一道进行，如《旧唐书·太宗纪》的记载就表明贞观元年到贞观十一年成书以前，包括立皇太子和太子加元服、圆丘郊祭和谒庙、亲耕籍田和皇后亲蚕，献俘告庙和大搜、大射，为高祖和长孙皇后行葬礼以及多次大赦在内的重要礼仪活动都有实践。其内容原则也根据不同的需要进入律、令、格、式，由于同时制定而贞观一朝很少变化，所以礼法的稳定性和一致性，显然是《贞观礼》时代所具备的特色之一。

或者正是由于此，也使得《贞观礼》的行用有所保证。史载房玄龄等与礼官“因周隋之阙”而新增的《贞观礼》二十九条中就包括“天子上陵”、“皇太子入学”、“天子大赦”、“农隙讲武”、“四孟月读时令”，封禅礼仪的确定也在其中，而圆丘和南郊的分祭则是《贞观礼》的重要原则

---

① 楼劲：《隋无〈格〉、〈式〉考——关于隋代立法和法律体系的若干问题》，《历史研究》2013 年第 3 期，第 42 ~ 54 页。

② 《隋书》卷四二《李德林传》，第 1200 页。

③ 《北史》卷六三《苏威传》，第 2248 页。

之一。[①] 礼修成后，朝廷仍相继有针对性地进行了不少礼仪活动。如贞观十三年正月乙巳谒献陵，十四年正月庚子读时令，二月丁丑幸国子学亲释奠，十一月甲子有事于圆丘，十二月丁酉平高昌献捷行饮至之礼，十五年冬十月辛卯大阅于伊阙，十六年又分别有三月三日赐百僚大射于观德殿和九月九日赐文武五品以上射于玄武门。[②] 另外贞观十五年四月辛卯诏以来岁二月有事泰山，只是因其年六月己酉"有星孛于太微"而停封。[③] 所举办及计划中的礼仪活动，无疑都是对上述一些礼条的实践，因此可以看出太宗在礼仪制定后已试图将之步步付诸实施。而据《旧唐书·礼仪志》除二十九条外"余并准依古礼，旁求异代，择其善而从之"的说法，是其原则与古礼、特别是作为直接来源的隋礼和北齐礼相去不远，故《贞观礼》在贞观一朝的行用从未遭到质疑和批评，其权威也从未遭到挑战。礼所具有的实用性和权威性乃《贞观礼》时代所具备的特色之二。

其实《贞观礼》的实用性和权威性也是有原因的。礼典与律、令、格、式虽一时制定，却是各自独立的，未见有将当朝令式与格混杂入礼的情况。但它们的同时制定，却可以尽量避免在相关内容和原则问题上发生冲突，所以礼与法令产生歧义和矛盾的机会不多。当然在行用过程中，礼法不一致的现象也不能完全避免，如《旧唐书·礼仪志》即记载了贞观中禘祫功臣配享问题在礼、令规定的不同：

> 《贞观礼》，祫享，功臣配享于庙庭，禘享则不配。当时令文，祫禘之日，功臣并得配享。贞观十六年，将行禘祭，有司请集礼官学士等议，太常卿韦挺等一十八人议曰："古之王者富有四海……至于臣有大功享禄，其后孝子率礼，洁粢丰盛，禴、祠、烝、尝，四时不辍。国家大祫，又得配焉。所以昭明其勲，尊显其德，以劝嗣臣也。其禘及时享功臣皆不应预，故《周礼》六功之官，皆配大烝而已。先儒皆取大烝为祫祭。高堂隆、庾蔚之等多遵郑学，未有将为时享。梁初误禘功臣，左丞何佟之驳议，武帝允而依行。降洎周齐，俱遵此礼。窃以五年再殷，合诸天道，一大一小，通人雅论，小则人臣不预，大则兼及功臣。今礼禘无功臣，诚谓礼不可易。"乃诏改令从礼。[④]

① 以上参见《旧唐书》卷二一《礼仪志一》，第 817 页；《唐会要》卷三七《五礼篇目》，第 781 页。

② 《唐会要》卷二六《大射》，第 582 页。

③ 参见《旧唐书》卷三《太宗纪下》，第 49 ~ 53 页；《新唐书》卷二《太宗纪》，第 38 ~ 40 页。

④ 《旧唐书》卷二六《礼仪志六》，第 996 页。

通观礼官学士上言“改令从礼”，是以“《周礼》六功之官，皆配大烝而已。先儒皆取大烝为祫祭”为依据的。也就是说，在当朝法令与传统礼则冲突之间是选择后者。这个例子很典型，说明礼和当朝律法之间如发生矛盾，礼的权威更得到维护。

当然维护礼的权威并不表示制度在实行的过程中毫无变化。如贞观十四年因太宗提议，改革多项服制，内中嫂叔服与舅服尤完全否定古礼。其上奏后制批曰“可”，可以知道制敕改礼正是自贞观始。玄宗时崔沔即为此有“贞观修礼，时改旧章，渐广渭阳之恩，不遵洙泗之典”的批评。[①] “渭阳”指舅，说明舅服的等级提高（缌麻改小功）颠覆了古礼。一些非传统的祭祀也自贞观始兴，如贞观十一年修老君庙于亳州，[②] 是唐朝国家行道教和老子祭祀之滥觞，而武庙姜太公的祭祀也是“贞观中以其兵家者流，始令磻溪立庙”。[③] 不过，如前所述贞观时代更尊重传统，类似的改礼不多，所以与其将它们视作对古礼的批判，不如说是对当朝礼法的补充，而真正对礼法的重大改变多是要到《显庆礼》制作之后。

（二）《显庆礼》的“其文杂以式令”与格敕入礼

编纂礼书的活动，在高宗初再度开始，《唐会要》卷三七《五礼篇目》记载称永徽二年（651），以《贞观礼》未备，又诏太尉长孙无忌、中书令杜正伦及李义府、许敬宗等“重加缉定，勒成一百三十卷，二百二十九篇，至显庆三年（658）正月五日奏上之。高宗自为之序，诏中外颁行焉”。

此即《新唐书·艺文志》所载之《永徽五礼》，也即《显庆礼》。而与之撰作同时，也有律令格式的修订。《唐会要》卷三九《定格令》记永徽二年闰九月十四日，“上新删定律令格式”；永徽三年五月诏令中书门下监定律疏，于四年十（按当作“十一”）月上之，“诏颁于天下”。说明律令格式、律疏与礼的修撰等大体同时，而律令和疏也早于永徽中撰成。其修撰新礼的理由，《旧唐书·礼仪志》说是《贞观礼》“节文未尽”，由此可见其制作目的原本只是为《贞观礼》作补充，所以《显庆礼》制作之初，针对《贞观礼》的修正不多。《旧唐书·礼仪志》并载显庆二年七月许敬宗关于郊天奏议，提到“据《祠令》及新礼，并用郑玄六天之议”，说明在重大问题上贞观和永徽礼法内容的一致。

礼法的同时修撰，说明如别无意外，则礼书的撰作也应在不久结束。

① 《唐会要》卷三七《服纪上》，第785~787、795页。

② 《旧唐书》卷三《太宗纪下》，第48页。

③ 《唐会要》卷二三《武成王庙》，贞元四年尚书右司郎中严涚议，第510页。

但此书修成竟拖至显庆三年，且自永徽末以降，修订宗旨便明显与前不同，针对《贞观礼》的原则性变化愈来愈多。事实证明这一变化与武则天立后及李义府、许敬宗代替长孙无忌主持修撰有直接关系。而其变化主要表现在两方面，其一即五礼的内容。如郊祀为突出皇权的唯一性，许敬宗奏请用王肃的一天说取代郑玄六天之议，此即在祈谷、雩祀、明堂诸礼中取消了《贞观礼》祀感生帝或五方帝，而与冬至圆丘同样专祀昊天上帝。还有分别合并南郊和圆丘、北郊和方丘，由此取消神州祭祀。此外又有重新排比宗庙笾豆之数，增加先代帝王祭祀，改革释奠礼，为皇后建礼，以及取消皇帝凶礼“国恤”等等，标新立异的修改变动内容众多，不一而足。①

其二则是礼典的建构方式。《旧唐书·礼仪志》一说《显庆礼》“增损旧礼，并与令式参会改定”，《新唐书·礼乐志》一则明言“其文杂以式令”。例如许敬宗显庆二年议废六天之祀，及行郊丘合一、天地合祀之礼都是请求“仍并条附式令，永垂后则”；又如他提议改革笾豆之数，“诏并可之，遂附于礼令”，所谓“其文杂以式令”即指此也。这里虽然仍然有着礼法同定同修的意味，但不一样的是，许敬宗等修礼，打破了礼、法彼此独立的特性，令、式入礼开始成为《显庆礼》最鲜明的特征。

而《显庆礼》的如此做法，首先便是破坏了贞观礼、法原来的一致性、稳定性。因为许敬宗在修改礼法的同时多批判旧礼法的原则性错误，如他指出圆丘、南郊、明堂祭祀“据《祠令》及新礼，并用郑玄六天之议”，就是直接批判贞观礼令（包括继承贞观的永徽礼令），又如他关于郊丘分祭“且检吏部式惟有南郊陪位，更不别载圆丘，式文既遵王肃，祠令仍行郑义。令式相乖，理宜改革”也是利用了式文中对圆丘有所忽略的漏洞，且因郑王学说的铨择标榜新旧礼之差异。而其寻找礼令式之间的不同和改革的结果，是导致了新旧礼之间，礼与法令之间的原则性矛盾，于是礼法的稳定性、一致性就不存在了。

其次礼的实用性和权威性也无形中被降低了。史睿比较《显庆礼》与法制关系提出，礼典与律疏、编纂官员的层次和修撰程序基本是一致的，而礼典与法典也均具备一定的法律效力。他还认为就行政层面而言，《显庆礼》着重与当时的律令格式保持一致性，初步解决了唐初礼典与法典互不统一的问题，推动了唐代礼仪制度的法典化，进一步完善了律令体制，因此礼典在

① 参见吴丽娱《〈显庆礼〉与武则天》，《唐史论丛》第10辑，三秦出版社，2008，第1~14页。

一定意义上具有行政法典的性质。①

但礼典的法典化或许并不意味着它本身实用地位和法律效力的提升。这是因为《显庆礼》虽如史睿所说，制定过程中注意了礼法的协调和统一，且以令式、制敕入礼，也是为了强调和提高新礼现行中的权威性；但其本身既在重大原则方面已有突破，就不能不使前后礼典之间，乃至礼典与令式之间矛盾增加。加之礼为令式、制敕而破，其本身的价值及崇高性也遭到质疑。其如《旧唐书·礼仪志》一所说："时许敬宗李义府用事，其所损益，多涉希旨，行用已后，学者纷议，以为不及贞观。上元三年（676）三月，下诏令依贞观年礼为定。仪凤二年（677），又诏显庆新修礼多有事不师古，其五礼并依周礼行事。自是礼司益无凭准。每有大事，皆参会古今礼文，临时撰定。然贞观、显庆二礼，皆行用不废。"也就是说，《显庆礼》的"事不师古"和过分迎合皇帝的意旨和需要，使之不但不能完全取代《贞观礼》的地位，且遭到批驳和质疑最多，以致有司取用之际，便不能仅凭借新礼。所以高宗一朝，其实是在《贞观礼》、《显庆礼》以及古周礼原则之间犹疑和徘徊。礼典权威下降，其稳定性也遭到破坏，于是制敕遂成为临时定夺的依据，或曰取得平衡的砝码，礼典的法律性质倒变得可有可无了。

以上只是礼书的制作内容和方式所导致的礼典价值和实用效果的变化。但与本文关系更密切的则是礼制形态本身。"杂以式令"说明是以令式为主与礼书发生关系。令式入礼是《显庆礼》礼法结合的主线，即许敬宗改礼也多以礼典和令、式为言，而很少论及制敕，说明其时令式是法令的核心与依据。而将礼入法，也主要是表现在令式。上述"附于礼令"、"条附式令"等说法也证明了这一点，可见凡规定下来的礼条都是强调要入令式的。礼与令式相互支持的最好例证就是敦煌 S. 1725 文书的"礼与令"部分，其形式是在丧礼服制各节之后置入《假宁令》作为说明，姜伯勤先生认为很可能就是《显庆礼》"其文杂以式令"的表现。②

不过，有一点也须注意。即由于《显庆礼》礼条是先须通过诏敕批准，再入礼和令式的，所以与其说是"杂以式令"，不如说是制敕先行。例如《唐会要》卷三一《舆服》上载显庆元年九月十九日，修礼官长孙无忌等针

① 史睿：《〈显庆礼〉所见唐代礼典与法典的关系》，高田时雄主编《唐代宗教文化与制度》，京都大学人文科学研究所，2007，第 115 ~ 132 页。

② 姜伯勤：《唐礼与敦煌发现的书仪——〈大唐开元礼〉与敦煌发现的书仪》，氏著《敦煌艺术宗教与礼乐文明·礼乐篇》上编，中国社会科学出版社，1996，第 425 ~ 441 页，说见 432 页。

对武德初《衣服令》皇帝祀天地服大裘冕，请服衮冕，“仍改礼令”，就是得到“制可之”。此外无忌等又奏请将“皇帝为诸臣及五服亲举哀，依礼着素服，今令乃云白帢。礼令乖舛”，请改从素服的问题，也得“制从之”。可见新定礼令是先经敕批的，此即贯彻皇帝意志，史书所说“多涉希旨”者应也与此有关。所以《显庆礼》不但杂入式令，事实上还更多地吸收了制敕的内容精神。我们看到《开元礼·序例》关于祭祀内容即多由礼令及制敕组成，①这种将法令置于礼书之前的做法，也或者就是自《显庆礼》始创。

新旧礼间的矛盾以及礼典的权威下降，导致由制敕来裁夺礼制的情况在《显庆礼》制定后更加经常化。事起于乾封初（666）司礼少常伯郝处俊等奏，提出《贞观礼》祀感帝神州，以世祖元皇帝配，“显庆新礼，废感帝之祀，改为祈谷”。但“今既奉敕依旧复祈谷为感帝，以高祖太武皇帝配神州”，再加上新礼已以高祖配圆丘昊天上帝及方丘皇地祇，“便恐有乖古礼”。并提出神州祭祀应用十月抑或正月的疑问，以及“其灵台、明堂，检旧礼用郑玄义，仍祭五方帝，新礼用王肃义（仅祭昊天上帝）”的困惑。结果下诏“依郑玄义祭五天帝，其雩及明堂，并准敕祭祀”。也就是说，诏敕决定在《显庆礼》唯祭昊天上帝之外重又恢复祭五方帝，同时礼官讨论又决定北郊神州依武德以来礼令用十月。至次年十二月又下诏“自今以后，祭圆丘、五方（帝?）明堂、感帝、神州等祠，高祖太武皇帝、太宗文皇帝崇配，仍总祭昊天上帝及五帝于明堂”，再度予以明确。可见当时敕文对贞观、显庆二礼都是有所保留的。

但是到了仪凤二（三?）年七月，太常少卿韦万石奏，再度因明堂礼贞观、显庆二礼祀五天帝及昊天上帝不一，提出“奉乾封二年敕祀五帝，又奉制兼祀昊天上帝。伏奉上元三年三月敕，五礼并依贞观年礼为定。又奉去年敕，并依周礼行事。今用乐须定所祀之神，未审依古礼及《贞观礼》，为复依见行之礼”的问题。但“时高宗及宰臣并不能断，依违久而不决。寻又诏尚书省及学者详议，事仍不定。自此明堂大享，兼用贞观、显庆二礼”。

明堂“兼用贞观、显庆二礼”，实为《开元礼》郊天兼取二礼之前奏。但无论用何礼，结果都必须由制敕批准，只有被制敕法令规取的礼条才能够行用而具有现实意义。由是可见自乾封、仪凤间始，制敕的作用愈来愈凸显，其权威遂高于礼，于是庞大完备的礼典逐渐成为备仪。制敕的这种重要性也体现在行政司法的各方面。《唐六典》云“格以禁违正邪”，②是强调它在司法方面的作用。但是《新唐书·刑法志》又言：“格者，百官有司之所

① 《大唐开元礼》卷一《序例一·神位》，民族出版社，2000，第13～17页。

② 《唐六典》卷六《尚书刑部》，陈仲夫点校，中华书局，1992，第185页。

常行之事也”；日本《类聚三代格》一书也就日本吸收唐律令体系有“格则量时立制”的说明，[1] 这都表明格与现实需要结合紧密。当然这与格由制敕编成相关，制敕应时更动而常用常新，所以高宗以后制敕——格的编修频率也不断提高，成为法令依据的作用更加明确。如永徽本有留司格十八卷，散颁格七卷，[2]《唐会要・定格令》载龙朔二年（662）改易官名，又敕源直心等重定格式，麟德二年（665）奏上；至仪凤中，官号复旧，又敕刘仁轨等删辑。至仪凤二年三月九日，“删辑格式毕，上之”，此当即《旧唐书・刑法志》所说《永徽留司格后本》。仪凤二（三?）年七月关于明堂礼提到历次制敕，显然用了这次编辑的成果。格的编修频率大大超过律令。

武则天时代，未见再有律令之编纂修订，但至垂拱元年（685）三月，“颁下亲撰《垂拱格》于天下”。[3]《唐会要・定格令》称其时“删改格式，加计帐及勾帐式，通旧式成二十卷”。此外“又以武德以来垂拱已前诏敕便于时者，编为新格二卷”，以裴居道等同修，“则天自制序”。同时又别编《垂拱留司格》六卷。史载由于制作者韦方质“详练法理”，“故垂拱格、式，议者称为详密”。可见格的针对者，可能要比律令具体实用得多。而武则天朝很少改撰律令，“其律令惟改二十四条，又有不便者，大抵依旧”，[4] 所以格及制敕就是武则天一朝的现行大法。

事实上《显庆礼》修成后，改礼也通过制敕与格的修撰来实现。上文之明堂礼即一例，另一例是《唐会要》卷三七龙朔二年八月，有司奏“司文正卿萧嗣业，嫡继母改嫁身亡，请申心制”，即请求为改嫁的嫡继母按三年制服心丧。但“据令，继母改嫁，及为长子，并不解官”，所以下敕要求“据礼缘情，须有定制，付所司议定奏闻”。结果引起关于母服的辩论。辩论不仅关系到是否解萧嗣业官，还涉及其他一些《永徽令》文母服、妻服有漏略的问题。所以司礼太常伯、陇西郡王博乂等最后决议说：“母非所生，出嫁义绝，仍令解职，有紊缘情。杖朞解官，不甄妻服，三年齐斩，谬曰心丧。庶子为母缌麻，漏其中制。并令文疏舛，理难因袭。望请依房仁裕等议，总加修附，垂之不朽。其礼及律疏有相关涉者，亦请准此改正。嗣业既非嫡母改醮，不合解官。”得“诏从之”。此处对令的改正罗彤华作过细致的解读和分析。但她发现所改内容在《唐六典》的开元七年令中还无变化，直到开元

---

① 《新唐书》卷五六《刑法志》，第 1407 页；《类聚三代格》卷一《序事》，创文社，2003 年，第 22 页。按：此条史料由赵晶提示，特此说明。

② 《旧唐书》卷五〇《刑法志》，第 2138 页。

③ 《旧唐书》卷六《则天皇后纪》，第 117 页。

④ 《旧唐书》卷五〇《刑法志》，第 2143 页

二十五年令中才得到纠正。[①] 为何如此？结合上文《唐会要》所述“龙朔二年敕源直心等又重定格式，麟德二年奏上”一条，笔者认为此次关于丧服的辩论是与龙朔年间格的重定有关。其最后的决议和诏书可能不是记入令文，而是记入了格，所以直到开元二十五年大修律令格式，此条才被入令。

从这个线索追寻，还会发现一些可能是麟德修格或仪凤修格的内容。如《唐会要》卷二三《寒食拜扫》龙朔二年四月十五日诏，针对“父母初亡，临丧嫁娶”和“送葬之时，共为欢饮”的现象下令“并宜禁断”。同书卷三一《章服品第》载龙朔二年九月二十三日孙茂道奏请改定旧令所规定的六品七品和八品九品朝服服色，得到批准，此或均编入格。又如《唐会要》卷一七《缘庙裁制》上记“仪凤二年二月二十九日，太常以仲春告祥瑞于太庙。上令礼官征求故实”，太常博士贾大隐对以古今之制；但言“又检贞观已来，敕令无文，礼司因循，不知所起”，“故上令依旧行焉”。此制在仪凤二年三月上格式之前，亦当记入格中。

武则天时期的《垂拱格》亦有订礼、改礼功能。值得注意的是，高宗《显庆礼》以后似乎不是完全没有礼书撰作。《旧唐书·经籍志》和《新唐书·艺文志》都载有武后撰《紫宸礼要》一书，但其内容形式完全失载，时间也不详，很可能只是其为皇后时的粉饰之作，并无影响。反倒是武周时期《垂拱格》的作用不可以忽略。《唐会要》同门载上元元年（674）十二月二十七日天后上表请改父在为母服朞为三年之制：“遂下诏依行焉。当时亦未行用，至垂拱之末，始编入格”。意思是这一改服制进入了《垂拱格》。故开元五年左补阙卢履冰上疏有“垂拱之初，始编入格；垂拱之末，果行圣母之伪符”。开元七年八月二十六日诏也有“格令之内，有父在为母齐衰三年”之语。

有一点必须指出，即这里的“格令之内”，笔者在讨论丧服的文中曾理解为“格、令之内”。但皮庆生讨论丧服制度入令过程的文章指出此条在《册府元龟》、《旧唐书·礼仪志》和《通典》的传世刻本中均作“格条之内”，并批评笔者的误读等于坐实了开元以前令已有服制内容的观点。[②] 现在看来，皮氏的意见是对的。武则天至玄宗朝，并没有将父在为母服三年入令的记载。如皮氏所指出，卢履冰疏中有“窃见新修之格，犹依垂拱之伪”，

① 罗彤华：《唐代官人的父母丧制——以〈假宁令〉‘诸丧解官’条为中心》，台湾师范大学编《新史料·新观点·新视角：〈天圣令〉国际学术研讨会论文集（二）》，2011，第87～103页，说见第18～21页。

② 皮庆生：《唐宋时期五服制度入令过程试探——以〈丧葬令〉所附〈丧服年月〉为中心》，《唐研究》第14卷，北京大学出版社，2008，第381～411页，说见第384～387页。

只说格的接续，并没有说令，不能证明《丧葬令》中有五服制度存在。而《唐会要》言“至（开元）二十年萧嵩与学士改修五礼，又议请依上元元年敕，父在为母齐衰三年为定。及颁礼，乃一切依行焉”。可见《开元礼》将服制入礼的依据就是制敕而不是令，而制敕应当是垂拱以来编入格中的。

以上事例提醒我们，这里“格令”其实就是格条，二字不能分开来读。所谓格令就是格敕形成之“令”，不能理解为格和令。隋唐史料中“格令”二字多次出现，虽然有些也可以认为是格、令并称，但很多时候就是单指格敕或格条。如前揭《唐会要·定格令》记“文明元年（684）四月十四日敕：‘律令格式，为政之本，内外官人，退食之暇，各宜寻览。仍以当司格令书于厅事之壁，俯仰观瞻，使免遗忘。’”此书于壁上的应即与本职司有关的具体办事法令，为诏敕和格所规定。又如《旧唐书》卷七〇《岑羲传》言其“睿宗即位，出为陕州刺史，复历刑部、户部二尚书，门下三品，监修国史，删定格令，仍修《氏族录》”。睿宗时不曾修令，所参与修者也只是格敕（详下）。《新唐书》卷五六《刑法志》在言及有唐一代的法制修订说：“盖自高宗以来，其大节鲜可纪，而格令之书不胜其繁也。”所谓“不胜其繁”，固不包括不常修订而原则性强、内容精简的律令，而是指愈来愈频繁编修的格敕。所以“格令之书”指格敕之书才恰如其分。

格敕、格条可以称为“格令”，可以理解是时已将编入格的制敕当作“令”那样看待，具有同等的法律效应。而且新定格敕由于具体而又有相当的针对性，其应用性及受重视程度也逐渐超过礼典和令。所以虽然在高宗、武则天以降的很长时间内，礼典仍被作为现实礼法的来源及参照，故有“然贞观、显庆二礼，皆行用不废”之说；但格敕编撰对现实礼制的意义明显超过礼书，且在中宗、睿宗朝继续进行，已是不争之事实。《旧唐书·刑法志》说中宗即位，“时既改易，制尽依贞观、永徽故事。敕中书令韦安石、礼部侍郎祝钦明……等删定《垂拱格》后至神龙元年已来制敕，为《散颁格》七卷。又删补旧式为二十卷，颁于天下。景云初，睿宗又敕户部尚书岑羲、中书侍郎陆象先……凡十人，删定格式律令．太极元年二月奏上，名为《太极格》”。可以看到，虽然中宗“制尽依贞观、永徽故事”，但《垂拱格》的影响是巨大的。《唐会要·定格令》说中宗时删定者乃《垂拱格》和格后敕，是《垂拱格》的内容也被吸收在内。所以《神龙散颁格》、《太极格》就是《垂拱格》的继续，它们既在内容、性质上传承《垂拱格》，又对前朝格有修改、补充，都是各具时效和特色的一朝大法。

以藉田礼帝社祭祀为例。《新唐书》卷一四《礼乐志》四载“藉田祭先农，唐初为帝社，亦曰藉田坛……垂拱中，武后藉田坛曰先农坛”。神龙元年（705），由礼部尚书祝钦明提议，将藉田祭祀之先农正名为帝社。最后在他和太常卿韦叔夏、博士张齐贤等反复论辩后，决定改先农坛为帝社坛，以合古王社之义，又增立帝稷坛，如太社、太稷。《旧唐书·礼仪志》说韦叔夏在高宗朝已经参加定礼，与裴守真等“多所议定”。“则天时，以礼官不甚详明，特诏国子博士祝钦明及叔夏，每有仪注皆令参定”。是祝钦明及韦叔夏都参与过高宗或武则天朝定礼。但是这里说藉田坛改为先农坛是在垂拱中，可想而知是在定《垂拱格》时承则天命所改。而祝钦明、韦叔夏既参加过定礼，故于神龙初删定《垂拱格》之际，对原来的格条做了修改，由此也可以知道礼的编撰与格敕的删修发生了愈来愈密切的关系，而且礼制变化的过程从格的编纂中亦可以追踪到轨迹。

因此在高宗修《显庆礼》以后，不仅礼本身变化逐渐背离章法，且因通过制敕可以随时修改，导致礼典与现实法令逐步脱节，格敕本身成为定礼依据，其价值更从律令中分离和突出。正如吴宗国先生所总结的，格用来编录制敕，成为适应形势变化的主要法令形式，随之发生了质的变化。继而由于格后所颁布的制敕往往与格发生矛盾，于是又出现了格后常行敕和格后敕，制敕实际上成为日常行用的法律文书。[①] 礼作为制度颁行最终需要通过制敕来体现，这一切始兴于高宗武则天朝，也为开元礼典的撰作和新礼制的颁修奠定了基础。

（三）以格敕和律令格式为制作基础的《开元礼》和《唐六典》

玄宗朝是一个制度集大成的时代，且为了展示统治效力，所以无论是礼，抑或律令格式都有修撰。而格的修撰秉承高宗、武则天以来的传统，愈来愈在其中占据中心地位。其成书有开元初，姚崇、卢怀慎等《开元前格》十卷，此即《旧唐书·刑法志》所言“删定格式令，至三年三月奏上，名为《开元格》”者。之后遂有《开元后格》十卷，即《旧唐书·刑法志》所记由宋璟、苏颋、卢从愿等九人始撰于开元六年，“删定律令格式，至七年三月奏上，律令式仍旧名，格曰《开元后格》”。从记载来看，两次修撰是不一样的。第一次格式令的修撰，似乎都是通过格来体现，令、式是否分修，未明言；但第二次明显是格、式、律、令分修，故提到律令式仍用旧名的问题，第二次的制作显然比前者更系统。

但无论是怎样删修，格的修撰比律令都更具体而富灵活性，玄宗开元初期的不少制敕法令相信也都保留在两次修撰的格中。但是之后的一段时间似乎并未再有法令的整理和编纂，直到两部礼典的修撰才迎来了法令重获修整的契机。此即本文开头所提到的《开元礼》和《唐六典》。

① 吴宗国主编《盛唐政治制度研究·绪论》，第6页。

众所周知，《旧唐书》卷二一《礼仪志》关于《开元礼》制作有“开元十年，诏国子司业韦绦为礼仪使，专掌五礼。十四年，通事舍人王嵒上疏，请撰礼记，削去旧文，而以今事编之。诏付集贤院学士详议”的说法。但最终因张说提出将贞观、显庆二礼加以“折衷”、“删改行用”的办法而“制从之”。但“历年不就”，直到张说卒后，由萧嵩代为集贤学士，方奏起居舍人王仲丘撰成，“（开元）二十年九月，颁所司行用焉”。

《唐六典》的编纂过程则更加曲折漫长。《新唐书》卷五八《艺文志》二于“《六典》三十卷”下言其过程曰“开元十年，起居舍人陆坚被诏集贤院修‘六典’”。时玄宗手写理、教、礼、政、刑、事六条，“张说知院，委徐坚，经岁无规制，乃命毋煚、余钦、咸廙业、孙季良、韦述参撰。始以令式象《周礼》六官为制。萧嵩知院，加刘郑兰、萧晟、卢若虚。张九龄知院，加陆善经。李林甫代九龄，加苑咸。（开元）二十六年书成”。

上述记载表明，如果以礼仪使的派设为开元改礼之标志，那么二书的制作其实都开始于开元十年。虽然修成时间不一，且一“颁所司行用”，一藏书府；但二书的制作都历经波折，其形式拟古而内容崇今的做法，也使它们之间的共性超过了彼此所存差异。

事实上，《开元礼》既以“改撰”《礼记》为号召，便不在意打破古礼的局限，混淆经学家法的是非。特别是在开元十九年萧嵩使王仲丘负责《开元礼》具体修撰之后，建立了“有其举之，莫敢废也”的原则。其关于冬至祀圆丘、正月上辛祈谷、孟夏雩祀、季秋大享明堂，无不是采取祀昊天上帝于坛上，而以五方帝置于坛之第一等。所谓“今请二礼并行，六神咸祀”，也即继续和扩大乾封、仪凤以来明堂礼的变革，混融郑、王，消弭其经学理论的差异，而建立唐代的标准及正统。同样，《唐六典》虽以六部比仿《周礼》六官，但完全以唐官制为主体和中心，以律令格式定义当代职官，树立和规范唐朝建置，两者的制作可谓异曲同工。

而如上做法，也必然会使礼典制作与新修的法令格式发生最密切的关系。以下是《旧唐书》卷五〇《刑法志》所载开元中两次修订法令的情况：

（开元）十九年，侍中裴光庭、中书令萧嵩，又以格后制敕行用之后与格文相违，于事非便，奏令有司删撰《格后长行敕》六卷，颁于天下。

（开元）二十二年，户部尚书李林甫又受诏改修格令。林甫迁中书令，乃与侍中牛仙客、御史中丞王敬从，与明法之官前左武卫胄曹参军崔见、卫州司户参军直中书陈承信、酸枣尉直刑部俞元杞等共加删缉，旧格式律令及敕……总成律十二卷，律疏三十卷，令三十卷，式二十卷，开元新格十卷。又撰格式律令事类四十卷，以类相从，便于省览。

二十五年九月奏上，敕于尚书都省写五十本，发使散于天下。

此两次修订活动，都只言格敕或律令格式而完全没有提到礼，但是从两次修撰分别完成于《开元礼》和《唐六典》前后或同时，就提示了它们与二礼的关系。其中《开元礼·序例》部分大量吸收唐令的成分，从以往仁井田陞《唐令拾遗》和池田温等先生《唐令拾遗补》二书所作的唐令复原工作即可得知。① 式的内容则融入《序例》乃至正文的礼仪程序之中，也是可以考证的。而制敕的大量存在，也在《序例·神位》的部分极为突出。例如上面所说祈谷、雩祀、明堂等礼采用“二礼并行，六神咸祀”的做法就是王仲丘参与定礼之后的决定，从新、旧《唐书·王仲丘传》可知，以此种原则入礼是通过了近期制敕的批准。另外如“肃明皇后庙、孝敬皇帝庙”，说明是“右二庙新修享仪皆准太庙例”；对“仲春享先代帝王”也说明“右新加帝喾氏，余准旧礼为定”。又如“仲春兴庆宫祭五龙池”说明“右准新敕撰享礼，乐用姑洗之均三成”；而不仅孔宣父庙有“右新加七十二弟子之名，余准旧礼为定”，且“仲春仲秋上戊释奠于齐太公”也同样有“右准敕新撰享礼”。从《唐会要》相关记载可知，开元十八年十二月二十九日“有龙见于兴庆池，因祀而见也，敕太常卿韦绦草祭仪”。开元十九年四月十八日，令“两京及天下诸州，各置太公庙一所，以张良配享，春秋取仲月上戊日祭”，并“准十哲例配享”。与《开元礼》内容完全相合。由此可以断定，所谓新敕、新加应当都是开元十九年《格后长行敕》的内容，格自然说的是开元前格、后格，敕是在那以后陆续形成的，而格后敕的编修整理，应当是专为《开元礼》准备的。

同样，开元二十五年《格式律令事类》、《开元新格》也与《唐六典》成书有关。此次法令的编纂工作进行了三年，对律、令、格、式进行全面整理。其中《开元新格》是继《前格》、《后格》、《格后长行敕》编成，而《新格》尤为其中最精审者。故开元二十五年九月三日李林甫且有“今年五月三十日已前，敕不入新格式者，并望不在行用限”的奏请，说明修成的新格式才是当朝所明令依行。而《格式律令事类》正是吸收了此次律令格式整理新成果的。俄藏敦煌残卷Дx.6521、Дx.3558已被一些学者认为是《格式律令事类》之断简。② 内Дx.3558仅13行，李锦绣经辑补阙文后认为是由一条《主客式》、两条开元

① 仁井田陞：《唐令拾遺》，東方文化學院東京研究所，1933。池田溫編《唐令拾遺補》，東京大學出版會，1997。

② 参见雷闻《俄藏敦煌06521残卷考释》，《敦煌学辑刊》2001年第1期，第1~13页；李锦绣《俄藏Дx3558唐〈格式律令事类·祠部〉残卷试考》，《文史》2002年第3辑（总第60辑），第150~165页。

二十五年《祠令》构成，内容有关乎祭祀。此卷定名和性质虽存有争议，[①]但其中“以类相从”的形式确与《格式律令事类》所说一致。尽管制敕本身及律令都非一年之作，且为了说明某事沿革和展现全面成果，其中的制度未必是同一时段，但如此正可以反映制度的不同来源和编纂过程。

用这一点也可解释《唐六典》的编撰。论者大都注意到，《唐六典》的各部门官员职能下都塞入大量律令格式制敕，但这些法令制度产生和实行的时间都并不是一样的。近年中村裕一即从《六典》中多载开元二十五年以前的制度，而批判仁井田陞和内藤乾吉关于《唐六典》中的令都是开元七年令的成说，[②]认为《六典》所说令是指开元二十五年令，“旧令”才是开元七年令。但《六典》确有将不同年代的令和制敕格式一同收入的做法，说到底还是来自《格式律令事类》。其做法看来不仅是为了“便于省览”，也是为了具体落实唐玄宗“理、教、礼、政、刑、事”六条即按行政公务不同事类编排的指示，这样的做法易根据官制的要求集中相应的内容，方便将之同时塞入。所以《唐六典》的制作，应该是有了律、令、格、式和《格式律令事类》的先期整修才能够完成，换言之《格式律令事类》是为了《唐六典》才编纂的，这也开启了礼与行政法令结合编修的先例。

因此对于《开元礼》、《唐六典》而言，开元十九年的《格后长行敕》与开元二十五年的《开元新格》、《格式律令事类》等并不是修礼的副产品，而是礼典成就的基础和先期成果。相比礼典，它们才是修撰的主体，才更有实用意义。它们的产生说明开元礼典比之《显庆礼》在突显当朝煌煌圣制方面更全面、更具自觉性。当然《开元礼》、《唐六典》两书对法令的吸收都是综合性的，且正如李锦绣所指出，《唐六典》中“令的比重，可能远远超过格式。因此说，《唐六典》较多地汇集了唐代开元时期的令，可能更接近历史事实”。[③]其实从《开元礼·序例》部分看也是如此，这可能仍有《显庆礼》以令为政法中心的潜在影响。不过，《唐六典》和《开元礼》，其中特别是《开元礼》对新定制敕的吸收，其实也已经为礼书直接吸收制敕提供了榜样，从而更加提升了制敕的地位，逐渐形成围绕格敕也即现行法为重心的礼法结合方式，这也许是《开元礼》比较《显庆礼》更进一步的变化。

而两书特别《开元礼》最终采取的方式，实际上也产生这样的一个效

---

① 荣新江、史睿《俄藏Дх3558唐代令式残卷再研究》（《敦煌吐鲁番研究》第9卷，2006，第143~167页）不同意李锦绣的判断，认为该卷应当是时代更早的“令式汇编”。

② 中村裕一：《唐令の基础的研究》，特别是第4章“《大唐六典》の检讨——《大唐六典》の《开元七年令》说批判”，汲古书院，2012。观点见《序节》，第289~301页。

③ 李锦绣：《唐开元二十五年〈仓库令〉研究》，《唐研究》第12卷，2006，第18页。

果，即礼典愈来愈具备展示性而不一定具有实用意义。即无论是否正式颁行，都不再强调它的使用，也很少标榜它作为最高标准的价值。它最多作为礼仪参考存在，而格和格后敕一类逐渐发展为礼制真正颁行的法令依据。所以在《开元礼》颁行后，从未见到类似于“行用不废”这样的申明。事实上，从开元二十三年始，我们已见到对宗庙祭祀笾豆和服制进行更改的诏敕和决议；① 开元后期到天宝以后礼制的原则性改动更多，甚至如太清宫、九宫贵神一类道教性质的祭祀，也进入国家郊庙大礼，从而对贞观、显庆、开元礼坚持的儒教传统提出更大的挑战。相对制敕被礼典吸收、融合，格与格后敕作为实用礼法载体的意义却更突出。另外由于《唐六典》制作形式的特殊性，所以礼制亦与行政司法不分，这为乱后格与格后敕的编辑和审定提供了坚实的依据。

三 开元礼典的“删定施行”与格和格后敕的系统编纂

讨论了唐前期礼书的制作方式，现在再重新回到本文最初的问题上来。

《唐六典》、《开元礼》由于粉饰太平的制作目的，及采用过时旧制与现实法令的抵牾，其结果是或者并未颁行，或者行用被打了折扣。但贞元、元和以后，二书作为盛世礼典的意义提高。如前所述，吕温《代郑相公请删定施行〈六典〉〈开元礼〉状》中即请求对二书加以“删定施行”，且颁诏“明下有司，著为恒式”。那么，这里的要求是否被批准和执行了呢？

事情关乎上状的时间和上状人问题，对此内藤乾吉前揭文作过考订。他判断状上于元和三年（808），郑相公是郑䌹。理由是郑䌹于元和元年（按《新唐书·宰相表》在永贞元年〈805〉十二月）拜中书侍郎平章事，加集贤院大学士；元和三年九月转门下侍郎，弘文馆大学士。其集贤殿大学士与状中所说“就集贤院，各尽异同，量加删定”相合，故其奏请应在元和三年九月之前。又据状中所说“星周六纪”应为七十二年，以《唐六典》撰成上表的开元二十六年（738）为计，至元和三年已超过七十年，说“六纪”大略相合。由于吕温其年十月贬为道州刺史，所以判断此文的起草应当在元和三年的正月至九月之间。② 但笔者认为，从代笔者吕温的事迹来看，吕温本王

① 《唐大诏令集》卷七四《开元二十三年（735）籍田赦》，商务印书馆，1954，第415～416页。并参《唐会要》卷一七《祭器议》、卷三七《服纪上》，第403～307、795～800页，内《祭器议》开元二十二年为二十三年之误。

② 内藤乾吉：《唐六典の行用について》，第118～120页。郑䌹事并参《新唐书》卷六二《宰相表》中，第1709～1710页；《旧唐书》卷一五九《郑䌹传》，第4181页。

叔文党人，《旧唐书》本传说他于德宗贞元二十年冬随张荐使吐蕃，“元和元年，使还。转户部员外郎。时柳宗元等九人坐叔文贬逐，唯温以奉使免”。[①]查吕温代人所作书及表状等，自元和元年至三年者皆有。再从礼典的成书年代来看，“六纪”毕竟只是一个约数。计算时间不能只看《唐六典》，也应考虑《开元礼》。而如果从《开元礼》成书的开元二十年（732）算起，到元和元年、二年的806、807年，就早已经超过七十二年。此时《唐六典》成书也接近七十年，则如此状制作提早一二年，也是有可能的。

按吕温代作状如果是在元和元年、二年，则适当宪宗初即位锐意改革之际，中兴计划初见成效，落实盛世之典恰逢其时，以常理度之，诏敕没有不赞成、不批准的道理。然而一个明显的事实是，虽然元和以后礼书不无出现，如著名的王彦威《曲台新礼》和《曲台续礼》，但成书时间既晚（元和十三年或长庆以后），且是以其太常礼官的个人身份，似乎看不出是集体创作的官方产品，更不是与《开元礼》、《唐六典》那样形式类同的大礼书。在王彦威本人的上奏中，也未说明其书与“删定施行”两部礼典有直接关系。

尽管如此，王彦威在上《曲台新礼》时说的话却颇给人以启发。其自言书是集开元二十一年（733）以后至元和十三年（818）的“五礼裁制敕格”，又称自开元二十一年以降的九（八?）十余年中，“法通沿革，礼有废兴，或后敕已更裁成，或当寺别禀诏命，贵从权变，以就便宜”，“即臣今所集开元以后至元和十三年奏定仪制，不惟与古礼有异，与开元仪礼已自不同矣”。[②]也就是说，虽然是礼书，却是将《开元礼》制定后的诏敕编写在一起，从而能够从制敕反映当代礼制的实际状况与变化。

礼书可以是“贵从权变”的诏敕集合，礼的修订仍与法令不可分，这提醒我们对唐后期礼的建构方式再作考察。与之相应，虽然开、天以及安史之乱后礼仪使的设立证明都与当时的定礼有关，太常礼院和官员也常常参加具体礼仪的讨论；但礼的制敕法规却表明，礼的重建早已不单单是礼官的事。礼官是讨论技术层面（礼的程序内容）的问题，而真正形成制度，却与司法有关。如《唐会要》记元和三年关于丧葬制度的重建，就不是由礼部或是太常卿、礼仪使来进行，而是出自刑部尚书郑元。[③]这一点很给人启发，说明礼

---

① 《旧唐书》卷一三七《吕温传》，第3769页。按同书卷一三五《王叔文传》言吕温“叔文拜方归”（第3736页）。《吕和叔文集》中有《代杜司徒贺大赦表》，是贺元和改元大赦，则吕温至少应在永贞末已归朝。

② 《唐会要》卷三七《五礼篇目》，第783页。

③ 《唐会要》卷三七《葬》，第812页。按郑元元和三年（808）任刑部尚书兼京兆尹，见《旧唐书》卷一四六本传，第3968页；并参严耕望《唐仆尚丞郎表》卷一九《辑考》七上《刑尚》，中华书局，1986，第995页。

与法的关系更密切了。《旧唐书》卷五〇《刑法志》称："建中二年（781），罢删定格令使并三司使。先是，以中书门下充删定格令使……至是中书门下奏请复旧……其格令委刑部删定。"这大概是刑部删定格令的起源。与此有关，我们发现后来的礼仪删定使有时就由刑部尚书充任，如贞元初以刑部尚书知删定礼仪使的关播。《唐会要》载贞元二年（786）二月关播奏请删去武成王庙名将配享之仪及十哲之称，而同书又载贞元元年十月，尚书省进《贞元定格后敕》三十卷，这应当也是关播在任所进。[①] 说明刑部尚书关播任使期间，删定格令与删定礼仪不分，其删定的成果也不是礼书而是所谓"格后敕"。

修礼仪即为定格敕的又一例是元和十三年任礼仪详定使的郑余庆。郑余庆于永贞元年八月以尚书左丞同平章事，至元和元年十一月庚戌，罢为河南尹。[②] 他于德宗、宪宗朝两任宰相，元和中又任过吏部尚书和太子少傅、兼太常卿等职。《旧唐书》卷一五八本传言"余庆通究六经深旨，奏对之际，多以古义傅之"，曾"受诏撰《惠昭太子哀册》，其辞甚工"，又在德宗自山南还宫后，奏太常用乐复用大鼓，以及严格立戟规范等。本传又载元和十三年他拜尚书左仆射，以名臣居端揆之位，"人情美恰。宪宗以余庆谙练典章，朝廷礼乐制度有乖故事，专委余庆参酌施行，遂用为详定使"。

郑余庆是著名的礼学之士。所知是他于元和六年前后还有书仪问世。敦煌 S. 6537v 郑余庆《大唐新定吉凶书仪》载其自序称"与太仆寺丞李曹、司勋郎中裴茝、前曲沃尉李颖、中书侍郎同平章事陆贽、侍御史羊环、司门员外郎韩愈等，共议时用，要省吉凶仪礼（下略）"。[③] 而《旧唐书》本传称他在任礼仪使时，"复奏刑部侍郎韩愈、礼部侍郎李程为副使，左司郎中崔郾、吏部郎中陈佩（讽）[④]、刑部员外郎杨嗣复、礼部员外郎庾敬休并充详定判官。朝廷仪制、吉凶五礼咸有损益焉"。比较一下可以知道，两方面的人员并不是一回事。前者是自由组合，后者的副使、判官显然并非自由组合而是由朝廷派设，更有职务性质。

从六位作者的官职可以知道，最开始是刑部和礼部官员同时参加，且在其中占据三分之二，但成书时人员组成似有变，除庾敬休之外其他人都不再

① 《唐会要》卷二三《武成王庙》，卷三九《定格令》，第 509、822 页。按关播兴元元年（784）正月一日由中书侍郎同平章事罢为刑部尚书，参见严耕望《唐仆尚丞郎表》卷一九《辑考》七上《刑尚》，第 994 页。

② 《新唐书》卷六二《宰相表》中，第 1708 ~ 1709 页。

③ 录文见赵和平《敦煌写本书仪研究》，新文丰出版公司，1993，第 481 页。

④ 按《唐郎官石柱题名》吏部郎中有陈讽无陈佩，劳格考证以为佩误。见（清）劳格、赵钺《唐尚书省郎官石柱题名考》碑文及注，中华书局，1992，第 96 页第 4 行、第 163 页；又见岑仲勉《郎官石柱题名新考证》陈讽条，中华书局，1984，第 22 页。

有礼官或刑司的身份。但以他们的任职来看，应均具备修礼的资质和素养，所以《新唐书·郑余庆传》说他们“凡增损仪矩，号称详衷”。[①]很有意思的是，《旧唐书》本传中提到宪宗时滥赐官品和章服较普遍，“当时不以服章为贵，遂诏余庆详格令立制，条奏以闻”，是参考格敕立制度；而传世史书中也没有见到郑余庆领导判官们修的礼书，却有“元和十三年八月，凤翔节度使郑余庆等《详定格后敕》三十卷，右（左）司郎中崔郾等六人〔同?〕修上”的记载。而《唐会要·定格令》更在其书下详记六位作者名字曰：“左司郎中崔郾、吏部郎中陈讽、礼部员外郎齐（按齐衍）庾敬休、著作郎王长文，集贤校理元从质、国子博士林宝用（同）修上。”[②]其书称为《详定格后敕》与建立章服“详格令立制”是完全一致的，可见郑余庆率领“详定”和“损益”的并非开元礼条，最后结集的成果亦不是礼书而是格后敕的诏敕集成，说明元和十三年礼的删修针对的就是现实中实用的法令格敕。

由这个结论去推量元和初以降的制作，就会发现虽然礼书的成品甚少，格敕的修撰却仍是多而自成系统。如《唐会要·定格令》称：

> 至元和二年七月，诏刑部侍郎许孟容、大理少卿柳登、吏部郎中房式，兵部郎中熊执易、度支郎中崔光，吏部员外郎韦贯之等删定《开元格后敕》。八月，刑部奏改律卷第八为“斗竞”。至十年十月，刑部尚书权德舆奏：“自开元二十五年修《格式律令事类》三十卷、《处分长行敕》等，自大历十四年六月，元和二年正月，两度制删之，并施行。伏以诸司所奏，苟便一时，事非经久，或旧章既取，徒吏烦文，狱理重轻，系人性命。其元和二年准敕删定，至元和五年删定毕，所奏三十卷，岁月最近，伏望且送臣本司。至元和五年已后，续有敕文合长行者，望令诸司录送刑部。臣请与本司侍郎郎官参详错综，同编入本，续具闻奏，庶人知守法，吏绝舞文。”从之。

这里提到，元和二年许孟容等受诏“删定”《开元格后敕》。这部《格后敕》在《新唐书·艺文志》中被称为《元和删定制敕》，参加者还有蒋乂。《新唐书》卷五六《刑法志》言许孟容等是“删天宝以后敕为《开元格后敕》”，但据权德舆奏，则此书的制作与删削开元二十五年李林甫等所撰《格式律令事类》和《处分长行敕》是有关系的。其中《处分长行敕》不知是指《新唐书·艺文志》所载《度支长行旨》还是《开元新格》，总之应当是开元制

① 《新唐书》卷一六五《郑余庆传》，第5060页。

② 《唐会要》卷三九《定格令》，第823页，下引文见第822页，

敕。奏中明确说到这一删修曾有大历十四年六月和元和二年两次，而后一次正在元和初，与前揭郑相公状的奏请在同一时间段内。参加者官职最低是员外郎，正符合状中要求的常参官标准。唯一不合者即删定的对象是法书而非礼书。但是根据上面所考关播、郑余庆之事，我们可以毫不犹豫地断定，许孟容、韦贯之等所修所撰格敕集就是郑相公状中要求的“删定施行”《唐六典》、《开元礼》。而据奏中提到的时间，可以知道是元和二年正月下制行此事，也即郑相公上状和诏敕批复的时间是正月，正式组织人员编撰则是在同年的七月。我们发现《唐会要》有元和二年七月集贤院“伏准《六典》，集贤院置学士及校理、修撰官，累圣崇儒，不失此制”的奏文，[①] 所奏相关集贤院的设置，正与郑相公状所说相合。这证明了笔者关于郑相公上状时间可能较元和三年更早的推断，也证明郑相公的请求是得到批准并组织常参官以集贤院名义执行的。

至于其书的完成及上呈，则如权德舆奏中所说“至元和五年删定毕，所奏三十卷”，即首尾约三年，而且其内容是自开元二十年（或二十五年）至元和五年。但并不能认为就此结束。因为至元和十年又由权德舆等接续制作，编入“续有敕文合长行者”也即元和五年以后可以作为长行敕的敕文，此即《新唐书·艺文志》所载“权德舆、刘伯刍等集”的《元和格敕》。这之后元和十三年郑余庆等再编《详定格后敕》，则也应是此书的续编。《唐会要》复称“其年，刑部侍郎许孟容、蒋乂等奉诏撰《格后敕》，勒成三十卷。刑部侍郎刘伯刍等考定，修为三十卷”，《旧唐书·刑法志》略同。但据《旧唐书·许孟容传》，其元和十三年四月卒于东都留守。[②] 是郑书颁下时，许氏已去世，则不可能其后再有领衔及创作，疑史书乃有误记或错简，将元和二年事移在此处。但无论如何，自元和二年开始，至元和十三年为止，元和一朝每一阶段都组建了班子，对《开元礼》、《唐六典》以后的礼制进行了删定，只是陆续纂修的成果，最终却是行政法令集成的格后敕。

关于唐后期所定格后敕与开元律法的关系，戴建国先生已经指出：“唐在开元后制定的多部格后敕，都是以开元二十五年所定律、令、格、式作为法典命名的基点。换句话说，这些格后敕都是把开元二十五年所定常法以后陆续颁布的制敕作为法源。”[③] 只是他未能注意与两部礼书的关系。那么，为何最初明明是要求礼书的删修，最终却被格后敕所取代？解决这一问题，首

① 《唐会要》卷六四《集贤院》，第1323页。

② 《旧唐书》卷一五四《许孟容传》，第4103页。

③ 戴建国：《唐宋变革时期的法律与社会》第1章，第51页。

先应归因于《开元礼》和《唐六典》的制定与法制发生了愈来愈密切的关系。礼的制作以格敕或律令格式为基础，不但表明礼仪的构成已结合了时代的变化，亦表明当代法令格敕的权威可以超越和支配礼仪。其次则是由于唐后期"删定施行"礼典与前期的礼典制作目的、方向不同。开元礼典既是粉饰太平，宣传盛世的工具，所以实用意义其实不突出。唐后期虽然有对盛世礼仪的向往，但更注重解决现实的需要。由于安史之乱前后，礼制不断发生变化，礼书原条款执行与否，乃是因制敕所决定。与此有关，史载开元时代的制敕集成只到《开元新格》，《新唐书》卷五六《刑法志》说李林甫编《开元新格》，"天宝四载，又诏刑部尚书萧炅稍复增损之。肃宗、代宗无所改造。至德宗时，诏中书门下选律学之士，取至德以来制敕奏谳，掇其可为法者藏之，而不名书"。是开元格敕天宝初年又有增补，其后则修而未辑。尽管此处所说与《唐会要》所言贞元元年上《贞元定格后敕》三十卷有出入，但一直以来的工作可能尚有缺环，且贞元以来诏敕亦未整理，元和意图重作删修是必要的。

总之要了解礼典是否奉行，须以制敕为先。所以元和"删定施行"的对象与其说是《开元礼》、《唐六典》，不如说是这之后的法令制敕。这样，在元和初郑相公上状及诏敕下达之后，便有了对开元二十五年以后制敕的系统整理和编修。对李林甫《格式律令事类》和《处分长行敕》，以及在那以后制敕的陆续"删定"，也皆是因此而致。所以礼与法的修订，不是法统一于礼，而是礼统一于法，由法来决定礼的施行。

事实上正是由于这个缘故，所以自大历、贞元以后，我们一方面可以看到大臣定礼，不断将礼典规定与制敕新制加以对比，参定取舍；另一方面则是前后改礼制敕陈陈相因，不同时代的制敕被完整记录下来。

这里也可分举两例说明。其一即公卿巡陵。《唐会要》记载了从显庆五年开始直至长庆元年中关于公卿巡陵的重要诏令。包括显庆二年（657）五月针对每年二月以太常卿行陵"事重人轻，文又不备，卤簿威仪有阙"，诏令以三公行事，太常卿、少卿为副，"仍著于令"；以及景龙二年（706）三月唐绍上表请求停四季及忌日降诞日并节日起居，"但准（春秋）二时巡陵"和武则天的批示；还有开元十五年（727）二月二十四日、开元二十七年八月十二日、天宝六载（747）八月一日等关于巡陵的诏敕。其后在贞元四年（788）二月国子祭酒包佶奏中提出："谨按《开元礼》有公卿拜陵旧仪，望宣传所司，详定仪注，稍令备礼，以为永式。"得到敕旨批准。"于是太常约用开元礼制，及敕文旧例修撰。五月，敕旨施行"。[①] 于此《会要》编者有

① 《唐会要》卷二〇《公卿巡陵》，第465～468页，下同。

“议曰：按《开元礼》，春秋二仲月，司徒、司空巡陵，春则埽除枯朽，秋则芟薙繁芜”的说法，但《开元礼》条其实只有太常卿巡陵而并无司徒、司空巡陵，后者仅见于《序例》三《杂制》所引令式。所以太常“约用开元礼制，及敕文旧例修撰”其实是结合两者兼杂前后敕文。

其二是社稷。《唐会要》关于社稷在记录自唐初乃至开元定礼后，又记录了开元十九年正月二十日、开元二十二年三月二十五日、同年六月二十八日敕，以及贞元五年九月十二日包佶奏引“（开元）礼”及大历六年十月三日敕关于祭祀方式和等级的变化。此下又有天宝元年及三载诏，长庆三年（823）正月王彦威引用天宝三载敕与《开元礼》，“请准敕升为大祀”的奏请，及开成五年（840）吏部关于祭祀官员的奏请及制书批复，[①] 同样集中了唐前后期有关社稷礼的诏敕，而反映了其中主要的变化。而《会要》之所以能够采集如此之多且内容完整的诏敕，相信与上述历朝各代所编格和格后敕不能无关。

以往研究者曾讨论过唐前期或后期格后敕一类制作的大量出现，并指出制敕编修的格作为当代法，其删定逐渐代替了主要沿用前朝法的律令。[②] 但格敕的删修与礼仪的关系却很少有人注意。上述事实清楚地表明唐后期格后敕的编修最初竟源于礼，更确切地说与《开元礼》、《唐六典》两部礼书的“删定施行”有直接关系。大量关于礼的制敕留存其实也说明了这一点。所以格和格后敕是保留了当朝礼法的编修史法。

还有一点也是不能忽略的，即唐初以来格的内容一般是综合性的，但仅就礼的归宿而言，贞元元和以后的格后敕编纂意义更大。即一方面是格后敕反客为主，代替礼书成为制度编纂的主体；另一方面，礼既然被格后敕所规范，更因与其他行政法规混同，故也似乎被掩埋和笼罩于制敕法令的器局之中，消失了其自成一统的踪迹。

但礼毕竟是通过制敕存在的，可以作为证据的正是与郑余庆等《详定格后敕》同时成就的王彦威《曲台新礼》。如上所述，郑书是继承元和初“删定施行”《开元格后敕》的续本或者说是最终成果，而《曲台礼》既如王彦威自称是集开元二十一年至元和十三年的“五礼裁制敕格”，时间、所用资料都完全一致，就不能否认其书与前书来源一致，或者不妨说是前书修订的副产品。可以想见，王彦威是由于身为太常礼官实际参与制作才能利用其资料或成果。只不过前书制敕的收编已经是《开元礼》、《唐六典》修成以来礼

---

① 《唐会要》卷二二《社稷》，第489~494页。

② 参见戴建国《从〈天圣令〉看唐和北宋的法典制作》，《文史》2010年第2辑，第237~254页。说见第245~246页。

制与综合性质的行政法规，而王彦威的《曲台礼》，却是按照五礼要求专注于礼令制敕的专书长编。两者内容对象并不全同，而行用场合及用途也有不一。《曲台礼》说到底只能作为礼制行用中的参考，不具备法的强制效应，这与《开元格后敕》或者《详定格后敕》可以作为长行法来看待是不同的。

同样，王彦威的《曲台续礼》也可以肯定是长庆以后诏敕集的翻版或者副产品。从贞元以后形成的同时代的礼书看，它们大多专门性、实用性较强。包括韦公肃《礼阁新仪》、王泾《大唐郊祀录》一类，已非综合性礼书，且其中礼仪多吸收、表现当朝礼制格敕。这些固然仍是当朝实用的礼制参考，作者亦为礼官，但并非官修礼书的成员，所著亦绝无唐前期三部礼书那样的地位和等级。虽然后来宋代恢复修通礼，但唐后期礼书修撰的特性仍被保留了。从现存《太常因革礼》与《政和五礼新仪》、《中兴礼书》等几部官修礼书来看，其或者直接将当代史事编入，或由议礼局奉“御笔指挥”制定制度，在形式和内涵上，也都有了与现实结合的更强的实用色彩。所以，就仪注本身和礼的具体技术层面而言，其参考意义还是有的，这，或者也是后来礼书存在的价值之一吧。

再说元和以后，格后敕的编纂已经形成规律。史料中提到的名称，就有《大和格后敕》、《开成详定格》、《大中刑法格后敕》等。[①] 从名称可以看出，这些格或者格后敕是前后接续编制的，推测每本格后敕应当是选择前朝编订格后敕的部分内容，再将凡时间上未及收入、即权德舆所谓“续有敕文合长行者”编辑入内。直至晚唐五代，这类法制文本的制作仍在继续，前朝所定也往往被后朝作为法令的依托和参考。从所见礼敕来看，无一不是针对具体问题形成，且涉及的内容包罗万象，远较令式更细致更实用。礼入格敕，更多地取代令式，所以格敕代礼，元和时代已成为礼法制作的核心。而这样的格敕，是礼法结合的一种新形式，或者也可以称作是名义上的礼格或者礼敕了。

但如此的制作方式，并不是完全没有问题。格后敕作为当朝法令编修，已与原来修订礼仪的目标愈来愈远，且其风格也不是一成不变。特别是由礼到法，又由法到刑，晚唐其变化尤著。文宗大和、开成中均有格敕的编纂，

① 《新唐书》卷五八《艺文志二》载有《大和格后敕》四十卷，又载有“前大礼丞谢登纂”《格后敕》五十卷（大和七年上）、“刑部侍郎刘瑑等纂”《大中刑法总要格后敕》六十卷。（第1497页）但《唐会要》卷三九《定格令》载大和四年（833）七月大理卿裴谊奏，得谢登《格后敕》六十卷。《旧唐书》卷五〇《刑法志》载大和七年刑部奏，称“先奉敕详定前大理丞谢登《新编格后敕》”，“去繁举要，列司分门，都为五十卷，复请写下施行”，得“从之”。（第2155～2156页）是五十卷由六十卷删减而成，并颁下实施。此外，旧《刑法志》又有“开成四年（839），两省详定《刑法格》一十卷”。并参下引《五代会要》卷九《定格令》引天成元年（926）文。

但内容形式又有变化。《唐会要·定格令》载大和四年七月大理卿裴谊奏，关于当时所上格后敕六十卷，“得丞谢登状，准御史台近奏。从今已后，刑部、大理寺详断刑狱，一切取最后敕为定。”可见内中聚集了大量处理刑狱的最近诏敕，说明格敕的重心已从行政司法转为刑狱公事。同门又载开成元年（836）三月刑部侍郎狄兼謩奏，提出“伏准今年正月日制，刑法科条，颇闻繁冗，主吏纵舍，未有所征，宜择刑部、大理官，即令商量，条流要害，重修格式，务于简当，焚去冗长，以正刑名者”。他认为“自开元二十六年删定格令后至今九十余年，中外百司皆有奏请，各司其局，不能一秉大公”。为了避免只令刑部大理官商量重修格式，因一时焚去原来冗长条令，造成奸吏舞文，故请求“但集萧嵩（昕?）删定建中已来制敕，分朋比类，删去前后矛盾及理例重错者，条流编次，具卷数闻奏行用”，所删去者也请不焚，同封印付库收贮。其最后成果应就是《新唐书·艺文志》所载狄兼謩领衔的十卷本《开成详定格》。由此可见，格后敕的编纂又转为格，而狄兼謩的《开成详定格》注重的仍是“刑法科条”的简当公正，目的是用“重修格式”后的一统性“以正刑名”。

与此相应，可以发现修撰人员本身也有变化。我们知道，唐初以来格式的撰作虽然常常是由宰相重臣带同法司人员，但也常常不乏其他行政人员的参加，即所谓选拔“常参官”。但自贞元、元和，有些时候领衔者已是刑部长官，晚唐甚至是大理卿，很少宰相参与，说明作为行政法的综合意义下降，立法规模可能也由大变小。此即狄兼謩奏中所言有“贞元已来选重臣置院删定”与开成中“止令刑部大理官商量”的区别。格敕已不是由不同职司的常参官删定，而是完全集中和回归法司，这也说明格的用途走向单一化。

而关于格及格后敕的重司法、重刑谳，《五代会要·定格令》的一条也很说明问题：

> 天成元年（926）九月二十八日，御史大夫李琪奏：“奉八月二十八日敕，以大理寺所奏见管四部法书内有《开元格》一〔十?〕卷，《开成格》一十一卷，故大理卿杨遘所奏行伪梁格并目录一十一卷，与《开成格》微有舛误。未审只依杨遘先奏施行，为复别颁圣旨，令臣等重加商较，刊定奏闻者。今莫若废伪梁之新格，行本朝之旧章，遵而行之，违者抵罪。”至其年十月二十一日，御史台、刑部、大理寺奏：“奉九月二十八日敕，宜依李琪所奏废伪梁格，施行本朝格令者。伏详敕命未该律令，伏以开元朝与开成隔越七帝，年代既深，法制多异，且有重轻。律无二等，若将两朝格文并行，伏虑重叠舛误。况法者，天下之大理，非一人之法，天下之法也，故为一代不变之制。又准敕立后格合破前格，若

将《开元格》与《开成格》并行，实难检举。又有《大和格》五十二卷，《刑法要录》一十卷，《格式律令事类》四十卷，《大中刑法格后敕》六十卷，共一百六十一卷。久不检举，伏请定其予夺，奉敕：'宜令御史台、刑部、大理寺同详定一件格施行者。'今集众商量，《开元格》多定条流公事，《开成格》关于刑狱，今欲且使《开成格》。"从之。[①]

由以上材料得知，后梁格是在唐《开成格》的基础上修成，相比只是"微有舛误"。后唐改朝换代后打算用"本朝"也即唐朝格文取代。但唐朝法律文书既有《开元格》、《格式律令事类》，又有《大和格》、《开成格》，成书既年代不一，而《开元格》与《开成格》又由于相隔久远，故主旨发生变化，一注重条流公事的行政法，一注重刑法狱谳（当然《开元格》也可能是残本而内容不全），使得后唐不得不依照"立后格破前格"的原则，请求皇帝下敕择一而从。此《开成格》当即《旧唐书·刑法志》所说开成四年两省详定，敕令施行的《刑法格》。《宋史·艺文志》将狄兼謩《开成刑法格》十卷与《开成详定格》十卷分开登录，[②] 但《册府元龟》载"开成四年九月中书门下奏两省《详定刑法格》一十卷，敕令施行"，[③] 则两者应即一回事。而五代御史台、刑部、大理寺三法司使用《开成格》的共同奏请，也说明由于五代军阀政权的残暴，对格敕的要求更向刑法靠拢。尽管如此，礼制内容仍被保留于所收入的制敕之中，如《唐会要·葬》一门记录了元和六年（811）和会昌元年（841）关于文武官及庶人葬事"条流"及敕旨，及长庆三年（823）浙西观察使李德裕奏禁百姓厚葬；但《五代会要·丧葬》上天成二年御史中丞卢文纪奏却只引用了元和六年和长庆三年两条。[④] 这是因为，以上奏敕记入了元和、大和、开成以及会昌以后的格或格后敕，五代由于用《开成格》，故会昌以后的礼制即不及入内了。

另外还有一个趋势也深值得注意，即适应现实需要，一方面即所说格本身的刑法功能被不断突出和加强，如《唐会要》同门载宝历二年（826）已有大理丞卢纾所撰《刑法要录》十卷、大中五年刘瑑等纂《大中刑法总要格后敕》。后者从名称看即将格与刑谳密切结合。[⑤] 到了北宋乾德年间的《折杖格》，[⑥]

---

① 《五代会要》卷九《定格令》，上海古籍出版社，1978，第147页。

② 《宋史》卷二〇四《艺文志三》，中华书局，1985，第5138页。

③ 《册府元龟》卷六一三《刑法部》，中华书局，1960，第7355页。

④ 参见《唐会要》卷三八《葬》，第813~817页；《五代会要》卷八《丧葬上》，第135~138页。

⑤ 《旧唐书》卷一八下《武宗纪》载刘瑑奏书成在大中五年（851）四月癸卯，第628页。

⑥ 《续资治通鉴长编》卷四太祖乾德元年（963）三月癸酉，中华书局，1979，第88页。

更是可直接取代《狱官令》相关内容的刑法规范。

另一方面则是刑统一类的书开始出现，如张戣《大中刑律统类》、《同光刑律统类》、《显德刑统》（或称《大周刑统》）乃至《宋刑统》，[①] 均完全以刑律为其主题。从尚存的《宋刑统》可以知道，在这些书中某些不同时代的格敕已被作为补充和说明，附在律的卷篇之后。可见格原有的刑法功能也从这一途径得到发挥。

所以格或格后敕在晚唐以降，主要已不是用来规范礼制或者汇集行政法令，格的地位也有所衰退。非常突出的一个现象是，自五代各朝开始盛行编敕，渐次取代了格的修撰。如有后唐《清泰编敕》、后晋《天福编敕》、《周广顺续编敕》等，这些敕大约仍是综合性质。宋以后分门别类的编敕更多。如真宗大中祥符编敕三十卷，"其仪制、敕书、德音别为十卷，与《刑统》、《景德农田敕》同行"。[②] 仁宗天圣中曾"诏中外言敕得失，命官修定，取《咸平仪制令》及制度约束之在敕者五百余条，悉附令后，号曰《附令敕》。"[③] 是敕可以单行，更可以附于令之后。《五服年月敕》的编修即是如此，[④]《天圣丧葬令》后所附"丧服年月"应即《五服年月敕》之遗存。[⑤] 而宋初所编《仪制敕》相关入閤坐朝仪制，[⑥] 和《五服年月敕》都是重要礼仪制敕的单独编修。

而除令、格、式、编敕之外，原来于唐代已开始出现的礼例一类著作渐次大行其道，由此开始了五代、宋以降新一轮礼法结合的实践。于此戴建国、楼劲都已有研究，戴文介绍了礼例在唐宋的传承和发展，[⑦] 楼文讨论了礼例的构成和来源，认为礼例的发展和普及是"中古礼制和法制发展为近古礼制和法制的重要表现之一"。[⑧] 本文前面所讨论的唐代的"礼格"或者

---

① 《宋会要辑稿·刑法》一之一，中华书局，1957，第6462页，下言五代编敕同。

② 《续资治通鉴长编》卷八七大中祥符九年（1016）八月己卯"翰林学士陈彭年等言"条，第2004页。

③ 《宋史》卷一九九《刑法志一》，第4962页。

④ 关于《五服年月敕》的编修见《宋史》卷一二五《礼志》二八天圣五年（1027）条，第2926页。

⑤ 按：据《天圣令·丧葬令》末附"丧服年月"之下说明："其解官给假，并准《假宁令》文，言礼定刑，则与《五服年月新敕》兼行。"推测"丧服年月"应来自《五服年月新敕》。天一阁博物馆、中国社会科学院历史研究所天圣令整理课题组：《天一阁明钞本天圣令校证》，中华书局，2006，第426页。

⑥ 《续资治通鉴长编》卷一二五宝元二年（1039）十二月"帝尝问参知政事宋庠以唐入閤仪"条，第2945～2946页。

⑦ 戴建国：《唐宋变革时期的法律与社会》第1章，第77～91页。

⑧ 楼劲：《宋初三朝的礼例与礼制形态的变迁》，第157页。

“格后敕”也许可以作为这类书的前身，由此可见礼的存在形态或型制也是不断变化和发展的，这也是礼法遵循实用化道路之必然。

以上，本文从元和初吕温《代郑相公请删定施行〈六典〉〈开元礼〉状》的批准与否说起，探讨了唐前后期礼书制作及礼法结合的发展过程。贞观开始了有唐一代礼法同修的历史。但唐初礼典与律令格式之间相对独立性较强，很少有以令式格敕入礼、改礼的情况，礼典的权威性和稳定性也得到维护。但自《显庆礼》的制作始，许敬宗等不仅迎合帝王之需创新礼仪内容，且通过令式入礼改变了礼典的构建方式，由此引起了前后礼典之间以及礼典与律令格式之间的矛盾和歧异，贞观、显庆和古礼内容原则不能统一，新编礼典遭到质疑，使其行用增加了不确定的因素。说明令式入礼不仅没能提高礼典的实用地位和法律效力，反而降低了其稳定性和权威性。在这种情况下，礼与令式的内容及实施必须取决于制敕的批准，制敕的实用价值和权威遂超越礼典。

也正是由于这一点，不仅制敕可以作为令式编入礼典的依据，而且用来编录制敕的格和格后敕也从律令体系中突出，其编纂整理在高宗及武则天以后逐渐经常化。开元以后，制敕编修的作用更有提升。特别是《开元礼》和《唐六典》的修撰，分别以开元十九年《格后长行敕》与开元二十五年《律令格式事类》、《开元新格》等作为成书的先行与前奏，使礼法制作相互配合。格敕新制和令式同样可以进入礼典，于是礼书与令式制敕的结合更加密切与直接。同时礼典作为展示性的目的凸显而实用意义被忽略，制敕与令式一起，进一步成为现实礼制施行的依据和指导。

贞元元和以后，在“删定施行”《开元礼》和《唐六典》的呼吁和要求之下，礼仪使率领常参官开展对礼仪的整饬。但由于礼制的实施及变化反映在不断颁布的制敕中，故所谓“删定施行”已经转变为对开元格后敕的系统编集，这在元和以降不断进行，中唐以后形成规律和惯例。礼被混同和包容于法，于是辉煌宏伟的礼典也被制敕格令长编所取代。专题性的礼书编纂虽仍有出现，但某种程度已变为法令格敕充斥的制敕集，礼之内容及行用也完全被当朝格敕所限。这不仅是国家政权统治中礼仪和司法形式的互动互换，也是礼仪适应社会实用化的结果。晚唐五代，以《开成格》为标志，格与格敕的编纂进一步为刑法服务，于是礼法的结合又由于礼敕的专门编修和礼例的出现与普及开启了新的途径。要之，格敕的发达在令式之后，而在礼例之先，礼与格敕结合所导致的格敕代礼是礼法结合的重要方式，其热点主要出现在中唐至五代，说明礼的制度形态在中古和唐宋之际是发生了阶段性变化。而这一点又与唐宋社会变革时期的皇权强化有关。总之，礼法结合的方式与礼的型制变迁是我们理解中古制度和唐宋变革的一个出口，而其中所涉格与格后敕的阶段特色则又是相关法源史的重要方面，值得我们进一步的关注和研究。

《中国古代法律文献研究》第八辑
2014年，第178~215页

唐代前期流放官人的研究

陈俊强*

摘　要：本文根据两《唐书》、《通鉴》、《册府元龟》等史籍，搜集唐代前期遭到流放远逐的官人共197例，分别从其犯罪、判刑、处罚等角度加以检讨。流放官人所犯皆为严重恶行，主要以谋反罪和贪赃罪为主，共有118例，约占60%。86例谋反罪中，有31例是谋反案的正犯，55例是因家属、朋友或同僚谋反而被拖累的牵连犯；贪赃罪则有32例。由于所犯严重，因此197例中有63例原先是被判处死刑，后蒙皇帝恩诏宽宥，才得以免死配流。流刑往往不是原先的判刑，而是在皇帝施恩下作为死刑的替代刑。官人绝大部分是被流放到岭南道，其比例高达80%，而这些配所都远超三千里的法定距离。官人被流放的同时，有28例遭到"除名"的处分，大部分集中在太宗和高宗朝。高宗以降，皇帝不时对官人处以"长流"，共得34例，其中有22例是与谋反和赃罪有关，而34例中有一半发生在玄宗朝。流人原先并无鞭杖等附加刑，但玄宗朝以降，流人配流以前经常遭决杖四十到一百不等，反映专制君王对整体贵族官人的摧折凌辱。皇帝对官人免死配流，显露出一派皇恩浩荡，但实际上不少流人或是途中榜杀赐死，或是屠戮于配所，或是行前决杖，半途伤发而亡。当然，若非皇帝深恶痛绝之辈，免死配流，熬得过岭南的环境，六载以后即可重新入仕。况且，在唐代这样大赦频繁的时代，皇帝经常特恩宽免流人，官员很可能有东山再起的一天。

关键词：唐代　流放　官人　流刑　谋反　赃罪　除名　决杖　长流　大赦　岭南

* 台北大学历史学系教授。

一 前 言

流刑是将犯人远逐遐荒的一种惩罚，其起源甚早，但却是入律最晚。远古即有“流宥五刑”的记载，[①] 但其正式成为律典之正刑，要迟至北魏孝文帝太和十六年（492）。[②] 流刑的成熟促成了笞—杖—徒—流—死的新五刑的确立，自隋唐以迄清末，一直都是中国法定的正刑。关于唐代流刑的概况，学界已有不少讨论，[③] 而针对唐代流刑的律令规定及其演变，笔者亦曾展开系列研究。[④]

有唐一代，许多官员都曾遭到流放远逐，不少诗篇名句都与流放生涯有关，如唐睿宗时，担任越州长史的宋之问被流放钦州，途中赋诗“处处山川同瘴疠，自怜能得几人归”。[⑤] 武后时凤阁舍人张说因忤旨被长流钦州，中宗复位后召回，心情雀跃，写下“见花便独笑，看草即忘忧”。[⑥] 千古传诵的李白《早发白帝城》：“朝辞白帝彩云间，千里江陵一日还，两岸猿声啼不住，轻舟已过万重山”，就是李白遭长流夜郎，后来蒙恩放还而写下的名篇，愉悦的心情洋溢于字里行间。笔者据两《唐书》、《通鉴》、《册府元龟》等史

---

① （汉）孔安国传，（唐）孔颖达疏《尚书注疏》卷三《舜典》，十三经注疏本。

② 参看拙作《北朝流刑的研究》，《法制史研究》第10期，台北，2006，第44页。

③ 主要成果有齐涛《论唐代流放制度》，《人文杂志》1990年第3期；刘启贵《我国唐朝流放制度初探》，《青海社会科学》1998年第1期；李毅《论唐代的流刑及其执行情况》，《西安外国语学院学报》1999年第3期；王雪玲《两〈唐书〉所见流人的地域分布及其特征》，《中国历史地理论丛》2002年第4期；郝黎《唐代流刑新辨》，《厦门大学学报》2004年第3期；戴建国《唐代流刑的演变》，《法史学刊》第1卷（2006）；赵立新、高京平《唐宋流刑之变迁》，《山西师大学报》2007年第3期。另外，日本学者辻正博氏在20世纪90年代亦先后发表多篇探讨唐代流刑的重要文章：辻正博：《唐代流刑考》，收入〔日〕梅原郁主编《中国近世の法制と社会》，京都大学人文科学研究所，1993，第73～110页；《流刑とは何か——唐律の流刑再考——》，《滋賀医科大学基礎学研究》第10号（滋賀，1999）。最近，辻氏將旧作改写集结成《唐宋時代刑罰制度の研究》，京都大学学術出版会，2010。

④ 参看拙作《试论唐代流刑的成立及其意义》，收入高明士主编《唐代的身份法制研究——以名例律为中心》，台北，五南出版社，2003，第263～275页；《唐代的流刑——法律虚与实的一个考察》，《兴大历史学报》第18期（台中，2007），第63～84页；《从〈天圣·狱官令〉看唐宋的流刑》，《唐研究》第14卷（2008），第307～325页。

⑤ （唐）宋之问撰，陶敏、易淑琼校注《沈佺期宋之问集校注》，中华书局，2001，《至端州驿见杜五审言沈三佺期阎五朝隐王二无竞题壁慨然成咏》，第433页。

⑥ 张说：《喜度岭》，收入（清）曹寅等纂修《全唐诗》卷八八，中华书局，1960，第976页。

籍，共搜集到有名有姓的流刑案例近400人次，其中绝大部分属于官人身份。透过这些流放官人的案例，可以检讨唐代流刑的具体实况、变化以及流刑的性质等。

本文拟从流放官人的罪、刑、罚等角度展开讨论：流刑既为重刑，透过整理这些流放官人的案例，将可略窥唐代官人犯罪的类型。这些遭到流放的官人，流放是他们原来的刑吗？判刑确定后，这些官人最终接受怎样的处罚？他们的下场又是如何呢？碍于篇幅所限，本文暂先处理唐代前期，即唐高祖至玄宗朝的流人个案。文中所论官人系采较宽松之定义，除了一般品官以外，亦包括少数宗室子弟。

二　官人犯罪分析

据两《唐书》、《通鉴》、《册府元龟》搜集的案例，唐代前期遭到流放的官人共得197例。兹制成附表1“唐代前期流放官人表”附于文后，以供参考。流刑既是仅次于死刑的重刑，被流放的官人可想而知是犯了弥天恶行。关于这些流放官人的犯行，可参看表1“唐代前期流放官人犯罪类型表”。要而言之，这197宗流放官人的案例主要与谋反罪和贪赃罪有关，分别是86例和32例，合共118例，占总数约60%。

官人因谋反罪而遭流放有86例，占总数44%。因本人参与谋反被流放的有31宗，遭到家人或好友谋反牵连的则有55宗，可见遭流放者不少是谋反罪的牵连犯。因谋反被流放的官人主要集中于高宗、武后朝，55年间约有39宗，其实许多语焉不详的案例，颇疑也是谋反案件。中宗、睿宗朝统治时间虽短，因谋反而被流放的官人仍分别有13例和5例。玄宗统治45年，谋反流放案只15宗，数量不多。至于32例贪赃罪，占流放官人总数的16%，主要见于高宗武后朝和玄宗朝，高宗武后朝有13例，玄宗朝更高达16例，是玄宗朝流放案例中最值得注意的一类犯罪。限于篇幅，以下将分阶段简述这两类犯罪的概况，其他犯罪部分则只能从略。

表1　唐代前期流放官人犯罪类型表

犯罪 数量 时期	谋反		谋叛	图谶/厌诅/与妖人交往	漏泄禁中语	怨谤	赃罪	擅杀	贻误军机/战败	其他	不详
	本人	牵连犯									
高祖		4									
太宗	6	4		1		2	2			1	
高宗	1	16	2	2	1		8		4	13	4

续表

数犯 量罪 时期	谋反		谋叛	图谶/厌诅/与妖人交往	漏泄禁中语	怨谤	赃罪	擅杀	贻误军机/战败	其他	不详
	本人	牵连犯									
武后	14	8		1	1		5		1	5	17
中宗	6	7								5	1
睿宗	2	3					1				
玄宗	2	13	4	3	1		16	1		9	3
总数	86	6	7	3	2	32	2	5	33	25	

（一）谋反罪

高祖朝流放官人的个案共得 4 例，都发生在武德七年（624），与太子建成、秦王世民兄弟间的斗争有关，流放地都是剑南地带的巂州。编号 1[1] 的右虞候率可达志是建成党羽，为东宫募兵，被流巂州。编号 2、3、4 是庆州都督杨文幹谋反，乱平后，高祖将东宫的王珪、韦挺与秦王府的杜淹流放巂州。

太宗朝的个案共得 17 例，其中 10 例与谋反有关。太宗登基之初，利州都督李孝常与长孙皇后异母兄长孙安业谋以宿卫兵反，事觉，安业因皇后固请得以减死配流（编号 6）。编号 7 至编号 11 的裴虔通等五人皆隋末弑炀帝之逆党，太宗以为虽时移事变，不可犹使牧民，遂减死除名徙边。贞观十七年（643），太子承乾谋逆，党羽侯君集伏诛，太宗念其旧功，其妻子免死流岭南。[2] 编号 14 的交州都督杜正伦坐与侯君集交通，被流驩州；编号 21 的将作少匠李德謇亦因与承乾交好而被流岭南。编号 15 的张皎是刑部尚书张亮侄子，贞观二十年（646），张亮以谋反被斩，家口籍没，张皎因此而被流崖州。[3]

高宗武后朝，官人因谋反而遭到流放的案例甚多。高宗统治初期重大的谋反案应数永徽三年（652）的房遗爱案和显庆四年（659）的长孙无忌案，中期则有麟德元年（664）的上官仪案。

永徽三年（652），驸马都尉房遗爱被指与宁州刺史薛万彻等谋反，事连吴王恪、宇文节等。房遗爱、薛万彻、吴王恪被诛，其家属以及与交好者被

① 以下凡言“编号”者，均见“附表 1”。

② （后晋）刘昫：《旧唐书》卷六九，中华书局，1975；（宋）欧阳修、宋祁：《新唐书》卷七四，中华书局，1975。

③ 《旧唐书》卷六九、《新唐书》卷九四《张亮传》只记家口籍没，并没提及张皎。张皎流崖州事见《旧唐书》卷一八七上《忠义·王义方传》。

流岭南。编号23至28等六例都是因本案被牵连者。永徽五年（654），高宗以谋行鸩毒罪名，废王皇后和萧淑妃为庶人，其母及兄弟并除名，流岭南。[①] 同时，武昭仪被擢为皇后。反对废立皇后的长孙无忌在显庆四年被诬谋反，编号33至37等皆因此案而被流放。高宗朝另一重大谋反案是麟德元年（664）的上官仪案。武后使人诬告西台侍郎上官仪与废太子忠谋反，二人伏诛，仪家口藉没。史称“朝士流贬者甚众，皆坐与仪交通故也”。[②] 编号48、49、50皆被上官仪案所连者。

高宗于弘道元年（683）驾崩，嗣后武则天主政和称帝约22年，官人遭流放的个案共51例，为数甚夥，其中太半是武后以谋反罪整肃政敌。从光宅元年（684）至称帝的天授元年（690）间遭流放者，主要是妨碍武氏专政和称帝的宰臣和宗室。光宅元年（684），武后废黜中宗，引发徐敬业之乱。武后藉此构陷裴炎与边将程务挺为敬业党，二人被杀，编号71、72、73皆被牵连的亲任。武后瞬间讨平徐敬业之乱，野心大增。史称“太后潜谋革命，稍除宗室”。[③] 垂拱四年（688）武后藉韩王元嘉之起兵，对李唐宗室展开屠杀。对部分辈分较高或罪责较轻的宗室，特予宽宥，减死配流。编号76、77、78、79、80、86、87、88等个案，都是武则天流放的李唐宗室。其实，名虽宽宥，这些宗室最终多半难逃一死。据《资治通鉴》卷二〇四“唐则天后天授元年（690）八月辛未条”云：“唐之宗室于是殆尽矣，其幼弱存者亦流岭南。”镇压李氏宗室起兵的同时，武后拔擢大批酷吏如周兴、丘神勣等，实施恐怖政治，铲除称帝的一切障碍。在垂拱四年至天授元年之间，不少官员都被酷吏诬构为徐敬业党，配流岭南（编号82、83、84、85）。

武则天篡唐建周之后的十年，仍然放任酷吏罗织大狱以巩固帝位。天授以后不少流放案件都是酷吏诬构而成，如编号96、97、98、99、100、114官员，都是被来俊臣诬陷；编号102至108等官员，则是被王弘义构陷。不过，酷吏只是专制帝王诛锄政敌的爪牙，一旦引起群情愤慨或是政敌翦除殆尽，酷吏也是悲惨收场。周兴、来子珣、王弘义先后流死。神功元年（697）武后将来俊臣弃市，标志酷吏政治的逐渐落幕。[④] 中宗朝再将酷吏仍在世者，一一流放（编号126、127、128）。

神龙元年（705），宰相张柬之等以张易之兄弟谋反，勒兵入宫诛之，并

① 《旧唐书》卷五一《后妃传上》；《新唐书》卷七六《后妃传上》；（宋）司马光撰，（元）胡三省注《资治通鉴》卷二〇〇“唐高宗永徽六年（655）冬十月条”，中华书局，1975。

② 《资治通鉴》卷二〇一“唐高宗麟德元年（664）十二月条”。

③ 《资治通鉴》卷二〇四“唐则天后垂拱四年（688）秋七月条”。

④ 黄清连：《两唐书酷吏传析论》，《辅仁大学历史学报》第5期（台北，1993），第124页。

逼武后逊位，拥中宗复辟。编号121至125和136等案例，都是对张易之党羽的惩处。张柬之等未能一举尽灭武氏，最终为武三思、韦后等诬陷谋反而被流放（编号130至134）。睿宗诛除韦、武党羽后登基，即位之初以宋之问和冉祖雍党附韦、武加以远逐（编号140、141）。先天元年，亲玄宗宰相刘幽求上书请诛太平公主，事泄，玄宗上其奏，幽求等以离间骨肉被流放（编号146、147、148）。

先天二年，玄宗诛太平公主，编号149、150、151、184的崔湜等人皆太平党羽，先后被流。太平公主被诛后，唐代女主干政告一段落。武则天以来，皇后、皇子、公主、外戚等阵营间的权力斗争，导致政潮不断。[①] 玄宗铲除太平公主党后，权力中枢逐渐稳固，因“谋反”之类犯罪被流放的案例大幅减少。玄宗开元年间比较大的政治案件，应是开元二十五年（737）的废太子瑛案，党附瑛的驸马薛锈被流放（编号175）。开元二十四年以后，玄宗倦于万机，委政于李林甫。天宝五载，李林甫劾太子妃兄韦坚与节将狎昵，构谋规立太子。天宝六载，以杨慎矜权位渐盛，林甫密奏慎矜蓄异书，与凶人来往，规复隋室。慎矜被杀，亲属被流。编号184、185、187、188、189、190等例，皆韦坚案和杨慎矜案被流放者。天宝十一载，李林甫卒。杨国忠素憾李林甫，遂奏林甫与蕃将阿思布谋反，林甫子孙有官者除名，流岭南及黔中（编号197）。

（二）贪赃罪

唐代前期因赃污罪被流放的官人共有32例。广州都督或南海太守等岭南地方大吏贪黩成风，自唐初以来即被诟病，据《旧唐书·忠义冯立传》云：“拜广州都督。前后作牧者，多以黩货为蛮夷所患，由是数怨叛。”[②] 又据《旧唐书·卢奂传》云：“时南海郡利兼水陆，瓌宝山积，刘巨鳞、彭杲相替为太守、五府节度，皆坐赃巨万而死。”[③] 编号13太宗朝的党仁弘、编号22高宗朝的萧龄之和编号186玄宗朝的彭果，都因担任广州都督或南海太守任内贪赃而被流放。高宗朝另一重大贪赃案应是龙朔三年（663）的李义府案。史称右相李义府“本无藻鉴才，怙武后之势，专以卖官为事，铨序失次，人多怨讟”。[④] 后收长孙延七百贯为求司津监，事发，被长流巂州，家属皆长流岭南。编号42至46都是此案的相关官员。

玄宗朝因贪赃被流的官员颇多，编号154、158、167、168、169、170、

① 唐长孺等编《汪篯隋唐史论稿》，中国社会科学出版社，1981，第189~191页。
② 《旧唐书》卷一八七上《忠义传上》，第4873页。
③ 《旧唐书》卷九八《卢奂传》，第3070页。
④ 《旧唐书》卷八二《李义府传》，第2768页。

173、174、177、178、179、186、191、192、193、196等16件案例皆是。以时间而言，这些案例分布颇为平均，自开元初至天宝末皆有。以职官而言，中央和地方官吏约各占一半。大致而言，赃罪之惩处颇重，不少原先判决死刑，后来减死从流。但流放之前，往往决杖一顿。编号154开元四年中书主书赵诲因受蕃人珍遗而被流，但流放前被决杖一百。编号158开元十年的裴景先、编号177开元二十五年的宣州溧阳令宋廷晖，都是同样处置。关于官人刑和罚的部分，将于下文一一分析。

三　官人的“原刑”

高宗永徽二年（651），华州刺史萧龄之因在广州都督任内受纳金银二千余两，乞取奴婢十九人而下狱，高宗诏曰：“群僚议罪，请处极刑，奏决再三，即合从戮……宜免腰领之诛，投身瘴疠之乡。可除名，配流岭南远处，庶存鉴诫。”① 又玄宗天宝六载（746），南海太守彭果因贪赃十万有余，玄宗下诏云：“议以常科，法当殊死，但尚宽典，免致严诛。宜从杖罚，俾徙荒徼，即就大理寺门决六十，除名长流溱溪郡。”② 从以上两宗案例，归纳流放官人的几个现象：其一，二人都是罪犯极刑，论法当诛，最后皇帝特别开恩，始得免死，可知他们原先所判并非流刑；其二，二人都被投身瘴疠，远逐遐方；其三，二人都被除名；其四，彭果在流逐之前，先被杖刑；其五，彭果的流刑称作“长流”，显然有别于一般的流放。以下将就流人所受处罚，一一述论，本节先检讨流人原来的判刑。

本文所处理的都是被皇帝流放的官人，但是，流放其实只是他们后来受到的处罚，不一定都是原来的判刑。究竟有多少人原来已经判刑确定，后来才改判流放呢？粗略估计，这种例子约有63宗，都是判决死刑后，皇帝特别予以宽宥，减死从流。若将这63宗案例略作分析，可知谋反罪占37宗、赃罪13宗、战败2宗、杀人2宗、妄说图谶或结交妖人2宗，其他7宗。

在37宗谋反罪中，有32宗是本人参与谋反，属谋反罪的正犯，5宗是被缘坐的亲人。关于谋反罪的处罚，见《唐律疏议·贼盗律》“谋反大逆”条（总248）云：

> 诸谋反及大逆者，皆斩；父子年十六以上皆绞，十五以下及母女、

① 李希泌主编《唐大诏令集补遗》卷一六《萧龄之流岭南诏》，上海古籍出版社，2003。

② （宋）王钦若等编《册府元龟》卷一五二《帝王部·刑罚》所载《流彭果诏》，中华书局，1960。

妻妾、（注云：子妻妾亦同）祖孙、兄弟、姊妹若部曲、资财、田宅并没官……伯叔父、兄弟之子皆流三千里，不限籍之同异……其谋大逆者，绞。①

谋反罪是指图谋加害皇帝；大逆罪则是毁损皇帝宗庙、陵寝、宫阙等。② 谋反罪只要是图谋策划就算成立，不考虑预谋是否已行，也不考虑是否构成实害，一律处斩，父子、母女、妻妾并流三千里。③

这32例谋反罪的正犯，大部分都明白记载是得到皇帝恩宥免死的，譬如，编号6的长孙安业、编号7至10裴虔通等五人、编号33的长孙无忌、编号76的李孝逸、编号82至85的元万顷等四人、编号94的周兴、编号114的刘如璿、编号129的郑普思、编号130至134的桓彦范等五人。除此以外，有若干案例并没有清楚记载是蒙恩免死，但按照上引唐律，谋反正犯本来理当处死。可知他们的流刑显然不是原来的处罚，而是皇帝法外的恩典。另外，上述谋反流放案中尚有5宗是谋反缘坐犯，他们是编号28的柴哲威、编号35的长孙诠、编号79的越王贞子温、编号86的滕王修琦、编号142的严善思等。其中只有李温的身份属于缘坐合死的，但因他告父兄朋党而得到减刑。其他四例，按照他们与正犯的关系，律文原无大辟之刑，但显然都被判处极刑，然后再减死从流。

除了谋反罪外，另有13宗赃罪也是属于免死配流，即原来都是判处死刑的。这13宗赃罪是编号13的党仁弘案、编号22萧龄之案、编号47董思恭案、编号117张锡案、编号144独孤璿案、编号154赵晦案、编号158裴景仙案、编号176杨浚案、编号177宋廷晖案、编号178周仁公案、编号179裴裔案、编号186彭果案、编号193李彭年案。

关于官人的贪赃罪，唐律区分为“枉法赃”、“不枉法赃”、“受所监临赃”及“坐赃”等四种状况。按《唐律疏议·职制律》“监主受财枉法条”（总138）云：

诸监临主司受财而枉法者，一尺杖一百，一疋加一等，十五疋绞；

① （唐）长孙无忌等撰《唐律疏议》卷一七《贼盗律》，刘俊文点校，中华书局，1982，第321页。

② 《唐律疏议》卷一《名例律》“十恶”条（总6）。

③ 谋反是否构成实害，会造成缘坐范围有所不同：谋反而有害者，父和子年十六以上皆绞；子年十五以下和母女、妻妾、子妻妾、祖孙、兄弟、妹并没官；伯叔父、兄弟之子，不论是否同籍，皆流三千里。若是谋反而无害者，缘坐范围较小，仅父子、母女、妻妾各流三千里，其他亲属不在缘坐之列。

> 不枉法者，一尺杖九十，二疋加一等，三十疋加役流。[①]

“枉法赃”与“不枉法赃”在处罚上的差异是前者最重处以绞刑，后者最重则至加役流。至于“受所监临赃”方面，据《唐律疏议·职制律》“受所监临财物”条（总140）云：

> 诸监临之官，受所监临财物者，一尺笞四十，一疋加一等；八疋徒一年，八疋加一等；五十疋流二千里……乞取者，加一等；强乞者，准枉法论。[②]

可知受所监临财物，最重只到流二千里，乞取最高至流二千五百里。“坐赃”罪方面，据《唐律疏议·杂律》“坐赃致罪”条（总389）云：

> 诸坐赃致罪者，一尺笞二十，一疋加一等；十疋徒一年，十疋加一等，罪止徒三年。[③]

“坐赃罪”处罚相对较轻，一般最重处以徒三年。

上述13宗案例，党弘仁枉法取财及受所监临赃百万，按律当处死刑。萧龄之受金银二千两，乞取奴婢十九人，史称“群僚议罪，请处极刑”。董思恭知贡举事，泄进士问目，赃污狼藉，[④] 应是受财枉法。张锡的情形与董思恭类似，都是知选事漏泄，赃满数万，也是受财枉法。董张二人依法论律，合当极刑。独孤璿、赵晦、杨浚等三人贪赃情形不详。宋廷晖、周仁公、裴裔等三人虽不知贪赃之细节，但玄宗的敕书说“刑曹定罪，并当极法”。[⑤] 显然都是经过法司审讯，罪当大辟。彭果因贪赃十万有余，玄宗云“议以常科，法当殊死”。以上各例都是罪犯贪赃，原先都处以死刑，皇帝或鉴于从龙有功（如党仁弘）、或是基于议功（如萧龄之）、或是时当阳和（如宋廷晖等三人），遂特旨免死配流。贪赃案中裴景仙一案较特别，裴乞取赃积五千匹，玄宗为了惩治贪赃，“不从本法，加以殊刑”，[⑥] 意指所犯原非死罪，特别加重处分。皇帝本欲集众杀之，但大理卿李朝隐以为“景仙缘是乞赃，

① 《唐律疏议》卷一一《职制律》，第220页。

② 《唐律疏议》卷一一《职制律》，第221页。

③ 《唐律疏议》卷二六《杂律》，第479页。

④ （宋）王谠撰，周勋初校证《唐语林校证》，中华书局，1987，第714页。

⑤ 《唐大诏令集补遗》卷一六《流宋廷晖周仁公裴裔勅》。

⑥ 《唐大诏令集补遗》卷一六《流裴景仙岭南诏》。

罪不至死……枉法者，枉理而取，十五匹便抵死刑；乞取者，因乞为赃，数千匹止当坐流。”① 由于裴景仙只是乞取，依前引“受所监临财物”条，至多是流二千五百里，故李朝隐力主开恩。最后，玄宗只好改处流刑。

综合而言，包括上述谋反罪和赃罪在内的 63 宗流放案例，其原来的刑罚是死刑而非流刑，只是皇帝基于各种考虑，曲法施恩，免除死刑，改科流配。流刑并非原刑，它是天子宽宥下的一项替代刑。由于史料残缺，其他案例的详情所知不多，但推测应该还有更多类似的案例。

四　官人的处罚——流放与除名

不管流刑是否这 197 例官人原来的刑罚，最终他们都被流放，那么，唐律对于流刑是如何规定的呢？官人被处以流刑的同时，往往一并“除名”，“除名”可谓流刑的“从刑”。以下就流放和除名分别论述。

（一）流刑的规定和运用

唐代流刑的规定，主要见《唐律疏议·名例律》“流刑三”条（总 4）、“犯流应配”条（总 24）、“流配人在道会赦”条（总 25）、“犯死罪应侍家无期亲成丁”条（总 26）。关于唐代流刑的法定规范，笔者曾专文探讨，为免重复，此处只作简单说明。要而言之，唐代流刑包含四项要素：（1）流刑有“道里之差”。即以京师长安为起点计算，② 分为流二千里、二千五百里、三千里等三等，谓之“三流”。（2）强制苦役。流人至配所皆须服劳役一年（加役流则是三年），除此并无其他附加刑罚。（3）终身远逐。流人服役期满后，必须在配所设籍，终身不得返乡。除非是流移人死亡，家口始得放还。（4）妻妾必须跟随。③ 此外，唐代皇帝赦宥频繁，④ 流人在流放途中或配所遇赦，只要是在行程之内者，都可以蒙恩放还，但若是行程违限或是逃亡则不在免限。流人抵达流所后，纵逢恩赦，最多只能免役，不得辄还故乡。

流刑之可怖在于远逐遐方和强制苦役，流刑最重的流三千里是哪些区

① 《旧唐书》卷一〇〇《李朝隐传》，第 3126 页。

② 可参看日本学者辻正博氏前揭《唐宋時代刑罰制度の研究》第 2 章“唐律の流刑制度”第 5 节“配流の距離の起点”。戴建国亦赞成辻氏意见，並举出更多资料证明流刑起点应是京师，参看前揭氏著《唐代流刑的演变》，第 123～124 页。

③ 参看拙作《唐代的流刑——法律虚与实的一个考察》，第 68 页。

④ 据笔者统计，唐代 290 年间共大赦 188 次，平均一年大赦 0.65 次，约 19 个月便有 1 次大赦。参看拙著《皇权的另一面——北朝隋唐恩赦制度研究》第 1 章“恩赦的颁布与北朝隋唐的政治”，北京大学出版社，2007。

域？若以开元十五道而论，唐代“三流”大致的范围应在营州以南的河北道、河南道的东部、温州以北的江南东道、郴州以北的江南西道、山南东道和山南西道的南部、黔中道和剑南道的北部、沙州以东的陇右道。关内道、京畿道、都畿道、河东道等因距京不满二千里；岭南道则因远超三千里而不在流放的范围。① 长安周边的成都平原、京畿、河北、河南、江南东道等地带，在唐代中期以前就已经是经济中心和人口密集的地区。因此，流三千里的配所看来不算是太蛮荒的区域。至于流刑的役期只有一年，不过相当于徒刑最轻的一等。或许因为流刑不足以严惩恶徒与吓阻犯罪，太宗贞观十四年（640）对于流刑的配所作出重大变革。据《旧唐书·刑法志》云：“又制：流罪三等，不限以里数，量配边恶之州。其后虽存宽典，而犯者渐少。”② 流刑的配所不再“限以里数”，即不再考虑距京的里程，而是选择边远和险恶之地。这年九月唐灭高昌，置西州，太宗这项新规定也有利配送流人至该处。贞观十六年（642）正月，太宗下诏云：“在京及诸州死罪囚徒，配西州为户；流人未达前所者，徙防西州。”③ 太宗将流人徙防西州，当然寓有徙民实边的含意。西州距长安5516里，④ 若依照唐律三等流刑的规定，自然不是法定的配所。

唐律二千里、二千五百里、三千里的“三流”并没废弃，它是作为定罪科刑之用，但实际量配犯人时，则是另作安排。除了上述的西州以外，还有哪些地方？据最新复原的《唐令·狱官令》复原15（唐5）“流移人配送付领”条，云：

> 若配西州、伊州者，并送凉州都督府。江北人配岭以南者，送付桂、广二都督府。其非剑南诸州人而配南宁以南及嶲州界者，皆送付益州大都督府，取领即还。其凉州都督府等，各差专使，准式送配所。⑤

《唐六典》“尚书刑部·刑部郎中员外郎”条所记文字略有歧异，尤其剑南配

① 参看拙作《唐代的流刑——法律虚与实的一个考察》，第69页。

② 《旧唐书》卷五〇《刑法志》，第2140页。《唐会要》卷四一《左降官及流人》将此诏系于贞观十四年（640）正月二十三日，“边恶之州”作“边要之州”。参（宋）王溥撰《唐会要》卷四一《左降官及流人》，何泉达等点校，上海古籍出版社，1991，第859页。

③ 《旧唐书》卷三《太宗纪下》，第54页。

④ 本文关于州县距长安的远近，主要是根据《旧唐书·地理志》的记载。

⑤ 参看天一阁博物馆、中国社会科学院历史研究所天圣令整理课题组：《天一阁藏明钞本天圣令校证·附唐令复原研究》，中华书局，2006，第615页。学界普遍认为本条是《开元二十五年令》。

所有别于“南宁以南及嶲州界”，却是写作“姚、嶲州”。[①] 据唐令的规定，显然流配地区是以陇右道的西州和伊州，岭南道、剑南道的姚州（或是南宁以南）和嶲州为主。实际状况又是如何？前引贞观十六年的诏书是将流人移送西州、伊州的明证。至于姚州、嶲州方面，高祖朝的可达志、太宗朝的长孙安业等人都是配流嶲州（编号 1 至 6）；高宗朝的刘仁愿和李善都是流姚州的例子（编号 53、57）。关于流放岭南的例子，更是俯拾可得。唐代前期官人流放地，可参看下列表 2 “唐代前期官人流放地一览表”。表中最让人瞩目的，当是唐代官人流放的地区，呈现高度集中的现象。唐代前期 197 例流放官人，竟有高达 156 例是流配到岭南地区，占总数的 80%！其次是剑南地区，共有 17 例，约占总数的 9%。其他黔中等各道一百多年的总和不过 24 例，可见唐代流配地区容或南北皆可，但明显是以岭南地区为主。[②]

表 2　唐代前期官人流放地一览表

地区 时代	岭南	剑南	黔中	江南东	江南西	河北	陇右	山南东	山南西	淮南	不详	总数
高祖		4										4
太宗	12	3		1	1							17
高宗	31	8	2		1	1	4					47
武后	44	1	2					1	1	1	1	51
中宗	18				1							19
睿宗	5	1										6
玄宗	46		1		3						3	53
总数	156	17	5	1	6	1	4	1	1	1	4	

唐代岭南道幅员辽阔，约相当今日广东省、广西省、海南省和越南北部。岭南道较接近西京长安的州郡是桂州、封州、昭州、贺州，但都分别距京 4760 里、4510 里、4436 里、4130 里，远超法定流放的里程。其实，流放贺州、昭州的尚在少数，更多的例子是流放到儋州、崖州，儋州、崖

① 《唐六典》卷六《尚书刑部・刑部郎中员外郎》条云：“配西州、伊州者，送凉府；江北人配岭南者，送桂、广府；非剑南人配姚、嶲州者，送付益府，取领即还。其凉府等各差专使领送。”〔（唐）李林甫等撰，陈仲夫点校，中华书局，1992，第 190 页〕《唐六典》所记或即《开元七年令》？

② 王雪玲亦指出岭南是唐代流人最集中的地区，约占流人总数的 65%，见氏著《两〈唐书〉所见流人的地域分布及其特征》，《中国历史地理论丛》第 17 卷第 4 期（西安，2002），第 81 页。王氏以两《唐书》为史料来源，只计算有名有姓有明确流放地的流人，与本文的采样标准不同，所以在岭南流人比例数字上，彼此略有相差。

州属今日的海南省，距离长安都在七千里以外。尤有甚者，高宗朝的李乾祐流放至爱州（编号31）；太宗朝的裴虔通（编号7）、杜正伦（编号14）流放至驩州。爱州和驩州都在今日越南北部，距首都分别是8800里和12452里之遥！大体而言，岭南道中最常被配送的州郡依次为崖州（11次）、瀼州（10次）、钦州（7次）、振州（6次）、峰州（5次）、驩州（4次）等。各州离京的里程，分别是：

崖州：7460里　瀼州：6192里[①]　钦州：5251里
振州：8606里　峰州：7110里　驩州：12452里

除了岭南以外，其他的流所又如何呢？剑南道距离长安较近，但嶲州仍距京3654里，姚州距京4300里。显然，唐令中的配所早已不是唐律三流的道里之差了。

岭南地处边陲，时人认为瘴气蛊毒弥漫，毒蛇猛兽出没，仿如穷山恶水、魑魅之乡。唐太宗时，卢祖尚应允出任交州都督，既而反悔，太宗虽一再晓谕敦促，但祖尚仍然坚决推辞，云："岭南瘴疠，皆日饮酒，臣不便酒，去无还理"，最后竟为太宗所杀。[②] 又据《旧唐书·宋庆礼传》云："宋庆礼……迁大理评事，仍充岭南采访使。时崖、振等五州首领，更相侵掠，荒俗不安，承前使人，惧其炎瘴，莫有到者。"[③] 岭南采访使职责在巡查岭南各处，监察地方官吏的优劣，然而竟因惧怕瘴疠，不敢踏足崖州等地。韩愈被贬潮阳，也自叹"居蛮夷之地，与魑魅为群"。[④] 在岭南为官尚且惶恐如斯，作为罪囚的流人更是忧惧莫名。宇文融因赃罪被流岭南岩州，史称"地既瘴毒，忧恚发疾"。[⑤] 唐代诗人于鹄有《送迁客诗》，云：

流人何处去，万里向江州，孤驿瘴烟重，行人巴草秋。上帆南去远，送雁北看愁，遍问炎方客，无人得白头。[⑥]

---

① 两《唐书》并无瀼州至两京的里数，但据《旧唐书·地理志》，瀼州北距容州282里，容州至京师则为5910里，故可知瀼州至长安大约是6192里。

② 《旧唐书》卷六九《卢祖尚传》，第2521页。

③ 《旧唐书》卷一八五下《良吏·宋庆礼传》，第4814页。

④ 韩愈：《潮州刺史谢上表》，收入马其昶校注，马茂元整理《韩昌黎文集校注》，上海古籍出版社，1987，第618页。

⑤ 《旧唐书》卷一〇五《宇文融传》，第3222页。

⑥ 《全唐诗》卷三一〇。

毒雾瘴气的岭南，官人一旦流逐，往往死亡无日，难见白头。岭南正是因为既边远又险恶，一直作为唐代官人主要的流放地点。

（二）除名

除了流放的正刑外，前引的萧龄之和彭果都遭到“除名”处分。类似的例子不少，粗略估计约有28例，其中太宗朝有10例，高宗朝有13例，武后朝有2例，玄宗朝有3例。

按唐律规定，官人犯法，除被科以死流徒等主刑外，尚有从刑的处分，包括除名、免官、免所居官等，其中以除名最为严重，犯者官爵悉除，与白丁无异，六载后方得依出身法任官。关于“除名”罪所科的处罚，散见于《唐律疏议·名例律》“应议请减”条（总11）、“除免官当叙法”条（总21）、“除免比徒”条（总23）。至于应处以“除名”的各项犯罪，则集中见于《名例律》“除名”条（总18）。以下为科处“除名”的各项犯罪：

1. 犯十恶、故杀人、反逆缘坐；

2. 监临主守于所监守内犯奸、盗、略人，或受财而枉法者；

3. 其杂犯死罪、在禁身死，免死别配及背死逃亡；

（1）杂犯死罪者：非十恶、故杀人、反逆缘坐、监守内奸、盗、略人、受财枉法中死罪者。

（2）在禁身死者：犯罪合死，在禁身亡。

（3）免死别配者：本犯死罪，蒙恩别配流、徒之类。

（4）背死逃亡者：身犯死罪，背禁逃亡者。

4. 五流：会赦犹流、不孝流、反逆缘坐流、子孙犯过失流、加役流。

上述28宗除名案例，部分是谋反案，属于十恶罪，如编号7至11的裴虔通五人、编号76的李孝逸；有属于受财而枉法者，如编号47的董思恭；有杂犯死罪的，如编号20的李袭誉；有属于免死别配的，即原本犯了死罪，蒙恩配流的，如编号13的党仁弘、编号22的萧龄之、编号61、62的权善才、范怀义，编号193的李彭年。但是，让人不解的是，根据前节的讨论，可知197宗案例中免死从流的就有62宗，谋反案的正犯也有31例，按照唐律，这些状况都必须除名，可是，史传明白记载除名的却只有28例而已。此外，除名案例也有明显的时代性，28例中有23例集中在太宗和高宗朝，尔后只有寥寥数例。是否《名例律》“除名”条在高宗朝确立后，触犯以上恶行的都一律除名，所以反而不需要特别注明呢？

五　流刑的加重——长流与决杖

（一）长流

前引玄宗朝彭果的贪赃案，最后他是被长流溱溪郡。“长流”一词不见于唐律，是高宗朝才出现的新刑罚。关于“长流”，笔者曾在另外一篇文章中论及，此处只作简单概述。[①] “长流”是对于较为严重犯罪所作的处罚，除非皇帝特旨放免长流人，否则，长流人不因一般的大赦而得到宽恕。关于长流的具体内容，可以高宗朝李义府的遭遇为例说明。高宗龙朔三年（663）四月，李义府遭长流嶲州、长子津长流振州、次子洽、洋和婿柳元贞等长流庭州（编号42至46）。据《旧唐书·李义府传》云：“乾封元年，大赦，长流人不许还，义府忧愤发疾卒，年五十余……上元元年，大赦，义府妻子得还洛阳。”[②] 又《册府元龟》卷八四《帝王部·赦宥三》云：“上元元年八月壬辰，（高宗）追尊祖宗谥号，改咸亨五年为上元元年，大赦天下，长流人并放还。”麟德三年（666）正月，高宗封禅泰山后，改元乾封，大赦天下，[③] 因为没有宣布长流人可以还乡，时遭长流的李义府因而忧愤病死。至上元元年（674）八月大赦，高宗明令长流人并放还，李义府的家人遂得还洛阳。长流人一般不容易赦免返乡，这对官人而言，无疑永别政治中枢；这对经济文化仍居领先地位的中原人仕而言，不啻永远沉沦于瘴疠蛮荒的绝域。

唐代前期的流放官人中，遭到“长流”处分者共有34例。高宗朝有9例，武后朝有2例，中宗朝有6例，玄宗朝有17例。34例中，事涉谋反罪的14宗，如高宗朝的长孙无忌谋反案，中宗朝的桓彦范、张柬之等谋反案，玄宗朝的太平公主党羽崔湜案、太子瑛案、韦坚案、王铁案等。赃罪有8宗，主要是高宗朝的李义府诸子贪赃案，玄宗朝的彭果案和李彭年案。谋叛罪有4宗，是玄宗开元十五年王君奂劾回纥部落难制，潜有叛谋，回纥承宗等四人被长流。可见被长流者大多是谋反、附逆、谋叛、贪渎之类的严重恶行，往往是皇帝格外开恩，免死长流。但是，讽刺的是，“免死长流”常常只是君主仁德恤刑的假象而已，这些罪犯最后还是难逃一死。高宗朝的长孙无忌

---

① 可参看拙作《从唐代法律的角度看李白长流夜郎》，《台湾师大历史学报》第42期（台北，2009）。

② 《旧唐书》卷八二《李义府传》，第2770页。

③ 《旧唐书》卷五《高宗纪》，第89页。

后来在流所被逼自缢，另外，有些长流的案例最终是赐死于途，譬如玄宗朝的崔湜、薛锈均是。

（二）决杖

前引天宝年间彭果因罪犯贪赃，免死配流，流放之前决杖六十。从附表1可见唐代官人流配之前，先遭决杖的例子，并不稀罕。按照唐律，流刑并无附加笞杖。不过，皇帝往往没有遵守律令，不时对流人先行决杖，然后才配送远郡。流人决杖配送之事，始见于武后朝。光宅元年（684），宰相裴炎以谋反罪下狱，其侄裴伷先被牵连，据《新唐书·裴伷先传》云："（武）后怒，命曳出，杖之朝堂，长流瀼州。"[①] 这是首宗罪犯在流放之前，先被决杖一顿的记载，嗣后，流刑附加杖刑的处罚，屡见不鲜。睿宗朝有二件流人决杖案例：景云二年（711），张奉先以伪宣敕取内厩马（编号143）、独孤璿因犯赃（编号144），皆被决杖一百，免死配流岭表。[②] 不过，武后、睿宗尚算偶一为之，爰至玄宗时期，流人决杖之事激增，俨然成为定制。

开元四年（716），中书主书赵诲因受蕃人珍遗（编号154），论罪当诛，但得玄宗免死，赵诲最后决杖一百，流配岭南。开元十年（722），蒋宠以"言事涉邪……法所宜诛"，[③] 遭决杖四十配流岭南的藤州（编号159）。开元十年的姜皎（编号156）、裴景仙（编号158），开元二十四年（736）的杨浚（编号173），开元二十五年的宋廷晖（编号177）、周仁公（编号178）、裴裔（编号179）等三人，原先都是罪犯极刑，最后，免死决杖流配遐方。决杖的数目有时候是杖四十，有时加重到决杖六十，如姜皎、彭果、张瑄（编号187）。不过，还有杖一百的，如裴景仙、齐敷和郭禀（编号165和166）。玄宗朝决杖配流似乎是死刑的替代刑一般，只是由于史料不足，无法清楚判定决杖配流者，是否一定都是免死减降。但天宝六载（747）玄宗废除死刑，乃正式以决杖配流取代死刑，史称："又令削绞、斩条。上慕好生之名，故令应绞斩者皆重杖流岭南，其实有司率杖杀之。"[④] 可知玄宗削除绞斩之刑后，凡应绞斩者，皆重杖配流岭南。决杖和配流，基本上是玄宗开元以来恩降免死的替代刑，如今，只是正式以决杖和配流取代死刑而已。

玄宗废除死刑后，从史料所见，的确看到此时犯死刑者代以决杖的记载，但诚如《通鉴》所记，名为好生宽宥，实则当场杖杀。天宝八载

① 《新唐书》卷一一七《裴伷先传》，第4249页。

② 《册府元龟》卷一五〇《帝王部·宽刑》。

③ 《册府元龟》卷一五二《帝王部·慎罚》。

④ 《资治通鉴》卷二一五"唐玄宗天宝六载（747）正月戊子条"。

(749)，咸宁太守赵奉璋和南海太守刘巨鳞都被决杖而死。[①] 玄宗朝滥用杖刑，甚至杖杀朝臣之事，开元年间早已有之。按《旧唐书·张嘉贞传》云："(开元十年) 有洛阳主簿王钧为嘉贞修宅，将以求御史，因受赃事发，上特令朝堂集众决杀之。"[②] 王钧因赃罪被当廷杖死，这样的例子在玄宗朝可谓屡见不鲜。玄宗朝决杖浮滥的现象，一直颇受非议。开元初，黄门侍郎张廷珪便曾上奏，云：

> 时监察御史蒋挺以监决杖刑稍轻，敕朝堂杖之，廷珪奏曰："御史宪司，清望耳目之官，有犯当杀即杀，当流即流，不可决杖。士可杀，不可辱也。"时制命已行，然议者以廷珪之言为是。[③]

张廷珪对蒋挺一案的进谏似乎没有发挥作用。开元十年 (722)，广州都督裴伷先下狱，上召使臣问当何罪，张嘉贞请杖之。兵部尚书张说进曰：

> 臣闻刑不上大夫，以其近于君也。故曰："'士可杀，不可辱。'臣今秋受诏巡边，中途闻姜皎以罪于朝堂决杖，配流而死。皎官是三品，亦有微功。若其有犯，应死即杀，应流即流，不宜决杖廷辱，以卒伍待之。且律有八议，勋贵在焉。皎事已往，不可追悔。伷先祇宜据状流贬，不可轻又决罚。"上然其言。[④]

裴伷先幸得张说仗义营救，免官而不必决杖。开元二十五年 (737)，夷州刺史杨浚犯赃处死，诏令决六十，配流古州 (编号 176)。宰相裴耀卿上奏，以为：

> 决杖者，五刑之末，只施于扶扑徒隶之间，官荫稍高，即免鞭挞。今决杖赎死，诚则已优，解体受笞，事颇为辱。法至于死，天下共之，刑至于辱，或有所耻。况本州刺史，百姓所崇，一朝对其人吏，背脊加杖，屈挫拘执，人或哀怜，忘其免死之恩，且有伤心之痛，恐非敬官长劝风俗之意。[⑤]

---

① 《旧唐书》卷九下《玄宗纪下》，第 223 页。
② 《旧唐书》卷九九《张嘉贞传》，第 3091 页。
③ 《旧唐书》卷一〇一《张廷珪传》，第 3153 页。
④ 《旧唐书》卷九九《张嘉贞传》，第 3091～3092 页。
⑤ 《旧唐书》卷九八《裴耀卿传》，第 3082 页。

裴耀卿的上奏似乎也没有任何回应。

玄宗时期不断有人上奏非议杖责朝臣，正反映当时廷杖的浮滥。鞭扑此类残害身体的肉刑，在远古之世乃施于族外俘虏，封建时代也只是庶民奴隶之刑。贵族犯事，或是流放，或是自尽，此即所谓“刑不上大夫”之义。玄宗经常杖责大臣，甚至朝堂集众决罚，固然有示众以儆效尤之用意，但更重要的是，廷杖不仅是责打犯事之人，它是对整体官人的公然折辱。所以，张廷珪等人都以“士可杀，不可辱”来非议廷杖。张嘉贞以张说反对决杖裴伷先，颇为不悦，但张说的回答是“此言非为伷先，乃为天下士君子也”。可见廷杖是摧折污辱天下士子，使其颜面扫地。玄宗屡次杖辱大臣，其实反映专制君主权力的滥用，当然，也代表君主乃贵族公有物，君主不可违逆贵族公议的贵族制时代逐渐远去。此外，有学者以为唐代后期法制的其中一项变化，就是法外刑取代法内刑，滥用决杖即其突出现象。①此论固然正确，但滥用杖刑之事，非自安史乱后，而是在“开元全盛日”即已发生。

六　流放官人的下场

官人被流放远逐，其下场究竟如何？正如前述，按照法律，流刑是终身远逐，不得返乡的，流人是否都死于配所呢？还是有东山再起的一天？以下拟从“流死”与“放还”等角度，加以考察。

（一）流死

流死指因配流而死，约可再细分为“老死配所”和“死于非命”两类，前者是指流人顺利抵达并终老于流放地，后者乃指死于途中或赐死于配所。“老死配所”的例子甚多，编号19的郑世翼，史称“配流巂州卒”。② 编号25的宇文节，因被房遗爱谋反所连，死于流所桂州。李义府被长流巂州，“忧愤发疾卒”。其他“老死配所”的例子，可参看附表1。武后屠戮李唐宗室，史称“唐之宗室于是殆尽矣，其幼弱存者亦流岭南”，又云“武后所诛唐诸王、妃、主、驸马等皆无人葬埋，子孙或流窜岭表，或拘囚历年，或逃匿民间，为人佣保”。③ 的确，不少宗室流放岭南后，境况甚为凄凉，据《旧

---

① 刘俊文：《论唐后期法制的变化》，收入氏著《唐代法制研究》，台北，文津出版社，1999，第268~270页。

② 《旧唐书》卷一九〇上《文苑·郑世翼传》，第4989页。

③ 《资治通鉴》卷二〇八“唐中宗神龙元年（705）二月”条。

唐书》卷一九三《列女・女道士李玄真传》云："女道士李玄真，越王贞之玄孙。曾祖珍子，越王第六男也，先天中得罪，配流岭南。玄真祖、父，皆亡殁于岭外。虽曾经恩赦，而未昭雪。"李玄真虽为王族，但三代皆亡于岭外，"旅榇暴露"，境况堪怜。

相对于宇文节等老死配所，流放官人也有不少死于非命者。"死于非命"有两种状况：一种是死于途中，一种杀于流所。死于途中的例子，有编号38的慕容宝节，因毒药害人被流岭表，但被斩于龙门。编号55的贺兰敏之被流雷州，但行至韶州被以马缰绞杀。编号112的王弘义被流琼州，在途中被榜杀。编号140和141的宋之问和冉祖雍被赐死于桂州。编号149的崔湜被长流窦州，被赐死于荆州驿中。编号176的薛锈被长流瀼州，被赐死于城东驿。除了被赐死或榜杀以外，也有一些是被杖后，负伤死于途中，这种情况见于玄宗朝。编号156的姜皎、编号175的周子谅、编号186的彭果、编号187的张瑄，都是决杖后死于途中。开元十年（722），曾恩准流移之人，可于杖后休养一个月再发遣。[①] 但天宝五载（746）又下严勅，云："应流贬之人，皆负谴罪。如闻在路多作逗遛，郡县阿容，许其停滞。自今以后……流人押领，纲典画时，递相分付，如更因循，所由官当别有处分。"[②] 对于流人在道的程限，严格管制，以防逗留停滞。《通鉴》以为"是后流贬者多不全矣"。[③]

除了死于途中外，也有不少流人被杀于流所，最为人熟知的诛杀流人事件，应是武则天长寿二年（693）的一次。这次是补阙李秦授倡议的，据《新唐书・裴伷先传》云：

> 时补阙李秦授为武后谋曰："谶言'代武者刘'，刘无强姓，殆流人乎？今大臣流放者数万族，使之叶乱，社稷忧也"。后谓然，夜拜秦授考功员外郎，分走使者，赐墨诏，慰安流人，实命杀之。[④]

李秦授以谶言"代武者刘"，向武后倡议诛杀流人。屠杀流人的详细记录见《旧唐书・酷吏上・万国俊传》，云：

> 长寿二年，有上封事言岭南流人有阴谋逆者，乃遣国俊就按之，若

① 《唐会要》卷四一《左降官及流人》，第859页。

② 《唐会要》卷四一《左降官及流人》。

③ 《资治通鉴》卷二一五"唐玄宗天宝五载（745）秋七月丙辰"条。

④ 《新唐书》卷一一七《裴伷先传》，第4249页。

> 得反状，便斩决。国俊至广州，遍召流人，置于别所，矫制赐自尽，并号哭称冤不服。国俊乃引出，拥之水曲，以次加戮，三百余人，一时并命。然后锻炼曲成反状，仍诬奏云："诸流人咸有怨望，若不推究，为变不遥"。则天深然其奏。①

武后乃遣刘光业等分往剑南、黔中、安南等六道鞫流人。光业等见国俊残杀后大有封赏，遂尽情杀戮。据前引《万国俊传》可知"光业杀九百人，德寿杀七百人，其余少者咸五百人。亦有远年流人，非革命时犯罪，亦同杀之"。此次屠戮恐怕有数千人遇害，其中包括不少李唐宗室。另外，曾劝武后修德被流岭南的俞文俊，也死于此次屠杀。②

皇帝经常对官人免死流配，显露出一派皇恩浩荡，但实际上，有时候只是人君贪慕好生之名罢了，对于深恶痛绝者，皇帝或是行前决杖，使其半途伤发而亡；或是榜杀赐死于途中；或是屠戮于配所，流放官人仍是不得善终。

（二）放还

唐太宗贞观二十二年（648），宿将薛万彻因"发言怨望"，被除名徙边，后会赦得还。永徽二年（651），授宁州刺史。③ 他可能是遇到贞观二十三年（649）六月高宗的践祚大赦而被放还的。像薛万彻这样的幸运儿其实不在少数，譬如，编号 49 的魏玄同和 50 的薛元超都是遇到高宗上元元年（674）的大赦被放还。类似薛万彻等流放遇赦而免的共有 14 例（参看附表 1），编号 57 的名士李善和编号 60 名将薛仁贵都因大赦而放免，编号 150 的崔液被配流岭南却逃匿郢州，后遇赦而出。

按照唐律规定，流人在配所纵逢恩赦，最多只能免役，但不得返乡。法律虽是如此规定，然而皇权始终是最高和最后的，君主曲法施恩，也没有什么不可以。唐代皇帝颁降恩诏，特别指示放还流人的记载俯拾可得。武德九年（626）八月唐太宗登基大赦，赦诏云"武德元年以来流配者，亦并放还"。④ 唐中宗神龙元年（705）十一月的大赦，宣布"前后流人非反逆缘坐者，并放还"。⑤ 对于武后以来酷吏政治所造成的刑狱冤滥，有相当的纾缓作用。编号 72 的裴伷先和编号 110 的窦希瑊等，都因神龙元年的赦诏而放还。

---

① 《旧唐书》卷一八六上《酷吏上·万国俊传》，第 4846 页。

② 《资治通鉴》卷二〇三"唐则天后垂拱二年秋九月己巳"条。

③ 《旧唐书》卷六九《薛万彻传》，第 2519 页。

④ （宋）宋敏求编《唐大诏令集》卷二"太宗即位赦"，洪丕谟等点校，学林出版社，1992。

⑤ 《册府元龟》卷八四《帝王部·赦宥三》。

睿宗景云二年（711）四月大赦，亦云："系囚见徒流移未达前所及已到流所者，皆赦之。"① 都是特别针对流人的恩诏。值得注意的是，这类放还流配人的恩诏，多见于新君登基之时，似乎含有昭雪先朝政治受难者的意味。流人因皇帝恩诏得以放还，但也有少数例外，如编号 69 的郎余庆被流岭南的琼州，本来遇赦当还，但因为官苛暴，仍被朝廷徙置于岭南的春州。

除了皇帝特恩放免以外，按照唐代律令，流放官人经过六年左右就可以重新入仕。按《唐令·狱官令》复原19（唐6）"流移人收叙入仕"条，云：

> 诸流移人（注：移人，谓本犯除名者。）至配所，六载以后听仕。（注：其犯反逆缘坐流，及因反逆免死配流，不在此例。）即本犯不应流而特配流者，三载以后听仕。②

一般而言，官人若非犯了反逆缘坐流以及因反逆而免死配流者，在满六载以后即可以重新入仕，若是本来不应流放而特别被流放的，三载以后即可入仕。流放虽为终身远逐，但对官人而言，却有服刑期限。

若根据附表1，有不少案例并非因为大赦，但后来却得以起复为官的。如编号5的李玄道、编号 18 的刘世龙、编号 113 的李昭德、编号 152 的郭元振等，但可惜都没有清楚注明是在几年重新入仕。编号 100 的李嗣真在长寿元年（692）遭流放藤州，万岁通天（696）征还，历时六年。不过，李嗣真属于谋反而被特旨免死，与唐令的规定不尽相同。案例中还有其他明确记载起复时间的，但似乎都不是唐令中三载或六载的规定。编号 23 的执失思力在高宗永徽四年被流嶲州，龙朔年间起复。按永徽四年为公元 653 年，龙朔共三年，是 661 至 664 年，执失思力的起复至少都在八年以上。编号 31 的李乾祐在永徽初被流爱州，乾封中起复桂州都督，乾封是 666 至 667 年，则李乾祐自流放至起复可能经过十五年。附表1的案例中，未知何人是依据法令满六载以后起复入仕？然而，唐代皇帝确有拔擢流人之例子。据肃宗元年（761）建卯月赦书，云：

> 诸色流人及左降官，其中有行业夙著，情状可矜，久践朝班，曾经任用者，委在朝五品已上清望官，及郎中、御史于流贬人中素相谙委，为众所推者，各以名荐，须当才实，文武不坠，道弘于人，务在搜扬，俾其展效。③

① 《册府元龟》卷八四《帝王部·赦宥三》。

② 参看《天一阁藏明钞本天圣令校证·附唐令复原研究》，第 617 页。

③ 《册府元龟》卷八七《帝王部·赦宥六》。

七 结论

本文根据两《唐书》、《通鉴》、《册府元龟》等史籍，搜集唐代前期遭到流放远逐的官人共197例，分从其犯罪、判刑、处罚等角度加以检讨。

流放官人所犯皆为严重恶行，主要以谋反罪和贪赃罪为主，约占60%左右。谋反罪有31例是谋反案的正犯，55例是因家属、朋友或同僚谋反而被拖累的牵连犯；贪赃罪则有32例。由于所犯严重，因此有63例原先是被判处死刑，后蒙皇帝恩诏宽宥，才得以免死配流。流刑往往不是原先的判刑，而是在皇帝施恩下作为死刑的替代刑。唐代流刑在贞观十四年后便不再拘泥三等的规定，而是量配远恶之州。就实际案例所见，官人绝大部分是被流放到岭南道，其比例高达80%，而这些配所都远超三千里的法定距离。官人被流放的同时，不少也会遭到"除名"的处分。除名是指官爵悉除，与白丁无异，六载后方得依出身法任官，这对官人是非常严重的处罚。唐代前期官人流放同时被除名者共得28例，主要集中在太宗和高宗朝。

高宗以降，皇帝不时对官人处以"长流"，目前所见共得34例，其中有22例是与谋反和赃罪有关，而34例中有一半发生在玄宗朝。长流人一般不容易赦免返乡，这对于官人而言，无疑永别政治中枢；对于经济文化仍居领先地位的中原人仕而言，不啻永远沉沦于瘴疠蛮荒的绝域。流人原先并无鞭杖等附加刑，但玄宗朝以降，流人配流以前经常先决杖四十到一百不等，可谓律外淫刑，多少反映专制君王对整体贵族官人的摧折凌辱。皇帝经常对官人免死配流，显露出一派皇恩浩荡，但实际上不少流人或是途中榜杀赐死，或是屠戮于配所，或是行前决杖，半途伤发而亡。当然，若非皇帝深恶痛绝之辈，免死配流，熬得过岭南的环境，六载以后即可重新入仕。况且，在唐代这样大赦频繁的时代，皇帝经常特恩宽免流人，官员很可能有东山再起的一天。

最后，笔者想谈几句对流刑性质的看法。流刑是一种很奇特的刑罚，它既是源远流长，却是入律最晚。它兼具了恩与刑两种既矛盾又统合的性格，又长期摆荡在主刑和代刑之间。北魏后期，它已经确立为正刑，可是又常常作为皇恩减死降等的替代刑。既是刑，当然要加以法定化；既是恩，又充满了任意性。也许正因性格的复杂，使它自唐初就呈现不稳定的状态。前引太宗贞观十四年的新制云"虽存宽典，而犯者渐少"，恰好代表着帝王统治的理想。人君仁德治国，务存宽典，但又希望太平治世，刑措不用。某个意义来讲，流刑就是落实这个理想的手段。《唐律疏议·名例律》"流刑三"条（总4）《疏》文曰："《书》云：'流宥五刑'。谓不忍刑杀，宥之于远也。"

显见流刑一开始就带有浓浓的恩典色彩，可是，唐律对流刑的规定看来过于轻缓，造成自太宗朝开始，就不断加重流刑的处罚。从太宗的量配边恶之州，到高宗的长流远谪，到玄宗的决杖配流，都是在保留流刑作为宽典的前提下，加强其威吓力，使民不敢犯。在恩与刑二者之间，还未寻找到平衡之前，流刑是不会稳定的。

附表1　唐代前期流放官人表

编号	姓名	官职	配流时间	配所	事由	罪名	下场	资料出处（卷）
1	可达志	右虞候率	武德七年(624)	巂州	为太子建成私募兵	谋反	不详	鉴191,新79
2	杜淹	天策兵曹参军	武德七年	巂州	杨文幹反被连	谋反	贞观元年召为御史大夫	旧66,鉴191
3	王珪	太子中舍人	武德七年	巂州	杨文幹反被连	谋反	贞观元年召为谏议大夫	旧70,新98,鉴191
4	韦挺	太子左卫骠骑	武德七年	巂州	杨文幹反被连	谋反	武德九年六月召为主爵郎中	旧66、77,新98,广221,鉴191
5	李玄道	幽州长史	太宗贞观元年(627)	巂州	幽州都督王君廓反,被连	谋反	未几征还为常州刺史	旧72,新102
6	长孙安业	监门将军	贞观元年	巂州	与李孝常谋反	谋反	不详	旧51,新76,鉴192
7	裴虔通*	辰州刺史	贞观二年	驩州	宇文化及弑帝党羽	谋反	怨愤而死	新2,册152
8	牛方裕*	莱州刺史	贞观二年	岭表	宇文化及弑帝党羽	谋反	不详	旧2,册152,鉴192
9	薛世良*	绛州刺史	贞观二年	岭表	宇文化及弑帝党羽	谋反	不详	旧2,新2,鉴192,册152
10	唐奉义*	广州长史	贞观二年	岭表	宇文化及弑帝党羽	谋反	不详	旧2,新2,鉴192,册152
11	高元礼*	虎牙郎将	贞观二年	岭表	宇文化及弑帝党羽	谋反	不详	旧2,新2,鉴192
12	裴寂	司空	贞观三年	交州	与妖人交往	与妖人交往	竟流静州。后征还	旧57,新88,鉴193
13	党仁弘*	广州都督	贞观十六年	钦州	坐枉法取财及受所监临赃百余万	赃罪	不详	鉴196,新56,册150

续表

编号	姓名	官职	配流时间	配所	事由	罪名	下场	资料出处（卷）
14	杜正伦	交州都督	贞观十七年	驩州	承乾构逆，事与侯君集连	谋反	久之，授郢、石二州刺史	旧70，新106
15	张皎	（张亮兄子）	贞观二十年	崖州	张亮交结术士，阴养假子五百，欲反	谋反	卒于流所	旧187上、69，新94
16	崔仁师＊	中书侍郎	贞观二十二年	连州[1]	有伏合上诉，不奏。	罔上	遇赦还。永徽初起复	旧74，新99，鉴198
17	薛万彻＊	青丘道行军大总管	贞观二十二年	象州	在军中，使气陵物，被劾怨望。	怨谤	会赦得还	旧69，新94，鉴199
18	刘世龙＊	少府监	贞观初	岭南	坐贵入贾人珠及故出署丞罪。	赃罪	寻授钦州别驾	旧57，新88
19	郑世翼	扬州录事参军	贞观中	巂州	怨谤	怨谤	配流而死	旧190上，新201
20	李袭誉＊	凉州都督	贞观末	泉州	私憾杀番禾县丞	谋杀	死于流所	旧59，新91
21	李德謇	将作少匠	贞观末	岭南	坐善太子承乾	谋反	改徙吴郡	旧67，新93
22	萧龄之＊	华州刺史	永徽二年（651）	岭外	以前广州都督赃事发	赃罪	不详	旧85，新113
23	执失思力	左骁卫将军	永徽四年	巂州	房遗爱谋反，坐与交通。	谋反	龙朔中起复	旧4，新110，鉴199
24	薛万备	左卫将军	永徽四年	交州	房遗爱谋反，坐与交通。	谋反	不详	鉴199，册925
25	宇文节	侍中	永徽四年	桂州	房遗爱谋反，坐与交通。	谋反	配流而死	旧4、105，新3

续表

编号	姓名	官职	配流时间	配所	事由	罪名	下场	资料出处（卷）
26	江夏王道宗	太常卿	永徽四年	桂州	房遗爱谋反，坐与交通。	谋反	道病卒	旧4、60，新78，鉴199
27	李仁	吴王恪子[2]	永徽四年	岭表	坐父吴王恪与房遗爱谋反。	谋反	光宅中遇赦还。后封为郁林县侯	旧76，新80
28	柴哲威	右屯营将军	永徽四年	邵州	坐弟令武与房遗爱谋反。	谋反	后起为交州都督	旧58，新90
29	刘大器	代州都督	永徽四年	峰州	与妖人往还	与妖人往还	不详	册150
30	柳全信	尚衣奉御	永徽六年	岭外	（王皇后母兄）王皇后被废	谋反	不详	旧51，新76，鉴200
31	李乾祐	魏州刺史	永徽初	爱州[3]	与令史交友，伺朝廷之事。	其他	乾封中起复桂州都督	旧87，新117
32	李友益*	中书侍郎	显庆三年（658）	嶲州	与李义府不和，一同被逐。	其他	不详	旧4，新106
33	长孙无忌*	太尉	显庆四年	黔州◎	谋反	谋反	以扬州都督一品俸。流所自缢	旧65，新105，鉴200
34	长孙冲*	秘书监	显庆四年	岭外	坐父长孙无忌谋反	谋反	不详	旧65，新105，鉴200
35	长孙铨	尚衣奉御	显庆四年	嶲州	长孙无忌族子，韩瑗妻弟。坐无忌谋反。	谋反	为县令杖杀	旧183，新105，鉴200
36	长孙恩[4]	长孙无忌族弟	显庆四年	檀州	坐兄长孙无忌谋反	谋反	不详	新105，鉴200

续表

编号	姓名	官职	配流时间	配所	事由	罪名	下场	资料出处（卷）
37	褚彦甫[5]	（褚遂良子）	显庆四年	爱州	被父所连	谋反	于道杀之	新 105，鉴 200
38	慕容宝节	右卫大将军	显庆中	岭表	毒药害杨思训	毒药药人	遣使斩之龙门	旧 62，新 100
39	许昂	太子舍人	显庆初？	岭外	烝继母	内乱	许敬宗子。显庆中父上表乞还，授虔化令	旧 82，新 223 上，鉴 202
40	许彦伯	（许敬宗孙）	显庆中？	岭表	不详	不详	遇赦还	旧 82，新 223 上
41	杨德裔	司宪大夫	龙朔三年（663）	庭州	党附左相许圉师	其他	后起复	鉴 201 文 195
42	李义府＊	右相	龙朔三年	巂州◎	泄禁中语。交通占候人。蓄邪黩货。	泄禁中语。交通占候人。赃罪	死于配所	旧 82，新 223 上，鉴 201
43	李津＊	太子右司议郎	龙朔三年	振州◎	李义府子。奸淫是务，贿赂无厌，交游非所，潜报机密	赃罪	不详	旧 82，新 223 上，鉴 201
44	李洽＊	太子率府长史	龙朔三年	廷州◎	李义府子。受赃。	赃罪	不详	旧 82，新 223 上，鉴 201
45	李洋＊	太子千牛备身	龙朔三年	廷州◎	李义府子。受赃。	赃罪	不详	旧 82，新 223 上，鉴 201
46	柳元贞＊	少府主簿	龙朔三年	廷州◎	李义府壻。受赃。	赃罪	不详	旧 82，新 223 上
47	董思恭＊	右史	龙朔三年	梧州◎	知考贡举事，受赃。	赃罪	不详	旧 190 上，语林 8，册 152
48	高正业	中书舍人	麟德元年（664）	岭外	坐与上官仪善	谋反	不详	旧 77，新 104

续表

编号	姓名	官职	配流时间	配所	事由	罪名	下场	资料出处（卷）
49	魏玄同	司列大夫	麟德二年	岭外	坐与上官仪文章属和	谋反	上元初遇赦还	旧87，新117
50	薛元超	简州刺史	麟德二年	巂州	坐与上官仪文章款密	谋反	上元初遇赦还，拜正谏大夫	旧73，新98
51	武元爽	濠州刺史	乾封元年	振州	武惟良毒杀贺兰氏，元爽缘坐。	谋反	配流而死[6]	旧183，新206，鉴201
52	元万顷	辽东道总管记室	乾封二年（666）	岭外	误泄军机	贻误军机	遇赦还为著作郎	旧190中，新126
53	刘仁愿	卑列道行军总管、右威卫将军	总章元年	姚州	坐征高丽逗留	贻误军机	不详	鉴201
54	泉盖男建	（泉盖苏文子）	总章元年	黔州	乱高丽政	谋叛	不详	旧199上
55	贺兰敏之	左散骑常侍	咸亨二年	雷州	赃污淫行	赃罪？	至韶州，以马缰绞死[7]	旧183，新206，鉴202
56	皇甫公义	尚书右丞	咸亨二年	横州	托附贺兰敏之	其他	不详	册925
57	李善	泾城令	咸亨二年	姚州[8]◎	坐与贺兰敏之周密	其他	遇赦归	旧189上，新202，册925
58	徐齐聃 *	蕲州司马	咸亨二年？	钦州◎	坐与贺兰敏之交往	其他	长流而死	旧190上，新199，册925
59	李茂	淮南王	上元中	振州	断父亲药膳	恶逆	配流而死	旧64，新79
60	薛仁贵[9]	鸡林道总管	上元中	象州？	不详	不详	遇赦还	旧83，新111
61	权善才 *	左威卫大将军	仪凤元年	岭南	误斫昭陵柏	谋大逆？	不详	新115，鉴202
62	范怀义 *	左监门中郎将	仪凤元年	岭南	误斫昭陵柏	谋大逆？	不详	新115，鉴202

续表

编号	姓名	官职	配流时间	配所	事由	罪名	下场	资料出处（卷）
63	刘祎之	中书侍郎	仪凤二年	巂州	姊为内官，祎之因贺兰敏之私省之	其他	历数载，召还	旧 87，新 117
64	高藏	朝鲜王	仪凤中	邛州	潜与靺鞨相通谋叛	谋叛	不详	旧 199 上
65	萧嗣业	单于大都护长史	调露元年（679）	桂州	为突厥所败	战败	配流而死	旧 5，新 215 上，鉴 202
66	刘纳言	太子洗马	调露二年	振州	太子贤被废，辅弼无方。	谋反	配流而死	旧 189 上，新 81，鉴 202
67	曹怀舜	定襄道总管	永隆二年（681）	岭南	为突厥所败	战败	不详	旧 5，鉴 202
68	源直心	司刑太常伯	高宗朝	岭南	不详	不详	配流而死	旧 98，新 127
69	郎余庆	交州都督	高宗朝	琼州	哀货无艺	赃罪	会赦当还，朝廷恶其暴，徙春州	新 199
70	韦玄贞	豫州刺史	武后光宅元年（684）	钦州	中宗被废	其他	配流而死	旧 183，新 206，鉴 203
71	胡元范	凤阁侍郎	光宅元年	琼州［10］	坐救裴炎	谋反	配流而死	旧 87，新 117，鉴 203
72	裴伷先	太仆丞	光宅元年	瀼州◎	裴炎侄	谋反	杖之朝堂，长流。岁余逃归，流北庭。神龙初遇赦还	新 117，鉴 203、210
73	王方翼	夏州都督	光宅元年	崖州	王皇后同族。程务挺被诛，遭连。	谋反	配流而死	旧 185 上，新 111，鉴 203
74	王德真	纳言	垂拱元年	象州	不详	不详	不详	旧 6，新 4，鉴 203
75	徐敬真	（徐敬业弟）	垂拱元年	绣州	坐兄敬业反	谋反	永昌元年逃归，旋被杀	旧 90，鉴 204

续表

编号	姓名	官职	配流时间	配所	事由	罪名	下场	资料出处（卷）
76	李孝逸＊	施州刺史	垂拱三年	儋州	武承嗣构陷谋反	谋反	流配而死	旧60，新78，鉴204
77	霍王元轨	青州刺史	垂拱四年	黔州	谋反	谋反	行至陈仓而死	旧64，新79，鉴204
78	鲁王灵夔	邢州刺史	垂拱四年	振州	谋反	谋反	自缢而死	旧64，新79
79	李温	（越王贞之子）	垂拱四年	岭南	为父所连	谋反	寻卒	旧76，新80
80	纪王慎	贝州刺史	永昌元年	巴州	越王贞反被连	谋反	至蒲州而卒	旧6、76，鉴204
81	韦待价＊	右相	永昌元年	绣州	为吐蕃所败	战败	寻卒	旧6、77，鉴204
82	郭正一	陕州刺史	永昌元年	岭南	周兴诬构为李敬业党	谋反	配流而死	旧190中，新106，鉴204
83	元万顷	凤阁侍郎	永昌元年	岭南	周兴诬构为李敬业党	谋反	天授元年被杀	旧190中，新4，鉴204
84	张楚金	秋官尚书	永昌元年	岭表	周兴诬构为李敬业党	谋反	天授元年被杀	旧187上，新4，鉴204
85	魏元忠	洛阳令	永昌元年	贵州[11]	周兴诬构为李敬业党	谋反	圣历元年起复	旧92，鉴204
86	滕王修琦等	不详	永昌元年	岭南	鄂州刺史嗣郑王璥等六人谋反伏诛。被连。	谋反	不详	鉴204
87	李璠	嗣蜀王	永昌中	归诚州	不详	不详	配流而死	旧76
88	泽王上金诸子[12]	不详	载初元年	显州	武承嗣使周兴诬告上金反	谋反	配流而死	旧86
89	韦方质	地官尚书同凤阁鸾台三品	天授元年	儋州	为周兴所构	不详	年底被杀	旧75，新103，鉴204

续表

编号	姓名	官职	配流时间	配所	事由	罪名	下场	资料出处（卷）
90	李元名	舒王	天授[13]	和州[14]	酷吏丘神勣诬谋反	谋反	被杀	新4,鉴204
91	宗秦客	内史	天授元年	岭外	赃罪	赃罪	配流而死	旧92,新109
92	宗楚客	户部侍郎	天授元年	岭外	赃罪	赃罪	寻追还	旧92，新109,鉴204
93	宗晋卿	典羽林军	天授元年	岭外	赃罪	赃罪	寻追还	旧92,新109
94	周兴	尚书左丞	天授二年	岭南	谋反	谋反	为仇家所杀	旧186上,新209,鉴204
95	徐思文	地官尚书	天授二年	岭南	或告与徐敬业通谋	谋反	不详	新93,鉴204
96	薛克构	麟台监	天授中	岭表	为来俊臣所诬	不详	配流而死	旧185上,新197
97	魏元忠	御史中丞	圣历元年	岭外	为来俊臣所诬	不详	征还	旧92,新122
98	阿史那献	不详	如意元年	崖州[15]	父元庆坐谒皇嗣，为来俊臣所诬	谋反	长安三年召还	旧194下,新215下
99	裴行本	冬官侍郎同平章事	长寿元年	岭南	为来俊臣诬谋反	谋反	不详	新4,鉴205
100	李嗣真	潞州刺史	长寿元年	藤州	来俊臣诬谋反	谋反	万岁通天征还	旧191,新91,鉴205
101	严善思	监察御史	长寿元年	驩州	为酷吏构陷	不详	寻复召为浑仪监丞	鉴205
102	李游道	冬官尚书同平章事	长寿元年	岭南	为王弘义所陷	不详	不详	新4,鉴205
103	袁智弘	秋官尚书同平章事	长寿元年	岭南	为王弘义所陷	不详	不详	新4,鉴205
104	王璿	夏官尚书同平章事	长寿元年	岭南	为王弘义所陷	不详	不详	新4,鉴205
105	崔神基	司宾卿同平章事	长寿元年	岭南	为王弘义所陷	不详	中宗初起复	新4、109,鉴205
106	李元素	文昌右丞同平章事	长寿元年	岭南	为王弘义所陷	不详	不详	新4,鉴205

续表

编号	姓名	官职	配流时间	配所	事由	罪名	下场	资料出处（卷）
107	孔思元	春官侍郎	长寿元年	岭南	为王弘义所陷	不详	不详	鉴205
108	任令辉	益州长史	长寿元年	岭南	为王弘义所陷	不详	不详	鉴205
109	来子珣	左羽林中郎将	长寿元年	爱州	不详	不详	配流而死	旧186上，新209，鉴205
110	窦希瑊	窦孝谌子[16]	长寿二年	岭南	母庞氏被酷吏所陷，诬与后厌诅不道。	厌诅	神龙初随例雪免	旧183，鉴205
111	崔元综	鸾台侍郎同平章事	延载元年	振州	不详	不详	遇赦还	旧90，新61，鉴205
112	王弘义	殿中侍御史	延载元年	琼州	不详	不详	至汉北被胡元礼榜杀	旧186上，鉴205
113	李昭德	内史	延载中	不详	专权	其他	后召为监察御史	旧87，鉴205
114	刘如璿	秋官侍郎	神功元年	瀼州[17]	来俊臣诬司刑史樊戬谋反，如璿同党。	谋反	不详	新209，鉴206
115	宗晋卿	不详	圣历2	峰州	坐赃贿满万余缗及第舍过度	赃罪	寻追还	旧92，鉴206
116	吉顼	天官侍郎同平章事	圣历3	岭表	坐弟冒伪官	其他	不详	旧6、186上，新117，鉴206
117	张锡	凤阁侍郎同平章事	长安元年	循州	坐知选漏泄禁中语、赃满数万	漏泄禁中语。赃罪	不详	旧6，新4，鉴207
118	张说	凤阁舍人	长安3	钦州◎	忤旨	大不敬?	中宗后起复	旧78、97，新125

续表

编号	姓名	官职	配流时间	配所	事由	罪名	下场	资料出处（卷）
119	高戬	司礼丞	长安3	岭表	张昌宗构陷与魏元忠反	谋反	不详	鉴207
120	裴敬彝	吏部侍郎	武后朝	岭表	为酷吏所陷	不详	卒于徙所	旧188，新195
121	韦承庆	凤阁侍郎、同凤阁鸾台平章事	中宗神龙元年	岭表[18]	张易之党	谋反	岁余起复	旧88，新116
122	房融	正谏大夫、同凤阁鸾台平章事	神龙元年	高州[19]	张易之党	谋反	不详	旧7，新4，鉴208
123	崔神庆	司礼卿	神龙元年	钦州	张易之党	谋反	寻卒	旧77，新109，鉴208
124	沈佺期	考功员外郎	神龙元年	驩州◎	张易之党。考功受赇。	谋反	神龙中起复	旧190中，新202
125	阎朝隐	麟台少监	神龙元年	崖州	张易之党	谋反	景龙初遇赦还	旧190中，新202
126	唐奉一	不详	神龙元年	岭南	酷吏存者	其他	不详	旧186上，鉴208
127	李秦授	不详	神龙元年	岭南恶处	酷吏存者	其他	不详	旧186上，鉴208
128	曹仁哲	不详	神龙元年	岭南恶处	酷吏存者	其他	不详	旧186上，鉴208
129	<u>郑普思</u>	秘书监	神龙二年	儋州	谋作乱	谋反	不详	旧7，鉴208
130	<u>桓彦范</u>	泷州司马	神龙二年	瀼州◎	武三思构陷	谋反	终身禁锢，子弟年十六已上者亦配流岭外。杖杀于贵州	旧91，新120，鉴208
131	<u>敬晖</u>	崖州司马	神龙二年	琼州[20]◎	武三思构陷	谋反	终身禁锢。子弟年十六已上者亦配流岭外。被杀	旧91，新120，鉴208

续表

编号	姓名	官职	配流时间	配所	事由	罪名	下场	资料出处（卷）
132	张柬之	新州司马	神龙二年	泷州◎	武三思构陷	谋反	终身禁锢。子弟年十六已上者亦配流岭外。忧愤卒	旧91，新120，鉴208
133	袁恕己	窦州司马	神龙二年	环州◎	武三思构陷	谋反	终身禁锢。子弟年十六已上者亦配流岭外。杀于流所	旧91，新120，鉴208
134	崔玄晖	白州司马	神龙二年	古州◎	武三思构陷	谋反	并终身禁锢。子弟年十六已上者亦配流岭外。道病卒	旧91，新120，鉴208
135	李福业	御史	神龙二年	番禺	桓彦范党	谋反	亡匿，后被捕	新120
136	杜审言	著作佐郎	神龙初	峰州	坐交通张易之	谋反	寻起复	旧190上，新201
137	周以悌	右威卫将军	神龙中	白州	郭元振倾轧	其他	不详	旧97，新122
138	郑愔	吏部侍郎同平章事	景龙三年	吉州	知选事，铨综失序	其他	旋为江州司马	旧74，鉴209
139	迦叶志忠	右骁卫将军兼知太史事	景龙三年	柳州	不详	不详	不详	旧7
140	宋之问	越州长史	睿宗景云元年	钦州	尝附张易之、武三思	谋反	先天中赐死桂州	旧190中，册152，新202，鉴209
141	冉祖雍	饶州刺史[21]	景云元年	岭南	坐谄附韦、武	谋反	赐死桂州	新202，鉴209，册152
142	严善思	右散骑常侍	景云元年	静州	谯王重福所连	谋反	免死配流。遇赦还	旧191，新204，鉴210
143	张奉先	不详	景云二年	岭表	伪宣敕取内厩马	谋反	杖一百	册150
144	独孤璿	司农丞	景云二年	岭表	犯赃	赃罪	杖一百	册150
145	史崇玄	鸿胪卿	太极元年	岭南	为浮屠构陷谋反	谋反	太平公主败后被杀	新83

续表

编号	姓名	官职	配流时间	配所	事由	罪名	下场	资料出处（卷）
146	刘幽求	尚书右仆射同中书门下三品	玄宗先天元年	封州	谋诛太平公主党。被劾以疏间亲	其他	先天二年为尚书左仆射	旧97，新121，鉴210
147	张暐	右羽林将军	先天元年	峰州	谋诛太平公主党。被劾以疏间亲	其他	先天二年为大理卿	旧97、106
148	邓光宾	侍御史	先天元年	绣州	谋诛太平公主党。被劾以疏间亲	其他	不详	旧97，新121，鉴210
149	崔湜	中书令	先天二年	窦州◎	党附太平公主	谋反	赐死于荆州驿	旧74，新99，鉴210
150	崔液	殿中侍御史	先天二年	岭表	坐兄（崔湜）配流	谋反	逃匿郢州。遇赦出	旧74，新99
151	卢藏用	工部侍郎	先天二年	泷州[22]◎	坐托附太平公主	谋反	开元初起复	旧8、94，新123，鉴210
152	郭元振	兵部尚书	先天二年	新州	玄宗于骊山讲武，坐军容不整	其他	寻起复	旧8、97，新4，新122
153	薛伯阳	晋州员外别驾	先天二年	岭表	不详	不详	自杀	旧73，新98
154	赵诲	中书主书	开元四年	岭南	受蕃人珍遗	赃罪	决杖一百	旧96，新124，鉴211
155	裴虚己	光禄少卿驸马都尉	开元八年	新州	与岐王范游宴，仍私挟谶纬	谋反	不详	旧95，新81，鉴212
156	姜皎	秘书监	开元十年	钦州	帝欲废后，与皎商议，皎漏泄禁中语	漏泄禁中语	杖六十，死于路	旧59，鉴212

续表

编号	姓名	官职	配流时间	配所	事由	罪名	下场	资料出处（卷）
157	刘承祖	都水使者	开元十年	雷州	姜皎亲信	其他	不详	旧 8、59
158	裴景仙	武强令	开元十年	岭南	乞赃积五千匹，事发逃走	赃罪	决杖一百	旧 100，新 129，鉴 212
159	蒋宠	国子进士	开元十年	藤州	离间君臣，非毁骨肉	其他	决杖四十	册 152
160	回纥承宗	瀚海大都督	开元十五年	瀼州◎	王君奂劾回纥部落难制，潜有叛谋	谋叛	不详	旧 103，鉴 213
161	浑大德	不详	开元十五年	吉州◎	王君奂劾回纥部落难制，潜有叛谋	谋叛	不详	旧 103，鉴 213
162	契苾承明	贺兰都督	开元十五年	藤州◎	王君奂劾回纥部落难制，潜有叛谋	谋叛	不详	旧 103，鉴 213
163	思结归国	卢山都督	开元十五年	琼州◎	王君奂劾回纥部落难制，潜有叛谋	谋叛	不详	旧 103，鉴 213
164	宇文融	昭州平乐尉	开元十七年	岩州	汴州给隐官息钱巨万	赃罪	配流而死	旧 105，鉴 213
165	齐敷	都水监丞	开元十七年	崖州◎	趋走末品，奸谲在心；左道与人，横议于下	其他	决杖一百	册 152
166	郭禀	灵州都督府兵曹参军	开元十七年	白州◎	趋走末品，奸谲在心；左道与人，横议于下	其他	决杖一百	册 152

续表

编号	姓名	官职	配流时间	配所	事由	罪名	下场	资料出处（卷）
167	张瑝兄弟	不详	开元十九年	岭南	父巂州都督张审素谋反，被斩。	谋反	逃归，复仇	鉴213
168	赵含章	幽州长史	开元二十年	瀼州	盗用库物	赃罪	朝堂决杖，赐死于路	旧8，鉴213，册152
169	杨元方	左监门员外将军	开元二十年	瀼州	受赵含章饷遗	赃罪	朝堂决杖，赐死于路	旧8，册152
170	陈思问	试司农卿	开元二十二年	瀼州	隐盗钱谷，积至累万。	赃罪	配流而死	旧8、185下，新130
171	魏萱	河南府福昌县主簿	开元二十四年	窦州◎	武温昚奸党	其他	决杖一顿	册152
172	王延祐	前睦州桐卢县尉	开元二十四年	窦州◎	武温昚奸党	其他	决杖一顿	册152
173	王元琰	蔚州刺史	开元二十四年	岭外	赃罪	赃罪	不详	旧106，鉴214
174	周子谅	监察御史	开元二十五年	瀼州	弹牛仙客非才，引谶书为证。	其他	朝堂决配。死于蓝田	旧103，新126，鉴214
175	薛锈	驸马	开元二十五年	瀼州◎	太子瑛党	谋反	赐死城东驿	旧9、106，新82，鉴214
176	杨浚	夷州刺史	开元二十五年	古州	赃罪	赃罪	杖六十	旧98，新127，鉴214
177	宋廷晖	宣州溧阳令	开元二十五年	龚州	赃罪	赃罪	杖六十	册150
178	周仁公	泾州良原令	开元二十五年	龚州	赃罪	赃罪	杖六十	册150
179	裴裔	宁州彭原令	开元二十五年	龚州	赃罪	赃罪	杖六十	册150
180	薛谂	郾国公主子	开元二十七年	瀼州	京师杀人	杀人	赐死于城东驿	旧9
181	赵冬曦	监察御史	开元初	岳州	不详	不详	召还复官	新200

续表

编号	姓名	官职	配流时间	配所	事由	罪名	下场	资料出处（卷）
182	卢崇道	光禄少卿	开元初	岭南	崔湜妻父,被连	谋反	逃归东都,坐死	旧 186 下、195,新 209
183	宋之悌	太原尹	开元中	朱鸢	不详	不详	不详	新 202
184	韦坚	江夏员外别驾	天宝五年	临封郡	与节将狎昵,构谋规立太子。	谋反	赐死	旧 9、105,新 134,鉴 215
185	卢幼林	巴陵太守	天宝五年	合浦郡◎	韦坚壻,被连。	谋反	不详	旧 9、105,新 134,鉴 215
186	彭果	南海太守	天宝六年	溱溪郡◎	贪赃十万有余	赃罪	决杖。死于路	旧 9,册 152
187	张瑄	太府少卿	天宝六年	临封郡◎	杨慎矜被指谋反,遭连。	谋反	决杖六十。死于会昌	旧 105,新 134,鉴 215
188	鲜于赍	不详	天宝六年	远郡	杨慎矜被指谋反,遭连。	谋反	并决重杖,配流远郡	旧 105
189	范滔	不详	天宝六年	远郡	杨慎矜被指谋反,遭连。	谋反	并决重杖,配流远郡	旧 105
190	辛景凑	通事舍人	天宝六年	远郡	杨慎矜外甥	谋反	决杖配流	旧 105
191	宋浑	御史大夫	天宝九年	潮阳[23]	赃私各数万贯	赃罪	会赦。后获罪流浔阳。广德后起复	旧 9、96,新 124,鉴 216
192	宋恕	都官郎中、剑南采访判官	天宝九年	海康郡	赃私各数万贯	赃罪	不详	旧 90,新 124
193	李彭年*	吏部侍郎	天宝九年	临贺郡◎	贪赃	赃罪	天宝十二载起复	旧 90,新 116,册 638
194	王准*	卫尉少卿	天宝十一年	承化郡◎	王鉷子	谋反	杀于故驿	旧 105,新 134,鉴 216
195	王偁	不详	天宝十一年	珠崖郡◎	王鉷子	谋反	杀于故驿	旧 105,新 134,鉴 216

续表

编号	姓名	官职	配流时间	配所	事由	罪名	下场	资料出处（卷）
196	韩浩	万年主簿	天宝末	循州	坐籍王铁家赀有隐入	赃罪	不详	旧98，新126
197	李林甫子孙*		天宝十二年	岭南及黔中	林甫被诬谋反	谋反	有官者除名	旧106，鉴215

说明：旧＝《旧唐书》，新＝《新唐书》，鉴＝《资治通鉴》，册＝《册府元龟》，广＝《太平广记》，语林＝《唐语林》；名字下划线者代表"减死从流"；名字旁加上＊指遭除名；流放地旁加上◎代表长流。

注：

［1］《旧唐书》本传作"龚州"。今从《通鉴》、两《唐书》本纪。

［2］吴王恪子尚有玮、琨、璄等。

［3］《新唐书》卷一一七作"驩州"，起复为沧州刺史。

［4］《新唐书》卷一〇五云"大抵期亲皆谪徙"。

［5］褚遂良子尚有彦冲，皆杀于道。高宗遗诏听其家北归。

［6］武后以贺兰敏之为武士彟后，后敏之死，元爽子承嗣于岭南召还。

［7］《旧唐书》本传云："自缢于韶州。"

［8］《册》卷九二五作嶲州。

［9］《旧唐书》本传作"徙"，《新唐书》本传作"贬"。但《通鉴》卷二〇三突厥云"仁贵流象州"。

［10］《新唐书》卷一一七作"嶲州"。

［11］《新唐书》卷一二二作费州。

［12］诸子名字为义珍、义玫、义璋、义环、义瑾、义璲、义珣等。

［13］两《唐书》本纪皆作载初元年。

［14］《新唐书》卷七九作利州。

［15］《新唐书》卷二一五下作振州。

［16］窦孝谌子尚有窦希球、窦希瓘。

［17］《新唐书》卷二〇九作汉州。

［18］《旧唐书》卷七、《新唐书》卷四、《通鉴》卷二〇八作贬"高要尉"。

［19］《旧唐书》卷七云配流钦州，今从《通鉴》。

［20］各书所记流所不一，今从《通鉴》。

［21］《新唐书》卷二〇二作蕲州刺史。

［22］《新唐书》卷一二三云："先流新州。或告谋反，推无状，流驩州。"

［23］《旧唐书》本传作高要郡，后量移东阳郡。

《中国古代法律文献研究》第八辑
2014年，第216~265页

吏理中的法理：宋代开国时的法制原则*

柳立言**

摘　要： 宋代官吏从诏令可看到朝廷重视的一些法制原则。立法上：1. 兼顾因地制宜的特殊性与全国一致的普遍性。2. 兼顾变（如不合民情）与不变（如礼法合一、家庭纲常、人道精神等属于较恒久之价值或所谓王道）。3. 立法应明确，以绝刑名之出入。4. 罪刑法定。5. 罪与罚符合比例原则。6. 注重移风易俗或教化。7. 法令应该公开。司法上：1. 受理时不接受违反程序正义的（如越诉）、引用闲言闲语的，或利用告诉来谋取不正当利益的。2. 检调时不得扰民、不得轻易拘捕或羁留、不得无地方首长同意就刑讯盗罪嫌犯。3. 定罪时以现行法为据，不足之处以情理弥补；量刑时需符合比例原则。司法人员必须以爱民为心、熟读法典、多读史书、躬亲其事，和遵守责成和效率等原则。

关键词： 诏令　法理　宋太祖　宋承唐律

前　言

宋太祖开国之后第六年（966）下诏征求亡书："凡进书者……仍送翰林学士院引试，验问吏理，堪任职官者，官得具名以闻"。① 献书者不一定曾任

---

* 初稿蒙徐世虹教授赐正，谨致谢忱。

** 中央研究院历史语言研究所研究员。

① 徐松辑《宋会要辑稿·崇儒》，苗书梅等点校，河南大学出版社，2001，第232页。针对已有政务经验的选人，966年诏令说："自今常调赴集注选人，吏部南曹取历任中多课绩而无阙失者，观其人材，询以吏术，可副升擢者，具名送中书门下省引验以闻。"见徐松辑《宋会要辑稿》，新文丰出版公司影印北平图书馆1936年缩影本，1976，职官8，第15~16页。

职官，没有政务经验，故答以吏治的道理或原则亦无不可。大多数的宋代士大夫均从基层官吏入仕，必须承担司法，故吏理之中自有法理或法制原则，那是甚么？

不同的人对法制原则或有不同的认定，本文只探讨朝廷的认定，大都见于公开的诏令，因其性质属于王言，在当代应较为重要。简单说，本文设身处地，化为太祖一朝（960～976）的官吏，从中央颁下的诏令里，寻找朝廷对法制的要求，归纳为一些原则。

从这些要求和原则，既可看到时代特点，也可看到宋人的眼光、判断能力，和价值取向等，有如今日所谓的问题意识，至于有没有企画能力和执行能力等，可进一步探讨。此外，这些要求和原则有些是前代已有，表示它们仍被宋朝所重视或继承，有些却以宋代为始，如严格规定地方长吏亲自鞫狱和以轻刑为目的之折杖法，亦可进一步探讨，以见宋代在中国法制史里承先启后的角色。

甲　史料：宋人编的《宋大诏令集》与今人编的《宋代诏令全集》

《宋大诏令集》（以下简称《大诏令》）选录北宋太祖至徽宗八朝（960～1125）凡三千八百多道诏令，至少分为十七门一百七十三类约976，358字，[①] 按时间先后编排，选编者包括宋绶（991～1040）、宋敏求（1019～1079）父子及其后人。[②] 宋绶位至参知政事（副相），敏求位至知制诰和谏议大夫，可谓朝廷要员，熟悉时政。他们又是宋代最大的藏书家之一，而且亲自校订，其读书之多，学问之广，可谓一时无双。仁宗（1010～1063）十一岁即位，太后下令宋绶“择前代文字可以赞孝养、补政治者以上。遂录唐谢

① 此电脑数字由史语所汉籍计画张琼月小姐提供，谨致谢意。

② 宋绶、宋敏求等编《宋大诏令集》（以下简称《大诏令》），鼎文书局翻印北京中华书局1962年本，1972。《宋史》仅作“宋绶，《本朝大诏令》二百四十卷”（见脱脱等撰《宋史》卷二〇九，中华书局，1977，第5400页），但学人大多认为编者是宋绶父子及其后人，前人如陈振孙《直斋书录解题》、王应麟《玉海》、赵希弁《郡斋读书附志》，今人如顾吉辰《关于〈宋大诏令集〉》（《史学史研究》1990年第3期，第53～58页），王智勇《〈宋大诏令集〉的价值及整理》（《四川大学学报》2000年第4期，第80～85页），王德毅《宋敏求的家世与史学》〔张其凡、范立舟主编《宋代历史文化研究（续编）》人民出版社，2003，第120～137页；又刊于《台大历史学报》31，2003，第123～140页〕，曹玉兰《宋绶、宋敏求父子档案文献编纂之功》（《兰台世界》2012年第29期，第45～46页）。

偃《惟皇戒德赋》、《孝经》（及）《论语》节要、唐太宗所撰《帝范》二卷、开元臣僚所献《圣典》三卷、《君臣正理论》三卷上之”。[1] 这亦可能是宋绶编辑《大诏令》的一个原因，正如父子二人选编《唐大诏令集》的目的，是选出“非常所出者”，让统治阶层“以备询览”。[2]

学界对《大诏令》已有不错的介绍，许多地方无须重复。较早（1990）和较详的，应是顾吉辰先生的《关于〈宋大诏令集〉》。他说：“从唐中叶开始，我国封建社会进入了新的发展时期，这种新的社会发展变化，到宋代几乎定型，并呈现出不同于过去的社会新面貌。《宋大诏令集》对此种情况有充分反映。”顾氏所指的变化、定型和新面貌，即“唐宋变革”，认为宋代是中国近世的开始，在政治、社会、经济、文化的若干重要发展里，上与隋唐一刀两断，下开元明清之先河。顾氏随即就篇幅最多的“政事”一门凡五十四类，从政治、经济、军事、教育、外交、民族、宗教、法律等八大方面介绍宋代的特点。但由于篇幅所限，这些介绍大都言简意赅，尤其是宗教和法律，几乎是点到即止，例如说：“宋代宗教、法律方面，也较前代有新的特点，《宋大诏令集》的政事刑法部分、禁约和道释部分也有反映”，及“在禁约、刑法二目中，还保存了不少关于北宋阶级斗争、秘密宗教的史料”等。[3]

较后研究《大诏令》的学人有王智勇，至少有论文四篇。在《〈宋大诏令集〉的价值及整理》一文中（2000），他也说：“如果从资料的原始性、内容的多样性、特别是涉及重大史事（如典制名物等）的重要性以及内容的完整性而论，《宋大诏令集》无疑是现存宋元以前诏令中最重要的一部诏令汇编。”他又在六方面指出《大诏令》的史料价值：补其他史料之不足、政治腐败的徽宗朝重文倡学的另一面、徽宗朝对道教的尊崇、徽宗的御笔、宋辽夏高丽等民族关系、皇亲与政治。[4] 到了 2011 年，王氏将要推出自己和王蓉贵主编的《宋代诏令全集》，乃进一步指出了《大诏令》的一些不足，主要是收文不全、收文内容严重失衡、分类不尽合理，和文字错讹较多等四项，并说“《宋大诏令集》所收诏文远远不能反应宋代史实的

---

① 曾巩撰，王瑞来校证《隆平集校证》卷七，中华书局，2012，第 236 页。

② 宋绶初辑，宋敏求编定《唐大诏令集》，商务印书馆，1959，宋敏求序。

③ 顾吉辰：《关于〈宋大诏令集〉》，第 53～58 页。

④ 王智勇：《〈宋大诏令集〉的价值及整理》，第 80～85 页。王氏尚著有《中华本〈宋大诏令集〉系年辨误》（《宋代文化研究》第 2 辑，1992，第 134～169 页）、《宋人文集误收诏令考》（《古籍整理研究学刊》1995 年第 4 期，第 48～49 页）、《〈宋大诏令集〉佚文考（一）》（《宋代文化研究》第 18 辑，2010，第 136～148 页）。

实际情况”。[①] 对此，拙著《从〈宋大诏令集〉看太祖朝的重要法制问题》曾作分辨，[②] 下文仅就法制方面，针对《大诏令》在时间分布上的失衡，提出一些解释，作为对“中国古代法律文献研究”的回应。

正如顾吉辰先生《关于〈宋大诏令集〉》所言，跟法制有关的诏令，集中在《大诏令》卷一九八至一九九的“政事・禁约”凡58条，和在卷二〇〇至二〇二的“政事・刑法”凡72条，合计130条，[③] 它们的时间分布如下：

表1　诏令之时间分布一览

朝　代	诏令数量					总数
	禁约上	禁约下	刑法上	刑法中	刑法下	
太祖(960～976)	14		6			20
太宗(976～997)	16		21	1		38
真宗(998～1022)	4	15		25	5	49
仁宗(1023～1063)		5			7	12
英宗(1064～1067)						0
神宗(1068～1085)		1			2	3
哲宗(1086～1100)					1	1
徽宗(1101～1125)		3			4	7
总　数	34	24	27	26	19	130

这真是严重的失衡，前三帝凡62年（960～1022）的诏令共107个，占总数130个的五分之四以上，后五帝凡102年（1023～1125）的诏令却只有23个。当然，我们还要统计其他门类约三千六百多个诏令，才能全盘看出它们的时间分布是否跟“禁约”和“刑法”吻合，例如跟附表1的“《宋大诏令集》‘恩宥’诏令之各朝比例”就相当吻合。如仅就法制而言，后五帝的诏令为何如此稀少？逻辑告诉我们，只有三种“较主要的”可能性：一是后五帝的诏令存世，《大诏令》的编者看得到但少用；二是后五帝的诏令存世，

① 王智勇：《〈宋代诏令全集〉前言》，《宋代文化研究》第19辑，2011，第270～280页。

② 柳立言：《从〈宋大诏令集〉看太祖朝的重要法制问题》，黄源盛主编《中国法史论衡——黄静嘉先生九秩嵩寿祝贺文集》，中国法制史学会，2014，第141～174页。

③ 顾吉辰：《关于〈宋大诏令集〉》。他没有把卷二一五的“恩宥”算作法制，是很对的，因为所收诏令大都是官样文章，较多看到皇恩浩荡而较少看到法制建设。当然，我们不能举一反三，认为其他部门的诏令也多是官样文章。

《大诏令》的编者看不到；三是后五帝的诏令不存世，《大诏令》的编者看不到。

依次简释如下。

1. 后五帝的诏令存世，编者看得到但少用的原因

1.1 偏重祖宗之法。邓小南指出，宋人喜谈祖宗之法，[①] 即选择性地以祖宗的言论和行事作为典范，希望对后来的皇帝及大臣均产生一定的约束力量。当然，对真宗来说，“祖宗”是太祖和太宗，对神宗来说，却是太祖、太宗、真宗，仁宗和英宗，但总以建国之君为祖宗较无争议。太祖开国，太宗统一，自无争议，而真宗至少有两大重要建树：一是跟契丹订立澶渊之盟（1005），摆脱了宋朝可能被辽朝所灭的阴影，使宋人从此享有长久的太平，直到徽宗背盟，联金灭辽，反招速亡。二是对制度之建设犹多，例如一方面承接祖宗草创之法，另方面把其中可取者确定下来成为一代常制。宋代虽不无宦官之祸，但远不如唐、明之烈，关键即在真宗立下成规，无论宦官的军功有多高，也不能进入枢密院掌管军政，从此历帝遵守，直到徽宗时始被君主与大臣联手破坏，产生了《水浒传》里恶名昭彰的童太师。[②] 所以，多选择前三帝的诏令似属合理。

1.2 偏重基本大法。就法制之重要问题而言，五代军人专政，往往轻视法制，上梁不正，下民亦多违法乱制之举，而南北分裂五十三年（907～960），法制亦有歧异，故整顿法制是宋初重要要务之一，自然反映在重要法令的颁布较多。经过前三帝的努力，后继之君大抵以守成为主，重要法令的颁布较少，值得收录者也较少。如以宪法为喻，其制定之后，自以少变居多，有些甚至可说是萧规曹随，变成样板戏了，如附表1和附表2“《宋会要辑稿·刑法五》北宋诸帝‘省狱’一览”。

1.3 法制建设可能不被认为是后五朝的施政重点，故少收相关诏令，这就多少涉及编者的主观成分了。如单以皇帝本人对司法之参与程度来观察，《宋会要辑稿·刑法五》特设历代皇帝的“亲决狱”，虽是残本只能粗估，且未利用其他史料补充（个人倒是倾向先行各别统计），但其比例与表1有一定程度的吻合，亦跟附表3利用《大诏令》作出的“皇帝本人特别重视的法制问题一览”有一定程度的吻合，都是前三帝较多（参见表2）。

---

① 邓小南：《祖宗之法》，三联书店，2006。

② 柳立言：《以阉为将：宋初君主与士大夫对宦官角色的认定》，《大陆杂志》91.3（1995），第1～20页，但颇多刊刻之误，修订后收入宋史座谈会编《宋史研究集》26（“国立”编译馆，1997），第249～306页，尤其第270～271、280、285～286页。

表 2　《宋会要辑稿·刑法五》北宋诸帝“亲决狱”一览

<table>
<tr><th rowspan="2"></th><th rowspan="2">年号</th><th colspan="3">条数</th><th rowspan="2">比率
（条／年）</th></tr>
<tr><th>每年</th><th>总条数</th><th>分组</th></tr>
<tr><td rowspan="3">太祖
（960～976）</td><td>建隆</td><td>0</td><td rowspan="3">1</td><td rowspan="13">31</td><td rowspan="13">0.49</td></tr>
<tr><td>乾德</td><td>1</td></tr>
<tr><td>开宝</td><td>0</td></tr>
<tr><td rowspan="5">太宗
（976～997）</td><td>太平兴国</td><td>4</td><td rowspan="5">13</td></tr>
<tr><td>雍熙</td><td>1</td></tr>
<tr><td>端拱</td><td>1</td></tr>
<tr><td>淳化</td><td>4</td></tr>
<tr><td>至道</td><td>3</td></tr>
<tr><td rowspan="5">真宗
（997～1022）</td><td>咸平</td><td>5</td><td rowspan="5">17</td></tr>
<tr><td>景德</td><td>3</td></tr>
<tr><td>大中祥符</td><td>6</td></tr>
<tr><td>天禧</td><td>2</td></tr>
<tr><td>乾兴</td><td>1</td></tr>
<tr><td rowspan="9">仁宗
（1023～1063）</td><td>天圣</td><td>3</td><td rowspan="9">13</td><td rowspan="16">21</td><td rowspan="16">0.20</td></tr>
<tr><td>明道</td><td>1</td></tr>
<tr><td>景祐</td><td>3</td></tr>
<tr><td>宝元</td><td>1</td></tr>
<tr><td>康定</td><td>2</td></tr>
<tr><td>庆历</td><td>1</td></tr>
<tr><td>皇祐</td><td>1</td></tr>
<tr><td>至和</td><td>0</td></tr>
<tr><td>嘉祐</td><td>1</td></tr>
<tr><td>英宗
（1063～1067）</td><td>治平</td><td>1</td><td>1</td></tr>
<tr><td rowspan="3">神宗
（1067～1085）</td><td>治平四年（未改元）</td><td>1</td><td rowspan="3">4</td></tr>
<tr><td>熙宁</td><td>2</td></tr>
<tr><td>元丰</td><td>1</td></tr>
<tr><td rowspan="3">哲宗
（1085～1100）</td><td>元祐</td><td>1</td><td rowspan="3">2</td></tr>
<tr><td>绍圣</td><td>0</td></tr>
<tr><td>元符</td><td>1</td></tr>
</table>

续表

	年号	条数			比率（条／年）
		每年	总条数	分组	
徽宗（1100～1125）	建中靖国	0	1	21	0.20
	崇宁	1			
	大观	0			
	政和	0			
	重和	0			
	宣和	0			
		52			0.31

说明：此表由林思吟制作，基于徐松辑《宋会要辑稿·刑法五》（马泓波点校，河南大学出版社，2011），第629～645页。《宋会要辑稿》固然是残本，但不应处处采用以林见树的方法，以“残本”解释或怀疑各朝资料之比例，例如在附表2“《宋会要辑稿·刑法五》北宋诸帝‘省狱’一览”之中，诏令的朝代分布看来合理，难以看出“残”在哪里。

1.4 对政令有所疑或有所惧，这也是涉及编者的个人因素。众所周知，北宋中晚期政争迭起，除英宗朝外，仁、神、哲、徽四朝的变法与政争有时相当激烈，让此时的政令较具争议性，例如《宋史·刑法志》说：“（哲宗）绍圣以来，连起党狱，忠良屏斥，国以空虚。徽宗嗣位，外事耳目之玩，内穷声色之欲，征发亡度，号令靡常。于是蔡京、王黼之属，得以诬上行私，变乱法制。”[①]《大诏令》的编者可能认为它们可取之处不多，或惧怕取之将会致祸。宋敏求本人即曾间接卷入仁宗朝吕夷简和范仲淹的政争，及直接卷入神宗朝的新旧党争，[②] 曾数次得罪王安石，有一次自谓“忤权解职（罢知制诰）”，[③] 另一次“人为敏求惧，帝〔神宗〕独全护之”。[④]《大诏令》于绍兴年间（1131～1162）编纂完成，当时正是政治极为敏感的时刻，立场不易取舍。新党固然被指责为亡国罪人，不少旧党也因反对宋金和议而失足。值

① 《宋史》卷二〇〇，第4990页。又见卷一九九，第4964～4965页：“哲宗亲政……改更纷然，而刑制紊矣……（徽宗）凡元祐条例悉毁之。徽宗每降御笔手诏，变乱旧章。”神宗朝见卷二〇〇，第5007～5008页。

② 简单的描述，见颜中其《北宋大文献学家宋敏求》，中国历史文献研究会编《中国历史文献研究集刊》第3集（岳麓书社，1983），第258～263页。

③ 宋绶、宋敏求：《唐大诏令集》“宋敏求序”。

④ 《宋史》卷二九一，第9736～9737页。宋敏求与王安石的关系，简见尉艳芝《宋敏求交游圈考》，《沧州师范专科学校学报》2010年第4期，第47～49页。

此左右为难之际，加上在朝在野都不惜假借所谓文字狱以打击敌对者,① 较聪明的做法，也许是不要选择敏感的诏令。不过，这似乎不能解释仁宗朝四十年诏令之少，也许别有原因。

2. 后五帝的诏令存世，编者看不到的原因

诏令是以中央为起点，向四方颁布,② 自然以中央官员较易看到最齐全或最大量的诏令，其中又以位居要津者、拟诏者和修史者为最易。宋绶在仁宗时曾任知制诰、翰林学士、中书舍人，同修《真宗实录》及国史；宋敏求在英宗时曾担任知制诰、《仁宗实录》检讨官、同修起居注，神宗时曾任中书舍人、史馆修撰，修仁、英两朝正史。③ 从这个仕历来看，尤其是拟诏和修史，与前述的时间分布不无吻合，父子两人可重复看到的自是前三朝的资料，反映前三帝诏令之较多。他们的后继者即使有意续成，若不再处身于近水楼台，亦难以看到大量诏令，如要多方搜集，就绝非易事了，可谓心有余而力不足；若是无意续修，当然更不会用心搜集了。

3. 后五帝的诏令不存世，编者看不到的原因

王智勇指出，《大诏令》所收北宋八朝诏令，“仅占这一时期今存诏文的三分之一”。④ 如是，为数亦不算少了，但跟失传的诏令比较，恐怕是百不存一。《大诏令》后来的编者可能跟现代的编者遇到同样的困难，即大量诏令消失于两宋的天灾和人祸之中，例如宋家在哲宗元符年间（1098～1100）遭遇火灾，“五世百年藏书，化为灰烬”,⑤ 而他们在宋金战争中能否把余下的

---

① 李攸的《宋朝事实》未能上呈高宗，据说是因为秦桧的阻拦，见赵铁寒《〈宋朝事实〉题端》，收入李攸《宋朝事实》（《宋史资料萃编》第1辑），第1页。当然，箝制文字或兴起文字狱不是秦桧的专利，如范祖禹之子范冲，曾以王安石《明妃曲》进谗于高宗，谓“然则（伪齐）刘豫不是罪过，汉恩浅而虏恩深也”，见邓广铭《北宋政治改革家王安石》（人民出版社，1997年增订1975年版），第45～50页。当时的争议，可见李华瑞《王安石变法研究史》（人民出版社，2004），尤其第3～31页。

② 颁布的方式及储存（如县一级的敕书库），可参见马泓波《宋代法律由中央到地方颁布方式探析》，《历史教学》2009年第10期，第12～16页。

③ 宋绶见《宋史》卷二九一，第9732～9736页。宋敏求见《宋史》卷二九一，第9736～9737页；范镇：《宋谏议敏求墓志》，收入宋敏求撰《春明退朝录》（诚刚点校，中华书局，1980），第51～56页，但偶有错误，参张保见《宋敏求事迹简录》，吴洪泽、尹波主编《宋人年谱丛刊》三（四川大学出版社，2003），第1624～1638页；又参王德毅《宋敏求的家世与史学》。

④ 王智勇：《〈宋代诏令全集〉前言》，第270～280页，引文在第276页。

⑤ 王德毅：《宋敏求的家世与史学》，第126页。

卷帙悉数南迁，或在灾难之后再度收集诏令，不无疑问。①

个人认为，所谓历史解释，不过是根据逻辑推理，罗列各种可能性，并试图找出何者最有可能。然而，历史的制造者是人，人之所以为人，往往有违反逻辑之举措，而我们列举的各种可能性，往往是基于合情合理的推想，不及非理性的因素，故难免有不足之处。同样道理，即使是号称偏重科学的或客观的学科，它们所提供的解释有时亦难以周全，例如法学界曾主张“自然律就是用理性所能发现的原理”，对理性极度推崇，又提出“出纳机理论”和“镜子理论”，前者以为只要将案情详细输入一部内含所有法典或案例的机器，客观的答案便能自动产生，后者以为法律就是外在环境的反映。我们已知道，前者仅是一种理想状态，后者忽略了法律一方面会落伍，另方面亦会走在社会之前，出现超前立法。此外，有时因史料不足，亦难以判断哪一种可能性较为重要。就目前而言，我们对《大诏令》的选辑过程实在所知有限，除非有新史料的出现，否则只能将上述各种可能性视为“多元”并存，在不同的时、地、人和事等环境里，各自发挥一定的作用了。无论如何，《大诏令》的一个缺点，是既为选辑，自难全面，挑选的标准或受不同的价值观、党派、阶级和地域等影响。然而，这并不影响选辑本身的重要性，因为诏令本身就是“重要”，只是不能说宋氏挑选出来的诏令一定是“重要中的重要”，这是不同的两回事。

王智勇和王蓉贵主编的《宋代诏令全集》（2013，以下简称《全集》）尽量搜罗两宋所有诏令，约五万三千条，凡 20 门 126 类约一千二百多万字。若以页数为准（不算互见之数），最多的是官吏罢拜门凡 3666 页，其次是军事和帝系，但已大幅下降至 706 和 637 页了。以分布是否平均而言，重要者

① 这其实凭常情和常理便可推论，不过还是引用一点史料好了，但放在注中便可，以免妨碍阅读正文。李心传撰《建炎以来朝野杂记》甲集卷四（徐规点校，中华书局，2000），第 109 页：“己酉（1129）南渡，国史散佚，靡有孑遗，其后数下诏访求之。绍兴元年（1131），才得布衣何克忠所藏太祖实录四册而已。上以书籍残缺之际，特命以官。已而戚里张懋家献太祖至神宗六朝实录、会要、史志等书；小校唐开亦献王珪所编五朝会要；最后（绍兴）五年三月，始从故相赵挺之家得蔡京所修哲宗实录，皆下之史官。”又见第 109 ~ 110 页之收集诏令：“《徽宗实录》，绍兴未尝成书。始建炎（1127 ~ 1130）兵火后，史院片纸不存。汪彦章（藻，1079 ~ 1154）内翰守湖，以湖州独不被兵，当时所颁赏功罚罪等事咸在，乃因以为张本，又访诸士大夫间，编集元符庚辰（1100）以来诏旨至宣和乙巳（1125）上之。其书（徽宗日历）凡六百六十五卷，其后修《徽录》，史官皆仰之，然犹多脱略。”由此可知：一，当时即使以中央之力，亦不易搜集各种史料，何况是私人。二，即使是实录和会要等载有大量诏令的官文书，亦可能流入布衣和小校之手（但不排除这是士大夫家庭向下流动的结果），更不用说是大臣了。三，即使是未经战乱的湖州，所存哲宗元符以后的诏令也不齐全，要向士大夫征集，但仍多脱漏。

如食货门有520页，刑法尚有353页，但选举只有154页、学术34页、学校29页、医方6页，而释道反有49页，瑞异也有23页，乍看似乎亦有“收文内容严重失衡”的毛病。

《全集》共收太祖朝诏令约367条（含互见34条则有401条），分布情况如附表4“《宋代诏令全集》太祖朝诏令分布一览”，最多是食货门约69条（居首者是“赋役”约占29条）、政事门约67条（“宋与宋初其他政权关系”约占40条）和职官门约50条（“官制”约占45条）。跟法制有关的，应大多在王氏参考《宋会要辑稿》等书后自设的刑法门，共40条（刑制26条和刑事14条），恰好是《大诏令》的两倍，但新意似无倍增，乃遍读全部367条。限于个人能力，难以看到它们在法制上对《大诏令》有很大的超越，只能说是锦上添花，不能说是如虎插翼。有鉴于此，又因《大诏令》出自宋人之手，其分门别类应较接近当时的认知，且较易为个人甚至图书馆收藏，故下文先引用《大诏令》，其所无的始引用《全集》。正如曾枣庄先生替《全集》写的序说：“现代的主流学科，未必是宋代学术之重点，必须根据宋代诏文的实际情况来设置类目……一千二百多万字的《宋代诏令全集》，买得起的人未必读；爱读书的穷学士，又未必买得起。因此，为爱读书的穷学士计，可否编一本寓意深刻，文采沛然，富有可读性，字数控制在三十万字左右的普及性读物《宋代诏令选》呢?”个人深表同意，但假如要编《诏令选》，最好尽量仿照《大诏令》的门类，17门173类，大抵够用了，不然就在类下添目便可。如是，或较易看到《大诏令》的分类和取舍标准与今人有何不同，亦是一个有趣的题目。从附表5“《宋大诏令集》与《宋代诏令全集》分类之异同”可以看到，共有7条诏令被《大诏令》收入“政事·禁约”和“政事·刑法”，却没有被《全集》收入“政事·诫饬”、“刑法·刑制”和“刑法·刑事”。假如只读《全集》，就可能错过这7条了。此外，也可尽量沿用《大诏令》的诏令名称，不足之处才加上自己的按语，如《大诏令》的《申明奏裁诏》是《非疑狱不得奏裁诏》的后续诏令，《全集》将其易名为《滞狱行罚诏》，或可更改为《申明（非疑狱不得）奏裁诏》。

乙　法制原则

一　皇帝所重视的

诏令必须得到皇帝的同意才能发布，但不见得都是皇帝本人特别重视的，那应如何揣摩上意？可从两方面观察：从形式上看是否御笔手诏或口谕，和从内容上看敕诏里的“朕”、“我”或“予”等字。

到电子全文资料库检索各种宋代史料，发现徽宗最多御笔手诏，有些从内容到押字，据说都出自宠臣兼大书法家蔡京之手。无论如何，御笔手诏多能反映皇帝较为重视的问题。

太祖的手诏跟法制直接相关的，只找到一条。969 年五月，太祖“以暑气方盛，深念缧系之苦，乃下手诏：两京、诸州，令长吏督狱掾，五日一检视，洒扫狱户，洗涤杻械。贫不能自存者给饮食，病者给医药，轻系即时决遣，毋淹滞”。自此之后，岁以为常，成为一代制度。① 事实上，962 年亦曾针对东京和河北等地下诏：“朕适当盛夏，雨泽稍愆。切虑刑狱之间，或有淹滞，轻系小罪，虚致淹留。方属炎蒸。宜加钦恤。”② 将两诏合读，明显看到太祖重视系狱者的健康和司法案件的拖延问题，可泛称为人道原则和效率原则。

从诏令中的“朕”等字样，有时亦可知道皇帝特别重视或主动提出某些问题。例如 972 年征求治水之道的诏令说：“凡搢绅多士、草泽之伦……并许诣阙上书，附驿条奏，朕当亲览。”③

跟自己和百姓相关的“朕”字，如 960 年即位赦文说“朕起自侧微，备尝艰险”，966 年诏令说“朕历试艰难，周知疾苦”。④ 这应是太祖的真心话，因为他来自一个基层军人家庭，十八岁起四出谋生却“漫游无所遇”，饱尝人间冷暖，洞见官僚嘴脸。⑤ 即位后明确告诉百姓，他与他们同源，不是官二代或富二代。“朕以……百姓为心”（962），⑥ 会重视基层的利益。972 年平两广，诏废媚川都，百姓不须再冒险深入海中采珠，可谓重视人命多于一己的享乐。⑦

跟法制有关的“朕”字约有数个，我和几位同学讨论后（见附表 3），认为由太祖主动提出的，可能只有一个：即位后四年（964）的《诸道公案

① 《宋史》卷一九九，第 4968 页。

② 《大诏令》卷一五一，第 560 页。

③ 王智勇、王蓉贵主编《宋代诏令全集》（以下简称《全集》），四川大学出版社，2012，第 6450 页。

④ 分见《全集》，第 1 页；《大诏令》卷一八二，第 658 页。

⑤ 张家驹：《赵匡胤传》，江苏人民出版社，1959，第 3 ~ 6 页。如太祖投靠某将官时，被“多所凌忽”，见李焘撰《续资治通鉴长编》（以下简称《续长编》）卷九，上海师范大学古籍整理研究所、华东师范大学古籍研究所点校，中华书局，1979 ~ 1995，第 203 页。有一次皇弟太宗说太祖“服用太草草”，太祖“正色曰：尔不记居甲马营中时耶?”《续长编》卷七，第 171 页。

⑥ 《大诏令》卷一八二，第 658 页。

⑦ 《续长编》卷一三，第 283 页。

下大理检断诏》，其中的“案牍每来，烦朕亲览，斯为旷职”，[①] 应是太祖的亲身感受，继而要求臣下不再旷职，否则皇帝理应日理万机，撰写诏令者岂敢用上“烦朕亲览”这四个字呢。

诏令一开始便指出两事，且都引用前朝诏令为据。第一事是司法案件的审理有一定的程序，所引用的是后周广顺元年（951）敕，谓“天下刑狱，皆须大理寺正断，刑部详覆，不得中书门下便即处分”。第二事是案件应依其严重性分为大、中和小事，各自设定结案期限，所引用的是后唐长兴元年（930）敕，可将之图表化以清眉目（参见表3）：

表3 《诸道公案下大理检断诏》分析表

	严重性		效率（程序、时限）	
	人数	应详断罪名者	大理寺检断	刑部详覆
大事	十人已上	二十件已上	限三十日	限十五日
中事	六人以上十人以下	十件已上	限二十日	限十日
小事	五人以下	不满十件	限十日	限五日

说明：此表由林思吟制作。

上述两事却完全不被遵行，诏令接着说：“刑法之重，政教所先……洎乎近日，颇紊彝章，案牍每来，烦朕亲览，斯为旷职，何以责成”。那些应先由大理和刑部处理的案件，竟落到皇帝头上，而且数量可能不少，后果有四：一是上烦圣虑，不但劳神，而且占去了处理其他政务的时间；二是制度被破坏，产生有法不必遵守的歪风；三是官吏旷职，效率欠佳，又推卸责任；四是产生滞狱，受害人当然以百姓居多。最后三种后果，不仅见于中央，而且遍及四海。[②]

太祖于是下令回归旧法，共有两点：“诸道公案，（1）宜并下大理寺检断、刑部详覆；（2）即须依限，无致稽迟”，称职者可得奖赏，反之，“其或断覆淹留、比附差舛，致中书门下提举改正者，重置其罪”。同样的态度，可见于966年〈置三司推官诏〉：在明确规定三司推官的职掌后，诏令说：“夫致理之本，责实为先，所宜……各修乃职，咸听朕言，勉施尽瘁之劳，以副责成之意”。[③] 首先，这就是对前言“验问吏理”的一个重要答案，可泛称为责实或责成原则，否则有再好的制度和政策也无法落实。其次，设定

① 《大诏令》卷二〇〇，第739页。

② 地方的情况，见《大诏令》卷二〇〇《非疑狱不得奏裁诏》，第739页。

③ 《大诏令》卷一六〇，第604页。

时限即前文所谓效率原则，受益者自然大都是百姓。

我们应如何理解这两道诏令对整顿法制和对太祖本人的意义?

对整顿法制来说，约有三点可言。第一，切实遵行良好的旧制度。针对大理寺和刑部的问题，太祖没有打算创立“宋”制来显示新朝新气象，也没有引用现代学人捧为至宝的盛唐之制，尽管宋朝在前一年（963）已公布了以唐律为蓝本的《宋刑统》作为基本大法。太祖选择了后唐和后周之制，虽然没有说明原因，其中一个考虑应是切合时宜，不拘黑猫白猫，或可称为实用原则（pragmatism）。十分明显，该等制度的设计原则有三，一是权责要分明，如诏令所说的“法寺当平断重轻，刑部在审量可否”，简单说即大理初判，刑部覆审。二是要尊重专业，既是司法案件，就应先交司法人员处理，不应一开始就容许“非法律”的考虑，例如政治考虑，最后才由宰相或由皇帝决定。三是互相制衡，因为大理、刑部及中书门下是独立讨论，不是聚在一起商量。

第二，立法要明确，避免笼统，如将严重性和效率都加以量化。

第三，两诏揭橥几个法制原则：人道、效率、责成、实用，和教化等，一再提到的是司法案件不能拖延，相信它们是官吏读诏时不难领会的。从974年开始，开封府就一再上言京城诸官司狱空，表示没有滞狱。[①] 这当然有故意的成分，但可反映官吏颇能体察上意。

对太祖来说，亦有三点可言。第一，他留意人命关天的司法，犯者自以百姓为多。他曾亲阅地方上报的平民死刑案件，发觉有误，乃将相关官吏除名和杖流海岛，史称“自是人知奉法矣”，[②] 虽不免夸大，但反映此案可能公布天下，使官吏知道太祖留意司法。从即位第三年（962）开始，太祖每五日于内殿接见百官转对，特别声明要听取“刑狱冤滥”。[③]

第二，他亲自改正司法的毛病，没有假手他人。太祖武将出身，代周之前并不熟悉司法运作，即位不久便看到案件纷纷送至御前。他大可把不熟悉或不感兴趣的事情交给中书门下处理，后者亦可能乐于得到君主的信任或授权，取得权相的威望。如是，上述问题就可能延续下去，宋代的司法文化也

---

① 《续长编》卷一五，第324页（974）；卷一六，第340页（975）、342（975）；卷一七，第375页（976）。

② 《续长编》卷二，第46页。962年，太祖对宰臣说：“五代诸侯跋扈，多枉法杀人，朝廷置而不问，刑部之职几废，且人命至重，姑息藩镇，当如此耶!”乃下令诸州执行死刑后，录案闻奏，由刑部详覆，见《续长编》卷三，第63页。此条接着记载一事，说女尼法迁私用本师财物，地方官以盗论处死，遭到惩处。这应是地方执行死刑后，由刑部详覆的例子，见第63~64页。

③ 《续长编》卷三，第62页。

不过是五代的延续罢了。然而，太祖没有把问题抛给大臣，而是追究它们的来源并加以改正。

第三，太祖认为有些毛病出自人的旷职而非制度的不良，故改正的对象应是人而非制度。有一次臣下建议以刑罚来对付外派使节的失职，太祖却说："齐之以刑，岂若其自然耶？要当审择其人耳。"① 后来又评论前代帝王得失说："则天，一女主耳，虽刑罚枉滥，而终不杀狄仁杰，所以能享国者，良由此也"，② 似乎认为人的作用有时大于制度。无巧不成书，太祖于去世前一年（975）将大理寺检断、刑部详覆的旧制改为两司参议同奏，结果因两司首长个性的差异，"屡至忿竞，案牍转复稽滞"，刑部为此请求恢复旧制。③

证诸其他史料，也可看到太祖这些特点，兹举数例。④ 根据《宋史·刑法志》，太祖即位后约十二年（973），对亲自挑选的御史台台长冯炳说："朕每读《汉书》，见张释之、于定国治狱，天下无冤民，此所望于汝也。"⑤ 张释之执法不阿，以弹劾太子（景帝）和对文帝说出"法者，天子所与天下公共也"而闻名。于定国慎于决狱，罪疑唯轻，有谓"张释之为廷尉，天下无冤民，于定国为廷尉，民自以不冤"，可见其断狱能令百姓心悦诚服。不久前宋朝才降服南汉，接下来便要征讨江南，在戎马倥偬之中，太祖读《汉书》而牢记治狱之事，并亲自挑选台长，可见他关注司法尤其是司法的人，是由始及终的。即使是挑选其他部门的官员，也会根据他们的司法表现，如"五代姑息藩镇，有司不敢绳以法。（王）赞振举纲维，所至发摘奸伏无所忌。上知赞可付以事……将大用之"。⑥

同年（973），李焘《续资治通鉴长编》共记四事。前三事是说太祖留意司法、慎于择人和以士人代替牙校："上留意听断，专事钦恤，御史、大理官属尤加选择（以冯炳判御史台事）"、"京城左右军巡院，典司按鞫，开封府旧选牙校，分掌其职。上哀矜庶狱，始诏改任士人"，和"诸道州府任牙

---

① 《续长编》卷二，第 54 页。

② 《续长编》卷七，第 172 页。

③ 《续长编》卷一七，第 374 页。

④ 太祖朝的史料并不多，从《宋史》本纪和刑法志、《宋会要辑稿》和李焘《续资治通鉴长编》等，几乎可看到太祖个人的所有重要法律参与和发展。学人只需从中选取若干关键词，进行全文检索，加以分类，便不难一睹全豹，在此不赘。

⑤ 《续长编》卷一四，第 301 ~ 302 页；《宋史》卷一九九，第 4968 页。

⑥ 《续长编》卷二，第 51 页。又如周渭，"为白马主簿，县大吏犯法，渭即斩之。上奇其才，故擢右赞善大夫"，《续长编》卷四，第 96 页。边珝亦然，《续长编》卷一三，第 280 页。

校为马步都虞候及判官断狱，多失其中……诏罢之，改马步院为司寇院，以新及第进士、九经五经及选人资序相当者为司寇参军”。第四事是说太祖尊重法制：宰相赵普曾经坚持任用一位太祖不喜欢的人，强调“刑以惩恶，赏以酬功，古今之通道也。且刑赏者，天下之刑赏，非陛下之刑赏也，岂得以喜怒专之……上卒从其请”。[①] 假如赵普是引用张释之“法者，天子所与天下公共也”的话来提醒太祖，那此时的太祖已非吴下阿蒙，对法制的认识和投入，应已超过即位之时。

很多学人认为唐宋变革的一个重要特点是宋代步入君主独裁制，凭制度来达到独裁，故即使是无能的君主，仍可以掌握决定权。单从964诏令来看，太祖并不打算进行事必躬亲的独裁，而是强调司法应“先走完应走的程序”，经过大理、刑部、中书门下，不得已才由皇帝亲裁。此时，案件已经过至少三个部门的独立讨论，除非三者合谋，否则就很难欺君。在理论上，皇帝本人此时要做的，或是跟机要秘书如翰林学士一起要做的，是从三种意见中挑选较好的一个。此时的独断，出错的机会便会减少，除非真的挑上了不对的意见，或别出心裁，作出第四种但不对的意见。

也许单就法制这个领域来说，我们可称太祖为留意制度、尊重制度和专业，但有时不一定完全依从其决定的独裁君主。与此大不同，在军事领域，太祖每是乾坤独断，大抵因为他本人就是最专业的军事家。由此可知，在不同的领域，同一位独裁君主，可能因个人兴趣和能力，而有不同的表现，研究者不可以偏概全，把任何一位皇帝塑造为“全方位”的独裁君主。同理，我们亦不能因为他在某个领域较不独裁，便推论他在其他领域也不那么独裁。总之，我们对一位君主的独裁行为，应首先进行个别领域或分门别类的研究，即独裁的事为何，然后探究独裁的主要对象是谁（如官吏还是百姓）、独裁的原因为何、独裁的手段为何、独裁的时间点为何，等等，最后才能综合以得全貌。十分遗憾，此等著作至今罕见。

二　朝廷所重视的

朝廷面对的法界官员是何等人也？中央的最高司法机构大理寺和刑部因旷职而被太祖训斥，地方官吏又如何？《宋史·刑法志》说：“时天下甫定，刑典弛废，吏不明习律令，牧守又多武人，率意用法。”[②] 短短几句，道出了

---

① 《长编》卷一四，第301~302，302，305，306页。

② 《宋史》卷一九九，第4968页。《续长编》卷二，第46页作：“五代以来，典刑弛废，州郡掌狱吏不明习律令，守牧多武人，率恣意用法。”

四大问题：某些法制本身不周延；法制本身已周延，但不被遵从；中下层官吏缺乏法律素养；上层官吏如地方首长等多是不尊重法制的武夫。对应之道，不外是小心立法，减少法制本身的缺失；恢复有法依法的精神，如谨守重定的《宋刑统》；加强官吏的法律素养，如使其多读律文以增强知识和躬亲司法以累积经验；和换上尊重法制的官吏，如前述以士人取代牙校等。下文将之概括为立法原则、司法原则和司法人员守则。

（一）立法原则

令人惊奇的是，尽管《宋史·刑法志》说“刑典废弛”，但中国传统法律的原理，纷纷出现在宋初的诏令中，足以显示当日的法理水平，并不因为五代的乱世而骤降，不少唐律的精华，在法学家的书斋和脑袋里得以保存，故能在《唐律疏议》的基础上，于开国第四年（963）便推出《宋刑统》作为基本法典，但“州郡掌狱吏不明习律令……率恣意用法”,[①] 又反映出象牙塔与人世间的巨大落差，且持续至今。

1. 兼顾特殊性与普遍性：因地制宜与全国一致

宋人不能回避的一个问题，是征服南方各国之后，应推行一国一制或一国多制？在中国历史上，统一王朝对某些问题确可因俗而治，但对另一些问题则采用一国一制，甚至以严刑峻法为手段，反映统治者对它们的重视，或可视为“更高的原则”（higher principle 或 trumping principle），以下仅以川峡之后蜀和两广之南汉为例。

1.1 因地制宜者

962 年，太祖减轻五代的刑罚，颁下“自今窃盗，赃满五贯文者，处死”的新法（详后）。[②] 969 年下令“窃盗至死者，奏裁”，自是因为人命关天，不可不慎。[③] 971 年平南汉，975 年广州上奏：“窃盗赃满五贯至死者，准诏当奏裁。岭表遐远，覆按稽滞，请不候报，决之”。太祖乃下诏：“广南民犯窃盗赃满五贯者，止决杖、黥面配役，十贯者弃市”。[④] 如此一来，产生两处不同：一是赃满十贯才处死是双倍于其他地方，二是由地方而非中央终审定谳。不过，前者明显是针对后者所作的保险措施，似乎没有太过违背了“奏裁”以重视人命的大原则。所以，在重视人命这个大原则上，两广与其他地

① 《续长编》卷二，第 46 页。

② 《大诏令》卷二〇〇，第 739 页。

③ 《续长编》卷一〇，第 231 页。

④ 《续长编》卷一六，第 338～339 页。又见《全集》，第 6790 页。太祖亲览地方死刑的例子，见《续长编》卷二，第 44 页。

方是大同小异的，也许我们在探讨“异”之时，应分别究竟是原则之异还是方法之异。

1.2 全国一致者

a. 家庭纲常：父母子孙同籍共财

宋人于965年平后蜀，随即颁下《宋刑统》使其遵行。未几即发现，该地之子孙，在祖父母及父母在生之时，便彼此别籍异财，违反了律文十恶中之“不孝”重罪，[①] 乃于968年颁下《禁西川山南诸道祖父母父母在别籍异财诏》：“厚人伦者莫大于孝慈，正家道者无先于敦睦。况犬马尚能有养，而父子岂可异居？有伤化源，实玷名教。近者西川管内及山南诸道相次上言：百姓祖父母在者，子孙别籍异居。诏到日，仰所在长吏明加告谕，不得更习旧风。如违者，并准律处分〔徒三年〕”，次年更以敕代律，对违者处以死刑，堪称严刑峻法。[②]

采用一国一制的原因，一是宣示大一统（以下均有此目的，不赘）；二是维护统一王朝的法律，有法依法，因为同籍共财是唐宋法律的规定，即诏令所说的“准律”；三是维护传统的家庭纲常、孝慈敦睦，以便维持作为基本社会单位和赋役单位的同籍共财家庭制度；四是维护法律和纲常的合一：众所周知，同籍共财的法源大都来自《礼记》，是由礼入律或礼法合一的典型，亦是唐宋法律的一个核心价值。用今天的角度来看，自是个人利益服从于家庭利益等，学人通常称为家族主义。综观两宋，共财有所放宽，同籍则一直维持。[③]

b. 度量衡

除了统一货币之外，宋人于971年平南汉，发现该地用大斗受纳百姓租税，一石纳至一石八斗，乃颁布《罢广南大斗诏》：“朕已平远俗，式示优恩。既混车书，宜均度量。广南伪命日，使大斗受纳租税者，罢之”。[④] 这当然会减少了国库的收入，但可以展示新王朝的恩惠，拉拢民心，同时表示有法守法，规定纳一石就是一石，不行聚敛之计。用今天的角度来理解，亦有

---

① 《宋刑统》卷一，第12页。

② 《大诏令》卷一九八，第730页；《宋史》卷二，第30页。反之，太祖对杀人以复父仇者却宽贷，见《续长编》卷四，第110页。

③ 柳立言：《宋代同居制度下的所谓“共财”》（1994），收入氏著《宋代的家庭和法律》，上海古籍出版社，2008，第325~374页。

④ 《大诏令》卷一九八，第731页。其他财政方面的诏令，有971年的“诏岭南商税及盐法并依荆湖例，酒曲仍勿禁”和“诏岭南诸州刘鋹日烦苛赋敛并除之”，《续长编》卷一二，第263、272页；《大诏令》卷一八五，第675页；《宋会要辑稿》“食货二十三”，第18、69页，第1、70页，第3页。

公平之意，即两广人民没有因为是被征服的人，而较其他人民交纳较高的税。到了后来，宋朝国计日绌，乃故态复萌，全国受害。

c. 人道精神：释放私奴婢

平南汉后，发现该地民家收买到男女奴婢，将之黥面，并转作佣工雇与他人，收取佣资，既违反宋朝法律，也违反人道精神，把人类视为可以买卖和租赁牟利的商品，也剥夺了良民的身体自主或自由，乃颁下《禁广南奴婢诏》："昔汉高祖既定天下，乃诏民以饥饿自卖为奴婢者，皆免为庶人，盖革污俗之弊。眷惟岭表，方已削平，犹习余风，所宜禁止。广南诸州县民家，有收买到男女奴婢，使转将佣顾（雇）以输其利者，自今并令放免（为庶民）。有敢不如诏旨者，当决杖配流"。[①] 宋法共有五刑，死刑之下便是流刑，若加上刺配（黥），是极重的刑罚。969 年进一步立法："自今奴婢非理致死者，即时检视"，[②] 应是防范奴婢被虐杀。

值得注意的有三点。

第一，视人道精神为普遍价值。宋代已将"人道"一词用于私奴婢，例如甚为朱熹赏识、以知鄂州闻名的罗愿劝主人让奴婢"及时婚嫁，不失人道"，袁采以通俗语言写下处世之道的《世范》，好让"中人以下"也能读懂，亦劝告主人要替孤单的奴婢"预为之择其配，婢使之嫁，仆使之娶"。[③] 综合两者而言，"人道"既可指主人之善待奴婢，可谓之"仁道"，但亦未尝不可以说，结婚生子已被视为奴婢作为人类的基本权益，这就有点"人权"的味道了。

第二，政府有责任将人道精神推行于全国，不惜得罪有权有势或有财的奴婢主人，后者不乏乡绅，有时被学人视为政府在地方事务上的合作者，如所谓官绅政权。

第三，以法律，有时甚至是严刑峻法，作为移风易俗或教化的后盾，反映政府的重视。综观两宋，政府的确尽力保护合法的奴婢（如作为人力和女使的良民）的权利，和阻止非法奴婢的产生，并获得一定的成效。[④]

从以上三项措施可知，宋朝统治者把若干事物赋予普遍价值，向四海推行（"海行"），它们有些较属于物质层面，如跟赋税有关之度量衡，有

---

① 《大诏令》卷一九八，第 730 页。

② 《续长编》卷一〇，第 230 页。

③ 罗愿：《罗鄂州小集》卷五，文渊阁四库全书，第 14 页。袁采：《袁氏世范》卷三，知不足斋丛书，第 14 页。详见柳立言《宋代的宗教、身分与司法》（中华书局，2012），第 179～181、186～187 页。读者用"人道"作关键词到各大全文资料库检索便可，不赘。

④ 有关宋代奴婢制度之著作甚多，重要的大都引用在张文晶《宋代奴婢法律地位试探》，戴建国主编《唐宋法律史论集》（上海辞书出版社，2007），第 307～328 页。

些较属于精神或道德层面，如家庭纲常和人道精神。推行的方法是先行明白宣谕，然后随之以刑罚，有时甚至是严刑峻法，这既不是有教无罚，也不是不教而诛，而是先教后刑。推行的一个目的自是移风易俗，是教化的一种。

也有学人指出，除了海行法之外，还有特别法，例如某一政府部门的部门法，或某一地区的地区法，如某地盗贼蜂行，乃在该地推行重盗法，刑罚重于海行法的规定。甚至有学人认为，父母死后子女分家，也有地区法。[①] 个人则认为，除了非汉人或民族混杂等少数情况外，假如海行法跟特殊法的关系是属于母法与子法，那么在大多数情况下，子法的“立法原则”还是不应悖离母法的，除非母法本身也发生转变或有了不同的解读。以同籍共财为例，上述诏令明揭它的立法原则是“厚人伦者莫大于孝慈，正家道者无先于敦睦”，故即使在某地区出现特殊法，也不应违反这原则。又如奴婢，诏令明揭禁止的原因是针对“买到男女奴婢，使转将佣顾以输其利”，故即使在某地区出现特殊法，也不应容许人口买卖和剥夺良民的人身自由。又如礼法合一，是唐宋律的核心，母法所不能违背的礼，子法又岂能违背？有时的确会因为政策等因素，暂时不完全实施母法，但这既是一时权宜，也很少会另行创立子法，尤其是与母法矛盾的子法。故此，尽管海行法和特殊法的枝节有异，但它们的根本，亦即立法的原则，还是应该一致的，除非是人谋不臧。总之，特殊性和普遍性的背后，有时不无共通的法制原则。

2. 兼顾变与不变：法随世变与恒久价值

人世间没有不可改变的法令，但在变动之中，是否仍有较为恒久的价值？或者说，有哪些原则是应该保留在转变中的法制的？假如修法到了不讲原则的地步，只知讨好于一时，也许就难以行之久远了。

太祖朝诏令时常提到顺应时势，但“时”至少有两种：天时和人时。天时，如961年的《禁采捕诏》说：“王者稽古临民，顺时布政”，[②] 不准臣民在飞禽走兽游鱼的生育季节捕猎。又如968年的《禁止上供钱帛不得差扰居人诏》说：“王者之治，使人以时，非惟不夺于农功，亦冀无烦于民力”。[③] 这里的时指农时，上供朝廷的财物固然重要，但地方官吏不应强逼农忙中

---

① 戴建国：《南宋时期家产分割法“在室女得男之半”新证》，收入北京大学中国古代史研究中心编《邓广铭教授百年诞辰纪念论文集（1907～2007）》（中华书局，2008），第226～240页，后收入氏著《唐宋变革时期的法律与社会》（上海古籍出版社，2010），第373～395页。

② 《大诏令》卷一九八，第729页。

③ 《大诏令》卷一九八，第730页。

的百姓协助运输。今天科技发达，农时可以改变，但在宋代仍属天时。人时，可理解为时政或英雄造时势之时，如962年的《改窃盗赃计钱诏》说："世属乱离，则纠之以猛；人知耻格，宜济之以宽"，这应是援引《左传》所载孔子"宽以济猛，猛以济宽，政是以和"的话，[①] 而乱世和治世均出自人为。

天时之变化，理应顺应，即所谓天人相应，如秋决和务限（农务期间不受理以免妨农，详后）。人时之变化，却有顺应与不顺应的选择，967年臣僚上奏说：[②]

> 朝廷自（965年）削平川峡（后蜀），即颁《刑统》、《编敕》于管内诸州，具载建隆三年（962年）三月丁卯（大辟决讫奏闻）诏书及结状条样。[③] 而州吏弛怠，靡或遵守，所决重罪，祗作单状，至季末来上。状内但言为某事处斩或徒、流讫，皆不录罪款及夫所用之条，其犯者亦不分首从，非恶逆以上而用斩刑。此盖兵兴以来，因寇盗之未静，率从权制，以警无良。今既谧宁，岂可弗革？望严敕川峡诸州，遵奉公宪，敢弗从者，令有司纠举。

这是说，时势变了，但积非成是的旧习或今日所谓历史共业没有改变，那么要不要改变？回答要改变恐怕是历史之后见，我们不要忘记，平定后蜀只是统一战争的真正开始，后面还有南汉（971平）、江南（975平）、吴越（978纳土）、北汉（979平），和燕云十六州（三次北伐失败），距离臣僚所说的"今既谧宁"还远得很。

不同学科的研究者，对臣僚和太祖为何选择改变、坚持回归以唐律为基础的《宋刑统》，或有不同的答案。政治史学人或会归因于一国一制的大一统考虑，认为是理所当然的选择。法律史学人或会依着976年奏议的内容，以法论法，比较后蜀旧习和《刑统》及《编敕》的优劣，指出宋法确是较佳，代表着正常或治世的法制，是超越时空或较为永恒的。毫无疑问，对百姓来说，太祖朝的法律以减轻前代的刑罚为主流。

太祖一朝正处于乱与治之间，一方面仍然用猛的严刑峻法来对付乱世的

---

① 《大诏令》卷二〇〇，第739页。

② 太祖的回应是"从之"，《续长编》卷八，第193页。

③ 《续长编》卷三，第63页："上谓宰臣曰：'五代诸侯跋扈，多枉法杀人，朝廷置而不问，刑部之职几废，且人命至重，姑息藩镇，当如此耶！'乃令诸州自今决大辟讫，录案闻奏，委刑部详覆之。"

现象，如军兵的桀傲不顺和官吏的贪赃枉法草菅人命，[①] 另方面转为用宽的方法来拨乱反正，如965年新创的折杖法，号称“立兹定制，始自圣朝”，将传统五刑（死、流、徒、杖、笞）中的后四者进行轻刑化，其主刑一律折合为杖刑，如分为五个等级的徒刑（徒3年、2.5年、2年、1.5年和1年）在决脊杖二十至十三下之后全“放”。[②] 太祖去世前一年（975）甚至说：“尧、舜之世，四凶之罪，止从投窜，何近代宪网之密耶?”史臣因此说他“盖有意于刑措也”，[③] 即要进一步轻刑化。从三个改变五代法律的诏令，或可看到宋代将要遵守的一些较为恒久的法律原则。

第一个是在961年颁布针对私造及贩卖酒曲的诏令，史臣记载说：“（后）汉初，犯私曲者并弃市，周祖始令至五斤死。上以周法尚峻……诏民犯私曲十五斤……始处极典（死），其余论罪有差”，一下子放宽了三倍。[④]

第二个是上述962年的《改窃盗赃计钱诏》，它援引《左传》“昔先王议事以制，不为刑辟”之说，认为殷周之时，“议事以制，必务于哀矜……窃盗之徒，本非巨蠹；奸生不足，罪抵严科。今条法重于律文，财贿轻于人命。俾宽禁网，庶合旧章”。[⑤] 当时以重罪惩治窃盗，超出旧有的律文所定，乃下诏减刑，详定等级，定为新律，以回归按律科罚（即罪刑法定之刑）的原则。[⑥] 第三个是在966~967年颁布的《增犯盐斤两诏》，不但减轻了五代的严刑，而且进一步减轻了太祖自己新定的刑罚。它说：“孔子谓刑罚不中，民无所措手足，则法令之用，钦恤为先。应犯盐条例，在建隆诏书，已从降贷，[⑦] 尚念近年以降，抵罪者多。特示明文，更从轻典。宜令有司量增所犯盐斤两，差定其罪，著于甲令。”[⑧] 史称“法轻益，而犯者鲜矣”。[⑨]

贯穿这三个诏令的是哀矜、钦恤，避免严峻，亦属人道原则。也许最能

---

① 对军兵，太祖自己说：“（后唐庄宗）二十年夹河战争，取得天下，不能用军法约束此辈，纵其无厌之求，以临御，诚为儿戏。朕今抚养士卒，固不吝惜爵赏，若犯吾法，惟有剑耳”，见《续长编》卷一二，第274~275页。对官吏，《宋史·刑法志》说：“宋兴，承五季之乱，太祖、太宗颇用重典，以绳奸慝”，见卷一九九，第4961页。又见《续长编》卷八，第189~190页。

② 《宋刑统》卷一，第3~5页；《宋史》卷一九九，第4966~4967页，详见《续长编》卷四，第87页。

③ 《续长编》卷一六，第337页。

④ 《续长编》卷二，第44页；《全集》，第6549页。

⑤ 《大诏令》卷二〇〇，第739页。

⑥ 《宋刑统》卷一九，第345~346页。

⑦ 建隆年间有关盐法的规定，见《续长编》卷二，第44、53页；卷三，第65页。

⑧ 《大诏令》卷二〇〇，第740页。

⑨ 《续长编》卷七，第182页。

看到这原则的，除了解放奴婢之外，便是对在狱者的体恤。969 年颁布的《枷械图圄五日一检视洒扫荡洗小罪即时决遣诏》说："吏每五日一检视，洒扫荡洗，务在清洁。贫无所自给者供给饮食，病者给医药。小罪即时决遣，重系无有淹滞。"值得注意的是恤狱的原因："扇暍泣辜，前王能事；恤刑缓狱，有国通规。今朱夏既临，溽暑方甚，眷兹缧系，深用哀矜。"[①] 从武王和大禹的"前王能事"到"有国通规"，其实就是通世价值，甚至就是"王道"，其核心价值之一，就是"哀矜"。《宋史·刑法志》序言说："先王有刑罚以纠其民，则必温慈惠和以行之。盖裁之以义，推之以仁，则震慑杀戮之威，非求民之死，所以求其生也……（宋朝）累世犹知以爱民为心，虽其失慈弱，而祖宗之遗意盖未泯焉。"[②] 大抵"以爱民为心"五字，是太祖朝施行法律于一般百姓时，所极为重视的通则。967 年奏议所说的各种旧习，不就是违反了这个原则，不得不改变吗?

3. 立法应明确，避免模糊

读宋初诏令，十分容易看到钱大群先生所说，"唐律的制订者们，对犯罪构成客观方面诸因素，千方百计地进行量化的努力，正是古代法学家在刑事立法技术上的一大贡献"。[③] 这样做的一个主要目的，正如宋人所言，是为了"俾官吏之依凭，绝刑名之出入"，达到一致。[④] 兹举数例：

3.1 对可罚之事的严重程度有明确的区分

962 年针对私造酒曲下诏："应私造曲者，州、府、县、镇城郭内，一两以上不满五斤，徒二年；五斤以上不满十斤，仍配役一年，告者赏钱十千；十斤以上不满十五斤，徒三年，配役二年，告者赏钱十五千；十五斤以上不满二十斤，加配役一年，告者赏钱二十千；二十斤以上，处死，告者赏钱三十千，并以官钱充。其至死者，告、捉人依上条外，别给赏钱：东京三百千，西京及诸州、府二百千，县、镇百千，以死者家财充。若在乡村犯者，自一两十上不满十斤，满十斤以上不满十五斤，十五斤以上不满二十斤，二十斤以上不满三十斤，并如上法等第科罪，至三十斤处死。"[⑤] 这里共有四种区分：城郭与乡村之不同、赏钱有出自官钱与死者家财之不同、赏钱随地区而不同，和最重要的，罪行轻重的不同。也许我们难以完全明白各种不同的原因，但不能不佩服宋代立法者思虑之广与细。

---

① 《大诏令》卷二〇〇，第 740 页。

② 《宋史》卷一九九，第 4961 ~4961 页。

③ 钱大群：《唐律文法量化技述运用初探》，《南京大学学报》1996 年第 4 期，第 22 ~30 页。

④ 《续长编》卷四，第 87 页。

⑤ 《全集》，第 6549 页。

3.2 对奖与罚有明确的界定

962 年针对捕贼下诏："应劫贼、杀人贼，并给三限，限二十日。第一限内：捕获不计人数，令、尉各减一选；获及一半以上，各减两选。第二限：捕获不计人数，令、尉各超一资；及一半以上，各超两资。第三限：获贼不计人数，令尉各加一阶；获一半以上，各加两阶。出三限，并不获贼，尉罚一月俸，令罚半月俸。尉三度罚俸，殿一选；令四度罚俸，亦殿一选。经三更殿选者勒停，仍委本州依条批书本官历子"。[①] 读者不妨将之表格化以看出其周延。

3.3 对难以量化之事，亦求明确界定

"雪活"指替误判死刑的人雪冤得活，961 年诏明列其条件："幕职、州县官、检法官因引问检法、雪活得人命乞酬奖者，自今须躬亲覆推，方得叙为功劳。余准唐长兴四年、晋开运二年敕施行。若引问检法雪活者，不在叙劳之限。自后凡雪活，须元推勘官枉死已结案，除知州、系书官驳正本职不为雪活外，若检法官或转运，但他司经历官举驳别勘，因此驳议，从死得生，即理为雪活。若从初止作疑似，不指事状，或因罪人翻异别勘雪活者，即覆推官理为雪活"。[②]

4. 罪刑法定

戴炎辉先生传世之作《唐律通论》的第 2 章是"唐律之特质"，首列"罪刑法定主义"，旨在防止官司擅断，内容有二：无正条不入罪、罪条不溯及既往，[③] 正好同时出现在 974 年的一条诏令之中，可见宋人的思维与戴氏不无相通之处。

开国后二年（962）颁布《改窃盗赃计钱诏》，首句便说："王者禁人为非，莫先于法令"，[④] 明白宣示必须立法在先，才有禁人为非。974 年禁止百姓以高价卖物于官府，乃颁布《禁市易官物增价欺罔官钱诏》，说得更清楚：[⑤]

> 古人以狱市为寄者（按：语出曹参），盖知小民唯利是从，不可尽法而绳之也（或：不可尽绳以法也）。况先甲之令，未尝申明，苟陷人

① 《全集》，第 7140 页。又见 968 年《县尉捕盗改官诏》，《全集》，第 7140 页；971 年有补充，见《续长编》卷一二，第 261 页。

② 《全集》，第 6787 页。

③ 戴炎辉：《唐律通论》，台北：国立编译馆，1964，第 8～18 页。

④ 《大诏令》卷二〇〇，第 739 页。

⑤ 《大诏令》卷一九八，第 731 页；《续长编》卷一五，第 319 页。又参《全集》，第 6980 页。

> 于刑，深非理道。将禁其二价，宜示以明文。自今应市易官物，有妄增价欺罔官钱，按鞫得实，并以枉法论。其犯在诏前者，一切不问。

从首句到“并以枉法论”便是无正条不入罪，最后两句便是不溯及既往。

既然没有立法在先，现在即使是百姓欺罔，而且欺骗的是官府的钱财，也只得视为无罪，甚至没有依据《宋刑统》的“不应得为而为”条，用来处罚“在律在令无有正条”，即法令没有明定的轻罪。①

有些学人认为，不应为条是罪刑法定的漏洞，但个人认为，其立法之意，本是“杂犯轻罪，触类尤多，金科玉条，包罗难尽。其有在律在令无有正条，若不轻重相明，无文可以比附。临时处断，量情为罪，庶补遗阙，故立此条。情轻者，笞四十；事理重者，杖八十”，② 亦即针对法无明文的轻罪，对其刑罚之多寡加以明确的立法限制（法定），这是否算违反罪刑法定，见仁见智，即使违反，亦只限于轻罪。我们又必须留意，此条之应用有不同的情况：一是应用了；二是不应用如上诏所示；三是作为法定罪刑：某人犯了甲事，如将奴婢的年限契约以各种方式转变为终身服役，法官科以不应为之罪及刑（如杖八十），而政府随即将不应为之罪及刑，确定为甲事的法定罪刑，即以后再犯甲事，便处以不应为罪之杖八十，这就不能谓之违反罪刑法定。③

5. 罪与罚应符合比例原则

开国后二年（962）年颁布《改窃盗赃计钱诏》说：“窃盗之徒，本非巨蠹，奸生不足，罪抵严科。今条法重于律文，财贿轻于人命……今后犯窃盗，赃满五贯文者处死，其钱以一百文足为陌，不满者降罪有差。”④

根据唐律，“诸窃盗，不得财，笞五十；（得财，）一尺杖六十，一匹加一等；五匹徒一年，五匹加一等，五十匹加役流”，是没有处死的。德宗于782年以敕代律，下令“自今以后，捉获贼盗，赃满三匹以上者，并集众决杀”，⑤ 其罪与罚的比例实在悬殊，远远超过唐律的本意，却一直沿用至五代，现在太祖将之大幅减轻，理由是窃盗罪不是大罪，人命也重于失去的财货。当然，这还是重于唐律，大抵是宋承五代之乱，不能猛然回首吧。

过了五年（967）年，把强盗罪的刑罚也减轻：“比者强盗持仗，虽不伤人者皆弃市。自今虽有杆棒，但不伤人者，止计赃以论其罪”。⑥ 针对私贩幽

---

① 窦仪等撰《宋刑统》卷二七，薛梅卿点校，法律出版社，1999，第507页。
② 《宋刑统》卷二七，第507页。
③ 柳立言：《宋代的宗教、身分与司法》，第179～180页。
④ 《大诏令》卷六〇，第739页，详见《宋刑统》卷一九，第345～346页。
⑤ 《宋刑统》卷一九，第345页。
⑥ 《全集》，第6789页。

州矾入界，后周显德二年（955）的诏令是不计斤两，贩者与知情人一律决杖处死，太祖于970年下诏，改为十斤以上才处死。[①] 这些都可跟折杖法一并研究，看到它们的共同精神。

6. 以移风易俗或教化作为法律的一个主要功能

972年颁布《沿河州县课民种榆柳及所宜之木诏》，明明针对经济建设，却说“如闻但责经费，不思教民，言念于兹，殊乖治体”，可见吏理的一个重要方法是教化。[②] 上述的《禁西川山南诸道祖父母父母在别籍异财诏》就是针对“化源”、“名教”、“旧风”；《禁广南奴婢诏》就是针对“污俗”和“余风”；[③]《禁西川民不省父母（骨肉）疾病诏》就是针对“旧俗”。[④]

可能是为了追求所谓“科学”或“客观”，不少历史著作将历史人物的情感淡化甚至绝口不提。但是，施政的是人，施政的对象也是人，人与人之间岂能没有感情的作用，即使是麻木不仁，也是一种负面情感的表现，不应避而不谈。

太祖朝诏令最令人有感的，应是对百姓的重视。以百姓为主要对象的诏令，跟针对官吏的诏令一样，大都从说理入手，谆谆善诱，事实上向百姓解说的，也是官吏和士人。在开国第二年（961）便颁布的《禁采捕诏》说：

> 王者稽古临民，顺时布政。属阳春在候，品汇咸亨。鸟兽虫鱼，俾各安于物性。罝罘罗网，宜不出于国门。庶无胎卵之伤，用助阴阳之气。其禁民无得采捕虫鱼，弹射飞鸟，仍永为定式，每岁有司具申明之。[⑤]

次年（962）又颁布《禁斫伐桑枣诏》说：“桑枣之利，衣食所资，用济公私，岂宜剪伐。如闻百姓斫伐桑枣为樵薪者，其令州县禁止之”。[⑥]

这两个禁令都会一时妨碍了百姓的生计，更必须解释清楚，以免引起民怨。用现代的话来说，包括：

⑴施政或吏治原则：政府要参考前人的善政，和顺应天时地利，以达到和气。

⑵教化：a. 宣扬好生之德；b. 呼吁百姓，除非逼不得已，不要为了一时

---

① 《全集》，第6789~6790页。参《续长编》卷一一，第242页。

② 《大诏令》卷一八二，第658页。

③ 《大诏令》卷一九八，第730页。

④ 《全集》，第6979页。

⑤ 《大诏令》卷一九八，第729页。

⑥ 《大诏令》卷一九八，第729页。

之利（樵薪），造成日后更大的损失（衣食）；c. 道德上，应屈私利于公利，不要为了一己私利（私），造成其他人（公）的损失。d. 人与自然的关系：呼吁百姓顺应天时，即合时合情合理地利用自然资源，一是用在适当的地方，如桑枣应用于衣食而非樵薪；二是不要过度，如竭泽而渔，才能生生不息，永续经营。

7. 法令应该公开，或今日所谓透明化

宋政府重视政令的宣传，一方面避免不教而诛，另方面防止官吏秘而不宣，蒙蔽百姓。例如在开国后四年（964）年颁布的《禁越诉诏》说："仍令诸州府，于要路粉涂壁，揭诏书示之"。① 968 年的《禁止上供钱帛不得差扰居人诏》说："仍于诸路粉壁，揭诏书示之"。② 974 年的《禁市易官物增价欺罔官钱诏》说："宜示以明文"。③ 这些诏令，不但是我们，也是宋代士人（包括讼师）抄录下来后，作为了解、学习和掌握当代法律的重要资源。有些地方官吏发布谕民榜等，也直接引用诏令或律文，从中也可获得最新的法律消息。此外，新的法令颁布后，仍会征询各地人民的意见，并奖赏好的意见。④

（二）司法原则

976 年初，中央颁下《推状条样》三十三条，"御史台、开封府、诸路转运司或命官鞫狱，即录一本付之。州府军监长吏及州院、司寇院悉大字揭于板，置听事之壁"。⑤ 要求地方官府将其长置于办公室，可见重视。今已不存，但既只有三十三条，似属原则性守则。宋代基层司法由一连串的环节所构成，主要是受理、检调、定谳（定罪、量刑）、上诉、覆审和执行等，以下只能就史料较多之处分述之。

1. 受理

不受理的情况有几种。

一是特殊或临时性的，如 966 年诏，"吏民先陷蜀逾十五年者，除坟茔外，其田宅不得理诉"。⑥

---

① 《大诏令》卷一九八，第 729 页。

② 《大诏令》卷一九八，第 730 页。

③ 《大诏令》卷一九八，第 731 页。

④ 戴建国：《宋代法律制定、公布的信息渠道》，《云南社会科学》2005 年第 2 期，第 102 ~ 105、109 页。又见郭东旭《宋代编敕制度述略》，《河北大学学报》1990 年第 3 期，第 30 ~ 35 页；戴建国《宋代编敕初探》，《文史》第 42 辑（中华书局，1997），第 133 ~ 149 页；孔学《宋代专门编敕机构——详定编敕所述论》，《河南大学学报》2007 年第 1 期，第 14 ~ 21 页。

⑤ 《续长编》卷一六，第 355 ~ 356 页。

⑥ 《续长编》卷七，第 176 页；《全集》，第 6789 页。

二是一般或较永久性的，如乡村自理之小事。962 年诏令在警告县令和县尉不得扰民之后，接着说："乡村内争斗不至死伤，及遗漏火烛无指执去处，并仰耆长在村检校定夺，不在经官申理，其县、镇不得差人团保。今后应前件小事，无入词讼，官中不得勘结。"[①] 这跟不准官吏无事下乡是一事之两面（详后）。

三是内容可议，如引用闲言闲语，纵使是进策之人，官吏亦当晓示其不当，如有违越，便当劾断。[②]

四是利用告诉甚至妄告来谋取不正当的利益。朝廷曾鼓励百姓揭发官吏隐欺额外课利，不料"告者或恐喝求财，或因报私怨，诉讼纷然，益为烦扰"，乃下令停止。[③]

五是违反告诉的程序。如上述为免妨农的务限规定，在十月一日至一月三十日之外，不受理牵涉农民的民事案件如田宅、婚姻和债负等新的告诉。[④] 当时时常提到越诉，指越过初级法庭直接向上级法庭投诉。962 的《禁不得影庇色役人诏》主要针对官吏等权势之家，禁止他们包庇人户，使人户免除合该充当之差役。其中特别提到，"如县司差充之人，所定夺不当，并许人户自相纠举，若州县不为辨析，亦许诣阙伸诉"。[⑤] 也就是说，被包庇的人户不必充当差役，便轮到其他人户，后者不服，当然可以申诉，但必须依循既有之程序，先地方、后中央，不得越诉。

964 年的《禁越诉诏》同时针对百姓和官吏，但主要是禁止百姓，违者先科以越诉之罪，然后将所诉之事送还所属州县处理，如发现"已经州县论理，不为施行，及情涉理曲，当职官吏并当深罪"。不准越诉的原因，是"设官分职，委任责成。俾州县以决刑，见朝廷之致理。若从越诉，是紊旧章"。[⑥] 也就是说：1. 人民应遵守法定的程序，否则即使最后得直，亦已蒙受违反程序之罚。2. 如人民违反程序是因为别无选择，最后得直，亦惩罚相关官吏。3. 最重要的是，程序的设计有一定的原则和善意，这里是指职位和职务应清楚区分厘定，才能交付工作和责有攸归。所以，假如程序是合理的，违反了它们，也许是一时权宜甚至方便，却违反了程序背后的原则和善意。

---

① 《全集》，第 7140 页。

② 《全集》，第 5424 页。

③ 《续长编》卷一六，第 342 页；《全集》，第 6980 页。

④ 《宋刑统》卷一三，第 232 ~ 233 页。

⑤ 《大诏令》卷一九八，第 729 页。

⑥ 《大诏令》卷一九八，第 729 页。966 年又重申："申冤论事……亦不得腾越，须曾经本处论诉，不与施行，有偏曲者，方得投匦。"《全集》，第 5424 页。

十分有趣的是966年颁布的《禁纪碑留任不得诣阙诏》，同时针对百姓及吏员，禁止他们赴阙上书，请求替优秀官员立碑或让他们留任，但这并不是禁止他们请愿，而是要依从制度，“不得直诣阙上言，只仰具理状于不干系官吏处陈状，仍委即时以闻，当与详酌处分”。这个程序的设计实有深意和善意，是针对请愿者须从地方远道而来，“直诣阙庭，既妨夺于民时，（复）叛离于职次”。[①] 诏令肯定了好官应予留任，而是否好官，可听取百姓和吏员的意见，但无论是民或吏，均应依循法定程序来表示意见，不能为了做好事而破坏了程序背后的另一些好事如民时。简言之，程序正义与实质正义同样重要，不能为了后者而违反前者。

2. 检调

跟案件相关的文书必须常备，例如要正确审理户婚田土等民事案件，必须依靠簿书。962年诏：“古之善为吏者，据籍役人”，[②] 次年（963）再诏：“萧何入关，先收图籍，沈约为吏，手写簿书”，下令州判官及录事参军亲自动手，“参选日，铨曹点检”。[③] 这跟上述铨试时试判一样，成为升迁的重要条件。

无事不得扰民，纵是办案，也不得扰民。962年诏：“令、尉无事，不得下乡，或遇捉贼，亦不得烦扰人户。如有受财入己者，并以枉法论。”[④]

不得轻易拘捕或羁留。972年诏：“颇闻诸州州司马步院置狱外，置子城司狱，诸司亦辄禁系人，甚无谓也。自今并严禁之，违者重议其罪，募告者赏钱十万”。[⑤] 976年又下令，“诸州凡逮捕罪人，必以白长吏，所由司不得直牒追摄”。[⑥] 这有点类似今日的警察必须得到检察官的命令才能拘捕嫌犯，而检察官必须得到法官的同意才能羁押嫌犯。

须得地方首长同意，始能刑讯盗罪嫌犯。975年下诏：“诸州获盗，非状验明白，未得掠治。其当讯者，先具白长吏，得判乃讯之。凡有司擅掠囚者，论为私罪”。[⑦] 所谓私罪，指“不缘公事，私自犯者；虽缘公事，意涉阿曲，亦同私罪……（如）受请枉法之类者，谓受人嘱请，屈法申情，纵不得财，亦为枉法”，而公罪是“缘公事致罪而无私、曲者”。简单说，办案出现错误，如是无私曲的便属公罪，有私曲的便属私罪；以官当罪来说，犯公罪

① 《大诏令》卷一九八，第730页。

② 《大诏令》卷一九八，第729页。

③ 《全集》，第6322页。

④ 《全集》，第7140页，又参第5424页。

⑤ 《全集》，第6979页。

⑥ 《续长编》卷一六，第355页。

⑦ 《宋史》卷一九九，第4967～4968页；《续长编》卷一六，第342页。

者，一官可抵当三年徒刑，犯私罪者，只能抵当二年。[①]

3. 定谳（定罪、量刑）

定谳可粗分为定罪和量刑两个步骤。今日罪、刑两字大都只用于刑事而不用于民事，此处用泛称：定罪指司法者对法律行为的认定，故可以是杀人和放火，亦可以是立契和继承有不法或可议之处；量刑自是针对这些行为加以程度不等的惩罚或调处。

3.1 定罪

3.1.1 定罪以现行法为据，不得自作主张

前引967年宋臣批评后蜀的旧习说："状内但言为某事处斩或徒、流讫，皆不录罪款及夫所用之条，其犯者亦不分首从，非恶逆以上而用斩刑。"最后两句就是擅断，超越了现行法，可谓之淫刑，而防止的方法，是在判状里明列所犯何罪（"录罪款"）和附上对应的法条（"所用之条"），亦即罪刑法定，已清楚明白写在《宋刑统》里："诸断罪皆须具引律、令、格、式正文，违者笞三十。"[②] 如发觉它们有"不便于事者，皆须申尚书省议定奏闻"，[③] 即禁止司法者妄自造法，必须将难以适用的现行法上报中央，由尚书省决议，得到皇帝同意后，颁下成为新法。宋代刑事案件大都罪刑法定，已是法史学人的多数共识，如陈景良说："学界对中国古代在刑事审判方面的认识基本达成一致，那就是依法判决。唯有民事审判方面，还存在着较大的争论。"[④] 个人认为，民事审判在定罪上还是以依法判决为主流，但在量刑上较难有通则可言，不过还算是大致维护了受害者的权益，只是不一定充分处罚加害者，通常是减刑以照顾人伦关系。[⑤]

3.1.2 兼顾情理

今日有所谓"恶法亦法"，但实在应该避免，事发前最好小心立法，而事发后最好根据情理来弥补法条未尽之处。以下两例均属民事之财产案，不一定能扩大解读。

966年下诏，有些内侍违反了五品以上才能养一子的旧法（唐玄宗开元

① 《宋刑统》卷二，第29~30页。

② 《宋刑统》卷三〇，第549页，完全沿用《唐律疏议》卷三〇"断罪不具引律令格式"条。

③ 《宋刑统》卷一一，第208页，完全沿用《唐律疏议》卷一一"律令式不便辄奏改行"条。

④ 陈景良：《宋代司法传统的叙事及其意义——立足于南宋民事审判的考察》，《南京大学学报》2008年第4期，第103~116页。

⑤ 柳立言：《"天理"在南宋审判中的作用》，《中央研究院历史语言研究所集刊》84.2（2013），第277~328页。

七年及敬宗宝历二年诏），有养子多人，今后无论班品，年三十以上的现职内侍，始得养一子作为继嗣，亦即独子，自然继承所有家业。[①] 后来发现，之前已有养子多人的，在父死分家之时，往往发生争讼，这是下诏之时没有想到的，那么除了嗣子之外，其余诸子能否分产？依法而言，多养的儿子本属违法，应没有继承权。依理而言，违法者不是养子而是养父，后果应否由养子承担？依情而言，养子是否已尽为子之道？971 年下诏，“特许诸子均分”，但书是“如帐籍无名，不在此限”。[②] 后者是根据《宋刑统》沿袭唐天宝六年（747）的法规：“其百官、百姓身亡之后，称是在外别生男女及妻妾，先不入户籍者，一切禁断。辄经府、县陈诉，不须为理，仍量事科决，勒还本居”。[③] 这诏令一方面兼顾情与理，赋予违法收养的儿子继承权，另方面严于分别他们是否真正的养子，防止冒充。

965 年平蜀（907～965），该地有些吏民，在入蜀成为蜀民之前，本是五代或宋初的子民，并拥有该地的田产，他们现在回到宋土，发现田产已被人所占，要求归还。依法而言，他们如确是田产所有人，便应给还。依理而言，过去让土地不致荒废和负担国家赋役的是现耕者，应如何弥补他们的贡献？依情而言，如旧地主索回失地之后自耕或另觅佃者，便会造成现耕者的失业。966 年下诏：“应先隔在剑外人（或作：吏民先陷蜀），蜀平，来认田宅者，如已过十五年，除本户坟茔外，不在理诉”。[④] 它没有解决上述所有问题（亦可能是史料有漏落），但单就目前看到的内容来说，堪称合理之处是以十五年为分野，堪称合情之处是归还其祖先埋骨之所。

3.2 量刑

罪与罚应符合比例原则，轻罪则轻罚，重罪则重罚，但有时重罪明明有法定的重罚，却不一定十足科罚。《宋史·刑法志》的前言说得很清楚：“海内悉平，文教寖盛……其君一以宽仁为治，故立法之制严，而用法之情恕。”[⑤] 史臣将“立法”与“用法”对举，是说根据条文，刑罚是很严重的，但所判或所施之刑罚，却倾向宽贷。

---

① 《全集》，第 5424 页。

② 《全集》，第 5428 页。

③ 《宋刑统》卷一二，第 222 页。天宝七年，又将此法条的适用对象从百官扩及宗子及王公等人，同页。

④ 《全集》，第 6789 页；《续长编》卷七，第 176 页。这似乎成为成例，如真宗咸平五年（1002）诏：“河北陷敌民田宅，前令十五年许人请佃，自今更展五年”，《续长编》卷五二，第 1145 页。后来有改变，如大中祥符七年诏：“江南、广南伪命日民田，并以见佃人为主，讼者官勿受理。”

⑤ 《宋史》卷一九九，第 4961～4962 页。

不过，有些罪不能轻判。首先是连恩赦也不放过者。如961年以旱特赦，但“恶逆、不孝、劫贼、故杀、放火、官典受枉法赃”不赦。[①] 恶逆和不孝本属《刑统》卷一《名例律》十恶重罪之第四和七项。恶逆是“殴及谋杀祖父母、父母，杀伯叔父母、姑、兄姊、外祖父母、夫、夫之祖父母、父母”；不孝是“告言、诅詈祖父母父母，及祖父母父母在，别籍、异财，若供养有阙；居父母丧，身自嫁娶，若作乐，释服从吉；闻祖父母父母丧，匿不举哀，诈称祖父母父母死”，都是针对家庭人伦，现在明列榜首，反映朝廷之重视（见前述同籍共财）。[②] 劫贼可见《刑统》卷一七至二〇的《贼盗律》诸条，故杀可见卷二一《斗讼律》“斗殴故殴故杀”，放火可见卷二七《杂律》“失火”，大都是损害人命和严重危害社会安全的行为，尤其是放火，在以木建房舍为主的时代往往一发不可收拾。最后一项贪赃，在太祖一朝始终是大罪。966年下诏复置俸户以增加官吏的收入，同时警告“其州县官不得更于所管乡料人户内出放，及元数料钱外影占人户纳课。所犯者以枉法赃论，至死刑者并当极断；如不至死者，不计多少，并除名配流，纵逢恩赦，永不录用。仍令逐处降敕榜晓告”。[③] 千载之下读之，犹觉杀气腾腾。

其次是盗罪。971年十月诏，今后“犯强、窃盗，不得预郊祀赦。所在长吏，当告谕下民，无令冒法”，并规定以后凡效祀均申明此诏。[④]

第三是扰乱金融。如967年下诏，私铸劣钱者弃市，因为“侵紊法制，莫甚于此故也”。[⑤] 968年针对伪造黄金下诏：“违者捕系，按检得实，并置于极典”，[⑥] 又针对铜钱外流下诏：“自今五贯以下者，抵罪有差；五贯以上，其罪死。”[⑦]

第四是人命关天的故入死罪。有一次太祖发觉后，下令有司弹劾，将妄判的官吏除名和流放沙门岛。[⑧]

4. 特殊情况：宗教之佛教与道教

以上所说大都针对所有人，包括世俗和方外之士，但有些法律是专门针对宗教人而不及凡人的。就宋初来说，较敏感的应是佛教徒。

中国历史有所谓三武一宗的“灭佛”，一宗是五代后周世宗。太祖代周，

---

① 《全集》，第6978页。

② 《宋刑统》卷一，第7页。

③ 《全集》，第5960页。

④ 《续通编》卷一二，第271页；《全集》，第6979页。

⑤ 《续长编》卷八，第197页；《大诏令》卷一九八，第730页。

⑥ 《大诏令》卷一九八，第731页。

⑦ 《全集》，第6789页。

⑧ 《宋史》卷一九九，第4968页，及《续长编》卷二，第46页。

也继承了世宗的抑佛，虽有放宽，仍多方设限。现存八个诏令，七个针对佛教，无一不是制约，从中可看到若干管理的原则。

第一，不得损害国家经济利益。967 年和 972 年先后颁诏，今后不得以铜和铁铸造佛像，后者说得很清楚：“塔庙之设，像教所宗，耕农之设，生人是赖。而末俗迷妄，竞相夸诱，以至施耒耜之器，邀浮图之福，空极劳费，谅乖利益”。[①] 这可能是宋代鲜少留下大型金铜佛像的一个原因。973 年至 974 年颁两诏限制剃度的人数，[②] 亦不无此意，因为僧人一向为视为不事生产。

第二，重质不重量。973 年准许剃度的最低比例是 70 位预备僧人（童子、行者）可剃度一人为正僧，974 年改变为一百取一，理由是“苟诵持之未至，则行业以何观，特示明规，庶惩滥得”，所取者须是“有经业”的童行。[③] 以此严格的通过率，所得者自多精英，或跟宋初佛教名僧辈出有一定关系。

第三，在某些场合，以儒学的原则规范佛徒的行为。众所周知，如独子不得出家以免父母无人侍奉，是维护儒家的孝道。962 年下诏禁止火葬，指出棺葬土葬的传统“所以厚人伦而一风化也。近代以来，遵用夷法，率多火葬，甚愆典礼”。[④] 夷法应指佛法，典礼应指儒学。972 年下诏：“男女有别，時在礼经，僧尼无间，实紊教法”，命令女尼的剃度由女尼主持，不由男僧；尼寺内部的小纠纷，交尼寺内部解决，僧官（僧司）不得干预。[⑤] 975 年下诏，以“深为亵黩、无益修持”为由，禁止女性在夜晚参加在寺院举行的灌顶道场和水陆斋会等法事。[⑥]

后两诏部分反映了佛教本身的自律出了问题。佛法规定尼姑要在十僧十尼面前受戒，某些高僧就趁她们到寺院时乘机侵犯，政府无法坐视，乃以国法或礼法压倒佛法，下令尼姑在尼寺受戒，且一直执行到宋季。《庆元条法事类》（1202）说：“诸尼受戒于尼院，僧纲不得相摄”，又规定“诸僧、道与尼、女冠，不得相交往来”。[⑦] 至于男女混杂于法会，后唐于 927 年已曾

① 《大诏令》卷二二三，第 860 页。

② 《全集》，第 7934 ~ 7935 页；《大诏令》卷二二三，第 860 页。

③ 《全集》，第 7934 ~ 7935 页。

④ 《全集》，第 6788 页。

⑤ 《大诏令》卷二二三，第 860 页。

⑥ 《大诏令》卷二二三，第 861 页。

⑦ 《宋会要辑稿》“道释二”，第 1 页；谢深甫等编《庆元条法事类》（戴建国点校，黑龙江人民出版社，2002）卷五〇，第 703、721 页。详见拙著《宋代的宗教、身分与司法》，第 22 ~ 23 页。唐代律师高僧侵犯女尼的例子，见岳纯之《唐代民事法律制度论稿》（人民出版社，2006），第 183 ~ 184 页。

下诏禁止，且为宋初立法者纳入《宋刑统》（963）卷十八的“造妖书妖言”条：“或僧俗不辩（辨），或男女混居，合党连群，夜聚明散，托宣传于法会，潜恣纵于淫风，若不去除，实为弊恶”。当然，我们不能因此说宋人打击佛教，只能说是防范佛徒的不法行为，而立法的基础是儒教的男女大防。

第四，寺内较大的纷争，尤其涉及国法的，须由官府区处。972 年诏令说：“尼院有公事，大者申送所在长吏鞫断”，[①] 其实不限尼院，僧寺亦然。

第五，972 年针对道士之诏可分两部分：一是道士必须自律，例如“其道士无得于观内畜养妻妾，已有家者，出外居止”。二是政府必须介入，防堵冒滥，一方面禁止“窃服冠裳，号为寄褐”，以免鱼目混珠；另方面将度权收归国有：“自今不许私度人，如愿入道者，须本师与本观知事同诣长吏陈牒，请给公据，然后听习教法，度为道士”。[②] 如同重视僧人的素质，此处的“听习教法”也应有此意。

周世宗抑佛大抵始自 955 年，对宋初官吏来说可谓记忆甚新，那么现在应如何跟佛教互动？上述诏令告诉他们，仍要控制僧人的量和质，他们的纠纷，尤其触法之时，小者自理，大者须交官府。官府的处断自以国法为主要根据，以国家利益为优先。国法不及之处，或以儒学教义为准绳，不一定要依从佛律。这些虽非全面，但均属较重要的原则。

我们不妨思考三个问题：一，定罪与量刑之时，僧人与凡人有何异同？就定罪来说，上述情况跟官府处理凡人的纠纷是否大同小异，既无优待也无歧视僧人，但就量刑来说，可能因其僧人的身份而加重或减轻。二，国法与佛法有何关系？国法有时干预或凌驾了佛法，如男僧不得剃度女尼，还有限制出家的资格和限制宣扬佛法的对象（如不得对军队传教）等，有待进一步研究。三，政府的佛教政策与道教政策有何异同？有些政策似是同时针对各宗教不分释道的，好像度僧和度道之权，均由政府垄断。又如重质不重量，应同时针对释和道。再如男女大防，应适用于所有宗教。

（三）司法人员守则

相关的诏令可粗分为两种：一是针对全体官吏的，自然包括司法人员；二是特别针对司法人员的。其实两者有时相通，例如要求司法官吏事必躬亲，自也期待其他官员警醒效尤，故以下合为一谈，或可稍见吏理与法理的互通。

---

① 《大诏令》卷二二三，第 860 页。

② 《大诏令》卷二二三，第 860 页。

1. 必须有一定的法律素养

开国后第三年（962）便下诏："吏部流内铨选人，并试判三道，只于正律及疏内出判题，定为上、中、下三等"。① 换言之，为官必须熟读法典，尤其是随着司法案件的增多，原来不负责司法的职位，也可能要兼顾了，如965年为了增加地方的司法人手，"始令诸州录参与司法掾同断狱"，② 前提当然是录事参军必须懂得法律。

朝廷也明白表示重视法制人员。966年下诏，百司之中，"宪府绳奸、天官选吏、秋曹谳狱，俱谓难才，（理宜优异）……应御史台、吏部流内铨南曹、刑部、大理寺，自少卿、郎中、员外郎、知杂侍御史以下，及丞、簿、司直、评事等，并以三周年满，须常在本司莅事者，至月限满日，便与转官；尚书、侍郎、御史中丞、大理卿，别议加恩；其奏补归司勒留官并令史等，各与减一选"，③ 明显优遇从上到下大大小小的法制官员，或可吸引人才乐于出任难为的法制职位。

2. 必须躬亲其事

众所周知，唐宋的一个重要转变是宋代严格规定地方首长必须亲自问狱，一般以为是从太宗开始。其实，此风始自太祖，正如他亲自处理大理寺和刑部的旷职。开国后第二年（961）便下诏："幕职、州县官、检法官，因引问检法、雪活得人命乞酬奖者，自今须躬亲覆推，方得叙为功劳"。④ 未几又下诏："令诸州获盗，非状验明白，未得掠治。其当（刑）讯者，先具白长吏，得判，乃讯之"；⑤ 在去世前数月（976），又令"诸州凡逮捕罪人，必以白长吏，所由司不得直牒追摄"，⑥ 均是要求长吏亲闻其事并负其责。

要求亲躬的另一面，是禁止假手他人，尤其是私仆。963年下诏："如闻诸州府长吏，多以仆从之人干预公事，自今禁止之"。⑦ 966年再下《诫约藩侯郡牧不得令亲随参掌公务诏》，警告"如违者当置于极典"。⑧

---

① 《全集》，第6171页。

② 《续长编》卷六，第156页。刑狱成为录事参军的主要职责之一，详见林煌达《宋代州衙录事参军》，《唐研究》第11卷（北京大学出版社，2005），第459～484页，尤其第467～469、481页。

③ 《大诏令》卷一六〇，第605页；《续长编》卷七，第175页。

④ 《全集》，第6787页。又参考968年诏："诸州通判、粮料官至任，并须躬自检阅帐籍所列官物，不得但凭主吏管认文状"，见《续长编》卷九，第202页。

⑤ 《宋史》卷一九九，第4967～4968页。975年重申："诸道巡检捕盗使臣，凡获寇盗，不得先行考讯，即送所属州府"，《续长编》卷一六，第342页。

⑥ 《续长编》卷一六，第355页。

⑦ 《全集》，第5422页。

⑧ 《大诏令》卷一九〇，第695页。参《续长编》卷六，第150页。

3. 遵守责成或责实原则

开国后二年（962），中央针对地方官吏将不是疑狱的案件也外推给中央定夺，已曾颁下《非疑狱不得奏裁诏》，指出“国家外建庶官，共分忧寄；各专事任，素有纲条，苟务因循，渐成弛紊”，下令应依法裁断，只能将疑难及没有共识之案件上奏。[①] 这毛病固然出于官吏推诿责任，但此时尚未制定《宋刑统》作为新王朝的基本大法，官吏可能遇到“刑典弛废”的困境，如法出多朝、无法可依，和法令矛盾不统一等情况。

重定的《宋刑统》三十卷及编敕四卷于963年公告，[②] 朝廷旋于964年颁下《申明〈奏裁〉诏》，申明“仰一准建隆三年（962）二月癸巳诏书从事，仍依重详定《刑统》节文，如详断官避事，不便依法断遣，停滞刑狱，妄烦朝廷，量罪行罚”。[③] 所谓“依法断遣”，一方面要求官吏依照新法《刑统》定罪量刑，不准卸责把案件拖延或推给中央以致烦扰朝廷，另方面也揭橥有法依法、不得擅断的原则。同年（964）颁布〈禁越诉诏〉，[④] 禁止百姓越过初级法庭直接向上级法庭投诉，间接造成官吏的卸责（详上文“受理”）。

4. 遵守效率原则：办案不得拖延

这跟对大理寺和刑部设定时限同一道理，如上述964年《申明〈奏裁〉诏》警告不得“停滞刑狱”之外，962年颁捕贼诏也规定：“应劫贼、杀人贼，并给三限，（每）限二十日”，接着列出每一限内县令和县尉的赏与罚。[⑤]

5. 遵守常制

正如太祖要刑部和大理寺遵从后唐和后周的旧制，中央颁下的诏令也屡次提到要遵行旧章或常制，兹举数例（参见表4）。

表4 要求遵行旧章或常制举例

时间	地点	犯者	类别	诏名	原文	资料出处
962	全国	官吏	官制	复置县尉诏	顷因兵革，遂委镇员，时渐理平，合还旧制。	《全集》，第5421页
962	全国	官吏	刑罚	改窃盗赃计钱诏	今条法重于律文，财贿轻于人命，俾宽禁网，庶合旧章。	《大诏令》卷200，第739页

① 《大诏令》卷二〇〇，第739页。

② 《续长编》卷四，第99页。

③ 《大诏令》卷二〇〇，第739~740页。

④ 《大诏令》卷一九八，第729页。

⑤ 《全集》，第7140页。

续表

时间	地点	犯者	类别	诏名	原文	资料出处
约963	全国	官吏	官制	州县官吏当直人诏	张官置吏，国有旧章，过限役人，律存明禁，如闻近日，颇紊规程。	《大诏令》卷190，第695页
964	全国	官吏	职务程序	申明奏裁诏	汉制狱之疑者，谳于有司，所不能决者，移于廷尉。盖欲各修其职，无相夺伦。逮于近年，颇隳旧章。	《大诏令》卷200，第739～740页
964	全国	百姓	职务程序	禁越诉诏	设官分职，委任责成……若从越诉，是紊旧章。	《大诏令》卷198，第729页
964	中央	官吏	职务程序	诸道公案下大理检断诏	法寺当平断重轻，刑部在审量可否。洎乎近日，颇紊彝章。	《大诏令》卷200，第739页
967	全国	百姓	犯罪	禁新小铅镴等钱及疏恶绵帛入粉药诏	物之枉滥，律令甚明……禁而止之，抑惟旧典。	《大诏令》卷198，第730页
971	地方	官吏	官制	禁摄官诏	铨衡注官，自有常制，郡县承乏，或紊彝章。	《大诏令》卷198，第730页

无论是官吏和百姓都违反各种制度，而以官吏较多，又以职务上的违法较多。事实上，约有半数的诏令都提到官吏因循苟且，不遵守制度，今日谓之有法不依，不但失去了设官分职的意义和功能，也造成百姓的困扰，甚至把责任推给太祖。

理所当然，各诏均要求官吏复守成规，其特色是一开始都是从说理切入，好言相劝，最后则胁之以惩罚，亦可谓之先教后刑，如在962年颁布的《禁不得影庇色役人诏》，主要针对全国的官吏等权势之家，禁止他们包庇人户，使其免除差役。诏令开首说："古之善为吏者，据籍役人，抑强扶弱，期于富庶，必在均平，将塞幸门，宜申明禁"，最后说："（若）按验不虚，其合充役人及元差官吏，并节级科罪。"① 用现代的话来说：1. 政府要参考前人的善法来施政。2. 官吏要依照既定制度（帐籍）来执行任务（役人），诏令并详述各种情况，使行法有据。3 要保障国家的赋税收入和百姓的劳动所得，让国家和一般百姓都能富起来，必须落实两事：一是抑制豪门大户，扶助弱势家庭；二是赋税要符合公平公正公义之原则。所以一方面要抑制权

① 《大诏令》卷一九八，第729页。

势之家，另方面也呼吁比较有能力之家庭（应役户）不要贪一时之利，违法依附他们，躲避对国家之责任。

6. 以爱民为心

前引《宋史·刑法志》的序言说：宋代“累世犹知以爱民为心，虽其失慈弱，而祖宗之遗意盖未泯焉”，其表现如下：

6.1 以民为重，教以哀矜

针对窃盗的刑罚过重，962 年诏令说：“禁民为非，乃设法令，临下以简，必务哀矜。窃盗之生，本非巨蠹。近朝立制，重于律文，非爱人之旨也”，[①] 即是以怜悯百姓作为法令的宗旨或原则。最后几句又作“今条法重于律文，财贿轻于人命”，[②] 指前代加重了对窃盗的惩罚，超出法典之外（详上），人命反不如金钱重要，违反了爱人之旨。这是发人深省的，我们应该用甚么手段来达到刑罚的目的？假如目的是惩罚犯行，那么死刑是否剥夺了犯人改过向善的机会？假如目的是维护社会安全，那么值得用夺去犯人的生命来达到吗？964 年两诏分别说：“张官置吏，所以为人；吏或不循，人将受弊”和“狱者人之命也，吏者民之师也”。[③] 这些话语的共同关键词是“人”、“民”和“吏”，认为政府的成立与存在是为了人民，官吏自应以百姓为重，尤其是司法更要小心，一则事关人命，二则有教化的作用，若法官以身作则，“临下以简，必务哀矜”，百姓受到感染，或会倾向简约和宽容。百姓若是锱铢必较，恐怕易生争端，若是严苛待人，恐怕官司难以善休。

6.2 主动向百姓打听民情

975 年诏：“今后或有丘园宿德、乡县耆年，并委所在州县官等时与延客，亲加问讯，察人民之疾苦、除胥吏之诛求，凡有逾违，咸须改正”。[④]

6.3 不得与民争利及养廉

当时中央及地方的官吏普遍贪财，例如朝廷不得不于 973 年颁发等同特赦的《贷内外人吏诈欺罪诏》：“中书、密院、三司及内外诸司职事人吏等，曾有诈欺官司，乞取钱物，虽未彰露，必怀惊忧。特示宽恩，并与释放。”[⑤] 所贪之财大致分两种：一是赃墨之财，后果多是枉法，犯者有时还不在恩赦之列；[⑥] 二是灰色之财，如 969 年诏：“如闻两京士庶之家，婚姻丧葬，台府

① 《宋史》卷一九九，第 4967 页。

② 《大诏令》卷二〇〇，第 739 页。

③ 分见《大诏令》卷一九八，第 729 ~ 730 页；卷二〇〇，第 739 ~ 740 页。

④ 《全集》，第 874 页。

⑤ 《大诏令》卷二一七，第 828 页。

⑥ 《全集》，第 5960、6978 页。

吏率伶人多诣门遮道，侥求财物。自令禁止之，违者重置其罪。"① 更严重的是恃势侵夺百姓的权利，例如以官从商，"于部内贸易，与民争利"，② 甚至强逼百姓借贷官钱，"以规息利。有逋欠者，取其耕牛、家资以偿，或经官司理纳追禁科较，民甚苦之"，于是下诏重惩，如除籍及决杖配隶，而奖赏告发的人。③ 另方面，太祖朝曾设置俸户，增加官吏的薪俸以养廉。④

6.4 非公事不得下乡

国家与社会的关系是学界一直流行的问题，其中一个重要论点，是说公权力无法渗透到基层社会，于是出现第三势力作为代理人甚至操纵者等。然而，这情况是出自公权力的"不能"还是"不为"？从北宋初直到南宋末，似乎是"不为"居多，而且是出自中央的命令。

开国后二年（962），颁下捕捉劫贼和杀人贼的诏令，限定县令和县尉应在六十天内了事，其中提到："令、尉无事不得下乡，或遇捉贼，亦不得烦扰人户，如有受财入已者，并以枉法论。"⑤ 十分明显，这是针对地方官吏无事下乡，诸多需索各种财物，对百姓造成困扰。次年五月，似乎专为此事颁布诏令，并在七个月后（964），再次颁下《禁令簿尉无事下乡诏》，开首便说："张官置吏，所以为人，吏或不循，人将受弊"，接着指责相关官吏"奉吾诏以不谨，致斯民之未康"，申明"宜一准建隆四年（963）五月戊辰诏书从事"，凡县之令、簿、尉等官吏，除因公事外，不得下乡，又下令所属州之判官、录事参军等，时常密切监督，将违法者奏闻，把处事的层级拉至中央以显示其严重性。⑥ 用现代的观念来说：1. 官吏之设，是为了人民，颇有近代政府和公仆之观念。2. 官吏假公济私，以出差为名，乘机敲诈百姓。其实，即使县令和县尉本人没有需索，百姓往往也因各种原因自动提供款待，造成间接的困扰，故此诏的动机，应以体谅百姓为主。相关规定还可见于南宋的《庆元条法事类》（1202），且为某些地方长官切实执行。⑦

6.5 容许百姓向中央伸诉不公

962 年诏："如县司差充之人，所定夺不当，并许人户自相纠举。若州县

① 《全集》，第 6789 页。

② 《全集》，第 6979 页。

③ 《全集》，第 6790 页。

④ 《全集》，第 5960 页。

⑤ 《全集》，第 7140 页。

⑥ 《大诏令》卷一九八，第 729 ~ 730 页。

⑦ 《庆元条法事类》卷四，第 239 页，例子见柳立言《青天窗外无青天：胡颖与宋季司法》，柳立言主编《中国史新论 · 法律史分册——中国传统法律文化之形成与转变》，王汎森总策划，台北中央研究院、联经出版事业公司，2008，第 235 ~ 282 页。

不为辨析，亦许诣阙伸诉”。[①] 这应不限于差役，而扩及一切不公不平足以引起官司之事务。968 年诏：“天下县令佐，自今检苗定税、部役差夫、钤辖征科、区分刑狱，凡关事务，贵在公平，如有违逾，并宜论诉。或令佐不相纠举，许吏民告，得实者赏之有差”。[②] 时至今日，民告官仍属不易，有些也没有了赏金作为报酬。

7. 从历史汲取可行之道

太祖自谓“朕每于行事，必法前王”，[③] 诏令每多援引前人之言语或行事，大致可分两种情况。一种是泛论，有时甚至流于形式，例如谈农田和税赋时说：“生民在勤，所宝惟谷，先王之明训也”（962）、“箕子之陈八政，食为之首；夷吾之述四民，农居其一”（964）、“古之为国者，凡有灾沴，必示蠲除”（964）、“古之善为国者，薄敛于民”（约 965）、“古者不贵难得之货”（970）。[④] 又如提到贡举人必须本贯取解不得寄籍，诏令说：“乡举里选，先王之制也。朕之取士，率由旧章。”[⑤] 另一种情况是专指，有较明确的朝代或故事，如表 5 所示：

表 5　法古有明确对象举例

事项:依类别及时间先后	援引故事	出处
法制:雪活(961)	后唐长兴四年、后晋开运二年敕	《全集》,第 6787 页
法制:改窃盗赃计钱(962)	《左传》	《大诏令》卷 200,第 739 页
法制:大理与刑部分工及结案时限等(964)	后唐长兴元年、后周广顺元年敕	《大诏令》卷 200,第 739 页
法制:疑狱与滞狱(964)	汉制:狱之疑者,谳于有司	《大诏令》卷 200,第 739 页
法制:同籍共财(965)	唐律	《大诏令》卷 198,第 730 页
法制:增犯盐斤两(966~967)	孔子谓刑罚不中,民无所措手足	《大诏令》卷 200,第 740 页
法制:恤狱(969)	武王、大禹“扇暍泣辜”	《大诏令》卷 200,第 740 页
法制:禁广南奴婢(971)	汉高祖诏	《大诏令》卷 198,第 730 页
法制:禁伪造黄金(971)	汉法	《大诏令》卷 198,第 731 页
法制:严男女之防(972)	礼经	《大诏令》卷 223,第 860 页
法制:禁市易官物增价(974)	曹参“以狱市为寄”	《大诏令》卷 198,第 731 页
科举:及第举人不得谢恩于举官(962 诏)	后唐长兴元年敕	《全集》,第 6084 页

① 《大诏令》卷一九八，第 729 页。

② 《全集》，第 759 页。例子见《续长编》卷一三，第 286 页；卷一六，第 336 页。

③ 《大诏令》卷二一九，第 842 页。

④ 分见《大诏令》卷一八二，第 658 页；《全集》，第 6267 页；《大诏令》卷一八五，第 674 页；《大诏令》卷一八五，第 674 页；《大诏令》卷一八三，第 663 页。

⑤ 《全集》，第 6085 页。

续表

事项:依类别及时间先后	援引故事	出处
科举:西川、山南、荆湖等道所荐送举人,并给往来公券(969)	汉诏	《全集》,第6084页
科举:推恩赐本科出身(970)	汉诏有云"结童入学,白首空归"	《全集》,第6085页
官吏:官仪(964)	后晋天福、后周显德、刑统、前后编敕故事	《全集》,第6001页
官吏:选人注官(964)	后周广顺三年诏	《全集》,第5423页
官吏:内侍养子(966)	唐开元七年、天宝六年、宝历二年诏	《全集》,第5424页
官吏:复设俸户(966)	后汉乾祐三年敕	《大诏令》卷93,第639页
官吏:考绩(968)	"三载考绩,有虞之典也;四时职选,巨唐之制也"	《全集》,第6171页
官吏:省官(970)	汉光武令司隶州牧省减吏员	《大诏令》卷160,第605页
官吏:思得巫咸之术,以实太医之署(971)	周礼及汉置本草待诏	《大诏令》卷219,第842页
官吏:地方荐举(975)	周室荐贤,汉庭取士	《全集》,第6086页

从表5可见，在某一领域，宋人不是专取某一朝，而是兼容并蓄，择诸朝之善者而取之，也不大计较是儒是法还是杂家：于法制，兼取古代、汉、唐及五代；于科举，兼取汉及后唐，反少见李唐；于官吏，考绩取李唐、选人注官取后周、省官和地方荐举取西汉，或可反映宋人臣对历代制度之熟悉。以史为鉴始终是吏理知识之来源，如973年下诏修五代史说："唐季以来，兴亡相继，非青编之所纪，使后世以何观"；[①] 975年下诏求才，太祖自谓"朕尝观旧史，慨慕前王"。[②] 官吏若要更上一层楼，恐不能单靠科举时文，更要学习太祖多读旧史。

此外，宋初多引汉制有无特殊意义？汉初是兼取王霸，不专用儒术的时代，可能较切合宋承五代军人专政之后所面对的主要问题：一是重振法制，建立常规；二是抚养百姓，以民为本。

结　论

对法制原则，不同的人有不同的看法。士大夫的看法见于他们的奏议、

① 《大诏令》，卷一五〇，第555页。

② 《全集》，第6086页。

策论和书信等，但只有被皇帝和朝廷接受之后，才会被多数官吏遵行，否则只属“私人意见”而非“朝廷公论”。私议繁多，写一百篇论文都写不完；公论，尤其是最重要的大都见于诏令。

宋人编的《宋大诏令集》是选集，自难责其全面，但从其选择，或正可看到他们的眼光，让今人知道若干士大夫特别重视的问题，例如被我们视为数量失衡的地方，也许正是历史真相，反映相关问题从宋代前期的被重视变为后期的不被重视了。今人编的《宋代诏令全集》功德无量，在内容上应可取代《大诏令》，但对专题研究来说，最好在分类里用互见的方式，把《大诏令》全数纳入，一条不漏，保存宋人视作此类并特别重视的问题。

新史学注重基层人物多于帝王将相，但对某些研究不一定行得通，例如探讨新史学本身的历史，恐怕不能只看小师，不看大师。在帝制时代，上有好者，下有甚焉，帝王常有一定的影响力，不容不注意，虽然今天已乏人问津。

太祖面对的是一个乱世，他急切要做的就是拨乱反正，有谓“五代承唐季丧乱之后，权在方镇，征伐不由朝廷，怙势内侮，故王室微弱，享国不久。太祖光宅天下，深救斯弊”。[①] 承方镇专擅的积弊，当时不管百姓还是官吏，都多处违反法制，有些已影响国计、民生，和司法。作为开国之君，太祖重视法制，认为“刑法之重，政教所先”，应奠下宋代法制一定的规模，成为“祖宗之法”的一部分。对自己，太祖努力增加对法制的认识，如读《汉书》和要求百官转对时报告“刑狱冤滥”。对立法，他要求要明确，避免笼统。对司法，他没有假手他人而是亲自主导重要问题的改正，一再要求回归常制和权责分明、尊重专业，又展示人道、效率、责成、实用（兼取儒、法与汉、唐、五代），和教化等原则。平心而论，太祖对法制的看法相当朴素，一般人都能想到，这应跟他的草根性有关，也因此能够贴近百姓的认知和需要。

太祖一朝的改革措施，大都环绕回归常制而发，似乎是继承或恢复多于创新，包括为人津津乐道的以文臣朝臣知州县等。太宗即位，便对太祖盖棺论定说：“先皇帝创业垂二十年，事为之防，曲为之制，纪律已定，物有其常，谨当遵承，不敢逾越，咨尔臣庶，宜体朕心。”[②] 所谓“纪律已定，物有其常”，即是重振法制，建立常规。作为开国之君，太祖多少带有英雄的自负，故不时认为个人的作用胜于制度，故少创新制，而着眼于恢复汉唐五代旧制的正常运作。无论如何，宋朝承五代疏于吏治、不重文治和积非成是之

① 《续长编》卷三〇，第662页。

② 《续长编》卷一七，第382页。

后，很多地方都需要拨乱反正，重新建立“制度化”之精神与行为，由“权宜”回归“常制”。

作为宋代基本大法的《宋刑统》在开国后四年便重定颁布，超过百分之九十沿袭《唐律疏议》。宋廷真的明白唐律的法理，还是如《宋史・刑法志》所说的“时天下甫定，刑典弛废，吏不明习律令?”从诏令可见，他们真的明白，大者如：

（一）立法原则：1. 兼顾因地制宜的特殊性与全国一致的普遍性，两者应是子法（特殊法）与母法（海行法）的关系，前者不应违背后者的大原则。2. 兼顾变与不变：一方面反省法令是否适合民情，不适用的，即使是积非成是的旧习，也不惮改，属于法随世变；另方面重视礼法合一、家庭纲常（如同籍共财）、“以爱民为心”和人道精神等，属于较恒久之价值或所谓王道。3. 立法应小心，讲求明确，避免模糊，以“绝刑名之出入”，达到同事同判。4. 罪刑法定，避免罪刑擅断：一是无正条不入罪，如无立法在先，即便欺骗官府的钱财，也只得视为无罪；二是罪条不溯及既往。5. 罪与罚应符合比例原则，轻罪不重罚，又以减轻前代的刑罚为主流。6. 以移风易俗或教化作为法律的一个主要功能，即使是针对经济建设的诏令，有时也从教化切入，劝谕民众遵守。7. 法令应该公开，或今日所谓透明化，一则避免不教而诛，二则防止官吏秘而不宣、蒙蔽百姓。

（二）司法原则：1. 受理之时，要注意甚么情况不应接受。形式上，违反程序正义的，如越诉，便不应受理，因为违反程序有时也违反了设计程序时的好意，故最好兼顾程序正义与实质正义。内容上，如引用闲言闲语便不受理。动机上，如利用告诉甚至妄告来谋取不正当的利益便不受理。此外，还有特别界定不受理之事，如乡村自理之小事等。2. 检调之时，必须常备跟案件相关的文书；办案时不得扰民，不得轻易拘捕或羁留，不得无地方首长同意就刑讯盗罪嫌犯。3. 定谳之时，定罪以现行法为据，不得自作主张，但当现行法有不足之处，便需根据情理来弥补。量刑需符合比例原则，有时重罪不一定十足科罚，但有些却不能放过，如恩赦不及之“恶逆、不孝、劫贼、故杀、放火、官典受枉法赃”等，还有盗罪、扰乱金融、故入死罪等。4. 宗教审判之大原则，不得损害国家经济利益、政府须大力介入，如重大纠纷必须交官府处理，严加取缔浮滥的僧人或道士，并有时以儒学的原则凌驾佛法，如禁火葬、尽孝道和严男女之防等。

（三）司法人员守则：1. 必须熟读法典，提升法律素养，同时朝廷亦明白表示重视法制人员，优予升迁。2. 必须躬亲其事，如地方首长亲自问狱，不得假手他人，尤其是私仆。事实上，除了书本知识之外，实务经验也是提高法律素养所不可或缺的。3. 遵守责成或责实原则，不准卸责把案件拖延或外推给中央以致妄烦朝廷，且需有法依法、不得擅断。4. 遵守效率原则，办案应谨守时限不得拖延。5. 遵守常制，实现设官分职的意义和功能。6. 以爱民为心，教以哀矜，对违法者采取先教后诛（vs 不教而诛）或刑随教后（vs 有教无罚），以教化（rehabilitation）而非惩罚（retribution）作为刑罚的目的。所谓"吏者民之师也"，法官以身作则，百姓受到感染，或会倾向简约和宽容。官吏又应主动请耆老到官府询问民情，非公事不得下乡、不得与民争利，并容许百姓向中央伸诉不公。7. 多读史书，了解诸朝之善政，且要兼容并蓄，不是专于某一朝。

十分明显，太祖重视的原则，几乎一个不漏出现在朝廷对司法者的要求之中。很多传统的法律原则都被宋人继承、重视以至推广，视为万国通规、王道，或今日所谓的普遍价值。不要忘记，这是一千多年前的事情，我们所应提问的，不是宋人较我们如何，而是我们较宋人如何。

太祖十六年的统治并不算很长，难免有未竟之业，例如即便开国已有十三年（973），当时的吏才仍然严重不足，太祖"知堂吏擅中书权，多为奸赃，欲更用士人，而有司所选终不及数"，[①] 这当然妨碍法制的正常化。接手的是一位堪称法律专家的太宗，也是我接着要研究的。

附表1　《宋大诏令集》"恩宥"诏令之各朝比例（林思吟制作）

<table>
<tr><th></th><th>年号</th><th>条数</th><th>总条数</th><th>分组</th><th>比率(条/年)</th></tr>
<tr><td rowspan="3">太祖
(960～976)</td><td>建隆</td><td>1</td><td rowspan="3">3</td><td rowspan="13">28</td><td rowspan="13">0.44</td></tr>
<tr><td>乾德</td><td>1</td></tr>
<tr><td>开宝</td><td>1</td></tr>
<tr><td rowspan="5">太宗
(976～997)</td><td>太平兴国</td><td>1</td><td rowspan="5">8</td></tr>
<tr><td>雍熙</td><td>2</td></tr>
<tr><td>端拱</td><td>0</td></tr>
<tr><td>淳化</td><td>3</td></tr>
<tr><td>至道</td><td>2</td></tr>
<tr><td rowspan="5">真宗
(997～1022)</td><td>咸平</td><td>3</td><td rowspan="5">17</td></tr>
<tr><td>景德</td><td>1</td></tr>
<tr><td>大中祥符</td><td>5</td></tr>
<tr><td>天禧</td><td>6</td></tr>
<tr><td>乾兴</td><td>2</td></tr>
</table>

① 《续长编》卷一四，第300页。

续表

	年号	条数	总条数	分组	比率(条/年)
仁宗 (1023～1063)	天圣	2	5	13	0.13
	明道	0			
	景祐	0			
	宝元	0			
	康定	0			
	庆历	0			
	皇祐	0			
	至和	1			
	嘉祐	2			
英宗 (1063～1067)	治平	1	1		
神宗 (1067～1085)	治平四年(未改元)	0	1		
	熙宁	0			
	元丰	1			
哲宗 (1085～1100)	元祐	0	1		
	绍圣	1			
	元符	0			
徽宗 (1100～1125)	建中靖国	0	5		
	崇宁	1			
	大观	1			
	政和	1			
	重和	0			
	宣和	2			
		42			0.25

说明：《宋大诏令集》卷二一五，第816～825页“恩宥”，因为跟刑狱多少有关，故先统计。恩宥是德政，前三朝与后五朝数量失衡的原因，应跟政治顾虑无大关系。

附表2　《宋会要辑稿·刑法》北宋诸帝“省狱”一览（林思吟制作）

	年号	条数	总条数	分组	比率(条/年)
太祖 (960～976)	建隆	1	1	26	0.41
	乾德	0			
	开宝	0			

续表

	年号	条数	总条数	分组	比率(条/年)
太宗（976～997）	太平兴国	1	9	26	0.41
	雍熙	2			
	端拱	2			
	淳化	3			
	至道	1			
真宗（997～1022）	咸平	4	16		
	景德	6			
	大中祥符	3			
	天禧	3			
	乾兴	0			
仁宗（1023～1063）	天圣	1	22	66	0.64
	明道	0			
	景祐	6			
	宝元	0			
	康定	1			
	庆历	5			
	皇祐	1			
	至和	3			
	嘉祐	5			
英宗（1063～1067）	治平	5	5		
神宗（1067～1085）	治平四年(未改元)	1	10		
	熙宁	3			
	元丰	6			
哲宗（1085～1100）	元祐	11	20		
	绍圣	5			
	元符	4			
徽宗（1100～1125）	建中靖国	1	9		
	崇宁	2			
	大观	1			
	政和	4			
	重和	0			
	宣和	1			
			92		0.55

说明：学人常以“残本”为由，解释或质疑《辑稿》的各种现象，但这种以“林”解“树”的方法不一定处处行得通，例如，从附表2就不易看出“残”在何处，似乎还是采取以树见林的研究方法为宜。据《宋史·刑法志》卷一九九（第4970页），太宗将省狱建立为常规，后世君主有些可能只是依样画葫芦或行礼如仪，不一定像太宗积极。

资料来源：《宋会要辑稿·刑法》刑法五，第652～679页。

附表3　皇帝本人特别重视的法制问题一览（林思吟等制作）

朝代	诏令	有"朕"字的句子	判断标准
太祖	61	案牍每来，烦朕亲览。	1
太宗	22	朕博览传记，备知其土风。	1
	26	朕甚不取也。	1
	67	朕焦劳万几，钦恤庶狱……	2
	69	狱既具，将加刑，朕疑其奸……朕方抚育黎元，钦恤刑宪。	1
	75	朕以庶政之中，狱讼为切，钦恤之意，何尝暂忘……今遣秘书丞崔惟翰等分路按问。	2、3
	83	朕听政之暇，遂览群书，至于律令之文，咸究重轻之理……凡尔庶官，宜体朕意。	1
真宗	87	朕钦承先训，嗣守鸿图，视民如伤，惟刑是恤……应在京见禁罪人，朕已躬亲疏决。	1
	88	朕道未方古，德罔洽人，致使庶狱尚繁，五刑未措。兴言及此，良用愧焉……宜遣常参官驰往诸路，疏决刑狱。	2、3
	92	昔先帝统御寰海，惠绥黎元……朕钦承鸿业，动守成规……自今宜令审刑院进呈公案，一依旧例，覆奏后批所得指挥送中书省看详……仍宣示审刑院、刑部、大理寺法官，俾知朕意。	1、3
	98	自今开封府殿前侍卫军司奏断大辟案，经朕裁决后，百姓即付中书，军人付枢密院……情尚可恕者，亦须覆奏。	1
	100	朕意哀矜，务从于轻典……边守信已改为公罪，宜令审刑院、刑部、大理寺，自今比类据罪款刑名奏裁。	3、1
	107	朕以珍符迭委……自今两京诸路，遇天庆节，一日不得行刑。 据《宋会要辑稿·礼五十七》，第30页，知是"帝曰"（林思吟提供）。	3 2
	112	朕每览载籍……今杨守珍等捉到贼盗内，累曾为恶者，送所属州府照证指实奏裁，自余并送所属依法论决。	1
前三朝合计14个			
神宗	55	此皆奉诏者不能先事教饬，以时捕系，但岁举空文塞责而已。自今……慢令有诛，朕所不赦。	2
徽宗	128	害钦恤之政，朕甚闵之。辄违前令者，许赴尚书省越诉，以违御笔论。	3、2或1
	130	朕稽先王惟刑之恤……朕为之恻然……朕以先王所以教者。	4、2
后五朝合计3个			

说明：为求客观，先由林思吟、孙浩伟及陈品伶三位同学就《宋大诏令集》跟法制有关的四十一个有"朕"字的诏令，分出"明显"看到皇帝重视、"不明显"和"两者之间"三类，最后一起讨论，取得多数共识，得出十七诏。我们用来判断皇帝本人是否重视之标准，依程度之强弱，共有下列四项：1. 皇帝参与其事（最强）；2. 皇帝似曾面授口谕其事；3. 其事较属皇帝的家务事或专权，如涉及内廷、贵戚、要员及要事等；4. "朕"字多次出现。

附表 4 《宋代诏令全集》太祖朝诏令分布一览（林思吟、倪绍恩制）

门	全部诏令(以页数算名次)	太祖诏令数及名次
1. 帝系(下分 14 类)	1~637 页(第三名)	25 条(第七名)
2. 政事(21 类)	638~1194,约 556 页(五)	67(互见 8 条,二)
3. 官吏拜罢(28 类)	1195~4861,3666(一)	24(八)
4. 典礼(21 类)	4862~5409,548(六)	44(2,四)
5. 舆服	5410~5420,11(十八)	0
6. 职官(2 类)	5421~6000,580(四)	50(2,三)
7. 仪制一~八	6001~6083,83(十二)	7(1,十一)
8. 选举(6 类)	6084~6246,154(十)	17(九)
9. 学校一~三	6247~6267,29(十五)	0
10. 食货(18 类)	6267~6786,520(七)	69(1,一)
11. 刑法(2 类)	6787~7139,353(八)	40(7,五)
12. 军事(4 类)	7140~7845,706(二)	30(13,六)
13. 地理一~二	7846~7868,23(十六)	7(十一)
14. 医方	7869~7874,6(十九)	2(十四)
15. 历法	7875~7876,2(二十)	0
16. 瑞异一~二	7877~7899,23(十七)	0
17. 学术(3 类)	7900~7933,34(十四)	3(十三)
18. 释道一~五	7934~7982,49(十三)	8(十)
19. 民族关系(4 类)	7983~8289,293(九)	4(十二)
20. 对外关系(3 类)	8290~8321,141(十一)	4(十二)
合计 401(34)		

附表 5 《宋大诏令集》与《宋代诏令全集》分类之异同（林思吟制作）

太祖朝	诏令名称	《宋大诏令集》	《宋代诏令全集》
建隆元年(960)	拒李重进入朝诏		政事·诫饬,第 759 页(出处:《长编》卷 1)
建隆二年	禁采捕诏	政事·禁约,卷 198,第 729 页	刑法·刑制,第 6787 页(同左)
	量宽盐法诏		刑法·刑制,第 6787 页;又见食货·盐业,第 6494 页(《宋会要》食货 23 之 18)
	禁私造买卖酒曲诏		刑法·刑制,第 6787 页;食货·酒业,第 6549 页(《宋会要》食货 20 之 1)
	幕职州县官等雪活人命酬奖事诏		刑法·刑制,第 6787 页(《宋会要》刑法 4 之 93)
	赦见禁诏	政事·恩宥,卷 215,第 816 页	刑法·刑事,第 6978 页(同左)
	东京河北见禁罪人减罪诏		刑法·刑事,第 6978 页(《宋会要》刑法 1 之 15)

续表

太祖朝	诏令名称	《宋大诏令集》	《宋代诏令全集》
建隆三年	非疑狱不得奏裁诏	政事·刑法，卷200，第739页	刑法·刑制，第6787页（同左）
	改窃盗赃计钱诏	政事·刑法，卷200，第739页	刑法·刑制，第6787页（同左）
	禁火葬诏		刑法·刑制，第6788页（《东都事略》卷2）
	私造私货酒曲科罪等第诏		刑法·刑制，第6788页；食货·酒业，第6549页（《宋会要》食货20之1）
	禁斫伐桑枣诏	政事·禁约，卷198，第729页	刑法·刑制，第6788页（同左）
	禁钱入蕃界诏		刑法·刑制，第6788页（《群书考索》后集卷60）
	曲赦东京及河北见禁德音	政事·儆灾，卷151，第560页	刑法·刑事，第6978页（同左）
	禁不得影庇色役人诏	政事·禁约，卷198，第729页	
	诫饬百僚奉命诸道不得妄有请托诏	政事·诫饬，卷190，第695页	政事·诫饬，第759页（同左）
建隆四年	诫约长吏躬亲检校仓廪诏	政事·诫饬，卷190，第695页	政事·诫饬，第759页（同左）
乾德二年（964）	诸道公案下大理检断诏	政事·刑法，卷200，第739页	刑法·刑制，第6788页（同左）
	禁越诉诏	政事·禁约，卷198，第729页	刑法·刑制，第6788页（同左）
	申明奏裁诏（《全集》作滞狱行罚诏）	政事·刑法，卷200，第739页	刑法·刑制，第6788页（同左）
	禁私贩茶诏		刑法·刑制，第6789页；食货·茶叶，第6529页（《长编》卷5）
	禁令簿尉无事下乡诏	政事·禁约，卷198，第729～300页	
乾德三年	赦见禁罪诏	政事·恩宥，卷215，第816页	刑法·刑事，第6978页（同左）

续表

太祖朝	诏令名称	《宋大诏令集》	《宋代诏令全集》
乾德四年	剑外人认田宅过十五年不理诉诏		刑法·刑制,第6789页(《宋会要》刑法3之43)
	重宽酒曲禁法诏		刑法·刑制,第6789页;食货·酒业,第6549页(《宋会要》食货20之2)
	增犯盐斤两诏	政事·刑法,卷200,第740页	刑法·刑制,第6789页;食货·盐业,第6494页(同左)
	禁川峡部曲主掌事务诏		刑法·刑事,第6979页(《长编》卷7)
	禁西川民不省父母疾病诏		刑法·刑事,第6979页(《宋会要》刑法2之1)
	禁纪碑留任不得诣阙诏	政事·禁约,卷198,第730页	
	禁诸州入黔南等地使者受献诏		政事·诫饬,第759页(《长编》卷7)
乾德五年	强盗持仗伤人不死止计赃论罪诏		刑法·刑制,第6789页(《长编》卷8)
	禁新小铅镴等钱及疏恶绵帛入粉药诏	政事·禁约,卷198,第730页	
乾德六年	禁止上供钱帛不得差扰居人诏	政事·禁约,卷198,第730页	
	禁西川山南诸道祖父母父母在别籍异财诏(《全集》最后多"仍不同居诏")	政事·禁约,卷198,第730页	刑法·刑制,第6789页(《宋会要》刑法2之1)
	禁铜钱出边诏		刑法·刑制,第6789页(《长编》卷9)
	令佐事务贵在公平诏		政事·诫饬,第759页(《长编》卷9)
开宝二年(969)	禁台府吏侥求财物诏		刑法·刑制,第6789页(《长编》卷10)
	枷械图圄五日一检视洒扫荡洗小罪即时决遣诏	政事·刑法,卷200,第740页	刑法·刑事,第6979页(同左)

续表

太祖朝	诏令名称	《宋大诏令集》	《宋代诏令全集》
开宝三年	宽私贩矾法诏		刑法·刑制，第6789～6790页（《宋会要》食货34之1）
开宝四年	禁摄官诏	政事·禁约，卷198，第730页	
	禁广南奴婢诏	政事·禁约，卷198，第730页	刑法·刑事，第6979页（同左）
	罢广南大斗诏	政事·禁约，卷198，第730页	
	禁买扑场院以所收课利贷民规利诏		刑法·刑制，第6790页（《宋会要》食货52之34）
	禁伪黄金诏	政事·禁约，卷198，第731页	刑法·刑制，第6790页（同左）
	犯强窃盗郊祀不赦诏		刑法·刑事，第6979页（《长编》卷13）
开宝五年	严禁诸州擅置狱系人诏		刑法·刑事，第6979页（《长编》卷13）
开宝六年	贷内外人吏诈欺罪诏	政事·贷雪，卷217，第828页	刑法·刑事，第6979页（同左）
开宝七年	负犯选人应出雪牒事诏		刑法·刑制，第6790页（《宋会要》职官15之1）
	禁市易官物增价欺罔官钱诏（《全集》作"贷市易官物增价欺罔官钱罪诏"）	政事·禁约，卷198，第731页	刑法·刑事，第6980页（《宋会要》食货37之1）
开宝八年	岭南民犯窃盗赃十贯以上乃死诏		刑法·刑制，第6790页（《宋史》卷199《刑法志一》）
	禁诸色人妄称已前偷谩更有陈告诏		刑法·刑事，第6980页（《宋会要》食货54之1）
开宝九年	赦见禁德音	政事·恩宥，卷215，第816页	刑法·刑事，第6980页（同左）

资料来源：《宋大诏令集》卷一九八"政事·禁约"、卷二〇〇"政事·刑法"（共20条）及《宋代诏令全集》"政事·诫饬"、"刑法·刑制"、"刑法·刑事"（共45条）。

《中国古代法律文献研究》第八辑
2014年，第266~298页

《天圣令》中宋令及《养老令》对唐令修改的比较

黄正建*

摘　要:《天圣令》中的宋令和《养老令》都改编自唐令，在对同一条唐令作修改时，除去因制度不同所作的修改外，在字句上究竟谁更忠实于唐令原文，或曰谁修改的比重更大一些？本文将《天圣令》中的宋令、复原唐令，以及《养老令》这三种令文中有大致相同文字的条文全部列出，分"文字基本相同"、"文字大部分相同"和"个别文字相同"三种情况予以比较，同时比较句式异同，得出结论是：从总体看，宋令对唐令的改写要多于《养老令》对唐令的改写（包括字词和句式），因此在复原唐令要利用宋令和《养老令》时，当涉及具体词句而无法判定该使用哪个令的表述时，在排除了其他制度性因素之后，似乎应该更相信《养老令》，即应更多地采用《养老令》的表述。

关键词:《天圣令》　宋令　唐令　《养老令》

一　前言与凡例

《天圣令》的研究现在已经进入了平稳发展阶段。如何进一步深入研究这一千年前的珍贵法典，是学者面临的重要问题。从研究实践看，部分学者从个别法典入手，研究单篇令文；部分学者利用法典内容，继续研究唐宋史的相关问题；还有部分学者致力于从整体进行研究，涉及全部篇目和令文。

* 中国社会科学院历史研究所研究员。

日本学者服部一隆就是站在日本令研究的立场上，对《天圣令》全部令文进行细致研究的一位学者。

三年前，服部一隆发表了《养老令と天聖令の概要比較》①（以下简称为《服部文》）。文章通过将《养老令》与《天圣令》的数值化，探讨《养老令》继受②唐令的程度。作者设计了比较的方按：1. 将《天圣令》中含有《养老令》大部分字句的条文用◎表示；2. 将《天圣令》中含有《养老令》数处文字的条文用○表示；3. 将《天圣令》中含有《养老令》个别字句的条文用△表示；4. 根据条文排列和内容，可以判定《天圣令》与《养老令》存有关联的条文，用▲表示；5. 与《天圣令》无对应关系，即《养老令》的"独自条文"，用☆表示。

《服部文》将《天圣令》中的宋令简称为"宋"、不行唐令简称为"唐"，二者相加简称为"计"，《养老令》简称为"养"。再根据以上相似度的标准，对《天圣令》残卷的12篇令逐篇统计，计算出各自的"不行唐令率（唐÷计的百分比）"、"继受率（养÷计的百分比）"、"继受度（［◎+○］÷养的百分比）"，以各种图表展示出来，清晰明白，一目了然。

《服部文》的结论是。

（一）从"不行唐令率"看，平均是43%。分类来看：田、厩牧、医疾令在60%以上，捕亡、赋役、仓库令在50%前后，杂、关市令在30%左右，假宁、狱（官）、营缮、丧葬令在20%以下。不行唐令率越高，唐令的复原精度就高，与日本令的比较也越益进行。

（二）从日本令对唐令的"继受率"看，平均是66%，其中捕亡、狱（官）令在90%前后，赋役、医疾、关市、田、杂令在70～60%，厩牧、营缮、仓库、假宁、丧葬在50%前后。这一指标意在说明唐令中有多少条文进入到《养老令》中。

（三）从《养老令》对唐令的"继受度"看，平均是73%。分类来看：营缮、捕亡令在90%左右，狱（官）、关市、假宁、医疾令在80%前后，赋役、仓库、田令在70%前后，丧葬、杂、厩牧令在50%左右。这一指标意在说明《养老令》条文与《天圣令》条文有多大程度的共通性，或者说，《养老令》在多大程度上照抄了唐令的内容。要注意的是，由于《天圣令》的部分内容改编自唐令，因此对唐令的实际"继受度"要高于此指标。

① 载日本明治大学古代学研究所编《古代学研究所纪要》第15号，2011，第33～46页。以下引文均译成汉语后表述。

② "继受"是个日语词，意思是继承和接受，很难用一个汉语词准确翻译，这里暂且原样使用，希读者谅察。

《服部文》将我们以前关于日本令对唐令继承情况的认识精确化、直观化了，是一种对《天圣令》令文的基础性研究，给人以许多启示。但同时，这种统计也存在一定的问题。这种问题主要表现有二。

第一，正如《服部文》所说，《天圣令》部分内容改变自唐令，因此实际“继受度”要高于统计指标。其实从理论上说，《天圣令》是宋代法典，晚于《养老令》二百五十年，《养老令》怎么可能“继受”《天圣令》呢？这在逻辑上是不通的。换句话说，即使《天圣令》中宋令的条文字句与《养老令》相同，也不能说《养老令》“继受”了《天圣令》。计算“继受率”“继受度”，只能涉及《天圣令》中唐令而非《天圣令》全部。

第二，《服部文》所谓《天圣令》中含有《养老令》大部分字句的条文用◎表示、含有数处文字的条文用○表示、含有个别字句的条文用△表示，云云，这里的“大部分”、“数处”、“个别”字句的标准是什么？如何界定？而如果没有确切的标准，统计就会比较随意，得出的结果就有很大出入了。我们举几个《杂令》的例子。

宋10：诸州界内有出铜矿处官未置场者，百姓不得私采。金、银、铅、镴、铁等亦如之。西北缘边无问公私，不得置铁冶。自余山川薮泽之利非禁者，公私共之。[①]

养老令9国内条：凡国内有出铜铁处，官未采者，听百姓私采。若纳铜铁，折充庸调者听。自余非禁处者，山川薮泽之利，公私共之。[②]

这两条属于《服部文》所谓比较后的○，即二者有数处文字相同。再看下例：

宋30：诸王、公主及官人不得遣官属、亲事、奴客、部曲等在市肆兴贩，及于邸店沽卖、出举。其遣人于外处卖买给家、非商利者，不在此例。

养老令24皇亲条：凡皇亲及五位以上，不得遣帐内资人，及家人、奴婢等，定市肆兴贩。其于市沽卖、出举，及遣人于外处贸易往来者，

① 《天圣令》引文，与《服部文》章所引相同，即出自天一阁博物馆、中国社会科学院历史研究所天圣令整理课题组《天一阁藏明抄本天圣令校证（附唐令复原研究）》（以下简称《校证》）中的清本（中华书局，2006）。

② 以下《养老令》令文，均引自日本思想大系版《律令》（岩波书店，2001），标点按中式标点有所改动。

不在此例。

这条属于《服部文》所谓比较后的△，即有个别字句相同者。问题是这两条宋令和《养老令》的关系，在我看来十分类似：都有若干相同的字句，也有日本令根据本国情况改变的字句，因此从整体看，这两条《养老令》对宋令（其前身的唐令）的继承是很明显的。但是按照《服部文》规定，“继受度”的计算只有◎和○，而排除了△，也就是说，《养老令》24条不是继承自宋30条（其前身亦为唐令）。那么，这一判断是准确的吗？按照这一判断来进行计算后的结果还是可靠的吗？

因此我认为《服部文》的计算还是稍有缺陷的，主要是没有把基本相同、大部分相同、个别相同的条文全部列出来，以致我们无法判断他的分类是否正确。本文即为克服这一弊病，将全部比较的条文列出，同时将标准列出，读者可检验我们的分类判断是否正确。

现在让我们抛开《服部文》的缺陷，接受文章给我们的启示，在他的方法基础上略作修正，来看看我们即本文需要解决的问题。这个问题就是：《天圣令》中的宋令和《养老令》都是改编自唐令，在对同一条唐令作修改时，除去因制度不同所作的修改外，在字句上究竟谁更忠实于唐令原文，或曰谁修改的比重更大一些？如果能用数值来说明这个问题，是不是会更有说服力呢？

为此，特拟凡例如下。

1. 以宋令为顺序，以复原唐令为依据（其中基本依据宋令或养老令复原的唐令概不采用，因此实际上只是使用了复原唐令的序号，内容则多依《唐令拾遗》或《唐令拾遗补》，对复原令文个别有不同意处则修改之），将宋令和养老令与唐令进行比较，[①] 并将原文顺序列出。

2. 三种令文（唐令、宋令、养老令）条文不同者不予比较，只比较三者有大致相同文字的令文，即其中任意二种令而非三种令有相同文字者不予比较。某条令文中若只有部分相同，只比较相同部分的文字。

3. 所谓“相同者”，其中若因制度不同者——如“州县”与“国郡”之不同，以及因物产不同如是否有“象”、“驴”之类——而产生的不同，一般不计算为不同。亦即我们只比较文字的异同，而不比较制度的异同。[②] 此外，避讳字也不计算为不同。

① 其中《养老令》出处已见上注。复原唐令见《校证》中的复原清本，复原根据见各令的复原论文；宋令亦使用《校证》中的清本。

② 但有时文字的不同即反映制度的不同，因此此点把握起来很难。

4. 比较结果，将令文相同者区别为三种情况：

（1）文字基本相同者用◎表示（个别字可以不同，但“诸”与“凡”的不同不计算为不同；属漏字、误字者也不计算为不同）。

（2）大部分相同者用○表示。其中的不同若有数处，用阿拉伯数字注于○标志之后。这种场合的令文，总体看句式是相同的（因制度因素造成的不同除外）。如果一条句式大体相同的令文中，有某一句（或某几句）出现字词与句式异同，则字不同但句式同者，加△符号；字不同句式亦不同者，加▲符号。

（3）仅个别字相同者，用●表示，同时用阿拉伯数字表示相同处数量。

（4）各令的不同或相同处，均用黑体字并加下划线，以示区别。

5. 要强调的是：复原唐令若依据的是《唐六典》，因《唐六典》所引并非唐令原文，因此比较结果会稍有出入（个别不同处可能会忽略不计，即在此场合下，比较的标准相对宽松一些）；若依据的是《宋刑统》，因《宋刑统》所引令文的时代不明（从种种迹象看，很可能是五代宋初令，故而比较接近天圣令），因此比较结果也会不够准确。

6. 有时，文字的不同与令文时代的不同相关，但很难判断。这种情况下，为提供更多信息，还是尽量将这些不同表现出来。

7. 若有相关说明或提示，在令文下作“按”语。

8. 除《天一阁藏明抄本天圣令校证（附唐令复原研究）》外，《唐六典》、《通典》、《唐律疏议》、《宋刑统》，均用中华书局点校本；《唐会要》用中华书局标点本；《唐令拾遗》用长春出版社的中译本；《唐令拾遗补》用东京大学出版会本；《养老令》用岩波书店2001年的《律令》本。

二　令文比较的正文

（一）田令

1. 复原唐令18：……乡土不宜者，任以所宜树充。（出自《通典》）

宋令2：乡土不宜者，任以所宜树充。◎

养老令16：乡土不宜及**<u>狭乡者</u>**，**<u>不必满数</u>**。○2

2. 复原唐令33：诸田为水侵射，不依旧流，新出之地，先给被侵之家……（出自《宋刑统》）

宋令4：诸田为水侵射，不依旧流，新出之地，先给被侵之家……◎

养老令28：凡田为水**<u>侵食</u>**，不依**<u>旧派</u>**，新出之地，先给被侵之家。○2

3. 复原唐令35：诸竞田，判得已耕种者，后虽改判，苗入种人；耕而未种

者，酬其功力。未经断决，强耕［种］者，苗从地判。(出自《宋刑统》①)

宋令5：诸竞田，判得已耕种者，后虽改判，苗入种人；耕而未种者，酬其功力。未经断决，强耕种者，苗从地判。◎

养老令30：凡竞田，判得已耕种者，后虽改判，苗入种人；耕而未种者，酬其功力。未经断决，强耕种者，苗从地判。◎

以上《田令》共3条：

宋令◎、◎、◎——基本相同者3条。

养老令○2、○2、◎——基本相同者1条；大部相同者2条（其中不同者4处）。

（二）赋役令

1. 复原唐令2：诸课户……其调［绢、绝、布］② 各随乡土所出……若当户不成疋、端、屯、綟者，皆随近合成……（出自《通典》）

宋令1：诸税户并随乡土所出，紬、绝、布等若当户不成匹端者，皆随近合成……○1▲

养老令1、2：凡调绢绝系绵布，**并**随乡土所出……凡调，皆随近合成……○1△

2. 复原唐令13：诸边远州有夷獠杂类之所，应输课役者，随事斟量，不必同之华夏。(出自《通典》)

宋令5：诸边远州有夷獠杂类之所，应**有输**役者，随事斟量，不必同之华夏。○1▲

养老令10：凡边远国有夷**人**杂类之所，应**输**调役者，随事斟量，不必**同**华夏。○2、○1△

按：从“应输”看，《养老令》更忠实于唐令。

3. 复原唐令14：诸任官应免课役者，皆待蠲符至，然后注免。符虽未至，验告身灼然实者，亦免。其杂任被解应附者，皆依本司解时日月据征。(出自《通典》)

宋令6：诸户役，因**任官应免**者，**验告身灼然实者**，**注免**。**其**见充**杂任**、授流内官者，皆准此。自余者不合。●5

养老令11：凡应免课役者，皆待蠲符至，然后注免。符虽未至，验位记灼然实者，亦免。其杂任被解应附者，皆依本司解时日月据征。◎

① “种”，依《养老令》和宋令补。

② 《通典》原有此三字（见卷六《食货六·赋税下》，中华书局，1992，第107页），复原时不取是不对的。

4. 复原唐令 20：诸孝子、顺孙、义夫、节妇，志行闻于乡闾者，申尚书省奏闻，表其门闾，同籍悉免课役。有精诚通感（致应）者，别（则）加优赏①（出自《通典》、《唐六典》）。

宋令 7：诸孝子、顺孙、义夫、节妇，志行闻于乡闾者，**具状以闻**，表其门闾，同籍悉免**色役**。有精诚冥感者，别加优赏。○1○1▲

养老令 17：凡孝子、顺孙、义夫、节妇，志行闻于国郡者，申太政官奏闻，表其门闾，同籍悉免课役。有精诚通感者，别加优赏。◎

5. 复原唐令 30：……收手实之际，即（降）作九等定簿……凡差科，先富强，后贫弱；先多丁，后少丁……（出自《令集解》、《唐律疏议》）

宋令 9：……**每因外降户口**，即作五等定簿……凡差科，先富强，后贫弱；先多丁，后少丁……○1

养老令 22、23：……**因对户口**，即作九等定簿……凡差科，先富强，后贫弱；先多丁，后少丁……○1

按：从《宋令》与《养老令》相似看，唐令原文似也应作“对户口”云云，作“收手实之际”出自“穴云”和“赞云”，或是早期《令》的规定。

以上《赋役令》共 5 条：

宋令○1▲、○1▲、●5、○1○1▲、○1——大部相同者 4 条（其中不同者 5 处，有 3 处句式亦不同）；个别相同者 1 条（相同者 5 处）。

养老令○1△、○2○1△、◎、◎、○1——基本相同者 2 条；大部相同者 3 条（其中不同者 5 处，有 2 处句式相同）。

（三）《仓库令》

1. 复原唐令 2：……对……吏人执筹数函……（出自《唐六典》②）

宋令 2：……**对**输人掌筹交受……●2

养老令 2：……共输人**执筹**对受……●2

按：从“执筹”看，《养老令》更忠实于《唐令》。

2. 复原唐令 9：凡粟出给者，每一屋一窖尽，剩者附计，欠者随事科

① 复原原文作“州县申尚书省奏闻”，系拼合《通典》与《唐六典》而成。按《养老令》作“申太政官奏闻”，无“国郡”即类似“州县”一类词语。今据《养老令》与唐令的相似度，似不当复原“州县”二字。“通感”，《唐六典》原文作“致应”，李锦绣认为是“致感”之误，开元二十五年令应为“通感”，宋令避讳，改为“冥感”。“别”，《唐六典》原文作“则”，李锦绣据《天圣令》和《养老令》改为“别”。

② 《唐六典》恐非唐令原文，但《唐令拾遗》及李锦绣均将此句复原为唐令。

征……（出自《唐六典》[①]）

宋令5：诸**仓屋及窖**出给者，每出一屋一窖尽，**然后更用以次者**。有剩附帐，**有**欠随事**理罚**……○3○2▲

养老令3：凡**仓**出给者，每出一**仓**尽，剩（乘）者附**帐**，欠者随事**征罚**……○2○2△

按：从句式看，养老令更符合唐令，因此复原时不应完全按照宋令的句式。李锦绣复原为："诸仓屋及窖出给者，每出一屋一窖尽，然后更用以次者。有剩附帐，有欠随事征罚"，后两句的句式采"有……"、"有……"，完全依从宋令，而非《唐六典》与《养老令》的"……者"、"……者"句式，恐不大正确。似应以《唐六典》和《养老令》的句式为准复原。

3. 复原唐令25：……非理欠损者，坐其所由，令征陪之。（出自《唐六典》[②]）

宋令15：……非理欠损者，**理所由人**。○1

养老令5：……非理欠损者，**征所由人**。○1

《仓库令》共3条：

宋令●2、○3○2▲、○1——大部相同者2条（其中不同者6处，有2处句式亦不同）、个别相同者1条（相同者2处）。

养老令●2、○2○2△、○1——大部相同者2条（其中不同者5处，有2处句式同）、个别相同者1条（相同者2处）。

（四）《厩牧令》

（1）复原唐令2：凡象日给稾六围，马驼牛各一围，羊十一共一围（每围以三尺为限也），蜀马与骡各八分其围……青刍倍之。（出自《唐六典》[③]）

宋令2：……象一头，**日给稾五围**；马一疋，供御及带甲、递铺者，**各日给稾八分**，余给七分，蜀马给五分……驴每头，日给稾五分……驼一头，日给稾八分；牛一头，日给稾一围。●1●1▲[④]

---

① 《唐六典》恐非唐令原文，但李锦绣据宋令复原，对此有较大修改，亦未必正确。今暂依《唐六典》为准。

② 李锦绣根据《宋令》和《养老令》，将最后8字复原为"征所由人"，是。但《唐六典》为何有此不同说法（字数不是省略，而是扩大）？或是《唐六典》所据唐令与《天圣令》、《养老令》所据唐令有所不同？录以备考。

③ 此处全据《唐六典》，与宋家钰的复原不同。但《唐六典》文字确非唐令原文，但我们也不能用依据宋令复原的唐令来探讨宋令对唐令的修改，只好暂依《唐六典》文字。

④ 关于"日给稾八分"与"各八分其围"的不同，后者可能不是令文原文，所以此处的比较不尽可靠。又，此条令文的比较，凡相同者，虽数字不同仍按相同文字处理。

养老令1：……日给细马……中马……驽马……干草各五围……（周三尺为围）青草倍之……●2●1△

按：这里所谓句式相同，指唐令为“每围以三尺为限”与养老令“周三尺为围”。由于《唐六典》未必是唐令原文，故可能唐令句式本来同于养老令。

（2）复原唐令47：……其诸州镇等所得阑遗畜，亦仰当界内访主。若经二季无主识认者，并当处出卖。先卖充传驿，得价入官。后有主识认，勘当知实，还其①价。（出自《宋刑统》）

宋令10：……其诸州镇等所得阑畜，亦仰当界内访主。若经二季无主识认者，并当处出卖，② 得价入官。后有主识认，勘当知实，还其本价。○2

养老令23：凡国郡所得阑畜，皆仰当界内访主。若经二季无主识认者，先充传马，若有余者出卖，得价入官……后有主识认，勘当知实，还其本价。○2

（3）复原唐令53：诸官畜在道有羸病，不堪前进者，留付随近州县养饲、疗救，粟、草及药官给……（出自《唐律疏议》）

宋令14：诸官畜在道有羸病，不堪前进者，留付随近州县养饲、救疗，粟、草及药官给……○1

养老令28：凡官畜在道羸病，不堪前进者，留付随近国郡养饲、疗救，草及药官给……◎

按：从“疗救”看，《养老令》更忠实于《唐令》。又，此处无“粟”字，当因制度不同。

《厩牧令》共3条：

宋令：●1●1▲、○2、○1——大部相同者2条（其中不同者3处）；个别相同者1条（相同者2处，其中1处句式不同）。

养老令：●2●1△、○2、◎——基本相同者1条；大部相同者1条（其中不同者2处）；个别相同者1条（相同者3处，其中1处句式相同）。

（五）《关市令》

（1）复原唐令1：诸度关者，先经本部本司请过所……（出自《唐六典》）

宋令1：诸欲度关者，皆经当处官司请过所……○1

① 据宋家钰的复原，“其”后应依宋令和养老令补一“本”字，是。因此不计算为不同。

② 此处在“当处出卖”后，据《宋刑统》补了“先卖充传驿”数字（《校证》第399页），但在复原研究文章所引令文中，没有补这几个字（《校证》第509页）。

养老令1：凡欲度关者，先经本部本司请过所……◎

按：从“本部本司”看，《养老令》更忠实于唐令。

（2）复原唐令17：诸市，每肆立标，题［行名］① ……（出自《倭名类聚抄》）

宋令10：诸市……每肆**各标**行名……○1

养老令12：凡市，每肆立标，题行名……◎

按：从“立标，题行名”看，《养老令》更忠实于唐令。

（3）复原唐令21：诸卖买奴婢牛马驼骡驴等，用本司本部公验以立券。（出自《唐六典》）

宋令13：诸**卖牛马驼骡驴**，皆价定**立券**，**本司**朱印给付……●3

养老令16：凡**卖奴婢**，皆经**本部**官司，取保证，**立券**付价。（其马牛，唯责保证，立私券）。●3

（4）复原唐令24：诸以伪滥之物交易者没官，短狭不中量者还主。（出自《唐六典》）

宋令16：诸以**行滥**之物交易者没官，短狭**不如法**者还主。◎②

养老令19：凡以**行滥**之物交易者没官，短狭**不如法**者还主。◎

《关市令》共4条：

宋令：○1、○1、●3、◎——基本相同者1条；大部相同者2条（其中不同者2处）；个别相同者1条（相同者3处）。

养老令：◎、◎、●3、◎——基本相同者3条；个别相同者1条（相同者3处）。

（六）《捕亡令》

（1）复原唐令1：诸囚及征人、防人、流人、移乡人③逃亡及欲入寇贼者，经随近官司申牒，即移亡者之家居所属及亡处比州比县追捕。承告之处，下其乡里村保，令加访捉……捉得之日，移送本司科断。其失处、得处并各申尚书省……（出自《唐律疏议》与《宋刑统》）

宋令1：诸囚及**征防**、**流移人**逃亡及欲入寇贼者，经随近官司申牒，即

① “行名”，据《养老令》和宋令补。孟彦弘将此句据宋令复原为“每肆各标行名”，而非“每肆立标，题行名”，恐误。

② 此处宋令和养老令全同，当为唐令原文，但如何解释《唐六典》的文字？是没有照抄令文，还是依据了不同时代的令文？此处暂依前者，但将不同处标出，以示注意。

③ 《宋刑统》引《捕亡令》作“征防、流移人”，与宋令同。《唐律疏议》引《捕亡令》分别例举，与养老令同。若此，则《宋刑统》所引令或非唐令而是五代宋初令，所以与《天圣令》接近。

移亡者之家居所属及亡处比州比县追捕。承告之处，下其乡里村保，令加访捉……捉得之日，移送本司科断。其失处、得处并各申**所属**……○2

养老令1：凡囚及征人、防人、卫士、仕丁、流移人逃亡及欲入寇贼者，经随近官司申牒，即**告**亡者之家居所属及亡处比国比郡追捕。承告之处，下其乡里**邻**保，令加访捉。捉得之日，送[①]本司**依法**科断。其失处、得处并申太政官。○4

（2）复原唐令2：诸有盗贼及被伤杀者，即告随近官司、村坊、屯驿。闻告之处，率随近军人及夫，从发处追捕。（出自《唐律疏议》[②]）

宋令2：诸有贼盗及被伤杀者，即告随近官司、村坊、**耆保**。闻告之处，率随近军人及**捕盗人**，从发处寻踪，登共追捕。◎

养老令2：凡有盗贼及被伤杀者，即告随近官司、**坊里**。闻告之处，率随近**兵**及夫，从发处寻踪，登共追捕。◎

（3）复原16：诸得阑遗物，皆送随近县……所得之物，皆悬于门外，有主识认者，检验记，责保还之……经一周年无人认者，没官录帐，申省处分……（出自《宋刑统》[③]）

宋令9：诸**得阑遗物者**，**皆送随近官司**，封记收掌，录其物色，牓于要路，**有主识认者**，先责伍保及其失物隐细，状验符合者，常官随给……满百日**无人识认者**，**没官附帐**。●3

养老令15：凡得阑遗物者，皆送随近**官司**……所得之物，皆悬于门外，有主识认者，验记责保还之……经一周无人认者，没官录帐，申官厅[④]处分……◎

《捕亡令》共3条：

宋令：○2、◎、●3——基本相同者1条；大部相同者1条（其中不同者2处）；个别相同者1条（相同者3处）。

养老令：○4、◎、◎——基本相同者2条；大部相同者1条（其中不同者4处）。

（七）《医疾令》

（1）复原唐令3：医生习本草、甲乙、脉经，兼习张仲景、小品等方。

---

① 与宋令比较，“送”前少一“移”字。又，养老令的“邻保”当是唐令原文，不知孟彦弘为何没有采用。

② 其中的“盗贼”在《唐律疏议》两处《捕亡令》引文中，分别作“贼盗”与“盗贼”。《唐令拾遗》复原作“盗贼”，是据养老令；孟彦弘复原作“贼盗”，是据宋令。今依《唐令拾遗》。

③ 其中“随近县”，养老令与宋令均作“随近官司”，孟彦弘即复原为“随近官司”。

④ “厅”原作“听”。

针生习素问、黄帝针经、明堂、脉诀，兼习流注、偃侧等图、赤乌神针等经。[①]（出自《唐六典》与《千金方》）

宋令3：……**医学**习甲乙、脉经、本草，兼习张仲景、小品、集验等方。**针学**习素问、黄帝针经、明堂、脉诀，兼习流注、偃侧等图、赤乌神针等经。◎

养老令3：……医生习甲乙、脉经、本草，兼习小品、集验等方。针生习素问、黄帝针经、明堂、脉诀，兼习流注、偃侧等图、赤乌神针等经。◎

（2）复原唐令4：……读本草者，即令识药形、知药性；读明堂者，即令验图识其孔穴；读脉诀者，即令递相诊候，使知四时浮、沉、涩、滑之状。读素问、黄帝针经、甲乙、脉经，皆使精熟。（出自《唐六典》）

宋令4：……读本草者，即令识药形、知药性；读明堂者，即令验图识其孔穴；读脉诀者，即令递相诊候，使知四时浮、沉、涩、滑之状。次读素问、黄帝针经、甲乙、脉经，皆使精熟……◎

养老令4：……读本草者，即令识药形药性；读明堂者，即令验图识其孔穴；读脉诀者，令递相诊候，使知四时浮、沉、涩、滑之状。次读素问、黄帝针经、甲乙、脉经，皆使精熟……◎

（3）复原唐令23：合和御药（或“合药供御”）[②]……（出自《唐律疏议》、《唐六典》）

宋令10：诸合药供御……◎

养老令23：合和御药……◎

（4）复原唐令25：每岁常合伤寒、时气、疟、痢、伤中、金疮之药……（出自《唐六典》）

宋令11：……每岁量合**诸药**……○1

养老令25：……每岁量合伤寒、时气、疟、利、伤中、金创诸杂药……◎

《医疾令》共4条：

宋令：◎、◎、◎、○1——基本相同者3条；大部相同者1条（其中不同者1处）。

养老令：◎、◎、◎、◎——基本相同者4条。

---

① 此据《唐令拾遗补》，唯依《天圣令》改“伤寒”为“张仲景”，文字前半与程锦复原稍不同。

② 《唐令拾遗》据《唐律疏议》复原为此四字，后《唐令拾遗补》根据《唐六典》等，改为“合药供御”，程锦因《天圣令》亦作此四字而赞成之。但是《养老令》作“合和御药”。或许《唐律疏议》和《养老令》根据的是《永徽令》，而《唐六典》与《天圣令》根据的是《开元令》。今将二者均列出。

(八)《假宁令》

(1) 复原唐令 10：斩衰三年、齐衰三年者，并解官……(出自《大唐开元礼》)

宋令 6：……斩衰三年、齐衰三年者，并解官……◎

养老令 3：……**遭父母丧**，并解官……○1

(2) 复原唐令 15：无服之殇……(出自《大唐开元礼》)

宋令 11：诸无服之殇（生三月至七岁）……◎

养老令 4：凡无服之殇（生三月至七岁）……◎

(3) 复原唐令 16：诸师经受业者丧，给［假］三日。(出自《大唐开元礼》)

宋令 13：诸师经受业者丧，给假三日。◎

养老令 5：凡师经受业者丧，给假三日。◎

(4) 复原唐令 18：诸若闻丧举哀，其假三分减一……(出自《大唐开元礼》)

宋令 15：诸闻丧举哀，其假三分减一……◎

养老令 7：凡闻丧举哀，其假**减半**……○1

(5) 复原唐令 19：周已上亲皆给程。[①] (出自《唐六典》)

宋令 16：……朞以上并给程……○1

养老令 8：……三月服以上并给程。○1

按：这里有“并”和“皆”的不同，前述《赋役令》第 (1) 条，则有“并”与“各”的不同。

《假宁令》共 5 条：

宋令：◎、◎、◎、◎、○1——基本相同者 4 条，大部相同者 1 条（其中不同者 1 处）。

养老令：○1、◎、◎、○1、○1——基本相同者 2 条；大部相同者 3 条（其中不同者 3 处）。

(九)《狱官令》

(1) 复原唐令 1：诸有犯罪者，皆从所发州县推而断之。在京诸司……(出自《唐六典》)

宋 1：诸犯罪，皆于事发处州县推断。在京诸司……◎

养老令 1：凡犯罪，皆于事发处官司推断。在京诸司……◎

---

① 此非令文原文。

（2）复原唐令 2：诸犯罪者，杖罪以下，县决之；徒以上，县断定送州……（出自《唐六典》与《唐律疏议》）

宋令 2：诸犯罪，杖〔罪?〕以下，县决之；徒以上，**送州推断**……○1▲

养老令 2：凡犯罪，**笞罪**郡决之；杖罪以上，郡断定送国……○1△

按：从“郡断定送国”看，句式同唐令，是《养老令》文字更忠实于唐令。

（3）复原唐令 6：……先检行狱囚枷锁、铺席及疾病、粮饷之事，有不如法者，皆以状申。（出自《唐六典》）

宋令 4：……**常**检行狱囚锁枷、铺席及疾病、粮饷之事，有不如法者，**随事推科**。○2

养老令 4：……先检行狱囚枷杻、铺席及疾病、粮饷之事，有不如法者，亦以状申……◎

（4）复原唐令 7：……其京城及驾在所，决囚日，尚食进蔬食，内教坊及太常寺，并停音乐。（出自《通典》）

宋令 5：……其京城及驾所在，决囚日，内教坊及太常并停音乐……○1

养老令 5：……其京内决囚日，雅乐寮停音乐。○1

按：宋令和养老令都没有“尚食进蔬食”的规定。

（5）复原唐令 8：诸决大辟罪，皆防援至刑所，囚一人防援二十人，每一囚加五人。五品以上听乘车，并官给酒食，听亲故辞诀，宣告犯状，皆日未后乃行刑……即囚身在外者，奏报之日，不得驿驰行下。（出自《通典》）

宋令 6：诸决大辟罪皆**于市**，**量囚多少**，**给人**防援至刑所。五品以上听乘车，并官给酒食，听亲故辞诀，宣告犯状，皆日未后乃行刑……即囚身在外者，**断报**之日，**马递**行下。○4

养老令 6：凡**断罪行刑之日**，**并**宣告犯状。决大辟罪囚，皆防援**着枷**至刑所，囚一人防援廿人，每一囚加五人。五位以上及皇亲，听**乘马**，并官给酒食，听亲故辞诀，仍日未后行刑，即囚身在外者，奏报之日，不得驿驰行下。○3

按：从“奏报”等看，养老令忠实于唐令，但将“宣告犯状”挪到了前面。宋令没有具体防援人数，省略为“量囚多少，给人”。

（6）复原唐令 10：诸决大辟罪，官爵五品以上，在京者，大理正监决；在外者，上佐监决，余并判官监决。从立春至秋分，不得奏决死刑。若犯恶逆以上及奴婢、部曲杀主者，不拘此令。其大祭祀及致斋、朔望、上下弦、二十四气、雨未晴、夜未明、断屠月日及假日，并不得奏决死刑。在京决死囚，皆令御史、金吾监决。若囚有冤枉灼然者，停决奏闻。（出自《通典》与《唐律疏议》）

宋令7、8：诸**决大辟罪**，**在京**及诸州，遣它官与掌狱官监决。春夏不行斩刑，十恶内，**恶逆以上**四等罪**不拘此令**。乾元、长宁、天庆、先天、降圣节各五日……天贶、天祺及元正、冬至、寒食、立春、立夏、太岁、三元、大祠、国忌等日，及雨雪未晴，皆不决大辟……诸监决死囚，若**囚有**称冤者，**停决**别推。●5

养老令8：凡决大辟罪，五位以上，在京者，刑部少辅以上监决；在外者，次官以上监决，余并少辅及次官以下监决。从立春至秋分，不得奏决死刑。若犯恶逆以上及家人奴婢、部曲杀主者，不拘此令。其大祀及斋日、朔望、晦、上下弦、廿四气、假日，并不得奏决死刑。在京决死囚，皆令弹正卫士府监决。若囚有冤枉灼然者，停决奏闻。○1

按：此处养老令少了“雨未晴、夜未明、断屠月日”等规定，其他与唐令，除制度不同者外，包括句式都很类似，而宋令则大不同。

（7）复原唐令12：诸犯流以下，应除、免、官当，未奏身死者，免其追夺。（谓不夺告身[①] 若奏时不知身死，奏后云先死者，依奏定。其常赦所不原者，不在免限）杂犯死罪以下……会赦者，解见任职事。（出自《唐六典》与《唐律疏议》）

宋令9：诸犯流以下，应除、免、官当，未奏身死者，告身不追。即奏时不知身死，奏后云先死者，依奏定。其常赦所**不免**者，**依常例**。若杂犯死罪，狱成会赦全原者，解见任职事。◎

养老令10：凡犯流以下，应除、免、官当，未奏身死者，位记不追。即奏时不知身死，奏后云先死者，依奏定。其常赦所不免者，依常例。若杂犯死罪，狱成会赦全原者，解见任职事。◎

按：考虑到《唐六典》文字非令文原文，因此宋令和养老令应该都是基本抄自唐令的。

（8）复原唐令13：诸犯流断定，及流移之人，[②] 皆不得弃放妻妾……（出自《唐六典》与《唐律疏议》）

宋令10：诸流人科断已定，及移乡人，皆不得弃放妻妾……◎

养老令11：凡流人科断已定，及移乡人，皆不得弃放妻妾……◎

（9）复原唐令14：诸流人应配者……（出自《宋刑统》）

---

① “免其追夺”以下九字，雷闻复原为“告身不追”，是。但依我们的凡例，据《天圣令》或《养老令》复原者不能比较异同，因此还是按《唐六典》的文字。这些文字与令文确是有所出入。

② 《唐令拾遗补》据养老令将其改为“诸流人科断已定，及移乡人”。所改虽对，但不合本文凡例，故不取。

宋令11：诸流人应配者……◎

养老令12：凡流人应配者……◎

（10）复原唐令20：诸犯徒应配居作者，在京送将作监……在外州者，供当处官役……犯流应住居作者，亦准此。妇人亦留当州缝作及配舂。（出自《宋刑统》与《唐六典》）

宋令15：诸犯徒应配居作者，在京分送东、西八作司，在外州者，供当处官役……犯流应住居作者，亦准此。**若妇人待配者，为针工**。○1

养老令18：凡犯徒应配**居役**者，畿内送京师，在外供当处官役。其犯流应住居作者，亦准此。妇人配缝作及配舂。○1

（11）复原唐令21：诸流徒罪居作者……不得着巾带。每旬给假一日……不得出所役之院。患假者陪日，役满，递送本属。（出自《宋刑统》）

宋令16：诸流配罪人居作者，不得着巾带。每旬给假一日……不得出**所居**之院。患假者，**不令陪日**。**役满则放**。○2

养老令19：凡流徒罪居作者……不得着**巾**。每旬给假一日，不得出所役之院。患假者陪日，役满，递送本属。◎

（12）复原唐令23：诸流移囚在途，有妇人产者，并家口给假二十日，家女及婢给假七日。若身及家口遇患，或逢贼、津济水涨不得行者，随近官每日检行，堪进即遣。若祖父母、父母丧者，给假十五日；家口有死者，七日。（出自《高丽史》①）

宋令18：诸流移**人**在**路**有产，并家口**量给假**。若身及家口遇患，或逢贼**难**、津济水涨不得行者，**并经随近官司申牒请记**，每日检行，堪进即遣……若祖父母、父母丧，及家口有死者，亦**量给假**。○6

养老令21：凡流移囚在**路**，有妇人产者，并家口给假廿日。（家女及婢给假七日）若身及家口遇患，或津济水涨不得行者，**并经**随近国司每日检行，堪进即遣……若祖父母、父母丧者，给假十日；家口有死者，三日……○3

按：正如雷闻指出的那样，唐令和养老令常有具体日数，而宋令往往只是笼统说"量给假"。同样情况又见宋令6条等。（《校证》第620页）又，从"流移囚"看，《养老令》更忠实于唐令。还有个问题，如果《高丽史》引的确是唐令的话，其中为何有"家人""家女"字样而与日本制度同？如果所引来自日本令，又为何假日数与《养老令》不同？

（13）复原唐令26：诸妇人在禁临产月者，责保听出。死罪产后满二十日、流罪以下满三十日。（出自《高丽史》）

---

① 雷闻根据《天圣令》和《养老令》对《唐令拾遗补》的复原作了修正，因不符本文凡例而不取，但其中的"暇"均改为"假"，则予以采用。

宋令19：诸妇人在禁临产月者，责保听出。死罪产后满二十日、流罪以下产满三十日……◎

养老令23：凡妇人在禁临产月者，责保听出。死罪产后满二廿日、流罪以下产后满卅日……◎

（14）复原唐令33：诸犯罪事发，有赃状露验者，虽徒伴未尽，见获者先依状断之，自外从后追究。（出自《宋刑统》）

宋令27：诸犯罪事发，有赃状露验者，虽徒伴未尽，见获者先依状断之，自外从后追究。◎

养老令30：凡犯罪事发，有赃状露验者，虽徒伴未尽，见获者先依状断之，自外从后追究。◎

（15）复原唐令34：诸犯罪未发及已发未断决，逢格改者，若格重，听依犯时；若格轻，听从轻法。（出自《唐律疏议》、《宋刑统》、《唐六典》）

宋令28：诸犯罪未发及已发未断决，逢格改者，若格重，听依犯时；格轻者，听从轻法。◎

养老令31：凡犯罪未发及已发未断决，逢格改者，若格重，听依犯时；若格轻，听从轻法。◎

（16）复原唐令35：诸告言人罪，非谋叛以上者，皆令三审。应受辞牒官司并具晓示虚得反坐之状……官人于审后判记，审讫，然后付司。若事有切害者，不在此例。（切害，谓杀人、贼盗、逃亡，若强奸及有急速之类。）……若前人合禁，告人亦禁，辨定放之……（出自《通典》）

宋令29：诸告言人罪，非谋叛以上者，**受理之官皆先面审**，示以虚得反坐之**罪**，**具列于**状，**判讫**付司。若事有切害者，不在此例。（切害，谓杀人、贼盗、逃亡，若强奸及有急速之类。）……若前人合禁，告人亦禁，办定放之……○3

养老令32：凡告言人罪，非谋叛以上者，皆令三审。应受辞牒官司并具晓示虚得反坐之状……官人[①]于审后**署**记，审讫，然后**推断**。若事有切害者，不在此例。（切害，谓杀人、贼盗、逃亡，若强奸及有急速之类。）若前人合禁，告人亦禁，辨定放之。◎

（17）复原唐令36：诸告密人，皆经当处长官告。长官有事，经佐官告。长官、佐官俱有事者，经比界论告。若须有掩捕，应与余州相知者，所在準法收捕。事当谋叛已上，驰驿奏闻。且称告谋叛已上不肯言事意者，给驿，部送京。其犯死罪囚，及缘边诸州镇防人等，若犯流人告密，并不在送限。

① 《养老令》原文作“受辞官人”（第464页），误。据《通典》（《唐令拾遗》据以复原，第710页），“受辞”后有注文，还有“别日受辞”一语，因此“受辞”二字当属上。

（出自《唐六典》①）

宋令30：诸告密人，皆经当处长官告。长官有事，经次官告。若长官、次官俱有密者，任经比界论告……若须掩捕者，即掩捕。应与余州相知者，所在官司凖状收掩。事当谋叛以上，虽检校，仍驰驿奏闻……**其有告密……不肯道事状者，禁身，驰驿奏闻**。若称是谋叛以上者，给驿，差使部领送京……其犯死罪囚，及缘边诸州镇防人，若配流人告密者，并不在送限……○1

养老令33：凡告密人，皆经当处长官告。长官有事，经次官告。若长官、次官俱有密者，任经比界论告……若须掩捕者，即掩捕。应与余国相知者，所在国司凖状收掩。事当谋叛以上，虽检校，仍驰驿奏闻……若直称是谋叛以上不吐事状者，给驿，差使部领送京……其犯死罪囚，及配流人告密者，并不在送限……◎

按：此《唐六典》文字非唐令原文，所以对宋令和养老令的文字作宽松处理。其实不同处还有，如《唐六典》的“佐官”后者作“次官”；《唐六典》的“有事”后者作“有密”；《唐六典》的“犯流人”后者作“配流人”，等等。

（18）复原唐令38：诸察狱之官，先备五听，又验诸证信，事状疑似犹不首实者，然后拷掠。每讯相去二十日，若讯未毕，更移他司，仍须拷鞫者，（囚移他司者，连写本案俱移。）则通计前讯，以充三度。即罪非重害，及疑似处少，不必皆须满三。若囚因讯致死者，皆俱申牒当处长官，与纠弹官对验。（出自《通典》与《唐六典》）

宋令32：诸察狱之官，先备五听，又验诸**证据**，事状疑似犹不首实者，然后考掠。每考（讯?）相去二十日，若讯未毕，更移它司，仍须考鞫者，（囚移它司者，连写本案俱移。）则连计前讯，以充三度。即罪非重害，及疑似处少，不必皆须满三度。若囚因讯致死者，皆具申牒当处〔长官?〕，**委它官亲验死状**。○1○1▲

养老令35：凡察狱之官，先备五听，又验诸证信，事状疑似犹不首实者，然后拷掠。每讯相去廿日，若讯未毕，移他司，仍须拷鞫者，（囚移他司者，连写本案俱移。）则通计前讯，以充三度。即罪非重害，及疑似处少，不必皆须满三。若囚因讯致死者，皆具申当处长官，**在京者，与弹正对验**。○1△

（19）复原唐令39：诸讯囚，非亲典主司，皆不得至囚所听闻消息……

① 其中“长官、佐官俱有事”的“事”，《唐令拾遗》引《唐六典》作“密”；“准法”，作“准状”，不知何据。

（出自《宋刑统》）

宋令 33：诸讯囚，非亲典主司，皆不得至囚所听问消息……◎

养老令 36：凡讯囚，非亲讯司，不得至囚所听闻消息。◎

（20）复原唐令 41：诸问囚……辞定……主典依口写讫，对判官读示。（出自《宋刑统》）

宋令 35：诸问囚……辞定……主典依口写讫，对判官读示。◎

养老令 38：凡问囚，辞定，讯司依口写讫，对囚读示。○1

按：这里有重要差异：唐宋令是对“判官”读示，日本令则是对“囚”读示。

（21）复原唐令 42：诸禁囚，死罪枷杻，妇人及流罪以下去杻，其杖罪散禁。年八十及十岁，并废疾、怀孕、侏儒之类，虽犯死罪，亦散禁。（出自《宋刑统》）

宋令 36：诸禁囚，死罪枷杻，妇人及流罪以下去杻，其杖罪散禁……年八十**以上**、十岁**以下**及废疾、怀孕、侏儒之类，虽犯死罪，亦散禁。○1

养老令 39：凡禁囚，死罪枷杻，妇女及流罪以下去杻，其杖罪散禁。年八十、十岁，及废疾、怀孕、侏儒之类，虽犯死罪，亦散禁。◎

按：从“八十”“十岁”看，《养老令》更忠实于唐令，但宋令更准确严谨。

（22）复原唐令 43：诸狱囚[①]应入议请者，皆申刑部。集诸司七品以上，于都座议定。若有别议，所司科简，具状以闻。（出自《唐六典》与《唐律疏议》）

宋令 37：诸犯罪应入议请者，**皆奏**。应议者，诸司七品以上，并于都座议定……其意见有别者，人别自申其议，所司科简，以状奏闻……○1▲

养老令 40：凡犯罪应入议请者，皆申太政官。应议者，大纳言以上，及刑部卿、大辅、少辅、判事于官议定……若意见有异者，人别因申其议，**官断简**，以状奏闻。○1

按：宋令往往将唐令和养老令中的“申刑部（尚书省、太政官）”中的官司省略，改为“奏（闻）”而不规定具体对象。比如前述《赋役令》（4）条中的“申尚书省（太政官）奏闻”，宋令改为“具状以闻”；《狱官令》（1）条中的“申尚书省（太政官）”，宋令改为“申所属”，（25）条中的“申刑部（太政官）”，宋令改为“附申”等都是如此。高明士认为这一改动反映了“从中央集权到君主独裁”的演变，说“可窥知唐令立法意旨倾向于循由官僚运作，而宋令则在于强化皇权，助长独裁”。高明士举的例子除

① 此处的“狱囚”出自《唐六典》，原文很可能是“犯罪”，因此不计算为不同。

“奏闻”外还有“听旨”。[①] 这其中，“听旨”的增加，可以佐证高氏观点，但“奏闻”则稍有不同，因为宋令在这里只是把“申尚书省（太政官）奏闻”省略为“奏闻”而已，并非指直接上奏皇帝。所以宋令里还有“申所属”（改唐令的“申尚书省”而成）、“附申”（改唐令的“申刑部”而成）这样的说法。换句话说，宋令只是因为申报对象与唐代不同因而省略了对象机构名称，并非不经过“官僚运作”。

（23）复原唐令46：诸职事官五品以上、散官二品以上，犯罪合禁，在京者皆先奏；若犯死罪及在外者，先禁后奏……（出自《宋刑统》）

宋令39：诸**文武官**犯罪合禁，在京者皆先奏**后禁**，若犯死罪及在外者，先禁后奏……○2

养老令43：凡五位以上犯罪合禁，在京者皆先奏；若犯死罪及在外者，先禁后奏……◎

按：从“先奏”看，《养老令》更忠实于唐令，但宋令的表述更清楚。又，宋令不分五品以上与否，全部文武官都享受“先奏后禁”待遇，这与唐以及日本均不同。

（24）复原唐令49：……五日一虑……若淹延久系，不被推诘，或其状可知而推证未尽，或讼一人数事及被讼人有数事，重事实而轻事未决者，咸虑而决之。（出自《唐六典》）

宋令42：……十日一虑……其囚延引久禁，不被推问，若事状可知，虽支证未尽，或告一人数事，及被告人有数事者，若重事得实，轻事未了，如此之徒，虑官并即断决。◎

养老令46：……十五日一检行……其囚延引久禁，不被推问，若事状可知，虽支证未尽，或告一人数事，及被告人有数事者，重事得实，轻事未毕，如此之徒，检行官司并即断决。◎

按：考虑到《唐六典》所引非令文原文，故宋令和养老令除制度不同有所变化外，当基本照抄了唐令原文。

（25）复原唐令50：……各依本犯，具发处日月，［年］[②] 别总作一帐，附朝集使申刑部。（出自《唐六典》）

宋令43：……所在官司**具发**年**月**、事状，闻奏附**申**。●2●1▲

养老令47：……各依本犯，具录发及断日月，年别总帐，附朝集使申太政官。◎

（26）复原唐令52：诸鞫狱官与被鞫人有五服内亲，及大功以上婚姻之

---

① 高明士：《“天圣令学”与唐宋变革》，《汉学研究》第31卷第1期，2013，第84~86页。

② “年”，据《养老令》补。

家，并受业师，经为本部都督、刺史、县令，及有雠嫌者，皆须听换推。经为府佐、国官，于府主亦同。（出自《宋刑统》）

宋令44：诸鞠狱官与被鞠人有五服内亲，及大功以上婚姻之家，并受业师，经为本部都督、刺史、县令，及有雠嫌者，皆须听换推。经为**属佐**，于府主亦同。◎

养老令49：凡鞠狱官司与被鞠人有五等内亲，及三等以上婚姻之家，并受业师，及有雠嫌者，皆听换推。经为帐内资人，于本主亦同。◎

（27）复原唐令56：赎死刑八十日，流六十日，徒五十日，杖四十日，笞三十日。若应征官物者，準直：五十疋以上，一百日；三十疋以上，五十日；二十疋以上，三十日；不满二十疋以下，二十日。若负欠官物，应征正赃及赎物，无财以备，官役折庸。其物虽多，止限三年。一人一日，折绢四尺。（出自《唐律疏议》与《唐会要》）

宋令48：诸赎，死刑限八十日，流六十日，徒五十日，杖四十日，笞三十日……若应理官物者，準直：五十疋以上，一百日；三十疋以上，五十日；二十疋以上，三十日；不满二十疋以下，二十日。若欠负官物，应理正赃及**赎罪铜**，贫无以备者，**欠无正赃**，**则所属保奏听旨**。**赎罪铜则本属长吏取保放之**……○2

养老令52：凡赎，死刑限八十日，流六十日，徒五十日，杖卌日，笞卅日……若应征官物者，準直：五十端以上，一百日；卅端以上，五十日；廿端以上，卅日；不满廿端以下，廿日。若欠负官物，应征正赃及赎物，无财以备者，官役折庸。其物虽多，限止五年。（一人一日，折布二尺六寸。）◎

（28）复原唐令58：诸杖，皆削去节目，长三尺五寸……决笞者，腿、臀分受；决杖者，背、腿、臀分受……考讯者亦同……（出自《通典》等）

宋令50：诸杖，皆削去节目。**官杖**长三尺五寸……**考讯者臀**、**腿分受**。○2

养老令63：凡杖，皆削去节目，长三尺五寸……**其决杖笞者**，**臀受**；**考讯者**，**背**、**臀分受**……○1

（29）复原唐令60：诸狱囚有疾病，主司陈牒，长官亲验知实，给医药救疗，病重者脱去枷、锁、杻，仍听家内一人入禁看侍。其有死者，若有他故，随状推断。（出自《宋刑统》）

宋令52：诸狱囚有疾病者，主司陈牒，长官亲验知实，给医药救疗，病重者脱去枷、锁、杻，仍听家内一人入禁看侍……其有死者……若有它故，随状推科。◎

养老令54：凡狱囚有疾病者，主守**申牒**，判官以下亲验知实，给医药救疗，病重者脱去枷杻，仍听家内一人入禁看侍。其有死者……若有它故者，

随状推科。○1

（30）复原唐令61：囚去家悬远绝饷者，官给衣粮，家人至日，依数征纳。（出自《唐律疏议》）

宋令53：诸流人……并给官粮……其见**囚绝饷**者，亦给之。●1▲

养老令56：凡流人……去家悬远绝饷……者，官给衣粮，家人至日，依数征纳……◎

（31）复原唐令68：诸伤损于人，及诬告得罪，其人应合赎者，铜入被告及伤损之家。即两人相犯俱得罪，及同居相犯者，铜入官。（出自《宋刑统》，缺字用《庆元令》补）

宋令59：诸伤损于人，及诬告得罪，其人应合赎者，铜入被告及伤损之家。即两人相犯俱得罪，及同居相犯者，铜并入官。◎

养老令62：凡伤损于人，及诬告得罪，其人应合赎者，铜入被告及伤损之家。即两人相犯俱得罪，及同居相犯者，铜入官。◎

《狱官令》共31条：

宋令：◎、○1▲、○2、○1、○4、●5、◎、◎、◎、○1、○2、○6、◎、◎、◎、○3、○1、○1○1▲、◎、◎、○1、○1▲、○2、◎、●2●1▲、◎、○2、○2、◎、●1▲、◎——基本相同者13条；大部相同者15条（其中不同者31处，有3处句式不同）；个别相同者3条（相同者9处，其中2处句式不同）。

养老令：◎、○1△、◎、○1、○3、○1、◎、◎、◎、○1、◎、○3、◎、◎、◎、◎、◎、○1△、◎、○1、◎、○1、◎、◎、◎、◎、◎、○1、○1、◎、◎——基本相同者20条；大部相同者11条（其中不同者15处，有2处句式相同）。

（十）《营缮令》

（1）复原唐令1：诸计功程者，四月、五月、六月、七月为长功，二月、三月、八月、九月为中功，十月、十一月、十二月、正月为短功。（出自《唐六典》）

宋令1：诸计功程者，四月、五月、六月、七月为长功，二月、三月、八月、九月为中功，十月、十一月、十二月、正月为短功……◎

养老令1：凡计功程者，四月、五月、六月、七月为长功……二月、三月、八月、九月为中功……十月、十一月、十二月、正月为短功……◎

（2）复原唐令6：……公私第宅，皆不得起楼阁，临视人家。（出自《唐会要》）

宋令6：诸公私第宅，皆不得起楼阁，临视人家。◎

养老令3：凡**私**第宅，皆不得起楼阁，临视人家……◎

（3）复原唐令7：修理宫庙，太常先择日以闻，然后兴作。（出自《唐六典》）

宋令7：宫城内有大营造及修理，皆令司天监择日奏闻。●2

养老令3：……宫内有营造及修理，皆令阴阳寮择日。●2

（4）复原唐令8：诸营军器，皆镌题年月及工人姓名……（出自《唐六典》）

宋令8：诸营造军器，皆……镌题年月及工匠、官典姓名……◎

养老令4：凡营造军器，皆……令镌题年月及工匠姓名……◎

（5）复原唐令10：诸罗、锦、绫、绢、纱、縠、絁、紬之属，皆阔尺八寸，长四丈为匹……（出自《唐六典》与《通典》）

宋令10：诸造锦、罗、纱、縠、紬、绢、絁、布之类，皆阔二尺，长四丈为匹……◎

养老令5：凡锦、罗、纱、縠、绫、紬、纻之类，皆阔一尺八寸，长四丈为匹。◎

（6）：复原唐令22：两京城内诸桥及当城门街者，并将作修营，余州县料理。（出自《唐会要》）

宋令18：京城内诸桥及**道**，当城门街者，并分作司修营，自余州县料理。○1

养老令11：凡**京内大桥**及宫城门前桥道者，并木工寮**修营**，自余役京内人夫。●3

（7）复原唐令30：诸近河及大水，有堤防之处，刺史、县令以时检校。若须修理，每秋收讫，量功多少，差人夫修理。若暴水泛溢，毁坏堤防，交为人患者，先即修营，不拘时限。（出自《唐律疏议》）

宋令26：诸近河及**陂塘**大水，有堤堰之处，州县长吏以时检行。若须修理，每秋收讫，**劝募众力**，**官为总领**……若暴水泛溢，毁坏堤防，交为人患者，先即修营，不拘时限……○2

养老令16：凡近大水，有堤防之处，国郡司以时检行。若须修理，每秋收讫，量功多少……差人夫修理。若暴水泛溢，毁坏堤防，交为人患者，先即修营，不拘时限……◎

（8）复原唐令32：……其堤内外各五步并堤上，种榆柳杂树……充堤堰之用。（出自《文苑英华》）

宋令28：……其堤内外各五步并堤上，多种榆柳杂树……充堤堰之用。◎

养老令17：凡堤内外**并**堤上，多**殖**榆柳杂树，充堤堰用。○2

《营缮令》共8条：

宋令：◎、◎、●2、◎、◎、○1、○2、◎——基本相同者5条；大部相同者2条（其中不同者3处）；个别相同者1条（相同者2处）。

养老令：◎、◎、●2、◎、◎、●3、◎、○2——基本相同者5条；大部相同者1条（其中不同者2处）；个别相同者2条（相同者5处）。

（十一）《丧葬令》

（1）复原唐令2：……左右兆域内，禁人无得葬埋……（出自《唐六典》与《唐会要》）

宋令2：……**去陵一里**内不得葬埋。○

养老令1：……兆域内，不得葬埋……◎

（2）复原唐令11：诸赙物应两合给者，从多给。（出自《通典》）

宋令7：诸赙物两应给者，从多给。◎

养老令6：凡赙物两应给者，从多给。◎

（3）复原唐令33：诸身丧户绝者，所有部曲、客女、奴婢、店宅、资财……官为检校。若亡人在日，自有遗嘱处分，证验分明者，不用此令。（出自《白氏六帖》与《宋刑统》）

宋令27：诸身丧户绝者，所有部曲、客女、奴婢、宅店、资财……官为检校。若亡人存日，自有遗嘱处分，证验分明者，不用此令……◎

养老令13：凡身丧户绝**无亲**者，所有家人奴婢及宅、资……**共**为检校……若亡人**存日处分**，证验分明者，不用此令。○3

（4）复原唐令35：诸职事官三品以上、散官二品以上，暑月薨者，给冰。（出自《通典》）

宋令29：诸职事官三品以上，暑月薨者，给冰。◎

养老令14：凡亲王及三位以上，暑月薨者，给冰。◎

（5）复原唐令36：诸百官身亡者，三品以上者称薨，五品以上称卒，六品以下达于庶人称死。（出自《大唐开元礼》）

宋令31：诸百官身亡者，三品以上称薨，五品以上称卒，六品以下达于庶人称死……◎

养老令15：凡百官身亡者，亲王及三位以上称薨，五位以上及皇亲称卒，六位以下达于庶人称死。◎

（6）复原唐令37：诸丧葬不得备礼者，贵得同贱，贱不得同贵。（出自《五代会要》）

宋令33：诸丧葬不能备礼者，贵得同贱。贱**虽富**，不得同贵。○1

养老令16：凡丧葬不能备礼者，贵得同贱，贱不得同贵。◎

《丧葬令》共6条：

宋令：〇1、◎、◎、◎、◎、〇1——基本相同者4条；大部相同者2条（其中不同者2处）。

养老令：◎、◎、〇3、◎、◎、◎——基本相同者5条；大部相同者1条（其中不同者3处）。

（十二）《杂令》

（1）复原唐令1：诸度……十分为寸，十寸为尺，（一尺二寸为大尺一尺。）十尺为丈。（出自《唐会要》与《唐律疏议》）

宋令1：诸度……十分为寸，十寸为尺，（一尺二寸为大尺一尺。）十尺为丈。◎

养老令1：凡度，十分为寸，十寸为尺，（一尺二寸为大尺一尺。）十尺为丈。◎

（2）复原唐令2：诸量……十合为升，十升为斗，（三斗为大斗一斗。）十斗为斛。（出自《唐会要》与《唐律疏议》）

宋令2：诸量……十合为升，十升为斗，（三斗为大斗一斗。）十斗为斛。◎

养老令1：量，十合为升，**(三升为大升一升。)** 十升为斗，十斗为斛。〇1

（3）复原唐令3：诸权衡……二十四铢为两，（三两为大两一两。）十六两为斤。（出自《唐会要》与《唐律疏议》）

宋令3：诸权衡……二十四铢为两，（三两为大两一两。）十六两为斤。◎

养老令1：权衡，廿四铢为两，（三两为大两一两。）十六两为斤。◎

（4）复原唐令4：……此外官私悉用大者。（出自《南部新书》）

宋令4：……官私**皆用之**。〇1

养老令2：……此外官私悉用小者。◎

按：此处虽然日本和宋代都因制度不同而改，但同时宋令改“悉”为“皆”。

（5）复原唐令5：……斗、升、合等样，皆以铜为之。（出自《南部新书》与《唐会要》）

宋令5：……斗、升、合等样，皆以铜为之……◎

养老令3：……**其样**皆铜为之。〇1

（6）复原唐令6：诸度地，五尺为步，三百六十步为一里。（出自《夏侯阳算经》）

宋令6：诸度地，五尺为步，三百六十步为里。◎

养老令4：凡度地，五尺为步，三百步为里。◎

按：若据《南部新书》，作“三百步为一里”则与《养老令》全同。详细分析见《校证》第733页。

（7）复原唐令9：每年预造来岁历……玄象器物、天文图书，苟非其任，不得与焉。观生不得读占书，所见征祥、灾异，密封闻奏，漏泄有刑……每季录……送门下、中书省，入起居注，岁终总录，封送史馆。（出自《唐六典》）

宋令9：诸**每年司天监预造来年历日**……**上象器物**、**天文图书**，不得辄出监。**监生不得读占书**，其仰观**所见**，不得**漏泄**。若有祥兆、**灾异**，本监奏讫，季别具录，**封送**门下省，**入起居注**。年终总录，封送史馆……●1▲●7

养老令6、8：凡阴阳寮**每年预造来年历**……**玄象器物**、**天文图书**，不得辄出。**观生不得读占书**……**所见**，不得**漏泄**。若有**征祥**、**灾异**，阴阳寮奏，讫者，季别**封送**中务省，入国史……●7

按：虽然宋令和养老令与唐令应该大部分相同，但因《唐六典》非唐令原文，不好比较，只好将相同处挑出来。

（8）复原唐令12：诸州界内有出铜、铁处，官未采者，听百姓私采……自余山川薮泽之利，公私共之。（出自《唐六典》）

宋令10：诸州界内有**出铜矿处**，**官未置场者**，百姓不得私采……自余山川薮泽之利非禁者，公私共之。○1

养老令9：凡国内有出铜、铁处，官未采者，听百姓私采……自余……山川薮泽之利，公私共之。◎

（9）复原唐令13：诸知山泽有异宝、异木及金玉铜铁、彩色杂物处，堪供国用者，奏闻。（出自《唐六典》）

宋令11：诸知山泽有异宝、异木及金玉铜银、彩色杂物处，堪供国用者，**皆具以状闻**。○1▲

养老令10：凡知山泽有异宝、异木及金玉银、彩色杂物处，堪供国用者，皆申太政官奏闻。◎

按：虽然《唐六典》所引非令文原文，但从“奏闻”看，原文应如养老令的句式，而宋令改变了这一句式。这与前述《赋役令》（4）条相同。

（10）复原唐令18：诸公私竹木为暴水漂失有能接得者，并积于岸上，明立标牓，于随近官司申牒。有主识认者，江河五分赏二、余水五分赏一。限三十日，无主认者，入所得人。（出自《宋刑统》）

宋令14：诸竹木为暴水漂失有能接得者，并积于岸上，明立标牓，于随近官司申牒。有主识认者，江河五分赏二、余水五分赏一……限三十日外，无主认者，入所得人……◎

养老令11：凡公私**材木**为暴水漂失有**采得**者，并积于岸上，明立标牓，

申随近官司。有主识认者，五分赏一。限三十日外，无主认者，入所得人。○2○1▲

按：此条宋令区分了“官物”和“非官物”，但由于我们只比较相同而不比较不同，所以不列出（用省略号省略）。

（11）复原唐令35：诸诉田宅、婚姻、债负，起十月一日，至三月三十日检校，以外不合。若……交相侵夺者，不在此例。（出自《宋刑统》）

宋令22：诸诉田宅、婚姻、债负……起十月一日官司受理……至三月三十日**断毕**……若……交相侵夺者，**随时受理**。○2

养老令17：凡诉讼，起十月一日，至三月卅日检校，以外不合。若交相侵夺者，不在此例。◎

（12）复原唐令36：诸家长在……而子孙弟侄等，不得辄以奴婢、六畜、田宅及余财物私自质举，及卖田宅……若不相本问，违而与，及买者，物即还主，钱没不追。（出自《宋刑统》）

宋令23：诸家长在，子孙、弟侄等不得辄以奴婢、六畜、田宅及余财物私自质举，及卖田宅……若不相本问，违而辄与，及买者，物追还主。◎

养老令18：凡家长在，而子孙弟侄等，不得辄以奴婢、**杂畜**、田宅及余财物私自质举，及卖。若不相本问，违而辄与，及买者，依律科断。◎

（13）复原唐令37：诸公私以财物出举者，任依私契，官不为理。每月取利，不得过六分。积日虽多，不得过一倍……又不得回利为本……若违法积利、契外掣夺，及非出息之债者，官为理。收质者……若计利过本不赎……如负债者逃，保人代偿。（出自《宋刑统》）

宋令24：诸**以财物**出举者，任依私契，官不为理。每月取利，不得过六分。积日虽多，不得过一倍，亦不得回利为本……若违法责（积?）利、契外掣夺，及非出息之债者，官为**理断**。收质者若计利过本不赎……如负债者逃，保人代偿。○2

养老令19：凡公私以财物出举者，任依私契，官不为理。每六十日取利，不得过八分之一。虽过四百八十日，不得过一倍……不得回利为本。若违法责利、契外掣夺，及非出息之债者，官为理。**其**质者……若计利过本不赎……如负债者**逃避**，保人代偿。○2

（14）复原唐令38：诸以粟、麦出举……者，任依私契，官不为理。仍以一年为断，不得因旧本更令生利，又不得回利为本。（出自《宋刑统》）

宋令25：诸以粟、麦出举……者，任依私契，官不为理。仍以一年为断，不得因**旧本生利**，又不得回利为本。○1

养老令 20：凡以稻、麦出举者，任依私契，官不为理。仍以一年为断……不得因旧本更令生利，**及**回利为本……○1

（15）复原唐令 41：诸畜产抵人者，截两角；踏人者，绊足；啮人者，截两耳。（出自《唐律疏议》）

宋令 27：诸畜产抵人者，截两角；蹹人者，绊之；啮人者，截两耳……◎

养老令 23：凡畜产抵人者，截两角；蹈人者，绊之；啮人者，截两耳……◎

（16）复原唐令 45 甲：诸王、公主及官人不得［遣］亲事帐内邑士、奴客、部曲等在市肆兴贩，及［于］邸店沽卖、出举。（出自《白氏六帖》）

宋令 30：诸王、公主及官人不得遣官属、亲事、奴客、部曲等在市肆兴贩，及于邸店沽卖、出举……◎

养老令 24：凡皇亲及五位以上不得遣帐内、资人及家人、奴婢等定市肆兴贩，**其于市**沽卖、出举……○1

（17）复原唐令 46：……欲投驿止宿者，听之……并不得辄受供给（出自《唐律疏议》）

宋令 31：……欲投驿止宿者，听之，并不得辄受供给。◎

养老令 25：……欲投驿止宿者，听之……并不得辄受供给。◎

（18）复原唐令 62：……官人，不得……请射田地……与人争利。（出自《唐六典》）

宋令 38：……官人，不得……请占田宅……与百姓争利……◎

养老令 36：……官人，不得……请占田宅，与百姓争利……◎

《杂令》共 18 条：

宋令：◎、◎、◎、○1、◎、◎、●1▲●7、○1、○1▲、◎、○2、◎、○2、○1、◎、◎、◎、◎——基本相同者 11 条；大部相同者 6 条（其中不同者 8 处，有 1 处句式不同）；个别相同者 1 条（相同者 8 处，其中 1 处句式不同）。

养老令：◎、○1、◎、◎、○1、◎、●7、◎、◎、○2 ○1▲、◎、◎、○2、○1、◎、○1、◎、◎——基本相同者 11 条；大部相同者 6 条（其中不同者 9 处，有 1 处句式不同）；个别相同者 1 条（相同者 7 处）。

三　分析与结论

根据以上比较，我们将结果列表 1 如下。

表1　《宋令》、《养老令》与《唐令》异同情况比较一览表

令文篇名（省略“令”字）与比较的条数	宋令与养老令（简称为“宋”和“养老”）	基本相同者◎	大部相同者○	大部相同者中的不同处	大部相同者中不同处的句式异▲同△	个别相同者●	个别相同者中的相同处	个别相同者中相同处的句式异▲同△
田3	宋	3						
	养老	1	2	4				
赋役5	宋		4	5	3▲	1	5	
	养老	2	3	5	2△			
仓库3	宋		2	6	2▲	1	2	
	养老		2	5	2△	1	2	
厩牧3	宋		2	3		1	2	1▲
	养老	1	1	2		1	3	1△
关市4	宋	1	2	2		1	3	
	养老	3				1	3	
捕亡3	宋	1	1	2		1	3	
	养老	2	1	4				
医疾4	宋	3	1	1				
	养老	4						
假宁5	宋	5						
	养老	3	2	2				
狱官31	宋	13	15	31	3▲	3	9	2▲
	养老	21	10	14	2△			
营缮8	宋	6	2	3				
	养老	5	2	3		1	3	
丧葬6	宋	4	2	2				
	养老	5	1	3				
杂18	宋	11	6	8	1▲	1	8	1▲
	养老	11	6	9	1▲	1	7	
合计93	宋	47	37	63	9▲	9	32	4▲
	养老	58	30	51	1▲　6△	5	18	1△

通过表1比较可知。

第一，《养老令》与唐令的相似程度要高于《宋令》与唐令的相似程度。就基本相同的条数看，是58∶47，《养老令》远高于《宋令》。

第二，就大部相同的条数而言，《养老令》对唐令的修改处与《宋令》对唐令的修改大致相同。即宋令是 37 条大部相同，其中共 63 处不同，平均 1 条有约 1.7 处不同；养老令有 30 条大部相同，其中共 51 处不同，平均 1 条约有 1.7 处不同。如果我们将基本相同与大部相同的条数相加，则宋令 84 条中有 63 处不同，平均每条有约 0.75 处不同；养老令的 88 条中有 51 处不同，每条有约 0.58 处不同。因此总体看来，《宋令》对唐令的修改要多于《养老令》对唐令的修改。

第三，就个别相同的条数而言，《养老令》少于《宋令》，说明宋令许多条文只是个别处与唐令相同，这种条数越多，越说明从整体上相似者少。而在这一背景下，即就个别相同条数的相同处计算，宋令对唐令的修改稍少于养老令对唐令的修改：前者 9 条共有 32 处相同，平均 1 条有 3.56 处相同；后者 5 条有 18 处相同，平均 1 条有约 3.6 处相同。

第四，就条文中的不同或相同处而言，往往宋令除字词外还改变了唐令句式，而养老令则多是保持了唐令的句式。从不同处看，宋令有 9 条不仅改变了字词还改变了句式；养老令共 7 处，除 1 处外，均为仅改变了字词而没有改变句式。从相同处看，宋令有 4 处字词相同但改变了句式，养老令的 1 处则不仅字词相同句式也相同。我们可以举几个例子如下（详见正文）。

（一）《赋役令》复原唐令 13、宋令 5、养老令 10

唐令：应输课役者

宋令：应有输役者

养老令：应输调役者

按：这属于字词不同而宋令改变了句式，而养老令没有改变句式者。

（二）《赋役令》复原唐令 2、宋令 1、养老令 1、2

唐令：绢、絁、布，各随乡土所出……

宋令：并随乡土所出，绌、絁、布等……

养老令：绢、絁、系、绵、布，并随乡土所出……

按：这属于字词不同而宋令改变了句式，而养老令没有改变句式者。

（三）《仓库令》复原唐令 9、宋令 5、养老令 3

唐令：剩者附计，欠者随事科征

宋令：有剩附帐，有欠随事理罚

养老令：剩者附帐，欠者随事征罚

按：这属于字词不同而宋令改变了句式，而养老令没有改变句式者。

（四）《狱官令》复原唐令 2、宋令 2、养老令 2

唐令：徒以上，县断定送州

宋令：徒以上，送州推断

养老令：徒以上，郡断定送国

按：这属于宋令不仅改变字词也改变了句式，而养老令没有改变句式者。

（五）《狱官令》复原唐令 38、宋令 32、养老令 35

唐令：若囚因讯致死者……与纠弹官对验

宋令：若囚因讯致死者……委它官亲验死状

养老令：若囚因讯致死者……与弹正对验

按：这属于宋令不仅改变字词也改变了句式，而养老令没有改变句式者。

（六）《杂令》复原唐令 13、宋令 11、养老令 10：

唐令：奏闻

宋令：具以状闻

养老令：申……奏闻

按：此条唐令依据的是《唐六典》，恐非唐令原文，原文应也是“申……奏闻”。在申报事务场合，宋令往往省略具体官司名称。这既是改变字词，也应是制度不同所致。同样的例子还有如：

《赋役令》复原唐令 20、宋令 7、养老令 17：

唐令：志行闻于乡闾者，申尚书省奏闻。

宋令：志行闻于乡闾者，具状以闻。

养老令：志行闻于国郡者，申太政官奏闻。

《狱官令》复原唐令 43、宋令 37、养老令 40：

唐令：应入议请者，皆申刑部

宋令：应入议请者，皆奏。

养老令：应入议请者，皆申太政官

总之，《杂令》此条属于宋令不仅改变字词也改变了句式，而养老令没有改变句式者。至于这种删改的意义并非意味着“从中央集权到君主独裁”，参前述《狱官令》（22）条的按语。

那么，有没有反过来的情况，即宋令保持了唐令的句式，而养老令改变了唐令句式呢，我们只找到了一例：

《杂令》复原唐令 18、宋令 14、养老令 11：

唐令：明立标牓，于随近官司申牒。

宋令：明立标牓，于随近官司申牒。

养老令：明立标牓，申随近官司。

我们不清楚这种改变是否有制度原因，但终究有所不同。不过，比起宋令改变唐令句式的例子来，养老令的改变就少多了。这其中还有一个原因，即由于此处的唐令复原依据是《宋刑统》，而《宋刑统》所引令是何时的《令》尚无定论，因此它与宋令接近不排除其本身就是五代或宋初令的可能。只是我们现在假设它是唐令罢了。

除句式外，在字词上也往往是《养老令》更忠实于唐令，虽然宋令的更改可能使令文更严谨。举几个例子。

（一）《仓库令》复原唐令2、宋令2、养老令2：

唐令：执筹

宋令：掌筹

养老令：执筹

按：这里有“执”与“掌”的不同。

（二）《厩牧令》复原唐令53、宋令14、养老令28：

唐令：留付随近州县养饲、疗救

宋令：留付随近州县养饲、救疗

养老令：留付随近国郡养饲、疗救

按：这里有“疗救”与“救疗”的不同。

（三）《关市令》复原唐令1、宋令1、养老令1

唐令：先经本部本司请过所

宋令：皆经当处本司请过所

养老令：先经本部本司请过所

按：这里有“本部”与“当处”的不同。

（四）《关市令》复原唐令17、宋令10、养老令12

唐令：每肆立标，题［行名］

宋令：每肆各标行名

养老令：每肆立标，题行名

按：这里有“立标”与否的不同。

（五）《狱官令》复原唐令 8、宋令 6、养老令 6

唐令：奏报之日，不得驿驰行下

宋令：断报之日，马递行下

养老令：奏报之日，不得驿驰行下

按：这里有“奏报”与“断报”的不同。

（六）《狱官令》复原唐令 42、宋令 36、养老令 39

唐令：年八十及十岁……亦散禁

宋令：年八十以上、十岁以下……亦散禁

养老令：年八十、十岁……亦散禁

按：这里养老令忠实于唐令，而宋令增加了“以上”“以下”，但宋令改变后显得更严谨。

（七）《狱官令》复原唐令 46、宋令 39、养老令 43

唐令：犯罪合禁，在京者皆先奏……在外者，先禁后奏

宋令：犯罪合禁，在京者皆先奏后禁……在外者，先禁后奏

养老令：犯罪合禁，在京者皆先奏……在外者，先禁后奏

按：这里养老令更忠实于唐令，但宋令增加了“后禁”二字后，使令文更有逻辑性。

以上我们对宋令改变唐令字词和句式多于《养老令》改变唐令字词和句式情况作了进一步的举例说明。不用说，宋令改变了唐令的字词和句式，有制度变化的原因在内，但也有纯粹表述形式的改变。无论如何，它说明就对唐令的改写而言，无论表现在字词上，还是表现在句式上，两方面都是宋令多于《养老令》。因此结论是：从总体看，宋令对唐令的改写要多于《养老令》对唐令的改写（包括字词和句式），因此在利用宋令和《养老令》复原唐令时，当涉及具体词句而无法判定该使用哪个令的表述时，在排除了其他制度性因素之后，似乎应该更相信《养老令》，即应更多地采用《养老令》的表述。

这就是本文在作了大量统计后得出的初步结论。

《中国古代法律文献研究》第八辑
2014年，第299~333页

《天圣令·厩牧令》译注稿*

中国社会科学院历史研究所《天圣令》读书班**

摘　要：“厩牧”为令篇之名始见于隋《开皇令》，但与“仓库”合为一篇，列于第25“仓库厩牧”；在《唐六典》所见《开元令》篇目中，“厩牧”列于第21篇；《天圣令》残卷所存《厩牧令》被标为第24卷，存有宋令15条、唐令35条。本稿以《天圣令·厩牧令》为译注对象，注释字词、阐释制度、明晰流变、翻译文句，是继《〈天圣令·赋役令〉译注稿》、《〈天圣令·仓库令〉译注稿》之后，中国社会科学院历史研究所《天圣令》读书班推出的第三种集体研读成果。

关键词：天圣令　厩牧令　译注

宋1　诸系饲［一］，象，各给兵士。（量象数多少，临行差给。）马，以槽为率，每槽置槽头［二］一人，兵士一人，兽医量给。（诸畜须医者准此。）骡

* 本稿所引《天圣令》令文“唐×”、“宋×”，以《天一阁藏明钞本天圣令校证附唐令复原研究》（中华书局，2006）之清本为准。至于相关体例，敬请参见中国社会科学院历史研究所《天圣令》读书班《〈天圣令·赋役令〉译注稿》，徐世虹主编《中国古代法律文献研究》第6辑，社会科学文献出版社，2012。

** 初稿分工如下：宋1~4，侯振兵（西南大学）；宋5~8，王苗（北京大学）；宋9~12，赵晶（中国政法大学）；宋13~15，侯振兵；唐1~4，李文益（中国社会科学院）；唐5~7，李少林（中国社会科学院）；唐8~10，王怡然（北京大学）；唐11~15，顾成瑞（中国人民大学）；唐16~20，廖靖靖（北京师范大学）；唐21~23，蓝贤明（中国社会科学院）；唐24~27，万晋（中国海洋大学）；唐28~31，沈寿程（首都师范大学）；唐32~35，赵晶。此后执笔人变更者有：唐1~4，霍斌（中国人民大学）；唐5~7，王怡然；唐16~20，侯振兵。本稿经读书班全体成员讨论，吴丽娱、黄正建、牛来颖三位老师审读，由赵晶统稿而成。

二头、驴五头，各给兵士一人。外群羊［三］五百口，给牧子［四］五人，群头一人。在京三栈羊［五］千口，给牧子七人，群头一人。驼三头、牛三头，各给兵士一人。

【源流】

《唐六典》卷一七《太仆寺》“典厩署”条载：“凡象一给二丁，细马一、中马二、驽马三、驼·牛·骡各四、驴及纯犊各六、羊二十各给一丁，（纯谓色不杂者。若饲黄禾及青草，各准运处远近，临时加给也。）乳驹、乳犊十给一丁。”①

【注释】

［一］系饲：系，即拴、束缚、捆绑。系饲就是拴在食槽上，于厩中饲养。《令集解》卷三八《厩牧令》“厩细马”条注：“《穴》云：案本令，于厩系饲，故云系饲。粟草并于厩所贮积使供。”② 北宋从建国之后到天圣年间，掌管中央闲厩的机构，由左右飞龙院变为天厩坊，再变为左右骐骥院，《宋史》卷一九八《兵志十二·马政》载：“太祖承前代之制，初置左、右飞龙二院，以左、右飞龙二使领之。太平兴国五年（980），改飞龙为天厩坊。雍熙四年（987），改天厩为左、右骐骥院，左右天驷监四、左右天厩坊二皆隶焉。”③ 在本条令文中，“系饲”主要是指骐骥院管理下的马匹饲养。另外，下面要提到的牛羊司，也属于系饲的范围。

［二］槽头：负责一槽的马匹饲养之人，属牧兵校长之一。④ 唐代未见有槽头，根据上引《唐六典》的记载可知，唐代是按照马匹的种类进行区别喂养的，一丁可以喂养一匹细马或二匹中马或三匹驽马。而宋代系饲则一律以槽为标准，由两人负责一槽，不再以马匹质量作为分配兵士的条件。

［三］外群羊：与后面“在京三栈羊”相对应，是国家在京师以外地区饲养的羊群，不通过栈法⑤饲养。

［四］牧子：监牧中放牧和喂养牲畜的人。乜小红认为，牧子是“唐代

---

① （唐）李林甫等撰《唐六典》卷一七《太仆寺》“典厩署”条，陈仲夫点校，中华书局，1992，第484页。

② 〔日〕黑板胜美编辑《令集解》卷三八《厩牧令第卄三》，吉川弘文馆，1981，第915页。

③ （元）脱脱等撰《宋史》，中华书局，1977，第4928页。

④ （宋）李焘撰《续资治通鉴长编》卷一〇四“仁宗天圣四年九月”条云：“祖宗旧制，以群牧司总天下马政，其属有左右骐骥院，分领左右天驷监、左右天厩坊，其畜病马有牧养上下监。牧兵校长有提举、指挥使、副使、员僚、十将、节级、兽医、槽头、刷刨、长行，调上乘有小底。”（中华书局，1985，第2421页）

⑤ 所谓“栈法”，是指将家禽、牲畜放置于竹、木等制成的干栏里，通过限制活动、增加饮食的方式促进其生长与增肥。

官营畜牧业中的具体执牧者，具有一定的自由身份，长期从事畜牧业生产，有自己的私人财产或经济领域”。但就本令来看，部分牧子地位很低，不可能拥有自己的“私人财产或经济领域”。

［五］在京三栈羊：栈羊是指用栈法饲养的羊。据赖亮郡考证，将栈法技术大量应用于畜养羊口，应是五代到北宋年间的事。[①] 宋代管理在京栈养羊群的是牛羊司。《宋史》卷一六四《职官四》“光禄寺”条载：“牛羊司、牛羊供应所，掌供大中小祀之牲牷及太官宴享膳羞之用。”[②] 牛羊司每年的栈羊是三万三千口，分作三圈，每日轮流供杀，不使任何一圈失衡，故有“在京三栈羊”的说法。《续资治通鉴长编》卷九五“真宗天禧四年六月”条载：“诏牛羊司，三栈圈自今只差三班使臣勾当，内侍省勿差。”[③]

【翻译】

厩中饲养［的牲畜］，象，分别派兵士饲养。（根据象的数量多少，临时差配。）马，以一槽为标准，每槽设槽头一人，兵士一人，兽医根据情况配给。（所有牲畜需要兽医的都按此标准。）每二头骡、五头驴，分别派兵士一人［饲养］。外群羊，每五百口派牧子五人、群头一人［饲养］。在京的三栈圈羊，每一千口派牧子七人、群头一人［饲养］。驼、牛每三头分别派兵士一人［饲养］。

宋2 诸系饲，给干者，象一头，日给稾[④]五围［一］；马一疋，供御［二］及带甲［三］、递铺[⑤]者，各日给稾八分，余给七分，蜀马［四］给五分；（其岁时加减之数，并从本司宣勅下。及诸畜豆、盐、药等，并准此。）羊一口，日给稾一分；骡每头，日给稾六分；（运物在道［五］者，给七分。）驴每头，日给稾五分；（运物在道者，给七分。）驼一头，日给稾八分；牛一头，日给稾一围。

【源流】

《唐六典》卷一七《太仆寺》“典厩署”条载：“凡象日给藁六围，马、

---

① 参见赖亮郡《栈法与宋〈天圣令·厩牧令〉“三栈羊”考释》，台湾中国法制史学会、中央研究院历史语言研究所编《法制史研究》第15期，2009。

② 《宋史》，第3892页。

③ 《续资治通鉴长编》，第2200页。

④ 关于“稾”的含义，参见中国社会科学院历史研究所《天圣令》读书班《〈天圣令·仓库令〉译注稿》，徐世虹主编《中国古代法律文献研究》第7辑，社会科学文献出版社，2013，第254页。

⑤ 关于“递铺”的含义，参见中国社会科学院历史研究所《天圣令》读书班《〈天圣令·赋役令〉译注稿》，徐世虹主编《中国古代法律文献研究》第6辑，社会科学文献出版社，2012，第338页。

驼、牛各一围，羊十一共一围，（每围以三尺为限也。）蜀马与骡各八分其围，驴四分其围，乳驹、乳犊五共一围；青刍倍之。”①

【注释】

［一］围：圆周长度，唐代以三尺为一围。《天圣令·仓库令》唐2："诸输米粟二斛，课稾一围；（围长三尺，凡围皆准此。）"稾一围，即是周长三尺的一捆草料。宋代围的标准不明。

［二］供御：供皇帝使用。宋代御马分为三个等级，《宋史》卷一九八《兵一二·马政》载："凡御马之等三，入殿祗候十五匹，引驾十四匹，从驾二十匹。"②

［三］带甲：身披铠甲，既可用于人，也可用于马匹。指人者，如《宋史》卷一九五《兵九（训练之制）》载："（庆历）四年（1044）诏：'骑兵带甲射不能发矢者，夺所乘马与本营艺优士卒。'"③ 指马者，如《宋史》卷一五三《舆服五》载："使相、节度使自镇来朝入见日……为都部署者，别赐带甲鞍勒马一。"④ 此处指带甲的马匹。

［四］蜀马：蜀地产的身材矮小的马。蜀马作为地方特产已见《晋书》、《宋书》和《华阳国志》等书，唐代汉州德阳郡、嶲州越嶲郡的土贡中均有蜀马。⑤ 蜀马的身体特征是"不耐寒苦，劣于西北远甚"，⑥"短小精悍，俯仰便捷，亦地势使之然耳"。⑦《天圣令·厩牧令》唐33载："其有山坡峻险之处，不堪乘大马者，听兼置蜀马。"北宋至和元年（1054）诏，"蜀马送京师，道远多病瘠。自今以春、秋、冬部送陕西四路总管司"，"元祐中，尝诏以蜀马给陕西军，以陕西马赴京师"。⑧

［五］运物在道：在本条令文中，只在骡、驴下有"运物在道"的情况，而没有涉及马，下条令文亦然。另外，据下条令文可知，对于驼而言，称"负物在道"。可见在宋代，马匹或许不用于运输物品，而用骡、驴、驼运输。

【翻译】

厩中饲养［的牲畜］，给干饲料的，一头象，每日给五围稾；一匹马，

---

① 《唐六典》，第484页。

② 《宋史》，第4927页。

③ 《宋史》，第4854页。

④ 《宋史》，第3573页。

⑤ 据《新唐书·地理志》卷四二《地理志六》，中华书局，1975，第1076、1080页。

⑥ 《九朝编年备要》卷一九熙宁七年（1074）"置熙河买马场"条，文渊阁四库全书本。

⑦ 《蜀中广记》卷五九《兽》，文渊阁四库全书本。

⑧ 《宋史》卷一九八《兵志一二·马政》，第4935、4951页。

如果是用于供皇帝使用和带甲、递铺的，每日给八分稾，其他的给七分，蜀马给五分，（由于季节变化而需加减的数目，都根据颁给本部门的敕书实施。所有牲畜所需的豆、盐、药等，都照此办理。）一口羊，每日给一分稾。每头骡，每日给六分稾。（在途运输物品的，每日给七分稾。）每头驴，每日给五分稾。（在途运输物品的，每日给七分稾。）一头驼，每日给八分围。一头牛，每日给一围稾。

宋3 诸系饲，给豆、盐、药者，象一头，日给大豆二斗；马一疋，供御及带甲、递铺者，日给豆八升，余给七升；蜀马日给五升；骡一头，日给豆四升、麸一升。月给盐六两、药一啗［一］。（运物在道者，日给盐五勺；冬月啗药，加白米四合。）驴一头，日给豆三升、麸五合，月给盐二两、药一啗。（每七分为率，给药三分。运物在道者，日给豆四升，麸七合。）外群羊一口，日给大豆五合，每二旬一给啗，盐各半两，三月以后就牧饲青，惟给啗、盐。在京三栈羊，日给大豆一升二合，月给啗、盐二两半。（其在京三栈牡羊，豆、盐皆准外群，准四月以后就牧。）驼一头，日给大豆七升，盐二合，（负物在道者，豆给八升。）岁二给啗药。牛一头，日给大豆五升，月给盐四两、药一啗。

【源流】

《唐六典》卷十七《太仆寺》“典厩署”条载：“凡象日给稻、菽各三斗，盐一升；马，粟一斗、盐六勺，乳者倍之；驼及牛之乳者、运者各以斗菽，田牛半之；驼盐三合，牛盐二合；羊，粟、菽各升有四合，盐六勺。（象、马、骡、牛、驼饲青草日，粟、豆各减半，盐则恒给；饲禾及青荳者，粟、豆全断。若无青可饲，粟、豆依旧给。其象至冬给羊皮及故毡作衣也。）”①

【校勘】

从表面看来，令文中的八个“啗”字共有以下几种用法：（1）作量词用，如“药一啗”（出现三次）；（2）吃，如“啗药”（出现两次）；（3）“啗盐”（出现三次）。对于第（3）种用法，宋家钰在两字之间加了顿号，显然是将“啗”视为名词，且其数量单位是“两”（如“月给啗、盐二两半”）。然而，查阅史料中各种“啗盐”连用的词例，均是喂盐之意。因此本条令文的“啗盐”之间不能断开。而“每二旬一给啗盐各半两”中的“各”不是指“啗”与“盐”各半两，而是指其前面的“每二旬”各半两之意。

至于第1种用法，“啗”字亦无与“两”一样的量词用例。据令文“驴一头，日给豆三升、麸五合，月给盐二两、药一啗（每七分为率，给药三分。运物在道者，日给豆四升，麸七合。）”可知，对于盐和药而言，将其总量分为七

① 《唐六典》，第484页。

分，药占三分，亦即给药的数量并不确定，需根据实际情况按比例而定。由此，第1种用法中的“药一啗”，即为“吃药一次”，啗依然作动词“吃”解。

【新录文】

诸系饲，给豆、盐、药者，象一头，日给大豆二斗；马一疋，供御及带甲、递铺者，日给豆八升，余给七升；蜀马日给五升；骡一头，日给豆四升、麸一升。月给盐六两、药一啗。（运物在道者，日给盐五勺；冬月啗药，加白米四合。）驴一头，日给豆三升、麸五合，月给盐二两、药一啗。（每七分为率，给药三分。运物在道者，日给豆四升，麸七合。）外群羊一口，日给大豆五合，每二旬一给啗盐各半两，三月以后就牧饲青，惟给啗盐。在京三栈羊，日给大豆一升二合，月给啗盐二两半。（其在京三栈牡羊，豆、盐皆准外群，准四月以后就牧。）驼一头，日给大豆七升，盐二合，（负物在道者，豆给八升。）岁二给啗药。牛一头，日给大豆五升，月给盐四两、药一啗。

【翻译】

厩中饲养［的牲畜］，给豆、盐、药的，一头象，每日给二斗大豆；一匹马，如果是用于供皇帝及带甲、递铺的，每日给八升豆，其他的给七升；蜀马每日给五升豆；一头骡，每日给四升豆、一升麸。每月给六两盐，喂一次药。（在途运输物品的，每日给五勺盐；冬天喂药时，加四合白米。）一头驴，每日给三升豆、五合麸，每月给二两盐、喂一次药。（按七分为标准，药给三分。在途运输物品的，每日给四升豆、七合麸。）一口外群羊，每日给大豆五合，每二旬各喂半两盐，三月以后到牧地喂青草，只给喂盐。在京的三栈羊，每日给一升二合大豆，每月喂二两半盐。（在京三栈圈养的牡羊，按照外群羊的标准给豆、盐，四月以后到牧地喂养。）一头驼，每日给七升大豆、二合盐，（在途运载物品的，给八升豆。）每年喂两次药。一头牛，每日给五升大豆，每月喂四两盐、一次药。

宋4　诸系饲，官畜应请草、豆者，每年所司豫料一年须数，申三司勘校，度支处分，并于厩所贮积，用供周年以上。其州镇有官畜草、豆，应出当处者，依例贮饲［1］。

【校勘】

［1］“其州镇有官畜草、豆，应出当处者，依例贮饲”，应改句读为“其州镇有官畜，草、豆应出当处者，依例贮饲”。

【新录文】

诸系饲，官畜应请草、豆者，每年所司豫料一年须数，申三司勘校，度支处分，并于厩所贮积，用供周年以上。其州镇有官畜，草、豆应出当处者，依例贮饲。

【翻译】

凡是厩中饲养的官畜，需要草、豆的，每年所属部门预先估算出一年所需的数目，申报三司勘查验校，由度支处理，并在厩中贮积，以供一年以上［的使用］。如果州镇有官畜，草、豆应该由当地提供的，依照［厩中官畜］例贮积、饲养。

宋5 诸官畜应请脂药、糖蜜［一］等物疗病者，每年所司豫料一年须数，申三司勘校，度支处分，监官［二］封掌，以时给散。

【注释】

［一］脂药、糖蜜：兽用药品。宋代“群牧司”下设有药蜜库，用来贮藏马用药品。《文献通考》卷五六《职官考十》载：“药蜜库，监官二人，以京朝官充，掌守糖蜜药物，以供马医之用”。①

［二］监官：此处当指药蜜库监官。②

【翻译】

官畜应当申请脂药、糖蜜等药品治疗［牲畜］疾病的，每年所在官司预算一年所需的数目，申报三司勘核校验，度支予以处理，监官加封掌管，按时间给予发放。

宋6 诸牧［一］，马、驼、骡、牛、驴、羊，牝牡常同群。其牝马、驴，每年三月游牝［二］。应收饲者，至冬收饲之。

【源流】

《唐律疏议》卷一五《厩库律》“牧畜产死失及课不充”条疏议引《厩牧令》：“牧马、驼、牛、驴、羊，牝牡常同群。其牝马、驴，每年三月游牝。应收饲者，至冬收饲。”③

【注释】

［一］牧：此处指监牧，国家养马的机构。宋朝立国之初，各州监牧多已衰败，太祖整顿监牧制度，历经太祖、太宗到真宗初年的经营，到真宗大

① （元）马端临撰《文献通考》卷五六《职官考十》，中华书局，1986，第506页。

② 关于监官的解释，参见中国社会科学院历史研究所《天圣令》读书班《〈天圣令·仓库令〉译注稿》，第252页。

③ （唐）长孙无忌等撰《唐律疏议》卷一五《厩库律》，刘俊文点校，中华书局，1983，第276页。《宋刑统》卷一五《厩库律》同，参见（宋）窦仪等撰《宋刑统》卷一五《厩库律》，薛梅卿点校，法律出版社，1999，第261页。

中祥符年间，宋朝监牧已颇具规模。①

［二］游牝：将原来系饲的母马、母牛进行放牧，使其交配。《礼记·月令》载："是月也，乃合累牛腾马，游牝于牧……正义曰：累牛，谓相累之牛；腾马，相腾逐之马。以季春阳将盛，物皆产乳，故合此所累之牛，相腾之马，故游此系牧之牝于牧田之中，就牡而合之"；②《唐六典》卷一七《太仆寺》"请牧监"载："凡马以季春游牝。（《月令》：'季春乃合，累牛腾马，游牝于牧。'）"春季牛、马发情期要合群放养，等到母马、母牛怀孕了，则公母分开养。

【翻译】

监牧中，马、驼、骡、牛、驴、羊，公母平常同群［饲养］。母马、驴，每年三月发情［时放养］，使之交配。应该圈起来饲养的，到冬天［再］圈起来饲养。

宋7 诸牧，羊有纯色堪供祭祀者，依所司礼料［一］简拟，勿印［二］，并不得损伤。其羊豫遣养饲，随须供用。若外处有阙少，并给官钱市充。

【注释】

［一］礼料：供给祭祀礼仪使用的牲牢笾豆等物品。《宋史》卷一二四《礼志二七》载："赠玉一、缥二，赠祭少牢礼料"；③ 同书卷一六四《职官志四》载："……曰祠祭，掌大中小祠祀差行事官并酒齐、币帛、蜡烛、礼料。"④

［二］印：官营蓄养牲畜上需烙印。"宋代官营畜牧业诸牲畜、各监牧、纲马、蕃部贡马都要烙印"，⑤ 而将不同印记烙在牲畜的相关部位，则是为了便于辨别、管理，或走失时便于查找。⑥

【翻译】

监牧的羊中有毛色纯正可供给祭祀［使用］的，按所在官司的祭祀物品简选拟备，不能烙印，也不得损伤。这些羊预先派人［前往］饲养，按照需

① 杜文玉：《宋代马政研究》，《中国史研究》1996 年第 2 期；又载黄永年等主编《中古史论集》，陕西师范大学出版社，1999，第 770 页。

② 李学勤主编《礼记正义》，北京大学出版社，1999，第 488 页。

③ 《宋史》，第 2910 页。

④ 《宋史》，第 2884 页。

⑤ 张显运：《宋代畜牧业研究》，河南大学博士学位论文，2004，第 38 页。又见氏著《宋代畜牧业研究》，中国文史出版社，2009，第 48 页。

⑥ 参见乜小红《唐五代畜牧经济研究》，中华书局，2006，第 65 页。

要［随时］供给使用。若饲养处以外①［的监牧］缺少［毛色纯正的羊］，即给予官钱去购买充用。

宋8 诸牧地，常以正月以后，从一面以次渐烧，至草生使遍。其乡土异宜，及比境草短不须烧处，不用此令。

【翻译】

所有牧地，一般在正月以后，从一个方向［开始］逐次焚烧，直至草生长期［三月之前］要烧遍。本地乡土［情况］不同，以及相邻境内［有］草短而不需焚烧的地方，不适用本条令文。

宋9 诸应给递马［一］出使者，使相给马十匹，节度观察等使、翰林学士各给五匹，枢密、直学士［1］至知制诰、防御、四方馆、阁门［2］等使各四疋，员外郎以上、三院御史、及带馆阁省职京朝官、武臣带閤门袛［3］候以上各二匹，太常博士以下并三班使臣各一匹。尚书侍郎、卿、监、诸卫将军及内臣奉使宣召，不限匹数多少，临时听旨。其马逐铺交替。无递马处，即于所过州县，差私马充，转相给替。

【校勘】

［1］枢密直学士为职事官名、职名。五代后梁开平二年（908），改枢密院为崇政院，始置直学士；后唐同光中（923～926），改为枢密直学士。北宋沿置。徽宗政和四年（1114）八月三日，改称述古殿直学士，后又改回。南宋存其名。宋初签署枢密院事，于宣徽院置厅事，并备顾问、应对，崇政殿朝会侍立。后多为侍从官外任守臣带职。正三品，班位在翰林学士之下。②故此处点断有误。

［2］閤门使为职事官名，武阶名，全称为东、西上閤门使。閤门使于唐文宗太和八年（834）以前便已出现，③以宦官充。五代后梁遂有东、西上閤门使，与唐代不同者，五代时多由武臣充任，并渐次成为武臣迁转的阶官。④北宋承之，或以他官判閤门事。政和二年（1112）九月二十五日易为左、右武大夫，为武阶官名，而以“知东、西上閤门事”为差遣。建炎元年（1127）十二月二十一日，东、西上閤门合并，閤门司长官总名“知閤门事”。⑤故此处

① “外处”所指不明，此处勉为翻译，容待后考。

② 参见龚延明《宋代官制辞典》，中华书局，1997，第138页。

③ 参见赵冬梅《文武之间：北宋武选官研究》，北京大学出版社，2010，第66页。

④ 杜文玉：《五代十国制度研究》，人民出版社，2006，第190～193页。

⑤ 参见龚延明《宋代官制辞典》，第422页。

“阁”应校为“閤”。

［3］祇：应作“祗”。现查图版，亦为“祗”，故在新录文中径改。

【新录文】

诸应给递马出使者，使相给马十匹，节度观察等使、翰林学士各给五匹，枢密直学士至知制诰、防御、四方馆、阁（閤）门等使各四疋，员外郎以上、三院御史及带馆阁省职京朝官、武臣带閤门祗候以上各二匹，太常博士以下并三班使臣各一匹。尚书侍郎、卿、监、诸卫将军及内臣奉使宣召，不限匹数多少，临时听旨。其马逐铺交替。无递马处，即于所过州县，差私马充，转相给替。

【注释】

［一］递马：递铺马。唐代驿、传并举，孟彦弘认为，唐代驿承担“一是为官员及使者的出行提供食宿车马等服务，二是负责中央与地方之间的公文传递”的任务，而传则“一是给来往使臣或官员提供交通工具（这是对驿的补充），二是承担州的运输任务”。[①] 因此有驿马，也有传送马。至于宋代，曹家齐认为：“递铺取代了驿（元以后始称驿站）传递文书和向公差官员提供马匹的职能，而驿与馆合并，仅成为接待官员等公差人员食宿的机构”，亦即“驿馆已不再提供马匹，使者乘坐之马虽仍有驿马之称，实际上出自递铺”，[②] 故而统一称“递马”。

【翻译】

应该给递马出使的人，使相给马十匹，节度使、观察使等、翰林学士各给五匹，枢密直学士至知制诰、防御使、四方馆使、閤门使等各给四匹，员外郎以上、三院御史及带馆阁省职的京朝官、武臣带閤门祗候以上者各给两匹，太常博士以下并三班使臣各给一匹。尚书侍郎、卿、监、诸卫将军及内臣奉命出使宣召的，不限马匹数量，临时听从敕旨。递马随递铺依次替换［使用］。没有递马的地方，就在经过的州县，差取私马充用，交互替换。

宋10　诸官私阑马、驼、骡、牛、驴、羊等，直有官印、更无私记者，送官牧。若无官印及虽有官印、复有私记者，经一年无主识认，即印入官，勿破本印，并送随近牧，别群牧放。若有失杂畜者，令赴牧识认，检实委无诈妄者，付主。其诸州镇等所得阑畜，亦仰当界内访主。若经二季无主识认者，并当处出卖，先卖充传驿，得价入官。后有主识认，勘当知实，还其

① 孟彦弘：《唐代的驿、传送与转运——以交通与运输之关系为中心》，荣新江主编《唐研究》第12卷，北京大学出版社，2006，第45页。

② 曹家齐：《宋代交通管理制度研究》，河南大学出版社，2002，第21页。

本价。

【源流】

《宋刑统》卷二七“地内得宿藏物门”载《厩牧令》：“诸官、私阑遗马、驼、骡、牛、驴、羊等，直有官印，更无私记者，送官牧。若无官印及虽有官印、复有私记者，经一年无主识认，即印入官，勿破本印，并送随近牧，别群牧放。若有失杂畜者，令赴牧识认，检实印作‘还’字付主。其诸州、镇等所得阑遗畜，亦仰当界内访主。若经二季无主识认者，并当处出卖，先卖充传驿，得价入官。后有主识认，勘当知实，还其价。”①

【翻译】

官方、私人丢失的马、驼、骡、牛、驴、羊等，如果［牲畜身上］只有官印而没有私记的，送官牧。如果没有官印以及虽然有官印但还有私记的，经过一年没有主人辨识认领，就烙印入官，不要破坏原本的印记，并送附近官牧，单独为群放牧。若有丢失牲畜的人，让〔他〕去官牧识别认领，检验属实，确实没有冒认的，交付畜主。各个州镇等所得走失的牲畜，也令〔相关官司〕在当处地界内寻访主人。如果经过两个季节，没有主人辨识认领的，在当地出卖，优先卖充传马、驿马，所得价钱入官。之后有主人辨识认领的，勘验后确定属实，返还当时的价钱。

宋 11　诸水路州县，应合递送而递马不行（陵行?）者，并随事闲繁，量给人船。

【源流】

《唐六典》卷五《尚书兵部》“驾部郎中员外郎”载：“凡水驿，亦量事闲要以置船。事繁者每驿四只，闲者三只，更闲者二只。凡马三名给丁一人，船一给丁三人。”②

【翻译】

有水路的州县，应符合递送情况而递马不能行进的，根据事情的闲繁程度，酌情给予人力和船只。

宋 12　诸乘递，给借差私马应至前所替换者，并不得腾过。其无马之处，不用此令。

【翻译】

乘递马，配给借用差取的私马，应该到前一递铺替换的，不得不经换乘

① 《宋刑统》，第 506 页。

② 《唐六典》，第 163 页。

而径直越过。没有马的地方，则不适用本条令文。

宋13 诸因公使［一］乘官、私马以理致死，证见分明者，并免理纳。其皮肉，所在官司出卖，价纳本司。若非理死失者，理陪。

【注释】

［一］公使：本有两种含义，一是泛指因公出使，二是指某一种具体的使职。此处译文取第一种含义。

【翻译】

凡是因公出使乘用官、私马匹，在合理［使用的范围内］致其死亡的，如果证据确凿，就不必［向使用者］征理纳还。死马的皮肉，由其所在官司出卖，售价纳归本司。如果是非正常死亡的，则［由使用者］负责赔偿。

宋14 诸官畜在道有羸病［一］，不堪前进者，留付随近州县养饲、救疗，粟、草及药官给。差[①]日，遣专使送还本司。其死者，并申所属官司，收纳皮角。

【源流】

《唐律疏议》卷一五《厩库律》“受官羸病畜产养疗不如法”条《疏议》引《厩牧令》：“官畜在道有羸病，不堪前进者，留付随近州县养饲疗救，粟草及药官给。”[②]

【注释】

［一］羸病：体弱生病。

【翻译】

凡官畜在道上罹患疾病，不能继续前进的，就留给附近的州县饲养、救治，［所需的］粟、草和药均由官府提供。病好之日，派遣专使［将其］送还到原来所属部门。如果有病死的，也要申报其所属部门，回收其皮和角。

宋15 诸驿受粮稾［一］之日，州县官司预料随近孤贫下户，各定输日，县官一人，就驿监受［二］。其稾，若有茭草［三］可以供饲之处，不须纳稾，随其乡便。

【注释】

［一］粮稾：指粮食和饲料。

---

① 有关“差”的解释，参见中国社会科学院历史研究所《天圣令》读书班《〈天圣令·赋役令〉译注稿》，第349页。

② 《唐律疏议》，第278页。

［二］监受：监督查收，指县官到驿中监督查收运送来的粮禀。

［三］茭草：又称马蕲，似芹，比芹叶大，茎高如蒿，产于卑湿之地。多用于喂饲马牛，故有时代指干草饲料。

【翻译】

各驿接受粮食和饲料的日子，州县官府预估附近孤贫下户［的数量］，［与之］分别定好输送的日期。［届时由］县官一人到驿中监督查收。［对于］禀［而言］，如果［该地区］有茭草可以用来饲喂的，就不需要缴纳禀，［可以茭草替代］，因地制宜。

右并因旧文，以新制参定。

【翻译】

以上令文均是依据旧文，参考新制度而修定。

唐 1 诸牧，马、牛皆以百二十为群，驼、骡、驴各以七十头为群，羊六百二十口为群，别配牧子四人。（二以丁充，二以户、奴［一］充。）其有数少不成群者，均入诸长［二］。

【注释】

［一］户、奴：官户、官奴。官户，又名番户，与官奴都是隶属于官府的贱民。① 牧所须的官户、官奴由司农寺配给，如《唐六典》卷六《尚书刑部》“都官郎中员外郎”条载：“凡初配没有伎艺者，从其能而配诸司；妇人工巧者，入于掖庭；其余无能，咸隶司农。凡诸行宫与监、牧及诸王、公主应给者，则割司农之户以配。”②

［二］长：牧长。据本令唐 2 可知，唐代各牧以群为单位设置牧长一人，而且定有相关的选拔标准。

【翻译】

各监牧，马、牛都以一百二十头为一群，驼、骡、驴各以七十头为一群，羊以六百二十口为一群，［每群］各自配牧子四人。（二人以丁夫充任，二人以官户、官奴充任。）如果存在数量少不足以编为一群的情况，匀入其他群的牧长。

唐 2 诸牧畜，群别置长一人，率十五长置尉一人、史一人。尉，取八

① 参见中国社会科学院历史研究所《天圣令》读书班《〈天圣令·仓库令〉译注稿》，第 274 页。

② 《唐六典》，第 193 页。

品以下散官充，考第［一］年劳［二］并同职事，仍给仗身［三］一人。长，取六品以下及勋官三品以下子、白丁、杂色人等，简堪牧养者为之。品子经八考，白丁等经十考，各随文武依出身法［四］叙。品子得五上考、白丁得六上考者，量书判授职事。其白丁等年满无二上考者，各送还本色。其以理解者，并听续劳。

【注释】

［一］考第：根据考课之法评定等第。《唐六典》卷二《尚书吏部》“考功郎中员外郎”条载考课之法有四善、二十七最，据此评定上上、上中、上下、中上、中中、中下、下上、下中、下下等九等。

［二］年劳：官员任职的年限和劳绩，是官员迁转的标准之一。《新唐书》卷四五《选举志下》载：“凡居官必四考，四考中中，进年劳一阶叙。”①

［三］仗身：随身卫士，后以纳钱代役。南朝时，武官和带军号的文官可能都配有仗身。唐初沿袭南朝旧制，武职官员配有仗身。唐高宗麟德二年（665）八月下诏，“文官五品已上，同武职班，给仗身，以掌闲、幕士充之。”② 咸亨元年（670）“与职事官皆罢”。但调露元年（679）又下诏“职事五品以上复给仗身”。③ 武职有三类官员配有仗身：折冲府官员的由本府卫士配给；都护镇戍官员的从防人卫士中调配；宿卫官的从番上卫士中调配。文职五品以上从掌闲、幕士中配给。卫士、防人等是在自己服役期间被临时差遣十五日充任仗身，本身仍包含在原色役或兵役之内，仗身并不构成另一役种。仗身不役纳课，最晚在唐高宗龙朔三年（663）就已于西州地区实行。仗身全部改为纳课的时间不早于开元二年（714）。开元十年（722）“罢职事五品以上仗身”。④ 因此本条令文中的“仗身”，有可能指仗身钱。

［四］出身法：根据出身不同而分等级任官的资格限定。出身，《唐律疏议》卷三《名例》“除免官当叙法”条载：“出身，谓藉荫及秀才、明经之类。”⑤《唐六典》卷二《尚书吏部》“吏部郎中员外郎”条载：“凡叙阶之法，有以封爵，（谓嗣王、郡王初出身，从四品下叙；亲王诸子封郡王者，从五品上；国公，正六品上；郡公，正六品下；县公，从六品上；侯及伯、子、男并递降一

① 《新唐书》，第1173页。

② （北宋）王钦若等编《册府元龟》卷五〇五《邦计部二三·俸禄一》，中华书局，1960，第6068页。

③ 《新唐书》卷五五《食货志五》，第1397页。

④ 本条是在吸收黄惠贤《唐代前期仗身制的考察》的基础之上做出的简要归纳。详见黄惠贤《唐代前期仗身制的考察》，唐长孺主编《敦煌吐鲁番文书初探二编》，武汉大学出版社，1990，第242～278页。

⑤ 《唐律疏议》，第59页。

等。若两应叙者，从高叙也。）有以亲戚（注文略，下同），有以勋庸（略），有以资荫（略），有以秀、孝（略），有以劳考（略）。有除免而复叙者，皆循法以申之，无或枉冒。”① 封爵、亲戚等六类即为出身，其注文即为出身法。

【翻译】

各监牧，每群分别设牧长一人，每十五牧长设牧尉一人、史一人。牧尉，选取八品以下的散官充任，考第、年劳都与职事官相同，且给仗身一人。牧长，选取六品以下及勋官三品以下［官员的］儿子、白丁、杂色人②等，［从中］选拔能够胜任牧养［牲畜］的人充任。品子经过八次考核，白丁等经过十次考核，分别根据文、武官出身不同而分等级任官的准则授官。品子获得五次上考，白丁获得六次上考的，审量其书法和撰写裁决案卷［的能力］授予职事官。白丁等任期满后没有获得两次上考的，分别降回其原本出身。若以正当的理由解任的，允许其续满年限。

唐3 诸系饲，马、驼、骡、牛、驴一百以上，各给兽医一人；每五百加一人。州军镇有官畜处亦准此。太仆等兽医应须之人，量事分配。（于百姓、军人内，各取解医杂畜者为之。其殿中省、太仆寺兽医，皆从本司，准此取人。补讫，各申所司，并分番上下。军内取者，仍各隶军府［一］。）其牧户、奴中男，亦令于牧所分番教习，并使能解。

【注释】

［一］军府：唐代前期实行府兵制，其最高管理机构是中央的十六卫，每卫之下设若干府，称折冲府。折冲府又称兵府、军府，是唐朝府兵制的基本单位，遍布全国各地，但数量不一。每府长官称折冲都尉，副长官称果毅都尉。折冲府的士兵称卫士，其主要职责是番上和戍边。唐玄宗天宝八载（749），府兵制彻底废除，被募兵制取替。

【翻译】

厩中饲养［的牲畜］，马、驼、骡、牛、驴［数量］在一百以上，分别配给兽医一名；每增加五百头［牲畜］就要增加［兽医］一名。州、军、镇有官畜的地方也照此［配给］。太仆寺等所需要的兽医，根据事情［的闲剧情况］分配。（从百姓、军人中，分别选取通晓医治杂畜的人充任。殿中省、太仆寺的兽医，都听从本官司，依照此标准［自主］选取。［兽医］补充完毕，分别申报相关官司，分为两批轮流上班。从军人中选取的，仍然各自隶属［原］军府。）监牧中

① 《唐六典》，第31～32页。

② 有关“杂色人”的解释，参见中国社会科学院历史研究所《天圣令》读书班《〈天圣令·仓库令〉译注稿》，第283～284页。

的官户、奴中男，也令［他们］在牧所轮流受教学习［兽医术］，使［他们］能知晓［医理］。

唐4　诸系饲，杂畜皆起十月一日，羊起十一月一日，饲干；四月一日给青。

【翻译】

厩中饲养［的牲畜］，杂畜都以十月一日为始，羊以十一月一日为始，喂养干草；四月一日［以后］喂养青草。

唐5　诸牧，牡驹、犊每三岁别群，准例置尉、长，给牧人。其二岁以下并三岁牝驹、犊，并共本群同牧，不须别给牧人。

【翻译】

各监牧，公马驹、公牛犊每长到三岁，就另立牧群［来放牧］，按条例［的规定］设置牧尉、牧长，配给牧人。而二岁以下［的马驹、牛犊］和三岁的母马驹、母牛犊，仍在原来的牧群中一同放牧，不须另外配给牧人。

唐6　诸牧，牝马四岁游牝，五岁责课［一］；牝驼四岁游牝，六岁责课；牝牛、驴三岁游牝，四岁责课；牝羊三岁游牝，当年责课。

【注释】

［一］责课：课即征收赋税，① 此处应指征课幼畜。

【翻译】

各监牧，母马四岁时就可游牝，五岁时要征课幼驹；母骆驼四岁游牝，六岁时要征课幼驼；母牛、母驴三岁游牝，四岁时要征课幼畜；母羊三岁时游牝，当年征课羊羔。

唐7　诸牧，牝马一百匹，牝牛、驴各一百头，每年课驹、犊各六十，（其二十岁以上，不在课限。三岁游牝而生驹者，仍别簿申省。）骡驹减半。马从外蕃新来者，课驹四十，第二年五十，第三年同旧课。牝驼一百头，三年内课驹七十。白羊一百口，每年课羔七十口。羖羊［一］一百口，课羔八十口。

【注释】

［一］羖羊：黑色的公羊，亦泛指公羊。《说文解字》载："夏羊牡曰羖。

① 参见中国社会科学院历史研究所《天圣令》读书班《〈天圣令·赋役令〉译注稿》，第351～352页。

从羊，殳声。”① 本令中的羖羊显然并非公羊，当指黑羊。《尔雅翼》卷二三“羖”条载：“羖本夏羊牝者之名，以吴羊白，夏羊黑，今人便以牂羖为白黑羊名。”②

【翻译】

各监牧，每一百匹母马、每一百头母牛、母驴，每年要征收驹、犊各六十。（［齿龄］二十岁以上的，不在征收的范围内。［若］三岁游牝之时有了幼崽的，仍要另外［制作］账簿申报尚书省。）［征收的］骡驹，［数量］减半。从外蕃新进来的马，［每百匹当年只要求］征收四十匹幼驹，第二年［则］五十匹，第三年与原来的征收标准相同。每一百头母骆驼，三年内征收幼驼七十头。每一百口白羊，每年征收羊羔七十口。每一百口黑羊，则征收羊羔八十口。

唐8 诸牧，马剩［一］驹一匹，赏绢一匹。驼、骡剩驹二头，赏绢一匹。牛、驴剩驹、犊三头，赏绢一匹。白羊剩羔七口，赏绢一匹。羖羊剩羔十口，赏绢一匹。每有所剩，各依上法累加。其赏物，二分入长，一分入牧子。（牧子，谓长上专当者。）其监官及牧尉，各统计所管长、尉赏之。（统计，谓管十五长者，剩驹十五匹，赏绢一匹；监官管尉五者，剩驹七十五匹，赏绢一匹之类。计加亦准此。若一长一尉不充，余长、尉有剩，亦听准折赏之。）其监官、尉、长等阙及行用无功［二］不合赏者，其物悉入兼检校［三］合赏之人。物出随近州；若无，出京库。应赏者，皆准印后定数，先填死耗足外，然后计酬。

【注释】

［一］剩：剩余，此处指纳课后多出的新生驹犊和羊羔。《唐六典》卷一七《太仆寺》“诸牧监”条所载“凡监牧孳生过分则赏”，③ 即此谓也。

［二］行用无功：行用，指动用、使用，这里指牧监中的监官、牧尉、牧长的劳考。无功应是指在驹、犊的增加一事上没有功劳。

［三］兼检校：分为兼与检校两种情况。兼是指本职之外，又任他职。检校则为代理之官。

【翻译】

各监牧，［纳课外］马多增驹一匹，赏绢一匹。驼、骡多增驹二头，赏绢一匹。牛、驴多增驹、犊三头，赏绢一匹。白羊多增羔七口，赏绢一匹。黑羊多增羔十口，赏绢一匹。每当［新生牲畜］有纳课外的剩余，都按照上

① （东汉）许慎：《说文解字》，九州岛出版社，2001，第209页。

② （宋）罗愿撰，（元）洪焱祖释《尔雅翼（三）》，商务印书馆，1939，第255页。

③ 《唐六典》，第487页。

面的方法累计。奖赏的物品，［三分之中有］二分给牧长，一分给牧子。（牧子，是指长期服役牧养牲畜的人。）监官和牧尉，分别统计他们所管的牧长和牧尉来奖赏。（统计，是指管十五个牧长的牧尉，［若］增加驹十五匹，赏给绢一匹；监官负责管理五个牧尉的，［若］增加驹七十五匹，赏给绢一匹之类。累计也按照这个方法。如果［其下属的］某个牧长或牧尉［纳课之数］不足，而其余的牧长和牧尉却有盈余，也允许按照［这个方法］折算给予奖赏。）监官、牧尉、牧长等有阙或是工作中没有功劳不应该奖赏的，［奖赏的］物品都要给予兼任或代理他们职务的那些应该受赏的人。［奖赏的］物品出自附近的州，如果没有，则由京库来出。应该受赏的，都按照烙印以后的数量核定，先填补完死亡损耗的数量，然后计算酬劳。

唐9　诸牧，杂畜死耗者，每年率一百头论，驼除七头，骡除六头，马、牛、驴、羖羊除十，白羊除十五。从外蕃新来者，马、牛、驴、羖羊皆听除二十，第二年除十五；驼除十四，第二年除十；骡除十二，第二年除九；白羊除二十五，第二年除二十；第三年皆与旧同。其疫死者，与牧侧私畜相准，死数同者，听以疫除。（马不在疫除之限。即马、牛二十一岁以上，不入耗限。若非时霜雪，缘此死多者，录奏。）

【翻译】

各监牧，杂牲畜的死亡损耗，每年以一百头为例，允许驼减少七头，骡减少六头，马、牛、驴、羖羊减少十头，白羊减少十五头。从外蕃新来的牲畜，马、牛、驴、羖羊都允许减少二十头，第二年减少十五头；驼减少十四头，第二年减少十头；骡减少十二头，第二年减少九头；白羊减少二十五头，第二年减少二十头；第三年就都与原来［的标准］相同。因瘟疫死亡的［牲畜］，以牧监附近的私有牲畜为准，死亡数目相同的，允许以瘟疫的名义除去。（马不在因瘟疫而除耗的范围。若马、牛二十一岁以上，就不再列入损耗的范围。如果［遇到］非正常的霜、雪［等灾害］，因而死亡牲畜较多时，记录上奏。）

唐10　诸在牧失官杂畜者，并给一百日访觅，限满不获，各准失处当时估价征纳，牧子及长，各知其半。（若户、奴充牧子无财者，准铜依加杖例［一］。）如有阙及身死，唯征见在人分。其在厩失者，主帅准牧长，饲丁［二］准牧子。失而复得，追直还之。其非理死损，准本畜征填。住居各别，不可共备［三］，求输佣直［四］者亦听。

【注释】

［一］准铜依加杖例：所谓“准铜”，应该是指依照丢失牲畜的估价折合成铜计算。“依加杖例”，即根据铜的重量转折为杖刑。据《唐律疏议》卷六

《名例》"官户部曲官私奴婢有犯"条载："应征正赃及赎无财者，准铜二斤各加杖十，决讫，付官、主。'疏'议曰：犯罪应征正赃及赎，无财可备者，皆据其本犯及正赃，准铜每二斤各加杖十，决讫付官、主。铜数虽多，不得过二百。今直言正赃，不言倍赃者，正赃无财，犹许加杖放免；倍赃无财，理然不坐。其有财堪备者，自依常律。"①

［二］饲丁：负责系饲之丁。

［三］共备：共同赔偿，从"牧子及长，各知其半"一句可知赔偿责任的按份性。或有疑"共备"为"供备"，即意为供给、备办。如《唐会要》卷三七《五礼篇目》载元和十三年（818）八月礼官王彦威上疏："又检修礼官故事，每详定仪制讫，则约文为之礼科，以移责于百司，又约之以供备，然后礼事毕举"；②《册府元龟》卷四九一《邦计部九·捐复三》载兴元元年（784）六月己巳诏曰："而又赍荷糗粮，共备顿舍，涉于千里，犒我六师"。③

［四］佣直：佣，即服劳役、受雇佣；直谓价值。意即用以代替劳役的价值。

【翻译】

在牧地丢失官府的杂畜，都给一百日寻访，期限已满而没有找到的，都按照丢失处当时的估价征收缴纳［赔偿］，牧子和牧长各付一半。（如果是官户、官奴充任牧子而没有钱财的，允许［以估价］折铜［后］依照加杖的方法［杖责］。）如果有缺员和身死［的情况］，只征收现在还在的人的份额。如果在厩中丢失的，主帅依照牧长［处理］，饲丁依照牧子［处理］。丢失后又重新寻回的，追回［所缴赔偿］还给本人。若［牲畜因］非正常原因死亡损耗的，按同样的牲畜征纳抵偿。［如果因为］居住的地方不同而不能共同赔偿，要求交纳代替劳役的价值的也允许。

唐 11 诸牧，马驹以小"官"字印印右膊，以年辰印印右髀，以监名依左、右厢［一］印印尾侧。（若行容端正，拟送尚乘［二］者，则不须印监名。）至二岁起脊，量强、弱、渐［1］，以"飞"字印印右髀、膊；细马、次马俱以龙形印印项左。（送尚乘者，于尾侧依左右闲印，印以"三花"。其余杂马送尚乘者，以"风"字印印左膊；以"飞"字印印右髀。）骡、牛、驴皆以"官"字印印右膊，以监名依左、右厢印印右髀；其驼、羊皆以"官"字

① 《唐律疏议》，第 132 页。

② 《唐会要》，第 783 页。

③ 《册府元龟》，第 5869 页。

印印右颊。（羊仍割耳［三］。）经印之后，简入别所者，各以新入处监名印印左颊。官马赐人者，以“赐”字印；配诸军及充传送驿者，以“出”字印，并印右颊。

【校勘】

［1］渐：渐次、逐渐之义。录文应断句为“量强、弱，渐以‘飞’字印印右髀、膊”。

【新录文】

诸牧，马驹以小“官”字印印右膊，以年辰印印右髀，以监名依左、右厢印印尾侧。（若行容端正，拟送尚乘者，则不须印监名。）至二岁起脊，量强、弱，渐以“飞”字印印右髀、膊；细马、次马俱以龙形印印项左。（送尚乘者，于尾侧依左右闲印，印以“三花”。其余杂马送尚乘者，以“风”字印印左膊；以“飞”字印印右髀。）骡、牛、驴皆以“官”字印印右膊，以监名依左、右厢印印右髀；其驼、羊皆以“官”字印印右颊。（羊仍割耳。）经印之后，简入别所者，各以新入处监名印印左颊。官马赐人者，以“赐”字印；配诸军及充传送驿者，以“出”字印，并印右颊。

【注释】

［一］左、右厢：左、右两边。唐代牧监命名，先分“左、右”，后加以数纪。“凡马有左右监，以别麤良，以数纪为名，而著其簿籍。细马之监称左，麤马之监称右。”① 出土唐代史铁棒墓志载其于显庆三年（658）任职“司驭寺右十七监”，② 可视为唐代牧监命名一例证。令文的“以监名依左、右厢印印尾侧”意为按照有左或右的监名之印分别印在马驹尾侧的左、右。

［二］尚乘：殿中省尚乘局，其主掌官员为奉御、直长等，“尚乘奉御，掌内外闲厩之马，辨其麤良，而率其习驭，直长为之贰”。③ 尚乘局下有六闲之属，“一曰飞黄，二曰吉良，三曰龙媒，四曰騊駼，五曰駃騠，六曰天苑。左、右凡十有二闲。”④

［三］割耳：乜小红认为：“‘羊仍割耳’，含义不清楚。或许是指在羊耳上割出一些刀痕，以便识别。”⑤ 近是。实际上应是用刀或剪将羊耳的边缘处割出一个或几个豁口，以便识认。

① 《唐六典》，第486页。

② 参见罗丰《固原南郊隋唐墓地》，文物出版社，1996，第83页；罗丰《规矩或率意而为？——唐帝国的马印》，荣新江主编《唐研究》第16卷，北京大学出版社，2010，第124～125页。

③ 《唐六典》，第330页。

④ 《唐六典》，第330页。

⑤ 乜小红：《唐五代畜牧经济研究》，第66页。

【翻译】

各监牧，马驹用小的“官”字印印在它的右膊上，把它的年龄印在右髀上，把牧监印［依其名称所属左或右］印在左［或］右边的尾侧。（如果［马驹］体形端正，准备送到尚乘局的，就不用印上牧监名。）［等到马驹］两岁的时候脊部生长［后］，根据其［体质］强、弱情况，渐次将“飞”字印在其右髀或者右膊；细马、次马都用龙形印印在其颈项的左边。（送到尚乘局的，依［所送闲名的左、右印］就在尾侧的左［或］右印上“三花”之印。其他各种马要送到尚乘局的，将“风”字印在左膊，将“飞”字印在右髀。）骡、牛、驴都要用“官”字印在右膊，将牧监名印依［其名称所有］左或右之印印在右髀；驼、羊都要用“官”字印在右颊上。（羊还要割耳。）经印之后，被挑选到其他地方的，要将新的牧监名字印在左颊上。官马赐予个人，要印“赐”字印；配给诸军及其充当传送马或驿马之用的，都要用“出”字在右颊印记。

唐12　诸府官马，以本卫名印印右膊，以“官”字印印右髀，以本府名印印左颊。

【翻译】

各折冲府的官马，都要用其所属卫的卫名印印在右膊，用“官”字印印在右髀，而将本折冲府的府名印印在左颊。

唐13　诸驿马以“驿”字印印左膊，以州名印印项左；传送马、驴以州名印印右膊，以“传”字印印左髀。官马付百姓及募人养者，以“官”字印印右髀，以州名印印左颊。屯、监［一］牛以“官”字印印左颊，以“农”字印印左膊。诸州镇戍营田牛以“官”字印印右膊，以州名印印右髀。其互市马，官市者，以互市印印右膊；私市者，印左膊。

【注释】

［一］屯、监：唐代司农寺下辖若干承担农事的官司。

【翻译】

各驿马要用“驿”字印印在左膊，将［驿所在州的］州名印在项颈的左边；传送马、驴要将州名印印在右膊，要将“传”字印印在左髀。官马交付百姓或者募人饲养的，要将“官”字印印在右髀，将［所属州的］州名印在左颊。［司农寺］屯、监的牛，要将“官”字印印在左颊，将“农”字印印在左膊。各州、镇、戍营田的牛，要将“官”字印印在右膊，将州名印印在右髀。用于互市的马匹，官方买卖的，要将互市印印在右膊；私人买卖的，就［将互市印］印在左膊。

唐14 诸杂畜印，为“官”字、“驿”字、“传”字者，在尚书省；为州名者，在州；为卫名、府名者，各在府、卫；为龙形、年辰、小“官”字印者，（小，谓字形小者。）在太仆寺；为监名者，在本监；为“风”字、“飞”字及“三花”者，在殿中省；为“农”字者，在司农寺；互市印在互市监。其须分道遣使送印者，听每印同一样，准道数造之。

【翻译】

各种杂牲畜印，作“官”字、“驿”字、“传”字的，置于尚书省；作州名的，置于［本］州；作卫名、折冲府名的，置于［本］卫、府；作龙形、年辰、小“官”字的，（“小”指字的形体小。）置于太仆寺；作牧监名的，置于［本］牧监；作“风”、“飞”、“三花”的，置于殿中省；作“农”字的，置于司农寺；互市印置于互市监。［那些］需要分道派遣使者送印的，听任其每一类印［样式］相同，按照道的数量铸造。

唐15 诸在牧驹、犊及羔，每年遣使共牧监官司对印。驹、犊八月印，羔春秋二时印及割耳，仍言牝牡入帐。其马，具录毛色、齿岁、印记，为簿两道，一道在监案记，一道长、尉自收，以拟校勘。

【翻译】

所有在监牧的马驹、牛犊、羊羔，每年（太仆寺）派遣使者与牧监官司共同施印。马驹、牛犊八月烙印，羊羔春秋季节烙印并割耳，同时区别牝、牡情况记入帐中。对于马，［官司］要详细记下它们的毛色、齿岁和所印印记，做成帐簿两份，一份放在监牧存档；一份由牧长、牧尉自收，以便校对勘查。

唐16 诸官户、奴充牧子，在牧十年，频得赏者，放免为良，仍充牧户［一］。

【注释】

［一］牧户：在牧地长期负责放牧的人家。

【翻译】

官户、官奴充当牧子，在监牧［劳作］十年，并多次得到奖赏的，放免为良人，仍然充当牧户。

唐17 诸牧侧人欲入牧地采斫者，本司给牒，听之。

【翻译】

凡是牧地旁的人想进入牧地采摘砍伐的，［如果］他所属的部门提供文牒，就允许他［进入牧地］。

唐 18 诸牧，细马、次马监称左监，麤马监称右监。仍各起第，一以次为名。［1］马满五千匹以上为上。（数外孳生，计草父三岁以上，［一］满五千匹，即申所司，别置监。）三千匹以上为中，不满三千匹为下。其杂畜牧，皆同下监。（其监仍以土地为名。）即应别置监，官牧监与私牧［二］相妨者，并移私牧于诸处给替。其有屋宇，勿令毁剔，即给在牧人坐，仍令州县量酬功力及价直。

【校勘】

［1］宋家钰标点为"仍各起第，一以次为名"，而本句应标点为"仍各起第一，以次为名"。《唐六典》卷一七《太仆寺》"诸牧监"条载："凡马有左、右监以别麤良，以数纪为名，而著其簿籍；细马之监称左，麤马之监称右。（其杂畜牧皆同下监，仍以土地为其监名。）"① 可见，马监的命名是以"数纪"为方法，即从"一"开始，以此类推。故令文的含义就是说应该是从第一监开始计数。李锦绣认为："唐代牧监究竟是'以数纪为名'还是'以土地为名'，主要不是看牧监是马牧还是牧杂畜，而是看牧监分布在何处。"②

【新录文】

诸牧，细马、次马监称左监，麤马监称右监。仍各起第一，以次为名。马满五千匹以上为上。（数外孳生，计草父三岁以上，满五千匹，即申所司，别置监。）三千匹以上为中，不满三千匹为下。其杂畜牧，皆同下监。（其监仍以土地为名。）即应别置监，官牧监与私牧相妨者，并移私牧于诸处给替。其有屋宇，勿令毁剔，即给在牧人坐，仍令州县量酬功力及价直。

【注释】

［一］计草父三岁以上：草指母马，父指公马。这句注文是针对牧监中马匹的繁殖数量而言的。"数外孳生"的"数"，即上监五千、中监三千之类。此数以外，新增草、父马匹数量达到五千匹，则从原监中分离，单独置监。

［二］私牧：私人牧地。唐代的达官显贵可以拥有自己的私人牧地。如太平公主"陇右牧马至万匹"。③ 山南西道凤州，"自黄蜂岭洎河池关，中间百余里，皆故汾阳王私田，尝用息马，多至万蹄"。④ 玄宗《禁官夺百姓口分永业田诏》云："如闻王公百官，及富豪之家，比置庄田，恣行吞并，莫惧

① 《唐六典》，第486页。

② 李锦绣：《"以数纪为名"与"土地为名"——唐代前期诸牧监名号考》，黄正建主编《隋唐辽宋金元史论丛》第1辑，紫禁城出版社，2011，第133页。

③ 《新唐书》卷八三《太平公主传》，第3651页。

④ 孙樵：《兴元新路记》，（清）董诰等编《全唐文》卷七九四，中华书局，1983，第8327页。

章程。借荒者皆有熟田，因之侵夺；置牧者惟指山谷，不限多少……又两京去城五百里内，不合置牧地……”① 官牧地与私牧地“相妨”，就是指私牧侵占的土地与官牧相冲突。

【翻译】

各监牧，细马、次细马监称为左监，麤马监称为右监，仍然各自排序，从第一开始，以次序为名。马满五千匹以上为上监。（此数量［标准］以外繁殖［的马匹］，如三岁以上的母马、公马的数量满五千匹，就申请其所属机构，单独设置一监。）［马］三千匹以上为中监，不满三千匹为下监。［牧养］其他牲畜的牧监，都按照下监的标准。（其监仍然以土地为名。）那些应该另外设置牧监的，［如果］官牧监［所需之地］与私牧相冲突，［就单独划拨土地，］把私牧转移到那里，［将腾出的土地］替换［为官牧］。［原私牧中］有屋舍的，不得毁坏拆除，给现有牧人居住，仍令州县补偿［私牧主人］所费的劳力及［屋舍］的价值。②

唐 19　诸牧，须猎师［一］之处，简户、奴解骑射者，令其采捕，所杀虎狼，依例给赏。

【注释】

［一］猎师：具有专业技能，擅长狩猎的人。《新唐书》卷一二四《姚崇传》：“臣年二十，居广成泽，以呼鹰逐兽为乐。张憬藏谓臣当位王佐，无自弃，故折节读书，遂待罪将相。然少为猎师，老而犹能。”③

【翻译】

凡监牧中需要猎师的地方，挑选官户、官奴中懂得骑马射箭的人，让他们［在那里］捕猎，有杀死虎狼的，依据条例给予赏赐。

唐 20　诸府内，皆量付官马令养。其马主，委折冲、果毅等，于当府卫士及弩手内，简家富堪养者充，免其番上［一］镇、防及杂役［1］；若从征军还，不得留防。

【校勘】

［1］免其番上镇、防及杂役：在唐代，番上、镇防与杂役分别是不同的制度。如《唐六典》卷五《尚书兵部》“兵部郎中员外郎”条载：“凡诸卫

---

① 《全唐文》卷三三，第 365 ~ 366 页。

② 山下将司把此句翻译为：“仍然令州县考虑他们的功劳能力以及价值给予报酬。”氏著《唐の監牧制と中國在住ソグド人の牧馬》，《东洋史研究》第 66 卷第 4 号，2008。

③ 《新唐书》卷一二四《姚崇传》，第 4383 页。

及率府三卫贯京兆、河南、蒲、同、华、岐、陕、怀、汝、郑等州，皆令番上，余州皆纳资而已。"[①] 又，《天圣令·仓库令》唐9载："诸州镇防人所须盐，若当界有出盐处，役防人营造自供。无盐之处，度支量须多少，随防人于便近州有官盐处运供。如当州有船车送租及转运空还，若防人向防之日，路经有盐处界过者，亦令量力运向镇所。"故此处应标点为"免其番上、镇防及杂役"。

【新录文】

诸府内，皆量付官马令养。其马主，委折冲、果毅等，于当府卫士及弩手内，简家富堪养者充，免其番上、镇防及杂役；若从征军还，不得留防。

【注释】

［一］番上：府兵轮番到京师宿卫，每府根据其与京师的远近，分番的次数也不一样。[②]《唐六典》卷五《尚书兵部》"兵部郎中员外郎"条载："百里外五番，五百里外七番，一千里外八番，各一月上；二千里外九番，倍其月上。若征行之镇守者，免番而遣之。"[③] 但《新唐书》卷五〇《兵志》记载与之有异："凡当宿卫者番上，兵部以远近给番，五百里为五番，千里七番，一千五百里八番，二千里十番，外为十二番，皆一月上。若简留直卫者，五百里为七番，千里八番，二千里十番，外为十二番，亦月上。"[④]

【翻译】

各折冲府中，都酌量给付官马令其饲养。马主委托折冲都尉、果毅都尉等，从本府卫士以及弓箭手中挑选家庭富裕能饲养［马匹］的人充当，免除他们被安排的番上、镇守防卫以及杂役；如果跟从军队征讨回还，不得［让其］继续在此留防。

唐21 诸州有要路之处，应置驿及传送马、驴，皆取官马驴五岁以上、十岁以下，筋骨强壮者充。如无，以当州应入京财物市充。不充，申所司市给。其传送马、驴主，于白丁、杂色（邑士［一］、驾士［二］等色。）丁内，取家富兼丁者，付之令养，以供递送。若无付者而中男丰有者，亦得兼取，傍折一丁课役资之，以供养饲。

---

① 《唐六典》，第155页。

② 孟宪实认为："番上在府兵制度中，既有京师宿卫的涵义，也有地方执勤的涵义，凡属列入兵部常规计划的府兵守卫类的轮番值勤，皆可称为番上。"氏著《唐代府兵"番上"新解》，《历史研究》2007年第2期。

③ 《唐六典》，第156页。

④ 《新唐书》，第1326页。

【注释】

［一］邑士：唐代由白丁充任的一种色役，是为公主等编配的服役人员。唐代规定，凡王公有亲事、帐内，公主、郡主、县主有邑士，一品至五品职事官有防閤，六品至九品职事官有庶仆，州县官有白直、执衣，镇戍官有仗身。"凡京司文武职事官皆有防合……公主邑士八十人，郡主六十人，县主四十人，特封县主三十四人。"①

［二］驾士：掌调教马匹等务，《唐六典》卷三《尚书户部》"户部郎中员外郎"条载："驾士掌调习马，兼知内御车舆杂畜"。② 在唐代，内侍省的内仆局、太仆寺的乘黄、典厩、典牧等署、太子内坊、厩牧署皆置，人数不等。③

【翻译】

各州有重要道路的地方，应该设置驿及传送马、驴，都选取官马、驴中五岁以上、十岁以下、筋骨强壮的［马、驴］充当。如果［该处］没有，以该州应入贡京城的财物买来充当。不足的，申报所属官司买来供给。传送马、驴主，从白丁、杂色（邑士、驾士等各色身份者）丁内，选择家境富裕而且［家里］有两名或两名以上丁口的人［担当］，交付给他们饲养，用以供应递送。如果没有可交付的丁男而［家有］数口中男的，也可以从中挑选，另外折合一丁的课役资助，以供其饲养。

唐 22 诸府官马及传送马、驴，非别敕差行及供传送，并不得辄乘。本主欲于村坊侧近十里内调习［一］者听。其因公使死失者，官马立替。在家死失及病患不堪乘骑者，军内马三十日内备替，传送马六十日内备替，传送驴随阙立替。若马、驴主任流内九品以上官［二］及出军兵余事故［三］，马、驴需转易，或家贫不堪余（饲?）养，身死之后，并于当色回付堪养者。［1］若先阙应需私备者，各依付马、驴时价酬直。即身死家贫不堪备者，官为立替。

【校勘】

［1］据本令唐 21 可知，传送马、驴主应从富户中择取，当家道中落、无力饲养时，即应改取有能力者，何须等到马驴主死后再行易替？所以"或家贫不堪余（饲?）养，身死之后，并于当色回付堪养者"一句恐有倒误。不过，此处仍存疑，暂不出新录文。

---

① 《唐六典》，第 78 页。

② 《唐六典》卷一二《内官宫官内侍省》"内仆局"条，第 361 页。

③ 邱树森主编《中国历代职官辞典》，江西教育出版社，1991 年，第 442 页。

【注释】

［一］调习：调教训练。《唐六典》卷一七《太仆寺》“乘黄署”条载：“凡将有事，先期四十日，尚乘供马，马如辂色，率驾士预调习。指南等车亦如之。”①

［二］流内九品以上官：对流内九品至一品官的通称。流内是官员系列中品级最高的一种，与流外相对而言。进入流内亦意味着进入正式的官制系统，获有真正的官员身份。吏部铨选有流内、流外之分。《通典》卷一九《职官一》载：“隋置九品，品各有从。自四品以下，每品分为上下，凡三十阶，自太师始焉，谓之流内。流内自此始焉……大唐自流内以上并因隋制。”②

［三］兵余事故：词义不明。“兵余”疑指战后遗留，“兵余事故”或意指战事所造成的后果。③

【翻译】

各折冲府的官马以及传送马、驴，［如果］不是有别敕差用及供用传送［的情况］，都不能擅自乘用。本主想要在村坊附近十里内调教训练的，听凭［他这样做］。［马、驴］因公出使［在外］死亡、丢失的，官府立即［用官马、驴］替换。在家死亡、丢失以及因为患病而不能乘骑的，军府内的马三十日内赔偿替换，传送马六十日内赔偿替换，传送驴根据缺失［情况］立即替换。如果马、驴主因担任流内九品以上官及随军出征、战后遗留等缘故，马、驴需要转易［主人］，或［马驴主］家贫不能承担饲养，［在他们］死亡后，一并交付给同类中有能力饲养的人。如果之前有缺失而又因为需要由私人赔偿的，各自依据马、驴当时的价格偿还［所值价钱］。如果［因为］死亡、家贫而没有能力赔偿的，由官府立即替换。

唐 23　诸府官马及传送马、驴，每年皆刺史、折冲、果毅等检简。其有老病不堪乘骑者，府内官马更对州官简定；两京管内，送尚书省简；驾不在，依诸州例。并官为差人，随便货卖，得钱若少，官马仍依《式》府内供备，传马添当处官物市替。其马卖未售间，应饲草处，令本主备草直。若无官物及无马之处，速申省处分，市讫申省。省司封印［一］，具录同道应印马州名，差使人分道送付最近州，委州长官印；无长官，次官

---

① 《唐六典》，第 483 页。

② （唐）杜佑著《通典》，王文锦等点校，中华书局，1988，第 481～482 页。

③ 《医疾令》唐 9 载“诸州医生……其遭丧及余事故合解者，亦即立替”，可见“余事故”为一个词组。在这个意义下，此处或许应以“出军兵、余事故”的方式予以理解。录此以备后考。

印。其有旧马印记不明，及在外私备替者，亦即印之。印讫，印署及具录省下州名符，以次递比州。同道州总准此，印讫，令最远州封印，附便使送省。若三十日内无便使，差专使送，仍给传驴。其入两京者，并于尚书省呈印。

【注释】

［一］封印：封缄文书、物品并加钤印于其上。睡虎地秦墓竹简《金布律》载："不盈千者，亦封印之。"①《晋书》卷六六《陶侃传》载："军资、器仗、牛马、舟船，皆有定簿，封印仓库。"②

【翻译】

折冲府的官马及传送马驴，每年都由刺史、折冲都尉、果毅都尉等拣选。当中有因为年老、患病而不能乘骑的，折冲府内的官马与州官检查确定；两京管辖下的［折冲府］，送至尚书省检查；随驾不在［两京时］，依照各州的规定［处理］。并由官府派人根据情况灵活出售，［如果卖后］得到的钱少，官马仍然依据《式》在折冲府内备办供给，传马则添加当地的官物买来替换。［要卖的］马还没有卖出时，应该吃草的，让本主准备草料。如果没有官物以及没有马的地方，要迅速申报尚书省处理，［马匹］买完后［也要］申报尚书省。尚书省的官署封印，并记录同一道内应该给马加印记的州的名字，差遣使节分道送至［同一道内］最近的州，令州长官盖印；没有长官的，令次官盖印。其中有旧的马印不明，以及在外私自赔偿替换的［马匹］，也即刻印上。印完后，［州官］盖印署名并抄录由尚书省下发至本州的州名符印，依次序送到邻州。同一道内的州都按照这样办理，印完后，由最远的州封印，由便使送回尚书省。如果三十日内没有便使，派专使去送，仍然给传驴。到两京的使者，均在尚书省呈印。

唐24　诸府官马，府别差校尉［一］、旅帅［二］二人，折冲、果毅内一人，专令检校。若折冲、果毅不在，即令别将、长史、兵曹［三］一人专知，不得令有损瘦。

【注释】

［一］校尉：折冲府武官。唐折冲府下设团，团之长官称校尉，从七品下。《旧唐书》卷四四《职官三》载："凡卫士，三百人为一团，以校尉领之，以便习骑射者为越骑，余为步兵。"③

① 睡虎地秦墓竹简整理小组编《睡虎地秦墓竹简》，文物出版社，1990，第35頁。

② 《晋书》卷六六《陶侃传》，中华书局，第1779页。

③ 《旧唐书》，第1页。

［二］旅帅：唐折冲府下设团，团下设旅，旅之长官称旅帅，从八品上。《旧唐书》卷四四《职官三》载："每校尉，旅帅二人，每旅帅，队正、副队正各二人。"①《唐律疏议》卷一六《擅兴律》"征人冒名相代"条疏议载："依《军防令》：'每一旅帅管二队正，每一校尉管二旅帅。'"② 关于旅帅在折冲府中的地位，③ 吴宗国认为"在可称为主帅的领兵将领中，自将军至于折冲都尉、果毅都尉、别将，均为武职事官，只有诸卫和折冲府的校尉、旅帅、队正、副队正是卫官"。④

［三］别将、长史、兵曹：皆为折冲府官员，其品秩因折冲府等级不同而不同。《唐六典》卷二五"诸卫折冲都尉府"条载："别将一人，（上府正七品下，中府从七品上，下府从七品下。）长史一人，（上府正七品下，中府从七品上，下府从七品下。）兵曹参军事一人。（上府从八品下，中府正九品上，下府从九品下。）"⑤

【翻译】

折冲府官马，每府派遣校尉、旅帅二人，折冲都尉、果毅都尉中一人，专门命［他们］负责管理。如果折冲都尉、果毅都尉不在，就令别将、长史、兵曹中的一人专门掌管，不能使官马有损伤［或变得］瘦弱。

唐25　诸府官马及传送马、驴，若官马、驴差从军行者，即令行军长史［一］共骑曹［二］同知孔目，明立肤、第，亲自检领。军还之日，令同受官司及专典［三］等，部领送输，亦注肤、第；并赍死失、病留及随便附文钞，具造帐一道，军将以下连署，赴省句勘讫，然后听还。

【注释】

［一］行军长史：唐初各总管府置有行军长史，以太子、亲王遥领行军元帅时，行军长史为实际的主掌军务者，后为天下兵马元帅、都统的僚属之一。《新唐书》卷四九下《百官四下》载："天下兵马元帅、副元帅，都统、副都统，行军长史，行军司马、行军左司马、行军右司马，判官，掌书记，行军参谋，前军兵马使、中军兵马使、后军兵马使，中军都虞候，各一人。"⑥

［二］骑曹：唐诸卫、诸王府及东宫诸率府置有骑曹参军事。《唐六典》卷二四"左右卫"条载："骑曹参军事一人。骑曹掌外府马及杂畜之簿帐。

① 《旧唐书》，第1906页。

② 《唐律疏议》，第304页。

③ 王永兴：《唐代前期军事史略论稿》，昆仑出版社，2003，第88页。

④ 吴宗国：《唐贞观二十二年敕旨中有关三卫的几个问题——兼论唐代门荫制度》，北京大学中古史中心编《敦煌吐鲁番研究论文集》第3辑，北京大学出版社，1986，第153页。

⑤ 《唐六典》，第645页。

⑥ 《新唐书》，第1308页。

凡府马之外直者，以近及远，分为七番，月一替。凡左、右厢之使以奉敕出宫城外追事者，皆给马遣之。"①

［三］专典：专掌此务之官员。

【翻译】

折冲府官马和传送马、驴，如果官马、驴被派遣从军出行的，就令行军长史与骑曹共同掌管其簿籍详目，明确注明［马、驴的］肤色、等第，亲自检查受领。行军归来之日，令一同受领的官司及专掌此务的官员等，负责送回，也注明［马、驴的］肤色、等第；并持记有死亡丢失、得病滞留及根据情况附写的文书凭据，做成账簿一道，军将以下联合署名，赴尚书省勾检勘验。勘验完毕，然后允许返回。

唐 26 诸官人乘传送马、驴及官马出使者，所至之处，皆用正仓，准品供给。无正仓者，以官物充；又无官物者，以公廨［一］充。其在路，即于道次驿供；无驿之处，亦于道次州县供给。其于驿供给者，年终州司总勘，以正租草［二］填之。

【注释】

［一］公廨：此即公廨物。《唐律疏议》卷一五《厩库律》"监主贷官物"条载："即充公廨及用公廨物，若出付市易而私用者，各减一等坐之。"② 又如《天圣令·营缮令》唐 3 载："诸州县所造礼器、车辂、鼓吹、仪仗等，并用官物，帐申所司。若有剥落及色恶者，以公廨物修理。"

［二］草：这里指税草。草税是唐前期的一项重要税收，属于地税的附加税，以供中央闲厩和地方军镇、邮驿之用。③

【翻译】

官员乘坐传送马、驴以及官马出使的，所到的地方，都用正仓，依照品级供给。没有正仓的地方，用官物充当；又没有官物的，用公廨物充当。在路途中的，就由沿途附近的驿供给；没有驿的地方，也由沿路的州县供给。由驿供给的，年末由州官司总计核查，用［租庸调的］正租和税草填补。

唐 27 诸当路州县置传马处，皆量事分番，于州县承直，以应急速。仍准承直马数，每马一匹，于州县侧近给官地四亩，供种苜蓿。当直之马，依例供饲。其州县跨带山泽，有草可求者，不在此例。其苜蓿，常令县司检

---

① 《唐六典》，第 618 页。

② 《唐律疏议》，第 291 页。

③ 参见李锦绣《唐代财政史稿》（第二册），社会科学文献出版社，2007，第 139～145 页。

校，仰耘锄以时，（手力均出养马之家。）勿使荒秽，及有费损；非给传马，不得浪用。若给用不尽，亦任收茭草，拟［至?］冬月，其比界传送使至，必知少乏者，亦即量给。

【翻译】

沿路州县设置传马的地方，［传马］都根据情况分番，在州县承担上直，以应对紧急［任务］。仍然依照承担上直的马匹数量，每一匹马，在州县附近给官地四亩，用来种植苜蓿。正在上直的马，依照规定供给饲料。州县跨越山林川泽，能够获得饲草的，不受这一限制。［种植的］苜蓿，常常令县的官司检查校核，按照农时来耕种，（人手劳力都出自养马之家。）不能使之荒芜及有所耗损；［如果］不是给传马［的］，不得随意使用。如果供给有余，也听任收为茭草，计划到冬季，自邻近州县［来的］传送使者到达，确实知晓其匮乏［草料］的，也可以随即酌量供给。

唐 28 诸赃［一］马、驴及杂畜，事未分决，在京者，付太仆寺，于随近牧放。在外者，于推断之所，随近牧放。断定之日，若合没官，在京者，送牧；在外者，准前条［二］估。

【注释】

［一］赃：非法所得的财物。《唐律疏议》卷四《名例律》“以赃入罪”条疏议载：“‘正赃’唯有六色：强盗、窃盗、枉法、不枉法、受所监临及坐赃。自外诸条，皆约此六赃为罪。”① 又如《令集解》卷三八《厩牧令》“阑遗物”条注释载：“释云：簿敛并盗畜，是谓赃畜也……《古记》云：其赃杂畜，谓簿敛并盗赃之杂畜也。”②

［二］前条：依据宋家钰对唐《厩牧令》的复原，或许指据宋 10 复原而来的“官私阑马驼等”条。③

【翻译】

凡涉赃罪案的马、驴及其他牲畜，在案件未审定判决［之前］，在京城的，交付太仆寺，于近便之处放养。在地方的，则在断案官府所在之处，就近放养。案件审定判决之日，如果应由官府没收［牲畜］，在京的，送到各牧监；在地方的，则依照前一条的相关规定来估价［处理］。

唐 29 诸官畜及私马帐，每年附朝集使送省。其诸王府官马，亦准此。

① 《唐律疏义》，第 88 页。

② 《令集解》，第 938 页。

③ 《天圣令校证》，第 502 页。

太仆寺官畜帐，十一月上旬送省。其马帐勘校，讫至来年三月。

【翻译】

官畜以及私马的账簿，每年都要随朝集使一并送到尚书省。各王府所有的官马，也照此办理。太仆寺［管理的］官畜账簿，在十一月上旬送入尚书省。马匹账簿的勘查校验，截至第二年三月。

唐30 诸有私马五十匹以上，欲申牒造印者听，不得与官印同，并印项。在余处有印者，没官。蕃马不在此例。如当官印处有瘢痕者，亦括没。其官羊，任为私计，不得截耳。其私牧，皆令当处州县检校。

【翻译】

私有马匹五十匹以上，想［向官府］提呈文牒申请制造马印的，可以准许，［但马印图案］不能和官印相同，全部要烙印在马的脖颈处。在马身上其他地方有烙印的，没收入官。蕃马不受这一约束。如果［马身上］应当盖官印的地方有瘢痕的，也要没收充公。［如果是］官羊，交由私人牧养的，听任做私家标志，［但］不得割掉耳朵。私人牧地［的牲畜］，都要令其所在州县负责查核。

唐31 诸官马、骡、驼、牛死者，各收筋五两、脑二两四铢；驴，筋三两、脑一两十二铢；羊，筋、脑各一两；驹、犊三岁以下，羊羔二岁以下者，筋、脑各减半。

【翻译】

官马、骡、驼、牛死亡的，分别回收五两筋、二两四铢脑；驴，回收三两筋、一两十二铢脑；羊，［则］回收筋和脑各一两；三岁以下的马、骡、驼、驴驹、牛犊，以及两岁以下的羊羔，则回收的筋和脑分别减半。

唐32 诸道须置驿者，每三十里置一驿。若地势阻险及无水草处，随便安置。其缘边须依镇戍者，不限里数。

【翻译】

各道应当设置驿的，每三十里设置一个驿。如果是地势险阻以及没有水、草的地方，依便利予以安排布置。那些沿着边境必须依托镇戍的驿，则没有里数的限制。

唐33 诸驿各置长一人，并量闲要置马。其都亭驿置马七十五匹，自外第一等马六十匹，第二等马四十五匹，第三等马三十匹，第四等马十八匹，第五等马十二匹，第六等马八匹，［1］并官给。使稀之处，所司仍量置马，不必须足。（其乘具各准所置马数备半。）定数下知。其有山坡峻险之处，不堪乘大马者，听兼置蜀马。（其江东、江西并江南有暑湿不宜大马及岭南无大马处，亦准此。）若有死阙，当驿立替，二季备讫。丁庸［一］及粟草，依所司置大马数常给。其马死阙，限外不备者，计死日以后，除粟草及丁庸。

【校勘】

［1］"自外第一等马六十匹，第二等马四十五匹，第三等马三十匹，第四等马十八匹，第五等马十二匹，第六等马八匹"一句，宋家钰先据《唐六典》"诸道之第一等"，改原令文之"道"为"等"；其后，宋氏又指出，吐鲁番文书中有称驿道为"第五道"，故而疑前次校录有误。[①] 黄正建据《养老令》认为"道"较"等"为准确。[②] 侯振兵也认为"道"字无误，不过质疑了宋氏赖以为据的"第五道"，即文书中的"第五道"是个地名，并非序数词。[③]

【新录文】

诸驿各置长一人，并量闲要置马。其都亭驿置马七十五匹，自外第一道马六十匹，第二道马四十五匹，第三道马三十匹，第四道马十八匹，第五道马十二匹，第六道马八匹，并官给。使稀之处，所司仍量置马，不必须足。（其乘具各准所置马数备半。）定数下知。其有山坡峻险之处，不堪乘大马者，听兼置蜀马。（其江东、江西并江南有暑湿不宜大马及岭南无大马处，亦准此。）若有死阙，当驿立替，二季备讫。丁庸及粟草，依所司置大马数常给。其马死阙，限外不备者，计死日以后，除粟草及丁庸。

【注释】

［一］丁庸：代役的布帛，以充养马用度。如《天圣令·赋役令》唐24载"诸丁匠不役者，收庸"。

【翻译】

各个驿分别设驿长一人，并估量［事务］清闲、繁重［的情况］放置马匹。都亭驿放置驿马七十五匹，从此而外的第一道［放置］驿马六十匹，第二道［放置］驿马四十五匹，第三道［放置］驿马三十匹，第四道［放置］驿马十八匹，第五道［放置］驿马十二匹，第六道［放置］驿马八匹，皆由

① 孟彦弘：《唐代的驿、传送与转运——以交通与运输之关系为中心》之附记，第49页；宋家钰：《唐〈厩牧令〉驿传条文的复原及与日本〈令〉、〈式〉的比较》，刘后滨、荣新江主编《唐研究》第14卷，北京大学出版社，2008，第169页。

② 黄正建：《明抄本宋〈天圣令·杂令〉校录与复原为〈唐令〉中的几个问题》注1、2，严耀中主编《唐代国家与地域社会研究》，上海古籍出版社，2008，第58页。

③ 侯振兵：《天圣〈厩牧令〉与唐代厩牧制度研究》，中国社会科学院研究生院隋唐五代史博士学位论文，2012，第51～52页。

官府给付。出使稀少的地方，主管官司仍然应估量［实际情况］放置马匹，无须［据上述标准］足量［放置］。（乘马器具分别根据所放置的马匹数量的一半予以配置。）确定［所须放置的马匹］数量后，下达［给各驿，令其］知晓。[①] 那些山坡险峻的地方，不能乘坐大马的，听任同时放置蜀马。（江南东道、江南西道和江南那些暑湿不宜养大马的地方，以及岭南道没有大马的地方，也根据这个［标准处理］。）如果有死亡阙失的，本驿设置替代［之马］，二个季度内置备完毕。丁庸以及粟草，依据主管官司所放置的大马数量固定给付。马匹死亡阙失，［在规定的］时限外［仍］没有置备的，总计死亡之日以来［的天数］，扣除粟草及丁庸。

唐34 诸驿马三疋、驴五头，各给丁一人。若有余剩，不合得全丁者，计日分数准折给。马、驴虽少，每驿番别仍给一丁。其丁，仰管驿州每年七月三十日以前，豫勘来年须丁数，申驾部勘同，关［一］度支，量远近支配。仰出丁州，丁别准式收资，仍据外配庸调处，依《格》收脚价纳州库，令驿家［二］自往请受。若于当州便配丁者，亦仰州司准丁一年所输租调及配脚直，收付驿家，其丁课役并免。驿家愿役丁者，即于当州取。如不足，比州取配，仍分为四番上下。（下条准此。）其粟草，准系饲马、驴给。

【注释】

［一］关：唐代平行文书的一种。《唐六典》卷一《三师三公尚书都省》"尚书都省左右郎中员外郎"条载："诸司自相质问，其义有三，曰关、移、刺。（关谓关通其事，刺谓刺举之，移谓移其事于他司。）"[②] 此处用作动词。

［二］驿家：或有认为驿家是驿附近长期当差的户，如滨口重国称："差定驿侧近之户若干为驿家——如无特别的事情，限于一差之后长充驿家——以驿家中富强干事者一人作为驿长总掌一驿之事，并从各驿家出驿子担当甲乙两驿之间驿马驴的引导或渡船之役"；[③] 或有认为驿家即驿长，如鲁才全等。[④]

---

① 此处翻译，参考侯振兵对于"定数下知"的理解。侯振兵：《天圣〈厩牧令〉与唐代厩牧制度研究》，第49页。

② 《唐六典》，第11页。

③ 濱口重國：《唐に於ける兩稅法以前の徭役勞動》，氏著《秦漢隋唐史の研究》上卷，東京大學出版會，1966，第528～529頁。此一观点的中译文，则取自鲁才全《唐代前期西州宁戎驿及其有关问题——吐鲁番所出馆驿文书研究之一》，唐长孺主编《敦煌吐鲁番文书初探》，武汉大学出版社，1983，第374页；《唐代的驿家与馆家试释》，《魏晋南北朝隋唐史资料》第6期，1984，第34页。青山定雄亦持此说，参见氏著《稽唐宋時代の交通と地図地志研究》，吉川弘文館，1969，第52頁。

④ 鲁才全：《唐代的驿家与馆家试释》，第34～39页。

【翻译】

驿马三匹、驿驴五头，分别给役丁一人。［马驴］如果有剩余，［但又］达不到获得［一员］役丁［数量］的，以天数为计算基准折合给［役丁］。马、驴［数量］虽然少，每驿每番仍然给予一员役丁。役丁，由管理驿的州于每年七月三十日以前，预先核定明年所须丁员数量，申报给驾部勘合，［驾部］送关文给度支，［度支］估量远近距离予以配置。由提供役丁的［外］州，［向］每个役丁按照《式》［的规定］收取资课，仍根据外配庸调的部门［的标准］，依据《格》［的规定］收取运费，缴纳到州库，让驿家自己前往申请领受。如果是本州直接配给役丁的，也由州司按照役丁一年所缴纳的租调以及相匹配运费，交付给驿家，该役丁则被免除课役。驿家愿意役使丁男的，就从本州抽取。如果不足，就从邻州调取，仍然分四番［轮值］上、下役。（下条令文准用本条规定。）粟草，按照官厩饲养的马、驴［数量］配给。

唐35　诸传送马，诸州《令》、《式》外不得辄差。若领蕃客及献物入朝，如客及物得给传马者，所领送品官亦给传马。（诸州除年常支料外，别敕令送入京及领送品官，亦准此。）其从京出使应须给者，皆尚书省量事差给，其马令主自饲。若应替还无马，腾过百里以外者，人粮、粟草官给。其五品以上欲乘私马者听之，并不得过合乘之数；粟草亦官给。其桂、广、交三府于管内应遣使推勘者，亦给传马。

【翻译】

传送马，各州不得［在］《令》、《式》［规定的情况］外进行差遣。如果是领送蕃客以及贡献物品入朝，其蕃客及贡物应当给传马的话，领送的品官也给予传马。（各州除每年经常性的支度预算外，别敕规定送入京城以及领送的品官，也依照本条规定。）从京城出使应当给予［传马］的，都由尚书省估量情况差遣配给，马由使用者自己饲喂。如果应该替换却没有［可替换的］马匹，超过一百里以外的，人粮、粟草都由官府供给。五品以上［官员］想要乘骑私马的，［可以］允许，并且不能超过［规定的］可以乘骑的［马匹］数量；粟草也由官府供给。桂州、广州、交州三府在管辖范围内应派遣使者推勘的，也配给传马。

右令不行。

【翻译】

以上令文不再施行。

《中国古代法律文献研究》第八辑
2014年，第334~358页

《元典章》本校举例[*]

张　帆[**]

摘　要：《元典章》汇集了元朝前、中期的大量法令文书，史料价值极高，然其书抄、刻质量低劣，错谬迭见，利用不便。陈垣先生在20世纪30年代对沈刻本《元典章》进行校勘，并由之归纳出“校法四例”——对校、本校、他校和理校。本文在陈垣先生的基础之上，进一步讨论了利用本校手段校勘元刻本《元典章》的问题。具体将《元典章》本校归纳为七种类型，并分别举出若干典型例证加以说明，事实上也从一个侧面对2011年出版点校本《元典章》的点校工作进行了总结。

关键词：《元典章》　本校　陈垣

陈垣先生在其《〈元典章〉校补释例》（后更名《校勘学释例》）中提出了著名的“校法四例”——对校、本校、他校和理校。其中关于本校是这样论述的：

> 本校法者，以本书前后互证，而抉摘其异同，则知其中之缪误。吴缜之《新唐书纠缪》、汪辉祖之《元史本证》，即用此法。此法于未得祖本或别本以前，最宜用之。予于《元典章》，曾以纲目校目录，以目录校书，以书校表，以正集校新集，得其节目讹误者若干条。至于字句之间，则循览上下文义，近而数叶，远而数卷，属词比事，牴牾自见，不

* 本文系国家社会科学基金重大项目《〈元典章〉校释与研究》（批准号：12&ZD143）阶段性研究成果。

** 北京大学历史学系教授。

必尽据异本也。[①]

如所周知，《〈元典章〉校补释例》是陈垣撰写《沈刻〈元典章〉校补》的副产品。《沈刻〈元典章〉校补》的主要内容是用元刻本和其他抄本校勘沈刻本，并没有对元刻本进行全面和详细的校勘。与此相关，“校法四例”中用于《沈刻〈元典章〉校补》的校勘手段基本上只是对校，其他三种手段本校、他校、理校并未充分使用。《〈元典章〉校补释例》书中，关于本校仅仅举出五条例证。[②] 今天，学术界阅读《元典章》已经普遍使用元刻本。元刻本成于地方吏胥和坊贾之手，抄录、编纂、刊刻几个环节都比较粗糙，文字脱、衍、乙、误仍然很多，存在很大继续整理的余地。而对于元刻本的整理来说，基本可以肯定它是沈刻本和现存各种抄本的祖本，[③] 因此对校手段运用的空间已经很小，必须广泛和深入地使用本校、他校和理校，才能尽可能找出并改正书中的错误。

前几年，由陈高华、刘晓、党宝海三位先生和笔者组成的课题组对元刻本《元典章》进行整理，全部点校完毕，已由中华书局和天津古籍出版社联合出版。在点校过程中我们注意到，《元典章》所收录的法令文书，常有重复或转引的情况。这种情况既出现于前集、新集之间，也出现于表格、正文之间，还出现于不同部类或不同门目之间，乃至同一门目前后条文之间。《元典章》内容丰富、卷帙繁重，而其编纂成于众手，资料选择既不避重复，又缺乏照应，使用本校手段空间之大，在浩如烟海的传世古籍当中亦属罕见。已经问世的一些《元典章》局部整理成果，由于未能通校全书，在本校方面做得都不够充分。事实上，如果能够认真通校《元典章》全书，充分挖掘利用其内容重复之处，可以发现并订正书中大量的文字错误，尽可能恢复相关公文原貌。本文拟通过若干典型例证来说明上述问题。昔读陈垣先生《〈元典章〉校补释例》诸书，于其发凡起例、以简驭繁之功深致钦慕。今不揣鄙陋，东施效颦，聊供方家一哂云尔。

---

① 陈垣：《〈元典章〉校补释例》卷六《校例·校法四例》，见《励耘书屋丛刻》，北京师范大学出版社，1982，第 1221 ~ 1222 页。亦见氏著《校勘学释例》，中华书局，1959，第 145 ~ 146 页。

② 同上注。这五条本校例证全都是针对沈刻本作出的，相关字句在元刻本中并无错误，不烦校改。

③ 参阅昌彼得《跋元坊刊本〈大元圣政国朝典章〉》，见《元典章》，陈高华、张帆、刘晓、党宝海点校，中华书局、天津古籍出版社，2011，第 2480 ~ 2482 页。

一　整条文书重复收录者参校

《元典章》全书共收录文书2637条，其中颇有文书重复收录的现象。具体又分两种类型：一种是整条文书重复收录，另一种是整条文书与其片段被重复收录。先谈第一种情况。

所谓整条文书重复收录，就是同一件文书在《元典章》中两次作为单独条目出现。今本《元典章》分为两个部分：前集六十卷,[①] 新集不分卷。就内容而言，新集是为前集作增补的，旨在收录“前所未刊新例”。[②] 按说两部分收录的文书不应该重复。但实际上，前集已载而新集亦全文收录的文书多达十余条。出现这种情况应当有两种原因。其一，前集编成之时，收录文书下限为仁宗延祐四年（1317）。[③] 但在持续数年的刊印过程中，又增补了一些延祐四年以后新颁行的文书，因此实际上收录文书的下限为延祐七年。[④] 新集编纂者大约对前集刊印时有所增补这一情况未予充分注意，凡所获延祐四年以后文书概行编入，就不免与前集出现重复了。其二，新集收录文书的范围，并不以延祐四、五年之交为断限，如系延祐五年以前文书而前集未载者，亦予收录。但其间对前集内容疏于检核，有的延祐五年以前文书，前集已载，而新集不察，又予重载。由于上述两方面原因，前集与新集有时就出现整条文书重复收录的状况。

不仅如此，前集当中也有整条文书重复收录现象。《元典章》内容庞杂，分类琐细，主要以六部为纲，纲下有大目，大目下有小目，小目以下才是逐条排列的文书。例如“吏部”共八卷，其下分为四个大目，包括“官制”三卷、“职制”二卷、“吏制”一卷、“公规”二卷。再以“公规”为例，下面又分七个小目，第一卷包括“座次”、“署押”、“掌印”、“公事”四小目，第二卷包括“行移”、“差委”、“案牍”三小目。以下“座次”小目收录两条文书，“署押”小目收录八条文书，“掌印”小目收录三条文书，等等，逐一排列。分类如此细致，势必出现内容重叠的情况，即同一条文书，既可归属于此纲此目，亦可归属于彼纲彼目。对于这种情况，《元典章》通常采取

---

① 《元典章》六十卷原无“前集”之名，此名是后人为了将它与新集相区别而代为拟定的。也有的学者将其称为“正集”。

② 元刻本《大元圣政典章新集至治条例纲目》题记，见《元典章》，第2425页。

③ 《大元圣政典章新集至治条例纲目》题记有云：“《大元圣政典章》自中统建元至延祐四年所降条画，板行四方已有年矣。”可知前集起初以延祐四年为收录文书下限。见《元典章》，第2425页。

④ 参阅昌彼得《跋元坊刊本〈大元圣政国朝典章〉》，见《元典章》，第2478页。

“互见”之法加以处理，即在一处载录文书全文，另一处仅存标题，附注全文另见书中某处。例如卷二一《户部七》“钱粮”大目“支”小目载有“预支人匠口粮”一条，有题无文，仅注“见工部造作类”。[①] 即指该文书已载于《工部》“造作”大目。查卷五八《工部一》“造作”大目“段疋”小目下，确有“预支人匠口粮”专条。[②] 又如卷三六《兵部三》“驿站”大目“站官”小目下“选取站官”条，题注“见官制站官例”。[③] 即指该文书已载于《吏部》“官制”大目“站官”小目，亦即卷九《吏部三·官制三·站官》收录的“选取站官事理”一条。[④] 这样的处理方法，既不妨碍对文书的查阅、利用，又节省了篇幅和刊印成本，是可取的。然而，由于《元典章》前集收录文书数量繁多，各部分的编纂未必成于一手，有时对重复收录的文书未能察觉，所以没有使用上述“互见”之法，而是在两处均予载录。对于这一类整条文书重复收录的情况，即使在今天也并不容易发现。[⑤]

《元典章》重复收录的文书，两处内容通常都不尽一致。编纂者为求省力，对于搜集到的原始公文一般不会逐字逐句地完整抄、刻，而总是较为随意地作一些剪裁、删节。[⑥] 如果同一条文书被重复收录，则各自剪裁、删节的语句不会完全相同，这样就造成两处内容有所出入。另一方面，《元典章》编辑粗糙，在抄、刻文书过程中，除去有意的剪裁、删节外，还往往出现一些无意的文字脱、衍、乙、误，致使文义不明或产生歧义。凡是重复收录的文书，文字脱、衍、乙、误自然也不会完全相同，可以彼此对照参校。现在要谈的，就是后面这种情况。

（一）前集、新集重复文书

【例一】相关文书：A. 卷八《吏部二·官制二·承荫·禁治骤升品级》,[⑦] B. 新集《吏部·官制·总例·重惜名爵》。[⑧] 系延祐五年年底中书省发给江西行省的同一份咨文。

---

① 《元典章》，第 776 页。

② 《元典章》，第 1954 页。

③ 《元典章》，第 1256 页。

④ 《元典章》，第 354 页。

⑤ 这种情况仅见于前集，新集之中没有出现。

⑥ 沈家本跋《元典章》曰：“惟此书乃汇集之书，而非修纂之书，故所录皆条画原文，未加删润，颇似今日官署通行之案牍，大都备录全文，以资参考。”（第 2462 页）这个说法是不准确的。《元典章》所载文书极少有“备录全文”者，“删润”则在在皆是。

⑦ 《元典章》，第 260 页。

⑧ 《元典章》，第 2041 页。

A 条："延祐五年十月十一日，拜住怯薛第二日，文明殿里有时分……伯答沙丞相、阿散丞相、兀伯都剌、亦列赤平章、土平章……等奏过事内一件"云云（着重号为引者所加，下同）。"十月"，B 条作"十一月"。据元史本纪，延祐五年十一月十一日（丁卯）有相关奏事记载，[①] 十月则无。又"土平章"，B 条作"王平章"。查延祐五年之平章政事姓名，无以土字为首者，以王字为首者则有王毅。[②] 可知两处异文皆以 B 条为是，A 条之误当从校改。张金铣《元典章校注·诏令/圣政/朝纲/台纲/吏部卷》于此径改"土平章"为"王平章"，但月份失校。[③]

B 条："文书到日，限一个月，教它每自赍着宣敕，所在官司出首免罪。""各投下有缺用人呵，只教他自爱马里选着委付，大数目里人每不敢冒着入去。"A 条于"所在官司"前有"赴"字，"不敢"作"不教"，均于文义为长，当据补、改。

【例二】相关文书：A. 卷二二《户部八·课程·酒课·私造酒曲依匿税例科断》，[④] B. 新集《户部·课程·酒课·私酒同匿税科断》。[⑤] A 条为延祐六年五月某行省收到并向下属转发的中书省咨文，B 条则是同年三月江西行省收到的同一份中书省咨文。

A 条："据杭州路申：……本路见获私酒数起，犯人正招不合用钞籴买米面，酝造私酒，于打发到认户酒内夹带影射沽卖，不过营求微利糊口而已。""正招"，B 条作"止招"，"米面"，B 条作"米曲"，均显以后者为是，A 条当从校改。

B 条："榷沽之法既已改革，酒醋课程普散于民。除认纳门摊，许令酝造饮用外，其诸人自备工本酝造酒曲，不行赴务包认官田者，若与私煎贩卖盐货一体科断徒配，似涉太重。""官田"，A 条作"关由"。按"关由"在此指税务机关开具的销售许可证，前后语意相接，"官田"则与上下文风马牛不相及。当从 A 条校改。

【例三】相关文书：A. 卷五七《刑部十九·诸禁·禁赌博·赌博例革后为坐》，[⑥] B. 新集《刑部·刑禁·禁赌博·赌博赦后为坐》。[⑦] 系延祐五年三

---

① 《元史》卷二六《仁宗纪三》，中华书局，1976，第 587 页。

② 《元史》卷一一二《宰相年表》，第 2821 页。

③ 张金铣：《元典章校注·诏令/圣政/朝纲/台纲/吏部卷》（以下简称"张金铣校注本"），黄山书社，2011，第 264 页。

④ 《元典章》，第 869 页。

⑤ 《元典章》，第 2107 页。

⑥ 《元典章》，第 1915 页。

⑦ 《元典章》，第 2254 页。

月（或二月）江浙行省收到的中书省咨文，[①] B条又由江浙行省转发给福建宣慰司。

A条："蒋文贵、徐三先犯开置兑坊等罪，累经钦遇诏赦。今次不悛，又行纠集人伴赌博，罪犯断讫，准拟加徒，拟合比例赦后为坐相应。""准拟加徒"，B条作"难议加徒"，含义完全相反。按该文书上文有云："若拟加徒，缘前犯俱已年远，即系延祐四年正月初十日已前事理。事干通例，咨请照详。"盖蒋文贵等人屡犯赌博等罪，本应杖后加徒，但除最近一次犯罪外，以前所犯"俱已年远"，均在延祐四年正月初十日大赦之前，[②] 故只能以最近一次犯罪论处，判杖刑，不加徒，是谓"赦后为坐"或"革后为坐"。据此，当以B条为是，A条宜从校改。日本学者岩村忍、田中谦二《校定本〈元典章·刑部〉》（以下简称"《刑部》日校本"）在此指出了A、B条的文字异同，然未定取舍。[③] 祖生利、李崇兴点校《大元圣政国朝典章·刑部》（以下简称"《刑部》祖校本"）则失校。[④]

（二）前集内部重复文书

【例一】 相关文书：A. 卷八《吏部二·官制二·月日·县吏准州吏月日》[⑤]，B. 卷一二《吏部六·吏制·司吏·州县司吏转补路吏》。[⑥] A条为大德十一年十月湖广行省收到的中书省咨文，B条则是同年九月江西行省收到的同一份咨文。

B条："参详，今后县吏如历一考之上者，取充库子一界，别无粘带，再发县吏，准理州吏月日，路吏有阙，依例挨次多排勾补，庶不淹滞。""多排"，A条作"名排"，是。"名排"系元代习用语，意即排名，《元典章》中屡见。"多排"则不通，当据A条校改。张金铣校注本于此失校。[⑦]

【例二】 相关文书：A. 卷一一《吏部五·职制二·给由·捕盗官给由例（第三条）》，[⑧] B. 卷五一《刑部十三·诸盗三·失盗·失盗解由开写》。[⑨] A

① A条时间为延祐五年三月，B条为延祐五年二月初三日，"三月""二月"当有一误。

② 延祐四年正月初十日大赦，见《元典章》卷一《诏令·仁宗·赦罪诏》，第23页。

③ 岩村忍、田中谦二：《校定本〈元典章·刑部〉》，京都大学人文科学研究所《元典章》研究班，1964、1972，第640页。

④ 祖生利、李崇兴点校：《大元圣政国朝典章·刑部》，山西古籍出版社，2004，第445页。

⑤ 《元典章》，第280页。

⑥ 《元典章》，第487页。

⑦ 《元典章校注·诏令/圣政/朝纲/台纲/吏部卷》，第514页。

⑧ 《元典章》，第405页。

⑨ 《元典章》，第1723页。

条为大德八年四月湖广行省收到的中书省咨文，B 条则是同年二月江西行省收到的同一份咨文。

A 条："省府议得强切盗贼，路府州县管民正官抚治百姓、理断词讼、办集钱粮、造作供应，百色事繁，中间但有愆期败悮，俱有责罚定例。况江南山林湖泊繁多，地势险恶，强切盗贼时常有之，各处镇守军民官兵当任其责。"首句"强切盗贼"四字，B 条无之。从具体内容来看，此四字无则文从义顺，有则扞格难通。文书全文之中"强切盗贼"四字多次出现，A 条盖于抄刻时因之误衍，当据 B 条删除。张金铣校注本以理校删此四字，未举本校例证。①

A 条："江南州郡，镇店关津把隘去处俱有巡捕官兵，又拨官军专一镇遏，各处达鲁花赤差官提控捕盗。""差官"，B 条作"长官"。"达鲁花赤差官提控捕盗"，看似文义可通，实则当以"达鲁花赤、长官提控捕盗"为是。元朝地方机构当中，达鲁花赤与长官品级相同，地位并列，共同承担主要行政责任，其例甚多。故此处 A 条当从 B 条校改。张金铣校注本失校。

B 条："都省除外，咨请照勘未获强切盗贼起数，厘勒军民捕盗官兵，须要得获，送官归勘。如是不获，即将捕盗官兵依例取招断罪，仍取路府县达鲁花赤、管民正官常切用心巡警，盗贼生发。但有不严，验起数多寡，就便约量责罚，任满于解由内开写。""路府县"，A 条作"路府州县"，显然更为准确。"盗贼生发"，A 条作"无致盗贼生发"，亦是。所谓"仍取路府州县达鲁花赤、管民正官常切用心巡警，盗贼生发"者，其下盖略去宾语"甘结"或"甘结文状"诸字，即保证书。"毋致盗贼生发"与"常切用心巡警"皆为保证书内容，如仅言"盗贼生发"，则含义大谬。此处 B 条当据 A 条补"州"及"无致"三字。

B 条："莫若今后遇有失过强切盗贼，二限不获，照依旧例决罚当该捕盗官兵，任满解由内开写，依例黜降。""二限"，A 条作"三限"，是。文书上文有云"如或三限不获，拘该捕盗官兵已有责罚通例"，可以为证。B 条当从校改。以上两句，《刑部》日校本、祖校本均失校。②

【例三】相关文书：A. 卷一八《户部四·婚姻·服内婚·焚夫尸嫁断例》③，B. 卷四一《刑部三·诸恶·不义·焚夫尸嫁断例》。④ 系至元十五年湖广行省下发的同一份札付。

---

① 《元典章校注·诏令/圣政/朝纲/台纲/吏部卷》，第 427 页。

② 《校定本〈元典章·刑部〉》，第 434 页；《大元圣政国朝典章·刑部》，第 306~307 页。

③ 《元典章》，第 668 页。

④ 《元典章》，第 1412 页。

A条："除已行下潭州路，拟将阿吴杖断七十七下，听离，与女真娘同居守服，以全妇道，仍将元财解省。并彭千一违法成婚一节，就便取招，断四十七下。媒人陈一嫂、撒扬骨殖人赵百三，各断四十。"B条于下多出"七下唐兴杖三十七下外仰遍行合属严行禁约"19字，内容完整，当据补末句为："媒人陈一嫂、撒扬骨殖人赵百三，各断四十七下，唐兴杖三十七下。外，仰遍行合属，严行禁约。"

二　整条文书与其片段重复收录者参校

如上节所言，《元典章》文书的重复收录，有时表现为一处收录相对完整的文书，另一处仅收录其片段。这样的情况往往也可以彼此参校。

【例一】相关文书：A. 卷二二《户部八·课程·盐课·申明盐课条画》[①]，B. 新集《户部·课程·盐课·盐法》。[②] A条为延祐五年三月元廷发布的圣旨条画，共十六款，B条为同一圣旨条画的摘录，仅存七款。

A条："若果有言告盐司场官人等不公等事，从运司依例科断。如理断不应，许监察御史、廉访司纠弹。运司官若有非违，呈省。""呈省"，B条作"申台呈省"，是。监察御史、廉访司对盐运司的工作负有监察之责。如有重大问题需要向上反映，按制度只能先报告御史台，再由御史台转呈中书省，直接"呈省"是不可以的。此处当据补"申台"二字。

B条："诸衙门并行铺之家卖讫官盐，限五日赴所属州司县缴纳引目。如违限匿而不批纳者，同私盐法。""衙门"，A条作"客旅"。其时并无"诸衙门"卖官盐之制，作"客旅"当然是正确的，应从校改。

【例二】相关文书：A. 新集《国典·诏令·今上皇帝登宝位诏》[③]，B. 卷二《圣政一·恤站赤（第六条）》。[④] A条为延祐七年三月英宗即位诏书，包括诏书本文和条画七款，B条系其中条画第三款。

B条："各处站赤，差发繁并，迤渐消乏。仰中书省、通政院设法撙裁，诸衙门毋得泛滥给驿，违者罪及当该判署官吏。路、府提调官钤束站赤官人等，毋得聚敛侵刻，差役不均。""站赤官人等"，A条无"赤"字，作"站官人等"。按此处言约束站官不得盘剥站户，元朝无称站官为"站赤官人"者，"赤"字盖涉上文而误衍，应删。此外"差发繁并"，A条作"差役繁

① 《元典章》，第830页。

② 《元典章》，第2093页。

③ 《元典章》，第2019页。

④ 《元典章》，第67页。

并”。按差发指税，差役指役，站户之负担主要在役而不在税，如下文所言“泛滥给驿”即是。核之文义，亦以A条更为合理。张金铣校注本均失校。[①]

【例三】相关文书：A. 卷二《圣政一·抚军士（第八条）》[②]，B. 卷二七《户部十三·钱债·私债·军官不得放债（第三条）》。[③] A条为大德十一年十二月武宗至大改元诏书所附有关抚恤军人的一款条画，B条仅仅节录了该款条画中蠲免军人所欠军官债务的规定。

A条：“应管军官举放本管军人钱物，诏书到日，尽行倚免。典买亲属，悉听圆聚，价不追还。”“典买”，B条作“典卖”，据文义为是，应从校改。张金铣校注本已径改。[④]

按本节上述三例，日本学者植松正《元代条画考》均已发现并列举异文，然取舍不尽准确。[⑤]

三 文书与其被转引段落参校

《元典章》中转引文书的现象极为常见。不少被收录的文书，其全部或部分内容在其他文书中又得到转引。对于这种情况，为节省篇幅和人力，《元典章》往往也采用前文第一节提到过的“互见”之法，即在被转引文书已被专条收录的情况下，转引之处仅以附注方式标明其题目（或节引文书要旨并注明出处），而不再征引原文。例如新集《吏部·职制·假故·官员迁葬假限》：“照得至元二十七年”，下注“奔丧迁葬假限例”，[⑥] 即系提示读者，所引文件详见卷十一《吏部五·职制二·假故·奔丧迁葬假限》。[⑦] 又如卷四三《刑部五·诸杀二·烧埋·打死奸夫不征烧埋》：“照得先为东平路归问得濮州馆陶县张驴儿招伏”，下注“云云见诸杀因奸杀人类”，[⑧] 则系转引以前东平路濮州馆陶县的一起案例，注明其案情详见“诸杀因奸杀人类”，

① 《元典章校注·诏令/圣政/朝纲/台纲/吏部卷》，第64页。

② 《元典章》，第57页。

③ 《元典章》，第997页。

④ 《元典章校注·诏令/圣政/朝纲/台纲/吏部卷》，第56页。

⑤ 植松正：《元代条画考（六）》，《香川大学教育学部研究报告》第1部第50号（1980），第19页；《元代条画考（七）》，《香川大学教育学部研究报告》第1部第51号（1981），第74～75页；《元代条画考（八）》，《香川大学教育学部研究报告》第1部第58号（1983），第11页。

⑥ 《元典章》，第2057页。

⑦ 《元典章》，第388页。

⑧ 《元典章》，第1499页。

亦即卷四二《刑部四·诸杀一·因奸杀人·杀死奸夫》[①] 所载至元四年十二月二十三日张驴儿杀死奸夫案。然而，在处理已载文书及其被转引段落的关系方面，《元典章》对“互见”之法的采用同样是不彻底的，许多地方仍然直接摘录被转引文书的原文。这样，又为我们提供了丰富的本校材料。某条已载文书和转引它的文书，很多时候在书中位置相邻或接近，隶属于同一小目之下，这样的情况读者比较易于发现。但有的时候，它们相隔较远，隶属于不同小目、卷次甚或不同部类，这时候要想发现它们之间转引被转引的关系，就不那么容易了。下面分别举例。

（一）两条文书位置邻近者

【例一】相关文书：A. 卷五一《刑部十三·诸盗三·获盗·获贼给赏等第》,[②] B. 同卷同小目《捕获强切盗贼准折功过》。[③] A 条为至元六年四月中书右三部下发的符文，B 条则为大德六年十一月中书省发给行省的咨文，后者转引了前者的内容（本节下文所举例证，A 条皆系被转引文书，B 条系转引文书，不另说明）。两者虽不相邻但位置接近，中间仅隔有两条文书。

A 条：“所据捕盗人员，本境内如有失过盗贼，却获别境作过贼徒，拟令比折除过。谓如捉获别境作过强盗或伪造交钞二起，各准本境内强盗一起，无强盗者准切盗二起。如获切盗二起，亦准强盗一起。”末句“亦准强盗一起”，B 条作“亦准切盗一起”，当以 B 条为是。盖所谓“比折除过”之法，于他境获盗须比本境减半计算，他境获切盗二起，只能相当于本境获切盗一起。《至正条格》相关文书于此亦作“切盗”，可证。[④] 当从 B 条校改。《刑部》日校本此处已校，祖校本从之。[⑤] 而此前一句“无强盗者准切盗二起”，B 条却作“无强盗者准切盗一起”，误。无论在何处获盗，强盗一起例准切盗二起。[⑥] B 条文书下文即有“无强盗者准切盗二起”之语，《通制条格》、《至正条格》相关文书于此亦俱作“二起”。[⑦] 故此处 B 条当从 A 条校

---

① 《元典章》，第 1466 页。

② 《元典章》，第 1710 页。

③ 《元典章》，第 1712 页。切盗，即窃盗。

④ 韩国学中央研究院编《至正条格》条格卷二九《捕亡·捕盗功过》，2007，第 104 页。

⑤ 《校定本〈元典章·刑部〉》，第 421 页；《大元圣政国朝典章·刑部》，第 299 页。

⑥ 例如元初关于捕盗给赏颁布规定：“诸人告或捕获强盗一名，赏钞五十贯；切盗一名，二十五贯。”告发或捕获强盗一名的奖金即相当于切盗二名。见《元典章》卷五一《刑部十三·诸盗三·获盗·获强切盗给赏》，《元典章》，第 1709 页。

⑦ 《通制条格》卷一九《捕亡·捕盗功过》，见方龄贵《通制条格校注》，中华书局，2001，第 559 页；《至正条格》条格卷二九《捕亡·捕盗功过》，校注本，第 104 页。

改。《刑部》日校本在此指出 A、B 条文字异同，但未定取舍。祖校本则径改为“二起”。①

【例二】相关文书：A. 卷五七《刑部十九·诸禁·杂禁·禁私斛斗秤尺》②，B. 同卷同小目《斛斗秤尺牙人》。③ A 条为至元二十三年中书省发给行省的咨文，B 条为皇庆元年七月袁州路收到的江西行省札付，两条前后相邻。

A 条：“如限外违犯之人捉拿到官，断决五十七下。”附注：“正坐见发之家。”“正坐”，B 条作“止坐”。又：“亲民司县正官禁治不严，初犯罚俸一月，再犯各决二十七下，三犯别议。”附注：“亲民州部与司县同。”“州部”，B 条作“州郡”。据文义，两处皆以 B 条为是，A 条当从校改。《刑部》日校本、祖校本已校。④

B 条：“都省议得：遍行各路，文字到限六十日，令各路总管府验所辖州县街市民间合用斛牙秤度，照依省部元降样制成造。委本处管民达鲁花赤较勘相同，印烙讫，发下各处，公私一体行用。”“斛牙”，A 条作“斛斗”，与文书内容相合。“本处”，A 条作“本路”，与上文“各路总管府”相合，“达鲁花赤”，A 条下有“长官”二字，亦与元朝制度相符。三处皆当从 A 条校改。《刑部》日校本、祖校本于后两处漏校。⑤

（二）两条文书分属同卷次不同小目者

【例一】相关文书：A. 卷二〇《户部六·钞法·住罢银钞铜钱使中统钞》，⑥ B. 同卷《钞法·挑钞·挑钞窝主罪名》。⑦ A 条为至大四年四月仁宗颁布的诏书，包括诏书本文和条画十四款，B 条为皇庆元年七月江西行省收到的中书省咨文。本卷共收录文书 41 条，其中前 10 条未立小目，直属于“钞法”大目，A 条即在其列；后 31 条分设昏钞、伪钞、挑钞、杂例四小目，B 条隶属于其中的“挑钞”小目。

A 条条画第六款：“挑剜裨凑宝钞、以真作伪者，初犯，杖一百，徒一年。再犯，流远。”B 条转引该条画，“杖一百”作“杖一百七下”。按元朝笞杖刑，除私盐等少数罪名外，例以七为尾数。《元典章》本卷卷首表格

---

① 《校定本〈元典章·刑部〉》，第 423 页；《大元圣政国朝典章·刑部》，第 300 页。

② 《元典章》，第 1940 页。

③ 《元典章》，第 1941 页。

④ 《校定本〈元典章·刑部〉》，第 668 页；《大元圣政国朝典章·刑部》，第 460 页。

⑤ 《校定本〈元典章·刑部〉》，第 669 页；《大元圣政国朝典章·刑部》，第 461 页。

⑥ 《元典章》，第 721 页。

⑦ 《元典章》，第 744 页。

“皇庆定例”，于“挑剜裨凑宝钞以真作伪”一栏，即明载初犯杖一百七。[①]《元史・刑法志》亦同。[②] 故当以 B 条为是。又“流远”，B 条作“断罪流远”，亦更为准确。断罪在此指处以杖刑，具体言之就是杖一百七。元朝徒、流之刑承袭前代影响，通常附有加杖。此处初犯者先杖后徒，再犯者先杖后流，并不能因为流远而免除杖刑。“皇庆定例”表格“挑剜裨凑宝钞以真作伪”栏即云“再犯杖一百七，流远”，可证。因此，A 条当据 B 条补“七下”“断罪”四字。植松正《元代条画考》已校。[③]

【例二】相关文书：A. 卷三七《兵部四・递铺・整点・整治急递铺事》，[④] B. 同卷《递铺・入递・入递文字》。[⑤] A 条为至元二十八年十二月江西行省收到的中书省咨文，B 条为大德五年五月江南行御史台收到的御史台咨文。

A 条：“今后省部并诸衙门凡入递文字，其常事皆付承发司，随所投下去处，各各类为一缄，日一发遣。”“各各类为一缄”句下附注：“谓如江淮行省，不以是何文字通为一缄。余官府准此。”B 条引用此段文字，将附注直接抄入正文，前半句作“谓如江淮行省去者，凡江淮行省，不以是何文字通为一缄”，于“谓如”下多出“江淮行省去者凡”七字，语意更为完备。《经世大典・急递铺》至元二十八年十月九日条，亦有此七字。[⑥] 故此处当据 B 条增补。而 A 条“随所投下去处”一句，B 条作“随所役下去处”。附注中“余官府准此”一句，B 条仅作“官府准此”而无“余”字。按投下在此意为投递，作“役下”显然不通，沈刻本已改为“投下”。[⑦]“余官府准此”承上文“谓如江淮行省”而言，无“余”字则不知所云。两处当从 A 条改、补。日本学者寺田隆信、熊本崇等《校定〈元典章・兵部〉》（以下简称“《兵部》日校本”）于上述诸处仅据沈刻本校改“役下”为“投下”，余皆失校。[⑧]

---

① 《元典章》，第 711 页。皇庆是元仁宗的第一个年号。“住罢银钞铜钱使中统钞”诏书颁布于至大四年四月，其时仁宗初即位，次年始改元皇庆，表格将该诏书内容列入“皇庆定例”是笼统言之。

② 《元史》卷一〇五《刑法志四・诈伪》，第 2669 页。

③ 《元代条画考（七）》，第 63 页。

④ 《元典章》，第 1303 页。

⑤ 《元典章》，第 1309 页。

⑥ 见《永乐大典》卷一四五七五，中华书局，1986 年影印本，第 6462 页。

⑦ 《元典章》沈刻本，中国书店，1990，第 561 页。

⑧ 寺田隆信、熊本崇等：《校定〈元典章・兵部〉（下）》，《东北大学东洋史论集》第 4 辑，1990，第 169、176 页。

（三）两条文书分属同部类不同卷次者

【例一】相关文书：A. 卷八《吏部二·官制二·选格·至元新格》，[①] B. 卷十《吏部四·职制一·赴任·赴任程限等例》[②]。A 条出自至元二十八年颁布的《至元新格》，载录其中有关官员铨选的规定八款，B 条系大德八年九月御史台发往行台的咨文。

B 条："奏准条画内一款：'诸行省管辖官员，若有多岁不经迁，过时不到任，及久旷未注，或紧阙官，即须照勘明白，咨省定夺。其到任例合标附人员，每月通行类咨。直隶省部路分钦此。'" 此系 A 条所载《至元新格》末款。"紧阙官"，A 条"紧"下有"急"字。"到任"，A 条下有"下任"二字。"钦此"，A 条作"准此"。三处皆以 A 条更为准确或完备。《通制条格》所载《至元新格》文字，皆同 A 条。[③] 当据 A 条补、改。张金铣校注本仅校改最后一处，前两处漏校。[④]

【例二】相关文书：A. 卷五七《刑部十九·诸禁·禁豪霸·豪霸红粉壁迤北屯种》[⑤]。B. 卷三九《刑部一·刑制·迁徙·豪霸凶徒迁徙》。[⑥] A 条为大德八年正月湖广行省收到的中书省咨文，B 条为皇庆元年十二月江西行省收到的中书省咨文。

A 条："有一等骤富豪霸之家，内有曾充官吏者，亦有曾充军役离职者，亦有泼皮凶顽者，皆非良善。" "离职"，B 条作"杂职"。二词在此义均可通，然《通制条格》相关文书作"杂职"，[⑦] 则当以 B 条为是。又："莫若严禁各处行省已下大小官吏，非亲戚不得与所部豪霸、茶食、安停人等，似前违犯，取问是实，初犯，于本罪上比常人加二等断罢，红土粉壁，标示过名。再犯，痛行断罪，移徙边远。" "非亲戚不得……取问是实" 一句，文义不通。据 B 条，作"非亲戚不得与所部豪霸等户往来交通，受其馈献一切之物。如有违犯，官吏依取受不枉法例科断。其豪霸、茶食、安保人等，似前违犯，取问是实"云云，则语意豁然。《通制条格》于此亦与 B 条略同。盖本句两次出现"豪霸"一词，A 条抄刻者误将两处混淆，以前一"豪霸"紧

① 《元典章》，第 247 页。

② 《元典章》，第 374 页。

③ 《通制条格》卷六《选举·选格》，见《通制条格校注》，第 254 页。

④ 《元典章校注·诏令/圣政/朝纲/台纲/吏部卷》，第 396 页。

⑤ 《元典章》，第 1917 页。

⑥ 《元典章》，第 1336 页。

⑦ 《通制条格》卷二八《杂令·豪霸迁徙》，见《通制条格校注》，第 701 页。

接后一“豪霸”下的“茶食”，从而脱落中间32字。[①] “再犯，痛行断罪，移徙边远”一句，文义无阙，然B条于此作“再犯，痛行断罪，移徙接连。三犯，断罪，移徙边远”，内容更详。核以《通制条格》，仍以B条为是。[②] A条致误原因同上，抄刻者混淆了本句中的两个“移徙”，以前一“移徙”紧接后一“移徙”下的“边远”，脱落中间8字。因此，以上两处皆当从B条校补。《刑部》日校本、祖校本均已校。[③]

B条：“非理害民，从其奸恶，亦由有司贪猥，驯致其然。”“从其奸恶”，“从”字A条作“纵”，语义为是，且与《通制条格》相符。当从A条校改。沈刻本亦作“纵”。[④]《刑部》日校本、祖校本此处据沈刻本出校，未用本校及《通制条格》例证。[⑤]

（四）两条文书分属不同部类者

【例一】 相关文书：A. 卷六《台纲二·体察·有司休寻廉访司事》。[⑥] B. 卷五三《刑部十五·诉讼·禁例·传闻不许言告（第二条）》。[⑦] A条为至元三十一年八月江南行御史台收到的御史台咨文，B条为至大四年六月江西廉访司收到行台下发的御史台咨文。

A条：“皇帝可怜见呵，里头台里、外头行台里官人每、监察每、各道肃政廉访司官人每，各自省得底勾当有呵，钦依先皇帝圣旨体例、皇帝圣旨里，不拣谁，提说的勾当者。”“提说的勾当者”，B条无“的”字，是。在此“提说”与“勾当”为动宾关系，加“的”字则语意不通。又：“俺台家见底眼，听得底耳朵委付者有。”“委付者有”，B条“者”作“着”，符合元朝蒙文直译体文书译例，亦是。两处当从B条删、改。张金铣校注本于此失校。[⑧] 洪金富《元代台宪文书汇编》亦未引用B条参校。[⑨]

B条：“自中书省为头诸衙门官吏，行得是底、不是底，休察行有。”“休察”，A条作“体察”，文义为确。体察，即监察、监督，为御史台主要职掌，元朝公文中多见。当从校改。《刑部》日校本、祖校本此处虽已校改，

---

① 本句中A条“安停”一词，B条作“安保”，义近，可以两存。《通制条格》同B条。

② 按：《通制条格校注》在此处标点有误。

③ 《校定本〈元典章·刑部〉》，第642~643页；《大元圣政国朝典章·刑部》，第446页。

④ 《元典章》沈刻本，第572页。

⑤ 《校定本〈元典章·刑部〉》，第9页；《大元圣政国朝典章·刑部》，第5页。

⑥ 《元典章》，第166页。

⑦ 《元典章》，第1796页。

⑧ 《元典章校注·诏令/圣政/朝纲/台纲/吏部卷》，第160页。

⑨ 洪金富：《元代台宪文书汇编》，中央研究院历史语言研究所，2003，第221页。

然未用本校例证。[①]

【例二】 相关文书：A. 卷六《台纲二・体察・体察使臣要肚皮》。[②] B. 卷三六《兵部三・驿站・使臣・出使筵会事理》。[③] A 条为至元三十一年中书省转发的御史台奏事文书，B 条为大德十年六月湖广行省收到的中书省咨文。

B 条："近间开读圣旨诏赦差出去底使臣每，更不拣甚么大小勾当里使出去底人每，到外头城子里官人每根底要肚皮，吃祇应。那官人每推着梯己俸钱么道，就里动支官钱，科敛百姓，这般行的也有。如今皇帝登宝位，这般使见识、做贼说谎底人每根底不整治呵，大勾当怎生行得？百姓每怎生不生受底？如今俺似这般闻奏过，各道行文书禁了呵，似这般犯着底人每体察出来呵，重底闻奏了，要罪过，轻底俺每就断呵，怎生？""吃祇应"，A 条前有"多"字，是。祇应，是驿站供给的饮食等物，使臣"吃祇应"并不违纪，"多吃祇应"才是违纪。不生受，A 条"不"下有"交"字，"各道"，A 条下有"里"字，均于文义更为顺畅。此三处当从 A 条校补。《兵部》日校本已校。[④]

【例三】 相关文书：A. 卷三六《兵部三・驿站・使臣・出使筵会事理》，即上例中的 B 条。B. 卷四六《刑部八・诸赃一・以不枉法论・出使取受送遗》，[⑤] 系至大三年九月江南行台收到的御史台咨文。后者转引了大德十年四月中书省发给刑部的札付，与当年六月湖广行省收到的中书省咨文（亦即 A 条）是同一文书。

A 条："本台看详：杨元职居户部司计，催起所属运司盐货，因事饮用本司官吏筵会，有违禁例，罪遇原免，难同宾主宴乐古今通礼。""盐货"，B 条作"盐引"，与《通制条格》同。[⑥] 按 A 条前文简述案情有云："大德八年四月二十九日，户部杨司计为催起京敖盐引，蒙本司郭运使等省会，立帖子，于陈案牍处借到中统钞七十五两，买到羊一口、马妳子、饼酪，及令王三姐等歌唱筵会了当。"可知应以 B 条为是，当从校改。《兵部》日校本此处失校。[⑦]

---

① 《校定本〈元典章・刑部〉》，第 514 页；《大元圣政国朝典章・刑部》，第 358 页。

② 《元典章》，第 165 页。

③ 《元典章》，第 1250 页。

④ 寺田隆信、熊本崇等：《校定〈元典章・兵部〉（中）》，《东北大学东洋史论集》第 3 辑，1988，第 184 页。

⑤ 《元典章》，第 1576 页。

⑥ 《通制条格》卷二七《杂令・私宴》，见《通制条格校注》，第 635 页。

⑦ 《校定〈元典章・兵部〉（中）》，第 185 页。

四　文书被重复转引段落彼此参校

用《元典章》中的转引文书进行本校，还有另外一种情况，即被转引文书并未作为独立条目出现，但在书中曾被重复引用，因而可以彼此参校。对于重复引用的文书，《元典章》有时仍用“互见”之法处理。例如新集《吏部·官制·总例·延祐七年革后禀到诈冒求仕等例》：“照得皇庆元年六月初八日奏过事内一件”，以下未载原文，附注“云有姓达鲁花赤追夺不叙例”。① 皇庆元年六月初八日的奏事并无专条，仅见于卷九《吏部三·官制三·投下官·有姓达鲁花赤追夺不叙》转引。② 不过比较而言，《元典章》在此类场合用“互见”之法很少，大多数时候都还是各自摘录原文。

出现重复转引现象的两条文书，有时位置邻近，有时相隔较远。相隔较远的文书当中，隶属于不同部类的似乎十分罕见，但有虽属同一部类而分处前集、新集者。以下也酌举例证。

（一）两条文书位置邻近者

【例一】相关文书：A. 卷三六《兵部三·驿站·船篙·任回官员站船例》，③ B. 同卷同小目《远方任回官员》，④ 两者前后相邻。A 条为大德元年六月某行省收到的中书省咨文，B 条为皇庆元年五月江西行省收到的中书省咨文，其中都转引了元贞二年七月初六日的中书省奏事。

A 条：“人又那里做官人去的殁了呵，息妇、孩儿每出来不得。”B 条无句首“人”字，语意更为顺畅，当据删。同句 B 条作：“又那里做马去的没了呵，媳妇、孩儿每出来不得。”“做马”，不通，当据 A 条校改为“做官”。此外 A 条：“六品至九品，令译通史、宣使等，船一只。”“令译通史”，B 条无“通”字，仅作“令译史”。令史、译史是元朝两种重要的吏职。虽另有吏职名为通事，然从无合称“令译通史”者。《永乐大典》引《成宪纲要·远方任满丁忧官吏身故军民官家属船马饮食》元贞二年七月初六日条，于此亦作“令译史”。⑤ 故知此处应以 B 条为是，A 条当据删“通”字。《兵部》日校本于以上诸处虽出校，然未用本校例证。⑥

① 《元典章》，第 2044 页。

② 《元典章》，第 294 页。

③ 《元典章》，第 1286 页。

④ 《元典章》，第 1287 页。

⑤ 见《永乐大典》卷一九四二五，第 7283 页。

⑥ 《校定〈元典章·兵部〉（下）》，第 153、155 页。

【例二】 相关文书：A. 卷五七《刑部十九·诸禁·禁宰杀·倒死牛马里正主首告报过开剥》,[①] B. 同卷同小目《私宰牛马》,[②] 两者之间隔有三条文书。A 条为大德七年福建宣慰司收到的江浙行省札付，B 条为至大四年二月某行省收到的尚书省咨文，其中都转引了中统二年五月禁止宰杀牛马的圣旨。

B 条："因病倒死，又疾病毁折，不堪为用，所在官司。若离城远，于当处里正、主首处告报过，方许开剥。""疾病"，A 条作"老病"，更为准确；"所在官司"，A 条前有"申报"二字，于文义为完。两处当据改、补。又"若离城远"，A 条作"若离远窎"。两相参校，可知各有脱字，全句应作"若离城远窎"。A 条当补"城"字，B 条当补"窎"字。《刑部》日校本、祖校本以上均失校。[③]

（二）两条文书分属同卷次不同小目者

【例一】 相关文书：A. 卷四二《刑部四·诸杀一·杀亲属·打死妻》,[④] B. 同卷《诸杀一·因奸杀人·打死犯奸妾》。[⑤] 均为经中书省终审的东平路殴杀案例，A 条案发时间为至元二年四月十五日，B 条为至元四年十一月二十一日。两条案例都转引了相关"旧例"，亦即元初司法沿用的金朝《泰和律》条文。

B 条："殴伤妾者，减凡人二等；死者，以凡人论。""殴伤妾"，A 条作"殴伤妻"。按 B 条所引"旧例"下文复云："殴妾折伤以上，各减妻罪二等。"可知上文应以"殴伤妻"为是。《泰和律》今已不存，然其内容大都渊源于唐律。《唐律疏议》卷二二《斗讼》"殴伤妻妾"条："诸殴伤妻者，减凡人二等；死者，以凡人论。殴妾折伤以上，各减妻罪二等。"[⑥] 可为旁证。盖 B 条案情为"打死犯奸妾"，抄刻者因而将所引"旧例"中的"殴伤妻"妄改为"殴伤妾"，应据 A 条改回。《刑部》日校本、祖校本均失校。[⑦]

---

① 《元典章》，第 1897 页。

② 《元典章》，第 1901 页。

③ 《校定本〈元典章·刑部〉》，第 621、625 页；《大元圣政国朝典章·刑部》，第 434、436 页。

④ 《元典章》，第 1451 页。

⑤ 《元典章》，第 1470 页。

⑥ 《唐律疏议》，刘俊文点校，中华书局，1983，第 409 页。

⑦ 《校定本〈元典章·刑部〉》，第 157 页；《大元圣政国朝典章·刑部》，第 106 页。

（三）两条文书分属同部类不同卷次者

【例一】 相关文书：A. 卷九《吏部三·官制三·仓库官·仓库官例》,[①] B. 卷一二《吏部六·吏制·司吏·路吏运司吏出身》。[②] 均系江浙行省收到的中书省咨文，A 条时间在大德八年七月，B 条在大德十年十月，其中都转引了至元二十九年吏部给中书省的呈文。[③]

B 条："各省既于各路总管府役过月日，别无定夺，及于各路总管府请俸司吏选取广济库副使，如司吏请俸二十月之上及一考者，选充一界，满日年四十五之上与吏目，年未及者于院务使内任用。" A 条无"役过月日别无定夺及于各路总管府"15 字，核以文义为是。盖 B 条上文有云："违例创补之人，虽有役过月日，别无定夺。" 抄刻时遂不慎将"役过月日，别无定夺" 8 字误衍于下文，又重录"于各路总管府"6 字，并衍"及"字，从而多出 15 字，致使文义难通，当据 A 条删除。张金铣校注本于此失校。[④]

（四）两条文书属同部类而分隶前集、新集者

【例一】 相关文书：A. 卷一〇《吏部四·职制一·赴任·赴任程限等例》,[⑤] B. 新集《吏部·职制·假故·官员迁葬假限》。[⑥] A 条为大德八年九月御史台发给行台的咨文，B 条为至治元年五月江浙行省收到的中书省咨文，其中都转引了大德八年九月以前（具体时间不详）的一道中书省札付。

B 条："已除赴任官员在家妆束假限，二千里内三十日，三千里内四十日，已上虽远不过五十日……违限百里外者作缺。" "百里"，A 条作"百日"，据文义为是。《元典章》卷一〇《吏部四·职制一·赴任》目前表格,[⑦] 以及《至正条格》相关文书,[⑧] 于此均作"百日"。此处当从 A 条校改。

【例二】 相关文书：A. 卷三六《兵部三·驿站·使臣·出使筵会事理》，B. 新集《兵部·军制·整治军兵·军中不便事件》。[⑨] A 条上节已有引证，

---

① 《元典章》，第 329 页。

② 《元典章》，第 481 页。

③ 关于该转引文书的时间和性质，A 条作"至元廿九年吏部呈"，B 条作"中书省大德五年正月二十九日咨该"，似非同一文件。然核其内容，几乎全同，可知中书省大德五年正月二十九日咨文中同样转引了至元二十九年的吏部呈文。

④ 《元典章校注·诏令/圣政/朝纲/台纲/吏部卷》，第 508 页。

⑤ 《元典章》，第 374 页。

⑥ 《元典章》，第 2057 页。

⑦ 《元典章》，第 371 页。

⑧ 《至正条格》条格卷三二《假宁·丧葬赴任程限》，校注本，第 126 页。

⑨ 《元典章》，第 2139 页。

系大德十年六月湖广行省收到的中书省咨文，B 条系延祐七年四月江南行台收到的御史台咨文，其中都转引了至元三十一年七月初四日御史台的奏事。①

A 条："近年以来，里头、外头不拣那个大小衙门里做筵席呵，官人、令史俸钱里头尅除着出，么道，除着他每俸钱，却于官钱里头借要了底也有，衹应里要了也有，他每俸钱里出来底也有。为那上头，养活不得，无怕惧，无羞耻，罪过里入去底多有。如今中书省、枢院院，不拣那个衙门官人每筵席呵，自己气力里做筵席者。他每管着底以下衙门官吏俸钱根底，不交尅除要呵，怎生？……么道，奏呵，那般者。省官人每根底说与者。么道。"

B 条："近年以来，里头、外头不拣那个大小衙门里筵席呵，官人、令史俸钱里克除着出，么道，推着他每俸钱，却于官钱里借了的也有，支应了的也有，他每俸钱里出来的也有。为那上头，养活不得，无怕惧、无差耻，罪过里入去的多有。如今中书省、枢密院，不拣那个衙门官人每筵席呵，自己气力里做筵席者。他每管着的已下衙门官吏俸钱根底，不交克除要呵，怎生？……么道，奏呵，那般者。省官人每根底说与者。么道，圣旨了也。钦此。"

两相参照，各有疏误。A 条"除着"，当据 B 条改为"推着"；"要了"，下当补"底"字；"枢院院"，当改为"枢密院"；末尾"么道"之后，当补"圣旨了也钦此"6 字。B 条"筵席"，前当据 A 条补"做"字；"借了"，两字之间当补"要"字；"支应"，当改为"衹应"，其下并补"里要"二字；"差耻"，当改为"羞耻"。如此，始与文义及元朝制度相符。《通制条格》相关文书亦可作为上述改字、补字的佐证。②《兵部》日校本 A 条仅据《通制条格》出校，未用本校例证。③

五 表格与文书参校

《元典章》书中载有 53 幅表格（含图表）。除去卷三〇《礼部三·礼制三》所载服制图 6 幅、"墓地禁步之图"1 幅外，狭义的表格共有 46 幅，其中前集 40 幅，新集 6 幅，皆置于卷首或门目之首。这些表格的编纂宗旨，主要是将某些重要的制度和规定加以汇总、简化，使读者一目了然，便于观览

① B 条误将奏事年代写为至元三十年。据《通制条格》卷十三《禄令·尅除俸禄》（《通制条格校注》，第 391 页）及《元史》卷一八《成宗纪一》（第 385 页），此次奏事年代实为至元三十一年。

② 《通制条格》卷一三《禄令·尅除俸禄》，见《通制条格校注》，第 391 页。

③ 《校定〈元典章·兵部〉（中）》，第 184～185 页。

检阅。表格中的大部分内容见于正文，但也有溢出正文之外者。那些见于正文的内容，即可与具体文书互校。酌举数例。

（一）以表格校文书

【例一】 A. 表格：卷八《吏部二》卷首表格“军官品级”栏①；B. 文书：卷九《吏部三・官制三・军官・定夺军官品级》。② 后者是至元二十一年三月枢密院奏准颁布的条例。一般而言，表格、文书参校的情况都出现在《元典章》的同一卷，本例当中用于参校的表格、文书分处两卷，是比较少见的情况。

文书：“至元二十一年二月十六日，枢密院官同中书省官、御史台官奏准万户、千户、百户等官员职名品级：……下千户所，三百军之上。达鲁花赤一员，千户一员，副千户一员。——前件，达鲁花赤、千户俱作从五品、金牌，副千户作正六品、金牌。”表格将“下（千户所）副千户”置于“正六（品）、银牌”一行，与文书中“副千户作正六品、金牌”有异。按《元史・百官志七》所载同表格，③ 当以表格为是。《元典章》沈刻本“定夺军官品级”条于此亦作“银牌”，④ 或系参考表格进行了改动。张金铣校注本据《元史・百官志七》及《元典章》沈刻本校改，未用本校例证。⑤

【例二】 A. 表格：卷一九《户部五・田宅》卷首表格⑥；B. 文书：同卷《户部五・田宅・民田・田多诡名避差》。⑦ 后者是至元二十六年三月行大司农司根据圣旨条画拟定的相关细则。

文书：“至元二十六年三月，行大司农司：参照议拟到元钦奉圣旨条画内一款：‘田多之家，多有诡名分作数家名姓纳税，以避差役，因而靠损贫难下户。许令依限出首，与免本罪，依理改正。限外不首，有人告发到官，验诡名地亩多寡断罪，仍于犯人名下量征宝钞，付告人充赏。’钦此。行大司农司议得，犯人十亩以下，笞三十七下。六百亩以下，笞四十七下。三百亩以下，杖五十七下。五百亩以下，杖六十七下。一千亩以下，杖七十七下。二千亩以下，杖八十七下。三千亩以下，杖九十七下。已上地亩虽多，罪止一百七下。”“六百亩以下”，表格作“一百亩以下”，是。文书所载惩罚

① 《元典章》，第 235 页。

② 《元典章》，第 285 页。

③ 《元史》卷九一《百官志七》，第 2311 页。

④ 《元典章》沈刻本，第 137 页。

⑤ 《元典章校注・诏令/圣政/朝纲/台纲/吏部卷》，第 293 页。

⑥ 《元典章》，第 671 页。

⑦ 《元典章》，第 674 页。

规定，是按诡名占地数量由少至多排列的，“六百亩以下”不可能排在“三百亩以下”之前，显然应据表格校改。《元典章》沈刻本在此亦为“一百亩以下”，[①] 大概也是参考表格作了改动。

【例三】 A. 表格：卷五七《刑部十九·诸禁》卷首表格“禁私斛斗秤尺”栏[②]；B. 文书：卷五七《刑部十九·诸禁·杂禁·斛斗秤尺牙人》。后者已见前文第三节节引，为皇庆元年江西行省下发的札付。

文书：“亲民司县正官禁治不严，初犯罚俸一月，再犯各决二十七下，三犯别议，亲民州郡与司县同，仍标注过名，任满于解由内开写，以凭定夺。外据路府州县达鲁花赤、长官不为用心提调，致有违犯，初犯罚俸二十日，再犯，取招别议定罪。”“路府州县达鲁花赤、长官”，表格无“县”字，是。盖上文先言“亲民司县正官禁治不严”的惩戒规定，下文继言“路府州达鲁花赤、长官不为用心提调”的处理办法，层次清楚。下文如果多一“县”字，反增混淆。元朝公文提及地方官府时每泛言“路府州县”，文书此处当因之致衍，应据表格校删。《刑部》日校本、祖校本均失校。[③]

（二）以文书校表格

【例一】 A. 表格：卷八《吏部二》卷首表格“内官升转”栏[④]；B. 文书：同卷《吏部二·官制二·月日·官员升转月日》。[⑤] 后者是大德元年三月初七日中书省奏准颁布的条例。

表格：“职官令史二十个月升二等，今后二十个月则升一等。”文书则云：“‘职官这里教做令史，勾当三十个月，升二等出去有。今后行三十个月，则升一等，依例委付呵，怎生？’奏呵，奉圣旨：‘那般者。’”表格中两处“二十个月”在文书中均为“三十个月”，应以后者为是。元制：“理考通以三十月为则”。[⑥] 除边远地区的部分官吏外，一般官吏计算资历均以30个月为单位，其例至众。此处表格当据文书校改。张金铣校注本于此失校。[⑦]

【例二】 A. 表格：卷三五《兵部二》卷首表格“隐藏·枪或刀弩”栏；[⑧]

---

① 《元典章》沈刻本，第304页。

② 《元典章》，第1873页。

③ 《校定本〈元典章·刑部〉》，第669页；《大元圣政国朝典章·刑部》，第461页。

④ 《元典章》，第234页。

⑤ 《元典章》，第269页。

⑥ 《元史》卷八三《选举志三·铨法中》，第2064页。

⑦ 《元典章校注·诏令/圣政/朝纲/台纲/吏部卷》，第232页。

⑧ 《元典章》，第1217页。

B. 文书：同卷《兵部二·军器·隐藏·隐藏军器罪名》。[①] 后者是至元五年中书省发给行省的咨文。

表格："五件以上，杖九十七，徒四年。"文书则云："枪或刀弩：……五件以上，杖九十七下，徒三年。"按元徒刑最高为三年，无四年之制。《元史·刑法志》于此亦作"徒三年"。[②] 表格当从文书校改。《兵部》日校本未校。[③]

【例三】 A. 表格：卷五七《刑部十九·诸禁》卷首表格"诱略良人"栏[④]；B. 文书：卷五七《刑部十九·诸禁·禁诱略·略卖良人新例》。[⑤] 后者为大德八年江西行省收到的中书省咨文。

表格："关津所过主首失觉察者，二十七。因而受财纵放，减犯人罪二等，仍除名不叙。"文书则云："关津过所主司知而受财纵放者，减犯人罪三等，仍除名不叙；失检察者，笞二十七。""主首"作"主司"，"减犯人罪二等"作"减犯人罪三等"，皆与《元史·刑法志》相合，[⑥] 表格应据改。表格又载："务司无元卖契书、官司公据辄行税契，有司不应据而给据，四十七。""不应据"，文书作"不应给据"，于文义为顺畅，表格应据补"给"字。《刑部》日校本以上均失校。祖校本于"减犯人罪二等"一句据本校出校，其余两处漏校。[⑦]

六　原目录与文书参校

《元典章》原书卷首载有全书条文目录，大都附注文书年代，有的还附注文书在正文中的"互见"情况。这份目录与正文存在不少出入，标题不尽符合，排序不全对应，甚至出现目录有正文无，或是目录无正文有的现象。因此我们在点校时重新编制了目录，将原目录作为附录置于书末。不过，原目录对于正文仍有一定的校勘价值，以下酌举例证。通过正文当然也可以校改原目录的错误，但既然新编了目录，订正原目录的意义已经不大，这里就不涉及了。

---

① 《元典章》，第 1230 页。

② 《元史》卷一〇五《刑法志四·禁令》，第 2681 页。

③ 《校定〈元典章·兵部〉（中）》，第 151 页。

④ 《元典章》，第 1870 页。

⑤ 《元典章》，第 1876 页。

⑥ 《元史》卷一〇四《刑法志三·盗贼》，第 2663 页。

⑦ 《校定本〈元典章·刑部〉》，第 597 页；《大元圣政国朝典章·刑部》，第 419 页。

（一）据原目录校正文书标题

【例一】卷二六《户部十二・科役・夫役・置簿轮差搬运人夫》。[①] 这是至元二十九年四月江南行台下发的札付。

正文文书标题作"主簿论差搬运人夫"。"主簿"，原目录作"置簿"；"论差"，原目录作"轮差"。[②] 与文书中"置立鼠尾文簿""验籍轮流差拨"等语相合，当据改。

【例二】卷三四《兵部一・军役・军官・禁军官齐敛钱物》。[③] 这是至元二十九年三月初十日江南行台收到的御史台咨文。

正文文书标题作"禁军齐敛钱物"。原目录于"军"下有"官"字。[④] 据文书内容，"齐敛钱物"者为千户、百户等军官，"军"是"齐敛"的对象，故以原目录为是，应据补。《兵部》日校本失校。[⑤]

（二）据原目录校正文书年代或"互见"情况

【例一】卷五一《刑部十三・诸盗三・失盗・捕杀人贼同强盗罪赏》。[⑥] 这是至元七年中书右三部下发的符文。

正文文书开端为"至元十年正月，中书右三部"云云。然原目录该条附注年代为"至元七年"。[⑦] 该条文书亦略载于《通制条格》、《至正条格》，年代均为至元七年。[⑧] 故以原目录为是，正文当校改。《刑部》日校本、祖校本皆出校未改。[⑨]

【例二】卷二五《户部十一・差发・影避・禁站户簪带躲避差发》。[⑩] 该条有目无文，内容另见书中他处。

正文标题下附注"见礼部僧道类"。然原目录该条则附注"见站赤门站

① 《元典章》，第 988 页。

② 《元典章》，第 2348 页。

③ 《元典章》，第 1156 页。

④ 《元典章》，第 2361 页。

⑤ 寺田隆信、熊本崇等：《校定〈元典章・兵部〉（上）》，《东北大学东洋史论集》第 2 辑，1986，第 175 页。

⑥ 《元典章》，第 1729 页。

⑦ 《元典章》，第 2404 页。

⑧ 《通制条格》卷一九《捕亡・捕盗责限》，见《通制条格校注》，第 557 页；《至正条格》条格卷二九《捕亡・杀人同强盗捕限》，校注本，第 103 页。

⑨ 《校定本〈元典章・刑部〉》，第 439 页；《大元圣政国朝典章・刑部》，第 310 页。

⑩ 《元典章》，第 965 页。

户类”。[①] 检核书中相关部分，卷三三《礼部六》大目为“释道”，其下并无类似条文。卷三六《兵部三》大目为“驿站”，其“站户”小目有“站户簪戴避役”一条，[②] 与原目录所言大体相符。故此处亦以原目录为是。

七　同一条文书上下文参校

前引陈垣先生论本校曰：“至于字句之间，则循览上下文义，近而数叶，远而数卷，属词比事，牴牾自见，不必尽据异本也。”实际上，在《元典章》中“循览上下文义”进行本校，有时不必“远而数卷”，甚至也不必“近而数叶”，仅在当页或隔页即可发现并解决问题，那就是同一条文书上下文的参校。举例如下。

【例一】卷九《吏部三·官制三·站官·整治站官事理（第二条）》。[③] 这是皇庆元年七月江西行省收到的中书省咨文。

文书中引兵部呈文曰：“照得江西等省咨，站户内选保站赤。江南、腹里事体不同，倘有边关军情机密事务，恐非所宜。以此参详，合咨各省照勘各站驿令，若有急缺或不设去处，于相应人内铨注提领一名，相参勾当。如蒙准呈，照会相应。具呈照详。”然其上文所引江西行省咨文则曰：“站户内选保站官，本欲优恤站户，诚为美意。却缘……若比于站户内选取，岂惟不谙站赤事务，倘有机密公事，中间恐非所宜。”兵部呈文提到“站户内选保站赤”，据江西咨文则为“站户内选保站官”。按文书题目为“整治站官事理”，隶属“站官”小目，兵部呈文后半所言“铨注提领一名”亦指站官。而“站户内选保站赤”，含义不明，令人费解。可知此处“站赤”当据上文校改为“站官”。张金铣校注本于此失校。[④]

【例二】卷三四《兵部一·军役·探马赤军·探马赤军驱当役》。[⑤] 这是大德七年江西行省收到的枢密院咨文。

文书中引圣旨曰：“在先已入枝儿里去了的，休寻者。别枝儿里不曾去了的，似这般人每，使长根底出去了呵，根脚里百户、牌子里做数目，当身役者。”圣旨首句含义模糊，而下句与此相对，谓“别枝儿里不曾去了的”云云，别枝儿指其他户计。可知前一“枝儿”亦当作“别枝儿”为是。文书

① 《元典章》，第 2347 页。

② 《元典章》，第 1262 页。

③ 《元典章》，第 355 页。

④ 《元典章校注·诏令/圣政/朝纲/台纲/吏部卷》，第 371 页。

⑤ 《元典章》，第 1183 页。

前半枢密院奏事亦云“可怜见呵，放了从良的、赎身出去的奴婢每，别枝儿里不交入去”，可证。故“在先已入枝儿里去了的”一句，“枝儿”前应据上下文补“别”字。《兵部》日校本失校。①

【例三】卷四七《刑部九·诸赃二·侵使·税官侵使课程》。② 这是大德七年六月初九日御史台收到的中书省札付。

文书中引刑部呈文曰：“孙桂等节次侵使中统钞四定三十三两，内廉访司元征四项钞四定二十五两，今次续照出一项与董询纳课支用钞一十三两，计折至元钞四十七两六钱，即系枉法。”按“廉访司元征四项钞四定二十五两”与“今次续照出一项与董询纳课支用钞一十三两”相加，为四定三十八两，与侵使总数“四定三十三两”不符。然继言“计折至元钞四十七两六钱”，至元钞与中统钞比价为一比五，四十七两六钱乘五为二百三十八两，亦即四定三十八两（一定等于五十两）。可知呈文首句中“四定三十三两”当据下文校改为“四定三十八两”。《刑部》日校本、祖校本均失校。③

以上共分七节，大致概括了运用本校手段校勘《元典章》的各种不同类型，实际上也是从一个方面对《元典章》点校工作进行的总结。所举例证当中，有的错误非本校不能发现并校改。有的错误，虽有对校（如沈刻本）、他校（如《通制条格》等书）材料可供校勘，或错误简单，仅凭理校即可改正，但如果加上本校材料，则其误益明，正误益信，纵使起元人于地下，亦当无以易之。我们在整理《元典章》时，由于时间所限，对于书中本校材料的挖掘其实还是不充分的。相信在日后的研究中，这方面工作仍然可以继续深入。

---

① 《校定〈元典章·兵部〉（上）》，第 206 页。

② 《元典章》，第 1595 页。

③ 《校定本〈元典章·刑部〉》，第 296 页；《大元圣政国朝典章·刑部》，第 209 页。

《中国古代法律文献研究》第八辑
2014年，第359~374页

明代府的司法地位初探

——以徽州诉讼文书为中心

阿 风*

摘 要： 府是明代的中层政府机构，起着承上启下的作用。与知县掌一县之事不同，明代府的长官与佐贰各司其职，有着明确的职责分工。从现存的徽州诉讼文书可以看出，包括知府、同知、推官都会审理起诉、上诉及上司批交案件。到了明代中后期，由于巡按御史等监察官员过多干预地方司法，同知、推官等不得不承担了很多上司批交案件，有些案件甚至多次重审。这一方面也加重府职官的负担，另一方面也削弱了府的地位，给地方司法体系带来了混乱。

关键词： 府 司法地位 徽州诉讼文书

有关明代诉讼制度研究，较早的有杨雪峰的《明代的审判制度》，① 该书以实录、律例、政书为主要史料，按照现代法的框架，介绍了明代了审判机关，分析了起诉、强制处分、证据、裁判等诉讼各个阶段的情况。透过该书可以基本上了解明代的刑事、民事审判制度框架。那思陆《明代中央司法审判制度》② 一书虽然重点研究中央的司法审判，但在讨论直隶与各省案件复核程序时，也涉及地方的刑事、民事诉讼程序。夫马进《明清时代讼师与诉讼制度》③ 以

---

* 中国社会科学院历史研究所研究员。

① 黎明文化事业股份有限公司，1978。

② 北京大学出版社，2004。

③ 〔日〕夫马进：《明清時代の訟師と訴訟制度》，〔日〕梅原郁编《中国近世の法制と社会》，京都大学人文科学研究所，1993。中文版《明清时代的讼师与诉讼制度》，《明清时期的民事审判与民间契约》，王亚新等编译，法律出版社，1998。

判牍、管箴书、讼师秘本等资料分析了明清时代的讼师与诉讼制度之间的关系，文中对于告状、审判的过程都有细致的分析，成为实证性研究的代表成果。

不过，以往的这些研究，更多着眼于州县及州县以下的诉讼纠纷的解决方式，对中层政府“府”在当时诉讼体系中位置，一直缺乏关注。事实上，明代与府有关的诉讼资料也是很多的，比如很多判牍就是推官写的。[①] 不过，判牍关注的是案件的判决结果，对于程序关注不多。所以仅仅通过判牍，还无法了解当时具体的诉讼程序。

近年来，随着徽州诉讼文书的发现，有关明代诉讼制度研究开始有了新的突破。一些学者开始利用徽州文书，考察了里长、老人在明代乡村纷争过程中的角色与地位，分析了明代基层社会诉讼纠纷的解决过程。[②] 除了州县及州县以下诉讼资料外，徽州诉讼文书中还包含了一些与府有关的诉讼资料，这为了解府在当时诉讼体系中的位置提供了可能。以下将徽州诉讼文书为中心，探讨明代南直隶徽州府的司法地位。

一　徽州府的公署与官属

“建官设署，必各有所居，以出政令。又必各有廨舍，以为退食之处。”府作为一级政府机构，必然有官员办公与休息的场所，这些场所统称为公署。明朝建立后的洪武二年（1369），明太祖朱元璋下诏，要求各官廨舍要置于“公署旁周垣之内”，不许租住民房。[③] 明代以后，徽州府官衙、廨舍的样式逐渐标准化。

在明代，徽州府虽然为直隶府，但其职官构成与各省之府基本相同，府城设内有上司公署与府公署，成为府城的重要行政与司法机构。下面依次分类介绍徽州府城中公署与职官的情况。

（一）上司公署与官属

在明代，徽州府城内的上司公署主要是“察院”，也就是巡按御史驻扎

① 滨岛敦俊认为：“尽管刑名词讼是知县的主要职责之一，但实际上，知县常把判词的草拟交给幕友去干。相反，推官作为知府的官员，审判是其本职工作。所以，同其他地方官相比，相当多的判词是由他们亲自起草的，因而留下的判牍相对就多。”参见〔日〕滨岛敦俊《明代之判牍》，《中国史研究》1996 年第 1 期，第 119 页。该文原载〔日〕滋賀秀三編《中国法制史——基本資料の研究——》，東京大学出版会，1993。

② 参照〔日〕中島楽章《明代鄉村の紛争と秩序——徽州文書を史料として——》，汲古書院，2002。中文版《明代乡村的纠纷与秩序——以徽州文书为中心》，江苏人民出版社，2010；韩秀桃《明清徽州的民间纠纷及其解决》，合肥安徽大学出版社，2004。

③ 弘治《徽州府志》卷之五《公署》，天一阁明代方志选刊。

之地。明代的巡按“代天子巡狩”地方，职责包括“审录罪囚”、“吊刷文卷”、“稽查庶政”，等等，并有权举荐、惩治地方官员，[①] 职责重大。“凡巡按监察御史，一年已满，差官更代”。[②] 当时各府州县多设有“察院”，作为巡按公署。在徽州府，除府城设有察院公署外，其他休宁、祁门、婺源、黟县、绩溪各县均设有察院一所。

除巡按御史以外，巡抚巡视地方，亦到察院办公。明代中期以后，巡抚派出日益频繁，徽州府城仅有察院一所，无法同时应付巡按、巡抚办公之用。到了弘治十四年（1501），巡抚彭礼[③]来到徽州府，认为巡抚、巡按共用察院，十分不便。于是要求当时的徽州府知府彭泽等筹措价银，新建“都察院”。后彭泽以忧去职，直到弘治十六年（1503），经知府何歆督造，新建的“都察院”才得以完工。其位于府学前左隅，规制如下：

> 正厅三间，耳房二间，左右廊十二间，穿堂三间，直舍三间，厨房三间，二门五间，前门三间。门左右各建小房三间，以为府卫居止厅事。周围垣墙高峻。门复筑屏墙一道，东西起盖牌坊二座，曰抚绥，曰肃清，规制整肃，焕然聿新。[④]

与原来的察院相比，新建的“都察院”不仅房间数量与种类略有增加，而且新建高峻的垣墙与牌坊焕然一新。

当时，徽州府城的“察院（巡按察院）”与“都察院（巡抚都院）”亦并称“两院”，[⑤] 是当时徽州府城中最主要的上司公署。

在一府之中，“察院”体现出天子的权威，是上司公署的核心。特别是巡按御史本为七品官员，从体统上来说却是四品知府的上司官员。虽然巡按只是定期到察院办公，但他们在地方行政、司法等诸多事务中扮演着重要的角色。

---

① 《明史》卷七三《职官二·都察院》，中华书局，1974，第1768～1769页。

② 嘉靖《徽州府志》卷之三《监司职官志》，明嘉靖四十五年刻本，成文出版社，1985。

③ 《明孝宗实录》卷之一三〇，弘治十年十月庚辰：“改提督易州山厂工部右侍郎彭礼为都察院左副都御史巡抚苏松等处兼总理粮储。”中研院历史语言研究所校印本，1962～1968，第2303页。

④ 弘治《徽州府志》卷之五《公署》。

⑤ 例如，《天启七年五月休宁戴阿程向宗祠捐产合同》（《徽州千年契约文书·清民国编》卷四，花山文艺出版社，1991，第218～220页）提到戴阿程之夫戴立志早亡无子，所遗典铺资产颇丰。同族之人觊觎财产，将屯溪典铺强抢一空，戴阿程为此“奔控两院”。这里的两院就是指巡按察院与巡抚都院。

（二）郡邑官属

在明代的徽州府职官中，与司法有关的官员包括知府与佐贰，还有幕职与属官等。其中知府为长，正四品，“掌一府之政，宣风化，平狱讼，均赋役，以教养百姓”,① 俗称“太爷”。同知为贰，意为“同知府事”，正五品，“清军伍、督粮税”是其主要职责，亦称“清军同知”。② 通判为佐，正六品，是府职官中的三号人物，又称“三府”,③ 巡捕、治安是其志职。推官亦为佐，“理刑名，赞计典”,④ 为正七品。推官“职专理狱”，是府内专职的司法长官，亦称“刑厅”，又称“司理”，俗称“四府”、“四爷”、“推爷”等。⑤ 按“故事，司理以风闻应直指”,⑥ 所以推官亦有监察地方官员的职能，其与巡按御史有着紧密的联系。⑦

同知、推官等分管清军、督粮、理刑事务，责任重大。弘治十四年（1501）八月，徽州知府彭泽新建清军厅、督粮厅、理刑厅，以为清军、督粮、理刑公署。这些专门的公署亦是分管佐贰办事之所，因为同知负责清

① 《明史》卷七五《志》第五一《职官四·府》，第1849页。

② 洪武时，徽州府同知曹诚“坐迟误黄册”，被谪戍新安卫（弘治《徽州府志》卷四《郡职官·同知·曹诚》），可知同知承担造册的职能。又弘治《徽州府志》卷之四《名宦》载：“王佐……永乐十五年同知徽州府事，公勤慎始终不易其操，清理军伍，董督粮税，事集而不扰。”可见“清军”与“督粮”是同知的基本责任。正是因为同知有“清军”的职能，所以同知有时会受命指挥地方武装力量。例如，嘉靖四十五年正月，“衢寇起，巡按檄清军同知张子瑫帅兵御之于婺源芙蓉岭，败绩。新安卫指挥王应桢、百户何子实死之”。隆庆元年，为了防御流寇的侵扰，徽州府一度改清军厅为督军厅，专驻休宁，操练军马，以策应诸路。崇祯十四年辛巳，“兵宪张文辉檄新安卫官兵剿贼。三月，同知罗公督领卫兵至休、婺剿贼，败之”。以上参照康熙《徽州府志》卷之一《舆地志上·建置沿革表》，康熙三十八年刻本，成文出版社，1975。

③ 嘉靖《徽州府志》卷之六《名宦》：“林继贤，嘉靖五年由举人授徽州府通判……长老言清官，动曰‘林三府’云。”

④ 《明史》卷七五《志》第五一《职官四·府》，第1849页。

⑤ （明）程任卿《丝绢全书》卷一《帅加谟复呈府词》中提到“蒙段太爷、晏推爷会看得”，《北京图书馆古籍珍本丛刊》第60册，书目文献出版社，1998，第456页；又卷二《歙民江伯弼等告词》：“为恳恩斧豁民困、以便输纳事……蒙段太爷、晏四爷会参。”（第487页）可知当时的民间称推官为“四爷”或“推爷”。

⑥ （明）王一鹗：《陕西按察事副使刘公效祖墓志铭》，（明）集竑编辑《国朝献征录》卷九四《陕西》，《续修四库全书》第530册，第322页。

⑦ 万历六年，刑部主事管志道关于巡按“六弊”中云：“两直隶即有抚，按：又有巡盐、巡江、清军、屯马等诸察院，则兵备等官东参西谒、朝送夕迎，碌碌奔走，迄无宁日。而各推官不复理本府之刑，专于答应巡按矣。”参见（明）张萱《西园闻见录》卷九三《巡按·前言》，明文书局，1991，第708页。

军、督粮事务，当时的民众就称为同知为“军厅”或“粮厅”。而推官负责理刑，当时又称其为“刑厅”。这其实是以官署代称其职位，同时也反映出府的长、佐、贰各司其职，具有明确的分工。

在明代，如果知县一时缺任的话，府的同知、推官等常常会兼署县事，① 这时他们代理知县来直接受理各种案件。

根据现存《徽州府志》等资料记载，② 可以发现，知府、同知、通判、推官出身与任职情况稍有不同。知府多是进士出身，很多以御史或部院员外郎等升任，足见明朝政府对于知府的任命还是重视的。相对而言，明初的知府任职时间较长。如孙遇，从正统九年（1444）至天顺八年（1464），除中间丁母忧两年外，三知徽州府，任知府达十八年之久。到明代中后期，任期二年、三年、四年不等，变动稍繁，或丁忧去，或升迁，或卒于任。

从徽州府同知的简历可以看出，其出身多有举人、监生，结果就是他们经过漫长的仕途而成为府同知时，年龄相对较大，所以多有卒于官或丁父母忧者。而且考满升迁者多止于知府或按察司副使。与同知相比，通判的出身更低。不仅举人者众多，而且亦有贡生。由进士者，多有谪任。与同知、通判相比，作为四府的推官却多是进士出身，考满多升迁为各部主事或科道官员。可见，在府职官中，明朝政府比较分重视知府与推官的选任。

徽州府还设有经历、知事、照磨、检校诸员，职掌为“受发上下文移，磨勘六房宗卷”，③ 管理文书是幕属的职责。此外，徽州府还设有司狱司。司狱司设司狱一员，为从九品。同时还有狱典一人。

二 诉讼的展开

按照《大明律》规定：“凡军民词讼，皆须自下而上陈告。若越本管官司，辄赴上司称诉者，笞五十。”④ 徽州系直隶府，从现存明代徽州诉讼文书

① 例如，《万历十四年十月祁门县为争占山场事付郑安胜帖文》（原件藏中国社会科学院历史研究所及中国第一历史档案馆）中提就到“署府事本府督军同知于（翰）”。又康熙《徽州府志》卷三《郡职官·推官》：“鲁元宠，崇祯中任，署休宁篆，访革衙蠹二十四天罡，升编修。”

② 这些史料包括：弘治《徽州府志》卷之四《郡县官属》、《名宦》；嘉靖《徽州府志》卷之四《郡县职官志》；康熙《徽州府志》卷之三《秩官志上·郡职官》、卷之五《秩官志下·名宦》，道光《徽州府志》卷七之一《职官志·郡职官》、卷八之二《名宦政绩传》，道光七年刊本，成文出版社，1975，等等。

③ 《明史》卷七五《志》第五一《职官四·府》，第1849页。

④ 黄彰健：《明代律例汇编》卷二二《刑律·诉讼·越诉》，中央研究院历史语言研究所，1979，第853页。

来看，如果当事人对于县里的审判不满的话，就会上诉徽州府，也会继续上诉到巡按、巡抚控告。到了明代后期，随着兵备道的设立，也有到兵备道告状的事例。还有些案件，未经县（府）审，或县（府）审未结之案，当事人便越诉到府或巡按、巡抚处告状。这种情况并不少见。

（一）上诉与起诉案件

从现在明代徽州诉讼文书可以看出，从明朝初年开始，人们到府起诉或上诉的情况就很常见。例如《宣德八年（1433）祁门李阿谢供状》就记录上诉的过程：

供状人李阿谢，年陆拾岁，身有气疾，系直隶徽州府祁门县拾西都故民李舒妻。状供：除将李景祥捏继男务本，系弟承兄祀，自来不与阿谢同居共食，疏违不行奉养等因。经投里老及首告本县，蒙拘供帖，令里老、族邻谢乞安等勘，男务本生故年岁，景祥尊卑失序、缺养阿谢等情，申结在官，揭册相同，是实。蒙本县帖，令景祥改正归宗。已同族长李可大等议，摘应继亲族李永福男用通继男务本为子。不期景祥倚恃刁泼，仍前贪产，又听伊亲谢彦良等主唆，计令伊兄李景昌捏词，辄赴上司诬告阿谢及弟能静占产，隐下以弟继兄真情，称继故伯李舒为子等因。蒙行本府勘问，责对备供在官外，今蒙本府具由，申奉户部勘合。开照：景祥永乐拾年议承故伯李舒户役，到今贰拾余年，及阿谢再嫁年久，为何告争田土。谢能静系谢氏亲弟，所争之田地，须系诡寄，改正推还过割。李景祥所供，又与本县申词互异等因，蒙行本府，重别理断。阿谢思得男李务本，永乐元年册内年壹拾岁，承故父李舒户，永乐拾年壹拾玖岁病故。李胜舟男景祥年贰岁，承兄务本户。彼时阿谢曾阻远族，昭穆不应，不容捏继。不期胜舟串通书攒，将景祥冒妆务本户内。今男务本生故年岁、景祥失序实迹缘由，自有递年籍册并里老申结，堪行查证，实非继承故伯李舒户役，缘弟承兄祀不应，须经年远，应合改正。及阿谢因男务本幼弱，曾招胡惟善就家，帮养务本，不久继亡，委无离堂出嫁、断废李氏祭祀。兼系故男务本存日事情，景祥未曾装继，缘何朦胧指此摭拾告言？及将田地准还亲弟谢能静一节，彼时夫亡子幼，应用、丧葬、日用等项，节借父弟家财谷应用，事系务本存日，主将前项田土，凭族叔李仲积评价，立契明白，准还能静及备贰妹装具。永乐拾年册内，能静将准还产土及比先诡寄田亩，改收过户输纳，又非阿谢因男故后破荡李氏家业。委的事无窥避，本县申词已具，里老体勘实情，相同无异。及弟能静先因阿谢依住，虑非久计，以此将原准还田土伍亩零批与景祥，实图取回阿谢同居奉养。不期景祥批后委加背义疏违，却将前田专收租利，与兄景昌享用壹拾捌年。及致阿谢节托谢志道等浼讨衣食，不与，反同伊妻谢氏欺骂，已曾投告。及景祥累砍本家杉木变卖，易置好田贰拾余亩，及能静批与基地，通行收割伊兄景昌户内。阿谢又诉，本府通行勘问，蒙帖仰本县拘集里老、亲族谢得延等，揭册相同，覆勘申结是实。景祥兄弟理亏，却又捏计贰岁男善庆捶继务本为子。缘景祥远服，今既改正归宗，阿谢已摘相应李用通承继宗祀了当，理难再容捶继，挟从贪产私谋。如蒙准供，乞将原供情词并本县取勘申结，通加照详推断，庶得老寡免被缠害，宗祀得有所承，事无违枉，便益。所供是实。

宣德八年十一月廿五日　　供状人　　李阿谢（押）状。

付官讫[①]

这是一份徽州府官员审判时诉讼当事人的供状。祁门县十西都故民李舒妻李阿谢，因为继子李景祥“不行奉养”，“以弟承兄不应”为由，“经投里老及首告本县”，要求改正。祁门县传唤里老、族邻到县，问明情由，发帖文同意李阿谢的请求。不过，到了宣德十年（1435），李景祥之兄李景昌以李阿谢之弟谢能静“占产”为由，赴徽州府告状。徽州府准状，一方面向户部申文，调查册籍，确认“占产”的详情；一方面则拘原、被等人讯问理断。李景祥、李景昌对于知县的判决不满，他们不是以旧案上诉，而是以新案告到徽州府。徽州府并没有转回祁门县，而是直接受理、审理此案。

府虽然“勘问”案件，但包括行提两造、证人以及具体的勘验工作实际上还是要由县来执行。例如，成化八年（1472）十一月十四日，祁门县十西都民谢玉澄到徽州府状告谢道本等人“强砍山木、印阻木植”，徽州府受理案件后，于十一月十五日发“帖文”给祁门县，要求行提犯人到府。同月二十五日，徽州府因为祁门县“不见解报”，遂发牌文催促，要求祁门县“即拘犯人谢道本等各正身到官，星驰差人解府”。[②] 又如弘治十三年（1500），徽州府祁门县十东都民妇李阿邵、胡希旦等到徽州府状告李思俊等侵占地

① 原件藏中国第一历史档案馆，编号：明2-16。着重号为笔者所加。有关这一案件，参见中岛乐章《明代乡村纠纷与秩序》第91～93页。

② 关于这一诉讼案件及相关材料，参见阿风《明成化年间徽州府祁门县〈强占山土印阻木植等事〉文卷抄白探析》，徐世虹主编《中国古代法律文献研究》第6辑，社会科学文献出版社，2012。

界，徽州府准状，行提当事人到府进行讯问。然后发牌文给祁门县，要求由祁门县委托里长、老人等进行勘验：

直隶徽州府为诉讼事。行据祁门县申解犯人邵文祯等到府，案照：先据本县十东都民妇李阿邵状告前事，行间又据本都民胡希旺状告，亦为前情。行提去后，今据解到审。据各供，李思俊承祖李再兴承买胡仕可等谷字八百二十四号地并八百二十三号山，与胡希旺承祖谷字六百六十七号并六百六十九等号山地相连，因争界至、亩步不明等情，各供在卷。所据前项山地相连，合行该县差人钉拨定业相应。为此，牌仰原、被告人赍去，该县着落当该官吏，照依牌内事理，即委耆老张侃、老人张琰、里长许仲林亲临争所，揭查经理保簿字号亩步及李思俊原买契内四至亩步阔狭，逐一勘踏明白，钉拨管业。仰具分拨过缘由申府施行。承委人役毋得徇情偏向不公，取罪不便。须至牌者。

计发去原被告人　　胡希旺　　李思俊。

刑字十九号（半字）

右仰祁门县　　准此。

弘治十三年五月廿日司吏方裕　承

（徽州府印）

府（押）

限本月廿三　日缴。①

李阿邵与胡希旺到府告状。徽州府将当事人邵文祯、李思俊等到府讯问，分别招供。然后徽州府发牌文给祁门县，要求祁门县委派耆老张侃、老人张琰、里长许仲林等乡村职役人等亲临告争场所，进行查勘，然后将具体的查勘结果申送到府。

对于一般的户婚田土案件，如果上诉到府的话，知府可能亲审，也可能一般会交给同知或推官审理。例如，南京大学历史系收藏的《不平鸣稿》抄录了明朝天启、万历年间徽州府休宁县发生的余、潘两姓争夺土地与佃仆过程中形成的诉讼文书。② 当时余、潘两姓双方六年三讼，几次由县、府进行

① 《弘治十三年五月徽州府为诉讼事付祁门县信牌》，《徽州千年契约文书·宋元明编》卷一，第288页。

② 南京大学历史系资料室收藏有《不平鸣稿》稿本，抄录了这一案件的相关文书73份。这一诉讼文书稿本的详细介绍，参见阿风《明代后期徽州诉讼案卷集〈不平鸣稿〉探析》，《明史研究论丛》第9辑，紫禁城出版社，2010。

审理。透过这个案件，可以发现同知与推官都会参与在案件的审理。

天启四年（1624）二月，余显绩上告休宁县，状告潘榭等人将“人历三代，册（黄册）过四轮”的庄仆霸阻，不许他们拜节、应役。潘榭等则诉称火佃地本为潘氏祠业，是余姓谋买于潘姓族逆潘应乾。休宁知县侯安国经审理认为：潘应乾是将潘姓之祠业盗卖，这一交易是“私相授受”，双方均有过错。故而要求潘姓用银25两赎回土地、佃仆。

余显功不服侯知县的判决，同年七月，余显功以休宁县不准所告为名，奔控徽州府。知府刘尚信批示由掌管清军、督粮事务的徽州府同知李一凤审理此案，李同知参语如下：

> 潘应乾因葬亲贫苦，将伊分内东亭坦屋仆程长文等卖与余显功父，得银二十五两，此十五年事也。近因潘镀谓系公仆，不令听其使唤，两相嚷殴，告之该县。县以应乾之仆只一，而其分之属众族者尚多，断令应乾备价赎回，以息两争，此正理也，亦最妥也。而显功因三十余年为其所有，且仆之父母俱葬己山，不甘，而告于台。即应乾亦哭谓己之屋仆卖与显功已久，一也；今贫难于赎，二也；前欲卖身，承显功好情，买而救己，坚不肯赎，三也；且己之余股尽付公祠，只此尚恃强而争，四也；镀等则口必欲还此公仆为止，嚣々忿々，各不相下。合断：应乾如贫，众亦争此义气，在乾名下出十两，众名下断公出十五两，仍加银十两，共三十五两以赎此约。若人心不齐，暂听显功役使，银足方发人，可也。若潘氏不顺理，而以强相殴、相夺，则罪反大矣。仍各杖之，余取纸。如长文等违抗，以名分正之。又如潘镀等抗不肯赎，只推之应乾，则必应乾有银交显功取领，则发人可也。

同知李一凤的“参语”承认了余胜祐与潘应乾的交易，但仍然认为休宁知县判决潘应乾回赎地仆，以息讼争，颇为妥当。不过，余显功因为地仆已经“三十余年为其所有，且仆之父母俱葬己山”。潘应乾又“贫难于赎”，而潘姓诸人又“口必欲还此公仆为止”，因此再加价银10两至35两赎回土地与佃仆，而这35两白银中潘应乾出价10两，余下由潘姓族人公出。这其实是以经济补偿的方式来平息讼争。对于这一结果，余显功在序文中说：“此公清正，奈何欲全本县曲断体面，加价十两，劝谕再三。”余姓虽然不甘，但亦不得不接受，只等潘姓族人凑银赎地、赎仆。余、潘纷争至此告一段落。

不过，到了崇祯元年（1628）四月，潘姓仍然没有凑足赎地银两。而余姓唤仆役使，又被潘姓族人潘镗等阻拦。余显功于是以“恳剿吞杀事”将潘镗告到徽州府。知府颉鹏将此案转批休宁县知县朱陛审理，朱知县继续维持了徽州府同知李一凤原审，“返公银三十五两给与显功，业听潘氏管业”。

崇祯元年十一月，余显功上诉于南京屯马察院，屯院蒋公将此案批回徽州府，由推官鲁元宠审理此案。到崇祯二年二月，推官鲁元宠正式作出裁决，参语如下：

> 余显功与潘洛，邻居也。潘之族有应乾者，曾于万历十五年因父故，将得分东亭坦庄仆屋并佃仆程积德契卖与显功父，得价二十五两为葬殓费，已经管业。迨天启四年，两姓因隙成讼，潘姓始有盗卖之说，谓应乾先于十二年间将前产、仆卖入祠堂。据其户册，历々可按。然使应乾果先卖入宗祠也，又不知何以隔三十余年而才发觉，故老雕谢，俱无可证。独念潘氏既买应乾之产，归入祠堂公用，亦是义举，不必细问孰先孰后，所当听其复还旧业，此府、县屡审即增价到三十五两而给令潘氏之回赎也。但府、县断于应乾名下追十两，众人名下追二十五两，固是正理，而应乾贫至卖产卖仆，后犹欲其处办十两原价，则此价终无足期，讼亦何时结局？应乾所以匿不到官也。夫潘族所争者，非从应乾泄愤，为祖宗吐气，则何必更向应乾索十两以滋多事哉！合将三十五两尽于众人追给显功，价完之日，交业遵守。其仆程积德在显功处有年，且父亦葬显功山上，一旦归潘，遽无旧主之谊，情属难堪。责逐，使两无所适，则二主之气俱平。显功抗断，潘洛霸仆，并杖。

推官鲁元宠指出此案淹滞不决的一个重要原因，即潘应乾与潘氏宗族一直没有凑足35两白银赎回土地与佃仆，以前府、县的判决都没有得到执行，致生事端。现在鲁推官考虑到潘应乾“贫至卖产、卖仆”，遂要求回赎银由潘姓族人众出。到了十月十五日，余显功赴徽州府理刑厅领银35两。此案告结。

通过余潘互控案可以看出，在一般的民事案件中，上诉到府后，知府会根据案情轻重，或将案件交给同知（粮厅）或推官（刑厅）审理，或转回知县审理。同知与推官在户婚田土讼案中扮演着重要的角色。同时也要以看出，对于知县已经做出的不当判决，府同知或推官一般会稍微进行调整，但不会轻易更正。

（二）上司批交案件

前述《不平鸣稿》所记的诉讼案件中，当事人最后上诉到南京屯田监察御史。屯院将案件批给徽州府推官审理，才得以结案。这就涉及府审理到上司批交案件。

明朝嘉靖元年（1522），徽州府祁门县现监犯人陈彦晖令其侄陈宁向巡按御史陈实①状告本县龙塘庵僧人蕴空等“僧俗结党、私创庵屋、窝隐贼盗、谋害人命、霸占财产”一事。当年九月十六日，陈御史将此案批交徽州府邻府池州府审理。随后陈彦晖又遣人赴池州府催告。嘉靖二年正月，池州府给徽州府祁门县发去牌文，要求祁门县对照该县僧册、黄册、保簿、志书，并传讯该都的排年、保长等人进行查勘，同时派医生童文材到祁门县守提。嘉靖二年（1523）二月，祁门县将查勘结果，包括犯人及书证等一并解送池州府。池州府知府田赋②讯问后，于嘉靖二年闰四月将审理结果转呈新任巡按郑光琬。③ 五月，郑巡按指示“拟合就行”。池州府正式作出裁决：

直隶池州府为僧俗结党、私创庵院、窝隐贼盗、谋害人命、霸占财产，乞恩辨明冤枉、急救生灵等事。嘉靖二年五月初二日，抄蒙巡按直隶监察御史郑批，据本府经历司呈前事，蒙批，云云。蒙此，拟合就行，为此：

一 立 案

一 牌差快手汪 华鲍志道，合行牌差本役即便前去池口驲，着落官吏即将后发来犯人收拘，著役照徒年限摆站，满日疏放。仍县着役过日亲（?）收管，一样二本，其官吏不违依准，一并缴来。

计开

减等，杖一百，徒三年，摆站，犯人一名　王崇

减等，杖九十，徒二年半，犯人二名　洪林兴、毕友元

嘉靖二年五月

僧俗结党等事　同知缺　推官缺

十一日(池州府印)　知府田(押)　经历刘庆(押)　知事陈凤阳

司吏付大统

通判常管数（?）　典吏张文瓅　汤辉

此案由现监犯人派人抱奏巡按，由邻府知府提讯审理，报巡按定案，再由

① 乾隆《太平府志》卷一七《职官三》：“陈实，字卿，广东琼山人，进士，（正德）十六年任。”（乾隆二十二年刻本，凤凰出版社，2010）

② 乾隆《池州府志》卷之二七《府秩官》：“（世宗嘉靖元年）田赋，建安县人，进士。”（乾隆四十四年刻本，凤凰出版社，2010）

③ 乾隆《太平府志》卷一七《职官三》：“郑光琬，字世润，福建莆田人，举人，嘉靖二年任。”

府作出最终判决。在此案中，邻府池州府成为巡按批交案件的主要审理机构。

嘉靖七年（1528）至嘉靖十四年，徽州府歙县发生的杨干寺之争，[①] 原告、被告双方多次上诉到两院，两院也多次批交案件。

杨干寺位于歙县，本来是徽州府歙县呈坎罗氏秋隐派的始迁祖唐代人罗秋隐的墓祠。到了明代中期，杨干寺逐渐发展成为一个大的寺院。寺僧佛海、法椿等都曾任徽州府僧纲司都纲，是当地僧界的头面人物。嘉靖七年，杨干寺僧人佛熙在主持修建佛殿之时，曾将瓦砾堆压于罗姓祖坟之上，被罗姓族人罗显发现，双方产生矛盾。佛熙遂图谋将罗秋隐坟墓迁出寺外。于是捏造“谋寺假坟虚情”，称罗显等“强谋风水”，将罗显等告到歙县。

当时歙县知县是山东武城人高琦。[②] 罗显在状词中说“知县高琦受赃屈陷”，差人“将坟诬作浮堆平治”。面对祖坟被平的情况，罗显没有到徽州府上诉，而是直接到巡按御史处告状，当时的巡按御史刘乾亨将此案批交邻府宁国府的推官郭凤仪审理。郭推官“提吊人卷、古今郡志、寺碑、家谱等项文书，并拘乡老人等查审”，确认罗氏祖坟在杨干寺内，要求重建祠堂一间。

不过，杨干寺僧人却不满宁国府的审理结果，作为僧纲司都纲的法椿“要得翻异”，遂到巡抚毛斯义处控告，称本寺是由孝女、宁泰二乡迁来，与罗氏始祖坟墓无关。巡抚将此案转回徽州府，交由同知李邦审理。而罗显随后再向巡按刘乾亨控告，亦转回徽州府，交同知李邦审理。在审理期间，杨干寺僧人佛熙派人到巡抚毛斯义处控告罗氏族人杀伤人命，巡抚仍批徽州府查断。罗显也不甘示弱，派其侄罗兴也到巡抚毛斯义处控告，亦批回徽州府，交由同知李邦审理。

面对巡抚、巡按的多次批示，徽州府同知李邦开始审理此案，委派休宁县知县高简、黟县知县赖暹带领原告、被告亲诣坟所，并拘集里排、邻佑

① 中国社会科学院历史研究所图书馆收藏有《杨干院（寺）归结始末》，明嘉靖十七年序刊。该书收录了明朝嘉靖年间徽州府歙县呈坎村罗氏宗族与杨干寺僧人为争夺杨干寺而发生的诉讼案件中罗显的状文、僧人法椿的状招、宁国府的判语、巡按的批语等诉讼文书，以下未注明出处者，均见于该书。透过这本刊印的诉讼文书集，可以大致了解嘉靖七年至嘉靖十四年，罗氏宗族与杨干寺僧人之间长达八年诉讼纷争过程。关于杨干院之争，参见阿风《从〈杨干院归结始末〉看明代徽州佛教与宗族之关系》，《徽学》2000年卷，安徽大学出版社，2001；阿风《明代徽州宗族墓地、祠庙诉讼探析》，《明代研究》第17期，2011，第16~21页。

② 高琦素有贪黩的名声，万历《歙志》传卷一《外传·令宰十九》：“国朝高琦，性刚愎，每以微罪杖人，不服则乘怒加杖，遂令立毙。且复黩货无厌，寻以贪酷败。”（日本东京尊经阁文库藏本）

等，“从公揭查罗氏宗谱、新安古志并丞相程元凤撰文等项文书，勘得罗显始祖罗秋隐委的葬在本都杨干寺”，要求照旧“筑冢立祠”，并差老人杨彦廷丈量坟地，规定四至，“听从罗秋隐子孙永远摽祀”。同知李邦判决后，上报巡抚陈轼，巡抚同意了李同知的判决结果。

然后，此案并未完结。在追纳赃赎期间，杨干寺僧人的同伙汪宁、罗承善等“思得帮僧不遂、要究赃罪”，于是买通“喇虎”汪招才等，与杨干寺僧法椿等一起，捏称罗显等打死僧徒佛员、能霓，并“吓骗银两、卷掳家财”等情，告到巡按御史傅炯处。此案已经徽州府审过，所以傅炯将此案批交邻府池州府知府侯缄审理。侯知府的审理结果与宁国府、徽州府的审理结果大相径庭，认定罗显是“装捏众词，平占风水”。

在此不利的情况下，罗显又先后到巡按刘乾亨、巡抚陈轼、巡按傅炯处上告，最后新任巡按詹宽对此案提出了与众不同的看法。他认为罗秋隐在唐代只不过是一个庶民，如果“专祠独祀于百世之下，实为僭越，法当立毁”。他同时也认为杨干寺“妄塑佛像，迹类淫祠，又系今时例禁，尤当一切毁去”。詹御史要求将杨干寺中堂改祀宋丞相程元凤，观音堂改与僧家，祀其香火。也就是不承认杨干寺为罗氏宗族墓祠，将杨干寺的一部分改成祭祀程元凤的祠堂，一部分继续作为僧寺而存在。在詹御史看来，这样的办法“庶可以斥二家似是之非，亦无负前人崇正辟邪之意矣”。到了嘉靖十二年（1533）十二月，詹御史发文给徽州府，要求府佐二官“速去平坟毁佛”。按照詹御史的要求，徽州府通判带人将坟平治，并毁去神像，安立程元凤神主。

嘉靖十四年二月，罗显“被断平坟不甘”，令侄罗兴“越关抱赍行都察院”，到北京控告。嘉靖十四年四月，都察院奉旨将此案批交南直隶巡按御史宋茂熙处理，宋茂熙又指定由宁国府审理，才得以最终结案，确认了杨干寺内有罗姓始祖墓地。

在围绕着杨干寺中罗姓始祖墓地发生的八年诉讼纷争中，罗氏宗族一方上诉到巡按 7 次、巡抚 3 次，杨干寺僧一方上诉到巡抚 2 次、巡按 2 次，最后罗显京诉，都察院仍将此案批交巡按御史审理，而巡按则委派宁国府审结此案。

从嘉靖年间的杨干寺之争可以看出，诉讼当事人赴两院告状，两院官员一般都会批回本府或交由邻府审理。杨干寺之争，本来最初由宁国府推官已经审结，但在案件执行环节出现了一些问题。双方遂不断到巡按、巡抚处控告，又经徽州府、池州府及巡按三次审理，两造仍未输服。特别是后来池州府与巡按詹宽的审理结果与宁国府、徽州府大不相同，当事人遂赴京诉告。

除了两院批交案件外，到了明代后期，随着兵备道的建立，兵备道作为府的上级机构，也会批交案件给府。徽州府之上有徽宁兵备道，初设于嘉靖三十四年（1555），当时称“应天兵备”，驻扎广德。管辖应天等南直隶六府一州。嘉靖四十一年（1562）裁革。隆庆六年（1572），南京右佥都御史张卤与应天巡抚张佳胤上疏，请求复设复设“应、安、徽、宁、池、太、广德兵备副使”，驻扎池州。①

徽宁兵备道设立后，长江两岸防务是其主要职责。② 不过，徽宁兵备副使作为监司职官，亦“问理词讼”。例如，万历年间，徽州府发生“丝绢纷争”，当事双方就曾多次到徽宁兵备副使冯叔吉处告状，而巡抚、巡按亦多将批文给兵备道，要求兵备道查议案情。③ 又如万历九年休宁县清丈土地之际，休宁县珰溪金氏宗族与藤溪陈氏宗族、著存观道士因为著存观签业问题发生诉讼，④ 原告金革孙在告休宁县未结之际，赴兵备副使控告。

> ……金革孙等各状讦告本县，行拘各犯到官，审理未结间，金革孙又不合捏称豪右陈富等拥械凶伤庆腊梨，掷去伯泰、文辅、汪错等见等项虚情，于万历十年五月十三日赴
>
> 兵备老爷程　处告准，蒙批，仰县勘报。遵行间，（陈）禄又不合捏称著存观官产百亩，里排分佃在　豪右金应钟恃势买夺，执械扬兵、凶伤陈汉四命等项虚情私著里排王爵等名字连名具状，于本年五月二十一日赴
>
> 巡按老爷蔡（梦说）　处告准，蒙批，仰县究报，通蒙掌县事本府同知老爷徐（庭龙）　遵拘禄与金革孙、孙富、金应钟及道吕尚弘差都

① 《明神宗实录》卷之二，隆庆六年六月庚午，第35～36页。关于徽宁兵备道的设置过程与职责，参见阿风《明代“兵备道契尾”考》，《明史研究论丛》第12辑，中国广播电视出版社，2014。

② 万历七年四月，“操江都御史胡价以江海宁谧，实由（徽宁）兵备道冯叔吉等督率江防官二十一员勠劳所致，功倍获贼，备叙功次以闻”。《明神宗实录》卷八六，万历七年四月己卯，第1798页。

③ （明）程任卿辑《丝绢全书》收录了许多与兵备道有关的文书，例如《（万历三年）歙民陈良知等赴兵备道告词批府行县帖文》（卷一，第470页）、《（万历四年）兵道奉都院委官查牌面》（卷三，第494～495页），等等。

④ 上海图书馆收藏了《著存文卷集》，全1册，不分卷，万历刻本，全92叶。该书收录了明朝万历十年至十二年的徽州府休宁县十一都金姓与二十七都陈姓两个家族争夺“著存观”的诉讼文书。关于“著存观之争”，参见〔日〕高橋芳郎《明代徽州府休寧県の一争訟:〈著存文卷集〉の紹介》，《北海道大學文學部紀要》46:2，通卷第九十二號，1997，第1～36页；阿风《明代徽州宗族墓地、祠庙诉讼探析》，第23～26页。

畐正汪时震、汪铭、朱滔、陈杰用等一干人犯到官……①

从这份供状中可以看出，原告金革孙于五月十三日赴兵备道告状，兵备道批示“仰县勘报”。与此同时，被告陈禄又赴巡按御史处告状，亦“仰县究报”。最后由掌县事的徽州府同知拘集两造、证人等到官审理。

三　府在司法审判的地位

府是明清时代的中层政府机构，起着承上启下的作用。明人吕坤说：“府，非州非县，而州县之政，无一不与相干。府官非知州、知县，而知州、知县之事，无一不与相同。”② 与知县掌一县之事不同，明代的府官存在着分权的倾向。知府为长，同知（粮厅）为贰，通判、推官（刑厅）为佐。虽然从职能上来说，府推官是地方政府中的专职司法官员，但同知受命审案的情况也很常见。在明代地方裁判体系中，同知与推官的地位十分重要，州县不能解决的案件，特别是户婚田土细事，上诉到府衙，常常由同知或推官审理。不仅州县上诉案件，而且上诉到巡按的案件，也常常会批交本府或邻府的同知、推官审理。至于通判，有时会成为案件的执行者，但很少有通判审理案件的事例。

在明代中后期，巡按御史在地方诉讼体系中的地位越来越重要，府职官常常要受命审理巡按（包括巡抚）批交的案件。而且由于巡按年年差遣，变动频繁。很多案件随着新巡按的到来，又重新批给本府或邻府官员审理。相对而言，府职官会重视上司批交的案件，这也造成了人们有时候会越诉赴巡按或巡抚告状，再由巡按或巡抚批交给府官审判的情形。抚按，特别是巡按对于地方司法的过度干涉，一方面了削弱了府的权威，另外一方面也加重府的负担。很多案件，由于抚按的干预，府不得不多次重审同一案件，这在很大程度影响了府县的正常行政运作，削弱了府的地位，给地方司法体系带来了混乱。

明末清初，很多士人认识到明代后期“监司郡牧，侵守令之权”，③ 给地方统治带来危害，强调“当厚其责于守令”，④ 主张“并监司之权，以予太守”。⑤

① 《著存文卷集·一件蠹国殃民事犯人陈禄等供稿》。

② （明）吕坤：《新吾吕先生实政录》（明末影钞本）卷一《知府之职》，《官箴书集成》第一册，黄山书社，1997，第425页。

③ （明）吴应箕：《楼山堂集》卷九《策·拟进策·持大体》，丛书集成初编本，商务印书馆，1935。

④ （明）吴应箕：《楼山堂集·遗文》卷五《上龚按台书》。

⑤ （清）方以智：《浮山文集前编》卷四《召对补奏》，《续修四库全书》第1398册，第232页。

这种反思也影响到了清初的地方改革。[①] 清初顺治年间，虽然继续御史巡按制度，但旋停旋复。顺治十八年（1661）五月，也就是顺治皇帝去世后不久，清朝政府正式停止御史巡按制度。[②] 康熙六年（1667），清朝政府进行地方行政改革，重新划定行省，并裁撤地方守巡及府推官：

> 吏部题，议政王、贝勒、大臣九卿科道等会议裁官一疏，应将河南等十一省，俱留布政使各一员，停其左右布政使之名。至江南、陕西、湖广三省，俱有布政使各二员，驻扎各处分理，亦应停其左、右布政使之名，照驻扎地方称布政使。其各省守巡道一百八员，推官一百四十二员，俱照议一并裁去。[③]

除江南、陕西、湖广分省外，各省守巡道一并裁去。这次改革矫枉过正，在强化“知府”事权统一的同时，却将府的专职司法权的长官——推官裁撤，给地方行政与司法带来不便。康熙七年（1668）三月，福建总督祖泽溥疏言：

> 向例各府推官，赴省承问钦件。今推官奉裁，事归知府。但知府有地方专责，不便轻离。而同知、通判，事务稍简，以之按季轮班、赴省承问，是亦详慎刑名之意也。下部议行。[④]

按照以往惯例，推官常常赴省审理中央交办的案件。现在推官奉命裁撤，事权归于知府。但知府是地方长官，不能随便离开。所以只好将由同知、通判轮班赴省。实际上，同知、通判不仅也有专责，而且“理狱”也非其所长。所以，裁撤推官，不仅削弱府的司法审判能力，同时也影响到省的司法审判。清初在加强知府事权统一的同时，却裁撤了推官，这反而削弱了府的司法审判能力，对于整个清朝的司法制度产生了不利的影响，也成为此后清朝积案与京控问题扩大化的重要原因。[⑤]

---

① 有关这一问题，参照张宪博《试论东林学派及复社对清初国家治理的影响——以清初几位理学名臣为个案》，《明史研究》第14辑，黄山书社，2014。

② 关于清初停止御史巡按的过程，参见阿风《清朝的京控——以嘉庆朝为中心》，《中国社会历史评论》第15卷，天津古籍出版社，2014。

③ 《清圣祖实录》卷二三，康熙六年七月甲寅，中华书局，1985～1987，第4册，第315页。

④ 《清圣祖实录》卷二五，康熙七年三月己亥，第4册，第351页。

⑤ 参见阿风《清朝的京控——以嘉庆朝为中心》。

《中国古代法律文献研究》第八辑
2014年，第375~397页

关于清代前期定例集的利用

〔日〕岸本 美绪 著 顾其莎 译*

摘 要： 如何在日积月累的庞大命令、成例当中确切找出适用于行政参考的规定呢？基于这个迫切的需求，清朝时期出版了不少官刻或是坊刻版本的定例集。本文列举了五种出版自康熙年间到乾隆初年、内容较为丰富的坊刻定例集〔《本朝则例类编》、《本朝续增则例类编》、《定例全编》、《定例成案合镌》、《定例续编（残）》〕，在对每一本定例集的出版过程和编辑方针进行概说的同时，也以“钱法”这一领域作为例子，简单地调查收录于各种定例集的定例的重复状况，以及重复的定例之间是否出现文章上的出入。不同的定例集，所收录的定例也不太一样，但当中也有《实录》或《皇朝文献通考》等其他史料未见的内容，就档案史料鲜少被保存下来的康熙年间来说，这些定例集具备了补充史料不足的价值。

关键词： 定例 坊刻 钱法

序 言

在明清时代，广义上的与国家运行相关的各种各样的规定，或以皇帝对臣下上奏的认可乃至上司对下级上言认可的方式，或以皇帝上谕乃至地方官告示的方式，天天不断地产生并且蓄积下来。从可适用于中国一般情况、具有较高广泛性的规定，到针对具体事例的个别判断，其内容纷繁多样。从这

* 岸本美绪，日本御茶水女子大学大学院人间文化创成科学研究科教授；顾其莎，中国政法大学法律古籍整理研究所。

些庞大的规定中，如何合适地选取并把握可作为行政参考的内容，是切实的必要性所在。出于这样的必要性，明清时代尤其是清代，刊行了数量很多的官刻或坊刻的定例集。① 但由于其数量多且具多样性，把握其出版状况、收藏状况的全貌并不容易。当然，在对这些定例集的性质分析、汇总性的编目尝试以及依据种类的分类整理等方面，先行研究已有相当程度的积累。② 此外，近年来以《清代各院部则例》（中国线装书局，2004）为首的大部头的史料集也陆续出版。然而，关于这些定例集的内容，如收录的定例有多大程度的重复；同样的定例是否同文收录；通过汇编若干个定例集，能否作成具有一定程度的网罗性且有用的数据库，这些问题以往几乎没有考察过。因此，研究者在拟利用以《上谕条例》为首的庞大的“定例”史料时，不得不依靠或在摸索中觅其片断，或有赖于直觉的这种质朴而又无效率的方法。

本文着眼于通过汇编若干个定例集，能否作成具有一定程度的网罗性且有用的数据库这一问题，试图在限定时期与领域的极小范围内进行取样调查。因此，像法制史研究者所关心的“例”的法律性质为何，③ 对此并不触及。请允许所论从如何有效并恰当地利用庞大的史料这一完全实用的关注点出发。

---

① 本文将司法领域里的例与行政领域里的例统称为“定例”，是便宜性的称谓，并不是要推定存在不同于“则例”、“事例”、“条例”的这种“定例”类型。以下所列举的清代前期定例集题名，也混杂有“条例”、“定例”、“则例”等语，在这个时期，似乎没有设定内容上的区别。

② 有关明清时期“例”的研究，可以说是首先重点在于其作为附属于“律”的副法典之侧面。主要有以下成果：黄彰健：《明代律例汇编》（上）、（下），（中研院历史语言研究所，1979），佐藤邦宪：《明律、明令与大诰及问刑条例》、谷井俊仁：《清律》（均收入滋贺秀三编《中国法制史——基础史料研究》，东京大学出版会，1993），加藤雄三：《明代成化、弘治的律与例》㈠㈡（《法学论丛》第142卷第3号、6号，1997~1998），苏亦工：《明清律典与条例》（中国政法大学出版社，2000）。以一般行政领域为中心论述“例”编纂的有：谷井阳子：《户部与户部则例》（《史林》第73卷第6号，1990），谷井阳子：《清代则例省例考》（《东方学报》〈京都〉第67册，1995），寺田浩明：《清代的省例》（收入前述滋贺秀三所编著作）。关于一般行政领域“例”编纂的方式之一“会典”，有山根幸夫的《明、清会典》（收入前述滋贺秀三所编著作）。另外，综合论述律领域与一般行政领域的有：滋贺秀三：《中国法制史论集——法典与刑罚》（创文社，2003）第1章、第2章，李永贞：《清朝则例编纂研究》（上海世界图书出版公司，2012）。又，Pierre-étienne Will（魏丕信）ed.，*Official Handbooks and Anthologies of Imperial China*：*A Descriptive and Critical Bibliography*（Work in progress，as of 30 September，2003），没有直接收录这些定例集，但由于含有较多信息，故在此列出。

③ 例如寺田浩明《清代刑事审判中律例作用再考》（收入大岛立子编《宋—清的法与地域社会》，东洋文库，2006）所讨论的律例到底是否严格意义上的规则（rule）等问题。

一　本文涉及的范围

在定例的编纂中，收录的范围因编纂过程而多样化。特别是就属于一般行政领域的定例而言，从庞大的例海中无论怎样选择编辑，终究也只不过是权宜性的，它与未被采录的例之间没有特别的制度区别。从这点考虑，可以想见其多样性的增幅。①

谷井阳子《清代则例省例考》（参见第376页注2），将这些定例集作了以下分类。

（1）幕友秘本：幕友等根据事务的需要所抄写的相关公牍的汇集。

（2）司详与省例：依据省级地方官的决定而通行省内的规定集成。司详，指布政司、按察司向巡抚等呈报后得到批准的内容。

（3）部咨与条例：由各省汇集的来自中央政府的通告（部咨），官刻的条例集。

（4）各部则例：a康熙时期的则例（官刻），b坊刻则例集，c部刻各部则例。

如果制作全国性的、包举式的清代定例数据库，就官刻及收录量、包举性而言，基于（3）及（4）c来制作是顺当的。然而系统编纂刊行这些定例是在雍正年间以后，在此之前，只能使用谷井举出的（4）a、b类文献。

本文从属于（4）b的定例集中，利用康熙年间（1662～1722）后半期至乾隆（1736～1795）初年编纂的、内容比较丰富的五种坊刻定例集，就其所收定例的繁简与重复进行简单的考察。关于较早期的定例集，高远拓儿的论文已有探讨，本文所论是继此之后的时期。

二　各定例集概要

本文论及的坊刻定例集，为《本朝则例类编》、《本朝续增则例类编》、

① 前引滋贺秀三《中国法制史论集——法典与刑罚》第247～258页所载，大致如下所述：限于律的领域即刑事司法领域来看明清时代的变化，就是大明律（基本法典）的制定，问刑条例（副法典）的产生，二者合一的大清律例的形成，还有私撰成案的簇生。但在一般行政领域则完全不同。明初的“令”以后未再发展，而是做成了记述制度现状的《会典》式的书籍，然而它并不是“法”。支撑行政运行的，是当下无异议实行的惯例的存在与按需要而实行的个别决定的蓄积。所决定的事项与时俱增，在尚未相互调整而体系化的状况下蓄积无数。但是从因事而生的庞大的公牍中找出需要的记录，不堪其烦，所以就选择、归纳原记录而做成了各种形式的例的编纂物。但是无论何种编纂，这种编纂物都不具有作为“法”的排他性与绝对性。

《定例类编》、《定例成案合镌》、《定例续编》五种。[①] 对此，前述谷井阳子的大作《清代则例省例考》已有解说。虽然也会有重复的部分，但还是分别作一简单的解题。

1.《本朝则例类编》全 14 册，内阁文库藏

【刊行状况】有康熙四十三年（1704）六月序。东京大学东洋文化研究所也藏有同书残本两种，该研究所目录著录为“康熙四十二年序，庆宜堂刊本”，但内阁文库本没有有“庆宜堂”记载的封面。又，中国国家图书馆与中国社会科学院法学研究所的目录中有若干本《本朝则例类编》，可见“云林书坊”、“青云堂”等各出版商之名，也许是各处的翻刻本。

版式，每半页 12 行，23 字，四周单边。

【编者】编者陆海，字天池，松江府华亭县人。据宜思恭序：

> 天池为云间二陆之后，称名家驹，博学多才……天池自总角时，即已蜚声艺苑，数奇未售，遂慨然以利济民生为念，客游二十余载矣，凡所见时事之举行而有成例者，辄手抄成帙，分别义类，鳞次月日，授梓以公诸世，名曰则例类编。

“云间二陆”，即在叶梦珠《阅世编》等中作为明代松江府望族而被列为第一的陆树声、陆树德一族，陆海是其后裔。据《阅世编》，该族在明清交替后“日渐中落”，自顺治年间（1644～1661）出进士一人、举人一人后“未有达者”。上述宜思恭序称陆海“客游二十余载”，恐怕是在做幕友等事。

序言作者宜思恭，辽宁襄平人。父亲是八旗汉军，于平定中国南部有功，思恭以恩荫任官，官至江苏布政使、广西巡抚等。在湖南茶陵任知县时，有公牍集《云阳政略》（中国科学院国家科学图书馆藏，第 376 页注 2 所见魏丕信之书）。序还有一篇，作者李枏（楫），江苏兴化人，康熙二十七年（1688）进士，官至左都御史等。其序言“予公暇考覈律书，爰有大清律笺释之刻，而于则例尚未及汇纂”。此所言“大清律笺释”，应是康熙二十八

① 其他如清代雍正年间的《定例类抄》（内阁文库），也符合本文涉及的时期范围，但由于它是由广东按察使司刊行的，不能说是“坊刻”，所以未收。不过如自序所说：“余秉臬粤东，谬司明刑弼教之任。查六部则例，有通行直省遵奉者，亦有未经通行，内外引用见于邸抄者，自雍正元年始，都为采录，别类分门，删订成帙，名曰定例类抄。”它是由按察使黄文炜个人主导编纂的，编辑过程与坊刻定例集相似。包括两广总督孔毓珣编纂的《雍正上谕》（虽以“上谕”为题，却是定例集。东京大学东洋文化研究所藏）在内，高级地方官个人编纂的定例集，也许是作为从坊刻定例集时代向各省官刻条例集时代的过渡而存在。

年刊行的官撰注释书《大清律集解附例笺释》。东京大学东洋文化研究所所藏同书作“左都御史李楠订”。

【编纂方针】关于编纂方针，其大略如作者序言所述：

> 例之刊布天下者，一曰钦定六部处分，一曰刑部现行，一曰中枢政考，一曰督捕则例，一曰吏部续增处分，而续增一帙定于康熙丙寅，此后尚无部刻。坊本之所摭拾，罣一漏十，未见大全，兹则穷加搜讨，间有或遗者鲜矣……按部分类，依类为编，以便捡阅。如一事而有两例，旧例之后续以新增，一事而有数例，则挨年顺叙。其题下无年月者，乃遵部颁定本，有年月者，乃遵部陆续通行之条款也。
>
> 例有一条而该数事者，既难于查考，又不便分晰，因于其中摘紧要之字，以为标题，复定为总目二卷，欲查某某事，则先查总目，捡阅最便。标题之法，如一条例内事开两部，或事有数类，必于本目之后随事标明，而以一圈别之，仍于其下注明，几项同条及见某部某类某条。
>
> ……有部刻者悉遵部刻，无部刻者悉遵部行，其重复者概不复录。
>
> 例以事起，与时推移，大都前此所无，今已见诸施行，即新例也。故是编所收，不特奉部通行之新例，凡法司奏谳，事涉疑难者，即加采录，以备参观。然必见诸奏议，凿凿有成案者，方载于内，不敢泛举。
>
> 是编刊至康熙四十二年八月终止，此后凡有新例，当按季依类登科。

编纂体例以吏、户、礼、兵、刑、工六部为顺，最后是刑部督捕。收录之例带有年月的，始于康熙初年，据凡例，最后到康熙四十二年八月。内阁文库本的最后一册为“续增”编，依六部顺序收录了康熙四十二年八月以后的新例，最后是康熙四十九年十月。

《本朝则例类编》此后作为坊刻定例集的范本，在坊刻定例集中必然被言及。

2.《本朝续增则例类编》全20册，东京大学东洋文化研究所藏　大木文库

【刊行状况】封面有以下记载：“康熙五十二年新刊　翻刻必究　本朝续增则例类编　永和堂藏版”。印为“永和堂”及“此例在京师铁门内俞宅发兑”。铁门胡同在宣武门外菜市口旁的琉璃厂西南近处，据《京师坊巷志稿》，“虎坊桥在琉璃厂东南，其西有铁门，前朝虎圈地也”。琉璃厂作为书肆街开始发展，是在康熙年间后半期以后，不过书商永和堂是在北京还是在其他地方委托北京的“铁门内俞宅”销售，情况不详。

版式同《本朝则例类编》，12 行 23 字，四周单边，字体也颇为相似。

【编者】 编者汤居业，字介存，嘉兴府嘉兴县（槜李、鸳水）人。据王掞序：

> 汤子之祖公牧处士与余交最久，其文章经济，推重一时。今汤子以英妙之年，练达时务，行将佐理当涂，出其所有，以奋见于事业。余又以是嘉汤子能世其家，而喜公牧之有后也。

从该序可知，汤居业是幕友。查王德毅编著的《清人别名字号索引》（台北：新文丰出版公司，1985），有“公牧”字号者为汤駉，嘉兴府秀水县人，在朱彝尊的应酬诗中又可见“汤公牧”、“汤駉”这一人物，① 因此此人恐怕就是汤居业的祖父吧。朱彝尊也与王掞及前述的李柟交好。序作者王掞，江苏太仓人，是王锡爵的曾孙，王时敏之子，官至文渊阁大学士。康熙四十三年至四十四年任刑部尚书。另一篇序言的作者陆绍琦，浙江嘉兴人，康熙四十八年进士，经翰林院侍读而至太常寺少卿。

【编纂方针】 据自序，本书刊行目的如下所述：

> 云间天池陆先生有则例类编之刻，分别款项，鳞次排纂，毕归一致，使检阅者了然于心目之间……第是书之成已历数年，其间因时起例，岁有增益，惜乎无以继之者。余不敏，迩年来凡新例之见诸施行者，不辞采掇。今检箧中所存汇成数百条，仍依初集之法，分门别类，编为续增，凡十阅月而告成。

如序所述，其编纂体例同《本朝则例类编》。所收定例的年月，初看似乎多见《本朝则例类编》刊行后的康熙四十二年至五十一年，但四十一年以前的定例也颇有收录。

自以上可知，本书是以《本朝则例类编》刊行后添加新例为目的编纂的。如前所述，《本朝则例类编》的内阁文库本有“续增”编，也许是勉强发行了增补版，但由于很不充分，所以才打算新作充实的续编吧。

3.《定例全编》全 32 册　东京大学东洋文化研究所藏　大木文库

【刊行状况】 封面如下：“康熙五十四年冬季新刊　后有新例　按季增补　定例全编　京都瑠璃厂荣锦堂书坊梓行”。只是李绂序的日期是康熙丙申

---

① 《曝书亭集》卷一二“潞河遥送汤駉南还”、卷三〇“汤公牧、郑文谿、柯翰周饮酒肆”等。

（五十五年，1716）七月。据记载乾隆三十四年（1769）见闻的李文藻的《瑠璃厂书肆记》，瑠璃厂荣锦堂由李氏经营。① 据全国汉籍目录及中国国家图书馆目录，似乎是出版如《刑钱指掌》、《大清搢绅全书》、《爵秩新本》、《殿试集》等面向官绅书籍的书店。这些目录所著录的荣锦堂出版物，都在康熙五十四年至乾隆三十九年期间，可知至少在这一时期是处于经营状态的。

封面次页有篆书印两枚。一为“治隆三代”，另一为“清国万年”。又同页背面为“定例全编所辑书目”，有“一辑大清会典　一辑六部现行则例　一辑续增则例　一辑中枢政考　一辑则例类编　一辑定例成案　一辑续增类编　一辑近年部议新例　一辑各督抚咨询六部合议咨覆知照　一候有新例按季补刊”。

《定例全编》32册中的最后两册是后出版的续增编，分为吏、户、礼、兵、刑、工六卷，收录了雍正元年（1723）四月以前的定例。又，续增编序言说“本朝定例全编于五十四年春季止，携稿江南，觅梓告成”，因此《定例全编》即使是在北京的书肆刊行的，而书版制作却应是在江南。

版式，每半页12行24字（含抬头用空白），四周双边。

【编者】 编者李珍，字璘季，自序有“江右绣谷李珍璘季氏谨述于荣锦堂书次”。绣谷是江西省抚州府金溪县的雅称，因此他应是金溪县人。孙殿起《贩书偶记》（中华书局，1959）第192页著录有“《本朝题驳公案》11卷”，记“江右金邑李珍辑，康熙五十九年荣锦堂刊”。此书日本似乎无存，不过此李珍无疑与《定例全编》的编者为一人，出身于金溪县。出身于抚州府临川县的李绂序说“宗人璘季”，似与李绂一族。自序言“珍愚昧齿衰，庚寅岁（康熙四十九年——引用者）冬辑刻爵秩等书流行宇内，闲居书肆，喜读律例”，而且《本朝题驳公案》一书数年后也由同一书肆刊行。由此可见，他是一位附属于书店的编辑之类的人物。又，北京的图书业在清末北直商人势力扩大前，“由江西商人尤其是金溪县人占据”。② 综合这些因素可以推测，荣锦堂由金溪县出身的李氏经营，李珍以同乡（或同族）之谊在此书店从事了编纂工作。也许他自己就是书店的主人。

【编纂方针】 准据《会典》是本书的特点所在。③ 李绂序（序题名为“典例全编序”）载：

> 律系于会典而例生于律，本末源流相为首尾。自列圣相传，递有损

① 孙殿起辑《琉璃厂小志》，北京古籍出版社，1982，第100页。

② 仁井田陞：《中国的社会与行会》，岩波书店，1951，第99页。又《琉璃厂小志》，第102页。

③ 这里所说的“《会典》”，应是康熙二十九年（1690）完成的《康熙会典》。

益，例日益繇，会典日以更张，于是律既单行，例仍别辑。读会典者以为某事当如是而不知例之已改，是得本而遗末也。览新例者谓某事当如是而不见会典，莫识事所由起，是浮流而忘源也。且律例特会典之一端，专为处分谳决之用，而会典所载兵农礼学齐治均平之大经大法，部院寺监之职守咸在，非律例所得而及也。今会典板藏于礼部，购者颇艰，坊间所行，惟律例耳……宗人璘季始合三书刻之，以会典为主，而律例以类系焉，官司之职守若网在纲有条而不紊，法令之损益若烛照数计而无疑，其为功于士大夫非浅鲜也。

序作者李绂作为陆王学派的学者，是知名人物，康熙四十八年进士。从翰林院编修经左副都御史等职，于雍正初年为广西巡抚、直隶总督，但以结党攻击田文镜之咎而被革职，乾隆年间回归官界。该序所见名衔为“翰林院侍讲学士”，写有“长安（指北京）邸舍”。

李珍本人有康熙五十四年自序：

圣天子……屡命廷臣纂辑成书，六部现行则例、学政全书、中枢政考、大清会典，其良法美政甄录无遗，始于国初崇德元年，止于康熙二十五年。迄今三十年来，因革不一，事例浩繁，分布部册，然未仕君子亦无由得览，向有坊刻，简略不全。迨四十一年，有陆君则例类编，继有孙君定例成案，汤君续增类编，三先生采辑之功，传世不朽。珍……阅及类编、成案、续增三书，各有遗前逸后之略阙，分门类编似有六部职掌之错汇，如文职之盗案，吏部定议，武职之缉盗，兵部处分，似非总括于刑部。细阅诸书，编检更辑，遵照会典条目，历寒暑一周而成。

凡例比较繁杂，以下只提示要点。

· 同为贼盗杀人等案件不只是在刑部处理，涉及文职、武职官吏的也有由吏部、兵部处理的情况。在此对应各部的职掌编纂。会典所记载的康熙二十五年前的例，如会典般简化，但二十五年后的例则按照原文。不过，删除了重复部分与套语。

· 例只有部分改变而其余同前的，也照前例记载，不敢擅自节截。

· 礼部之图省略。

· 满洲蒙古事宜只是大略。

· 僧、道与礼部仪礼等无关民事，不赘录。

· 会典编集了六部条例，但刑部中也有六部律文，附例截止到康熙二十五年。此后的例如果与律文相关，就附在刑部的相关律文之后。

·按照会典的编撰方法，相同条项如有不同时期的变化，用小〇区分，形成他条的用大〇区分。

·成例必须经过“奉旨依议”，因此删去“奉旨依议”等语。

·康熙五十五年以后的新例，按季增补。

从以上编纂方针可知，本书并不是历来坊刻定例集的续编，而是提出了新的体例。它的特色是，收录入关前的内容并以会典为基准。宗人府、内阁、吏部等大章的排列以及其中的项目基本依据会典，与《本朝则例类编》、《本朝续增则例类编》专门汇集直接有关官吏日常政务的定例之编辑方针相比，可窥从宏观上通观行政规定全貌的态度。但是如《凡例》所言，被认为一般读者不需要的国家仪礼的细致规定与满洲、蒙古及僧、道的相关内容，有较大省略。

4.《定例成案合镌》全16册，东京大学东洋文化研究所藏　大木文库

【刊行状况】封面信息如下：“康熙六十年秋季以前续增全　康熙六十年秋季以前　后有新例成案按季续刻　翻刻必究　定例成案合镌　吴江乐荆堂藏版　一集钦定六部处分则例　一集六部续增则例　一集刑部现行则例　一集中枢政考　一集钦定督捕则例　一集兵部督捕则例　一集内部未经颁刻各例　一集内部议覆及知照各省督抚提镇咨文　一集内部议定成案　一集三法司疑驳比照援引改正诸案。”印为“乐荆堂”、“续增？原本?”、“此书原本续增，俱从幕府中参考行?，与坊间翻本讹刻不同”。最后所见印文，表明本书是以前出版物的正式增补版，而非不予认可的盗版。序日期为康熙四十六年，因此原书应于此年刊行。前述《定例全编》言“孙君定例成案”，即指此书。

版式，每半页11行26字（含抬头用空白），四周单边。与本文涉及的其他四种书相比，无格线，字体也柔和，给人以异样的印象。

【编者】编者孙纶，字丹书，苏州府吴江县人。《本朝续增则例类编》的序作者王掞亦为此书作序。据序：“吴江孙子丹书，以诸生从事幕僚……于平日之所奉行而参阅者，无不深原其意而详究其实。”王掞序末尾有“康熙丁亥（四十六年）经筵讲官刑部尚书王掞谨题于胥江途次”，或许本来并不是亲近的关系，而是在旅途中偶然受请撰写序文。各卷开头有“吴江　孙纶编辑　孙绘校阅”字样。

【编纂方针】凡例所见编纂方针的要点，如下所述。

·例基于律，并不是律之外还有条目。本书依律分类。

·部颁之例已经很详细了，但如不多阅成案，引断的根据就不够了，因此本书收集各种旧案与例合刻，以助引证。

·本书分类，〔在案例涉及若干个项目的情况下〕归入重点项目。

·本书收录为当今皇帝认可而通行的例，已经停止或另为改正的不收。

·本书成案为中央政府机关立案并得到皇帝的批准，终止于地方审级的案件不收。

·以题本报告的案件应极为精详地书写。如果案情说明稍有不符，中央司法机关必加论驳。因此选择部驳重要案件中的主要案件，以广读者见闻，避免审判中的错误与遗漏。

·在以往的条例集中，有关武职的处分规定略而不详，现在在钦定处分则例、六部续增则例、刑部现行则例、督捕则例外，编入中枢政考一书，补充其他的成案与咨文，以无所遗漏。

·本书共分为三十门，吏部、户部、刑部的记载最为详细。

·在部刊定例的条文下写明出处，未刊行的咨文与成案都注明年月，以便查阅。

自以上凡例可知，本书依律编排，亦即按名例、吏、户、礼、兵、刑、工的顺序排列。本编到康熙四十六年为止。第 14 册到 16 册为续增部分，采用与本编相同的体例排列，但各自项目内分“再续”、“三续”直至“八续”细目，可见是定期追加的内容。

不仅收录定例，也收录成案，这是本书的特色所在。所谓“成案”不只是刑事案件，也包含涉及“钱谷”的案件，属于吏部、户部的一般行政领域也很详细。在东京大学东洋文化研究所的汉籍目录中，它被分类为政书之刑案，与其他四种定例集被分类为政书之各代旧制有所不同，但在内容上是相同的。从凡例可以推知，本书的目的不仅在于单纯地了解当下的定例内容，而且还在于为在制作文书之际不招致上司的论驳而提供周到书写方式的指南。

5.《定例续编（残）》10 册（卷一～卷五），东京大学东洋文化研究所藏　大木文库

【刊行状况】封面如下：“乾隆十年仲冬月　江西高安梁纯夫手辑　定例续编　京都瑠璃厂荣锦堂新镌。”版式，12 行 24 字（含抬头用空白），四周双边，字体也与《定例全编》相似。同为荣锦堂的出版物，这也是当然。

【编者】编者梁懋修，字纯夫，江西瑞州府高安县人。据蒋溥序：“高安梁君，幼习吏事，赞篮莲幕者有年，思为仕学指南，因纂《新定成例》一书，又得府参李君天衢为之校订，将付剞劂。”李天衢这一人物作为编纂者，其名也见于同为荣锦堂出版的《增订刑钱指掌》（乾隆九年，前引魏丕信第 376页注 2 之书）。“府参”在《增订刑钱指掌》中作“郡参”，应是指府首领官之一，但具体不明。如前所述，荣锦堂为李氏经营，李天衢也许可视为同族。又，序作者蒋溥为江苏常熟人，雍正八年二甲一名进士。他官至东阁大学士，而序中的名衔是“通奉大夫吏部左侍郎世袭轻车都尉”。

写于“都门旅舍”的梁懋修自序，大略如下：

> 律条之外，又有处分则例，又有邦政纪略，又有中枢政考，又有学政、科场、会典等编，书目既繁，指不胜屈，而初登仕版，购求不易……即曰莲幕多才，可以相助为理，然而担簦负笈，能备几何，任繁理纷，又何恃乎哉。所以我党捉刀，咸于扪虱余间，各加搜罗，手为编录，或分为六部，或类为几门，四方书贾，弗得而窥。盖我同侪恃为执业而作枕中之秘也。向时张子光月与汤公诸名辈，① 曾以记载刊行问世，成人之心，世甚赖之。顾所刻犹多缺略，而自康熙六十一年以来事例未及编入……不才……谨将雍正元年以后二十余年间廷臣条奏见于邸抄者，细加检阅，撮其曾奉议准通行者，悉为录出，分门别类，并作一书。寡陋无知，颇费心力……不过图明备便省览，期于引用得宜，不至遗错耳。坊友一见，谓此集既成，不宜自私，坚请公诸同志……

据以上作者自序，本书是“坊友（经营书店的友人）”看到出于幕友职务的需要而由私人汇集的定例集后，劝说刊行的出版物。在此基础上，大概是书店一方人物的李天衢又从书店的角度进行了加工。由此原委，北京图书业中的江西网可窥一斑。

【编纂方针】以下是凡例要点。

·收录律例的各书书写简略，本书新收集的例尽量照原样收录。但是编辑时省略了繁杂部分，以便易懂。

·原上奏文多有赘文，稍为省略。但是重要事由与处分决定、律文适用等，保留原文。

·本朝则例未附事由，本书则不加删除。原因是在幕中使用时，必须说“已在某案中得到了如何可行的批准”，才能够明确理由，遵守规定。因此不省略事由而加以采录。

·定例全编的续集到康熙六十年为止，本朝则例的续集到乾隆初年为止，两书未续的部分量已很大。现在购买〔这一欠缺时期定例集〕的人，不知买什么是好，所以就汇总出版了这（康熙六十年以后）二十多年的事例，以供人们亲自购买……这样，就能和已出版的书籍顺畅连接，减少对遗漏的不满。

---

① 张光月，《例案全集》（康熙六十一年序）的编者。汤公，或指《本朝续增则例类编》的编者汤居业？

·本书做了整齐的分类，但是武职入吏部，武科举入文科举。原因是兵律中没有应附这些内容的律文。

如上述倒数第二条所见，本书表明了这样的目的：强烈意识到了先行刊布的《定例全编》、《本朝则例类编》（及续增编）的存在，因而做后续补纂。题名与《定例全编》类似，这恐怕是将它定位于《定例全编》续编的荣锦堂书肆的原因。编纂体例与《定例全编》的会典形式不同，采用的是名例、吏、户、礼、兵、刑、工的律形式，收录年代为继《定例全编》增补版之后，即雍正元年至乾隆十年。

以上不避文烦，主要依据序文、凡例叙述了五部坊刻定例集的特点。下节将梳理这些定例集的共同点与不同点。

三　清初定例集的性质

首先简略概括这些定例集的共同点，如下文所示。

⑴动机：官僚、幕友在从事现实的行政事务时，把握日日积累的例是很重要的，但是全盘把握则有难度。虽然也刊行了各种定例集，然而齐备这些书在费用上也有困难。因此，出版涵盖为行政事务必要的广泛领域、用一种即足以有助于事务的定例集。

⑵方法：立足于既有的官刻、坊刻定例集，又从邸抄等中收集新例，选择官方认可并通用的内容，进行易懂的分类整理。对刊出后的例，定期出增补版。

⑶编者的社会地位：没有科举的合格者，都是从事幕友等职而讨生计的无名人物。《定例全编》的李珍可视为附属于书店的编纂者，也许稍有不同，但就阶层而言，可以说与其他四人类似。

在以上共同点的另一面，这些定例集也有性质上的差异与各自的特色。

第一，从编者、出版者来看，北京荣锦堂出版的《定例全编》、《定例续编》，其编者都是江西人，可推测具有江西网的背景，而以出版实务书籍获利的书店的主导性似乎也很强。与此相比，《本朝则例类编》、《本朝续增则例类编》、《定例成案合镌》的编者，都是江南三角洲（分别为松江府、嘉兴府、苏州府）出身，刊行的书肆虽然各自有别，然而均无出版其他名作的形迹。在《本朝则例类编》与《本朝续增则例类编》之间，可见版式有共通性，不过出版地不详。《定例成案合镌》的出版商是吴江的乐荆堂，而版式独与其他四种不同。在江南出身的作者们或出版商之间是否有直接的人际关系，尚不明确，不过《本朝续增则例类编》与《定例成案合镌》都是由太仓人王掞作序，也许有间接关系。在其背后，可窥包含朱彝尊、李柟在内的明末以来江苏籍文人官僚交际圈的存在。

第二，编纂体例有或据《大清律》或据《大清会典》的不同。康熙《大清会典》完成于康熙二十九年（内容至二十五年），早于《本朝则例类编》，但《本朝则例类编》、《本朝续增则例类编》、《定例成案合镌》等所谓江南三角洲系列的定例集，并没有参照会典的形迹。与此相反，北京＝江西系列的《定例全编》，则是以准据会典为卖点。同一系列的《定例续编》虽然也言及了会典，但编纂体例是律而不是会典。如《定例全编》李绂序所说，“今会典板藏于礼部，购者颇艰，坊间所行，惟律例耳”，当时会典很难入手，尤其是对于《定例全编》之外的四种定例集的作者幕友群体而言，不是以个人力量就能购入的。

依律编纂与依会典编纂，在内容上是否有差异，对此有必要详加探讨，但限于瞥见而有如下印象。首先，感到序言的写法很是不同。律类型的定例集序言如以下所言，“所谓则例者，原以辅律之所未及，律有一定，例无一定，而巧于趋避者，遂尽以其意为轻重……求得其平者盖鲜”（《本朝则例类编》李序），很是强调律与定例之间的关系。与此相对，会典类型的则如以下所言，“律例特会典之一端，专为处分谳决之用，而会典所载兵农礼学齐治均平之大经大法，部院寺监之职守咸在，非律例所得而及也”（《定例全编》李绂序），强调的是律只是会典的一部分。

那么被采录的定例内容是否有相异之处，限于管见，这好像几乎没有。不过编纂的方法还是有所不同。比较律类型的例《本朝则例类编》与会典类型的例《定例类编》，其内容目录如表1所示。在律类型方面，整体按（名例）、吏、户、礼、兵、刑、工律区分，因而在“刑部”之部，收录了相当于律所说的“刑律”内容的例。即以《本朝则例类编》为例，其立刑部之节，由“贼盗、旗下盗案、抢夺、略诱、光棍、人命、诉讼、断狱、赦原、热审、用刑、纳赎、犯赃、绅衿、妇女、犯奸（下略）”等构成，虽然不是照搬刑律类目，但收录的内容相当于刑律。相当于刑律以外的吏律、户律等内容，各入“吏部”、“户部”之类。当然从名目很容易得知，所含内容的范围较大清律吏律、户律而广泛。与此相对，在会典类型方面，由于仿照了会典，所以“刑部”全部包含了名例及吏律、户律、礼律、兵律、刑律、工律。即在这种情况下，例如与户部相关的田宅、钱法定例，若认为涉及犯罪、处罚就归入“刑部”，若认为是一般的行政规定就归入“户部”，然而其区别未必明确。

为了说明哪个部是重点所在，在表1中列出了各部所占的页数。在《本朝则例类编》中，户部最多，其后依次为刑部、礼部、吏部，兵部、工部较少。在《定例类编》中，刑部最多，其次是礼部、户部、兵部、吏部、工部。顺序虽然不同，但共同点是户部、刑部、礼部居于上位，而吏部、兵部、工部居于下位。

表1　两种定例集内容一览

本朝则例类编	不分卷	吏部	铨司、选法、间缺、回避、引见、推升、会推、文凭、授职、拣选就教、行取、选择调繁、保荐卓异、考课、朝觐、加级纪录、改籍复姓、中书教习、贡监、委署、参劾徇庇、考察捐纳官、离任、开复还职、辩复、官员首告、保留官员、督抚上司、定限、题咨、诰敕札付实收部照、印信、本章、奉差、降革、荫袭、丁忧给假告病、归旗回籍、科道、阁部各衙门事宜、罚俸、招民议叙、捐纳、失报官员事故、职守、溺职、衙役、关防	第131页
		户部	部计、地丁正杂钱粮考成、兵协饷、漕白粮考成、漕运、仓场、奏销、盘库、交盘、侵那捏报、承追、私征加派、造册、征收解给、捐积米谷、户役、人丁、地亩、荒政、盐法、榷关、铜觔、钱法、市廛、全书由单、入官	第160页
		礼部	庆贺、仪制、颁诏、祀典、科场、学政、访求、封典、恤赠祭葬、旌表、僧道、风化、太监、四译、历日	第145页
		兵部	宫卫、武场、武选、军功加纪、军政、武职丁忧终养给假、军需、军器、驿递、厩牧、关津、土司、叛案	第95页
		刑部	贼盗、旗下盗案、抢夺、略诱、光棍、人命、诉讼、断狱、赦原、热审、用刑、纳赎、犯赃、绅衿、妇女、犯奸、发冢、赌博、失火、钱债、奴仆、提人、诈伪、杂犯、狱禁、越狱、军流迁徙徒犯、佥解、疏纵失查、秋审、正法	第150页
		工部	河防、营造	第19页
		刑部督捕	审逃、分别承审、失察、查逃、解逃、行提、流徙、捏报、徇隐、买人例、仗旗讹诈、窝逃、首逃、递逃牌、功过、逃人文册、督捕职掌	第42页
定例全编	卷1	宗人府		第8页
	卷2	内阁		第12页
	卷3～7	吏部	〔文选清吏司〕盛京升补官员、满缺升补除授、蒙古缺升补除授、汉缺升补除授、满洲蒙古汉军通例、汉缺选法、汉缺推升、汉缺候补、考选、圣贤后裔、保举、委署题补、改调、还职、领凭赴任、回避、给假、〔考功清吏司〕考满、大计考察、京察、甄别、考察通例、致仕、告病、钦件部件限期、离任交代、开复抵销、揭报题参、纠劾条奏、呈辩冤抑、盗案处分、命案处分、杂例处分、〔验封清吏司〕功臣世职、军官授官、文官封赠、荫叙、土官承袭、吏员著役考职、〔稽勋清吏司〕丁忧、治丧、起复、终养、更名复姓、审理争袭	第237页

续表

定例全编	卷8～14	户部	十四司职掌、直省额赋、田地总数、各旗庄屯、开垦、农桑、荒政、捐积、卫所屯田、学田、免科田地、户口、编审直省人丁、编审八旗庄丁、赋役、奏销定限、完欠劝惩、侵那处分、开复、起解、批回、失鞘、隐地、交盘、承追、抗粮、征收、漕白粮额、漕运、漕规、剥船脚价、优恤运丁、回空、漕船、洒带、盘运、漕粮考成、领运、挂欠、漕禁、白粮、漂流、仓庾、京仓、通仓、库藏、钱法、课程、盐法、考成、私盐、关税、铜觔、市廛、芦课、杂赋、茶课、金银诸课、権量、经费、宗室俸禄、官员俸禄、杂支、廪给、经制书役、兵饷、招民、捐纳、入官家产、失火、候审、祭葬银两	第328页
	卷15～21	礼部	〔仪制清吏司〕朝贺仪、元旦节、冬至节、万寿圣节、皇太后宫三大节朝贺仪、皇后宫三大节朝贺仪、皇太子朝贺仪、朝仪、常朝仪、见朝辞朝谢恩仪、听政仪、大婚仪、皇后册立仪、册妃嫔仪、皇太子册立仪、耕耤仪、视学仪、经筵仪、日讲仪、东宫出阁讲学仪、巡幸仪、出师仪、凯旋仪、相见仪、冠服、官员仪从、颁赍诏敕、表笺、题奏本式、学校、官学、儒学、辽学、学规、学政、考试、入学定额、贡监、乡试、会试、殿试、教习进士、儒士、印信、乡饮酒礼、乡约、官民旌表、士习、养老、一产三男、赈恤孤贫、收埋枯骨、太监禁例、〔祠祭清吏司〕祭祀通例、郊祀、坛祀、庙祀、直省祀典、丧礼、恩恤、历日、日月食救护、僧道、教坊司承应、〔主客清吏司〕朝贡通例、外国贸易、选补序班、岁进芽茶、〔精膳清吏司〕筵宴、给赐	第380页
	卷22～26	兵部	〔武选清吏司〕八旗官员升除、诸王属员升除、八旗通例、驻防官员升除、都司卫所官员升除、都宰卫所通例、銮仪卫所官员升除、牺牲所官员升除、武职荫叙、诰敕、军政、土司、边关禁例、〔职方清吏司〕京营、品级、铨选、推升、选升通例、引见、赴任限期、武会试、武殿试、军政、举劾、降调、离任、回籍、告病、丁忧、终养、军功、营伍、马禁、缉盗、海洋、处分杂例、〔车驾清吏司〕会同馆、驿递事例、应付通例、勘合火牌、车辆、驿站钱粮、马政、〔武库清吏司〕军令、军功、恤赏、军器、战船、畋猎、京察、武举乡会试、武生、考试员役、编发	第270页
	卷27～40	刑部	十五司职掌、〔名例〕、〔吏律〕职制、公式、〔户律〕户役、田宅、婚姻、仓库、课程、钱债、市廛、〔礼律〕祭祀、仪制、〔兵律〕宫卫、军政、关津、厩牧、邮驿、〔刑律〕贼盗、盗案、旗下盗案、偷刨人参、人命、斗殴、詈骂、诉讼、受赃、诈伪、犯奸、杂犯、捕亡、断狱、编发军流、五刑赎罪、详拟罪名、分理词讼、旗人犯罪、逃人正法、辩明冤枉、有司决囚等第、决罚不如法、用刑、妇人犯罪、死囚覆奏待报、朝审、热审、秋审、恤刑、正法、提牢、奸徒结盟、楚风永禁、督捕司、逃人、窝家、行提、解送、功过、审录、〔工律〕营造、河防、盛京刑部	第473页

续表

定例全编	卷41～44	工部	〔营缮清吏司〕营造、宫殿规制、王府、城池、坛场、庙宇、公廨、仓廒、房屋、工匠、物料、木植、灰石、〔虞衡清吏司〕采捕、军器、烹冶、〔都水清吏司〕织造、河道钱粮、河工、治河条例、筑河工料、桥道、船只、〔屯田清吏司〕王府坟茔、职官坟营、采捕山场	第89页
	卷45		理藩院、都察院、通政使司、大理寺	第17页
	卷46		内务府、翰林院、詹事府	第10页
	卷47		太常寺	第29页
	卷48		顺天府、光禄寺、太仆寺、鸿胪寺	第26页
	卷49		国子监、六科、中书科、行人司	第25页
	卷50		钦天监、太医院、五城兵马司、銮仪卫	第16页

第三，在收录之际，多大程度保存了事件的个别性、具体性？这些定例集在收录庞大的定例之际，有两个方向同时并存，即：删除无用枝蔓的简略化与对个别具体事件的详细记载。特别是标榜收录了很多成案的《定例成案合镌》在凡例中说："部颁各例已极详明，然不多阅成案，未免引断无据"，又说："凡具题招案，务极精详。若情节稍有未符，法司必加论驳。故将部驳重案，择其尤者，以广见闻，庶审招无舛错遗漏之弊。"不过收录于本书的成案大部分是短文，每件十行以内的为多。《定例续编》的凡例也说："本朝则例悉无事由，今则备为采录，不敢删遗。盖以幕中所用，必曰已于某事案内奉准其如何可行，又足查明遵守，是以一概仍旧，不敢从略。"这里所说的《本朝则例》是指《本朝则例类编》或它的续增编，而《本朝则例类编》也说："是编所收，不特奉部通行之新例，凡法司奏谳，事涉疑难者，即加采录，以备参观"（自序），可见对成案并非漠不关心。

对具体性的如此重视，应该反映了定例集读者的需求。官僚与幕友的工作是，对每天发生的具体问题提出处断办法与解决方案。定例集就是这时的参照基准，如果依据的只是缺少具体说明状况的定例要点，他们的方案是否符合创设定例的本意不得而知，因此"若情节稍有未符，法司必加论驳"乃是担忧所在。如《定例续编》所谓"幕中所用，必曰已于某事案内奉准其如何可行，又足查明遵守"，只有参照具体事例做出自己的判断，才可被视为有安全感的援引。也就是说，这些定例并非可以离开它赖以形成的具体事件与相关成案而独立运行。莫如说定例与其赖以产生的个别、具体的事例成为一套，通过这一组合，它的正确含义与妥当的参照法才得以理解。作为当时人们对“例”的感觉，这点是颇具意味的。① 不过尽管如此，由于这是很多人作为商品买来的书籍，因此也没有无限增加分量的道理。可以说在摸索简略化与详细化的平衡中，这些定例集形成了各自的特色。

四 内容比较——以涉及“钱法”的定例为中心

本节将上述五种定例集所包含的与“钱法”有关的定例（及成案）做成一览表，以此考察它们重复度（参见表2）。之所以选择“钱法”，是由于它比较集中而较好处理。在《本朝则例类编》、《本朝续增则例类编》、《定例成案合镌》中，“户部”中有“钱法”一类；而在《定例全编》、《定例续编》中，涉及钱法的定例入“户部”的“仓库”之中，虽然集中在一处，但未见“钱法”这一标题。又，按会典类型编成的《定例全编》，刑部中的“户律”仓库也包括“钱法”，但与大清律的条文完全相同。不过看“户律”中的其他条文，也有不照抄律例，而是附载与该律条相关且已明示刑罚的新规定的情况。无论怎样，涉及同一问题的规定分在户部与刑部，可以想见这不利于读者的利用。

表2 各种定例集所见“钱法”记载

编号	纪年	批复	题目	本朝则例	本朝续增	定例全编	定例成案	定例统编
1	顺治元年		置宝泉局铸顺治通宝			○		
2	顺治二年	题准	铸钱重一钱二分			○		
3	顺治四年		每钱十文准银一分			○		
4	顺治十四年	题准	各省铸局概行停止独留宝泉局			○		
5	顺治十八年	题准	铸成康熙通宝样钱			○		
6	康熙元年		停各省铸钱止留宝泉局江宁局			○		
7	康熙七年二月	覆准	存留驿站等项照银七钱三例收放			○	○	

① 其实只有追溯形成的具体由来，才能理解定例的含义，这对于今天的研究者而言同样如此。利用《上谕条例》的寺田浩明的《清代中期典规制所见期限的含义》（《东洋法史探究——岛田正郎博士祝寿纪念文集》，汲古书院，1987），以及利用《雍正上谕》的三木聪的《抗租与法、审判——围绕雍正五年的抗租禁止条例》（《北海道大学文学部纪要》第37卷第1号，1988）等，就是这样的例子。通过这样的研究，可以说清代（民事）法研究发生了面向“内在性理解”的大转换。

续表

编号	纪年	批复	题目	本朝则例	本朝续增	定例全编	定例成案	定例统编
8	康熙七年七月十六日	奉旨	私铸邻佑分别治罪	◎				
9	康熙十年		直省存留钱粮照数收钱			○		
10	康熙十九年	议准	令满汉官稽查钱局			○		
11	康熙二十四年三月	吏兵刑三部议准	另户人私铸	◎				
12	康熙二十五年六月	刑部题准	拿获私铸免参失察		◎			
13	康熙二十五年十一月	刑部题准	拿获私铸免参失察(又)		◎			
14	康熙二十九年三月	户部覆准	改定搀使私钱治罪处分	◎				
15	康熙二十九年十月		铸钱稽延成案				◎	
16	康熙二十九年	户部题	高抬钱价并钱铺积钱治罪		◎	◎		
17	康熙三十年四月		鼓铸册报迟延成案				◎	
18	康熙三十六年十一月	九卿议准	改定失察私铸销毁贩卖按起处分	◎		◎		
19	康熙三十六年十二月	户部题准	昌南钱分别合式使用不堪收买	◎				
20	康熙三十七年三月	刑部题准	私铸首犯非自置家产免其入官		◎			
21	康熙三十七年四月	御史朱题准	禁止红色昌南钱	◎				
22	康熙三十八年闰七月	户部覆准	停收红铜小钱限二月销毁	◎		◎		
23	康熙三十八年	吏部	失察私铸官因公出境免议		◎			
24	康熙三十九年九月	刑部准咨	私铸案内免罪人犯仍追家产		◎			
25	康熙三十九年十二月	刑部议？准	诬告私铸分首从		◎			

续表

编号	纪年	批复	题目	本朝则例	本朝续增	定例全编	定例成案	定例统编
26	康熙四十一年四月	户部题准	严查粮船夹带私钱	◎		◎		
27	康熙四十一年闰六月	刑部咨？准	私铸磨钱之人……杖释		◎			
28	康熙四十一年十一月	户部覆准	改铸一钱四分重钱	◎		◎	◎	
29	康熙四十四年八月	户部覆	旧制钱展限五年销毁		◎	◎		
30	康熙四十四年十一月	户部题	改定私钱处分治罪		◎	◎		
31	乾隆五年三月	大学士鄂等议准	改铸青钱					◎
32	乾隆七年四月	大学士鄂等议准	钱文经纪仍准复设					◎
33	乾隆九年二月	刑部议准	私铸不及十千					◎
34	无年月		地方私铸该管官知情	○				
35	无年月	（钦定则例）	失察行使废旧钱	○		○	○	
36	无年月		钱本违限	○		○		
37	无年月		私铸治罪	○				
38	无年月		搀使小钱流徙旁人拿首不算	○		○		
39	无年月		毁化制钱	○		○		
40	无年月		销毁清字钱	○		○		
41	无年月		拿获毁化制钱记叙	○				
42	无年月		旗下人毁化制钱	○				

表中附有○及◎符号的，表示该定例被定例集收录。◎表示以保留上奏文（尽管有所省略）原型的形式而引用，○表示未引用原文而只是要点。《本朝则例类编》中标示○的，可视为引用于已颁行的官方定例集。在《定例全编》中，有年月的○项（表2编号中的1~7、9、10）直接抄写自康熙会典。就◎形式的定例而言，不存在只在一部之内即可网罗性收录的情况，但综合《本朝则例类编》、《本朝续增则例类编》，表中所载的康熙年间的◎

形式定例大致可以覆盖。“钱法”以外的部分不调查自然不清楚，不过通过这两部定例集，也许不看其他也无大碍。

“钱法”被分类在户部，然而被这些定例集收录的、与“钱法”相关的上奏文的制作机构，不只是户部，出于刑部的也很多。原因是涉及“钱法”的定例，多与对私铸犯及其关联者的处罚相关。在定例集编者的意识中，应该还不存在将刑事司法规定与一般行政规定区别开来的想法。

那么在实际研究中，这些定例集能起到多大程度的“作用”呢？为了探讨这一问题，可选取表2中◎形式较为集中的康熙二十四年（1685）至四十四年（1705）的二十余年，与其他编纂史料及档案作一比较。作为编纂史料，乾隆二十九年（1764）刊行的《钦定大清会典则例》、乾隆五十一年前后刊行的《皇朝文献通考》以及《大清圣祖仁皇帝实录》（以下略称为《清圣祖实录》），是这一时期可参照的文献。这一时期涉及钱法的档案状况，利用档案史料考察清代前半期货币政策的上田裕之的大作《清朝统治与货币政策》（汲古书院，2009），提供了有益的信息。

收录到定例集中的这一时期有关钱法的规定，多涉及禁止私铸钱流通。清朝于康熙二十三年（1684），将此前一文一钱四分的重量减为一钱，以此削减铸钱费用以及防止私销制钱，可是这一政策反而招致了民间私铸的增加。在这一时期，针对私铸的处罚规定与对私铸小钱的处理规定屡屡变更，所以才为定例集的编者所关注被加以收录吧。

在明确年月的相关记载中，首先以康熙二十四年八旗另户人私铸案件为起因，[①] 详细规定了今后若发生同样事件的督察责任及失察处分（“另户人私铸”，表2，编号11）。对于二十五年发生于直隶的贺有年私铸案件，收录了犯人斩立决及对相关者处罚的刑部奏文。这一案件依皇帝之旨，贺有年免死，发往黑龙江为奴。地方官也迅速逮捕犯人，以免失察之罪（“拿获私铸免参失察”等，表2，编号12、13）。二十九年户科上奏，认为对掺杂使用私铸钱、串钱的处罚过于严厉，[②] 户部建议减轻刑罚（不用枷号与流徙），得到皇帝的许可（“改定掺使私钱治罪处分”，表2，编号14）。康熙三十六年十一月，皇帝据巡幸途中所见，指出小钱使用盛行，命令在户部会同九卿讨论对策。其结论是，虽然对私铸者与私铸钱的使用者有严厉的刑罚，但官吏

① 所谓另户，指形成独立之户，因此在监督责任上形成问题。

② 这里所说的以前的处罚规定，应是指康熙二十三年户部奏文，但本文涉及的定例集未加采录。关于这一规定，东京大学东洋文化研究所藏《新增更定六部考成现行定例》（抄本，从收录规定的下限看，应成书于康熙四十二年）卷三户部“铜钱”有详细引文，言“凡经纪铺户民人等，将所禁小钱搀和行使者……不论数多寡，枷号一个月，责四十板，流徙尚阳堡”等。

取缔不严厉是至今依旧不绝的原因，因此提议按件数追究失察之罪，得到同意（“改定失察私铸销毁贩卖按起处分”，表2，编号18）。在这一时期，特别是背面有“昌”、“南”字样的钱是官铸还是私铸，[①] 成为难以辨识的问题。调查结果表明，带有这些字的钱是在湖南长沙制作的，既有良品，但明显也有劣品，于是规定限三个月内将劣品送官收买（“昌南钱分别合式使用不堪收买”等，表2，编号19）。此后，有关没收私铸犯的家产（“私铸首犯非自置家产免其入官”等，20），低质钱不由官收买而令亲手销毁（“停收红色小钱限二月销毁”，表2，编号22），免除出公差的地方官的失察之罪（“失察私铸官因公出境免议”，表2，编号23），对帮助私铸者的处罚（“私铸磨钱之人照为从立绞并不知情不入窨之雇工杖释”，表2，编号27）等，因具体事件而形成了各种问题，于是最终在康熙四十一年决定了根本性对策，将一文铜钱的重量改回一钱四分。重一钱的旧钱，限三年内销毁（“改铸一钱四分重钱”，28）。四十四年，又将销毁期限延长为五年（“旧制钱展限五年销毁”，表2，编号29）。

上述规定，以各部上奏以及皇帝对此许可的方式，伴随着具体案件的说明而加以叙述，短的5、6行，长的则达到40行。

比较其他的编纂史料即可见，《大清会典则例》对上述的11、19（卷一八，吏部）、28、14、19、21、38（卷四四，户部）有记载，但方式只是书写基本结论，省略了问题的原委。《皇朝文献通考》有记载与上述的18、19、22、28重复，内容很详细。《清圣祖实录》记载了有关18、22、28的记载。当然，这些编纂史料还包括坊刻定例集未收录的记载，所以它们是互为短长。

还有，比较相同记载的写法，在内容上也有若干不同。例如，编号18的“改定失察私铸销毁贩卖按起处分”，是户部依据皇帝所指出的小钱盛行的上谕，提出对策并得到了许可。其中皇帝的上谕部分，《皇朝文献通考》的记载与《本朝则例类编》中的记载有很大不同，因此下文用横线表示《皇朝文献通考》有而《本朝则例类编》无的部分，用〈 〉表示《皇朝文献通考》无而《本朝则例类编》有的部分。

> 〈十一月初六日上谕户部尚书马（齐），初十日有谕大学士伊（桑阿）、王（熙）等，〉朕顷谒陵时〈此番谒陵〉，〈沿途〉见使用小钱者甚众〈多〉。所换之钱，亦多旧钱，两局钱使用者绝少。此实非益民之事也。今岁田禾大有，而米价仍贵，询之土人，皆云，钱贱所以米贵。又闻小钱从山东来者居多。先年佛伦、科尔坤管钱法时，请将钱式改小，朕

① 这些汉字表示地方上的铸造局。

> 每谓，钱改小易，改大难，钱价若贱，则诸物腾贵〈前题将制钱铸小之时，朕即谕制钱铸小，后日将小钱搀用者必多〉。今果如朕言〈今应朕之前谕〉。大学士等即同九卿将钱法如何尽善，确议具奏〈因此近经亦谕户部作何设处之处，会同九卿、詹事、科道、于成龙确议具奏。钦此〉。

康熙《起居注》与《清圣祖实录》、《圣祖仁皇帝圣训》卷二七，都在十一月十日条记载了同样的上谕，尽管内容有若干不同，但近于《皇朝文献通考》。那么，《本朝则例类编》的记载是否就不可信了呢？然而接受上谕的前述人名等，未见于其他史料，而《本朝则例类编》所依据的是邸报等当时能够取得的独自史料，这是可以推论得到的。[①] 为何上谕内容有相当明显的差异，这也许与上谕在初六与初十下达过两次有关，具体不明。不过像这样从《本朝则例类编》中发现与此后编纂史料有若干不同的记载，可以说二者有相互参照的必要。

当然，如果保留有档案原件，就不会有什么问题，然而能否看到作为这些定例集记载基础的档案原件呢？档案的保留因时期而有差异。上田裕之认为，从康熙二十年代到四十年代，是钱法档案保留较少的时期。在这一时期，奏折尚未充分使用，[②] 即使是题本，“康熙、雍正年间的题本几乎无现存”。[③] 上田率先利用的“户科史书”（中国第一历史档案馆所藏），康熙年间也集中于前半期，在现存的康熙年间“户科史书”214 册中，二十年代有 115 册，留存甚多，而三十年代 8 册，四十年代仅 4 册。[④] 其结果是，即使知道康熙四十一年将铜钱重量改回一文一钱四分的背景是私铸钱，然而它的具象恐怕也不那么清楚。

从这点来看，本文论及的定例集所收录的记载，提供了不能从其他文献获得且具有一定具体性的信息，可以弥补这一时期的史料不足。

结　语

本文选取了康熙年间后半期至乾隆初年出版的五种坊刻定例集，在解题

① 前述《新增更定六部考成现行定例》也收录了同样的规定，但上谕内容同《本朝则例类编》。

② 《宫中档康熙朝奏折》（国立故宫博物院编，国立故宫博物院，1974）与《康熙朝汉文朱批奏折汇编》（中国第一历史档案馆编，档案出版社，1984），除去与织造相关的内容外，几乎没有收录这一时期的奏折。

③ 上田裕之：《清朝统治与货币政策》，第 27 页。

④ 上田裕之：《清朝统治与货币政策》，第 331 ~ 333 页。

的同时，就它们在研究中具有何种程度的价值作了样本式的考察。

这些史料价值的一个方面，就在于它们的网罗性。即各种规定得以充分收集，可以作为引得使用。在这方面，由于这些坊刻定例集所处理的时期范围较短，若仅限于一种而言难说网罗，比不上像《大清会典则例》这种大规模的史料编纂。但如果将几种定例集组合在一起，相互间就可以补充完善。另外，从保持了原文书所具有的具体性，有助于对各种规定的出台背景作内在理解来看，这些定例集虽然不是原文书本身，但是与《大清会典则例》等编纂史料相比，还是留下了比较丰富的可具体窥探规定形成过程的内容，这也是可以确定的。就原文书保留不多的时期而言，它们作为代替原文书的资料可以发挥作用。通过与既有史料的相互参照，也可以获得有益的信息。

然而，将它们提供给广大研究者利用，至少需要进行目录数据化的工作。奔波于多家研究机构，从开始依次翻阅这些定例集的页码，这是十分繁琐的。还有，与此次处理的坊刻定例集之类相比更有利用价值的，当然是像江苏布政使司所刊的《上谕条例》这种大部头的、时间跨度长的定例集。可是这种定例集因为部头大，在使用上也有愈发不便的问题。在有效地使用这些定例集上如何为宜，可以说留下的课题还是相当大的。

译自《清代前期定例集の利用について》，收入山本英史编《中国近世の规范と秩序》，公益财团法人东洋文库，2014 年。

《中国古代法律文献研究》第八辑
2014年，第398~420页

一个讼师家庭的两代上诉史*

林 乾**

摘 要：被包世臣等清代名吏称为嘉庆年间三大巨案之首的寿州三命之案，包括钦差在内，审理结果迥然不同，被告也屡审屡翻，而最终得以向真相归依，使得谋毒之犯被绳之以法，端赖于讼师刘儒恒的参与。但刘儒恒仅仅因为所控的些许事实不符，被充军发配，这与惩治讼师的相关立法也不吻合。而刘儒恒一家到配所后，又进行长达十余年的上控，但结局更为悲惨。刘儒恒冤死狱中，其妻死于京控押解的路途，其子被发遣。对寿州大案的解读，为我们了解清代法律表达与实践的背离提供了一个实例。

关键词：讼师之家　寿州三命　刘儒恒

唐代为人作词状，如果得实，受到官府奖励。从立法的目的而言，不限制民间对诉讼的介入。宋明时期的相关立法从整体上沿用唐律。将讼师完全排除在诉讼之外，并作为严厉惩治的客体，是清代乾隆中叶对“教唆词讼”例的全面修订，这也是“以例破律”的典型。①

本文讨论的一个案例，是发生在嘉庆年间非常有名的一桩大案。案发后在地方最高层级，历时四载，三审三判，却全是颠覆性的。而正是由于讼师刘儒恒的介入，才使得该案向事实依归，真相也逐渐浮出，从而最后得到公正判决。然而，讼师并没有因为所告为实而受到任何正面的鼓励，相反，刘

* 本文是教育部人文社会科学重点研究基地项目“法律与秩序——清代群体性事件研究”的阶段性成果。

** 中国政法大学法律史学研究院教授。

① 林乾：《清代严治讼师立法——“以例破律”解析之一》，《法史学刊》第1卷，社会科学文献出版社，2007。

儒恒被判边远充军。自此，刘儒恒本人以及他的家人，包括他的妻、子，进行长达数年、父死子继般上诉。当然，结局更加悲惨。

本案存留数十件档案，我们从中透视出清代法律运行的诸多“面向”。在官府看来，只要挑战公权力，不管事实本身如何，就意味着对现有社会秩序特别是法律秩序的冲击。因而，法律一再进行扩张解释，即把讼师作为惩治的客体，即某个特定时期被严打的群体，贴上“标签”，以为他的同行或相关行为做“警示”。

一　介入三命大案

刘儒恒介入的案件，在嘉庆年间是一桩大案，被包世臣称为“近世以郁民而成巨狱”之首。[①] 这就是寿州大案。

案发嘉庆八年（1803）闰二月十九日，安徽省凤阳府所属寿州，远近闻名的大富户张体文家出了件大事，在张家打工同住西厢房的李赓堂以及李的儿子李小八孜，还有在张家做杂务的族侄张伦，三人同日暴亡。

家中出了三命之事，作为家长，张体文立即报知尸亲张伦之兄张怀、李赓堂之弟李东阳，以及主管治安的地保陶忠等。由于尸亲李东阳坚持报官，张家遂以误中食毒报官勘验。

寿州知州郑泰接报后，率仵作等勘验现场，死者有明显中毒症状，讯问人证时却或称中邪，或称误食毒蘑，或称中煤毒。郑泰因案件复杂，欲速结了事。

主人张体文育有三子，长子情况不详，三子张大勋是个武举人，向以承揽漕粮运输为生，在运丁中是个小头目，这种工作有很强的季节性，一年多半在外，因而家里的事情主要交由次子张大有打理。既然报了官，就要做些准备，张大有找到好揽词讼的贡生孙克伟商量对策，孙出主意说，张家无外乎多出些钱，最好的办法是让尸亲撤诉。此时，在外的张大勋也已赶回家中。经与李东阳多次讨价，张家答应出钱2400两白银，换取作为尸亲的李东阳撤诉。

寿州知州郑泰此前屡传尸亲不到，因为当事双方正在背后商讨和息之事。辗转到了七月再传时，李东阳到庭并称其兄是误食毒蘑菇而死，且出具甘结。郑泰照准将此案结案，不久调任泗州。

不料，这一正常的调任使案情大为反复。原来，郑泰在寿州任上曾将衙役李复春开除，李记恨在心，伺机报复。当他得知郑泰没有将三命之案按规

① 《齐民四术》卷七《刑一下》，《包世臣全集》，黄山书社，1997，第401页。

定上报，今又调离寿州时，遂教唆李东阳赴省控告，可以讹诈郑泰。几经辗转，郑泰管门家人苏三同意出钱500两，李东阳遂未出呈。

此时，没有得到任何好处，也没有报复郑泰的李复春并不甘心。他因在衙门充过衙役，熟悉讼师，于是找到本地有名的讼师，此人就是刘儒恒。刘写就呈词交给李复春，李直接向两江总督陈大文告发郑泰，其中言张大勋之妻胡氏与在张家打工的族侄张伦通奸，被张家的雇工李赓堂父子撞遇，告知张大勋，张大勋素本惧内，怕家丑外扬，遂将李赓堂父子并张伦毒死，知州郑泰朦胧混验，嗣经尸亲李东阳控告，郑泰令监生张位同、管门苏三，以及怀宁县管门陶四串说，付给李东阳银子五千两，且为李东阳捐了监生，肩舆送回，等等。李复春的原呈上还附有切结，称如诬告愿甘坐罪。

陈大文对官吏徇私舞弊一向严厉惩办。他接报后非常重视，又以李东阳素无寸产，今暴冒捐监，赃私昭著，且三命重案，又牵涉属员枉法，遂于嘉庆九年委派徐州道员鳌图等，带同原告李复春驰往查办。鳌图等于当年十二月十二日到了寿州，提卷查核，得悉张家是上年闰二月二十二日报的案，二十五日勘验，尸格填报的是“三命中毒身死”。讯问所中何毒，供词闪烁，忽吐忽翻。张大勋及其子监生张保安、已捐监生李东阳等极为刁滑，说和之人承认过付李东阳银子一千两。又查阅寿州案卷，三命之案并未详报。为此，陈大文于十二月二十七日奏请将郑泰革职，武生张大勋、监生张保安、李东阳等斥革，以便进一步审理。[①]

就在陈大文草拟奏折时，鳌图又禀报，张大勋供称，案发时他并不在家，其子张保安坚供其母胡氏并无与张伦通奸毒毙之事。陈大文认为贿匿重案，情弊显然，飞饬安徽臬司鄂云布驰往寿州彻查。

对陈大文的上奏，嘉庆帝非常重视，上奏有多处朱批。十年正月十一日，嘉庆帝命将郑泰革职拿问，张大勋等举人、监生斥革。[②] 此时距案发逾时已近两年。

陈大文上奏的是参案，即参劾知州郑泰，而不是对三命之案的初审报告。由于对具有身份的诉讼当事人不能使用刑具刑讯，故一并奏请将张大勋武举等革除。从清朝审办大案的程序而言，按察使职掌一省刑名总汇，即便皇帝奏交督抚亲办之案，也主要由按察使督饬首府县来审，封疆大吏“受成”而已。

就在陈大文上奏的半个月前，即十二月十二日，安徽按察使鄂云布调任

---

① 军机处录副奏折：《陈大文奏寿州民人李复春具控毒毙三命案》，嘉庆九年十二月二十七日。本文所用档案，皆藏于北京中国第一历史档案馆。下不注明。

② 《清仁宗实录》卷一三九。

江苏按察使，皖臬由平庆道员杨頀升任，但尚未到任。故陈大文上参案的同日，又上一奏片[①]：等杨頀到任后，鄂云布再行交卸赶赴新任，也即将此案交鄂云布审理。[②] 嘉庆帝准奏。而就在陈大文上奏的当月，安徽巡抚王汝璧也内调兵部侍郎，皖抚一缺由直隶提督长龄调任。随即，陈大文也于嘉庆帝首次就寿州案下发谕旨的半个月后，即十年正月二十六日内调左都御史，两江总督由山东巡抚铁保接任。

一个月之内，审办三命之案的安徽巡抚、按察使特别是江督的大换班，是否清廷的有意安排？换言之，这种人员调动，是否暗示清廷不想把寿州三命之案真正查下去？在此前后发生的一件事似乎可以帮助我们厘清一二。嘉庆九年十二月二十四日，即奏报寿州案的前三日，陈大文审结丰县民人穆奎文的控案，被刑部驳回，兼刑部尚书的大学士董诰等明确称，丰县一案应由尚未到任的铁保审理。[③] 而此时距陈大文离任内调尚有两个月之久。[④] 这种安排很不正常。

两江及安徽主要官员的变动，确实对案件的审理产生了颠覆性的影响，而左右审理的正是新任江督铁保。铁保出身于世代武将之家，但颇有文名，折节读书，中举人、成进士，时龄皆早。他还优于文学，擅长书法，词翰并美。他主编经嘉庆帝赐名的《熙朝雅颂集》，颇有影响。《清史稿·铁保传》评价他为人慷慨论事，及居外任，自欲有所表现，倨傲，意为爱憎。

铁保“意为爱憎”的性格，也同样反映在任江督后对寿州案的审理上。与绝大多数督抚“受成”不同，铁保刚上任，就亲自过问此案。他收到张家的诉状，状称张家历世清白，忠孝传家，哪里会有通奸之事，这完全是出自讼师的捏造。铁保本来认为案情有异，加之张家控告，遂责成刚接任的寿州知州玉福前往查案，很快究出李复春上控呈词乃讼师刘儒恒所写，遂将刘儒恒拘押。

而即将调任江苏臬司的鄂云布于嘉庆十年三月初九日与杨頀进行交卸，并将应办事项逐一交代清楚后，当天即启程赶赴江苏。[⑤] 鄂云布在交卸前审出三命之案大概，这个“大概”仍然肯定张家因通奸事败露而下毒谋毙人命的事实，但与徐州道鰲图所审有很大区别，起意谋毒的是已经故去的张家大

---

① 清朝实行严格的一事一奏制度，即便事属牵混，也必须另行以附奏形式奏请，此即附片，又称奏片。

② 军机处朱批奏折：《陈大文奏新任江苏按察使鄂云布交卸事》，嘉庆九年十二月二十七日。

③ 军机处录副奏折：《刑部奏为议驳两江总督陈大文审拟丰县民人穆奎文控案事》，嘉庆十年二月十三日。

④ 陈大文于三月十六日与铁保交卸。

⑤ 军机处朱批奏折：《鄂云布奏报接署藩篆日期事》，嘉庆十年四月初十日。

家长张体文。案发时张大勋正押运粮船北上，本不在家，而李赓堂父子将胡氏通奸之事告知张大勋之父张体文，张体文起意谋毒，用七文钱买了鼠药，将药拌糖和面做成甜饼，三人傍晚劳作归来，食饼后而亡。而张体文于当年七月即三人暴亡的四个月后病故。如此一来，张家虽然出了丑事，但张大勋兄弟等不需要为此承担刑责。这也是嘉庆时期审案官员“救生不救死”的惯常做法。

二　讼师进京控告

在人治国家里，主要官员换任，案件往往存在很大的变数，也被讼师视为绝佳的介入机会。一直关注此案的另一个讼师任儒同即任忠宣，选择此时正式介入，正是看到新任江督铁保要翻陈大文的案，遂决意为富有的张家作词打官司。①

任儒同籍隶安庆府附郭怀宁县，自幼业儒，于乾隆五十年（1785）科试，取入安庆府生员，一向以教读糊口。嘉庆五年（1800）失馆后，无以为生，曾为怀宁、桐城多人做词，控告坟山、田租等事，案均审结。嘉庆十年七月，寿州武生周丹凤至省城安庆，寓于任儒同同族任廷桂家，因此相识。而寿州三命大案无疑是重要谈资。任儒同向周丹凤言及张大勋之案，现在尚可翻控。此时张大勋在安徽省城候审，正想找人做词，周丹凤即以任儒同之言相告，张大勋前往晤谈，甚为投合，即将案情就商，任儒同提出张家必须坚执烘板受毒之词。

与陈大文的做法不同，铁保接审此案，开始责令安徽来审，后来亲自审理，并将案件移到江苏，委派苏州知府周锷、长洲县知县赵堂等隔省复审。按照许多讼师介入案件的做法，张家聘请的讼师任儒同一直跟踪案情的进展。嘉庆十一年正月，案件解到江宁，张大勋邀任儒同一起赴江宁；案解苏州，又同赴苏州，而张大勋在江宁、苏州等地向总督及臬司衙门先后所递之词，全部出自任儒同代作。除呈词中力辩张家无奸无毒，三人之死系因烘板中毒外，任儒同还是被告的法律辅导者，负责代为教供。当然，任儒同已收受张大勋银六十两，张大勋还承诺案结后另行酬谢。

张家的诉状确实起了作用，特别是原告即尸亲已不再上告，张家接下来的重点是疏通“关节”，而“关节”必须靠银子打通，好在张家是富户，其财力能够支撑这场诉讼，或者说正是张家的富有，才有更多的人愿意“效力”。随着案件移到江苏，双方当事人的角逐也转到这里。

① 军机处录副奏折：《初彭龄奏拿获寿州案内任儒同审拟由》，嘉庆十二年四月十八日。

在张大勋的恳求下，一开始就为张家出谋划策的孙克伟来到苏州。孙又邀请其兄、刑部郎中孙克俊火速至苏。孙家兄弟的来头显然不小，他们去拜会主审此案的苏州知府周锷和长洲县知县赵堂。由于刑部官员出场，更为重要的是，新任总督大人的意见似乎很明确，加之周、赵两人收了张家的八千两银子，[①] 案件很快以“烘板中毒”上报。而通奸之说完全是讼师刘儒恒的教唆，子虚乌有。故此，新任总督铁保令严审刘儒恒。自此，讼师刘儒恒从幕后被迫走向前台，成为推动此案的主角。

与普通的讼师不同，刘儒恒颇有职业讼师的“担当”，在为当事人写状的同时，也准备了一环紧扣一环包括如何自保的后续方案。当他被新任寿州知州玉福关押后，他的儿子刘荣先已经踏上进京控告的路途。

嘉庆十年（1805）十月，刘荣先前往步军统领衙门控告：其父无辜被禁、州役抄抢其家什物，并将其弟媳殴辱等情。[②] 据刘荣先称，他今年二十五岁，跟其父住在寿州姬刘集地方。“本年正月，寿州玉知州究出李复春的呈词曾给我父亲看过，就诬赖我父亲是讼师，传去掌责跪链，我母亲赴陈大人前呈告，批委凤阳府查办后，玉知州将我父亲解至臬司衙门监禁，又将我家人李华、堂叔刘述宗传去看押。五月十八日，我母亲到了省中，因我父亲无故被禁，又赴新任总督铁大人前呈控，批委臬司发交安庆府审讯。”步军统领衙门在关注刘儒恒被关押的同时，对刘荣先呈控因奸毒毙三命一案更加在意。“三命之案何以三载之久尚未办结?”“曾否奏报到刑部?”遂奏请先将刘荣先交刑部审明。

刑部的审理不但使得刘儒恒的家庭状况更为详细，而且也使得三命之案在最高司法审判机构备下了又一个颇为详尽的“版本”，还交代了审案发生重大变化的过程。刘儒恒时年五十一岁，妻子姓汪；刘荣先的妻子姓王，他的兄弟叫刘兴惠，家住寿州姬刘集。关于三命之案部分，据刘荣先供称，张大勋之妻胡氏与张纯修通奸，被雇工李小八孜撞见，张家药死灭口，连同李的父亲以及在张家做杂务的族侄张伦一并误食而死，后通过亲属孙克伟买通尸弟李东阳及知州郑泰，朦胧验讯，说是误食毒蘑菇而死。李东阳的族弟李复春曾帮李东阳办事，未分得银两，遂赴总督陈大人前呈控，陈大人委派徐州道鳌图审出实情，检出三命乃中毒而死，将郑泰等奏革，张纯修、胡氏及说和、过付人等关押，合州民人俱为允服。不料嘉庆十年正月鳌图调回河工，臬司鄂云布亲临寿州，怕承审各官处分太重，将案情改轻，李东阳先得张大勋二千四百两说是他已故父亲张体文付给，郑泰管门家人苏三等过付的

① 后审出此银是张家所出，为孙捐衔所用。详见下文。

② 录副奏折：《禄康等奏寿州民刘荣先控案》，嘉庆十年十月二十一日。

五千两不令李东阳承认，又吓挟原告李复春改供五百两是张大勋托张位口许，并未过付，希图减轻郑知州之罪。又以张体文疑媳有奸，欲行毒死，致误毙多命，既可罪归已死之人，且可掩饰奸情。以下言新任寿州知州玉福究出李复春呈词经其父刘儒恒看过，遂诬为讼师，酷刑收禁，其母向新总督铁大人控告。

刑部奏称，三命之案自前总督陈大文于九年底奏报后，迄今将近一年，尚未审拟到刑部，殊属迟延，应彻底根究。此案前奉谕旨交鄂云布提讯，现在刘儒恒以其偏断不公京控，奏请是否将此案改交现任总督铁保提到江宁审办，请皇帝定夺。[①]

尽管寿州大案留存数十件档案，但不少真相仍扑朔迷离。按照刑部的核查，自陈大文嘉庆九年底一奏后，铁保于三月初接任江督，到刘儒恒此次遣子京控，在近一年的时间里，该案似乎被“冻结”。正如后来刘儒恒为自己辩护的那样，如果没有他这一控，三命之案似已沉迹。这近一年的时间里，到底发生了什么？原被告都做了什么？何以杳无声息？

三　定性“积惯讼棍”

刘儒恒遣子京控是被迫，因为一旦按讼棍例定罪，他将受到发配烟瘴充军的严厉惩罚。但京控为他本人，也为他全家带来了毁灭性的灾难，尽管他所控为实，并为寿州三命之案真相的揭露起到了至关重要的作用。

乾隆中期始，京控案明显增加，清廷为此完善相关立法，凡京控之案如果审虚，要随案声叙是否究出讼师。嘉庆以还，社会问题凸显，京控者络绎于途，而地方官通过严打讼师以图遏制控案的做法堪称极为普遍。

嘉庆十一年八月十四日，江督铁保奏结此案已变成“遵旨审明讼棍诬奸毙命重案核拟具奏事”这样的题由。[②] 据此，由通奸而引发的三命之案完全是讼师刘儒恒的一手“策划”，刘儒恒被发遣极边烟瘴也就再自然不过了。这堪称是寿州大案的又一个“罗生门”。

铁保在上奏中将他如何平反、审出确情，写得十分清楚：李复春与死者李赓堂父子同姓不宗。[③] 他唆使尸亲李东阳告发郑泰，是为图索诈，追索银不遂，起意控告。

> 有积年讼棍刘儒恒，籍隶寿州，先曾犯案拟徒，废疾收赎，复又叠

① 录副奏折：《刑部奏寿州刘儒恒遣抱刘荣先控案》，嘉庆十年十一月十四日。

② 朱批奏折：《铁保奏审明讼棍刘儒恒诬奸毙命重案》，嘉庆十一年八月十四日。

③ 清代限制诉讼，原被告必须系直接当事人及其亲属。

犯枷杖，怙恶不悛。李复春闻其惯于教讼，遂央素识之杨保吉领往，商将苏三许银五百两改为五千两具控。刘儒恒声言李赓堂等三命重案，必得有致死之由，方能耸听。张大勋家道素丰，必无图财害命之事。雇工人即有口角嫌隙，何妨辞退，断难指为仇杀，惟有提出张伦与张大勋之妻胡氏有奸，被李赓堂撞见告知，张大勋恐张扬露丑，将三命毒死灭口，方可图准。李复春以奸情无据向诘，刘儒恒答称：正惟暧昧无据，可以混指，只须填写“街谈巷议，道路口碑”八字，可免追究。即代作呈词。

此即李复春冒认尸兄图诈，刘儒恒教唆诬告之缘由。“据刘儒恒、李复春亲笔供招，自认图诈教唆诬控”，“刘儒恒以犯案释回讼棍，胆敢捏砌奸款，坏人名节，陷人死罪。李复春、刘儒恒二犯均应照凶恶棍徒拟军例，情罪重者改发黑龙江给披甲人为奴。”

那么，李赓堂等三人是如何死的？何以与鳌图、鄂云布所审大相径庭？铁保奏称：据署江苏藩司遇昌、署臬司赵宜喜督率苏州知府周锷、长洲县知县赵堂、元和知县万承纪等讯明，李赓堂等三命实系因中毒而死，并非张大勋因奸毙命，实系讼师刘儒恒教唆诬告。铁保又亲督遇昌、安徽臬司杨頀等审明：嘉庆七年冬，张大勋押运漕船北上，其父张体文在隙地盖屋，将年久大槐树砍伐，树根窟内有数条大蛇，当即打死，将树锯为板材，放置李赓堂等雇工所住西厢房。八年闰二月十九日，在李赓堂三人同住屋内叫木匠王秃孜做桌子，用煤屑木屑烘板，次日晨发现三人被熏蒸而死。报州勘验，李东阳借尸索要，张体文畏累，应允付给一千两，李东阳不允，张大勋回家后付二千四百两，李东阳息结。其后李复春图诈、刘儒恒教唆诬告。铁保还奏请为平反此案的遇昌、周锷等官员议叙，“寿州知州玉福能将讼师拿获，致全案得以昭雪”，亦请议叙。张大勋已革举人应予开复。

铁保这份长达二十余纸的“定拟具奏”，是寿州大案案发后地方最高层级的第一次正式审结奏报。嘉庆帝朱批“该部议奏”。通常说来，这是命盗以上重案的最后核准程序。

几家欢喜几家愁。寿州大案的“平反”在两江三省绝对是大新闻。

早在周锷等审办三命之案时，从苏州城到清江浦，就在上演一部大戏，取名《寿椿园传奇》，共有十六出，演的就是“平反”寿州大案的“新事”。“传奇”由苏州著名的戏班子结芳班倾力打造，由专职为结芳班编戏的毛文隆等二人编自苏州正在审理的三命之案，戏中把周锷描绘成明代苏州知府、人称“况青天”况钟一样的人物，“如水襟怀对大江”，“不带江南一寸棉”，这是后来昆曲《十五贯》的两句经典唱词。周锷成了“青天”，戏中的铁保形象自然要更高大，他成了度众生脱离苦海的弥勒佛。而“毒陷”、“唆控”等出最为吸引人。该戏自七月份开始上演，一时观者如潮，道路传为美谈。很显然，寿州大案正在审理尚未定案时，就在崇尚新奇的苏州等江南上演，很难说这完全是结芳班的“市场”行为，幕后更多的是苏州知府周锷等官方的身影。[①] 这也是经常出现在江南等地审案过程中舆论战的惯常做法。

四 二次遣妻京控

铁保在奏结三命大案的同日，又上了一个颇长的“奏片”，专门向皇帝奏报刘儒恒一家都是讼师，向以诬累人为职业。这实际是给京城大员特别是皇帝打“预防针”，其潜台词是刘儒恒家人可能会进京告状，但完全不可信。

铁保“奏片”称：再查刘儒恒积惯唆讼，犯案累累。此案李赓堂等中毒毙命，该犯教唆播弄，几至酿成冤狱，若非访拿到案，断难水落石出。该犯被获后，又遣妻、子分头呈控，即其妻、其媳，亦能作词讦讼，实为讼棍之尤。苏省委审各官知其刁恶，不敢稍示以威，设法推问，始据逐一供吐。今臣又连日悉心讯问，该犯惟俯首供认，无可置辩。刘儒恒又捕风捉影，添砌鄂云布借居孙克伟家作寓，减轻情节等情赴京具控，复因知州玉福将该犯访拿，是以挟嫌诬控，一并牵入。经臣逐条研讯，该犯俱供认不讳，历历如绘，案无疑窦。对铁保的“奏片”，嘉庆帝于九月初一日朱批了一个“览”字。[②]

铁保的预料没有错，在我们看不到刑部对江督的审拟如何“议奏”，同时也不可能看到作为被告的张家在已经“洗脱”通奸、谋毒等罪名，张大勋等的举人身份也将开复，而死者的亲属即原告一方也已停歇了脚步时，是讼师刘儒恒又一次推动了案件的审理。

刘儒恒是个出色的讼师，不但熟悉大清律法，谙悉《洗冤录》等官方批准的检验尸伤的法定文本，更为主要的是，他掌握在恰当的时间点在更高衙署控告。从应对官府的诉讼策略而言，他不是“死扛”型，而是“留得青山在”型。因而，当铁保试图“平反”寿州案时，他很“配合”地承认自己“诬控”。但当铁保的定案即将上奏时，他派出了至少第二次进京控告的家人。一如我们在许多大案中看到的一幕，只有“前赴后继”，并有足够的财力和人力，才能把官司打下去。

① 朱批奏折：《舒明阿遵旨查明据实奏闻事》，嘉庆十二年三月初一日。

② 朱批奏折：《铁保片奏刘儒恒积惯讼棍折》，嘉庆十一年八月十四日。

刘儒恒因自己被判重刑，儿子刘荣先被押，遂派妻子汪氏进京，于嘉庆十一年九月初九日到都察院控告："氏夫刘儒恒因与民人李复春修改呈词，被本州酷刑拷打，逼认唆讼，上年九月曾遣子刘荣先赴提督衙门呈告，交总督审办。本年三月，由臬司转发苏州府，又转委元和、长洲两县勘讯，始终回护原详，将张胡氏因奸毒毙三命作为误中蘑菇及轰（烘）蛇孔板毒身死，置尸亲李东阳等贿和重情于不问，原告李复春亦畏刑受嘱，改供朦胧定案。""氏夫本系残疾，李复春原状系出杨保吉之手，且本州原访有讼师孙泰、许文科，俱置不问，止将氏夫苦逼。""本年六月，府县复检尸骨色黑，指为中毒，并非服毒，氏夫以自食为服，被毒为中申辩，未蒙详察。氏夫有摘查洗冤录十二条，并手写此呈付氏来京呈告。"都察院以此案交铁保审办，迄今尚未奏结，因案情重大，疑窦甚多，查阅呈词、讯问氏供，俱不明晰，奏请分别确讯，按验实在凭据，庶无枉纵。次日朱批。[①]

刑部在三法司中居主导地位，故向来有"大部"之称。本来，铁保八月十四日的结案上奏，嘉庆帝于九月初一日已朱批"该部议奏"，[②] 但刑部未奏，故都察院至九月初九日汪氏呈控时，仍以为铁保未奏结案。查嘉庆帝于当年七月二十二日启程前往塞外木兰秋狝，九月十九日回到京城，此间铁保有多项上奏，多属河工事宜，而于寿州大案，《清实录》此间并无记载。[③] 这或许说明，嘉庆帝并没有就铁保的上奏发布直接指示或谕旨。

答案还要从人事变动上寻找。刘儒恒之妻汪氏到都察院控告的当天，即九月初九日，嘉庆帝有一项重要任命：内阁学士初彭龄外放皖抚，原任安徽巡抚成宁改调山西。正是这项任命，为此案最后判决起到了关键作用。

初彭龄原籍山东莱阳，乾隆时迁居即墨。他出生在世代簪缨、官位显赫的家庭，初氏家族是即墨境内继郭琇之后的又一名闻遐迩的清代大族。祖父初元方，乾隆进士，官至兵部侍郎、工部尚书。乾隆三十六年，弘历巡山东到泰安，初彭龄被诏试，以其文章出众，被赐一等一名举人。乾隆四十五年会试，中第五名进士，改翰林院庶吉士。授江西道监察御史，先后参劾协办大学士彭元瑞、江西巡抚陈淮，两人受到惩办，初彭龄也直声震天下，人送外号——"初老虎"。因其不徇私情，深得嘉庆帝赏识，多次派往地方查案。嘉庆帝也常将机密大事与他商议，秘交办理。此次外放，即是嘉庆帝将案悬三年、命关多人的寿州大案交给他审理。

---

① 录副奏折：《都察院奏寿州民妇刘汪氏控案》，嘉庆十一年九月九日。

② 朱批奏折有"该部议奏"四字，录副奏折标注朱批时间为嘉庆十一年九月初一日，但朱批内容为"览"。

③ 参见《清仁宗实录》卷一六五、一六六、一六七，嘉庆十一年八月、九月。

如前所述，嘉庆帝于九月十九日从塞外回到京城，初彭龄于二十六日自京启程赴任，“陛辞之先，日蒙召见，训诲谆详，教以摒除苛细，调剂宽严，凡所以安民察吏之方，备承指示”。一个月后即十月二十七日，初彭龄到达安徽省城，正式就任巡抚。当日奏报到任日期，而嘉庆帝在这份再普通不过的奏报上，朱批长长一段话：永守素忠，为国宣力，诸事宜加精细，切勿草草看过，人情诈伪难测，须防言行不符之辈，勉之，等等。①

五　“初老虎”再定案

初彭龄果真不负嘉庆帝所望，经过一个多月亲自审理，至是年年底终于审出原来是张体文的次子张大有与弟媳即张大勋之妻胡氏通奸，及谋害三命的真相，上奏既推翻了最初鄂云布审出张体文主使谋毒的结论，也颠覆了铁保复审“烘板中毒”的结论，因为“该处土俗向不烧煤”，且“以捉获小蛇数条为两年前毒命之证，尤为附会”。经传讯安徽、江宁两次审案但均未传讯的木匠王秃孜，供出张大有给他银五十两及盘缠费，让他为做桌子作伪证等事实。而尸检报告，对照《洗冤录》，极为详尽，证实确是中毒。并指出在江苏审案的苏州知府周锷等明显“故出”，奏请解任。②

十二年正月，初彭龄将审拟寿州谋毒三命一案③正式奏报，审出张大有用砒霜作饼下毒。经审，张大有属长淮卫，住居寿州，兄弟三人同居。乾隆五十四年，大有妻故，遗下周岁幼子，托大勋之妻胡氏抚养，两人遂成奸。嘉庆五年分居，张大勋之族侄张伦、族弟张纯修也与胡氏成奸。张大勋充当运丁，常年在外，其子张保安年轻在外。遂将胡氏发怀宁县收禁。

就在初彭龄审理期间，讼师任儒同不断为被告出主意，称张家出来这样的事，胡氏难以苟活，唯有一死，不但用验羞秘骨可以洗脱自己的冤屈，还可以保全张家所有人。嘉庆十一年十二月二十八日夜，胡氏在监乘伴妇睡熟时自缢。正在检验时，张大有逃到霍山县地方，拿获归案，后供吐实情。张大有革去举人，照杀三人而非一家例，拟斩立决，家产一半给被害二命之家，刺字留禁省监。其他人惩处有差。李东阳受赃二千四百两，复得郑泰管门家人苏三银五百两，杖一百，流三千里，加徒役三年。张大勋同。李复春“未便因所控因奸谋毒尚无不实，适从宽贷，李复春应照无赖棍徒冒认尸亲行诈，杖一百，枷号两个月。刘儒恒代作词状，所控因奸谋毒，系李复春告

① 朱批奏折：《初彭龄奏报到任日期折》，嘉庆十一年十月二十七日。

② 录副奏折：《初彭龄复审寿州谋毒三命一案大概情形》，嘉庆十一年十二月十一日。

③ 朱批奏折：《初彭龄审拟寿州谋毒三命一案具奏事》，嘉庆十二年正月十六日。

知，并非该犯捏情唆控，律得勿论。其遣子刘荣光赴京呈控，称升任臬司鄂云布以各官处分太重，止将李东阳先得张大勋银二千四百两作实，其苏三所付之五千两不令承认，吓央原告李复春令其改供五百两"，查"苏三实止凭陶四给李东阳银五百两，并无五千两，所控系属全虚，刘儒恒合依蓦越赴京告重事不实发边远充军例，发边远充军，该犯腿虽残废，前已问徒收赎，且素日实系讼师，应实发充军，不准收赎。其子刘荣光、其妻刘汪氏俱系听从赴京投递，业已罪坐刘儒恒，应免置议"。正月二十九日朱批：刑部速议具奏。

二月初七日，初彭龄又上《审出实在请托情形》一折，[①] 认定原任刑部郎中孙克俊受张大勋之托，向苏州审案者包括知府周锷等托以烘板中毒之说。孙克伟的供词非常详尽，确实如历如绘。

初彭龄的上奏似乎预示案件已经审结，但张家没有放弃，张家的讼师任儒同也没有放弃，而胡氏之死，仿佛使之找到了新的突破点。档案中详细记录了胡氏交代如何与二伯伯（张大有）通奸，张大勋通过进出监的女伴婆钱氏探知情况，并通过她传话给胡氏，说承认与二伯伯的事，要处绞刑，早晚都是死，早死救他及儿子，遂给看守的差丁四百文，让钱氏通过进出监送饭等机会，全部得悉情况。胡氏先押在钱氏家中，因钱氏也做过官媒。而此次胡氏自缢是寿州官媒蔡氏帮助，蔡氏因此得到张家六千四百文，遂答应帮助。钱氏还每日为胡氏送饭到监，每次报酬九十文。在监内还有二位伴婆，也得到好处。胡氏遂用白带于嘉庆十一年十二月二十七日自缢身亡。张大勋答应官司完结后，给官媒蔡氏"买口棺材，再给小妇几件衣服褂子"。据蔡氏供称，"他告的呈词听说是向与胡兆信、张大勋相好的任先生做的，任先生是本处人，他进城总在杨家塘曹家庵作寓，约年将近五十岁，身矮，脸团，大麻子，黄鬓子"。[②]

张家用胡氏之死与死神赛跑。胡氏自缢的次日，她的娘家哥哥胡兆信即进京告状，试图赶在初彭龄定拟上奏前翻控。果然，在嘉庆帝"著刑部速议具奏"的第二天，即十二年正月三十日，胡兆信以棍诬官逼、迫叩申冤等事，赴都察院控告。现存《胡氏禀状》是研究讼师讼词的很好资料。据禀状，胡氏年四十三岁。开篇首先讲"妇人首重名节"，"名节二字所以立天纲而维人纪也"，一经有犯，自笞杖至死刑皆有，而官长主持风化，尤在激清扬浊，而事涉疑难，要在平心讯问，不得将无影之词，作有据之奸。胡氏数代书香，年十六岁嫁到张家，生育二子，长子即监生张保安，年二十四岁，

① 朱批奏折：《初彭龄奏审出实在请托情形折》，嘉庆十二年二月初七日。

② 录副奏折：《寿州谋毒三命一案供招》，嘉庆十二年二月（无确切日）。

次子张保忠，年九岁。以下叙述案情是烘板中毒，并以审讯二百余堂皆是中毒。反驳因奸谋毒，并愿以死检羞秘骨以白冤，还驳七文红鼠药致命之说：砒霜二包，七文何能二包？虚捏已显。砒霜交付地点双坝集，而寿州没有双坝集，是棍徒刘儒恒指使李复春诬捏，而铁保大人已经审出刘、李等虚捏之情，刘、李并有切结，显然是“尸亲讹诈，讼棍朋诬”。最后请检羞秘骨。

都察院没有像往常一样，于京控当天上奏，而是在胡兆信上控的隔日上奏。都察院认为初彭龄原拟并无不实不尽之处，此次定是砌词牵控，希图挟制翻案，因此上奏皇帝时用“翻控”字样。考虑到是控人命之案，仍将原词封呈御览。都察院特别声明：查此案军机处于（正月）二十九日交出，刑部于三十日照拟复奏，钦遵谕旨，飞咨安徽巡抚在案，胡兆信即于是日呈控，臣等以事关人命重案，不敢拘泥成例，致有迟延，是以赶紧缮折具奏，谨附片声明。[①] 而在都察院上奏的前一日，刑部已经议复并奉旨：张大有着即处斩，并由部马上飞递，行文巡抚初彭龄执行。

嘉庆帝还是非常慎重，接到都察院奏报的当日，立即谕军机大臣飞饬传旨曰：本日复据都察院奏，张胡氏之兄胡兆信现又来京具呈翻控，以该氏并无通奸情事，其李小八孜等三命实系烘板中毒身死。此案初彭龄所审各情，案据颇为确凿，但胡兆信既来翻控，若不再加研究，令胡兆信与张大有面行质对，尚不足以服其心，现已钦派大员前来安省覆讯此案，所有张大有一犯著暂缓正法，以便钦差到时提同质讯，俾案无疑窦。初彭龄接奉此旨，惟当将该犯牢固监禁，听候提质，若钦差未到之前，任禁卒人等稍有疏虞，致令自戕身死，转似有意致死灭口，难成信谳，则惟初彭龄是问。将此谕令知之。[②]

案情至此似又有转机，张家又生希望。而此次，张家除把希望寄托在两江总督铁保坚持“平反”外，更对钦差抱有希望。

初彭龄审拟的意见出来后，等于全部颠覆了铁保的复审意见，为此，初彭龄必须回答此次审理何以与铁保复审大相径庭。十二年二月十二日，他上《奏明铁保审办寿州案实在情形》一折，不但参了铁保一本，而且将江苏、安徽官员有关本案的不同意见以及铁保如何压制反对“平反”官员、撤换主审官等重重内幕揭露出来。初巡抚的上奏特别指出，总督铁保奏称，此案经江苏臬司遇昌督率苏州知府周锷等严审，审出烘板中毒，非因奸谋毒，他又率安徽臬司杨頀亲审无疑，方最后定案。但杨頀最初由安徽巡抚长龄派审

① 录副奏折：《都察院奏寿州民胡兆信翻控》，嘉庆十二年二月初二日。

② 《清仁宗实录》卷一七四。

时，审出因奸谋毒，何以一俟与总督铁保亲审，即审出烘板中毒，并自认此前所审错误，一人出现两歧？据杨頀称：十一年七月三十日，因陛见皇帝回到清江浦，“总督因安（徽）省原审六安州知州宋思楷、候补知府张世浣哓哓禀辩，恐苏州府所审不无贿嘱诱串等情，恳请另委大员复审”。“维时总督业已亲审定案，我系定案后始委会审的，并非委审后始行定案的。”初彭龄查阅案卷，原审官为六安州知州宋思楷、候补知府张世浣，宋思楷原禀并未附卷，而张世浣原禀尚有“据称此案所以犯供屡翻者，皆由张大勋身充运丁，熟识衙门，家殷富而人能事，既欲为其妻保全名节，又欲为其子留全性命，且恃见证皆其至戚家人，供词不难诱串，是以屡次翻异，不能定案”等语。而督臣对此批饬道：“此案现审并非因奸谋毒，确凿无疑，该员尚哓哓禀辩，可见前此入人死罪，诬人名节，实系有心故勘”，饬令杨臬司会同遇昌立即揭参。杨頀等代为禀恳免参，并取具二人认错亲供附卷。据此初彭龄认为，二人是从前承审官，如果没有真知灼见，何敢于总督亲审定案后，尚哓哓禀辩？也就是说，当时有不同意见，但在总督的强势主导下，不同意见受到压制甚至惩罚。初彭龄最后请旨，饬令督臣铁保先行明白回奏。二月十九日，朱批：另有旨。[①]

总督与巡抚同属封疆大吏，体制上并无从属关系。但义属同体，清代巡抚大多唯总督之令是从。如果总督是旗员，巡抚是汉人，更难以相拮抗。江督辖两江三省，江苏乃其直辖，平日驻治江宁，因兼管河漕，常川驻清江浦。此次，初彭龄再次展现他“初老虎”的本色。他咄咄逼人，不但将铁保的徇情枉法和盘托出，还请旨令铁保明白回奏。

嘉庆帝随即下发谕旨，将初彭龄所奏交铁保阅看，令铁保明白回奏的同时，并令其自议应得何罪上奏。二十七日，铁保回奏中承认自己昏聩糊涂，为下属所愚，但也反驳杨頀所称定案在先，会审在后的说法，表示即便革职也应承领。实际绵里藏针，处处为自己辩护。[②] 铁保的同日奏片更见其为自己委婉辩解。他称，安徽原审存有疑点：谋毒之张体文、证奸之李赓堂父子，及奸夫张伦均已身死一年后审出，无从质证，李东阳借命图诈并无一字涉奸，直到一年后突出同姓不宗之李复春呈控奸情，检验尸伤并无明显中毒痕迹，而苏州所审烘板中毒适能释安徽所审之疑，加之李复春、刘儒恒自认诬告，“不料因奸谋毒系案内无名之张大有，更不想有此等不肖府县徇情听嘱，朦混上司，奴才昏聩糊涂，坠其术中，误认案情，实由于此”。[③]

---

① 录副奏折：《初彭龄奏明铁保审办寿州案实在情形》，嘉庆十二年二月十二日。

② 朱批奏折：《铁保奏为遵旨明白回奏事》，嘉庆十二年二月二十七日。

③ 录副奏折：《铁保片奏事》，嘉庆十二年二月二十七日。

由于本案屡审屡翻，张家又一再京控，嘉庆帝为慎重起见，决定暂时撇开“明路”，走暗访渠道，以图得到真实情况。随即，通过军机大臣密寄，向正在清江浦督修海防工程的南河总督[①]戴均元密查，除了让戴密报该案外，总督铁保利用节日请戏班子演唱他平反此案之事，也一并密奏。

二月二十七日，戴均元密奏：他自上年春间来到清江浦以来，就听闻寿州之案屡翻屡控。到了七月，遇昌押犯到清江浦，他又经常听闻总督与遇昌议论致命之由是烘板中毒，而安徽审出因奸毙命“乃讼师刘儒恒唆使诬控，督臣遂据以定案”。臬司遇昌、知府周锷“两衙门幕友，风闻有请托串通情事，督臣轻信属员”。关于总督铁保节日铺张事，密奏称是偶逢节日演剧，并没有从苏州送戏班到此演唱《寿椿园传奇》之事，但他听说苏州城有以此编造曲本，演为越戏，来往传说。嘉庆帝对此密奏极为认真，多处关键地方，如验尸银簪至今黑色不退、幕友请托、越班传奇等处，皆有朱批。三月初一日，朱批对密奏肯定：所论甚公，另有旨。[②]

六　钦差寿州驰审

一个大案发生全过程的客观事实，要远比我们看到的或者呈现出来的法律事实复杂得多。法律事实可能只是客观事实的冰山一角。此案在铁保的历次上奏中，还隐去了江宁藩司康基田历审多次仍是因奸谋毒而被铁保调离、改由苏州审理的过程。换言之，最后颠覆安徽因奸谋毒的结论，背后无疑是两江总督铁保在主导。案情既明，江苏何以颠倒狱案，官员要如何处理，成为接下去的重点。

据嘉庆十二年二月十一日上谕内阁：初彭龄奏寿州三命重案审有请托情弊据实参奏一折，寿州武举张大勋家毒毙三命一案，先于嘉庆九年经总督陈大文委淮徐道鳌图等驰往查办，即讯出因奸谋毒情形，当交与安省臬司鄂云布、杨頀研究，彼时各犯证到案之后，悉如前供，并无异词。迨后因讼师刘儒恒具呈控告，复有旨特交铁保审办，铁保委江宁藩司康基田等覆审数次，亦如安省所审，并未改供。因康基田有河工要务，经铁保调往清江，改发新任臬司遇昌，率同苏州府周锷等审办。此案一到苏州，经周锷等讯问，遂即全行翻供，捏为蛇毒烘板情节，支离谬妄，全案子虚。现经初彭龄审明，此案实系张大勋胞兄张大有因奸起意，谋毒致毙，证据确凿。本日复据奏到，提讯苏州原验仵作王凤等四人，均称原验实系中毒，其原卷内口供辨别中毒

① 嘉庆十一年六月吏部左侍郎授。

② 朱批奏折：《戴均元据实密奏事》，嘉庆十二年二月二十七日。

服毒一段，伊等并无此语，亦未画供，系属周锷向其教供。随又根究出案内有名之贡生孙克伟、其胞兄孙克俊，素与周锷在京相好，又孙克伟亦与长洲县知县赵堂认识，上年到苏托情等语。知府周锷、知县赵堂、万承纪，均先著革职锁拏，并交玉麟、韩崶会同初彭龄严加审讯，究竟有无得赃入已情节，即加之刑讯，亦无足惜。此次来京翻告之胡兆信，并著玉麟等究明系何人教唆来京，是否亦系周锷等所为，臬司遇昌、总督铁保于定案时一并参奏。初彭龄秉公查办，俾冤狱平反，著加恩交部议叙。[①]

张家在做最后的努力。本来嘉庆帝已下旨将张大有就地正法，迨胡氏之兄京控，清廷加派吏部满侍郎玉麟、刑部汉侍郎韩崶（后中途改派赴荆州）为钦差，驰赴安徽审案。此时张大有已拿获到案，其子张保国得知钦差将来审案，认为是唯一翻案机会，遂立即赶至江宁，出了四两银子，请任儒同又代为作词，遂将胡氏之兄京控的内容，在钦差到达安徽境内时投递。于是，当钦差抵达阜城时，张大有之子张保国遮道呈诉，钦差讯取供词并查核呈内情节，与胡兆信如出一口，立将张保国发交地方官递解安徽归案审办，并认定这是张家分头翻控。

钦差玉麟一路上明察暗访，并据随带员外郎将张家房屋图绘画备查，十二年二月二十七日抵达安徽省城，初彭龄将全案卷宗贮箱移送，经其查审，仍以初彭龄所拟判决为是。三月初六日，玉麟与初彭龄会衔上奏《审讯寿州谋毒三命并府县官听情受嘱大概情形》一折。[②] 因胡氏之兄京控携带胡氏死前的禀状，提出验“羞秘骨”以证清白。因此钦差玉麟等上奏“大概情形”，不得不对此有所交代：经他密访，尽管对中毒之说议论纷纷，但都否定烘板之说。安徽审案始终是因奸谋毒，而江苏审出烘板后，始有中毒、服毒之辩。张大有之子张保国递呈等坚执烘板说，说胡氏是诬奸，请验羞秘骨以白其冤。

以羞秘骨辨奸，一时难住了钦差。“查《洗冤录》验妇女尸本门内，并无此说，惟于踢伤致死条后附注数语；又刑部所颁检骨骼，并无检骨羞秘骨正条，止称‘妇人此骨伤者致命’一语，并查刑部亦无检验羞秘骨之案，是此说虽非无稽，究无确据。该犯等不过听信讼师之言，妄生侥幸，且张胡氏业经张大勋串通伴妇主使自缢，并难保无贿串仵作舞弊之事”，决定“不必舍有据之供词而检无凭之秽骨也”。经讯胡兆信、张保国，二人所控呈词，均系安庆府学生员任致和即任儒同代为写作，实非苏州承审各员主使赴控。

① 《清仁宗实录》卷一七四。

② 录副奏折：《玉麟等奏审讯寿州谋毒三命并府县官听情受嘱大概情形》，嘉庆十二年三月初六日。

至此，案情已明。嘉庆帝下谕旨，令将张大有即予斩决，并加枭示。但玉麟等奏请遵照前奉谕旨，即予斩决，免其枭示。随即将其绑赴市曹处斩。

接下去是对案中相关官员的处分。四月初四日，玉麟等就承审寿州命案各员罪名上奏，[①] 使此案何以到苏州发生变故，以及周锷向原验仵作王凤等教供，贡生孙克伟、胞兄孙克俊上年到苏州托情等事真相大白。嘉庆帝据奏几次指示玉麟等，可对周锷等使用刑吓、刑讯，令其吐实，谕旨甚至有“如获确赃，将其家产查抄，如果玉麟等以为正案已审定，就对官员舞弊将就了事，朕不难将全案人证解京加以廷讯”之语。据孙克伟家人陈魁等供，孙克俊等到苏州，先见周锷、赵堂之后，着家人尤三送苏州府礼物八色，又送长洲县礼物八色，内有八千银子，系用大茶篓装送，此银是张大勋所出。经对张大勋提耳、跪链等刑，因周锷与候选道员孙克俊是在京旧交，赵堂是在其师周竑处认识孙克俊，因而相好。元和县万承纪与孙不认识。孙家道殷实，在苏州开苏货店，孙称所送都是苏州、安徽土物，而八千两银子是用来捐衔。据张大勋供，上年三月解苏，并未收禁，他与各犯证散居客店，因得串嘱。周锷将《洗冤录》翻出，说有中毒、服毒之辨。周当面禀报臬司，得到肯定后才办稿具详，臬司照详申转。关于“寿椿园传奇”，据周锷供：向来苏州戏班喜借新闻编造传奇演唱，希图耸听获利，是常有的。上年闻有“寿椿园传奇”，不知何人编造，后访系暗指寿州之案，即行饬禁，不许扮演，若我们令人编唱，岂不是丧心病狂。钦差认为，是此项传奇，非伊等编造，亦属可信。最后判拟认为：“审办错误之由，系因全案犯证到苏时只将孙亮等六人寄禁交监，其余各犯均系散收歇店，以致张大勋与各犯来往串通、预商改捏供情，狡翻全案。”最后定拟：周锷、赵堂发伊犁效力赎罪，孙克俊一并发伊犁。张大勋发黑龙江给披甲人为奴。郑泰发伊犁。遇昌革职。李东阳杖一百，流三千里。刑部议奏，一如钦差等所奏。嘉庆帝命将遇昌也发往乌鲁木齐效力赎罪，总督铁保降为二品顶带，革职留任。[②]

对照此案前后情节，铁保无疑一手主导。但仅被革职留任。嘉庆帝在铁保自承错谬折上朱批道：汝妄自尊大，动辄委员审办，及详解后又不虚衷听断，要汝此等无能之辈何用，姑留此任以观后效。再不加改省，恐为颜检之续矣！慎之！[③]

颜检在嘉庆十一年直隶总督任上因失察下属与书吏侵贪，被革职发往新疆乌鲁木齐效力赎罪。嘉庆帝写给铁保的朱笔箴言于十四年“应验”：山阳

① 录副奏折：《玉麟等奏审拟承审寿州命案各员罪名》，嘉庆十二年四月初四日。

② 《清仁宗实录》卷一七七。

③ 朱批奏折：《铁保奏为敬陈感悚下忱事》，嘉庆十二年四月二十四日。

知县王伸汉冒赈，鸩杀委员李毓昌，成为嘉庆朝震动朝野的大案，铁保被革职，发配新疆。

七 讼师的“法律适用”

寿州大案原被双方都请了讼师，而且不止一人。

任儒同为张家写了多份状词，他先后四次从张家得到至少七十六两原银。在钦差与初彭龄初拟定案时，任儒同“依教唆词讼为人代作词状增减情罪与犯人同罪律，应与张大勋同罪，发黑龙江给披甲人为奴”，照例刺字。随后在抓获该犯时予以采纳，即任儒同“身列胶庠，乃不安本分，先已代人作词，今于三命重案，胆敢主令张大勋翻控，先后代作词状，并帮同教供，迨案已审实，复代胡兆信、张保国作词图翻，得受多赃，实属愍不畏法”,[①] 因此加重处罚。

刘儒恒是本案我们特别关注的讼师。如果说任儒同完全没有是非，理应受到惩罚。与任儒同不同，正是因为讼师刘儒恒的介入，才使得三命之案得以转圜。梳理寿州案有几个关键环节，都是刘儒恒起到无可替代的作用，才使得案件向事实依归，最后得到较公正的判决。一是寿州案发后一年有余，已经由原被双方“私下和息”。作为尸亲，张伦之兄张怀因为与张体文家本是同族，而张伦在张家做杂务，即得到张家的照顾，遂对张伦之死没有异议。李赓堂父子的尸亲李东阳已经拿到张家二千四百两银子，知州郑泰因没有按规定上报，恐留把柄，遂通过管门家人苏三也给李东阳五百两银子。至此，当事双方已经取得“平衡”。其后重新提起诉讼的是与尸亲没有关系、同姓不同宗的李复春，而李复春的状子是刘儒恒所写（刘儒恒称他看过，这是讼师规避惩罚的通常做法），随即江督陈大文受理，并审出通奸谋毒。这是寿州案的第一个关节点。而陈大文之所以受理，是因为主要涉及知州郑泰匿案、书吏衙役通同舞弊。李复春的控状能够控准，这是需要借助讼师刘儒恒的“刀笔功夫”。铁保在奏报中称三命之案本是中蛇毒而死，无所谓通奸，是李复春“突出”，才有后来的“通奸”与“谋毒”。

寿州案的第二个关节点是鄂云布减轻情节，即没有改变因通奸谋毒的事实，但犯罪主体变为家长且已故的张体文，而包括郑泰在内的官员责任被“化小”，这是官府惯常的“化大案为小”的做法。此时，正是刘儒恒遣子刘荣先京控，并先在刑部审理，使得寿州案的更多情况在最高司法审判机构“备案”。同时也敦促此案的审理。其后最终判决的基本事实整体没有超出这

① 录副奏折：《初彭龄奏拿获寿州案内任儒同审拟事》，嘉庆十二年四月十八日。

份“备案”。此时如果没有刘儒恒一控，案件会以“温和”的方式结案，但真凶不会出现，张家名声虽有损失，但用的是张体文怀疑胡氏与张伦通奸而谋毒，至于是否真的有通奸之事，没有确定。同样，张家人受到一些惩罚，包括张体文的孙子，而他是未成年，可以通过纳赎解决。由于刘儒恒一控，刑部有了初审，请旨派新任总督复审。

寿州案的第三个关节点，也是惊天逆转的一次是铁保的复审定案。这是本案至关重要的一个关节点，因为他颠覆了通奸、谋毒的陈大文之奏、鄂云布之初审。逆转的关键是抓到了讼师刘儒恒“诬告”。因此如前所述，铁保把案件偷题转换为“遵旨审明讼棍诬奸毙命重案核拟具奏事”，此次案件完全“平反”，而讼师刘儒恒成为主角，因为讼棍例不足以惩治，按凶恶棍徒例发黑龙江给披甲人为奴。而张大勋等前经陈大文奏准革除的举人要开复。“平反”昭雪的官员遇昌、周锷等要议叙。这也是寿州案发以来地方高官官员第一次正式的结案报告。此次刘儒恒成为被告，也成为最大的“输家”。刘儒恒当然不会接受，遂有遣妻第二次京控，也才有初彭龄之抚皖，才有寿州案回归真实，才有张家一死（张大有斩立决）、一遣（张大勋），才有被害人分得张家家产的经济补偿，才有多位大员遣发新疆。在初彭龄第一次奏报“大概情形”一折中，从叙事的逻辑关系中，已经非常清楚表明刘儒恒起到的正面作用。在叙述铁保“平反”前后与初彭龄抚皖的关联时称：“刘儒恒遣子刘荣先以减轻情节赴京呈告，奉旨饬交督臣铁保，审系烘板中毒身死，并非因奸谋命缘由核拟具奏”，“适刘儒恒之妻刘汪氏复赴都察院翻控，奏奉谕旨，交臣（初彭龄）审办。”① 从嘉庆帝关于寿州案的第一次见诸实录的谕旨看，也证明刘儒恒对寿州案的推动：谕军机大臣等：安徽寿州民人张伦、李赓堂、李小八孜三命中毒身死一案，前因屡控屡翻，交初彭龄审讯。② 这里的“屡控屡翻”，确切说，就是刘儒恒分别遣子、遣妻在都察院和步军统领的呈控。而作为被告的张家，以及原告李复春在此前都没有京控。

但讼师刘儒恒并没有受到“公正”判处。他被判边远充军。

嘉庆十二年二月，初彭龄在《审明寿州谋毒三命实情分别定拟具奏事》一折中，对刘儒恒的判决主要是“其遣子刘荣光赴京呈控”一节，郑泰管门家人苏三因怕匿案事败露，给李东阳五千两，臬司鄂云布以各官处分太重，只将李东阳先得张大勋银二千四百两作实，其苏三所付之五千两不令承认，吓央原告李复春令其改供五百两，经查“苏三实止凭陶四给李东阳银五百两，并无五千两，所控系属全虚，刘儒恒合依蓦越赴京告重事不实发边远充

① 朱批奏折：《初彭龄奏复审寿州三命一案大概情形事》，嘉庆十一年十二月十一日。

② 《清仁宗实录》卷一七四。

军例，发边远充军，该犯腿虽残废，前已问徒收赎，且素日实系讼师，应实发充军，不准收赎。其子刘荣光、其妻刘汪氏俱系听从赴京投递，业已罪坐刘儒恒，应免置议。”清代诉讼，重点惩治诬告与越诉，前者强调所告为实，后者重在自下而上之程序。刘儒恒适用的是“越诉”律，原义“重事”，主要指告“叛逆”类而言，故科罪独严，[①] 后由于京控甚多，进行扩张解释，所控不实，多判边远充军。在适用上又区别是否“全虚”以及“重事轻事”、“一事多事”等具体情况。回到刘儒恒，适用的“越诉”例，但刘儒恒所告“重事”无疑是鄂云布“减轻情节”一节，这既包括谋毒主体的变化使得正凶得以逍遥法外，而罪坐已故之人；也包括知州郑泰因匿案而通过管门家人苏三出钱给李东阳以消案。初彭龄所拟“全虚”从“与受方”而言不成立，因为李东阳得受郑泰管门家人苏三的五百两属实，只是“查实”的数目不是“五千”，而是“五百”，且苏三“用财行求”，“依准枉法赃律杖一百、流三千里。”倘若“全虚”，苏三无罪坐刑名。

正如包世臣所言，寿州大案等“皆仰烦圣虑，星使交驰，问官道府以下联袂赴戍，而剖别本案曲直，诚未能得十分之三”。“有一案，参一官，则一省之可居官者寡矣。结正其本案，而通融其因缘牵掣者，七分不公道，不亦可乎？”[②] 就寿州的三位被害者而言，加害人张家已经受到足够的惩罚，可以说是家破人亡。这就是“结正其本案”，因而就双方而言，堪称“公道”，但牵连到本案中的人，包括官员、吏役、讼师、证佐等，诉讼的参与人，未必一一做到“公道”，此即被包世臣所说的“七分不公道”，而讼师刘儒恒也是其中之一。

八　讼师的自辩状

别了，熟悉的家乡寿州已渐行渐远。刘儒恒在衙役的押解下，向着充军地方艰难行进。我们不清楚也很难想象一个双腿残疾的人，准确说是军犯刘儒恒如何从家乡走向福建福安的。

刘儒恒全家十一口从此踏上了不归之路。

清代重刑，仅充军之款即多达四百七十六条。[③] 边远充军即三千里。但自康熙以降逐渐取消卫所，也没有明代那样的军籍，故充军与流刑并无本质区别。刘儒恒从此开始其长达十几年的服刑之旅，一直终老于斯。这也是我

① 薛允升著，胡星桥等点注《读例存疑》，中国人民公安大学出版社，1994，第677页。

② 《齐民四术》卷七《刑一下》，第401页。

③ 光绪《大清会典》卷五四，中华书局，1991影印本。

们看到的甚少在服刑期间讼师的资料。刘儒恒不服判决，发动全家为他申冤，但在权力主导一切的社会，他每一次申冤的后果是遭受更大的冤屈。他和他的家人，为此付出生命的代价。

嘉庆二十三年三月初九日，刘儒恒之子刘则存以遵父遗命、申冤叩呈、缮写原折等情到都察院控告：身父刘儒恒发配福建福安县，到配十年，安分守法，惟靠小押糊口。二十二年三月，张满仔等因强押殴抢，身父控县，该县以小押违例禁止，身父复以鸦片通行、钱粮重耗、教匪不办三款赴府禀控，该府不批不究，将身父枷杖关押班房木笼，欲致毙灭口。身母汪氏复控总督，批福宁府究办，尚未审讯，该县于十月间将身父重责四十，枷示刑房之内，忽于二十日夜身死。身母尚在府被押，闻身父身死，即赴府鸣冤，委员押身母子回县候验，经宁德姚知县相验，云身父系贿差疏（放松）枷乘夜缢死，身母子见父口鼻出血，颈有勒伤，泣思先枷示刑房屋内，七日不死，复移枷仓房内，一日当夜毙命，果是差役受贿疏枷，差役同屋连床，岂有见死不救之理？身父刘儒恒于未死前十日将自书折子交存家中，嘱云：如到府刑逼而死，务将此折赴京鸣冤，不意尚未解府，先被县逼害身死，为此遵父遗命，抱呈原折来京呈控。[①]

都察院以案关官吏刑逼毙命，虚实均应究办，必须检验尸伤，齐集人证，彻底根究，至刘儒恒牵控该县，该府不为究办，听情回护，勒令出具悔罪甘结，是否属实，均应彻查。抄录刘则存呈词及已故军犯刘儒恒缮写原折，恭呈御览。

现存《刘儒恒为其子蒙冤发配事呈状》，时间为嘉庆二十三年，据刘则存称，呈状是其父死前十日自书遗命折子。这份折子反映小押、官带肚子、衙门用度开销、官民兵役吸食鸦片等，皆为实录，是当时社会问题的真实写照。故摘要录下：

> 具状人军犯刘儒恒，年六十三岁，原籍安徽凤阳府寿州人，嘉庆十二年九月发配福建福安县，抱告子刘则存词系自书。告为讳庇埋冤，叩恩奏闻，进呈原词，仰乞圣鉴事。案缘嘉庆十年九月，犯遣子赴部控武举张大勋家因奸谋毒三命，奏交江督铁（保）审，乃以烘板蛇毒奏复，拟犯发黑龙江为奴。十一年八月，犯又著妻赴控都宪（都察院），奏交巡抚初（彭龄）、侍郎玉（麟）审明，奸毒贿和俱实，督臬府县降革发台，仍以二次复行贿和之银是五百非五千，拟犯以遣子赴部告苏三贿和银两不符，审依蓦越赴京告重事不实例，发边远充军。夫重莫重于三

① 录副奏折：《都察院奏刘则存控案》，嘉庆二十三年三月初九日。

命，莫重于官箴，如犯无此一控，不惟正凶漏网，发台者且得邀议叙矣；且五百业已逾贯，即五千罪无可加，犯既以此科罪，且十年来屡逢恩赦，仍以情节重大，不准援减。然犯本愿离乡避仇，发配仍在内地，享太平熙皞之福，已沐皇恩于无暨，领罪悦服，不敢复行辩诉，又渎宸聪。携眷十一口，到配十年，安分守法，从无被人告发案件。身系残废，妇女幼孩，人地生疏，别无艺业，惟靠小押糊口。所押鞋袜帽带木器什物，皆税当所不收者，民愿押钱零用，官因民便听从。省城及各县皆有。本县军流，五家小押，十年以来，官未示禁。犯实不知违例，故敢以此为业也。二十年十月，知县刘忠皓由教官截取，自京到任，带来债主十余人，各寓在外守候还债，其管门印仓杂长随，皆系放债与官，名曰带肚者，以派管为利，福安小邑不得不百计搜罗，遇事寻钱，同配军犯王振邦亦开小押，与犯素隙，其妻冯氏钻营入署，迎合蛊惑，谗说犯富，早设成心。本年三月，张满仔、丁发、余枝仔等强押殴抢，犯控县案，吓诈不遂，即以小押违例批驳不究，群凶愈横，日不聊生，迫犯著妻汪氏奔控抚辕，批府提讯。彼时犯因数百金家资关尽，十二口幼孩妇女既不能越山乞讨，又无兜费回乡，语音不懂，即卖为奴，亦无售主，阖家待毙，情惨忿深，因思军犯王振邦、王恺、王平、廖世顺等各与少爷、长随合伙，不究违例，且私押罪小，因此倾家致绝十二口之命，官有殃民病国之件，关系较重，岂官不宜遵例耶？故于六月十三，提府未讯时，犯以鸦片通行、钱粮重耗、教匪不办三款禀府，不批不究，将词匿搁，亦不入卷，止将所控抚案审结，长随吓诈、书差勒索，凡碍县处分概不深究，以私开小押，照违制例拟犯枷杖，囚押班房木笼，欲毙灭口……[①]犯所控如虚，愿加死罪，所控得实，亦甘认千古犯义之罪，为告官者戒。但恳皇上天恩，俯准怜犯之妻媳子孙十一口，皆无辜赤子，回无归费，住难活生，救民水火之中，实皇上如天之德，不忍一夫失所之恩也。战慄悚惶，哀哀上叩。[②]

刘儒恒的呈状，为自己把家小带到绝境而锥心似刀且又呼天不应、入地无门；他的呈状又为国家而忧，为鸦片猖獗损耗国民之元气而痛心不已。我们无意美化一个军犯，更无须为已经故去二百年的刘儒恒粉饰什么。

此案经福建巡抚史致光审理，刘儒恒实系自缢身死，取具甘结。而钱粮重耗、教匪不办、鸦片通行等三款所控为虚，将刘则存照蓦越赴京告重事不

① 省略部分详述福安县官兵民吸食鸦片所耗及传习天主教之害。

② 档案：《刘儒恒为其子蒙冤发配事呈状》，嘉庆二十三年。

实例发边远充军结案。[①]

这是刘家第二代也是第二个被判边远充军的人。

其后，刘儒恒之妻汪氏于嘉庆二十四年五月初八日以审验不实、串逆埋冤等情，再赴都察院控告。此次都察院一改“客观”立场，奏称：

> 查刘汪氏之夫刘儒恒初以军犯私开小押，本干例禁，复挟该县批驳呈词之嫌，以不干己之事列款上控，其为生时不安本分，已可概见。今刘汪氏既云为夫鸣冤，乃自称夫死埋冤已不深辨，仅以前案三款砌词续控，显系规避蒸检不实罪名，借端挟制。必须将案内各确情再为严切查办。[②]

差役在押解刘汪氏前往福建备质的途中，刘汪氏在山东新泰地方病故。当年年底，即嘉庆二十四年十二月十七日，闽浙总督董教增审理刘汪氏控案，所控三款仍不能指出实据，刘汪氏应依蓦越赴京告重事不实例发边远充军。该氏在途病故，毋庸议。[③]

在官官相护、吏治日下的清代中叶，哪怕要求得到少得可怜的真相是何其艰难，更不要奢望所谓的“公正”了。事实上，当时鸦片已在东南盛行进而蔓入广袤的内地。而同样是刘儒恒控告的福安县知县刘忠皓，道光二年（1768）被勒休，旋即病故，次年查出侵亏挪移钱粮六千三百六十一两，亏折谷石二千三百八十九石。其家产被查抄。道光四年，经福建巡抚孙尔准审理，刘忠皓照挪移库项五千两以下例，判充徒四年。因已病故，毋庸议。[④]

一纸入公门，九牛拉不回。此案诉讼时间颇长，自嘉庆八年案发到十二年结案，历时四年之久。其后，作为被判充军的讼师刘儒恒在福建福安再起诉讼，到嘉庆二十四年，以刘儒恒夫妻之死、子被发遣而告结束。如此算来，长达十七年之久。寿州大案的参与人，据初彭龄和钦差的判拟书，共有一百余人，其中，张家几乎全部“动员”，见诸档案的有二十余人。而涉案官吏多达三十余人。作为讼师的刘儒恒，对寿州大案的平反起到关键作用，但控告鄂云布减轻情节，将郑泰管门家人苏三贿求李东阳的五百说成五千，被充发边远，到达配所后的遭际更是非人的。他的妻子、儿子都因为上诉，一死、一遣。

寿州这个水城又恢复了往常的平静，而当年那个大案留给人们的是不尽的思考。

---

① 朱批奏折：《史致光奏为遵旨审明具奏事》，嘉庆二十三年十一月二十四日。

② 录副奏折：《都察院奏刘汪氏控案》，嘉庆二十四年五月初八日。

③ 朱批奏折：《董教增奏为遵旨审明具奏事》，嘉庆二十四年十二月十七日。

④ 朱批奏折：《孙尔准奏为遵旨严审定拟具奏事》，道光四年十月二十四日。

《中国古代法律文献研究》第八辑
2014年，第421~449页

清人《说文解字》引汉律令考辑校二种

（清）胡玉缙　王仁俊 撰　张忠炜* 辑校

摘　要： 晚清以来，汉律令辑佚蔚然成风，成果丰硕，但仍有不少论著罕为人知，其价值自然也无法正确估量。本文以胡玉缙、王仁俊两位先贤所撰《说文解字》引汉律令考辑较为重心，先述其价值，再校点其文，完整呈献先贤之成果，以便学界之用。

关键词： 胡玉缙　王仁俊　《说文》　汉律令考

汉律令辑佚，自宋人王应麟开其端绪，至清末民初而蔚为大观。不论是王应麟的《汉制考》，抑或是《汉艺文志考证》，经传之外，辑佚律令之重要文献便是《说文解字》。[①] 唯王氏"意主于广备佚文，博洽闻见"，[②] 考证无多；后来者亦多是罗列汉律令文，甚者所辑条文数反比王氏还少。[③] 胡玉缙、

* 中国人民大学历史系副教授。

① （宋）王应麟：《汉制考·汉艺文志考证》，张三夕、杨毅点校，中华书局，2011，第107~109、230~233页。

② （清）张鹏一：《汉律类纂·叙例》，收入〔日〕岛田正郎主编《中国法制史料》第2辑第1册，鼎文书局，1982，第591页。

③ 按：《汉制考》辑《说文》引汉律令约二十三条，《汉艺文志考证》辑《说文》引汉律约十六条、汉令二条，《汉制考》之辑较《汉艺文志考证》为详。清人孙传凤之《洨民遗文》中有《集汉律遗文》，辑《说文》引汉律仅十五条，参见《中国法制史料》第2辑第1册，第709~717页。作为资料而罗列者，又如马叙伦《说文解字研究法》，中有"《说文》引汉律令"、"《说文》引汉令为说解"两目，不出王应麟所辑之藩篱，参见马叙伦《说文解字研究法》，商务印书馆，1955（1928年初版），第119页正~119页背。又，关于清末汉律辑佚成就，今人综述可参见徐世虹《秦汉法律研究百年（一）——以辑佚考证为特征的清末民国时期的汉律研究》，中国政法大学法律古籍整理研究所编《中国古代法律文献研究》第5辑，社会科学文献出版社，2011，第1~22页。

王仁俊两位先贤相继撰述之《说文解字》引汉律令考，较之此前或同时代人的论述，考证尤详，但罕为人知。今辑较两文，并赘言一二，以就正于方家。

一　胡、王《说文解字》引汉律令考的撰述情形

胡玉缙（1859～1940），字绥之，江苏元和人。清末，元和并入吴县，遂隶籍吴县。王欣夫撰《吴县胡先生传略》，述及先生生平、著述，不赘。[①]《〈说文〉引汉律令考》一文，收录于氏著、王欣夫辑之《许庼学林》。是书治学重在经，旁及子、史、碑版及舆地之学，年代久远且印数有限，故似无人注意《〈说文〉引汉律令考》。该文标题下小字标注“庚寅”，当指成文时间；文末有两段文字，字体较正文小，并标注“癸巳七月廿四日记”，综合其他记载（详下），可知此文撰述于光绪庚寅年（光绪十六年），即西元1890年；光绪癸巳年（光绪十九年），即西元1893年，有所修订或增补而成定稿；六十余年后始印行面世。

此文辑录《说文解字》引汉律令二十三条，并详加考证。辑录律令以《说文》诸部为序，先引录律文，再引诸家注说；间或辩证注说，或补充材料，并陈述己见。何者为他人说，何者为胡氏之说，文中已大致标识出来。胡氏成文后，其友人许克勤（约1847～?）、王仁俊（1866～1913）均曾寓目。文中所见双行夹注（今统一改为脚注，并标识“原注”），均为许克勤校语，补充资料；王仁俊《〈说文解字〉引汉律令考》一文，有部分考证标明采自胡玉缙说，正是寓目之有力例证。此文单就《说文》而辑，至于群经注疏、两《汉书》注及唐人类书征引之汉律令佚文，“当亦不下数十条，容俟赓续”，[②] 是否成文已不可知。

王仁俊，字捍郑，一字感莼、干臣，江苏吴县人。其弟子阚铎曾撰《吴县王捍郑先生传略》一文，略述王氏生平、著述，可参。[③] 对于王

---

① 王欣夫：《吴县胡先生传略》，载胡玉缙撰，王欣夫辑《许庼学林》，中华书局，1958，第3～4页。

② 胡玉缙：《〈说文〉引汉律令考》，《许庼学林》，第142页。按：为省文起见，凡是迻录胡、王《说文解字》引汉律令考原文者，均不再出注。

③ 按：关于阚铎此文，或收录全文，或仅为节略。《玉函山房辑佚书续编三种》附录二，以及《辽文萃》无冰阁本前所附，均为全文，参见（清）王仁俊辑《玉函山房辑佚书续编三种》，上海古籍出版社，1989，第535～544页；王仁俊辑《辽文萃》，无冰阁本（年代不详，约在民初），第1页正～5页背。《中国历史人物别传集》所录，则为节文，参见刘家平、苏晓君编《中国历史人物别传集》第79册，线装书局，2003，第497～498页。又，《辽文萃》初版于光绪甲辰岁末，即西元1905年初；无冰阁本似为阚铎之翻刻本，故所撰王仁俊生平文方得列于最前。

氏，学界多重其文献辑佚、考证之功，《辽文萃》、《玉函山房辑佚书续编三种》尤为人称道；对于敦煌文献，王氏有《敦煌石室真迹录》，系国内关于敦煌文献的最早著录；[①] 对于金石之学，虽被冠以金石学家，但长久以来未见此领域的著述，新近出版的《上海图书馆未刊古籍稿本（十八至二十一册）》中有王氏《金石三编》稿本八册，以及哈佛－燕京学社图书馆所藏《籀许手校石刻正文（甲、乙集）》、《籀许金石跋》等稿本四册，其金石学之贡献始渐为人知。[②] 王氏著述甚丰，生前虽有刊著，但多为稿本且归于亡佚。对此，伦明颇有感叹，“学综九流书百种，儒林传中独遗伊”。[③]

王氏《〈说文解字〉引汉律令考》文，最初发表于《国学月刊》第一卷一期、二期，时在 1926 年，并标明是“据稿本”。此文曾被《〈说文解字〉研究文献集成·文本研究》中收录，但收录不全，有卷上而无卷下，[④] 此外似再不见为人称引。阚铎在《吴县王捍郑先生传略》中明确指出，“手自编订，先后刊行”的论著有《〈说文〉引汉律令考》二卷、《附录》二卷；王氏在《籀许誃经艺》、《中西政学问对》中，分别载有“吴县王捍郑所著书目”，著录有《〈说文〉引汉律令考》三卷，已刊。[⑤] 若此文确如阚氏、王氏所言“已刊”，后人缘何又据稿本而发表？若确已发表，为何王氏自记卷次与阚铎所言会有差别？所以，笔者倾向于认定此文王氏生前并未发表，只是完稿而已，故得列于著书之目。《经艺》、《问对》均于光绪丁酉印行，时在西元 1897 年，则似可大致推定王氏此文完稿于此时或稍前。

---

① （清）王仁俊：《敦煌石室真迹录》，收入中国西北文献丛书编辑委员会编《中国西北文献丛书》第 8 辑第 10 卷《敦煌学文献》，兰州古籍出版社，1990。按：是书分为甲、乙、丙、丁、戊五录，戊录有附录，后又成己录，共六录、一附录，前五录及附录完成于宣统元年，西元 1909；己录成书于宣统三年，西元 1911。

② 哈佛－燕京学社图书馆所藏王氏稿本，详见以下链接：http：//pds. lib. harvard. edu/pds/view/10301176？n = 1&imagesize = 1200&jp2Res = . 25&printThumbnails = no。又，关于王氏金石学成就，参见陈尚君《〈金石三编〉解题》，《上海图书馆未刊古籍稿本》编辑委员会编《上海图书馆未刊古籍稿本》第 18 册，复旦大学出版社，2008，第 199 ~ 204 页；拙著《芝加哥菲尔德博物馆藏秦汉碑拓初探》，《古今论衡》第 25 期（2013. 11），第 106 ~ 107、113 ~ 115、119 页。

③ 伦明等撰《辛亥以来藏书纪事诗》，杨琥点校，燕山出版社，1999，第 34 页。

④ 参见董莲池主编《〈说文解字〉研究文献集成·文本研究》第 8 册，作家出版社，2007，第 458 ~ 462 页。

⑤ （清）王仁俊：《籀许誃经艺》，光绪丁酉实学报馆石印本（1897）；（清）王仁俊：《中西政学问对》，光绪丁酉实学报馆石印本（1897）。按：两书均由李盛铎题耑。

此文分上下两卷。卷上所辑为汉律，载《国学月刊》第1期；卷下所辑为汉令，载《国学月刊》第2期。卷下附录一所辑为汉律，附录二所辑为汉令；附录一、附录二后又有一附录，名曰“汉律考证”。此文卷次结构大致同于王氏、阚铎所言，主体是据《说文》所载汉律令成文。“汉律考证”一目，结合文献记载梳理汉律篇目，并借此勾勒汉律令沿革之简史。此稿曾经许克勤校阅，故文中保留不少许氏校语。

此外，今所见王氏之律学论述，除《中西政学问对》略述及外，尚有《唐开元律疏案证》，载入《敦煌石室真迹录己》；另有《〈春秋〉为孔子刑书论》，系博引文献论证邵蘧旧说。[①] 对于晚清之法律变革，王氏大概持否定态度，其就唐律疏所言似寓有心曲：

> 呜呼！开元新律之缉，徒为奸相请赏地耳……君子道消，小人道长，驯致毁冕裂冠，仇视礼教，未几而胡羯乱启。孟子有言，“今之君子居中国，去人伦，如之何其可也。”俊旧人也，敢告司法。[②]

就学术而言，胡、王之学不过是清代汉学之延续，[③] 两文亦不过是读《说文》之副品。黄彭年（1824－1890），字子寿，任江苏布政使时，于苏州创建学古堂，藏书数万卷，于此人才渊薮之地，得士尤多，“章式之钰、王捍郑仁俊、胡绥之玉缙皆一时之选也”。[④] 黄氏治学，“不分汉宋，要以辨识文字为先”，[⑤] 门下弟子是否均如此不可知，但胡、王重小学则为事实，著述以“许庼”命名，或斋号为“籀许”，亦见其所学。胡、王以小学为学问根柢，精通《说文》，熟读经史。不论是胡氏，抑或是王氏，均有不少与小学或《说文》相关的论著，尽管多数为未刊或亡佚稿。[⑥] 实际上，不仅胡、王

---

① （清）王仁俊：《〈春秋〉为孔子刑书论》，《宗圣汇志》第1卷第5期（1913），第15～17页。

② （清）王仁俊：《唐开元律疏案证》，《敦煌石室真迹录》，第288页。按：王氏所引《孟子》语，今作“今居中国，去人伦，无君子，如之何其可也”。

③ 参见史革新《略论晚清汉学的兴衰与变化》，《史学月刊》2003年第3期，第86～95页。

④ 卢弼：《〈许庼遗书〉序》，《许庼遗书》，第1页。

⑤ 张舜徽：《清人文集别录》卷一九《陶楼文钞》，中华书局，1980，第527页。

⑥ 胡氏有《〈说文〉旧音补注》一卷、《补遗》一卷、《续》一卷、《改错》一卷，另有《读〈说文〉段注记》、《释名疏证》等逸稿。今本《释名疏证补》，反载胡玉缙、许克勤校语，但王欣夫所藏胡玉缙手校本中，并见许克勤、王仁俊校语。校之《释名疏证补》，王欣夫认为先谦“所取仅什一而已。又未采王校，则疑所见出自祝氏传录，未必即据是本，故详略大有不同”。参见王欣夫《吴县胡先生传略》，《许庼学林》，第4页；（汉）刘熙撰，（清）毕沅疏证，（清）王先谦补《释名疏证补》，祝敏徹、孙玉文点校，中华书局，

如此，清末薛允升、沈家本等律学大家，对《说文》亦多有关注,[①] 故能从中辑出汉律令遗文。与薛、沈从律学着眼不同，即考察古代律令之沿革及其对现行律令之可能意义，胡、王之文更多的是出于为考据而考据罢了。

二　王仁俊《〈说文解字〉引汉律令考》之价值

如上所言，王氏成文晚于胡氏，且多采胡氏之长;[②] 故此处以胡文及其他学者论著为参照，考察王仁俊《〈说文解字〉引汉律令考》之文之价值。

其一，对所辑条文进行编次、归类，亦即对汉律令结构有所思考。

辑《说文》所见汉律令条文者虽多，但多无分类，胡氏即如此。或有鉴于此，王仁俊别出心裁地将所辑条文归入属意的篇目，如“会稽献蘱一斗”、“会稽献鲒酱”归入“朝律”；对于无法归类的，如“妇告威姑”、“齐人予妻婢奸曰姘”、“名船方长为舳舻”，等等，一并归入“杂律”。这是依据《晋书·刑法志》并推广其例而来的。沈家本后来亦如出一辙，将“姘”、“舳”所引亦均归入“杂律”。[③] 从这个角度看，王氏的归类并非没有道理，尽管有些归类失之武断。因为理解有别，归类也会有异。沈氏就将“会稽献蘱一斗”、“会稽献鲒酱”两条归入“杂律”,[④] 孰是孰非，当下仍难判断。

若结合今所见秦汉出土律令文献，可知王氏、沈氏之归类，或均有可商榷处。“赐衣者缦表白里”一条，王氏归入“朝律”，沈氏归入“杂

2008，第319～333页；王欣夫《蛾术轩箧存善本书录》，鲍正鹄、徐鹏标点，上海古籍出版社，2002，第429～431页。王氏与小学相关的论著不下十余种，除《读〈尔雅〉日记》、《〈尔雅〉佚文》、《〈说文解字考异〉订叙例》等外，多已亡佚。就王氏《说文》论著之目，伦明还特意写道，“闻《说文》诸稿本，归徐菊人”，惜今已不可寻其踪迹。辽宁省图书馆、上海图书馆等尚藏有王氏《说文》批校本，批校满纸，也算聊胜于无。参见（清）王仁俊《籀许誃经艺》、《中西政学问对》所揭“吴县王捍郑所著书目”；阚铎《吴县王捍郑先生传略》，载《辽文萃》，第1～5页；伦明等撰《辛亥以来藏书纪事诗》，第34～36页；韦力《中国版本文化丛书：批校本》，凤凰出版社，2003，第176～177页。

① 参见（清）薛允升撰《汉律辑存》，《中国法制史料》第2辑第1册，堀毅整理；（清）沈家本《〈说文〉引经异同》，徐世虹主编《沈家本全集》第5卷，吴建璠、林银生整理，中国政法大学出版社，2010。

② 按：遗漏者亦有之。《说文》“頯”字，胡氏直言“即胥靡之胥”，正与晚近学者讨论“胥靡”之义合。今人对“胥靡”之讨论，可参见吴荣曾《胥靡试探——论战国时的刑徒制》，《先秦两汉史研究》，中华书局，1995，第150～151页。

③ （清）沈家本：《历代刑法考·汉律摭遗》，邓经元、骈宇骞点校，中华书局，1985，第1519～1520、1528页。

④ （清）沈家本：《历代刑法考·汉律摭遗》，第1528～1529页。

律”。张家山汉简《二年律令·赐律》有相关律文，可知许慎此条所引系约略律文之意而成，“白里”乃“帛里”之误。又如，“妇告威姑”条，王氏归入“杂律”，沈氏归入“囚律”，而类似条文见于《二年律令·囚律》，“威姑”或当为“威公”。[①] 这两条律文因有出土文献为参照，故可判定归属之对错，但不能因此而否定王、沈论著之价值；我们也不过是比前人多看到些资料而已，但他们差不多已将传世文献的记载网罗殆尽了。

又，王氏根据既有资料，推定律与令对应存在，如田律之与田令，尽管所列事例不多，但确与今日之研究吻合，[②] 于此不能不佩服其识见。

其二，辑佚律令条文有所增加，对汉律或有较独到之认识。

程树德辑汉律条文百八条，[③] 这几乎是传世文献所载汉律之全部，但仍可据《说文》而增补数条。王氏熟稔传世文献之记载，如对《说文》“秙”下所载“稻一秙，为粟二十斗”云云，王氏亦视为律文。无独有偶，此条正与睡虎地秦简《秦律十八种·仓律》之“稻禾一石，为粟廿斗”相印证；《说文》“粲”下所引，“稻重一秙，为粟二十斗，为米十斗曰毇，为米六斗大半斗曰粲”，[④] 亦正对应此简之“舂为米十斗；十斗粲，毁（毇）米六斗大半斗”。[⑤] 汉律本是承袭秦律而来，故许慎据之而引入《说文》；虽未明确

① （清）沈家本：《历代刑法考·汉律摭遗》，第1527、1476页；张家山二四七号汉墓竹简整理小组：《张家山汉墓竹简（释文修订本）》，文物出版社，2006，第48页；王贵元：《张家山汉简与〈说文解字〉合证——〈说文解字校笺〉补遗》，《古汉语研究》2004年第2期，第46页。又，针对“赐衣者缦表白里”，或以为当归入“金布令篇”。王仁俊以为许慎明标汉律，故不因旧注而归入其中，这无疑是审慎之举。从《秦律十八种·金布律》来看，秦律中确实有关于赐衣的规定。基于金布律与金布令之对应关系，则金布令中可能亦有此类规定，至少从臣瓒注引“金布令”来看是如此。参见睡虎地秦墓竹简整理小组《睡虎地秦墓竹简》，文物出版社，1990，第41～42页。

② 徐世虹：《汉代社会中的非刑罚法律机制》，载柳立言主编《传统中国法律的理念与实践》，台北：中研院历史语言研究所，2008，第321页；拙著《秦汉律令法系研究初编》，社会科学文献出版社，2012，第143～145页。又，不仅律与令存在对应关系，“课”这类法律载体亦与存在对应关系，参见徐世虹《秦“课”刍议》，载武汉大学简帛研究中心主办《简帛》第8辑，上海古籍出版社，2013，第251～267页。

③ 程树德：《九朝律考》卷一《汉律考·汉律考三》，中华书局，1963，第52～85页。

④ （汉）许慎撰，（清）段玉裁注《说文解字注》七篇上米部“粲”，上海古籍出版社，1988，第331页。

⑤ 睡虎地秦墓竹简整理小组：《睡虎地秦墓竹简》，第29～30页；又参见王贵元《张家山汉简与〈说文解字〉合证——〈说文解字校笺〉补遗》，《古汉语研究》2004年第2期，第46页；邹大海《关于〈算数书〉、秦律和上古粮米计量单位的几个问题》，《内蒙古师范大学学报》（自然科学汉文版）2009年第5期，第508～515页。

标明为汉律或汉令，但据出土文献判定其为汉律令遗文，应无大误。王氏如此，早于王氏之惠士奇、惠栋父子亦如此，故《惠氏读〈说文〉记》中云“程品之语，出于汉律”。[①] 王氏以为《说文》“称”、“程”、“稷”、“秭”诸字所述“皆律文”，今虽无明证，但从“柘”、“粲”两字看，亦可备一说。

又，王氏据徐锴本《说文》所引，列“伤人保嫜”律文一条。此条虽非许书所引，但归入汉律当无大误，可补沈、程之遗。[②]

王氏考证《说文》“絩”下所载“汉律：绮丝数谓之絩，布谓之緫”，以及“箄”下所引“箄，小筐也”时，有“知律文本有似训诂者”或“汉律本有近训诂者”之论断。揣测其语，似指汉律中或有类于注说或解释的文句；假用两汉时语来说，即汉律中本有“律说”存在。一般认为，律说是为疏通文意而作，独立别行，但似无如王氏般拈出此番新意者。律说中有此类事例，睡虎地秦简《法律答问》所见论狱“何谓‘不直’”、“可（何）谓‘纵囚’”，“犯令”、“法（废）令”，[③] 等等，不足为奇，不赘。今所见张家山汉简有“劾人不审，为失；其轻罪也而故以重罪劾之，为不直”、“奴婢为善而主欲免者，许之，奴命曰私属，婢为庶人”等条文，[④] 前者解释“失”、“不直”，后者解释“私属”、“庶人”，笔者以为正可同王氏之语相印证。不唯如此，《二年律令》所见“行金”、“行钱”、“免老”、“睆老”，[⑤] 等等，也具有训诂性质。律文所以有训诂者，似意在清楚揭明律义。

其三，对《说文》诸家注疏及其他文献有所补正。

“祉”下辨析王筠、桂馥两家说之正误，“姘”下考察桂馥说之由来，“貀”下胡玉缙驳段说、王氏承之，等等，不赘。王氏重申读《说文》之一例，即“连篆文读，许书自有此例”。在考论“賨”下许慎语“南蛮赋也”时，王氏疑许书有夺文，以为当云“賨布，南蛮赋也”，连篆文为读，并引《后汉书·西南夷传》章怀注为例证。若翻检其他文献可知，钱大昕已揭橥

---

① （清）惠栋撰，（清）江声补《惠氏读〈说文〉记》卷七，《续修四库全书》编辑委员会编《续修四库全书》第203册，上海古籍出版社，2002，第508页。按：此书虽标为惠栋著，实则为惠士奇、惠栋父子合撰，学者对此已有较详细之论述，参见钱慧真《〈惠氏读说文记〉系惠士奇、惠栋父子所作》，《图书馆理论与实践》2011年第2期，第65～67、83页。王仁俊在此文中引及惠士奇、惠栋时，区分明白，可证钱文论断可信。

② （清）沈家本：《历代刑法考·汉律摭遗》，第1469页；程树德：《九朝律考》卷一《汉律考·汉律考四》，第110页。

③ 睡虎地秦墓竹简整理小组：《睡虎地秦墓竹简》，115、126页。

④ 张家山二四七号汉墓竹简整理小组：《张家山汉墓竹简（释文修订本）》，24、30页。

⑤ 张家山二四七号汉墓竹简整理小组：《张家山汉墓竹简（释文修订本）》，35、57页。

“《说文》连上篆字为句”；钱氏之前，孔颖达虽未拈出此例，但已敏锐注意到这种现象，并加以运用。[①] 或许是王氏未注意到钱、孔之说，故称之为“发明”似亦未尝不可。

针对“姘”字，王氏言“许君《说文解字》多本《仓颉》”又多一例证，亦可显见其小学根柢之一斑。

这里，还可再举一例。《九朝律考》所列汉律条文中，有“会稽献蘱一斗”、“会稽献蓘”两条，前者出自《说文》，后者见于《礼记》。[②]《汉律摭遗》中，沈家本将两条并列，统归于“会稽献蘱一斗”之下，但未说原因。[③] 对此，胡、王分别有论说。胡氏以为“蓘”为“蘱”之隶变，王氏以为“蓘”为“蘱”之省变，原因略同，故字形虽有别而字义无不同。如此，两者实为一条律文，《说文》、《礼记》注所引只是有所节略罢了，程书实误。并且，王氏又引《玉篇》证明之，更证其说可从。

此外，《说解》“称”下所引，王氏参校《宋书》等典籍，指出《淮南子》之衍文，《说苑》之脱文，及其与《说文》所载之异同，对文献校订无疑有益。

以上就胡、王二文成文情形及价值略述之，遗漏或失误处恐仍有之，有待高明、沉潜者发掘或补正。地不爱宝的时代，学界多着眼于新史料而学唯求新，美其名曰“预流”，亟亟于著书立说。故在今日看来，或以为胡、王所辑考汉律令遗文价值不大，仅在汉律辑佚之学术史方面略有意义。是否如此，细读胡、王之文，读者当自有判断。今迻录傅斯年对新旧史料之论述，以为本文结尾：

> 必于旧史史料有工夫，然后可以运用新史料；必于新史料能了解，然后可以纠正旧史料。新史料之发见与应用，实是史学进步的最重要条件（笔者按：此语恐未必是）；然而但持新材料，而与遗传者接不上气，亦每每是枉然。从此可知抱残守缺，深固必拒，不知扩充史料者，固是不可救药之妄人；而一味平地造起，不知积薪之势，相因然后可以居上者，亦难免于狂狷者之徒劳也。[④]

---

① 参见孙福国《〈五经正义〉引〈说文〉研究》，山东师范大学硕士论文（指导教师：吴庆峰），2007，第35～36页。

② 程树德：《九朝律考》卷一《汉律考三》，81～82页。

③ （清）沈家本：《历代刑法考·汉律摭遗》，1528页。

④ 傅斯年：《史学方法导论》，载欧阳哲生主编《傅斯年全集》第2卷，湖南教育出版社，2000，第335页。

凡例：

误字较正字小一号，以（ ）标示，正字以〔 〕标出；衍文以〈 〉标出；脱字以［ ］补出；未识别字以□代替；

异体字、通假字等，如塙—确—碻、疋—雅、叚—假，等等，均直改为常用字或正字，但因字形之别而罗列者及《说文解字》部首字等除外；避讳字直接改正；

引文、节文均核对原书，并尽可能地标识出来；因版本之别而文异者，据通行本校订；因称引法有别而文异者，不据通行本增补删略；所引、所校均系常用典籍，故不出校记，特殊者以按语形式在脚注标明；

经传注疏，例加书名号；《史记》三家注例加引号，以与《史记》区别；

原注随文，今统一为脚注，并加“原注”以示区分。

《说文》引汉律令考

胡玉缙

萧何草律，实本李悝，其来尚矣。嗣是晁错、张汤、赵禹之伦，递有增益。以故高帝之世，仅有九章。洎乎孝武，浮于三百。宣帝时，路温舒、郑昌并各上疏；元、成之间，屡诏议减。正本清原，尚存二百。《刑法》一志，可覆案也。降及隋代，已就散佚。部主见知之例，事律兴、廏之篇，渺不可见。洨长虽在东汉，犹睹其书。十五篇中，时时称引，辄为依次考证如左。好古之士，当有取焉。

示部：祉，以豚祠司命也。汉律曰：祠祉司命。

考曰：律即令。汉有祠令、祀令，见《文帝纪》、《续汉书·祭祀志》二注。其曰“祠祉司命”者，《祭法》注“今时民家或春秋祀司命”，《风俗通》“今民间［独］祀司命［耳］，刻木长尺二寸为人像。［齐地大尊重之，］汝南［余］郡亦多有，皆祠以睹，率以春秋之月”，并足证“睹”即“豬”，即许所谓豚。①

艸部：蘈，煎茱萸。汉律：会稽献蘈一斗。

考曰：《内则》“三牲用藙”注“藙，煎茱萸也。汉律：会稽献焉”，是郑所见与许同。“藙”者，“蘈”之隶变。《正义》引贺氏曰云云，盖作之之法，或误为皇侃。又按：《御览》九百四十一引《汉书》曰“汉律：会稽献鲒酱二升，蜯蜃之属”，此必有衍误。

① 按：此处引文多有节略，文字亦有别，此据今通行本增补，“余”或作“诸”。下同。

走部：趆，距也。汉令曰：趆张百人。

考曰：《史》、《汉·申屠嘉傅》“材官蹶张”，如淳曰“材官之多力，能脚蹋强弩张之，故曰蹶张。律有蹶张士”，孟康曰“主张强弩，汉令［有］蹶张士百人”，[①] 如、孟二家之“蹶”，即许之“趆”。盖“趆”本当为“趣”，从厥省声。段氏以为误认蹶、趣为一字，此似是而非，如、孟岂不识字者乎？

鬲部：鬲，鼎属也。甋，鬲或从瓦。㽁，汉令鬲，从瓦厤声。

考曰：此与乐浪挈令“织”作“絀”同。《玉篇》“鎘”或作“鬲”，从金者，因铜律造字。《史·滑稽列传》“铜歷为棺”，“索隐”“鬲即釜鬲也”，足证其义。[②]

歺部：殊，死也。汉令曰：蛮夷长有罪当殊之。

考曰：《史·苏秦传》“使人刺苏秦，不死，殊而走”，“集解”云“《风俗通义》称汉令‘蛮夷戎狄有罪，当殊’。殊者，死也，与诛同指”，裴氏此说，致为精确。《魏志·陈群传》亦云“汉律所杀，殊死之罪”。段氏乃泥昭廿三《左传》释文，补“一曰断也”四字，以此为证断义。谓“蛮夷有罪，非能必执而杀之”，不知断与死本无两义。其著为令者，乃大夷夏之防耳。[③]

竹部：箄，笥也。汉律令：箄，小匡也。

考曰：“令”当为“笭”，他处引未有二字连言者。下文云“笭，籝也”，或此“笭”、“箄”为一名。段曰“匡、箄皆可盛饭，而匡、筥无盖，箄、笥有盖，故小匡为别一义”，亦通。

贝部：赀，小罚，以财自赎也。汉律：民不繇，赀钱二十二。

考曰：“二十二”当作“二十三”，段改是也。《昭帝纪》、《光武纪》二注引《汉仪注》曰“七岁至十四，出口钱，人二十，以供天子；至武帝时又口加三钱，以补车骑马”，是其证。《论衡·谢短篇》云“七岁头钱二十三”，亦谓此。《一切经音义》引此作“汉律：民不傜赀”，盖脱文，“傜”同“繇”。[④]

衣部：襄。汉令：解衣［而］耕谓之襄。

考曰：“襄”字经传并训“除”，解衣即除衣也。《夏小正》“二月：往耰黍，禅”，《传》“禅，单也”，盖谓脱复衣禅。古人之耕，必二人为耦。《君奭》“襄我二人”，周公谓与召公图治，以耕喻也；犹上文“予往暨汝奭

---

① 按：“汉令［有］蹶张士百人”句，非孟康语，是司马贞“索隐”引汉令文，参见《史记》卷九六《申屠嘉传》。

② （原注）许克勤曰：瓦㽁，见《魏志》。

③ （原注）许克勤曰：《增韵》“汉律殊死为斩刑”，并可证明此义。

④ （原注）许克勤曰：《音义》“又以赀为郎”，此五字似亦汉律文。

其济”，以舟喻；“乘兹大命”，以车喻。

舟部：舳，艫也。汉律：名船长方为舳艫。

考曰：“长”当作“丈”，段说是也。《史》、《汉·货殖传》“船长千丈”，“索隐”按“积数长千丈”，师古注“总积船之丈数也”，然则“汉时计船以丈，每方丈为一舳艫”。①

髟部：鬏，发至眉也。髳，鬏或省。汉令：有髳长。

考曰：《牧誓》有“羌、髳”之文，《小雅》“如蛮如髦”，《传》曰“蛮，南蛮也。髦，夷髦也”，《笺》云“髦，西夷别名”，是知髦为夷之一种，“髦”即“髳”也。段曰“‘髳’即‘鬏’字，而羌、髳字衹从矛，髳长见汉令。盖如赵佗自称蛮夷大长，亦谓其酋豪”。

豸部：貀，兽无前足。汉律：能捕豺貀，购钱百。

考曰：《尔雅》郭注“律：捕虎一，购钱三千，其豿半之”。据《集韵》引汉律云云，与郭同，特无“一”字、“三千”作“三百”为异，则知郭引是汉律。段曰“盖亦沿汉律”，是误以郭引为晋律矣。

水部：灒，所以攤水也。汉律曰：及其门首洒灒。

考曰：《史·货殖传》“洒削，薄技也”，“洒削”疑即“洒灒”一声之转。段曰“谓壅水于人家门前，有妨害也”，然则洒灒犹曲防之比。

鱼部：鲒，蚌也。汉律：会稽郡献鲒酱二斗。

考曰：各本无“二斗”字，段据《广韵》补，改“升”为“斗”，是也，《御览》九百四十一引亦误“升”。其曰鲒酱者，《地理志》会稽鄞县有“鲒埼亭”，师古曰“鲒，蚌也”云云，知会稽献鲒酱，有由来矣。汉时又有蟹酱，《周礼·（庭）〔庖〕人》注“若青州之蟹胥”，《疏》曰“郑见当时有之”，是也。

女部：威，姑也。汉律曰：妇告威姑。

考曰：即《尔雅》之君姑也。古君、威合韵，《说文》艸部“莙，读若威”，《易》革象“顺以从君也”，与蔚为韵；《诗·采芑》“蛮夷来威”，与犹为韵：并其证。《广雅·释亲》亦云“姑谓之威”。

又，姘，除也。汉律：齐民与妻婢奸曰姘。

考曰：《广韵》“（斋）〔齐〕与女交，罚金四两，曰姘”，②《仓颉篇》“男女私合曰姘”。桂未谷引此，谓“‘齐’当为‘斋’，斋日不近女”，理或然也。果如是，则“民”当作“日”。汉时又有所谓“报”者，宣三年《左传》注引“汉律：淫季父之妻曰报”，亦足证。

① （原注）许克勤曰：《史·平准书》“船五丈以上一算”，船以丈计，此亦其证。

② 按：《广韵校本》所见为“齐”而非“斋”。

又，姅，妇人污也。汉律曰：见姅变，不得侍祠。

考曰：段云《内则》“夫斋，不入侧室之门”，正此意；桂云《续汉·礼仪志》“斋日内有污染，解斋”，两说以桂为胜。《汉书·景十三王传》“有所避”，沈氏《疏证》云《释名》“以丹注面曰旳。此本天子、诸侯群妾当以次进御，其有月事者止而不御。重以口说，故注此丹于面，灼然为识。女史见之，则不书其名于第录也”，引《说文》“姅”云云。

糸部：织，作布帛之总名也。絨，乐浪挈令。织，从糸从式。

考曰：挈者，栔之假字，谓栔刻于板之令也。《汉·张汤传》有“廷尉挈令”，韦昭曰“在板挈也”，是其证。《燕王旦传》又有“光禄挈令”。此云“乐浪挈令”者，乐浪郡名，谓郡守所奉之板令也。录之者，段云“如录汉令之‘鬲’作‘歷’”。余谓《方言》“赵、魏间呼经而未纬者曰机絨”，扬雄汉人，故亦承用挈令事。

又，缯，帛也。綷，籀文缯，从宰省。扬雄以为汉律祠宗庙丹书告。

考曰：《甘泉赋》“上天之縡”，即“郊祀丹书告神者”，特“从宰不省”耳。桂曰“《礼说》‘丹图者，丹缯也’”，王箓友引同。①

又，絩，绮丝之数也。汉律曰：绮丝数谓之絩，布谓之緫，绶组谓之首。

考曰：《说文》禾部“布八十缕曰稯”，“稯”即“緫”字。《续汉·舆服志》“凡［先］合单纺为 系，四系为一扶，五扶为一首”，此即绶组称首之义。

又，缦，缯无文也。汉律曰：赐衣者缦表白里。

考曰：《太玄》“袷襀何缦，文在里也”，或即取此为象。《春秋繁露·制度篇》“庶人衣缦”，乃别为一义。②

又，纇，绊前两足也。汉令：蛮夷卒有纇。

考曰：纇，即胥靡之胥。《吕览》“傅说，殷之胥靡”，《汉·楚元王传》“二人谏，不听，胥靡之”，师古曰“（纲）〔联系〕使相随而服役之，故谓之胥靡”，此可悟字“纇”从糸之义。段泥“殊”下引“蛮夷长有罪，当殊之”，以为应云“蛮夷卒有罪，当纇之”。殊不思纇者有罪服役之名，但云有纇，文义已明，何劳臆改？

田部：畼，烧种也。汉律曰：畼田茠艸。

考曰：“茠”为“薅”之或体。“蓐”即“薅”，下引《诗》“既茠荼蓼”，然则“畼田茠艸”，二者相为济。

---

① （原注）许克勤曰：《续汉·祭祀志》引汉祀令“衣有缯缇”，则汉令亦有“缯”字。

② （原注）许克勤曰：《盐铁论·本仪篇》“夫中国一端之缦，得匈奴累金之物”，此“缦”即无文衣也。

《自叙》尉律：学僮十七已上，始试讽籀书九千字，乃得为吏。又以八体试之，郡移太史并课。最者，以为尚书史。书或不正，辄举劾之。

考曰：尉律谓廷尉所守令，徐楚金以为“汉律篇名”，非也。《艺文志》“汉兴，萧何草律，亦著其法，曰：‘太史试学童，能讽书九千字以上，乃得为史；又以六体试之，课最者以为尚书御史史书令史。吏民上书，字或不正，辄举劾’”。班史所言，与许大同小异，而可互相补正，段氏已详哉言之。《困学纪闻》亦曰“六体非汉兴之法，当从《说文·叙》改‘六’为‘八’”。

右汉律令二十三条，专就许引考之。余如群经注、两《汉书》注及唐人类书征引，当亦不下数十条，容俟赓续。或谓汉律讽籀书九千字得为史。许凡称籀文，皆汉律中字，不知讽籀连文，谓讽诵而抽绎之。籀文者，史籀所作，即大篆。不然，籀文果汉律字，“缯”下何必两见哉？可不辨而知其非矣。

《晋书·刑法志》“秦汉旧律，后人生意，各为章句。叔孙宣、郭令卿、马融、郑玄诸儒章句，十有余家，［家数十万言。］览者益难。天子于是下诏，但用郑氏章句，不得杂用余家。”据此许君引律，郑亦尝注律，其指一也。天子者，陈兰甫谓魏明帝。癸巳七月廿四日记。

又，许《自叙》“廷尉说律，至以字断法。苛人受钱，苛之字止句也”。

《说文解字》引汉律令考

王仁俊

卷上

朝律

《汉书艺文志考证》引张斐《律序》“赵禹作朝会正见律”。俊按：朝会正见律，《隋书·经籍志》云久佚。今辑许书引朝律事类者，述朝律考。

会稽献藾一斗。①

《说解》“藾，煎茱萸”，《礼记·内则》“三牲用藙”注“藙，煎茱萸也。汉律：会稽献焉”。按：“藙”即“藾”之省变。《疏》引贺氏云：“煎茱萸，今（置）〔蜀〕郡作之。九月九日取茱萸，折其枝，连其实，广长四五寸，一升实可和十升膏，名之藾也。”按：“十升”犹言“一斗”，《急就篇补注》引贺说与皇侃说同。《玉篇》：“藾，煎茱萸也。汉令：会稽郡岁贡藾子一斗。”按：“汉律”误引作“汉令”。

---

① （原注）一下艸部“藾”下汉律。

会稽献鲒酱。①

《说解》"鲒，蚌也"，引汉律云云。"鲒酱"下，锴本有"三斗"二字，《玉海·汉志考》引同锴本。俊案；依"蘱"下云"献一斗"例，则锴本为长。段氏据《广韵》补"（三）〔二〕斗"二字，案《御览》九百四十一引正同《广韵》。《汉书·地理志》会稽郡鄞县有鲒埼亭，颜注"鲒，长一寸，广二分，有一小蟹在其腹中。埼，曲岸也，其中多鲒，故以名亭"，据此知鲒为会稽土物，故献也。又，颜注"鲒"字或作"蛣"。② 按：《文选·江赋》"（琐）〔璅〕蛣腹蟹"，注引《南越志》"（琐）〔璅〕蛣，长寸余，大者长二三寸，腹中有蟹子，如榆荚，合体共生，（皆）〔俱〕为蛣取食"，是也。按：会稽在周初献䱇，见《逸周书·王会解》；汉献鲒酱，犹之荆州进鳝鱼，青州进蟹胥，郑注《周礼·庖人》亦据当时之制而言耳。

绮丝数谓之絩，布谓之緫，绶组谓之首。③

《说解》"絩，绮丝之数也"，絩数未闻。王氏筠曰"《算经》：黄帝为法，数有十等，谓亿、兆、京、垓、秭、壤、沟、涧、正、载。[案] 兆[盖] 即絩之省"。"緫"与"首"者，俊友许君克勤曰："《逸玉篇》引'緫'作'梭'，'首'作'逆'。"窃谓"梭"当作"稯"，《说文》"布八十缕为稯"可证。董巴《舆服志》黄赤绶五百首，赤绶三百首，凡绶皆称首，"首"作"逆"误。或曰"逆"即"縌"之省假。按：《汉书·王莽传》"一月之禄，十緵布二匹"，孟康曰"緵，八十缕也"。"緵"之通"緫"，犹"稯"之通"緫"矣。《续汉·舆服志》乘舆黄赤绶、五百首，诸侯王赤绶、三百首，相国绿绶、二百四十首，公侯将军紫绶、百八十首，九卿、中二千石、二千石青绶、百二十首，千石、六百石黑绶、八十首，四百石、三百石、二百石黄绶、六十首，"凡先合单纺为一系，四系为一扶，五扶为一首，五首为一（丈）〔文〕"，是皆汉律之证。

赐衣者缦表白里。④

《说解》"缦，缯无文也"，王氏筠据元应引"缯"下补"帛"字。段氏曰"引申之，凡无文〈者〉皆曰缦。《左传》'乘缦'注'车无文者也'，《汉书·食货志》'缦田'注谓'不甽者也。'"。俊按：此皆假义也。《太玄经》"袷褶何缦，文在（里）〔内〕也"，《急就篇》"锦绣缦紕"注"缦，无文帛也"，此皆无文之证；而《急就篇》注尤与玄应引许书合，《太玄》云

① （原注）十一下鱼部"鲒"下汉律。

② 按：颜师古注曰"鲒音結，蚌也"，王氏或据此，参见《汉书》卷二八《地理志上》。

③ （原注）十三上（系）〔糸〕部"絩"下汉律。

④ （原注）十三上（系）〔糸〕部"缦"下汉律。

“文在（里）〔内〕”，正对表之无文而言。赐衣者，汉帝赐民间可服之衣。缦之为物，或云即俗所谓素紬是也。《春秋繁露》“庶人衣缦”，据此知赐衣当属赐庶人言。董子西汉人，述汉制正与许合。

又按：“絩”下“绶组谓之首”，自天子至卿大夫之等次，盖朝会所用，因而并详“絩”与“緫”之制，并及庶人之“缦”，牵连而及。古书自有此例，故后并隶之朝律焉。或曰《汉书·高纪》臣瓒注引金布令一条，亦及赐衣。疑许此条所引，当在金布令篇，其说似矣。然赐衣条许明引汉律，疑事毋质，不敢入令篇也。

祠律

《汉书·文纪》注引祠令。依汉制既有田令，又有田律之例，[1] 则必有祠律可知，作祠律考。

祠祉司命。[2]

《说解》“以豚祠司命”，汉律云云。锴本引汉律无“祠”字，《韵会》亦无，疑涉《说解》“祠”字而衍。《周礼·春官》“槱燎祠司中、司命”郑注“司命，文昌也”，《礼记·祭法》“司命”注“今时民家或春秋祀司命”，《史记·封禅书》荆巫祠“司命”，《风俗通》“今民间［独］祠司命［耳］，刻木长尺二寸为人像。［齐地大尊重之，］汝南余郡亦多有，皆祠以賭，率以春秋之月”。按：“賭”即“豬”之变文，与许所云“豚祠”者合；诸书“豚”下云“持肉，以（持）〔给〕［祠］祀”，可为旁证。王氏筠曰“言祠，〈则〉司命之礼，而祉［之名］则肇于汉［也］”。俊按：正惟如此，而汉律之无“祠”字尤可信。又，桂氏又以“汉有祠令”、“祀令”，疑“律”字当为“令”。许克勤曰：“《说文》女部‘姅’下‘侍祠’，（系）〔糸〕部‘綷’下‘祠宗庙’，并称汉律，桂说未确。”

见姅变，不得侍祠。[3]

《说解》“姅，妇人污见也”，锴本“污”下有“见”字，于义为长。段氏云“《内则》‘夫斋，［则］不入侧室之门’”，桂氏云“今谓之小产”，《续汉·礼仪志》“斋日内有污染，解斋”。俊按：绎许君“见”字义，似指月事。杨慎曰“汉律，姅变谓月事也”，杨说是也。窃谓“姅变”者，谓见有月事，变其容饰，[4] 不得侍祠，此本义也。《广韵》“姅，伤孕”，《集韵》“姅，［一曰］裹子伤也”，此桂氏小产说所由来。因而有谓如俗忌入产妇房

---

[1] （原注）详下。

[2] （原注）一上示部“示”下汉律。

[3] （原注）十二下女部“姅”下汉律。《史记·五宗世家》“索隐”引同。

[4] （原注）见《释名·释［首］饰》。

者，恐非许引律义。

王氏筠曰："姅变,[①]《释名》谓之'月事'，《神仙服食经》谓之'月客'。或［谓之］曰'天癸'，［或曰］'桃花癸水'，［或曰］'入月'。"

祠宗庙，丹书告。[②]

《说解》"缯，帛也。綼，籀文缯"，扬雄以为汉律云云，《韵会》引"告"下有"也"字。段氏曰"《甘泉赋》'上太之綼'，［盖］即［谓］郊祀丹书告神者"。桂氏曰"《礼说》：'丹图者，丹缯也'"，王氏筠说同。许君克勤曰："《逸玉篇》'綼'，《说文》籀文'缯'字。'扬雄以为汉律宗庙祠丹书告日也'，与今本异。《续汉·祭祀志》注引汉祀令，今'衣以缯（總）［緹］'，则汉令亦有'缯'字，惟子云所见律'缯'作'綼'为异。"俊按：《家语》、《礼运》"瘗缯，宣祝嘏"，可为汉律旁证。但许君引扬雄所述为汉律，不敢据《续志》注入祠令也。

酎金律

《续汉·礼仪》注丁孚《汉仪》载酎金律，有"以民口数"酎金之言，[③]此诸侯所以令民出赀乎？作酎金律考。

民不繇，赀钱二十二。[④]

《说解》"赀，小罚，以罪自赎也"，[⑤]汉律令云云。按：玄应《音义》十三引汉律"繇"作"傜"，慧琳《音义》五十四引《说文》"赀，小罚，以（则）［财］自赎也，汉律民不傜赀，又以赀为郎"。按：繇、傜同声通假字，小徐本正作"傜"，但《音义》引"汉律民不傜赀，又以赀为郎"，"赀"下夺"钱二十二"四字，至所引"以赀为郎"，当亦汉律文。汉本有赀郎，如司马相如亦以赀为郎是也。"二十二"段氏曰当作"二十三"。《汉仪》注"人七岁至十四出口钱，人二十以供天子，至武帝时又口加三钱，以补车骑马"，[⑥]《论衡·谢短篇》"七岁头钱二十三"。然则"民不傜"者，谓"七岁至十四岁"，段说得也。

田律

《周礼·士师》注引田律，可见汉代重农之意，作田律考。

---

① 按："姅，妇人污见也"，王筠注曰"句首当有'姅变'字"，王仁俊将之连下读。

② （原注）十三上糸部"缯"籀文"綼"下汉律。

③ 按：刘昭注引丁孚《汉仪》曰："汉金布令曰：'皇帝斋宿，亲帅群臣承祠宗庙，群臣宜分奉请。诸侯、列侯各以民口数，率千口奉金四两，奇不满千口至五百口亦四两，皆会酎，少府受。"

④ （原注）六下贝部"赀"下汉律。

⑤ （原注）锴本无"也"字。

⑥ （原注）见《汉书·昭纪》、《光武纪》注引。

䵲田茠（草）〔艸〕。①

《说解》"䵲，烧种也"，《晋书音义》七十七引无"烧"字。王氏筠曰"《玉篇》'䵲，田不耕烧种也'，《广韵》'䵲，田不耕而火种'，《月令》'［季夏,］烧薙行水'，《齐民要术》'凡开荒山泽田，皆七月芟艾之，草干即放火'，《越绝书》'吴北野胥主䵲者，吴王女胥主田也'，《晋书·殷浩传》'开江西䵲田千余顷'"。俊按:《汉书·武纪》诏曰"江（湖）〔南〕之地，火耕水耨"。按:"火耕水耨"，即"䵲田茠艸"，故《月令》"烧薙行水，利以杀艸，可以粪田畴，可以美土疆"也。"茠"即"薅"之假字，故"蓐"部"薅"下引《诗》"既茠荼蓼"，盖烧田即所以"茠荼蓼"，二者功用相济，武帝之诏正汉律之切证。

水律

《汉书·兒宽传》载水令，依田律、田令汉代并列，则汉有水（令）〔律〕明矣,② 作水律考。

及其门首洒浩。③

《说解》"浩，所以攤水也"，"攤"锴本作"灘"，盖误，汉律云云。锴本无"门首"二字，则不成文矣。段氏曰谓"壅水于人家门前，有妨害也"，桂氏曰"'洒削'即'洒浩'，《史记·货殖传》'洒削，薄技也'"。④ 据此，则"洒浩"盖汉时语。俊友胡君玉缙曰"'洒削'疑'洒浩'一声之转，然则洒浩犹曲防之比"，此说正与段、桂发明。

杂律

《晋书·刑法志》汉律起自李悝，其轻狡、越城、博戏、假借不廉、淫侈、踰制为杂律。俊推广其例，附以无所附者，作杂律考。

名船方长为舳舻。⑤

《说解》"舳，舻也"，下"舻"云"舳，舻也"。段氏曰"'长'当作'丈'。《史记》、《汉书·货殖传》皆曰'船长千丈'"，"索隐"案"积数长千丈"，师古注"总积船之丈数也"。⑥ 段曰"汉时计船以丈，每方丈为一舳舻也"，段说是也。《史记·平准书》"船五丈以上一算"，此正汉时船以丈计之证。许君克勤曰:"《逸玉篇》'舳'引《说文》汉律'名船方长为为舻

---

① （原注）十三下田部"䵲"下汉律。

② 按:绎王氏语意,"汉有水令"恐作"汉有水律"。

③ （原注）十一上水部"浩"下汉律。

④ 按:桂馥原文作"《史记·货殖传》'洒削，薄技也'，'洒削'即'洒浩'"，王仁俊引文有异，系引文习惯所致，非误。

⑤ （原注）八下舟部"舳"下汉律。

⑥ 按:段氏未引颜师古注，此注系王氏征引。

也'，'舳'、'为'二字误。"

能捕（财）〔豺〕貀，购（百钱）〔钱百〕。[①]

《说解》"貀，兽无前足"。按：《尔雅·释兽》郭注引律曰"捕虎一，购钱三千，其豿半之"，据郭所引，疑与许引为一条，合续之，意正相□。《集韵》引汉律"捕虎，购钱三百，其豿半之。豿，熊虎子"。[②] 据《集韵》所引以校郭注，虎下无"一"字，"三千"作"三百"，此为异耳，余同，据此知郭所引明为汉律。段氏谓其"沿汉律"，是以郭所引为《晋律》矣，非也。说本胡君玉缙。

妇告威姑。[③]

《说解》"威，姑也"。惠氏曰《尔雅》"君姑，即威姑也"。[④] 桂氏曰"威姑，君姑也。本书莙读若威，《易》'顺以从君也'，与'蔚'为韵；《诗·采芑》'蛮夷来威'，与'狁'为韵。《逸周书》'合闾立教，以威为长，以闾胥为君也'，《释亲》'舅姑在，则曰君舅君姑'"。按：桂说详矣，唯许引汉律当是节引。窃疑律文当曰"娣告威姑，罪至杀无赦"，严妇告姑之条，所以警下犯上也。惟沈氏涛泥《广雅》"姑谓之威"，谓律"姑"字衍文；既言威，不得复言姑。此说恐非。张揖训姑为威，正据汉律有威姑耳。若单称威字，经典字书有释为姑者乎？

齐人予妻婢奸曰姘。[⑤]

《说解》"姘，除也"，汉律云云。锴本"予"作"与"，与《玉篇》同。按：予、与古通。桂氏曰"'齐'当为'斋'，谓斋日不近女。《广韵》'斋与女交，罚金四两，曰姘'。《仓颉篇》'男女私合曰姘'"，王氏曰"依此说，则'人'当作'日'"。段氏又改"人"为"民"，引《淮南子》齐民"凡人齐于民也"为说。俊按：段说得之。许君厕"姘"于"婬，（私）〔厶〕逸也"之下、"奸，犯淫也"之上，则其所引律必专主戒奸而言，必非主斋日言可知。"齐人"本当作"齐民"，避唐太宗世民讳，遂改作"人"，后竟无改正者，唯《玉篇》尚不误。惠徵君曰《玉篇》"引作齐民，唐人避讳改"，是也。[⑥]《唐韵》十三耕姘下引《仓颉》"男女私合曰姘"，并不言及

---

① （原注）九下豸部"貀"下汉律。

② （原注）此四字是《集韵》转释律文"豿"字。

③ （原注）十二下女部"威"下汉律。

④ 按：原文作"《礼说》云'威读为君。威姑，君姑也'"，参见《惠氏读〈说文〉记》卷一二，"威"。

⑤ （原注）十二下女部"姘"字下汉律。

⑥ 按：惠栋此说出处未查见，惠氏所引《说文》当为徐锴本。《惠氏读说文记》作"《玉篇》引此'人'作'民'、'予'作'与'"，参见《惠氏读〈说文〉记》卷一二，"姘"。

斋戒。许君《说文解字》多本《仓颉》，亦其一证。姘字从并，又取义于併，《说文》“㛹，钧适也，〈谓〉男女併也”。此之谓姘，雅言之则为㛹，俗言之即彼之併。《晋志》载杂律有“淫［侈］、踰制”条，正指此类矣。若必改“齐民”为“斋日”，则许君列“姘”字何不于“姅”字后乎？又按：汉律又有所谓报者。宣三年《左传》注引“汉律：婬季父之妻曰报”，疑与此条当以类附，惜不可考矣。

箪，小筐也。①

《说解》“箪，笥也”，汉律令云云。《一切经音义》引作“一曰小筐也”，沈氏涛遂疑汉令字有误。俊按：此条确为汉律，但许君节引，故不甚似。且十三上引“绮，丝数谓之絩”云云，则汉律本有近训诂者，愈可无疑矣。但箪之本义为笥，小筐之训盖后一义。《广雅·释器》“箪，筐也”，《左传》哀二十一年一箪珠注“箪，小笥”，按小笥即小筐，古省为匡。段氏谓箪即“匡之小者”，其说近之，然于许书究非本谊耳。唯他处所引，未有二字连见者。桂氏曰“（‘今’）〔‘令’〕当为‘笭’，（本书）〔案下文〕‘笭，篇也’，或此笭、箪为一名”，说亦可通。

尉律

《汉书·昭纪》注引尉律，而许书《序》亦引尉律。锴本注律篇名，知古有尉律篇矣，② 作尉律考。

学僮十七已上，③ 始试讽籀书九千字，乃得为吏。又以八体试之，郡移太史，并课最者以为尚书史。书或不正，辄举劾之。④

段氏曰：《汉书·艺文志》“汉兴，萧何草律，亦著其法，曰：‘太史试学童，能讽书九（十）〔千〕字以上，乃得为（吏）〔史〕。又以六体试之，课最者以为尚书御史史书令史。吏民上书，字或不正，辄举劾”。班史所言，与许大同小异，“而可互相补正”。王伯厚谓律即是尉律，“廷尉治狱之律”，是也。但“六体”非汉制，当从《叙》作“八”。又，《百官志》治书侍御史，“掌选明法律者为之”，盖即此尚书史也。⑤ 俊按：董彦远《谢除正字启》曰“尉律四十九数”，书盖已亡。⑥《汉书·昭纪》注引尉律，而《太平御览·刑法部》引廷尉决事，则王伯厚谓“尉律［者］，〈即〉廷尉治狱之律”是。

---

① （原注）五上竹部“箪”下引汉律令。

② （原注）因尉律为《序》引，不混入《说解》，列于末。

③ （原注）锴本作“以上”。

④ （原注）《说文解字序》尉律。

⑤ 按：以上系约略段注而言。

⑥ （原注）《启》载《困学纪闻》小学。

廷尉说律，至以字断［法］；苛人受钱，苛之字止句也。[①]

《通典》陈群、刘邵（等）〔定〕魏律令云“令乙有呵人受钱”科。按：此即尉律之“苛人受钱，止句”者。王氏筠曰“‘句’当作‘可’，言其伪‘苛’为‘岢’，而以止可说之也。《广韵》‘岢，止也’，《玉篇》‘岢’，古文‘訶’’”。许君克勤曰：“‘苛’字，魏变为‘呵’，汉或作‘岢’，窃谓‘岢’乃‘苛’之误，‘苛’之正字当作‘阿’，言阿附于人而受其钱也。陈群等谓与盗律“受财枉法”相数，其意可见。当时说律以为字从止句止其人，而钩取其钱臆为之说，故许辨之。《广韵》尤用其说，过矣。段氏又有谓‘治人之责’者，说亦非也。”俊按：许君克勤释止句为“苛”，最为精确，今从之。

卷下

宫卫令

《汉书·张释之传》注引宫卫令，依其例作宫卫令考。

趆张百人。[②]

《说解》“趆，距也”。俊按：《史记·申屠嘉传》“集解”引如注“律有蹶张士”，“索隐”引孟康曰“汉令曰：［有］蹶张士百人”。《汉书·申屠嘉传》如淳曰“材官之多力，能脚蹋强（努）〔弩〕张之，故曰蹶张。汉令有蹶张士百人。蹶，跳也。孟康曰：字皆作‘蹶’，不作‘趆’’”。段氏曰：如淳、孟康作“蹶张”，皆由误认蹶、趧、趚为一字耳。《篇韵》皆口“‘趚’同‘趧’’”，正误合之证。厥之省不能作。王氏曰“段氏以为误认，是也；以厗似厗而牵合之，非也”。俊按：《说文》“趧，蹠也”，与“蹶”为同部字。“蹶，僵也。一曰跳也”，又“蹠”下“楚人谓跳跃曰蹠”，“跳”下“蹶也。一曰跃也”，窃谓趆与趧、蹶皆音义相近，不妨假用耳。

廷尉令

《张汤传》有廷尉挈令，《应劭传》有廷尉板令。今用其义作廷尉令考。

蛮夷长有罪，当殊之。[③]

《说解》“殊，死也。一曰断也”，[④] 汉令云云，锴本末多“市”字。王氏筠曰：“‘史记集解’曰：《风俗通义》称‘汉令：蛮夷戎狄有罪，当殊。殊者，死也〈，与诛同指〉’。”俊按：蛮夷长有罪，未必即能杀之，当依段

① （原注）《说文解字·序》。

② （原注）二上走部“趆”下汉令。

③ （原注）四下歺部“殊”下汉令。

④ （原注）此四字（“一曰断也”）段补。

氏训为断。言外国有罪，则绝而不与通也。锴本多“市”（氏）〔字〕者，[①] 钮氏云“此由张次立以铉本改锴本，误以［锴本］市朱切〈之〉市字，系（之）〔殊〕下耳”。俊按：此说最确。或以刑人于市，当有“市”字。不知从殊绝之解，则“市”字自不可通。《庄子释文》、《史记集解》、《匡谬正俗》、《集韵》、《类篇》引并同铉本，可证。

蛮夷卒有顡。[②]

《说解》“顡，绊前两足也”，锴本、《韵谱》作“绊牛马前足”，[③] 恐非。按：许所引当有夺文，应云“蛮夷卒有罪，当顡之”。

髳长。[④]

《说解》“鬏，发至眉也”，出髳，云汉令有髳长。段曰“‘髳’即‘鬏’字，而羌、髳字祇从矛。髳长见汉令。盖如赵佗自称蛮夷大长，亦谓其酋豪”。俊按：许此引亦节文，以“殊”下“顡”下所引例之，疑当云“髳长有罪，则顡之”。不然，汉令岂不成文者？因附“殊”、“顡”二条后。

乐浪令

《说文》十三上引乐浪挈令，今表其名作乐浪令考。

织，从（系）〔糸〕从式。[⑤]

《说解》“絨，乐浪挈令。织，从（系）〔糸〕从式”。铉曰：“挈令，盖律令之书也。”

胡君玉缙曰：“《方言》赵、魏间呼经而未纬者曰机絨。雄，汉人，故亦承用挈令。”许君克勤曰：“《逸玉篇》‘絨’，《说文》‘乐浪挈令，织’字也。‘挈’字改作‘契’。”

田令

《后汉书·黄香传》引田令，依例作田令考。

解衣耕谓之襄。[⑥]

许君克勤曰：“襄，除也。解衣而耕，即除衣而耕也。《孝经孔传》民‘脱衣就功，暴其肌体’，可与此义相证。《韵会》引此‘耕’上有‘而’字。”

杂令

《后汉书·安纪》元初五年诏曰“旧令制度，如有科品”。夫言科品必有

---

① 按：“氏”疑为“字”之误。

② （原注）十三上糸部“顡”下汉令。

③ 按：徐锴《说文解字系传》作“绊前两足也”，与王氏说异。

④ （原注）九上髟部“鬏”或体“髳”下汉令。

⑤ （原注）十三上糸部“絨”下。

⑥ （原注）八上衣部“襄”下。

杂令矣，作杂令考。

䰛，汉令鬲。①

《说解》“鬲，鼎属［也］，实五瞉，斗二升曰瞉，象腹交［文］，三足。䰛，汉令鬲”，后四字，锴本无。按：许引汉令之“鬲”为“䰛”，犹乐浪挈令之“织”为“紅”，据之以广异文。断章取义，而律令逸文，赖以不亡。

许君克勤曰：“䰛或作歴、䥶、㽁三形，铜歴即釜。鬲，见《史记·滑稽传》“索隐”。瓦䥶，见《魏志》。《玉篇》‘㽁’或作‘鬲’。以瓦为之，则从瓦，以铜为之，则从金矣。”

附录一

酎金律②

賨，南蛮赋也。③ 幏，南郡蛮夷賨布。④

此解当本汉律。《说文》“賨”字列“赀”字之下，“赀”引“汉律民不繇，赀钱二十二”，疑“賨”下亦当为汉律文。《后汉书·南蛮西南夷传》曰“槃瓠之（后）〔传〕蛮夷，秦置黔中郡，汉改为武陵。岁令大人输布一匹，小口二丈，是谓賨布”，《板楯蛮夷》篇云“岁人賨钱，口四十”，此汉有南蛮之赋之明证。但许书亦有夺文，当云“賨布，南蛮赋也”，连篆文为读，⑤《后汉·西南夷传》章怀注引正如此。在本书又名“幏”，巾部，“幏，南郡蛮夷賨布”，因南蛮之赋名为賨布，于是南蛮人遂可名賨人。王氏筠引《通典》“巴人呼赋为賨，谓之賨人；崔鸿《蜀录》高祖为汉王，募賨人平定三秦”，是也。

军律

《周礼·（天）〔秋〕官》士师五禁注“今野有田律，军有嚣（譁）〔讙〕夜行之禁”，《疏》曰“举汉法以况之”。据此知汉有军律矣，依例作军律考。

符，信也。汉制以竹，长六寸，分而相合。⑥

此亦汉律文。《史（纪）〔记〕·文纪》汉文帝二年九月，“初与郡国守相为铜虎符、竹使符”，应劭曰“铜虎符第一至第五，国家当发兵，遣使者至郡国合符，符合乃听受之。竹使符者，皆以竹箭五枚，长五寸，镌刻篆书，第一至第五”。《周礼·（天）〔地〕官·司（关）〔市〕、掌节、使节》

---

① （原注）三下鬲部建首汉令。

② （原注）考见前。

③ （原注）六下贝部“賨”下《说解》。

④ （原注）七下巾部“幏”下《说解》。

⑤ （原注）连篆文读，许书自有此例。

⑥ （原注）五上竹部“符”下《说解》。

“门关用符节”，《注》今“汉有铜虎符”，“符节者，如今宫中诸官诏符也。玺节者，今之印章也。旌节，今使者所拥节是也。将送者执此节以送，行者皆以道里日时课，如今邮行有程矣，以防容奸擅有所通也。”《疏》曰：“符节已下，皆约汉法况之。”俊按：此皆汉有符信之明证，惟与许言六寸不甚合。惟《史记·孝文纪》“索隐”引《汉旧仪》“铜虎符发兵，长六寸，竹使符出入征发”，《后汉·杜诗传》诗上疏“旧制发兵，［皆］以虎符；其余征调，竹使而已”，则许君言“六寸”当专指铜虎符而言。据《［后］汉书》称应劭“［删］定律令为汉仪”，知二符明载于汉律矣。但应劭“定律令为汉仪”，俊于符信条断其为律者，《汉书·汲黯传》臣瓒注“〈律:〉无符传出入为阑”可证也。以铜虎符专属发兵，故隶军律焉。

田律①

春分而禾生。日夏至，晷景可度。禾有秒，秋分而秒定。律数：［十二。］② 十二秒而当一分，十分而寸，其以为重，十二粟为一分，十二分为一铢。③

此解当本田律文。按：《淮南子》为刘安诸客集，多述汉制，而《主术训》曰“夫寸生于𥝩，𥝩生于日，日生于形，形生于景，此度之本也”，此与《说解》“日夏至，晷景可度。即禾有秒”合。又《天文训》“秋分蔈定，蔈定而禾熟，律之数十二，故十二蔈而当一粟，十二粟而当一分”，《淮南》之“蔈”，即许书之“秒”，音近而义通；《淮南》之“粟”，即许书之“分”，义近而名别。惟许言“十分而寸”，《淮南》言“十二粟而当一寸”为异耳。然《淮南》“十二粟”之“二”，疑涉上“十二蔈”而衍。何以明之？《说苑》为刘向作，向所述亦必汉制，而《说苑》“以粟生之。十④蔈为一分，十分为一寸”，是也。自《淮南》衍一“二”字，《说苑》脱一“二”字，遂与许说异矣，赖《宋书·律志》不误，可据以订正也。然则“秒”也，即“蔈”也、“𥝩”也、“分”也，即“粟”也，谓《淮南》、《说苑》与许说同，可也。又《天文训》其以为量“十二粟而当一分，十二分而当一铢”，即许言“其以为重。十二粟为一分，十二分为一铢”也，但许书“重”字当依王氏筠说作“量”，王氏引《吕览·必已篇》“以禾为量”为证。俊按：《说文》“科，程也，从禾〈从〉斗。斗者，量也”，知“为重”必“为

---

① （原注）考见前。

② 按：段注增“十二”两字。

③ （原注）七上禾部“称”下《说解》。

④ （原注）此下《说苑》乃脱一“二”字，《宋书·律志》“十二𥝩而当一粟，十粟而当一寸”可证。按：《说苑》之“以粟生之十”句，王氏句读似误，当作“以粟生之”，“十”从下读。

量”之误，核之本书可见。此条许书自“春分至一铢”皆汉律文。斗量之细，虽载于律，当是汉人所习闻，故许君不引律文，然又恐后人之不识也，故未云“诸程品皆从禾”。惠半农曰“程品之语，出于汉律”，[①] 斯为确证。

十发为程，（十）〔一〕程为分，十分为寸。[②]

布之八十缕为稯。[③]

五稯为秭。[④]

二秭为秅。[⑤]

稻一秙，为粟二十（升）〔斗〕。禾黍一秙，为粟十六（升）〔斗〕大半（升）〔斗〕。[⑥]

俊按：《汉书·高纪》“张苍定章程”，如淳注“程者，权衡丈尺斗斛之平法也”，《史记·张丞相列传》“若百工，天下作程品”，据此知诸程品字皆律文也。以（系）〔糸〕部“絩”下引“汉律：绮丝数谓之絩，布谓之緫”云云校之，知律文本有似训诂者；且“布谓之緫”，或曰即“布八十缕之稯”，尤为可信。

辱，失耕时，［于］封畺上戮之也。[⑦]

《说解》“辱，耻也。从寸在辰下。辱失耕”云云，又申明失耕时之义，曰“辰者，农之时也。故房星为辰，田候也”。按：衣部“襄”下引“解衣而耕谓之襄”，为汉劝农之令；则“失耕时，戮于封畺”，必汉警惰之令矣。“戮”，《说文》虽训杀也，然引申之，戮犹训责，犹诛训杀，而亦为责耳。

尉律[⑧]

耏，罪不至髡也。[⑨]

此本汉律也。《汉书·高纪》“令郎中有罪耐以上，请之”，应劭曰“轻罪不至于髡，完其耏鬓”，《史记·（高纪）〔廉颇蔺相如列传〕》“索隐”汉令“称完而不髡曰耐”，《汉书·刑法志》“诸当完者，完为城旦［舂］”，此皆汉律之证。又，《说解》云，“耐或从寸，诸法度字皆从寸”。据《汉书·高纪》应注所引，知“法度之字［皆］从寸”出于杜林，然与禾部诸程品字皆

① 按：参见《惠氏读说文记》卷七，“程”。

② （原注）“程”下《说解》。

③ （原注）“稯”下《说解》。

④ （原注）“秭”下《说解》。

⑤ （原注）“秅”下《说解》。

⑥ （原注）“秙”下《说解》。按：“斗”字，徐锴本皆为“升”，段改为“斗”。

⑦ （原注）十四下辰部“辱”下《说解》。

⑧ （原注）考见前。

⑨ （原注）九下而部“耏”下《说解》。

从禾体例恰合，故可断此条为尉律文矣。他书引称令者，律令二字析言则别，浑言则通也。

束缚捽抴为臾［曳］。①

此亦尉律文。王氏筠曰谓“束缚其人，捽持其发而拖之也。自杨慎以《史记》‘（瘦）〔瘐〕死狱中’为当作此字，段氏用之，似于情事未合”。俊按：段从杨说是也。惠半农曰：“当是汉律（庾）〔瘐〕病之（瘦）〔瘐〕。”②

杂律

伤人保㜳也。③

《说解》“㜳，保任也”。错曰“若律令伤人保㜳也”，祁氏《系传校勘（託）〔记〕》“保㜳，汉律作保（㜳）〔辜〕”，然则汉律改“㜳”为“辜”，故许君“㜳”下不载与？辜，辠也。伤人保辜，犹言杀人者抵耳。此条因非许引，退入附录。

俊又按：《公羊传》襄公七年，郑伯髡原卒于操。何《注》：“古者保辜，君亲无将，见辜者，辜内当以弑君论之，辜外当以伤君论之。”孔《疏》：“其弑君论之者，其身枭首，其家执之；其伤君论之，其身斩首而已，罪不累家。汉律有其事。”按：襄公二十五年，“吴子谒伐楚，门（干）〔于〕巢”，《传》、《注》亦引保辜之律。《汉书·功臣年表》昌武侯单德“坐伤人，二旬内死，弃市”，此汉有保辜律之切证。本朝律，凡保辜者，责令犯人医治。辜限皆须，因伤死者以斗殴杀人论；其在辜限外，及虽在辜限内伤已平复，官司文案明白；别因他故死者，各从本殴伤法。

附录二

祠令

《汉书·文纪》注引祠令，依其名作祠令考。

冬至后三戌，腊祭百神。④

此许据祠令文。《风俗通·五行》：“汉火行，衰于戌，故（从戌为腊）〔腊用戌日〕。”

郯，河［东］临汾地，即汉之祭后土处。⑤

此亦祠令文。《汉书·（高）〔武〕纪〈上〉》亲祀后土于汾阴。

---

① （原注）十四下申部“臾”下。

② 按：参见《惠氏读说文记》卷一四，“臾”。

③ （原注）十二下女部，徐锴引律令。

④ （原注）四下肉部“腊”下《说解》。

⑤ （原注）六下邑部“郯”下。

品令

《汉书·百官表》注引品令，今辑言汉官者，作品令考。

汉有挏马官，作马酒。[①]

此据品令文。《百官表》有挏马官，云取马乳作酒。

公令

《汉书·何并传》注引公令，今以事涉公者作公令考。

今盐官三斛为粪。[②]

此据［公］令文。[③] 段氏曰：与“掊”下“皆汉时盐法中语”。

今盐官入水取盐为掊。[④]

此亦据［公］令文。[⑤]《百官（表）〔志〕》注胡广曰“盐官掊坑而得盐”。

吏以餔时听事者，申旦（改）〔政〕也。[⑥]

此据公令文。《潜夫论·论汉》曰“百姓废农桑而趋府廷者，非朝餔不得通”。

乐浪挈令[⑦]

鯛，鱼名，出乐浪潘国东暆。神爵四年，初捕收输。[⑧]

此疑即乐浪令。鯛鱼之税，著为令耳。许书屡言乐浪。“织，乐浪挈令，从（系）〔糸〕从式”外，即以鱼部言之，如鱅、鯜、鮙、魦、鱳，皆言出乐浪（潘）〔番〕国，足证乐浪产鱼之夥，故收输著为令，举鯛以赅鱅诸名也。

田令

北道名禾主人曰私主人。[⑨]

此疑田令文。徐锴曰：“汉制，县有蛮夷、北道。”

附录：汉律考证

俊按：《通典·刑［法］门》司马文王秉魏政，命贾充等定法律，“就汉

① （原注）十二上手部“挏”下《说解》。

② （原注）七下巾部“粪”下《说解》。

③ 按：“公”字据上下文例补。

④ （原注）十二上手部“掊”下《说解》。

⑤ 按：“公”字据上下文例补。

⑥ （原注）十四下申部建首《说解》。

⑦ （原注）考见前。

⑧ （原注）十一下鱼“鯛”下《说解》。

⑨ （原注）七上禾部“私”下。

九章增十一篇，仍其族类，正其体号，改旧律为刑名、法（律）〔例〕，辨囚律为告劾、系讯、断狱，（为）〔分〕盗律为请（赃）〔赇〕、诈伪、水火、毁亡，因事类为宫卫、违制，撰《周官》为诸侯律，合二十篇，六百三十条，二万七千六百五十七言”。

又按：《唐六典》曰晋氏受命，“贾充等增损汉魏律为一十篇。一刑名，二法例，三盗律，四贼律，五诈伪，六（清）〔请〕赇，七告劾，八捕律，九系讯，十断狱，十一杂律，十二户律，十三（擅）〔擅〕兴律，十四毁亡，十五卫宫，十六水火，十七厩律，十八关市，十九违制，二十诸侯。凡一千五百卌条。”

俊又按：《唐六典》魏氏受命，“乃命陈群等采汉律为魏律十八篇，增汉萧何律，劫掠、诈伪、毁亡、告劾、系讯、断狱、请赇、驚事、偿赃等九篇也”。按：此与《通典·刑［法］门》所言，大同小异，然汉律名目藉此考见，故录之。

俊友胡君玉缙曰：“萧何草律，实本李悝。嗣是晁错、赵禹、张汤之伦，屡有增益。故高帝世，仅有九章。洎乎孝武，浮于三百。宣帝时，路温舒、郑昌并各上疏。元、成之间，屡诏议减，正本清源，尚存二百。《刑法》一志，可（复）〔覆〕案也。降及隋代，已就散佚。部主见知之律，事律兴、厩之篇，渺不可见。”

胡君又曰：“或谓汉律讽籀书九千字得为吏。许凡称籀文，皆汉律中字。不知讽籀连文，谓讽籀而抽绎之。籀文者，史籀所作，即大篆。不然，籀文果汉律乎？缯下何必两见？我可不辨而知其非矣。”

俊友许君克勤曰：“李悝著律六篇，由来久矣。萧何作律九章。自是厥后，前王所是著为律，后王所是疏为令。武帝时律令凡三百五十九章。洎乎武帝，大辟之刑千有余条，律令烦多，百有余万言。此郑昌、班固急欲删定者也。东汉马、郑诸儒，为律章句者凡十有余家，应劭删定律令为汉仪，可见汉儒于当代律令无不习者。”

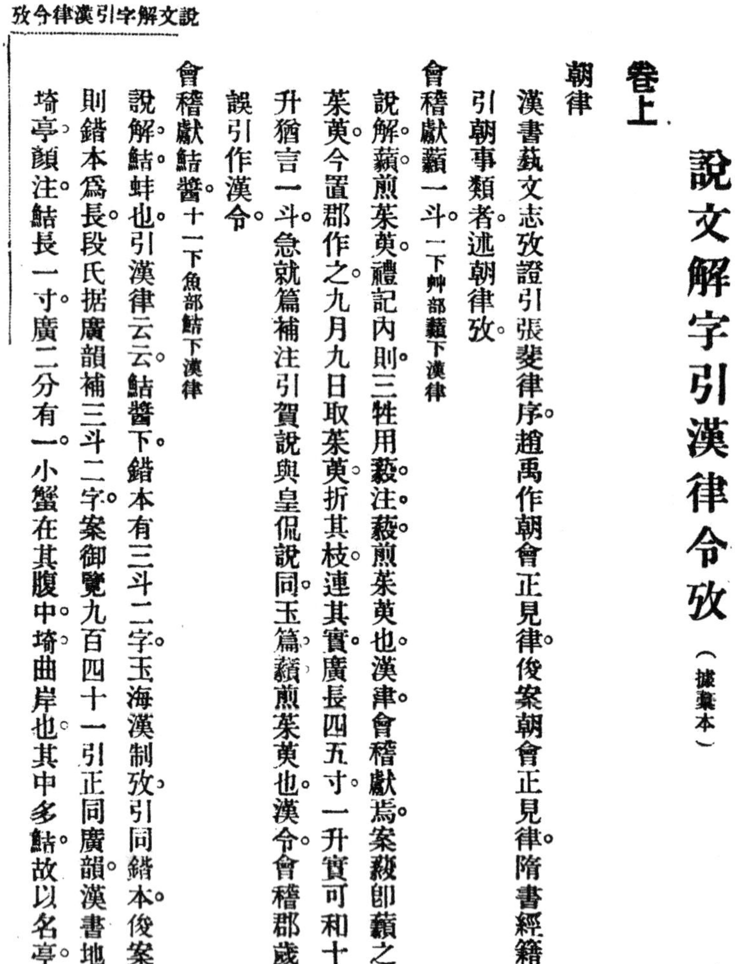

說文解字引漢律令攷（據稿本）

王仁俊

卷上

朝律

漢書蓺文志攷證引張斐律序。趙禹作朝會正見律。俊案朝會正見律。隋書經籍志云。久佚。今輯許書引朝事類者。述朝律攷。

會稽獻蘱一斗。一下艸部蘱下漢律

說解。蘱煎茱萸。禮記內則。三牲用藙。注。藙煎茱萸也。漢律。會稽獻焉。案藙卽蘱之省變。疏引賀氏云。煎茱萸。今蜀郡作之。九月九日取茱萸。折其枝。連其實。廣長四五寸。一升實可和十升膏。名之藙也。案十升猶言一斗。急就篇補注引賀說與皇侃說同。玉篇。蘱煎茱萸也。漢令。會稽郡歲貢蘱子一斗。案漢律誤引作漢令。

會稽獻鮚醬。十一下魚部鮚下漢律

說解。鮚蚌也。引漢律云云。鮚醬下。鍇本有三斗二字。玉海漢制攷引同鍇本。俊案依蘱下云獻一斗例。則鍇本爲長。段氏据廣韻補三斗二字。案御覽九百四十一引正同廣韻。漢書地理志會稽鄞縣有鮚埼亭。顏注。鮚長一寸。廣二分。有一小蟹在其腹中。埼曲岸也。其中多鮚。故以名亭。据此知鮚爲會稽土

說文解字引漢律令攷

1

附图1　王仁俊《〈说文解字〉引汉律令考》书影之一

說文解字引漢律令攷（據藁本）（續）

王仁俊

卷下

宮衛令

漢書張釋之傳注引宮衛令。依其例作宮衛令攷。

趆張百人。二上走部趆下漢令

說解。趆距也。俊案史記申屠嘉傳集解引如注。律有蹶張士。索隱引孟康曰。漢令曰蹶張士百人。漢書申屠嘉傳如湻曰。材官之多力能脚蹋强弩張之。故曰蹶張。漢令有蹶張士百人。蹶、跳也。孟康曰。字皆作蹶。不作趆。段氏曰。如湻孟康作蹶張。皆由誤認蹶蹷趆爲一字耳。篇韻皆曰蹷同趆。正誤合之證。厥之省。不能作厥。王氏曰。段氏以爲誤認是也。以厥似厥而牽合之非也。俊案說文。蹷、蹶也。與蹶爲同部字。蹶、僵也。一曰跳也。又蹶下。楚人謂跳躍曰蹶。跳下。蹶也。一曰躍也。竊謂趆與蹷蹶皆音義相近。不妨段用耳。

廷尉令

張湯傳有廷尉挈令。應劭傳有廷尉板令。今用其義作廷尉令攷。

附图2　王仁俊《〈说文解字〉引汉律令考》书影之二

《中国古代法律文献研究》第八辑
2014年，第450~498页

唐法史源

〔德〕卡尔·宾格尔 著 金晶* 译

编辑部按： Karl Bünger（1903～1997）曾先后就读于柏林大学、慕尼黑大学、图宾根大学，在大学期间同时修读法学与汉学。1931年，以《德国法与外国法上的意思表示》一文获得图宾根大学法学博士学位。20世纪40年代赴中国，曾任德国驻北平大使馆法律顾问以及上海多所大学教授。1950年，以《论中国的宗教与国家》一文获得图宾根大学哲学博士学位。（以上内容，参考江玉林《"守法"观念下的唐律文化——与Karl Bünger〈唐代法律史料〉对话》，黄源盛主编《唐律与传统法文化》，元照出版有限公司，2011，第421页）其所著 *Quellen zur Rechtsgeschichte der T'ang-Zeit* 一书（或译为《唐代法律史料》、《唐代法律史资料》、《唐代法史资料渊源》等）于1946年由北平天主教辅仁大学初版，获得汉学界较高赞誉，堪称名著。荷兰汉学名宿何四维先生之所以将其研究课题由唐代转向秦汉，该书的出版亦是原因之一，（参见池田温著《何四维先生之讣》，徐世虹等译，中国政法大学法律古籍整理研究所编《中国古代法律文献研究》第2辑，中国政法大学出版社，2004，第379页）由此可见其价值与影响。因该书由德文写就，故而中文学界多仅闻其声；在对海外成果积累的介绍中，偶被提及，如王志强《中国法律史学研究取向的回顾与前瞻》（《中西法律传统》第2卷，中国政法大学出版社，2002，第75页），陆扬《西方唐史研究概观》（张海惠主编《北美中国学——研究概述与文献资源》，中华书局，2010，第91页）。现据华裔学志研究院（Institut Monumenta

* 卡尔·宾格尔，法学博士，教授。本文系卡尔·宾格尔教授《唐法史源》一书第一部分内容；金晶，法学博士（德国明斯特大学欧洲私法研究所），中国青年政治学院法学院讲师。

Serica）1996 年重编本，将该书卷一、全书目录（附录一）和首版序言（附录二）译出，以飨学人，借此亦可展现彼时德国汉学之一斑。

一　中国法律史上的唐代

笔者以唐代作为法律史研究的对象，原因很多。常有各种论断认为：中国立法可回溯至《唐律疏议》（das T'ang Gesetzbuch），中国的制定法及其法学理论亦奠定于唐代。这是吸引笔者加以考证的外在原因。笔者究竟是本能地怀疑此类过于肯定的论断，还是想以此作为契机进行深入研究，对此暂且不论。但至少可以肯定，前述论断有失偏颇：中国法无论是法典的外在形式，还是法学理论本身，皆可回溯到唐代以前，具体的法律制度或许早于唐代法典（《唐律疏议》）就已成形。诚然，《唐律疏议》是现存最早的完整的中国法法典，亦是后世公认的后续法典范本，但这一事实显然缘于更早的法典早已遗失而无从考证之故罢了。

如若上述论断有失偏颇，那么坚持以唐代作为法学研究之开端就难逃专断（Eigenwilligkeit）之嫌，而一项理性的研究恰应杜绝此种专断；因为现代研究原则上应进行合理的——即精简时间劳力且卓有成效的——工作，以免使人觉得（研究）仅为猎奇之用。自然学科如此，人文学科亦然。

但这里并不存在上述偶然或专断。无论是就熟悉中国法律史、了解其对国际法律比较的影响这一层面而言，还是就理解因外来影响或法律继受而在外观上有所混杂的，但在实质上仍占一席之地的中国经典的法律思想和法律制度而言，研究唐代法律状况（Rechtszustand der T'ang-Zeit）并梳理唐代史料渊源，毋宁是一个技术上的绝佳起点。中国法的特殊性、系统性和独立性能够通过唐法得到较为纯粹的认识，这亦是中华法系与世界其他几大法系并存的原因所在。

以唐法作为研究中国法的起点，原因之一在于中国历史本身。首先，唐代既是中华帝国政治巩固、内盛外强的时代，也是中华文化的鼎盛时期，唐代文化集中地体现了中华民族的本质，一方面远未掺杂外来因素，另一方面也不曾受到外来影响。因此，可以相应地认为，唐代的法律制度自始便未受外来影响。其次，唐代亦是儒法之争的终结时期。由于儒家思想深远地影响了中国的国家制度，因此但凡与法有涉的儒家之言，必见诸当时之法。法家（Legisten，die Rechtschule）则不愿通过礼制（Riten in Ordnung），而是主张通过律法来维护国家和社会秩序。因此，就法的国家功能和社会功能而言，法家对法的概念的认识较儒家更为接近欧洲的法的概念。由于儒法之争涉及中国法上一个——即便不是唯一一个——基本问题，即在制定法、法学理论和法律实践中，（儒法两家）究竟何家更胜一筹，为此我们可以借助现有的丰富史料首次确切地予以回答。对此，不仅欧洲的历史学家认为法家惜败，而且据笔者所知，中国的历史学家即便不是一边倒，也是多数倾向于此观点。然而，若以法律为视角，上述结论并不能使笔者服膺。

以唐法作为中国法研究起点的原因还在于，事实上，目前所掌握的唐代文献首次为中国法律史的研究提供了充足的史料。首先，令人可喜的是，有别于早期文献，唐代的法律史料已汇编成形，无需再从其他文献中进行辑佚。其中首屈一指的便是前文述及的、由官方评注的完整法典——《唐律疏议》。其次，唐代的其他立法文件，尤其是唐令（die Gesetze），它们虽然已经遗失，但所幸仍能重构部分内容，这不仅是唐代以前的王朝，也是唐代以后的部分朝代所不具备的。[①] 最后，我们还能部分获得在当时已经开始作为法律渊源的皇帝敕诏。

因此，唐法是我们评断后世法典较为可靠的出发点。我们不仅能够确定后世的法典编纂与唐代法典的异同，也能试着了解新增修改究竟是一脉相承于中国法的固有理念（die ursprüngliche Rechtsidee），还是受到了外来影响。从唐代回溯，我们能更容易地理解诸如《书经》和《礼记》等古籍中某些语句的意义及其法学价值。由于这些经典语句常采用一般性的政治形式或哲学形式，因此，是否能够将其归入法的领域仍有待商榷。但是，这些语句无论是体现于后世法典之中，还是在后世立法或政策探讨时被屡屡参考，都说明，我们可以将这些古籍中的语句作为法的规范（Rechtsnormen）或法的原则（Rechtsgrundsätze）进行讨论。虽然我们无法断言这些经典语句在当时曾被视为法律制度（rechtliche Institutionen），但后世在法律层面上对其加以征引至少为将其纳入法的范畴提供了论据。

研习唐法的另一动因是，唐代律法和其他官方规定对某些东亚国家而言，起到了典范作用，在此笔者只欲提及日本和安南。由于研究这些国家的法律史必会溯及唐代的制度，因此，阐释这些制度亦对各自领域的研究具有价值。反之亦然，上述国家所继受的中国的法规范，既可作比较研究之用，亦对我们尝试还原那些已经缺失的中国法律完整面貌有所裨益。

---

① 详见第 2 章有关《唐六典》的描述。

二　唐代法律史料

（一）史料目录[①]

本书卷二译本选译篇章取自如下三部较新的史料：《旧唐书》、《新唐书》与《唐会要》。其他史料则仅在例外情况下为比较或补充之用才偶有涉及。此外，本书并未翻译《唐六典》中颇具价值的篇章，其理由已于前言阐释。

史料（Quellenwerken），既可以是唐代的文献资料，就法典而言，如《唐六典》和《通典》；亦可以是那些直接使用唐代文献，但成形于其他时期的资料；还包括首次使用某一资料撰写而成的文献。

1.《旧唐书》

正如中国官修史籍通常所载，《旧唐书》于唐代灭亡后撰写而成。虽然这部作品的编写工作早在唐末就已准备就绪，但在唐末是否已经着手撰写，却值得怀疑。[②] 直到唐朝灭亡三十八年之后，即公元945年，[③]《旧唐书》才得以编撰完成。尽管《旧唐书》称修撰者为“晋朝高官刘昫”，但实际上，该书的编写工作是由多名下级官员参与进行。在编纂体例上，《旧唐书》采官修正史的通常体例，分编年记载帝王事迹的“本纪”、“志”和“列传”三部分。其中，“志”共三十项卷，各卷志的名称依次为礼仪、音乐、历、天文、五行、地理、职官、舆服、经籍、食货和刑法。刑法志作为“志”的第十一项主题，居于末尾。然而，依照《旧唐书》原定计划，[④] 刑法志应位列礼仪志、音乐志之后，是“志”的第三项主题，但后因未知原因挪至末尾。在篇幅上，《旧唐书》中的刑法志仅为一卷，虽然远不及其他主题所占卷数，但也已然足够。整体结构上，《旧唐书》共计二百卷，刑法志位列总第五十卷，分列“志”第三十卷。

---

① 后文有关史料目录的描述，笔者主要以下列著作为依据：Des Rotours，Le Traité des Examens（戴何都，《新唐书·选举志》），巴黎，1932年，以及 S. Y. Teng 和 K. Biggerstaff，An Annotated Bibliography of Selected Chinese Reference Works（邓嗣禹、毕乃德：《中国参考书目解题》），北平，1936。

② Franke 在 Geschichte des Chinesischen Reiches，II，第308页中认为，虽依笔者所见，Des Rotours 对（中国的）产生史作了最佳的纪实性研究，但却对上述观点加以否定（参见 Le Traité des Examens，第65页）。

③ Des Rotours，引文出处同上，第66页。

④ Des Rotours，引文出处同上，第65、66页。

2.《新唐书》

作为与《旧唐书》并驾齐驱的作品，《新唐书》的产生主要缘于当时对《旧唐书》的一些诟病，譬如认为《旧唐书》"纪次无法，详略失中，文采不明，事实零落"。十一世纪中叶，宋朝皇帝钦命重修《新唐书》，这部作品同样也是分派给许多大臣，由之共同撰写而成。

与《旧唐书》一脉相承，《新唐书》的编撰体裁同样包含"本纪"、"志"和"列传"三大部分。但在此基础上，《新唐书》还新增第四部分——"表"（Tabellen）。在编纂结构上，刑法志居于艺文志之前，为"志"的倒数第二项主题。在整体结构上，《新唐书》共计二百二十五卷，刑法志位列总第五十卷，分列"志"第四十六卷。

囿于笔者能力，本书对《旧唐书》的上述置诟之词不作评价，对新旧《唐书》的自身价值亦不作评估，仅在下文对新旧《唐书》的刑法志部分进行比较。

3.《唐会要》

有别于新旧《唐书》和《唐六典》，《唐会要》不属官修正史，而为私人纂修的史料（private Quellen）。由于《唐会要》的大部分内容[①]已于唐代成形，因此，作为史料，《唐会要》较新旧《唐书》更具优先性与直接性。《唐会要》以苏冕的《会要》、杨绍复的《续会要》这两部早期文献为基础，由王溥于公元961年撰成。因《唐会要》对唐代的政治制度和社会制度进行了客观记录，故可将之视为一部描述唐代国家体制（Staatshandbuch）（的史料）。《唐会要》并未表露作者的个人观点，而主要是对当时的奏议（Eingabe）与皇帝敕诏（kaiserliche Erlasse）进行文字重现，或是对当时的历史事实与事件进行客观列举。就史料选材而言，《唐会要》本应从《旧唐书》中选取史料素材，尽管《旧唐书》本身依据的史源较早，且记载的内容时有出入，[②]但考虑到苏冕的《会要》和杨绍复的《续会要》的成书时间，以及两部《会要》记载的史实时间更为准确，甚至包含了许多《旧唐书》没有记录的次要素材这些事实，笔者认为，在史料的渊源关系上，《唐会要》应是直接取材于与《旧唐书》史源相同的史料。同为史料，《唐会要》与新旧《唐书》的价值并无二致，但对于特定领域的研究而言，如本书的研究，由于《唐会要》记载的史实与新旧《唐书》相比，内容更丰富准确，因此，作为特定领域的研究史料，《唐会要》更胜一筹，且更具研究价值（详见本章后续记述）。

在编纂结构上，《唐会要》共一百卷，各卷虽无卷名，但常含多个目次，

① Teng and Biggerstaff，引文出处同上，其中该书第142页认为，五分之四的内容已经成形。

② Teng and Biggerstaff，引文出处同上，第141页。

每一目次各附标题。但因《唐会要》没有大的结构划分，因此编撰结构与新旧《唐书》相比更为松散。对本书而言，《唐会要》中重要的篇章为卷三十九至卷四十一，主要内容如下：

卷三十九：

《定格令》(Gesetzgebungstätigkeit)

《议刑轻重》(Erörterungen über die Strafhöhe)。主要记载具体案例。

卷四十：

《君上慎恤》(über die Sorgfalt und Humanität des Kaisers bei der Strafanwendung)。主要记载了刑法上意义重大的敕诏和事件。

《臣下守法》(Rechtswahrung durch die Beamten)。顾名思义，主要记载了大臣遵守法律规定，反对帝王肆意干预司法的案件、敕诏和奏议。

《定赃估》(Festsetzung des Wertersatzes)。该节汇集的敕诏大多针对失窃、侵占与受贿这类案件中财物估值这个特别问题。由于大量罪行在量刑上取决于财产价值，因此价值计算问题对中国法而言具有核心意义。《定赃估》中，确定的罪数之议刑十分明确，但却经常通过敕诏对入罪条件和估价方式进行更改。

《论赦宥》(Erörterungen über Begnadigungen)。该节仅有两项记载（有误，应为三项——译者注)。

卷四十一：

《断屠钓》(Aussetzung der Strafvollstreckung zu bestimmten Jahreszeiten und Tagen)。参见本书卷二的《旧唐书》和《新唐书》译本。

《左降官及流人》(Degradierung und Verbannung)。主要包括两种罪的敕诏及其反复变更。

《酷吏》(Grausame Beamte)。记载了具体的罪行与刑罚。

《杂记》(Vermischtes)。

在《唐会要》的上述卷章中，笔者仅对卷三十九项下的目次进行了完整翻译，此外，鉴于卷四十中的某些目次意义有限或价值特殊，仅选取其中的《君上慎恤》和《臣下守法》前两目进行了翻译。

4.《唐律疏议》

《唐律疏议》于公元653年成书，由官方注释。由于现有的《唐律疏议》版本中所含的诸多机构名称、术语表达和地理称谓在《唐律疏议》首版时尚不存在或尚未起用，由此推断，现有的《唐律疏议》版本应当晚于公元653年完成。但这并不表示现存的《唐律疏议》版本直至唐代以后才得以再次修改或完成。

本书将在（卷一正文部分的）第四章第三节的“判决”项下对《唐律

疏议》[1] 继续进行阐释。倘若认为新旧《唐书》和《唐会要》的法律篇章中记载的唐代立法和司法的内容呈现了唐代法律生活的面貌，那么《唐律疏议》和《唐六典》则包含了有关唐法实体内容和具体制度的史料素材，由此看来，《唐律疏议》和《唐六典》这两部史料对法学研究意义更加重大。

5. 《唐六典》

《唐六典》的编撰始于公元 722 年，注释成书则完成于公元 739 年或 738 年。虽然《唐六典》冠名由唐玄宗亲撰，由李林甫奉命注释并冠名于各卷卷首，但事实上玄宗仅是下诏官修该书而已，并未参与撰写，而李林甫也始于公元 737 年才接手《唐六典》的编辑工作，李林甫在短期内也断然无法完成内容如此繁杂的注释工作，因此，《唐六典》事实上是由中书省（Staatssekretariat）下属的集贤殿书院（Palastbibliothek）官员、史官及书院学士[2]共同完成的，而且部分编撰者的姓名目前也已为人所知。[3]

《唐六典》是一部记载唐代官制的手册，共三十卷，对各国家机构设置予以记录。其中，卷三十记载了府、督护和州的地方行政设置。《唐六典》全文由正文以及注释（以小字刊印）两部分组成，记载顺序与令的前七项机构顺序相同，[4] 其中记载部门机关的各个篇目皆以官职计数为篇首，而后是有关官职品级与历史沿革的内容。此外，虽然新旧《唐书》的史料取材于《唐六典》，但由于《唐六典》编入了各官职职能，因而更为完备，可谓了解唐代国家机构的最佳史料。《唐六典》也偶尔记载了一些与官职职能或官职品级毫不相干的内容，如《尚书刑部》卷就对法律制定、“律”和“令”内容进行了记载。

《唐六典》虽应为仿效《周礼》之作，但在客观记述上却较《周礼》更胜一筹。《唐六典》的“六典”之名源自《周礼》“六官”，由唐玄宗钦定命名，（内容上）分别包括《理典》、《教典》、《礼典》、《政典》、《刑典》和《事典》。然而，前述“六典”有名不副实之嫌，因其名称仅大致反映内容，与史料的结构划分并不完全契合。

《唐六典》的法律价值首先在于，《新唐书》有载，《唐六典》是基于令和式编撰而成的，[5] 但因（目前）难以获得唐代令、式原文，故而使得《唐六典》成为了还原并确定令、式具体内容的最为重要的史料。

---

① 有关《唐律疏议》的结构和重要规定详见《旧唐书·刑法志》。

② 参见本书后附机构目录第 11 项。

③ 参见《新唐书》。

④ 参见后文第三章第三节“令”部分所列举的内容。

⑤ 《新唐书》58/4b 处有如下记述：“（这是）首次令和式以《周礼》六官的结构范式为依据来介绍国家结构。”

《唐六典》中的三项卷章，即卷六的《尚书刑部》、卷十三的《御史台》和卷十八第一目的《大理寺》，对司法颇有裨益，但本书不作翻译。（此外，当时将这三卷章中涉及的）尚书刑部、御史台和大理寺这三个机构统称为“三司”（die drei Justizbehörden）。[①]

如上所述，总体而言，新旧《唐书》和《唐会要》为还原唐代立法司法呈现的法律生活，提供了史料素材，《唐六典》中（有关三司）的三卷章则尤其展现了唐代司法机构和诉讼程序的面貌。《唐六典》不仅对当时的司法机关和各官职职能进行了描述，而且在《尚书刑部》中对律、令、格、式这四类立法体例一直记载到公元738年。从目前可考证的部分来看，《唐六典》所载内容是值得采信的，因而亦可推断，《唐六典》中无从考证的部分亦为可信。

遗憾的是，《唐六典》对官职品级相关史料的编排不够清晰，现有版本之文字也多有刊印错误和遗漏。

6. 《唐大诏令集》

顾名思义，《唐大诏令集》是唐代皇帝的诏令汇编。该书由宋敏求于公元1070年编成，但迟至公元1918年才由《适园丛书》刊印成书。尽管新旧《唐书》和其他文献，尤其是《册府元龟》中应当已经包含《唐大诏令集》中的诸多诏令，[②]但对笔者的考证研究而言，《唐大诏令集》仍不失为一部有学术贡献之作。《唐大诏令集》共一百三十卷，其中有二十三卷已经遗失，因而未能刊印。对唐代法律史而言，《唐大诏令集》中尤其重要的卷目分别为卷八十二的《刑法》以及卷八十三至卷八十六的《恩宥》和《时令》。此外，后续的卷八十七至卷九十八已经遗失，或许，这些遗失的卷章中恰恰包含了笔者于其余各卷遍寻未果的那些重要的法律诏令。最后，该书的其余卷目中也包含了一些对法学研究而言较为重要的诏令，这些诏令在其他史料中通常很难找到。总体而言，《唐大诏令集》这部史料在编排上较为混乱、有失妥当。

7. 《册府元龟》

《册府元龟》依其编撰结构而言应属类书，该部史料成书共一千卷，于公元1005年依皇命开始编纂，直至公元1013年成书。风评该书所刊印的史料选择较为谨慎，包含了大量通常难以找到的唐代诏令。本书未使用《册府元龟》这一史料。

8. 《通典》

《通典》亦是一部类书。该书共分九大门类，于八世纪下半叶，由博闻

---

① 参见《旧唐书·刑法志》。

② Des Rotours，引文出处同上，第96页。

强识、富有学术旨趣的官员杜佑编撰，于公元801年呈圣上。该书主要以国家和政治体制为素材，分食货、选举、职官、礼、乐、兵、刑法、州郡和边防九门。其中《刑法》位列第七门，共八卷，位居《通典》卷一百六十三至卷一百七十。在内容上，《刑法》前三卷对中国立法自始而来的历史沿革进行了梳理，后五卷则对具体的法律领域和问题进行了记载，包括刑事程序、监狱、肉刑、峻酷、赦宥等。在文风上，刑法典的记载简要客观，鲜见作者个人评断。在史料内容上，刑法典中有关唐代立法的章节所含的史料内容较《唐会要》和新旧《唐书》[①] 略逊一筹。

此外，另一部史料《文献通考》在第一百六十四卷中对唐代立法进行了全面的历史性的梳理，该卷亦对《通典》未涉及的唐末一百一十年间的立法状况进行了补充。

9.《太平御览》和《古今图书集成》

最后值得一提的是史学类书，[②] 这些类书大多包含特定的法律篇章。尤其值得一提的是公元983年成书的《太平御览》、公元1725年成书呈上的《古今图书集成》。就成书时间而言，《太平御览》较接近唐代，因此具有时间优势，就内容而言，《古今图书集成》的内容更为丰富翔实。虽然这些类书无法替代前文所列的唐代法律史料，但亦能作补充之用。此外，与其他类书相比，《玉海》的法律意义略逊一筹。

（二）新旧《唐书》和《唐会要》节选译文之对比与检讨

1.《新唐书》和《旧唐书》

就史料的选择、编排和重述而言，新旧《唐书》《刑法志》无论是在形式上，还是在内容上都存在显著差异。

仅从表面来看，《旧唐书·刑法志》的篇幅是《新唐书·刑法志》的两倍之巨，即使将《旧唐书》中陈子昂和魏靖与法无涉的奏议内容忽略不计，《旧唐书·刑法志》的篇幅仍比《新唐书·刑法志》多出五分之三。《旧唐书》较大的篇幅规模或许与其丰富的史料、详尽的介绍和准确的记录有关，但若从史料选择、编排和重述的角度而言，则会得出不同的结论。

首先，在史料编排上，《新唐书》清晰明了，而《旧唐书》的编年记述则既不客观也不完整，不仅同一史实于书中多处提及，而且与史实实质相关的内容也被多处列举。《新唐书·刑法志》的卷首为一段法律史和法哲学的

① 第一百六十五卷。参见笔者译作 Sinologische Arbeiten（《汉学集刊》），Deutschland-Institut（《中德学会》）出版，北平，第5卷，1945，第152~164页。

② 详见 Teng and Biggerstaff，引文出处同上，具体参见该书第87页以下的列举内容。

简短引言，这一点与《旧唐书》和别朝史书的《刑法志》类似，但《新唐书·刑法志》与前揭书的有别之处在于，在简要介绍唐律内容之后，《新唐书·刑法志》把按编年记载的立法进程、重要法律敕诏以及具体案例这三个部分内容糅为一体进行介绍。其次，在史料选择上，《新唐书·刑法志》的第二部分对各帝王的刑法政策进行了评价，并以总结性的结语收尾，这部分内容既是记叙性的，也是编者的独立评价，与《旧唐书·刑法志》相比较，该部分内容独具一格，自成特色。再次，在史料的时间记载上，新旧《唐书》中，尤其是《旧唐书》常常对具体的史实时间未作记载，例如，没有记录一些敕诏和奏议的具体时间。一般而言，但凡史实是按照时间顺序来进行记载的，由此可由上下文推算出那些未作记载的史实的具体时间，而无须通过对其他史料的后续研究加以佐证。但因《旧唐书》本身在编排上未记载史实的具体时间，故而推算之说更是无从谈起。正因如此，只要单独阅读《旧唐书·刑法志》一卷，便不难发现，想要探知文中某一史实的具体时间并非易事，即便文中记载有零星头绪，也易使人生惑。

因此，《新唐书·刑法志》与《旧唐书·刑法志》这两部作品，就史料编排、史料选择和时间记载而言，虽然前者的记叙较为简洁，但胜在内容更加全面，胜在史料编排体例更为恰当。例如，唐太宗关于罪人无得鞭背这项诏令[①]在《旧唐书》中没有得到记载（《旧唐书》卷三《太宗下》有载；且《刑法志》中有“不得鞭背，遵太宗之故事也”——译者注）。这项诏令不仅在当时和后来的几百年间意义重大，而且就太宗的刑法政策而言，颇具代表性。此外，还有很多史实，例如，唐代开国元老裴仁弘的营私舞弊案，[②]唐女皇武则天制定告密之法，[③] 反对过分矫饰诉讼文书（“法司及推事敢多作辩状而加语者以故入论”）一事，[④] 唐中宗转徒、杖刑为役[⑤]（误，此为玄宗天宝六年敕——译者注），唐穆宗别设参酌院，令有司定罪时议其出入这一尝试，[⑥] 上官兴案就法律和孝义间的矛盾及史官的批判性注释这一有趣案例[⑦]（《旧唐书》卷一七下《文宗下》、卷一五七《王彦威传》有载——译者注），《旧唐书》都未作记载，而这些史实本应对反映唐代立法状况起到一定补充作用。

---

① 参见《新唐书·刑法志》。
② 参见《新唐书·刑法志》。
③ 参见《新唐书·刑法志》。
④ 参见《新唐书·刑法志》。
⑤ 参见《新唐书·刑法志》。
⑥ 参见《新唐书·刑法志》。
⑦ 参见《新唐书·刑法志》。

尽管《旧唐书》在内容上存在上述欠缺，但值得一提的是，《旧唐书》记载的两起案件，虽然未见于《新唐书》，但就法律和传统道德约束这两者之间的相互关系而言，它们却极富启发性。这两起案件分别为：是否允许血亲复仇的梁悦案，[①] 以及救父杀人的康买得案[②]（二者皆载于《新唐书》卷一九五《孝友传》——译者注）。此外，《旧唐书》的优势还在于，它比《新唐书》记载了更多的立法活动。同样值得称道的是，它在总体上给予了法政策性的敕诏和奏议更多的篇幅。而美中不足的是，《旧唐书》对法典内容、政治暴乱及其镇压制裁的记录过于冗长。对法典条文的重述亦有可指摘之处，因为其节选条文陈旧且为反复的字面引述；易言之，缺乏对法典一般性面貌的呈现，此点唯有在突出基本思想的前提下，通过对全部史料的深入加工和自主表述才能实现。然而，《旧唐书》的编撰者对这样一份工作兴味索然，就如同他们对自己观点和思想的表达一样数缄其口。

《新唐书·刑法志》与《旧唐书·刑法志》相比，是否在文风上亦具优势，笔者不作置评。但是，如若比较新旧《唐书》及《唐会要》的类似语段，就会发现，《新唐书》常常会省略些许虚词，或是有其他文笔上的精简，这种做法即便未使文本含义陷入模棱两可的窘境，也让其变得更加令人费解。就这一点，笔者与（*Le Traité des Examens* 的作者）戴何都（Des Rotours）持相同观点。[③]

总之，值得庆幸的是，我们目前尚能获得在内容上互为补充的新旧《唐书》《刑法志》这两部史料。但对读者而言，若欲通过阅读《刑法志》来获得唐代立法进程之宏观印象，并进而了解唐代的重大法律问题，那么，两者之中《新唐书》这部史料更为适合。

2.《唐会要》

《唐会要》在内容上主要编录了唐代的敕诏和奏议，在风格上，对法律篇章的记述仅限于史实重述，编者未作个人评断。尽管《唐会要》无法回避史实介绍这一内容，但正如其对立法活动的记述所显示的，《唐会要》的语言文字言简意赅、史实列举简明扼要。这种单纯对文献事实进行简单陈列，不对相关内容进行记录的叙述方法，一方面满足了《唐会要》按照主题内容进行分篇记述的基本要求，尽管所记述的大部分史实内容在时间编排上没有

① 参见《旧唐书·刑法志》。

② 参见《旧唐书·刑法志》。

③ Des Rotours，引文出处同上，第63页有如下标注："Je puis cependant dire que si，d' une manière générale，la principale qualité du style historique doit être la clarté，i lest impossible de préférer le style de la Nouvelle Histoire des T'ang. Ce texte si concis et si obscur serait parfois absolument incomprehensible，si on ne pouvait le comparer ὰ celui de l' Ancienne Histoire des T'ang. "

连续性；另一方面，这种叙述方法也符合《唐会要》在内容上确切记录史实时间这一要求。虽然新旧《唐书》在“志”中也曾使用上述叙述方法，但效果不尽如人意。尽管《唐会要》的这种叙述方法思路混乱、令人费解，但这种记述方式的显著优势在于，读者能够轻松地确定具体立法文件或案件的准确时间。由此，读者不仅可以通过阅读《唐会要》一览历史进程全貌，而且可以在对个案加以评判时明确特定问题所处的立法背景，查明其特定时间点，而这恰恰是进行个案评价的前提。

与此同时，阅读《唐会要》中有关“法的实践”（Rechtspraxis）的篇章，不难发现，《唐会要》的相关卷章虽然主题简单，但内容毫不枯燥。例如，阅读《唐会要》关于大臣竭力说服皇帝遵守律法的“臣下守法”卷[①]可以发现，即使编者已经省略了关联内容，但对读者而言，该卷内容不仅文字极为尖锐，而且史实本身极具戏剧化色彩。

然而，《唐会要》所采史料虽取自新旧《唐书》《刑法志》，却缺乏完整性。例如，《唐会要》对法律实践领域（das Gebiet der Rechtspraxis）的记载，有关重大法律诏令的列举就不甚完整。此外，《唐会要》所提到的敕诏和案件可能并不全部取材于《旧唐书·经籍志》或《新唐书·艺文志》，部分内容可能源于其他史料，但对此加以考证不仅耗时耗力，而且该项工作也不在本书研究之列。尽管如此，《唐会要》已经涵盖了那些具有典型意义的敕诏和案例，在介绍唐代法律时，提及当时的敕诏和案例不仅是必要的，也是新旧《唐书》《刑法志》所追求的目标之一。

鉴于《唐会要》的上述特征，基于本书宗旨，虽然作为研究史料而言，《唐会要》较新旧《唐书》更为适合，但仍难免白璧微瑕。例如，《唐会要》个别章节中对某些史实的归类仍有待商榷，但问题不大。

（三）译本选择

1. 刊印新旧《唐书》《刑法志》之理由

首先需要说明笔者选取新旧《唐书》《刑法志》进行翻译的理由。通常来说，对新旧《唐书》两部《刑法志》的处理方式是，仅选择其中一部进行完整翻译，另一部作为补充即可。但这种处理方法不仅与本书宗旨背道而驰，而且操作起来困难重重。或许该问题在技术上存在以下三种处理方式：其一，在一部史料的注脚中对另一部史料的内容进行注释。其二，在一部史料的正文部分嵌入另一部史料的内容并加以标注；其三，省略两部《刑法志》相互重复的内容，而仅刊印精简的版本。

① 参见下文所译《唐会要·臣下守法》部分内容。

但是，考察上文的第三种处理方式就会发现，两部《刑法志》的内容重合部分篇幅过短，因此省略重复内容这种方法不仅操作起来十分困难，而且效果也不尽如人意。此外，即便是两部《刑法志》中内容互不重复的部分，也存在篇幅规模参差不齐或奏议诏书文句表述千差万别等种种问题，因此，在完整翻译的《刑法志》中对上述不同之处进行标注是确有必要的。但是，这种“补丁式”的翻译方法，一方面对笔者来说显得思路不清，另一方面对本书目前已有的大量评注而言，翻译的篇幅会更加臃肿，甚至在个别章节呈现“马赛克状”的混乱局面。倘若读者想要通过阅读这种“补丁式”或“马赛克状”的正文评注来了解《刑法志》的内容，那么这种翻译方式不仅会让他们思路混乱、产生疑惑，甚至有时会大失所望。

倘若在保留新旧《唐书》《刑法志》并列语段的同时，在其中一部完整翻译的《刑法志》内，将两者的不同之处进行完整注释，那么上述弊端将更加明显。

此外，似乎可以选择新旧《唐书》中的其中一部《刑法志》进行完整翻译，而以另一部《刑法志》的内容作为补充。首先，若选择第一种方法，对补充内容在脚注中进行注释，鉴于《旧唐书·刑法志》的篇幅是《新唐书·刑法志》的两倍之巨，而且含有长达几页的奏议，只有选择《旧唐书·刑法志》进行完整翻译，才能避免注释篇幅是正文几倍之多这种本末倒置现象的发生。但是，这一选择无疑将一概保留《旧唐书·刑法志》的编排缺陷，而且会把这种缺陷带到《新唐书·刑法志》之中，这一选择恰恰放弃了《新唐书·刑法志》行文连续清晰的两大优点。其次，由于《旧唐书》的编排无论在内容的客观性上，还是在时间的连续性上都不尽如人意，因此，究竟在《旧唐书·刑法志》何处来穿插《新唐书》的注释内容也是一个难题。再次，若选择第二种方法，在其中一部史料的正文中嵌入另一部史料的内容并加以标注，那么不仅同样将再次陷入上述于何处穿插注释内容的困境，而且还会引发另一个亟待解决的问题，即需要通过新增相关内容来加强翻译的整体可读性，并借此逐步使翻译自成一体。但这并非本书的目的所在。本书更多的是要通过提供现有史料，使不谙中文的学者也能找到切入点展开研究。

总而言之，采用上述三种方法以图规避对新旧《唐书》的两部《刑法志》进行完整翻译，这一做法在事实上并不可行。而完整翻译两部《刑法志》的缺陷在于我们需要对那些偶见的重复有所容忍，但却能以此来换取史料的完整性。这作为一项翻译优势理由众多，例如，语言学家对有关新旧《唐书》的价值及其相互关系这些争议问题，可以通过对其中某一具体卷章的例证，更为简便地作出判断。

2.《唐会要》

笔者仅选取《唐会要》的部分章节进行翻译，而新旧《唐书》中的敕诏和案件，本书将忽略不译，但是这并不影响读者对《唐会要》的理解。另外，《唐会要》与新旧《唐书》有所出入之处，以及那些新增内容，本书将一一进行注释。只有在对这几部史料进行比较，发现《唐会要》中个案更加完整，对其进行准确复述也符合读者期望时，笔者才会在《唐会要》的翻译部分保留该个案。笔者在新旧《唐书》的翻译部分中不再对这些案件进行完整复述或注释，而只在新旧《唐书》中注明这些案件在《唐会要》翻译中的相应位置以便读者查询。

在新旧《唐书》中对《唐会要》进行注释这种方法，就《唐会要》卷三十九的《定格令》而言，不仅顺理成章，而且颇为可行。但是，顾及本书新增了大量注释（约 100 项新增注释）这一情况，在新旧《唐书》中注释《唐会要》的这方法对笔者来说，除非确有必要，否则并不可取。倘若真的采用上述方法，那么注释所载的史实属于新旧《唐书》正文的重要内容时，就需对注释再次进行转引。由于新旧《唐书》的体系结构本就不甚清晰，而《唐会要》修正本的史实记述在编排结构上较为明确，有鉴于此，本书在卷二译本的翻译中完整地保留了《唐会要》的修正本的内容。

三　唐代立法

（一）立法体例

唐代立法明确区分律（Gesetzbuch）、令（Gesetz）、格（Dekret）、式（Regulation）四种法律形式。[①]《新唐书》[②] 将这四种法律形式统称为“刑

① 作者就本书对唐代四种法律形式德文译名的选择作如下补充说明：首先，将律译为 Gesetzbuch（法典）是恰当的，这一译法表明，唐律是唐代立法的核心。而本书之所以未采用律的常见译法 Strafgesetzbuch（刑法典），其原因在于，律的内容和意义并不仅以刑法这一部门法领域为限。其次，将令译为 Gesetz（法律）的原因在于，在欧洲法下，法律的效力位阶高于规则和条例，但是，这种译法自然或多或少地带有笔者的个人判断。选择令和式的德文译名时，必须考虑到 Gesetz 一词，一方面包含了法典（Codex）的总称的意义，即对所有这一性质的法律条文进行编纂；另一方面，Gesetz 也可以指法典中的具体部分。但是，本书翻译所用的 Gesetz 并不具有上述意义，本书中的 Gesetz（令）通常仅指具体的（令的）篇名，因此，对这些由个别唐令编纂而成的令典而言，Gesetz 一词只具有外在的形式意义。最后，将那些由皇帝敕诏汇编而成的格译为 Dekret 的原因在于，单独的诏令常被称为 Dekret，因此这一翻译应当是较为准确和权威的，而且，Dekret 一词在欧洲法的立法文件中也得到了广泛的应用。

② 参见《新唐书·刑法志》。

书”，即“刑法典”，而《唐六典》则将之称为“文法”。[①] 上述称谓均表明，唐代的法属于成文法。尽管《新唐书》以“刑书”之名统摄律令格式这四种法律形式，但若因此认为这四种立法形式都系关刑法，则名不副实。因此，“刑书”这一称谓并不准确。确切而言，在律、令、格、式这四种法律形式中，只有唐律的条款几乎都具有刑法表象，但若根据欧洲法学观点，这些律文条款依据其内容，应分属如亲属法、程序法、行政法等其他法律领域。而唐律以外的法律形式，一方面缺乏完整原文，另一方面也对其具体内容知之甚少，因此只能假定：唐代的令、格和式大多不具备刑法的形式与特点。无论如何，“刑书”这一称谓，以及中国经典法学“诸法以刑为源、以刑为首”的主导观点，不仅阻碍了刑法之外的其他（部门法的）违法制裁（形式）的形成，也妨碍了权利和义务（过错，责任）这些民事法律概念的构建。

在唐代，人们曾试图仅从名称或形式上对上述四种法律形式进行原则性区分，效果却不尽如人意。《唐六典》云：“凡律以正刑定罪，令以设范立制，格以禁违正邪，式以轨物程事。”[②] 这一记述虽对仗工整、行文典雅，但正如通常所见，其实质意义不大。《新唐书》亦曰：“令者尊卑贵贱之等数，国家之制度也。格者百官有司之所常行之事也。式者其所常守之法也。”[③] 这一解释也与《唐六典》如出一辙。

但无论如何，就目前了解到的对唐代法律形式的记载、内容和名称而言，唐代的四种立法形式具有如下特征：唐律，依其形式来看，应当具有刑法的特征，为前朝创设，并由立法者因袭隋朝旧制而来，律的条文一般不轻易变更，具有一定的稳定性。令，这一法律形式同样承继于前朝，而且从令的篇名来判断，令在内容上也没有大的变动。由于令这一立法形式产生时间不长，因此，若是更改前朝旧令而后加以承继，那么，这些新的更改必会遭受质疑，这也是令的内容相对稳定，未有大改的原因所在。[④] 在内容上，令主要包含有关国家法和行政法的规定，尤其是职官法（das Beamtenrecht），其条文很少采用刑法形式。[⑤] 式，由于目前对其知之甚少，或因目前无法确定究竟有多少已知的规定是载于令式之中，所以，式与令的法律素材或许有重合之处，式可能包含实施细则（Ausführungsvorschriften），尤其是行政行为的范式（Muster für Verwaltungsakte）。最后，格是皇帝颁布的各种指示

① 参见《唐六典》6/3a 处。

② 参见《唐六典》6/7a 处。

③ 参见《新唐书·刑法志》。

④ 参见本章第二节“立法概览”项下内容。

⑤ 对此可由《疏议》得到印证，其中第二十七卷第 449 条规定：“诸违令者，笞五十。”因此，存在对违反律的条文的一般性刑事处罚。

（Einzelanordnungen）与敕诏（Erlasse）的汇编，格不仅针对个案生效，并且其法律效力或多或少地具有持续性。此外，唐格可以在不触及律的根本形式的前提下，通过修改律文中的个别规定，来反映日常生活所体现的立法需求，从这一点来看，格的法律效力优于律。

律、令、格、式都以“典”的形式进行编纂，其中，律、令、式各成一典。令典没有援引卷数名称，而是援引了各卷篇名。所以，从外观上来看，令可以成为一部“典”，但在实质上，各篇各具特色。相较于各成一典的律、令、式，格典的数量较多，现有的公元 637 年的首部唐格便分为两部。由于新颁的敕诏并未编入已有的唐格之中，而是常以当时的年号作为名称另行编为新格，因此，格的数量也有所增加。

除了律令格式这四种法律形式，唐法的第五类法律渊源是那些尚未编入唐格的皇帝敕诏。虽然敕诏在唐代尚未被称为法，但就其功能或目的而言，敕诏旨在对唐律的条文进行暂时或持续地修改，或废除之，敕诏的法律适用也明确表明，敕诏可以被称为第五类法律渊源。

下文将对上述法律渊源进行阐释。

（二）立法概览

唐代开国皇帝高祖李渊在成功推翻大权衰败的隋炀帝后称帝。公元 617 年，时任太原留守的李渊，在儿子李世民，即后来的唐太宗的辅佐下，于渭河河谷起兵，进而攻占长安。李渊随后在长安拥立隋炀帝孙（杨侑）为帝，并在隋炀帝死后，于公元 618 年正式称帝。

李渊称帝的过程表明，他既想使自己的行为和地位变得正当，又想使新朝与前朝传统保持内在联系。李渊的意图同样体现于其立法措施：起义之初，李渊就颁布了具有政策性色彩的宽大之令。在平定长安之后又宣布约法，虽然条款不多，但将隋朝的诸多死刑罪名限定于某些特定案件。该部约法政治意图十分明确，这一点亦于新旧《唐书》得到阐述“高祖欲使苦于隋朝苛政的百姓悉数归附”。就当时的环境而言，这些立法措施不仅必不可少，而且具有革命性。然而，李渊在登基之后，便立刻转而沿袭前朝律令并重新颁布——仅在登基几日后，他便命人修订律令，但主事官员因时间仓促和其他更为紧急的事由，仅完成了“五十三条格”，后编入《唐律》（指《武德律》——译者注）。

撇开李渊的宽大之刑，总体而言，唐律自首次撰定而来，少有变动。正如史料所述，唐律修订很少涉及条文内容，修律工作既未增加条文数量，也未修改条文编排。

虽然后世大多因循前朝旧律，仅在新增本朝年号之后重新予以颁行，但与唐代相较，后世对律法修改的幅度常常更大，而唐代则秉承了“唐因于隋，相承不改”的传统观念。笔者在《前汉书》中首次找到有关律的效力恒定性和内容连续性的明确表达：“前主所是著为律，后主所是疏为令。”①《唐六典》也引用了上述说法。② 但是，由于唐代同时承继了隋朝律令，而且根据史料记载，唐代在承继旧法时所作改动很少，故而《前汉书》的前述表达并不完全契合唐代的立法状况。至于唐朝在承继旧法时，律和令相比是否作出了更多的改动，则已无关紧要。但若将《前汉书》前述语句中的令代之以格和式，则与唐代立法状况相符。无论如何，直至近期，中国的法律史学者仍将《前汉书》中的界定视为主流观点。

《前汉书》的上述界定亦表明，在中国的社会制度下，法律和其他领域都以遵循传统旧制和沿袭古训为一般要求。正如立法所示，唐代尽量对律不作改动，而是通过敕诏的补充规定，来体现日常生活和新的认知改变了的新的立法需求。虽然在事实上，敕诏的补充规定能改变律的内容，但绝不变更律的形式。《大清律例》则明确了律的名称“律，指那些不作变动的规定；例，指那些补充和修改了的条文。”由于唐代立法在形式上未将格并入律，因此，唐法中的格与《大清律例》的例作用相同。

诚然，律在唐代立法进程中的作用日渐式微，至少律的条文数量远远少于格和敕诏。唐初的所谓修律也名不副实。唐代于公元 737 年最后一次修律，③ 约为唐代中前期。玄宗之后直至唐末的 180 年间，唐代再未修律。《唐律疏议》亦显示，唐朝初年修律意义重大。

唐代的令和式的立法状况与律十分相似。令和式的最后一次修订也在公元 737 年。④ 虽然无法断言，令和式的作用大不如前，但可以认为，正因为格的存在，才常常使得令和式略显陈旧过时。

公元 737 年后的唐代立法则是以格和敕诏为主导的。立法活动的重心从律转到了格和敕诏。显然，当时的立法者并无时间精力按照公元 737 年前的形式修订整理敕诏。甚至连格的称谓也曾一度消亡，仅在公元 836 年的立法中曾昙花一现“格”之称谓，而规模剧增的敕诏汇编则被简称为“格后敕”(Erlasse nach dem Dekret)，但与此前通行做法有所不同的是，“格后敕”不再由中央机关制定后发往地方机关。

---

① 《前汉书》(开明书局版)，60/0507c。

② 《唐六典》6/6a。

③ 本章第六节“格、敕诏汇编和类书”项下有关类书的记述中对所有法律形式的条文进行了归类，由于在归类中将格的条文归入相应的律文之中，因此在外观上与《大清律例》十分相似。

④ 目前没有史料证明，公元 779 年也进行了修订工作。但事实是否真的如此，仍值得怀疑。

但这并不表示，唐初的统治者未曾使用过格和敕诏这两种立法形式。太宗和高宗更多的是在公元 637 年和公元 651 年为格和敕诏奠定了立法基础。只是相较于律、令、式三种法律形式，格和敕诏的立法较为节制——格和敕诏的立法规模较为精简，格仅有 19 卷，而律、令、式则共计 62 卷。但公元 836 年的格和敕诏汇编的立法规模却超出其他立法形式至少两倍之多。相比高祖以因循旧法为著，女皇武则天则更着意于弃前制而树新统。

高祖和武氏对传统旧法的不同态度，尤其体现在法官反对高祖肆意专断司法判决，并主张遵从律的规定这一史实上。[①] 但是，法的概念在后世发生了变化，法不再是普遍适用的条文，而成为了身兼立法者和最高决策者的皇帝根据个案任意决断的新法。虽然，法和判决在功能上一开始并无明确区分，但是，和依据行政裁量形成的裁决相比，法和判决无论是在概念上，还是在实践中，都有所不同；但这些区别也随着法的概念的变化而逐渐模糊，甚至在某种程度上已荡然无存。

下文将对唐法的四种法律形式进行逐一介绍，本书的索引和列表部分的内容亦有助于读者了解唐代立法的概貌。

（三）律

唐代修律之开端已于前文有所提及：公元 618 年，即高祖在位第一年，由于缺乏大规模修律的时间，因此仅新颁“五十三条格”。“五十三条格”虽然对律的内容进行了补充与更改，但却未能变动律的条文。尽管现有史料有关“五十三条格”对律的内容所作的变更的记录甚少，但有人假定，该次修律至少部分涉及公元 618 年约法所废除的那些适用死刑的罪行。[②] “五十三条格”后编入公元 624 年所撰定的新律之中，但公元 624 年新律编纂的起始时间目前不详。而对该部新律的评价，正如《旧唐书》所载：“于时诸事始定，边方尚梗，救时之弊，有所未暇。”该次修律仅对流刑的时限和距离进行了更改，其他内容则一概承继了隋文帝所编之律——《开皇律》。[③] 而隋炀帝对《开皇律》所作的后续修改，即新增的律文则因为内容过于峻酷而未获承继。因此，公元 624 年修律所采纳的则是修律者认为更佳的隋文帝的《开皇律》。

与隋朝律法一样，目前我们对公元 624 年新律知之甚少。正如《新唐书》所载：“武德律计十二篇。”我们仅能知晓《武德律》（公元 624 年新

① 见下文第五章的记述。正如下文所提到的，上述史实也同样发生在唐朝前三位帝王，即高祖、太宗和高宗在位期间，见《唐会要·议刑轻重》及《唐会要·臣下守法》。

② 见前文第三章第二节“立法概览”项下记述。

③ 《新唐书》云：“余无改焉”。《旧唐书》载：“撰定律令，大略以开皇为准”。

律）十二篇的篇名[①]与隋朝《开皇律》十分一致，[②] 而且唐宋后世立法均未改变篇名。

公元627年，太宗继位，太宗在位的前十年未曾认真修律，在此期间，修律官吏仅建议将绞刑中的五十条改为免于死刑，降为断右趾。后来又废除了断趾法，改为增加役流和居作期限。

直至公元637年，唐朝的第二次修律才得以真正进行。该次修律在很大程度上减少了死刑的罪名："降大辟为流者九十二，流为徒者七十一。"此外颁布新敕："反逆者，祖孙和兄弟连坐。"[③] 该敕后来编入公元653年的唐律。而《旧唐书》所提及的其余两项修律内容，由于其所作修改微乎其微，故有如下评注："自是比古死刑，殆除其半。"而某些罪数则因微不足道，故不再提及。[④]

唐朝其他几次修律主要是高宗、女皇武氏及玄宗于其各自执政初期，即公元651年、公元685年及公元737年所作的唐律修订。[⑤] 正如每代帝王登基伊始通常所为，高宗、武皇及玄宗的三次修律，都是在审阅旧法、颁布新律的范畴内进行。就目前所知，公元685年的武氏修律仅对唐律五百零二条中的二十四条进行了修改，[⑥] 具体修改内容则不得而知。对此，有评注称，尽管公元685年修律对所修二十四条律文之外的其余诸多条文不甚满意，但并未进行更改。而公元651年和公元737年的两次修律，由于其修改内容完全无从得知，因此可以假设，倘若这两次修律仅是草率了事，那么其意义也不甚重要。此外，公元737年的修律由于《旧唐书·经籍志》和《新唐书·艺文志》未作新的纪录，因而其修律或许最后并未全部完工。

作为唯一一部大规模的唐律官方注释，《疏议》是在将近一年的编撰后，于公元653年呈交圣上的。《疏议》旨在为科举考试提供权威标准，对后世许多朝代而言，不仅意义重大，而且影响深远。但是，《疏议》本身并不具有修律的性质。

---

① 参见《唐六典》6/5b处。

② 参见《隋书·刑法志》，25/19a处。

③ 参见新旧《唐书》《刑法志》。

④ 《唐六典》中有一个费解的刊印错误，因此可以解读为，一共对300项条文进行了更正。但实际上，律中有500个条文进行了变更，而所谓300项条文其实是与前法相比较没有进行变更的条文数量。

⑤ 此外，依《旧唐书·刑法志》，唐朝还曾于公元779年进行修律，但似乎最后并未完成。而《新唐书》和《唐会要》均未提及该次修律。

⑥ 参见《旧唐书·刑法志》、《唐会要·定格令》。而《新唐书·刑法志》则全未提及该次修律。

由于史料所载的唐律修订为数不多，而且目前所知的唐律十二篇、五百零二条①的体系规模与《隋律》一致，因此只能确定，自隋朝以来，唐律结构未有大动。

就唐律的文字修改而言，唐律的新增内容都以新颁敕诏的方式编入唐律，因此，其固有内容并未改变。新颁敕诏所作的修改内容不仅有限，而且概览本书索引和列表部分刊印的唐代敕诏列表，也不难得出如下结论：其一，敕诏在内容上多是对宽大之刑（Milderungen der Strafen）进行的重复规定，如公元724年皇帝下诏减少决杖（Prügel）惩罚的数量（“今后抵罪人合杖敕杖，并从宽，决杖六十”——译者注），公元742年的敕诏曰：“官吏准律应枉法赃十五匹合绞者，特宜加至二十四”，公元747年皇帝下敕暂时废除绞斩刑（Todesstrafe）（“自今以后，所断绞、斩刑者，宜削此条”——译者注），公元813年皇帝下诏将死罪转为流罪（Verbannung）（“自今已后，两京及关内、河南、河东、河北、淮南、山东东西两道，州府犯罪系囚，除大逆及手杀人外，其余应入死罪，并免死配流天德五城诸镇”——译者注）。此外，其他的罪刑转化还包括公元745年转徒刑（Verschickungsstrafe）为军役（Militärdienst）的敕诏（“今后应犯徒罪者，并量事宜，配于诸军效力”——译者注），以及公元782年将斩刑（Hinrichtung）转为重杖处死（Prügel bis zum Tode）的敕诏（“其十恶中，恶逆已上四等罪，请准律用刑，其余犯别罪应合处斩刑，自今已后，并请决重杖一顿处死，以代极法”——译者注）。其二，皇帝反复颁布敕诏规制财物损害案件中的估值问题，但本书未翻译该部分内容。其三，皇帝所颁布的其他敕诏还涉及程序法的内容，如公元629年及公元631年有关“死刑三复奏”（Wiedervorlage von Todesurteilen）的敕文，公元629年有关“自今以后，大辟罪皆令中书、门下四品以上及尚书九卿议之”的敕诏，以及公元809年和公元839年针对相关程序推进的诏令。而且，上述程序性的敕诏并非全部都对唐律进行了修正，只有部分敕诏在唐律之外规定了相应内容的律法，而实质变更唐律本身内容的仅为前文提到的如下两项敕诏：其一是有关兄弟和祖孙连坐于反逆罪的敕诏，其二则是有关离任官员的犯罪处罚的敕诏（“据律，已去任者，公罪流已下勿论。公罪之条，情有轻重，苟涉欺诈，岂得勿论。自后公罪有情状难恕，并不在勿论之限。”“吏所犯诸罪，五年之后，去任勿论；五年内，同见任官例追收。”——译者注）。其余的敕诏都是针对议刑和行刑的内容。但是，唐律的大量条文在实质意义上都属刑法条文。此外，唐律还包括了一些虽具刑法条

① 相关史料以及唐律本身目录都仅表明五百条条文。而事实上，唐律共五百零二条，将其编为五百条仅出于求整数之故。

文之外观，而实为亲属继承或行政法规定之内容的非实质意义的刑法条文，对此，本书不再赘述。

（四）令

令的修订脉络远不如唐律修订这般清晰。原因在于，虽然目前已能知晓隋朝及唐朝部分时期的令的名称，但是令文本身早已遗失。尽管后人能够从相关史料引述的唐令内容，来重构许多令的具体面貌，但这些令的颁布与生效时间通常并不明确，甚至根本无法确定。此外，相关史料散佚各处，难以整合，既如此，即使确定令的具体时间存在可能性，也会耗费大量时间，尤其是对本书而言，对这部分内容进行详细论证力有未逮，只能留待另行著述了。因此，本书对令的探讨仅限于令的篇名之比较。

令的制定过程如下：隋朝曾两次编制颁布令典，其中一部完成于隋文帝执政初期的开皇年间（公元 589 至公元 600 年），另一部则是在隋炀帝在位期间进行的。《开皇令》共计三十卷，分为二十七篇，各篇篇名[①]目前已为人所知。而首部唐令，正如《唐六典》所载，是在武德年间与唐律一起修订而成，并于公元 624 年左右与《武德律》同时颁布。值得注意的是，新旧《唐书》《刑法志》与《唐六典》均未提及该令（《唐会要》提及“武德中裴寂等于律同时撰”——译者注）。但就该令的编撰而言，毋庸置疑的是，《旧唐书·经籍志》和《新唐书·艺文志》均列入该令，并记载该部令共三十卷。而后续的唐令修订则是在太宗执政中期，于公元 637 年与其他律法的制定工作一并完成。这次修令明确了令的数量，这是在唐代绝无仅有的一次。该次修令明确唐令共 1546[②] 或 1590[③] 条，采用了隋令的编排结构，也分为三十卷、二十七篇。[④] 此后，唐朝分别于公元 651 年、公元 715 年及公元 737 年三次修令。其中公元 651 年及公元 737 年的修令均由新君连同其余所有立法一并重新颁布而成。但目前仅知晓这三次修令中的第二次修令，即公元 715 年修令的篇名与卷数。[⑤] 然而，现有的《疏议》版本源自公元 651 年首次修令之后，[⑥]《唐六典》虽然于公元 737 年末次修律之后径直成书，但却没有完全

---

① 《唐六典》6/6a－b。

② 参见《新唐书·刑法志》及《唐六典》6/5b 处。

③ 参见《旧唐书·刑法志》与《唐会要·定格令》。

④ 《新唐书》第五十八卷的目录部分记载其共计二十七卷，但此处的二十七有可能混淆了令的篇数和卷数。而新旧《唐书》的《刑法志》及《唐会要·定格令》对“令共计三十卷”有一致记载。

⑤ 参见《唐六典》6/5b－6a 处。

⑥ 而我们现有的《疏议》的版本究竟是 653 年的版本，还是后世的版本，此处不作置评。

吸收公元737年修令所更新的内容。因此，目前仅能从史料部分来了解修令的内容，而对修令之后的法律状况的了解，则需建立在对令和式的内容进一步了解的基础之上。①

比较隋令和《唐六典》重复记述的唐令内容，不难发现，两者大同小异。《唐六典》中对隋令加以复述的令的篇名如下：

1. 官品两卷

2. 三师三公台省职员（隋令仅《诸省台职员》）

3. 寺监职员（该令在隋朝分为两令，分列第三项及第六项）（应为第三项、第七项——译者注）

4. 卫府职员

5. 东宫王府职员（隋令仅《东宫职员》）

6. 州县镇戍岳渎关津职员

7. 内外命妇职员

8. 祠

9. 户

10. 选举

11. 考课

12. 宫卫

13. 军防

14. 衣服

15. 仪制

16. 卤簿两卷

17. 公式

18. 田

19. 赋役

20. 仓库

21. 厩牧（隋朝仓库、厩牧两部分合为一篇）

22. 关市

23. 医疾

24. 狱官

25. 营缮

26. 丧葬

27. 杂令

① 见前文第二章的相关记述。

就《唐六典》中复述的令的篇名而言，首先，复述的令中未包括隋令中的《学》、《封爵奉寮》和《假宁》（隋令第十一卷、第十三卷和第二十四卷）（有误，应为第十二卷、第十四卷及第二十七卷——译者注）这三部令，其次，相较于隋令，《唐六典》仅新增了《医疾令》和《营缮令》。尽管《唐六典》在令的篇名上没有大的变化，但这并不意味着，令的内容也一概得到承继而一成不变。此外，还需注意，《疏议》还包含了其他的令，[①] 但这些令并无独立名称，而是纳入于现有的唐令名下。所以，这些令或许并不算真正意义上的令，正如律的称谓有时也用来表示唐律中的某项条文，这些所谓的令也并非唐代四种立法形式中的令，而只是唐令中的具体条文而已。

除此之外，令的外在形式少有变化，而令的内容的变化则由于目前缺乏具体信息，因此只能认为，令与律相同，也沿袭了隋法之传统旧制，由隋令承继而来。

（五）式

就目前所知，早在公元前 541 年的西魏，就已经存在式这种立法体例，而且隋朝立法（公元 589 至公元 618 年）也使用了式这种立法形式。但是，究竟当时式的内容与本质如何，则不得而知。

唐代的式发源于武德年间，但仅有《新唐书》卷五十八的《艺文志二》对其有所提及，新旧《唐书》、《唐会要》及《唐六典》都没有对唐式进行记载。可以认为，《新唐书》卷五十八提及的唐式，在制定上与同一时期的（武德）律令如出一辙，式的制定并非缘于某些紧急事由，亦未经由仔细审阅条文或修订旧法之过程而成，只是暂时以隋朝旧制为内容，以唐式的形式重新颁布施行而已。

至于通过审阅修订旧式进而形成新式的工作，则直到唐代新朝开基二十年后，才得以与太宗修法一并进行。太宗修法将式的规模由 14 卷增至 30 卷，共分 33 篇。鉴于唐式在编排上（其 33 篇的篇幅）与当时中央高级机构的数量相契合，[②] 因此更加印证了笔者此前提及的猜测，即式的条文内容应当包含了工作守则（Dienstanweisungen），或许也包含了形式性的规定，例如不同官阶（Beamtenränge）的服制等规定。

公元 651 年、公元 685 年及公元 737 年，即高宗、女皇武氏及玄宗在位期间所进行的式的修订工作，则是在一般性的律法修订之框架内展开的。而

① 杨鸿烈在《中国法律发达史》第 356 页，在《唐律疏议》的总结中曾提到，唐令还包括禄令和捕亡令。

② 见《旧唐书·刑法志》。

公元662年、公元676年、公元685年、公元705年、公元707年、公元715年及公元718年所开展的式的修订，则是与格的修订一并进行的。此外，目前仅知，公元662年和公元676年的式的修订，仅限于对当时新增的曹局之名（Behördenname）与官号（Beamtentitel）进行调整，式的修订工作本身并无实质意义。

除此以外，尽管目前我们对唐式修订的客观内容一无所知，但可以确定的是，鉴于唐式的规模由14卷增至20卷，因此，式的修订较律令修订而言，不仅更为频繁，而且多与唐格修订一并进行。从史料的反复记载中我们也不难看出，当一项敕诏以式的形式出现时，该敕诏的法律效力应具有稳定性。

因此，我们可以认为，较律令修订而言，唐代对式的修订更为频繁。与那些因编入唐格而获得生命力的敕诏相比，式在唐代立法中经历了更为重要的发展和变迁。

（六）格、敕诏汇编和类书

格，是以典的形式颁布的敕诏汇编，它是唐代立法最精彩活跃的部分。首先，基于前文研究之假定，唐代律令均由前朝旧制一概承继而来，少有变动。而格则是唐代立法之创新，格的条文创设，或依日常所需，或就特定案件，或因偶见的法学观念变更，而得以促成。其次，唐代律令以皇帝批准为当然前提，在这一点上，尽管格和敕诏有别于律令，但在内容上也仅是反映本朝帝王将相之意旨，而与前朝无涉。

唐格编纂的皇帝敕诏可分为两类，其中一部分敕诏以事先的抽象性的立法考量为基础而形成，这些敕诏与唐代律令均为法律规范；另一部分敕诏是皇帝针对个案——以法官判决的形式——作出的命令与决断，这部分敕诏能够废除既有的法律规范，具有普遍和恒定的法律效力。[①]《唐六典》亦云："当时制敕，永为法则。"[②]

部分史料认为，格的法律效力的恒定性与普遍性，是式的特征所在。但笔者以为，从现有史料并不足以得出这一观点。

此外，欧洲法下，那些通常不由最高立法者颁布，而由下级政府机关颁布的名称不一的"法令"（Rechtsverordnungen），也无法与"格"相提并论。首先，就法律规范的类别而言，格包括但不限于那些位阶较低的法律规范或实施细则。其次，就格的法律规范的效力位阶而言，由于格只包含皇帝指令，且这些指令通常仅是皇帝批准大臣的上书而已，所以，格既包括了位阶

① 见后文第四章第三节"判决"项下相应记述。

② 《唐六典》6/6a。

较低的法律规范，如实施细则，也包括具有根本性的、位阶最高的规范和新创制的法律规则，后者的重要性甚至与唐律旗鼓相当。最后，就格的效力层级而言，格的效力位阶在律令之上，可以废除律令中与之矛盾的规定。

考证“格”的名称由来，则会发现，格作为一部法律的名称，最早见于（公元前386年后的）魏末《麟趾格》（东魏——译者注）。由于这部格的编纂地点为麟趾阁，[①] 因此《麟趾格》的“麟趾”二字取自“麟趾阁”，尽管我们能够知晓《麟趾格》的名称由来，但对其内容却一无所知。此后（公元前550年后），北齐曾颁行过一部《权格》，就目前所知，我们认为这部格具有与律令相同的法律效力。最后，隋朝曾颁行过一部《开皇格》，虽然这部格的内容鲜为人知，但从陈顾远[②]对这部格的零星记载可以推断，《开皇格》包含了行政法，尤其是职官法的规范。总体而言，由于上述几部格的内容只是格这种法律形式的冰山一角，因此并没有足够的证据证明，早期的格在法律性质上与唐格相同。

就格的素材渊源而言，其中一部分源于“故事”（Präzendenzen），具有密切联系实际的特点。基于唐格与“故事”的这种内在联系，格的名称也与“故事”的名称嬗变紧密相连，因此，格的名称变迁也在意料之中：首先，《唐六典》6/6b的历史概论中，在记录先朝《故事》三十卷时，记载了格这种立法形式，其中包括（公元前206年及后续年间的）“具有刑法性质”的汉代《故事》（《律令故事》——译者注）二卷本，公元265年至公元419年“与律令一并生效的”包含当时皇帝诏令的晋朝《故事》三十卷。其次，《唐六典》还记载，梁朝（公元502至公元556年）（误，应为公元557年——译者注）曾将“故事”改名为“科”，称为《梁科》三十卷。而陈朝（公元557年至公元587年）（误，应为公元589年——译者注）亦仿效了“科”之称谓。最后，东魏（公元534年至公元543年）（误，应为公元550年——译者注）将“科”改称为“格”。

综上所述，格的名称早于唐代就已然存在。而《故事》或被赋以其他名称早已存在，也是不争的事实。尽管如此，格的独特性质——法律规范集一般性、抽象性与个案裁断性于一体——显然肇始于唐代。与此同时，格也从唐代开始具有举足轻重的地位，它不仅是唐代的立法重心，也是国家法律政策的重要载体。但是，格在唐代立法和司法政策中的重要作用并非在唐朝初年就已显现，而是随着唐朝的发展而逐步凸显。而且，格的这种发展进程在宋朝和元朝进一步得到了延续，并未伴随唐朝的终结而终止。但显而易见的

① 《唐六典》6/6b。

② 《中国法制史》第118页。

是，格的这种集一般抽象的规范和个案裁断的规范于一体的特质，随着其逐步发展而渐渐淡化，直至格这种立法形式最后再次消失。

“五十三条格”作为首部唐格，是由唐朝开国皇帝高祖于其执政初年，即公元618年颁布施行的。就目前所知，“五十三条格”主要围绕官员赦免这一主题展开，后编入唐律。这部格在内容上旨在实施宽简之刑，在立法目的上意图废除隋朝严苛旧法，因此可以推测，“五十三条格”的法律条文中应当包含了刑法性的规范。无论是前朝已颁布的格，还是唐代继“五十三条格”之后新颁布的格，这些格所汇编的敕诏内容迥异，而“五十三条格”却在内容和形式上独具特色，而且自成一体。因此，之所以仍将“五十三条格”称之为“格”，或许是因为，公元618年颁布该部格时，难以把新创制的规范纳入当时常用的律、令、式这三种法律形式中，因此才不得不采用了“格”这种法律形式。所以，首部唐格“五十三条格”仅徒有其名，并非严格意义上的格。

直至公元637年，即唐代第二位皇帝太宗执政中期，唐代才借当时首次大修律法之契机，编纂了这种兼具一般抽象性和个案裁断性的真正意义上的唐格，也是真正意义上的首部唐格。这部名副其实的唐格共计十八卷，将唐朝自开朝以来颁布的3000项敕诏改编为700条——这也是唯一一部能够明确条文具体数量的唐格。这部唐格在编撰体例上，以唐朝尚书六部二十四司之编制为依据，以二十四司之名为篇名。此外，该次修格另编一卷，规定了有关尚书日常工作必要规范的《留司格》，即“留本司之格”，而前述（共十八卷）规模较大的格则被简称为《新格》或《贞观格》。《新格》与《留司格》的划分也标志着唐格二分之制的诞生。此外，公元651年高宗大修律法的后部法典编纂中不仅保留了《新格》与《留司格》这两部格的名称，而且对唐格的二分之制进一步巩固强化：（高宗将）当时留置于中央机关的格称为《留司格》，而将其余的格称为《散颁格》（或《散颁天下格》），即“颁行天下的格”。其中《散颁格》仅七卷，较十八卷的《留司格》相比，篇幅甚小。尽管这两部格仍使用了“永徽”年号，但究竟高宗颁布的《散颁格》二十四篇篇名，是否与《贞观格》同样采用了二十四司之名，则不得而知。《唐六典》6/6b仅记录了高宗颁行《散颁格》共二十四篇，除此之外，未对篇名之疑问予以澄清。有观点认为，高宗颁布的行用于地方的《散颁格》在篇名上，并未采用《留司格》的那种对应中央机关编制的篇名划分形式。

此后，高宗在位时，分别于公元662年五月和公元676年七月进行了两次唐格修订。这两次格的修订均缘于当时百司及官名修改之契机。修正后的新格并未使用当时的皇帝年号，而是保留了公元650年至公元655年的“永徽”年号。为便于区分这两部新格，编纂者在公元662年五月修订的唐格的名称前附加“中”字样（指《永徽留本司行格中本》——译者注），在公元676年七月修订的唐格的名称前则附加“后”字样[①]（指《永徽留本司行格后本》——译者注）。此外，公元662年的唐格修订局限于对百司及官名的修改，而公元676年的唐格修订则是以“增补（后补）格”的形式对唐格进行了实质修正。对此，可由两桩事实加以佐证：其一，史料仅提及《留司格》的新篇名，未提及《散颁格》的篇名，这可能表示，当时的唐格修订只是对《留司格》进行了修改。其二，《旧唐书·经籍志》与《新唐书·艺文志》均记载《留司格》有十一卷，但此前在公元651年已颁行的格的数量已经达到了十八卷。格的这种数量上的逆向减少，不仅不符合逻辑，而且难以解释。事实上，由于唐代不断颁行新的敕诏，导致了格的数量与日俱增，考虑到唐格在数量上的这种一贯的发展趋势，能进一步认为，公元676年的所谓“新格”，其实只是公元651年旧的《留司格》的增补本而已。公元676年新格虽然时间距公元651年《留司格》二十多年，其增补本共计十一卷，规模不小，但也不足为奇。对此可将公元705年至公元715年这十年间所进行的唐格编纂的相应规模与之类比——首先，公元705年新格所编纂的是过去二十年来的敕诏，共计七卷。其次，公元710年新格所编纂的则是过去五年来的敕诏，共有十卷。最后，公元715年新格所编纂的是过去五年来的敕诏，也有十卷之多。

倘若公元676年的《留司格》当真是一部增补格汇编的话，那么其编纂程序也可能与以下时期所确立的立法实践有所重合：现有的“格汇编”由隋朝旧制承继而来，在此期间新颁布的敕诏，则以新格的形式进行编纂。倘若某一帝王在位期间新颁布的敕诏数量过于庞大，则以“后本”形式汇编。

但是，格的上述编纂程序，是否也在武则天正式执政后的公元685年的大举修法中得到了遵循与延续，史料并未明确记载。首先，公元685年的修法编纂了一部仅为两卷的小规模的格，这部格称为《新格》或《垂拱格》，由武氏亲自作序，包括了自唐初至武则天执政期间的敕诏。目前对公元685年修格以外的其他修法工作所知甚少。其次，新旧《唐书》和《唐会要》载，《留司格》计六卷，《散颁格》计三卷（误，应为二卷——译者注）。上述史料记载这两部格时，并未附注当时的皇帝年号，这是一个例外。再次，与高宗的前次唐格修订相比，武氏所进行的公元685年的唐格修订，规模较小，但这也说明，公元685年的武氏修格仅是对自公元651年以来的三十四年间新颁布的敕诏进行了汇编。《新唐书》卷五十八《艺文志》也记载另有

① 见笔者在后文《旧唐书·刑法志》翻译部分第64项注释。

十卷《垂拱格》。但是，其他史料都没有对这部格的名称和归类有所记载。①

武则天之后的帝王，都通过编纂新格的形式，将其在位期间新颁布的敕诏进行立法。首先，中宗在位时，曾于公元705年颁布了七卷本的《散颁格》，这部格编入了自公元685年以来新颁布的皇帝敕诏，但却沿用了“垂拱”这一前朝年号。其次，睿宗于其在位的太极年间（公元710年），新颁布了十卷本的格，但这部格究竟是《留司格》还是《散颁格》，则不得而知。再次，玄宗在执政初期，于公元715年颁布了同为十卷的《开元格》，但由于三年之后确有必要另行编纂十卷本的新格，因此，称公元715年颁布的格为“开元前格”，而称公元718年颁布的格为“开元后格”。此外，玄宗又于开元年间颁布了一部新格，这部格颁布于公元737年，计十卷，称为《开元新格》。

在公元737年《开元新格》颁布之前，唐代已经在公元731年首次使用唐格的另一个新名称：“格后长行敕”。当时已不再将编纂完毕的六卷本的敕诏汇编称为格，而简称其为“格后长行敕”，这项称谓沿用了一段时间，只不过在使用时省去了“长行”二字，径称为“格后敕”。现有史料对这种“格后敕”共有七次记载，分别为：德宗执政时于公元785年编纂的格后敕（指《贞元定格后敕》——译者注），顺宗在位时分别于公元807年、公元815年及公元818年编纂的格后敕，以及文宗在位时分别于公元827年至公元830年、公元833年及公元836年编纂的格后敕。汇编格后敕的工作常耗时多年且非全奉皇命而为，其中不乏个别官员纯粹出于个人兴趣所作，汇编格后敕有时须经不同机构或官员重复审阅筛选，方才得以完成。但究竟格后敕是怎样对法律素材进行分类编排的，目前尚无从得知。但可以明确的是，此前的新格编纂已不再区分留置于中央机关（本司）的“留司格”和发往地方机关的“散颁格”了，而且格后敕的汇编也完全放弃了这种区分。但是格后敕与格在敕诏的选择上，是否采用了相同的标准，则不得而知。至于格后敕究竟仅选取了那些作为法律规范持续生效的敕诏（“取堪久长行之敕诏”——译者注）进行汇编，还是将所有敕诏不加选择地一概汇编，尽管后者似与格后敕的敕诏规模更为相符，但我们却无从知晓。

继上述七部格后敕，唐代还曾两次出现“格”的称谓。其一是公元836年的《开成详定格》，这部格所选取的是自公元738年以来的敕诏，也就是自最后一部唐格颁布以来的敕诏，因此，这部格更多的是一部较早意义上的唐格。其二是公元839年颁布的《刑法格》，这部格是一部较为专业的、限

① 《新唐书》卷七还记载，另有一部格应称为《删垂拱散颁格》。但从评注部分可以得出，该部格指的是于公元705年，即唐中宗在位的神龙年间面圣的，该格仅保留了前朝武皇的年号而已。

于刑法内容的唐格，不属于唐代较早意义上的唐格。

唐格的上述立法形式，一方面包含行政性的具体适用规范，另一方面涵盖了有约束力的司法判决，这种立法形式存在着两类规范边界互为混淆的弊端。其次，除了这两种规范之外，唐代还并存多部法典，故而不可避免地陷入了立法前后矛盾、极为混沌的困境。下文将反复阐述格的这种立法矛盾和内容混沌之弊端。

首先，唐格立法前后矛盾困境的唯一对策是：反复审阅修订律法。即一方面随时将新的敕诏编入现有立法体系之中，另一方面通过编入那些前文未提及的其他时期的敕诏来减少规范间的互相矛盾。

其次，唐格立法内容混沌（Unübersichtlichkeit）之困境，则能通过编纂类书之对策予以化解。就编纂体系而言，类书是依据律、令、格、式的客观联系来组织的，此种编纂方法既便于法官迅速锁定被新格修正了的律文并能相应补充，也有利于那些担负立法任务的官员开展工作。而具有上述形式功能的首部类书（指《格式律令事类》——译者注），则于格的立法高潮期——公元737年编纂完成，该书共计四十卷。此后，公元851年及公元853年，另有两部类书接连问世。其中前者，即公元851年成书之类书（指《大中刑法总要格后敕》——译者注）共六十卷，仅对唐朝开朝以来至类书编纂之时〔公元628年至公元651年（误，应为公元851年——译者注）〕的此前共计224年的敕诏进行了编纂，该部类书将这些敕诏编为646门，2165条。而后者，即公元853年成书之类书（指《大中刑法统类》——译者注）则是一部民间作品，所编内容涵盖了律、令、式的法律规范，共12卷，121门，1250条，规模小于公元851年类书。此外，目前我们对公元737年、公元851年及公元853年所编三部类书的具体内容则知之甚少。

在唐代，一方面，立法前后矛盾与内容混沌之弊端随时间推移不断凸显，另一方面，律法还存在类推适用的困境。正如前文所述，唐格编纂的敕诏或是针对具体个案，或是针对特定的时间事项，这些敕诏蕴含的法律理念或具体规则在唐代却被认为不仅适当而且具有典型意义，因而具有持续与普遍的法律效力。正因于此，唐代才将这类敕诏编入格或敕诏汇编之中。而恰恰是敕诏个案指向的特性，才使得对敕诏中的那些指向个案的具体规则进行解释，以进一步剖析和抽象出其中蕴含的具有普遍性意义的规范，变得确有必要。而这种解释的方法也无法避免与法律解释相伴相随的各色疑虑和意旨偏差。在当时的中国法律体系[①]下，一方面，在法律制定层面，唐代立法较为排斥一般性的法律规范与原则条款，通常以绝对性的和罪刑明确的法律规

① 上述说法究竟在多大程度上符合中国法律史中的其他时代，笔者在此不作明确表态。

范为主要内容。另一方面，在司法裁判层面，无论是唐代的法官，甚至是特殊情况下扮演法官角色的帝王，[①] 他们均不享有罪刑自由裁量权，在审判中，法官只以明确具体的法律规范作为裁判准则。在这样的法律体系下，进行法律解释时所产生的疑虑和偏差，也许变成了一个新的问题，甚至是一个令人困惑的难题。此外，如何对待这些与日俱增的格和敕诏，也成为当时习惯于严格按照律令解释的法官需要面对的新难题。唐格适用的必要性为法官提供了一个更为自由地进行法律解释的平台，而这种通过“故事”类推所形成的法学观点，则被赋予另一种特定称谓——“例”，通过“例”来解释唐格有别于前文述及的律的类推适用。因此，后人对唐代法官“戏”法和皇帝反复抵制的诸多置诟，亦不足为奇。[②]

唐格编纂的敕诏中包含的惩罚性规范，其法律效力具有持续性，但是，这些敕诏究竟应如何解释，则十分困难。此外，至于那些未被编入唐格的敕诏，或是那些尚未编入唐格的敕诏，还有另一个先决问题亟须解决：这些敕诏是否也具有法律规范的性质？欲解决这一问题，就需了解格和敕诏立法的高潮期，即公元709年皇帝的一项规定。该项规定明确，倘若敕诏未明确具有法律规范的特征，就应禁止类推适用该类敕诏。[③]（景龙三年八月九日敕：“其制敕不言自今以后永为常式者，不得攀引为例。”——译者注）公元737年，一位朝廷高官在一项奏议中亦认为，就敕诏编纂而言，所有尚未收录编纂于唐格的敕诏，应当不再适用。[④]（开元二十五年九月三日，兵部尚书李林甫奏：“今年五月三十日前敕，不入新格者，并望不任行用限”——译者注）

四　唐代法律渊源

（一）方法论

无论是历史上的法，还是现行有效的法，进行法律比较时区分如下四类法律渊源确有裨益：[⑤] 首先，是拥有立法权的统治者或统治集团（内阁，议

---

① 参见后文第五章的记述。

② 可参见如《唐会要·君上慎恤》（83）所载公元830年敕诏，《定格令》（29）所载公元726年敕诏，以及《议刑轻重》（41）所载公元705年敕诏。

③ 《唐会要·定格令》（27）。此外参见《唐律疏议》第486条：“临时处分，不为永格者，不得引为后比。若辄引，致罪有出入者，（第487条‘官司出入人罪’）以故失论。”关于《唐律疏议》第487条的条文参见笔者所译《旧唐书》第75项附注说明。

④ 《唐会要·定格令》（17）。

⑤ 如J. Bryce，Studies in History and Jurisprudence（《历史和法学研究》），纽约，1901，第671、672页。

会等)。其次，是整个民族或特定人群沿用而成的习惯法。再次，是官员的司法判决和司法实践（die Rechtspraxis），尤其是法官在法律解释适用过程中得出的格言（Ausprüchen）和判断，虽然判决和司法实践在理论上未必是所有国家的法律渊源，但从法律比较的目的来看，却可视为一类独立的法律渊源。最后是法学学说（die Rechtslehre）和教义（die Doktrin），它们作为法律渊源，在各国意义迥异。

或许，对于像中国这样的固有法而言，法律渊源的上述分类方法过于机械、不甚恰当、不宜适用。但唯有借助此种并非某个国家法律内生，而是外来的方法进行法律比较，方能实现以下目标：即辨识和描述某国法律、某一法律制度、某项法律规范的特征。至于这种方法是否会得出否定性结论，则已无关紧要，或许否定性的结论本身也富有启示。

但是，上述方法由于缺乏完整的既定框架，可能会遗漏某个国家法律特有的法律渊源。虽然这种“挂一漏万”的风险看似危言耸听，但传统的中国法却恰巧如此，下文第六节有关“经典典籍”的内容将对此予以例证。

（二）皇帝作为立法者

唐代的中国虽是一个专制国家，但是，在某种程度上也已部分具备了以法律确立的民主[①]制度。史料记载，皇帝作为中央最高和唯一的立法者，通过国法之外的因素，即良知、理智、国家至上原则，当然还有某些传统，来制定律法。除此之外，皇帝立法无所限制。而大臣仅为帝王立法建言献策，唐代并不存在立法过程中的一票否决机制。

如第三章所述，唐代的这种因循传统的观念，即便不能阻挠皇帝变革部分律法，也已构成掣肘，这使得前朝律法得以保留或者至少未有大变。尽管唐代的格和敕诏的发展历程表明，皇帝显然能够规避这种以恪守旧制为使命的传统观念，但唐律大都保留旧制。

强调传统立法的变革也与法概念本身蕴含的连续性（die Kontinuität）要求相悖。唐代，尤其是唐初高祖、太宗及高宗在位时，曾反复出现了以法的延续性为依据，希望能够恪守旧制的诉求。例如，大臣在劝阻太宗新设断趾刑时曾论理：“今复设刖足，是为六刑。”[②] 虽然，该主张只是针对传统五刑

① 比如，至今仍保留的科举制度为每位公民提供了通过考试成为官员的路径。还有在国家法律文献、官方文本及实践中所确定的，百姓以革命反对昏君，动摇甚至倾覆其“天子”之位。此外，君主应遵循经典言说，通过经典最大限度地限制君主专断。最后，礼的一般性的约束效果尚存，我们至今仍能从“丢面子”这一说法中（Geschichtsverlust）找到其中的部分影子。

② 新旧《唐书》《刑法志》。

数量这一外在形式性的变化，却以传统经典作为依据。大臣的理由虽未对废除断趾刑起到决定性的作用，但也有所助推。此后，肃宗在位时一度废除死刑，但刑部主张重纳死刑并顺遂，其理由也正是四刑倘若缺一，则不合五刑旧制，[①] 于此，遵循古法之论功不可没。

唐代主流观点认为，法是持续生效、不得肆意更改的秩序。对此太宗曾有非常明确的表述：[②] “法者非朕一人之法也。”[③] 唐代的司法判决也反复体现了法的延续性这一基本要求。[④]

但我们认为，传统旧制对皇帝的拘束力比诸国法层面的要求，毋宁更具道德性质。

由于皇帝无暇顾及技术细节，律令的编纂修订自然是由大臣操刀进行。诧异的是，大量案件表明，皇帝也关注具体问题，对个别立法疑义也有自己的看法。但我们无须就此断言，皇帝批阅了所有奏折，或拟定了所有敕诏，或亲自下令确定了奏折敕诏的细节。现有史料充分显示，在一些案件上皇帝是如何驳斥与否决大臣的奏议或诤谏的。皇帝既不会草率地同意大臣的立法建议，也不会未加批阅就决定准奏。

中国法律体系的独特之处在于，皇帝不仅关心一般的法政策，而且极为重视个别立法难点与司法个案，尤其表现在刑事立法与刑事案件之中。从相关史料所观察到的这种帝王在立法司法中亲力亲为的现象，其程度之深，在其他人口大国的君主中鲜有能与之相提并论者。而刑法以外的其他法律领域中，也鲜有如此长期的高官修法或皇帝参与立法之现象。这符合——或者也是因为——刑法在国家政策中所具有的举足轻重的地位。阅读史料可知，大规模地使用刑法是皇帝重要的执政手段，这在许多国家十分常见。以良政善治为目标的内政考量中，刑罚轻重的改变似乎居于首要位置。刑法不只是处理常见轻微刑事案件的司法手段，还是巩固内政外交的政治手段。就外交而言，有理论论证，中国最初的刑法已包括军事措施，认为刑事司法既要在军事行动上“（大则）陈之原野”，又要“（小则）肆诸市朝”。[⑤] 这些语句特别强调了刑法的政治意义。唐代刑法与刑罚的目标，不仅旨在恢复被侵害的权利，更多的是服务于国家的政治目标。而刑法在其他国家的代表性功能，例如复仇等，则在唐代居于次要位置。[⑥]

---

① 《唐会要·议刑轻重》。

② 《唐会要·议刑轻重》。

③ 同样参见《新唐书》载：“盖法令在简，简则明，行之在久，久则信”。

④ 如《唐会要·议刑轻重》、《唐会要·臣下守法》及本书第五章的记述。

⑤ 本书后附《旧唐书·刑法志》翻译及笔者第6项注释。

⑥ 笔者深感遗憾，此处的观点没有相关史料佐证，因此不能通过法律比较来进行准确的考证。

（三）判决

如果我们追问，唐代的司法判决是否具有创设法律的意义，就不难发现，这个问题因皇帝兼任立法者和最高裁判者这一双重身份而难以探究，甚至问题的提出本身就是值得商榷的。尽管如此，探讨判决的法律创造力仍对澄清问题本身有所裨益。此外，我们还应对皇帝和裁判机构这两类主体作出的判决加以区分。

我们目前对具有裁判职能的机构，① 或由最高审判机关大理寺作出的判决汇编都知之甚少。而且，史料刊印的判决中也无一涉及由机构作出的较早时期的判决。由此，必然得出以下结论：唐代的司法审判通常不以机构的判决先例作为参考，或者说，参考判决先例不如在其他国家那样具有举足轻重的地位。否则，现有史料或机构判例汇编中至少应对其提及一二。然而，上述结论，不仅与中国人在国家行政管理等各领域都欲沿袭传统的总体立场矛盾；② 而且正如其他行业一般，与法官利用先前积累的经验来判案这一大体印象也截然相反；最后，上述结论还与中国法律史后期③确实存在机构判决汇编这一事实大相径庭。因而笔者对上述结论也心存怀疑。

当然，皇帝作为最高裁判官，他作出的判决也有助于支持上述（司法审判不常参考判决先例的）结论，只不过力度有限而已。

在唐代，重大案件会立即呈上，而且，根据程序性的规定，④ 该类重大案件需要累积到一定数量方能呈上审阅。唐代还规定，人人有权在最后一级审判程序中提请皇帝裁断。⑤ 但个中细节，尤其是提请圣上裁断的案件的范

---

① 下文将“机构”（有司）这一概念作为与“皇帝”相对的概念进行使用。由于（唐代的）很多机关也能行使裁判以及刑事裁判之职能，所以下文将不使用“法院”这一概念。

② 政府——及官员的行政活动——应沿袭旧制这一观点，与本文后附所译史料也多有矛盾；参见（后文所译）《新唐书·刑法志》（开篇及笔者第1项注释）；《旧唐书·刑法志》陈子昂奏议（及笔者第113项注释）。至于汉代董仲舒的学说，请参阅 Granet，La Pensée chinoise，Regierung auf Grund der Geschichte，第577页；O. Franke，Studien zur Geschichte der konfuzianischen Dogmas und der chinesischen Staatsreligion，汉堡，1920；Seufert，Urkunden zur staatlichen Neuordnung unter der Han-Dynastie，MSOS 23，1 ff。其学说与法家学说相悖。因而产生这样一个问题：在唐代（礼与法）这两个国家政治的指导方针，究竟哪方更占上风，或者两者如何同时发挥作用？由于该问题必然涉及《唐律疏议》，最好是能够以《唐律疏议》的完整译本为参照，基于上述原因，在本书中，笔者对此不作表态。

③ 从清朝而来就流传机构判决汇编。但这种判决汇编是否在唐代之前就已存在，则值得怀疑。《旧唐书·经籍志》及《新唐书·艺文志》所称的“故事”汇编的篇名，可能仅包含皇帝的判决，但笔者并不确定。

④ 参见《唐六典》6/9a，11a，11b。《唐律疏议》第8条及后续条款（第二卷第1条及后续条款）。

⑤ 《唐六典》6/11b。

围、频率及方式，史料未有明确记载。尽管史料对皇帝亲自决断案件的记载已为数不少，但自整体而观之，也只是沧海一粟罢了。

皇帝的判决以敕诏的形式颁布，正如本书第三章第五节所述，只要判决包含了能够适用于后续案件的标准性的法律规则，那么该项判决就会和其他重要的法令一并编入唐格之中。通过将个案判决编入格这一步骤，仅具有个案效力的判决便被明确转化为普遍生效的法律规则。尽管现有史料没有对其转化的具体细节进行记载，尤其没有记录，当时究竟如何提炼判决蕴含的法律规则，并将之编入唐格，但就当时存在上述变化这一点而言，毋庸置疑。

通过上述转变，皇帝作为最高审级的判决汇编也就自然形成了。但这些判决已不只是通常形式的“故事”（die Präzedenzen），它们对后续案件的效力或影响力在于，它们虽然不是立法文件，但在事实上却被法院践行。在唐朝，这些判决的权威源于其颁布者——集权力于一身的立法者皇帝，皇帝亲自颁布的法令都具有绝对的权威。但是，敕诏并不是在编入唐格之后才具有拘束力，可能在此之前，它们就已经具有了拘束力。① 只不过官员在考证某项敕诏究竟只是针对个案，还是包含了一般性的法律规则时，难免会陷入困境，而将敕诏编入唐格只是为官员解决这一难题提供便利而已。此外，格的编纂的时间间隔并不具有规律性，旧格所含的敕诏在新格颁布后仍具有约束力。但目前史料中时有质疑、尚无定论的是，那些未编入格的旧的敕诏是否也具有普遍的拘束力。仅举一例：公元 685 年皇帝曾颁布过一部简短的格，该部格编纂了唐初以来的敕诏，② 且所编敕诏显然是那些尚未编入唐格，但已经生效的旧的敕诏。最后，机构在编撰一部明确的唐格时必须贯彻，而那些未编入格的旧的敕诏，③ 原则上则不应加以适用。

由于唐代所处的时代及其执政体系远未区分立法、司法和行政规范间的细微差异，因此很难认为，敕诏只有在编入格之后才正式成为立法文件。尽管就区分行政、司法和立法规定本身而言，这种区分是源于欧洲的政治需要，但欧洲的实践本身也没有对此区分严格遵行。倘若以此来考量敕诏的性质，则容易得出错误的认识与结论。

而就立法性的和司法性的判决这两者之间的模糊边界而言，笔者也不想将皇帝的司法性敕诏（die richtliche Erlasse）视为权威解释（die authentische Interpretation）。正如史料例证，司法性敕诏通常并非解释法律疑难问题，而是旨在重新创设法律规则，甚至是皇帝故意违背现行律法来新创法律规则。

---

① 见前文第三章第六节的记述。

② 《旧唐书·刑法志》；（本书附录）立法列表第 25 项。

③ 见《唐会要·定格令》中公元 737 年的李林甫奏议。

因此，无论是在性质上，还是在范畴上，司法性敕诏均有别于权威解释。但是，在国家政策的功能上，司法性敕诏与权威解释较为接近，因此，将司法性敕诏与中国现代法律制度中的权威解释进行比较，也是确有裨益的。

清末，在朝廷仿效欧洲模式首次重构法院体系时，颁布了一些与权威解释相关的条文：清政府在 1910 年 2 月 7 日颁布的《法院编制法》（das Gerichtsverfassungsgesetz）第 35 条中，委任“大理院卿统一解释法令的必应处置之权”；而后（北洋政府）又在 1919 年 5 月 29 日呈准的《大理院办事章程》（das Gesetz über die Organisation des Obersten Gerichtshofes）第 202 条至第 210 条中，具体规定了下级法院机构将法律疑难案件上呈大理院进行解释的程序；1928 年，国民政府将大理院移至南京后，又将法令解释职权转让给五个最高国家机关（立法、行政、司法、考试、监察五院）之一的司法院，① 并通过一部特别法律来对司法院法令解释的职责和解释程序②加以规定。此后，司法院常行使法令解释职权，所作解释也多达数千例。在形式上，司法院的解释与法律规范具有一定的相似性，均采用抽象形式，并隐去了诉讼主体的具体姓名。在法律效力上，司法院的解释的公开程序与法律条例相同，也在司法院和政府公报③上予以公布，对下级机构具有拘束力。

因此，就司法与立法的相互关系而言，④ 中国的现代法律与古代的司法体系在理念上有着明显的联系。尽管现代的判决系由审判机关，而不再由国家首脑或立法者个人作出，但这种变化的根源还是在于国家组织形式本身的变化。此外，最初由大理院享有的职权转移给司法院后，法令解释不再只具有司法行为的性质，还掺杂了政治色彩，这一转变使其与早期唐代机构的初始

---

① 1928 年 10 月 20 日《司法院组织法》第 3 条（后来又有新版本的规定）。

② 1929 年 1 月 4 日《司法院统一解释法令及变更判例规则》。而 1936 年 5 月 5 日最终版本的《中华民国宪法草案》也在第 79 条规定，司法院有统一解释法律命令之权。《中华民国宪法草案》英文翻译参见 China Year Book 1936，第 150 页以下。

③ 自 1929 年至 1937 年颁布的判决之中，具有民法内容的判决已由 F. Théry 翻译为 Les interprétations du Yuan Judiciaire en matière civil, Tientsin, Le Droit Chinois Moderne 汇编，1936 年第 1 卷，1939 年第 2 卷，1940 年第 3 卷。

④ 类似的机构，笔者已在有关权威解释制度的比较研究以及其他国家，尤其是早期的普鲁士法律的研究中明确，但一时无法凭印象做出引注，因此目前无法明确。Riasanovsky 在他的论文 The application and the interpretation of the norm of law，载于 China Social and Political Science Review，第 22 卷，第 3 项（10～12 月，1938），第 284 页，介绍了有关外国法中限制法官解释法律、限制立法者做出权威解释的下列例子：《罗马法尤士丁尼》1 17 C 2, 21；《普鲁士一般邦法》46，47；1790 年 8 月 24 日《法国法》；1832 年《俄罗斯基本法》第 65 条。但究竟上述例子与文中提及的中国法的规定的区别如何，笔者目前无法考证。

职能十分接近。

此外，唐法作为“判例法”（das Präzedenzrecht）是有据可查的，但所谓“判例法”也仅限于那些特定的皇帝敕诏。绝无证据证明，唐代的法是“法官法”（das Richterrecht）。

（四）习惯法

现有史料尚无证据表明，唐代的立法或判决中，人们的习惯或习俗曾扮演了类似于法的角色。

正如前文所述，在唐代，皇帝的地位决定了习惯无法具有法律意义。皇帝因天命代为巡狩，以律法独治天下。[①] 在唐代，不存在人民在皇命以外通过习惯形成法律规则的可能性。即便存在这样的可能性，这些经由习惯形成的法律规则，不管是和钦定律法效力相同也好，还是与意义稍逊的所谓的法的效力相同也罢，这种规则本身都是错误的。

大量经典典籍蕴含的理念也深植于中国法的语言和概念之中。法的概念由“礼”发展而来，与“礼”紧密相连。法作为典范，具有教化功能。唐代的法作为国家重要的核心政治工具，与其他国家相较，规模更大。习惯法规范无法具备法的上述特征，习惯既不具有类似于法的拘束力，也不属于法的概念范畴，而是从属于社会秩序的其他范畴。

因此，史料中鲜见有关习惯的法律意义的记载，亦不足为奇。但这并不表示，不能按照其他标准将民间固定形成的习惯视为一种法。所以，唐代可能也存在这种可称为法的习惯（即习惯法），这在后来得到了证实。然而，依据当时的主流法学观点，但凡这些固有的习惯与律法规定的生活范畴存在矛盾，那么这些习惯无疑是违法的，不得成为习惯法。[②]

尽管如此，习惯仍能在国家立法行政之外的社会秩序领域得到发展。唐代存在着大量这样的“法外领域”（die rechtsfreie Gebiete），最为典型的就是亲属法、债法和商法，这些部门法不仅是民法的重要组成部分，还是国家立法与司法判决中尚未进行规定或规定尚不完备的领域。正如中国法律史后期所示，上述“法外领域”的规则显然由习惯形成。此外，在唐代，家长和族

① 具体参见本章第六节有关经典的记述。

② 这符合中国传统的法学观点，现代《中华民国民法典》第 1 条规定：“民事，法律所未规定者，依习惯；无习惯着，依法理。”该部民法未采纳德国民法的相关规定，更接近英国法的规定，显得更为民主，赋予习惯法律的效力。参见笔者另著 Zivil-und Handelsgesetzbuch sowie Wechsel-und Scheckgesetz von China（《中国民商法典及有价证券法》），马堡，1934，第 24、25、101 页；Die Quellen des chinesischen Privatrechts（《中国私法渊源》），载 Blätter für internationales Privatrecht，1929 年第 4 期，第 196 页以下。

长（die Familien-und Sippenältesten）以及商业行会[①]负责调解争端，他们也因此具备了其他国家通常意义上的国家机关的功能。

但这些"法外领域"的习惯，若按照其他国家（罗马法）继受的德国法上法的概念进行判断，究竟能够在多大程度上具备法的性质，则有待更为深入的研究，已非本书力之所及。由于清末的法学观与国家观仍然保留了中国古代法律体系的基本面貌，因此或许可以参考清末的法与习惯的相互关系来对"法外领域"的习惯进行类比理解。目前还能获得清末的习惯法律汇编，[②]只不过汇编仅限于民法领域，不包括商法。虽然汇编反复表明，其所编习惯由来已久，但汇编编纂的习惯所具有的鲜明的地方特色以及带给人们的那种不确定的印象，难以使人认为，这些习惯已经具备了法的属性。与之密切相关的是，《中华民国民法典》（das moderne chinesische Zivilgesetzbuch）中反复援引习惯，而且，在立法进程中未采纳首部草案选定的"习惯法"（das Gewohnheitsrecht）概念，仅采用了"习惯"（die Gewohnheit）概念。至于商法领域的习惯与习惯法的关系，究竟有多大不同，笔者虽然无法作出确凿判断，但可以认为，清末的商事习惯可能已经成为了习惯法。

上述唐代的法的类似证据，或许可由新近出土并已出版的法律文献获得。

（五）学说

学说的境遇与习惯如出一辙：依据主流国家观的观点，法学学说不具有创设法律的效力。

若是将那些论述一般国家哲学和社会哲学内容的文献忽略不计，那么所剩的民间法律文献就屈指可数了。[③] 唐代的法律文献大多是官方法律汇编，需要进行加工编纂的皇帝敕诏也由大臣奉命编纂。在当时的国家体制下，有

---

① 此处参见 Nussbaum 出版的《仲裁国际年鉴》Internationales Jahrbuch für Schiedsgerichtswesen，1928 年柏林出版，第二卷，笔者的论文第 121 页及该页所作引注。

② 《民商事习惯调查报告录》两卷本，南京 1930 年（商事习惯部分未出版）。此外，《江苏民商事习惯调查会报告书》（该部论著笔者未亲阅）。

③ 《旧唐书》卷四六《经籍志》及《新唐书》卷五八《艺文志》所载的民间作品如下：

1. 卢纾：《刑法要录》十卷。
2. 裴光庭：《唐开元格令科要》一卷。
3. 李崇：《法鉴》八卷。
4. 赵仁本：《法例》一卷（该部作品参见下文）。
5. 崔知悌：《法例》二卷。
6. 《度之长行旨》五卷。
7. 元泳：《式苑》四卷（是一部关于式的作品）。
8. 张伾：《判格》三卷（是一部关于令和判决的作品）。

识之士都志在藉由科举考试步入仕途，因此，民间法学研究不兴，也不足为奇。在唐代，法律研究由官员奉皇命而为之，《唐律疏议》这部学术作品便可佐证。[①] 唐代官员奉皇命为圭臬，自然不可能对皇帝颁行的法律规范作学术批判性的介绍或探讨了。

在此，还需提及唐初高宗时期的一桩史实。[②] 当时，时任少卿的赵仁本撰写了一本法律小册——《法例》，大臣也用此书断案。[③] 高宗发现后，立即禁止使用该书。高宗认为，当时的律文非以皇帝一人之力就可完成，而是承继于前朝，不仅内涵先皇意旨，而且参详大臣众议，律文已趋完备。既然现有律文已经明确完备，因此便无需再以赵仁本的《法例》来指导大臣断狱了。由上述史实首先可以得出，高宗并不喜欢过于技术化的法，而且，唐代也多有观点认为，这种过于技术化的法律难以被寻常百姓理解。其次，上述史实也给笔者如下印象：皇帝不仅不喜欢过于技术化的法，而且不喜大臣"造法"（das von Beamten geschaffenes Recht），即所谓的"法律人"法（das Juristen-Recht）。皇帝不喜欢大臣"造法"或"法律人"法的原因在于，这或许威胁到了皇帝的独断立法大权。与之类似的顾虑不仅决定了皇帝的判决在立法与司法中的主导地位，而且也是皇帝频频亲自干预司法的理由所在。而皇帝的上述预防措施，也是其他国家设置权威解释机制的根源所在。[④]

毫无疑问，唐代进行法律的民间研究与当时的社会现实相悖：在唐代，律法由人工誊写，部分条文留存于中央机关，[⑤] 中央发往地方的官方样本为数不多。仅举一例说明：公元737年的官方法学类书仅制作了五十份样本发往全国，[⑥] 由于样本屈指可数，自然无法覆盖全国三百余州。[⑦] 因此，当地方对律法存有歧见时，常需求助于中央机构。正因如此，太宗于公元628年敕旨规定，各机构均应各自筹措置备各类律法之誊本。[⑧]（"宜委诸曹司，各以本司杂钱，置所要律令格式"——译者注）

基于上述理由，唐代民间法律文献（das private Rechtsschrifttum）的数量之少，对法律发展的助力之微，实乃自然而然矣。

---

① 参见本书第三章第三节的记述及本书附录立法列表第17项及其注释。

② 《旧唐书·刑法志》。

③ 该部作品的推测内容参见笔者后文所译《旧唐书·刑法志》第94项注释。

④ 参见本章第三节记述及相关注释。

⑤ 即《留司格》，参见第三章第六节。

⑥ 《旧唐书·刑法志》及《唐会要·定格令》。

⑦ 《旧唐书》载公元639年有358州，公元740年，即法学类书推广之时有328州。参见本书附录机构目录第84项和第90项。

⑧ 《唐会要·定格令》。

（六）经典典籍作为法律渊源

由前述史料可知，唐代无论是在立法性和政策性的探讨中，还是在个案裁决的商议时，常引经据典（die klassische Schriften），尤以《尚书》、《礼记》、《周礼》为著。一方面，唐代在开展立法性和政策性的探讨时，只是援引了经典典籍中的法哲学原则。另一方面，唐代在进行个案裁决时，则不单单是引经据典，有时更是直接以经典典籍作为裁决的支持理由。例如，皇帝（穆宗——译者注）就康买得案中有关减（死）罪的裁决中曾作如下论证：康买得为救父杀人，若判死刑，则与《礼记》、《尚书》要求的顾及个案具体情况再作决断这一基本原则相矛盾。[①]

另一案中，梁悦为父复仇杀人，而后投官府请罪。皇帝裁决梁悦减死之刑，决杖一百并流放循州（“宜决一百，配流循州”——译者注）。皇帝在论理时援引《尚书》中的“宁失不经”，认为在疑难案件中，宁可冒违背经典之风险，也不可杀无罪之人。皇帝反对经典典籍中关于儿子有义务为父复仇的观点——当然典籍本身对这一观点的表述也语焉不详——相反的，皇帝认为，子并无为父复仇的义务。就这一点而言，我们甚至可以认为，皇帝在经典典籍与律法两者之间，更倾向于依据律法裁决。当经典典籍与律法规范有所矛盾时，依笔者观察，皇帝总在避免明确表态。但至少可以确定，在梁悦血亲复仇案的裁决中，经典典籍与律法规范相比，并不具有优先性。

皇帝在对上述两则案例作出裁决时引经据典的原因有三：其一，当时的律法规定僵硬，难以适用；其二，即使适用了当时的律法，得出的结果也显失公正；其三，皇帝在引经据典时亦遵循了特定的格式，因而可以确定，这些经典言说对案件的裁决而言，具有拘束力。基于此点，视经典言为法律规范，视经典典籍为法律渊源，倒也合乎情理，这与外邦法中以《圣经》或《古兰经》作为法律渊源加以援引十分相似。[②]

然而，作为法律渊源，经典典籍（die klassische Bücher）尚不能与律、令、格、式这四种法律渊源相提并论。首先，经典典籍绝非律法，且无足够证据证明，源自经典典籍的注文曾经属于较早的律文。[③] 经典典籍所载的规则更多的是一些一般性的法律原则（die allgemeine Rechtsgrundsätze），欧洲

① 《旧唐书·刑法志》。

② 如 J. Bryce，Studies in History and Jurisprudence（《历史和法学研究》），第644页及以下。

③ 沙畹：《史记》（法译本），卷一，第224页（Chavannes，Mémoires Historiques，I，p. CXLV）指出，《尚书》中的《吕刑》章包含了早期的律文，但对此未给出进一步的理由。这一观点似乎更像一种猜测，笔者认为可信度较低。

法上也存在着这种一般性的法律原则，但是，法律对这些一般性的原则并不作明确规定。其次，经典典籍既非习惯法，亦非学说，原因在于经典典籍的规则既非源自人民的长期实践，也非基于学者的研究发展。经典典籍更多的是一种特别形式的法律渊源。

虽然我们常从一般层面对礼法关系（das Verhältnis zwischen Riten und Recht）展开讨论，但笔者在此不欲再作深究。虽然目前对礼法关系的探讨尚不充分，尤其是多数论断声称的“礼尊法卑”（das Recht trete hinter die Riten zurück）的观点在实践中尚未得到证实，但对此加以阐述并辅以必要佐证，却已超出本书范围。本书对那些源于经典典籍的法律规则进行论述已然足够，因此不欲对礼法关系这一难题再作深入探讨。

经典典籍中的法律规则也可以同时是礼制规范或道德准则。而经典言说作为礼与道德社会秩序范畴的规则，并不影响其成为法秩序（die Rechtsordnung）的一部分。若以经典典籍规则的出处为由，将之归为礼制规范，则未免流于形式，类似的论证也未曾见诸于其他国家的法律史中。例如：有关禁止杀人的规则并不因《圣经》同样含有这一内容而丧失其作为法律规则的品格。无论是在历史上还是在理念上，宗教戒条、道德戒律与法律常紧密联系、互相契合。这种礼法交融的关系在中国得到了长期的保持与延续，而将礼法合一作为国家政策的基本原则，其正确性也被历史证实。正如通常所见，某一个人或许在宗教和法律上均具有一定意义，在法律史中也常出现某一规则同时具备宗教、道德与法律意义的情形。有时宗教或道德制裁的事项，不仅能够通过法律规范加以制裁，更会因为宗教、道德的谴责而使法律制裁更具权威性。从古至今，规范和规范适用总会呈现出这种多面性。

法规范与礼规范的相互关系，则需要在两者出现矛盾冲突的个案中，才能加以明确。在前述梁悦血亲复仇案中，皇帝自然看到了礼法之间的矛盾冲突，但却采取了回避的态度。皇帝在裁决该案后，命当时的最高国家机关尚书省就礼法规范的冲突问题，起草一份一般性的法律意见书（ein allgemeines Rechtsgutachten）（“礼法二事，皆王教之端，有此异同，必资论辩，宜令都省集议闻奏者”——译者注）。尽管目前史料并未记载，尚书省最后得出了怎样的结论，但是，史料对参与编写该意见书的大臣韩愈的奏议进行了复述。

韩愈在奏议中，对经典典籍有关血亲复仇的内容进行了详细的论述，并作出了评论，由此试图找到礼法规范矛盾的解决之道。但在这里需要关注的并不是韩愈的阐述，而是他对礼法矛盾的处理方法。韩愈论证的出发点是，虽然经典典籍允许血亲复仇，但律法并未对此明确规定（“律无其条”——译者注）。据此，韩愈进一步论证，法官只能依据律法来决断个案，而儒家经术之士则可以依据经典进行议罪（“经术之士，得引经而议也”——译者

注)。依常理，我们或可认为，上述论证已是韩愈就礼法矛盾提出的解决之道。但韩愈并未浅尝辄止，他进一步要求皇帝通过立法确定礼法矛盾的处理方法，作为“定制”。(“今陛下垂意典章，思立定制。”——译者注)韩愈在接下来的论证中再次回溯经典典籍，总结到，倘若复仇者将他的意图事先告知官府，那么就应该允许血亲复仇，应判无罪(“将复仇，先告于士则无罪者”——译者注)。但这一观点与韩愈此前所述的“法官仅能依法决断”的论调自相矛盾。为了解决这一矛盾，韩愈建议应设新制，将后续该类案件交尚书省集中讨论，再奏请上意，皇帝则可依据个案加以斟酌裁量，如此既能“据礼制”，又能“征法令”，便能兼顾礼制与法律而无所失了。(“凡有复父仇者，事发，具其事由，下尚书省集议奏闻。酌其宜而处之，则经、律无失其指矣。”——译者注)

无论是韩愈的立法建议，还是皇帝就梁悦案作出的裁决，他们都只是解决礼法矛盾的折中之策，并未针对礼法矛盾提出一个明确的解决方法。当时并未对律法作出更改，只是解除了后续案件中法官自主裁决的权力，转交给皇帝进行自由裁量。而皇帝的自由裁量权也算不上是一个新的转变，事实上，此前皇帝也常如此决断，只是在个案中无法明确，皇帝究竟是想要背离律法进行裁决，抑或只是行宽宥之制罢了。

因此，即便对上述案件再作深入研究，也难以得出理想的结论。唐代并未找到礼法矛盾的解决之道。正如皇帝敕诏及尚书省的奏议所言，“礼法二事，皆王教之端。”唐代对礼法矛盾的解决之道也只是言尽于此，至于礼法关系究竟如何，则未获置喙。韩愈立法建议的唯一成果，就是废除了法院对所有疑难案件的自主决断权。但这一新制是否真的付诸实行，史料却未作记载。无论如何，绝不能认为，唐代的律法与经典相较位居其次。

五 “守法”概念：律法对帝王大臣的约束

如果我们追问，帝王将相在判决时在多大程度上受律法约束？不熟悉中国传统法律的法律人或许会觉得，提出这一问题不仅令人惊奇，而且多此一举。然而，史料中的诸多案例表明：大臣主张，皇帝确有必要遵从律法。《唐会要》甚至特辟一章以“守法”(die Rechtswahrung)为题加以阐述。上述两项足以表明，“守法”是唐代的一个重大命题。“守法”概念的思想背景是以儒法两家为代表的国家政治方针与哲学方向之争，儒法之争的核心在于，依客观法秩序执政，或依主观标准行政，两者之中孰优孰劣？若采后者，依主观标准行政，则追求最优的裁量结果，重在以经典典籍教化民众。

儒法之争与中国的法的概念一样源远流长。[①]

前文反复提及，皇帝一人独掌国家大权，是当时的最高立法者、行政官与审判官，但这一至高无上的权力对依据客观标准严格适用律法形成了阻碍。在其他专制国家，也存在类似现象，例如，所谓的“内阁司法”（die Kabinettsjustiz）是指政府或国家元首非法干预司法。但另一方面，封建周朝灭亡后，中国逐步发展成为一个中央集权的国家。唐王朝外交的巩固与强大，对以中央集权为特征的这种新的国家形式而言，可谓功不可没。中央集权这一国家形式以明确的法秩序为前提，取封建人治而代之。唐代这种不以经典圣人为圭臬，而以创设维系有拘束性的法秩序为准绳的国家形式，至少对官僚而言是不可或缺的。

但上述中央集权的国家体系必然会出现如下问题：是否只是大臣受到法的约束？在国家行政管理体系的运行中，对那些或是钦定、或是取法前朝的律法，皇帝是否也须遵守？关于“守法”的疑惑，可通过解决上述两个问题而澄清，因此有必要就上述问题作出解答。

就大臣守法而言，首先需要提及唐代的两个特别的中央司法机关：大理寺和刑部。[②] 这两个机关虽然行使审判职能，但却谨遵皇命。御史台[③]则是较为独立的机关，御史台的诸多职责中包括监察和审判职能。御史台与大理寺、刑部并称“三司”，但唐代承担司法职能的机关并不以此为限，其他的中央机关，如位列中央机关之首的门下省和中书省，[④] 这两个机构也位列立法工作和要案商议机关之中。现有史料对参与商议或草拟奏议的大臣的官职记述颇为丰富。不仅民政大臣（die Zivilbeamte），连军政大臣（die militärische Beamte）也参与其中。

这种现象不仅存在于中央司法机关，地方机关及各府、州、县[⑤]也是如此。尽管地方特设司法官员一职，[⑥] 但他们却对地方主管官员（府尹、州刺

---

① 此处不再介绍这场儒法之争及其国家哲学方针的细节，同时甚少介绍儒法两家的声明在唐代法律史中所提炼的“守法”和“威”的概念。这部分内容留待其他契机再作研究。笔者将本章开篇提出的问题局限于法律技术层面，法家就该问题所作声明仅作研究佐证之用。同理，笔者在所译史料中不再对法家文献的字面和意义注释加以明确。这些内容从注释本身就可得出。

② 参见附录机构列表第 25 项，第 33 项。

③ 参见附录机构列表第 19 项。

④ 参见附录机构列表第 4 项，第 9 项。

⑤ 参见附录机构列表第 84 项至第 93 项。

⑥ 本书附录机构列表中翻译为“Justizräter”（“司法参军事”）。在军事构成中，护卫（都护府）和军队在行使“曹参军事”的职责之余还要行使司法审判职能。参见本书附录机构列表第 54 项、第 57 项；《唐六典》24/11b。

史和县令）唯命是从，仅就判决等其他职能上对主管官员加以辅佐。地方主管官员则一人独揽大权。因此，在地方，司法与行政间的界限也不明确。

尽管如此，法的概念，以及仅以律法为准绳、不得自由裁量的司法观念还是在唐代形成了。对此，史料以“守法”一词一言蔽之，笔者依其字面意义，将“守法”一词译为“Rechtswahrung”，即法的遵守或法的维护，甚至仅指合法性（Legalität）的遵守或维护。

笔者以为，“守法”概念自始至终与大臣的职权行为紧密相连。[①] 大臣不仅负有遵守律法规定之义务，而且应对守法理念加以贯彻。

若论及皇帝的司法活动，则不难得出，皇帝并未严格遵行“守法”之要求。皇帝只有在大臣奏议力主守法之时，才“间接”守法。但至于皇帝自己是否也受到法的约束，史料并未明确。就皇帝是否受制于法这一点而言，唐代各时期显然各有不同。在唐代，皇帝既是最高司法机关，最高宽宥级别（Gnadeninstanz），也是最高立法机关。皇帝作为立法者，能够通过简单的敕诏立法，使得针对个案的裁决具有约束后续案件的法律效力，[②] 例如，皇帝可以通过针对个案颁布敕诏来减轻法定罪刑。但皇帝的上述行为究竟是使用宽宥权（Gnadenrecht），还是出于特定理由欲打破现有律法，则并不明确。不管怎样，皇帝的独特地位与无上权力，也使得回答“皇帝是否受法的约束”这个问题更为困难。一言以蔽之，皇帝手握各项职权，其边界混淆不清，史料中亦对此明确定性。但大臣却对皇帝的职权行为进行了明确区分，例如，在皇帝想要了解李伯展案件的进展情况时，御史中丞狄兼謩惟恐皇帝干涉案件，便如此回答圣上：“（案件）已结奏讫，并合处极法。臣是法官，只知有法。陛下若欲原宥。特降恩旨即得”。[③]

我们可由狄兼謩的回答看到，大臣对皇帝作出的司法判决（Rechtssprechung）和宽宥行为（Gnadenakt）进行了明确区分，然而，是否可以进一步得出，皇帝作为法官判案时亦受律法约束，则并不确定。但是，大理少卿戴胄在部分奏议中无所畏惧地反复要求要求皇帝守法，或许，戴氏的主张能够从反面说明，当时绝大部分的大臣认同皇帝偏离律法裁判的权利，而戴氏则是例外而已。对此，笔者仅以太宗时期的以下三则案件为例佐证：第一则案件是公元626年的科举考试伪冒身份案。该案中，太宗命当事人自首，否则将处死刑。但皇帝所谓的“死刑”事实上已经僭越了律法规定。所以，在戴胄判“诈伪者”流刑后，皇帝与其论及该案时，戴氏答曰：“陛下当即杀

① 《唐会要》第四十卷（下文翻译第四节）甚至以“守法”作为标题。

② 见本书前文第三章第六节的记述。

③ 《唐会要·臣下守法》公元837年案件。

之，非臣所及。今既付所司，臣不敢亏法”。[①] 第二则案件是公元627年的擅加官阶案（“温州司户参军柳雄，于隋资妄加阶级。”——译者注），该案中，皇帝同样再次令当事人自首，否则亦处死刑。当皇帝问询戴胄案件进程时，戴胄再次论证到：“陛下既不即杀，付臣法司，罪不至死，不可酷滥”。[②] 与前两则案件相比，第三则案件[③]的脉络不如前两例案件清晰，第三则案件中，两位当事人中的一位是皇亲国戚长孙无忌，因此，在这一关联案中，太宗对两位当事人的判刑轻重有别。但戴胄反对皇帝的这种判罚，认为，“陛下若录其功，非宪司所决。若当据法，罚铜未为得衷”。

但是，需要注意的是在上述三则案件中，戴胄不仅反对皇帝偏离律法裁判的行为，而且还要求皇帝同意自己的观点。例如，科举考试伪冒身份案中，皇帝对戴氏最后的裁定表示满意。擅加官阶案中，尽管皇帝盛怒之下判处当事人死刑，但戴胄却认为罪不至死，并坚持己见，最终改变了判决，获得了成功。在长孙无忌案中，皇帝最后也同意了戴胄的观点。但若仅由上述三则案例便得出戴胄认为皇帝没有严格依法裁决的结论，也实难令人信服。

然而，众多案件表明，在唐代，大臣认为皇帝应受律法约束。《唐会要·臣下守法》就有案例表明，大臣（治书侍御史孙伏伽——译者注）要求皇帝严格遵守自己的赦免敕诏。《唐会要·臣下守法》所载的其他两则案件中，大臣则拒绝接受皇帝所作的违法裁决。其中一则案件中，大臣（殿中侍御史李乾祐——译者注）明确奏曰：“法令者，陛下制之于上，率土遵之于下，与天下共之，非陛下独有也”。另一则案件中，大臣（大理寺卿李朝隐——译者注）曾言及要“期守律文”（“所以为国惜法，期守律文。”——译者注），从上下文考察，大臣的这项奏议只表示皇帝也应“期守律文”。该案中，大臣还援引了两项历史典故（“射兔魏苑，惊马汉桥”——译者注）并指出，前朝君主也曾因“守法”一事而付出了有损龙威的代价。[④]

上述案件表明，在唐代，大臣们认为，皇帝也须受到律法约束。[⑤] 但至于究竟在多大程度上皇帝自认为需受制于律法，或者皇帝是否经常逆律法而行，目前尚无定论。部分敕诏[⑥]表明，皇帝常作出一些律法未作规定的刑罚，尤以杖刑为甚。但是，这些刑罚更多的是律法虽未规定、但也已经“约定俗

---

① 《唐会要·议刑轻重》。

② 《唐会要·臣下守法》。

③ 《唐会要·议刑轻重》。

④ 参见《唐会要·议刑轻重》。

⑤ 在《新唐书·刑法志》复述的案件中，皇帝考虑到当事人在犯案后显示的舐犊之情，从而减轻了刑罚，但宋代的作者却否定了上述观点，认为正直之人并不认可上述裁决。

⑥ 《唐会要·君上慎恤》；《新唐书·刑法志》；《唐会要·议刑轻重》。

成”的做法。当然，皇帝也曾努力将之付诸于律法，欲于律法明文规定，[①]只是未能如愿罢了。

当穆宗特设参酌院，赋其酌定司断大狱，不受律法约束大权之时，大臣们的反应也明确表明了他们的观点。为反对穆宗设立“参酌院”，大理少卿崔杞上奏曰：“今别设参酌之官，有司定罪，乃议其出入，是与夺系于人情，而法官不得守其职。”崔杞认为，特设参酌院，有违“守法”之要义。[②]

然而，需要注意的是，上述案件几乎都发生在因善治而广受赞誉的唐朝前三位君主执政期间，而在唐朝后三分之一的时间中，不再有史料对类似案件进行记载。由于在高祖、太宗及高宗之后，敕诏立法[③]和皇帝干涉立法司法的情况剧增，因此可以认为，高祖、太宗及高宗之后，皇帝“守法”的概念已逐渐淡化，甚至荡然无存。

最后，“君上慎恤”以及“不得过分严格解释律法”（“必求深刻”——译者注）这两项在法政策和裁判考量中常见的原则，也对唐代过于严格地适用律法的现象有所缓解。新旧《唐书》亦载，[④] 武宗在其兄弟儿子违法时，并不怕对手足骨肉依法惩罚，只不过没有对年老的兄弟亲眷加以惩罚罢了，就这一点来看，武宗的判决并未违反当时的道德要求。

译后记

译者作为法律史的外行人，有幸翻译宾格尔教授所著《唐法史源》一书，实属机缘巧合，翻译过程中亦诚惶诚恐，恐有错失。该译作得以成型，尤其感谢中国政法大学法律古籍整理研究所所长徐世虹教授为译者慷慨提供翻译机会，亦难忘徐教授对译者回国初期所给予的在生活上和工作上的莫大鼓励和各种帮助支持，感激之情铭记在心。此外，需特别感谢中国政法大学法律古籍整理研究所赵晶博士对翻译文稿的悉心校对、在内容上的认真补充更正以及专业上的指点，没有赵晶博士的大力辅助，该译作断无法完成。感谢德国明斯特大学 Reinhard Emmerich 教授和于宏博士在翻译以及版权事宜上的大力支持。最后，感谢姚明斌博士和王蒙先生对译文语言的悉心修改。翻译成文虽有幸得到众人帮助，但文责自负，错误之处由译者独立承担。

---

① 《新唐书·刑法志》，《唐会要·议刑轻重》。

② 《新唐书·刑法志》。

③ 见前文第三章第六节。

④ 《新唐书·刑法志》。

【附录一】全书目录

卷二译本
一、《旧唐书·刑法志》
二、《新唐书·刑法志》
三、《唐会要》
(一)《定格令》
(二)《议刑轻重》
(三)《君上慎恤》
(四)《臣下守法》
卷三索引和列表
一、文献目录
二、唐代帝王年号表
三、立法列表
四、敕诏、奏议和法律商议列表
五、案件列表
六、《唐律疏议》之援引出处
七、唐代机构与官职目录
(一) 中央政务机构
(二) 卫府
(三) 东宫官
(四) 亲王府
(五) 地方机构
- 机构目录中文索引
- 机关目录德文索引
卷四附录
一、首版书评
- L. LADANY, S. J., in: *Monumenta Serica* 12 (1947), 300 - 305
- M. H. VAN DER VALK, in: *T'oung Pao* 38 (1948), 339 - 343
- ILSE MARTIN, in: *Journal of the American Oriental Society* 69 (1949), 154 - 157
- FRITZ JÄGER, in: *Zeitschrift der Deutschen Morgenländischen Gesellschaft* 100 (1950), 385 - 392
二、宾格尔有关唐代法律史的其他文章
- Das Kapitel über die Gestzgebung der T'ang Dynastie im T'ungtien ", aus: Sinologische Arbeiten 3 (Peking 1945), 152 - 163
- Über die Verantwortlichkeit der Beamten nach klassischem

chinesischem Recht“, aus: Studia Serica VI (Chengtu 1947), 159 – 191

– The Punishment of Lunatics and Negligents According to Classical Chinese Law”, aus: Studia Serica IX (Chengtu 1950), 1 – 16

三、中文文本

–《旧唐书卷五十》

–《新唐书卷五十六》

–《唐会要卷三十九》

–《唐会要卷四十》

中国法律史文献节选

总索引

【附录二】首版序言

一

呈现在读者面前的这本书本应涉及更广的范围：首先，卷二译本部分本应收录《唐六典》中具有法学意义的三卷内容，还应纳入《唐会要》的某些篇章；其次，卷一正文部分也应涉及唐代立法和司法的基本原则，它们不仅至关重要，而且具备了中国的法概念的典型特征，如法的连续性理念，天人合一观念对法的影响，法律文本不宜过于艰深复杂之思潮，以及书中随处可见的慎恤原则等等，但这些基本原则笔者仅一笔带过，不作细述；再次，卷三索引和列表部分有关唐代机构及官职目录中还应注明各名称的相应别名；最后，笔者还应编制涵盖全书的专业法律术语索引。上述工作中，笔者只完成了《唐六典》的翻译及官职目录的扩编工作，但要再次通读整理这些内容并付梓出版，还需大量时间准备，因时间所限，这部分内容的出版只能寄望于未来了。

尽管如此，本书仍不失为一部完整的作品。本书所用的研究素材限于外国法律史和有关唐代司法诉讼的重要史料。本书未翻译《唐六典》有关法院编制（Gerichtsverfassung）、诉讼法（Prozessrecht）和刑事执行（Strafvollstreckung）部分内容，这些领域可另作特别研究。笔者期望，本书能以有限内容，为改善对中国法了解甚少的现状，略尽绵薄之力。

此外，仅在注释、理解本书所涉案件、或就本书援引律法规定确有必要的情况下，笔者才会涉及唐代实体法的内容。笔者认为，只有同时掌握了《唐律疏议》的中译本，方能深入探讨唐代实体法。尽管笔者已完成了《唐律疏议》中译本的翻译工作，但尚不成熟，交付出版仍需时日。

二

本书既面向法学学者，也面向汉学学者。法学和汉学作为两门不同学科，其方法和理论均截然不同。尽管笔者力图在翻译中兼顾两个学科的自身特点，但仍无法回避两个学科提出的各种疑问。例如，法学学者或许认为，本书注释中包含了许多语言学方面的材料，有些内容略显多余，而且史料本身的法学意义不甚明确。笔者以为，本书前期工作未能覆盖文本评论、词汇、概念等语言学问题，因此有必要展开进一步的语言学研究，而这些内容也因此成为了研究的“新大陆”，如何解读其中的具体问题，也有待进一步论证。但准备这样一部语言学的作品需要付出大量时间精力，而若要以此来扩充本书卷一正文部分内容，仍需一定时间。

另一方面，汉学学者或许认为，本书卷一提出的问题以及对概念的讨论均过于法学化，不具可读性。笔者必须承认，撰写这部作品的初衷只是想以自己的工作方法，立足个别技术问题与个案，撰写一部小作而已。因此，笔者在撰写过程中有意省略了一般性的哲学或国家政治方面的观点。而且，鉴于目前汉学界对诸如儒法之争、礼法关系这些一般性的问题尚无定论，故而笔者的上述工作只是为解决这些一般性的问题提供材料支持，以求抛砖引玉。而深入研究上述问题仍需另待时机。此外，本书也无法回避阐释法技术的问题。尽管如此，笔者依然希望，汉学学者能够通过阅读本书而有所收获。

就史料翻译而言，笔者的工作重心主要是史料和法律意义的客观重述；仅在逐字翻译部分语句会令读者难以理解或意义不明的情形下，笔者才会采用意译的方法。

三

衷心感谢辅仁大学及其校务长雷冕博士（Dr. R. Rahmann SVD），尤其感谢《华裔学志》编辑部为本书付梓出版在学术上所给予的热情支持，他们的帮助使得本书在《华裔学志》的专著系列中得以发表。

感谢方志彤先生（Achilles Fang）支持并帮助笔者熟悉书中的中文文本。方先生虽非法学中人，却以渊博的汉学知识和必要的学术批判的工作方法，极大地启发了笔者的研究。笔者撰写本书及进一步的研究亦仰赖方先生一贯的热情激励。

Pater E. Feifel SVD 神父与 W. Fuchs 博士分别对本书的翻译和史料提出了宝贵意见，W. Franke 博士和 I. Martin 博士均校读本书，Lin Sheng-kuan 女士为本书索引部分的完成提供了大力支持，E. Göldner 女士在百忙之余鼎力协助本书手稿的完成，笔者在此一并致以诚挚谢意。

卡尔·宾格尔

1946 年 5 月，北平

《中国古代法律文献研究》第八辑
2014年，第499~510页

法国的中国法律史研究*

王志强**

摘　要：本文回顾法国对中国传统法律的研究历史和概况，从其研究的重点、进路和视角等方面，概述其基本成果和主要特色。法国对中国法律史的研究积累深厚，重视史料收集和翻译等基础性文献工作，侧重运用社会史和文化史的研究视角，研究的国际化程度较高。

关键词：法国汉学　中国法律史　研究方法

法国对中国法律的了解和描述，可以追溯到传教士来华的17世纪。当时传教士李明对中国制度的描述全面生动。[①] 18世纪的法国传教士延续了

---

* 本文的写作，梅凌寒（Frédéric Constant）和赵晶提供诸多文献信息，巩涛（Jérôme Bourgon）和王伟给予帮助，魏丕信（Pierre-Étienne Will）惠赐未刊书稿，谨致谢意。

** 复旦大学法学院教授。

① Louis Le Comte, *Nouveaux Mémoires sur l' État Présent de la Chine*, tome II (Paris: Jean Anisson, Directeur de l' imprimerie royale, rue de la Harpe, au-dessus de St Cosme, à la Fleur-de-Lis de Florence, 1696), 1-130. 这封致艾斯泰主教（le cardinal d' Estrées）的信中，详细描述了中国的政治结构、司法、考试、职官、刑罚、市政、交易、婚姻、历法、货币、度量衡、交通、税收和军事等各方面广义的制度性内容。法律方面，则特别描述了审转、讼费和刑罚制度；*id.*, at 40-3, 76-7, 84-9（〔法〕李明著《中国近事报道1687~1692》，郭强等译，大象出版社，2004，第217~254页；据1990年法文重新排印版译出）相关线索，参见田涛、李祝环《接触与碰撞：16世纪以来西方人眼中的中国法律》，北京大学出版社，2007，第37~41、60~62页；其中还探讨了当时法国传教士金尼阁（Nicholas Trigault）所编利玛窦的札记中对中国法律及其实施状况的描述。

这一传统。① 孟德斯鸠曾在《论法的精神》中，按照他的理解，多次提及中国法的状况。② 19 世纪以后，随着大量西方人来华，出现了越来越多的对中国古典法律制度的形象记述。③

作为海外中国学的研究中心之一，法国对中国历史和文化的研究成果一时称盛。④ 在中国法律史领域，法国及法语地区学者的相关研究，⑤ 虽在规模上不及日、美，但其渊源甚早、积累深厚，而且依托久负盛名的法国汉学传统和深厚的历史学理论，因此仍是治中国法律史学者不可忽略的他山之石。由于语言和相关成果数量等原因，与国内学界较熟悉的日、美有关研究相比，⑥ 对法国的中国法律史研究，国内学者了解相对较少。本文从其方法和特点的角度略述其要，以窥一斑。

---

① 例如，在《中华帝国全志》中，描述了中国的审级、刑罚等制度，还译介了大量中国历代的官方文书；Jean-Baptiste Du Halde, *Description Géographique*, *Historique*, *Chronologique*, *Politique et Physique de l' Empire de la Chine et de la Tartarie Chinoise*, tome II (Paris: P. - G. Le Mercier, 1735), 22 - 42, 131 - 37, 384 - 611. 又如，"Lettre du père contancin au père étienne Souciet," in *Lettres Édifiantes et Curieuses concernant l' Asie*, *l' Afrique et l' Amérique*, tome III, ed. M. L. Aimé - Martin (Paris: Société du Panthéon Littéraire, 1843), 489 - 95（〔法〕杜赫德编《耶稣会士中国书简集：中国回忆录》第 3 册，朱静译，大象出版社，2001，第 189 ~ 196 页）这封 1725 年的信中，描述了雍正时的政治制度、包括死刑复核和秋审等司法制度。

② 例如，在探讨罪行相应原则时，他比较了俄罗斯、中国和法国对强盗的刑事处罚，强调了中国制度的合理性；Charles de Secondat Montesquieu, *L' esprit des Lois*, tome I (Geneva: Barrillot & fils, 1749), 144 - 45. 这一例证和观点，被英国法学家布莱克斯通照搬，只是其中俄罗斯被诡异地替换成了法国；William Blackstone, *Commentaries on the Laws of England*, Vol. IV (Oxford: Clarendon Press, 1769), 18。

③ 例如，关于中国法律的专章描述，包括形象的插图，参见 Old Nick [Emile Daurand Forgues], *La Chine Ouvert*: *Aventures d' un Fan-Kouei dans le Pays de Tsin* (Paris, H. Fournier, 1845), 207 - 15（〔法〕老尼克著，奥古斯特·波尔杰插画《开放的中华：一个番鬼在大清国》，钱林森、蔡宏宁译，山东画报出版社，2004，第 153 ~ 158 页）。

④ 参见许光华《法国汉学史》，学苑出版社，2009；〔法〕戴仁编《法国中国学的历史与现状》，耿昇译，上海辞书出版社，2010。

⑤ 出于论述的方便，本文以"法国"为题，以法国学者为重点，但也涉及个别法国以外法语区的学者及其著述。

⑥ 关于日本学者的中国法制史研究状况，参见赵晶《近代以来日本中国法制史研究的源流：以东京大学与京都大学为视点》，《比较法研究》2012 年第 2 期；陈新宇：《外在机缘与内在理路：当代日本的中国法制史研究》，《政法论丛》2013 年第 3 期；关于美国学者的相关研究，参见苏亦工《当代美国的中国法研究》，《中外法学》1996 年第 5 期；苏亦工：《另一重视角：近代以来英美对中国法律文化传统的研究》，《环球法律评论》2003 年春季号；尤陈俊：《"新法律史"如何可能：美国的中国法律史研究新动向及其启示》，《开放时代》2008 年第 6 期。

一

法国学者的中国法律史研究，秉承了长期以来的法国汉学传统，首重史料的收集和翻译等基础性文献工作。早期关于中国传统制度的著作，如黄伯禄（Pierre Hoang）对中国财产制度的记述中，① 收录了大量当时中国有关土地制度的计量方式、政府公文、交易惯例、画押样式以及合同样本，提供了不少当时交易状况和制度的基本素材。早期汉学家沙畹（édouard Chavannes）对斯坦因等发现的西域古文书的考释，涉及多种牒状和契约等公私法律文书。② 伯希和（Paul Pelliot）从敦煌带往法国的敦煌文书中，包含大量法律典章、文书及契约。③ 他还根据各种中、日、西文各种文献题录及作者本人的涉猎，对中国法律史的基本文献状况做了较充分的介绍，对清代法制史料收列尤详。④ 近年来，魏丕信（Pierre-étienne Will）编纂的书目踵续了这一传统，显示了法国学者谙熟中国政法史料的深厚功底。⑤该目录之编纂历时逾二

① Pierre Hoang, *Notions Techniques sur la Propriété en Chine: avec un Choix d' actes et de Documents Officiels* (12 ed., Zi - ka - wei, Chang - hai, 1920). http://gallica.bnf.fr/ark:/12148/bpt6k5437016t.r=Hoang%2C+Pierre+.langFR。根据该书序言，应成书于1897年6月。

② Édouard Chavannes, "Chinese Documents from the Sites of Dandan-Uiliq, Niya and Endere," in M. Aurel Stein, *Ancient Khotan: Detailed Report of Archaeological Explorations in Chinese Turkestan* (Oxford: Clarendon Press, 1907) 521 -47.

③ 其中的法律典章和文书，参见刘俊文《敦煌吐鲁番唐代法制文书考释》，中华书局，1985，第41~85、105~122、161~164、180~269、301~309、356~403、420~484页；契约之例，可参见沙知录校《敦煌契约文书辑校》，江苏古籍出版社，1998，第4~6、16~17、26~31、44、51~52、64、70~71、77~78、82~85、130~151、156~157、159~160、165~168、177~180、190~195、201~209、211~220、224、227、239、258~259、263~264、270~271、274~277、279、284~291、296~297、303、312~313、315、319~323、327~331、336~338、341~342、346~347、349~352、355~357、360~361、370~371、376、382、387~388、392~394、396~397、400~401、408~409、418~419、422~425、428~429、431~440、446~448、470~474、477~478、489~491、508~513、526~527、537~538、540~542、544~547、551、555~557、559、564~565页。相关目录的中译本，参见〔法〕伯希和编，陆翔译《巴黎图书馆敦煌写本书目》，《国立北平图书馆馆刊》第七卷第六号，1933，第21~72页；第八卷第1号，第27~87页。较完整的当代集成，参见上海古籍出版社、法国国家图书馆编《法国国家图书馆藏敦煌西域文献》（第1~34卷），上海古籍出版社，1994~2005。

④ Paul Pelliot, "Notes de bibliographie chinoise. II. Le droit chinois," *Bulletin de l' École Française d' Extrême-Orient* 9 (1909): 123 - 152.

⑤ Pierre-étienne Will, *Official Handbooks and Anthologies of Imperial China: A Descriptive and Critical Bibliography* (Leiden, Brill, forthcoming).

十年，世界各国多位学者提供各种信息及不同程度参与，最终文稿经魏氏本人反复校订，将由荷兰博睿（Brill）出版社出版。虽然尚未正式刊行，编者早已将文稿广为传布于同仁以征询意见，同时也已为学界所利用，成为西方学界研习中国法律史的重要和基本工具性资料。编者本人的相关研究，有些即是在收集和分析大量史料基础上的文献探讨。① 在目前的电子化时代，法国学者的文献收集和整理也同时通过网络进行。2010 年起，巩涛（Jérôme Bourgon）主持的法国国家科学研究项目（Agence Nationale de la Recherche；ANR）“法律视野下的中国地域”（Legalizing Space in China；LSC）项目网站（http：//lsc. chineselegalculture. org）收录了数量可观的以清代法律史料为主的相关文献 PDF 版本，供所有项目参与者下载使用，其中部分文献可供开放式下载。

基本文献的翻译同样为法国研究者所重视。由于自 19 世纪中叶起，法国开始在越南殖民，而当地的法律实际上是移植明清律例的中国法翻版，② 因此早期法国研究者对越南律例的法文翻译，被广泛作为中国法研究的参考。其中的经典译本是 Paul-Louis-Félix Philastre 根据越南嘉隆十二年（1813）移植乾隆五年（1740）《大清律例》而制定的《皇越律例》译成。③ 译者除了翻译律例条文，还根据当时所见各种汉语文献，详细描述了法条的立法背景、中越差别和时人的理解，具有丰富的研究内涵。当时到 19 世纪末，鲍来思（Guy Boulais）将清朝大部分律文和一部分条例译为法语。④ 这两种法语译本，迄今仍是西方学界广为使用的基本文献。⑤ 时至今日，法典文本的翻

① 例如，Pierre-Étienne Will，“La réglementation administrative et le code penal mis en tableaux，” *Études Chinoises* 22（2003）：93－157（中译本：〔法〕魏丕信：《在表格形式中的行政法规和刑法典》，张世明等编《世界学者论中国传统法律文化（1644～1911）》，法律出版社，2010，第 39～79 页）；*id.*，“From Archive to Handbook：Anthologies of Administrative Documents in the Qing，” Paper from the Fourth International Conference on Sinology：Exploring the Archives and Rethinking Qing Studies，Taipei，Academia Sinica，2013。

② 关于明清法律对越南的影响，参见杨鸿烈《中国法律对东亚诸国之影响》，中国政法大学出版社，1999，第 458～525 页；《皇越律例》，（越南）嘉隆十二年（1813）年颁行。

③ *Le Code Annamite*（2nd ed.，Paris：Ernest Leroux，1909）；台北成文出版社 1967 年影印。这一译本可能完成于译者《前言》所作的 1875 年。书中扉页标记《皇越律例》的时间作 1812，恐不确。

④ *Manuel du Code Chinois*（Chang-hai：Orphelinat de T'ou-sè-wé，1923）；台北成文出版社 1966 年影印。该书的中文标题为《大清律例便览》。http：//www. google. fr/url？ sa = t&rct = j&q = &esrc = s&source = web&cd = 1&ved = 0CC4QFjAA&url = http% 3A% 2F% 2Fwww. chineancienne. fr% 2Fapp% 2Fdownload% 2F4969946062% 2Fboulais _ code. pdf% 3Ft% 3D1303393969&ei = n51NU7bxDImsPO3NgJAB&usg = AFQjCNHRQUBipDwaLAdJV1at6kmZJqefjg&bvm = bv. 64764171，d. d2k&cad = rja（第一册）。根据译者的《前言》，该书应完成于 1891 年。

⑤ 关于上述两种译本的基本状况和西方中国法律史学界的评价，参见 Derk Bodde and Clarence Morris，*Law in Imperial China*（Philadelphia：University of Pennsylvania Press，1973），74－75。

译仍是法国研究者的关注所在。前述巩涛所主持的 LSC 研究项目的内容之一，即是通过组织三至五人的翻译工作坊，以中、西方学者的集中式讨论和电子版交流相结合的模式，逐字逐句研读《大清律例》的部分重要条目，并将其译为英语和法语。其基本工作模式，是先由某位西方学者将法条内容初步译出，经中国学者校读、并经小组讨论，确定关键术语的准确内容和特定译法，在此基础上进行修改，再由以英语或法语为母语的学者进行修正润色，最后将电子版上传项目网站，由全体成员参与校读、提出修改意见，最后由主持人定稿。

除法典外，其他有关法制的基本文献，不少在 19 世纪就有了法语译本，如《孝经》、《仪礼》、《朱子家礼》和《礼记》等。[①] 此后，白乐日（étienne Balazs）完成了《隋书・刑法志》和《食货志》的译注；后者中也包括个别与法制相关的内容。[②] 据说他生前还完成了对《晋书・刑法志》的法文翻译，[③] 可惜未见刊行。

二

法国学者研究中国法律史的另一特点，是较普遍地运用社会史和文化史的视角，隐含西方关怀和问题意识，但从法学视角的研究和关切相对较为单薄。较早的经典著作——马伯乐（Henri Maspero）和让・艾斯卡拉（Jean Escarra）以"中国制度"为题的著作，实际上主要是从政治制度和思想文化视角描述的中国史著述。[④] 与法律史相关的主题，不少是社会经济史研究的

---

① See Le Hiao-king, *Livre Sacre de la Piete Filiale*, trans. Leon de Rosny（Paris: Maisonneuve, 1889）; *I-li*: *Cérémonial de la Chine Antique*, trans. Charles de Harlez（Paris: Jean Maisonneuve, 1890）; *Kia-li*: *Livre des Rites Domestiques Chinois de Tchou-hi*, trans. Charles de Harlez（Paris: Ernest Leroux, 1889）; Li Ki ou Mémoires sur les Bienséanceset les Cérémonies, trans. Séraphin Couvreur（Ho Kien Fou: Mission Catholique, 1899）.

② Étienne Balazs, *Le Traité Juridique du Souei-chou*（Leiden: E. J Brill, 1954）; *id.*, "*Études sur la Société et l'Économie de la Chine Médiévale. I. Le Traité Économique du 'Souei-Chou,'*" *T'oung Pao* 42, No. 3/4（1953）: 296 – 300.

③ 参见〔法〕戴密微著《法国的经济史汉学家白乐日》，耿昇译，〔法〕戴仁编《法国中国学的历史与现状》，第 302 页。

④ Henri Maspero and Jean Escarra, *Les Institutions de la Chine*（Paris: Presses Universitaires de France, 1952）. 类似的著作，例如 Henri Maspero and étienne Balazs, *Histoire et Institutions de la Chine Ancienne*: *des Origines au XIIe Siècle après J. – C.*, ed. Paul Demiéville（Paris: Presses Universitaires de France, 1967）。

派生，如早期黄伯禄对中国婚姻制度的描述、[1] 马伯乐对中国古代封建制和土地制度及相关概念的研究、[2] 谢和耐（Jacques Gernet）关于敦煌契约的经典成果、[3] 童丕（éric Trombert）对敦煌借贷关系的研究、[4] Françoise Lauwaert 对收养制度的探讨和对家庭内杀人行为的社会史探讨，[5] 以及陆康（Luca Gabbiani）对基层政府和日常社会管理的研究等。[6] 还有从其他角度探析法律史问题的研究，如蒲依莲利用中日文献对中国早期留日法科学生及其在日本学习

---

① Pierre Hoang, *Le Mariage Chinois au Point de Vue Légal*（Chang-hai: Orphelinat de T'ou-sè-wé, 1898）. 作者的引注过于简略，当代学者尝试略予补充，并提供电子版：http://classiques. uqac. ca/classiques/hoang_ pierre/mariage_ chinois_ pt_ vue_ legal/hoang_ mariage. pdf。

② Henri Maspero, "Le Régime féodal et la propriété foncière dans la Chine antique," *Revue de l' Institut de Sociologie* 16, No. 1（1936）; "Les régimes fonciers en Chine: des origines aux temps modernes," *Recueil de la Société Jean Bodin* 2（1937）: 265 – 314; "Les termes désignant la propriété foncière en Chine," *Recueil de la Société Jean Bodin*, 3（1938）: 287 – 301; collected in *id.*, *Mélanges Posthumes sur les Religions et l'Histoire de la Chine*（Paris: Musée Guimet, 1950）, 109 – 208.

③ Jacques Gernet, "La vente en Chine d'après les contrats de Touen-houang（IXe-Xe siècles）," *T'oung Pao*, 45, No. 4/5（1957）: 295 – 391; *id.*, "Location de chameaux pour des voyages, à Touen-houang," in *Mélanges de Sinologie Offerts à M. Paul Demiéville*, tome I（Paris: Institut des Hautes Études Chinoises, 1966）, 41 – 51（中译本：〔法〕谢和耐：《敦煌卖契与专卖制度》、《敦煌写本中的租骆驼旅行契》，谢和耐等编《法国学者敦煌学论文选萃》，耿昇译，中华书局，1993，第1～76、96～104页；又收入郑炳林编《法国敦煌学精粹》第1册，耿昇译，甘肃人民出版社，2011，第3～68、137～143页）。

④ Éric Trombert, "Prêteurs et Emprunteurs de Dunhuang au Xe Siècle," *T'oung Pao*, 80, No. 4/5（1994）: 298 – 356（中译本：〔法〕童丕著《10世纪敦煌的借贷人》，耿昇译，载郑炳林编《法国敦煌学精粹》第1册，第69～132页）; *id.*, *Crédit a Dunhuang: Vie Matérielle et Société en Chine Médiévale*（Paris: Collège de France, Institut des Hautes Études Chinoises, 1995）（中译本：〔法〕童丕著《敦煌的借贷：中国中古时代的物质生活与社会》，余欣、陈建伟译，中华书局，2003）。

⑤ Françoise Lauwaert, "Quelques réflexions sur l'adoption dans le droit traditionnel chinois," *Revue des Pays de l' Est*（1987）: 53 – 64; *id.*, *Recevoir, Conserver, Transmettre: L'adoption dans l'Histoire de la Famille Chinoise, Aspects Religieux, Sociaux et Juridiques*（Bruxelles: Institut Belge des Hautes Études Chinoises, 1991）; *id.*, *Le Meurtre en Famille: Parricide et Infanticide en Chine, XVIIIe-XIXe Siècle*（Paris: O. Jacob, 1999）.

⑥ Luca Gabbiani, "The Redemption of the Rascals': The Xinzheng Reforms and the Transformation of the Status of Lower-Level Central Administration Personnel," *Modern Asian Studies* 37（2003）: 799 – 829（中译本：〔法〕陆康：《"流氓的补偿"：新政改革与中央低层行政人员地位的演变》，载张世明等编《世界学者论中国传统法律文化（1644～1911）》，第372～399页）; *id.*, *Pékin à L'ombre du Mandat Céleste: Vie Quotidienne et Gouvernement Urbain sous la Dynastie Qing*, 1644 – 1911（Paris: École des Hautes Études en Sciences Sociales, 2011）。

状况的研究。[①] 以法律问题本身为主题的中国学研究，早期学者基本立足于文献分析和考据，如马伯乐利用金文和其他传世文献对诉讼中盟、誓概念的研究。[②] 当代法国的中国法律史研究中，不少作品也是从社会和文化史角度进行分析。例如，长期从事法律史研究的巩涛，分析董仲舒春秋决狱的推理方式、王明德对"读律八字"的解释方式，以及《易经》"中孚"卦的疏解，阐释中国传统法律文化中因循前例、取像类比的特点；[③] 他以张斐《注律表》为中心，结合《易经》思想及《系辞》的相关内容，分析了时人的《易经》理论对当时立法技术的影响。[④] 他对酷刑的研究也体现出类似特色。在与卜正民（Timothy Brook）等合作撰写的关于凌迟研究的英文著作出版稍早，[⑤] 他出版了同一主题的法文著作。[⑥] 后者以大众化读本的形式出现，简化了学术论著中的注释，并借助现代传媒技术，通过所附光盘和提供的网站信息，向读者全方位地展示了作者研究中所利用的早期照片、明信片、文学作品插图，以及清代后期采用西洋风格绘制、反映中国社会风情的通草画。作者利用其对各时代西方文献的把握能力，在书中第二部分回顾和反思了对中国酷刑的西方式描述和观念，其接触比较的方法与英文版的合作著作有异曲同工之处。[⑦] 又如，程艾

---

① Lilian Pudles, "La formation juridique des étudiants chinois au Japon au début du XXe siècle," *éducation et Instruction en Chine*, tome II, *Les Formations Spécialisées*, eds. Christine Nguyễn Trí and Catherine Despeux (Paris & Louvain: Peeters, 2002), 175 -206 (中译文：〔法〕浦依莲著《二十世纪初中国留日学生的法政教育》，许苗杰译，载《法国汉学》第 8 辑"教育史专号"，中华书局，2003，第 250 ~284 页)。

② Henri Maspero, "Le serment dans la procedure judiciaire de la Chine antique," *Mélanges Chinois et Bouddhiques* 3 (1934 -1935): 257 -315.

③ Jérôme Bourgon, "Les vertus juridiques de l'exemple: nature et fonction de la mise en exemple dans le droit de la Chine impériale," *Extrême-Orient, Extrême-Occident* (*La Valeur de l'Exemple: Perspectives Chinoises*) 19 (1997): 7 -44.

④ *Id.*, "Le rôle des schémas divinatoires dans la codification du droit chinois: à propos du commentaire du code des Jin par Zhang Fei," *Extrême-Orient, Extrême-Occident* (*Divination et Rationalité en Chine Ancienne*) 21 (1999): 131 -45.

⑤ Timothy Brook, Jérôme Bourgon, and Gregory Blue, *Death by A Thousand Cuts* (Cambridge, Mass.: Harvard University Press, 2008) (中译本：〔加〕卜正民等著《杀千刀：中西视野下的凌迟处死》，张光润等译，商务印书馆，2013)。

⑥ Jérôme Bourgon, *Supplices Chinois* (Bruxelles: La Maison d' à côté, 2007). 该书封面的中文题签是《最后的凌迟》。

⑦ 作者关于凌迟和酷刑的其他著述，还有：Jérôme Bourgon, "Abolishing 'Cruel Punishments:' A Reappraisal of the Chinese Roots and long Term Efficiency of the *Xinzheng* Legal Reforms," *Modern Asian Studies* 37 (2003): 851 -62; *id.*, "Chinese Executions Visualizing Their Differences with European Supplices," *European Journal of East Asian Studies* 2 (2003): 153 -184; *id.*, "Le dernier lingchi 凌遲: faits, représentations, événement," *Études Chinoises*, 25, No. 2 (2006): 113 -71。

兰（Anne Cheng）关于汉代复仇问题上礼法分歧的研究，也属于从思想史角度切入法制史的传统论题。[①]瑞士日内瓦大学张宁关于死刑制度的研究则以明代为中心，从宗教祭祀、家族制度和国家权力等角度，探讨传统中国死罪、死刑及其行刑的社会意义。[②]陆康对精神病人刑事责任的研究，主要强调中国传统家庭价值观对相关规则和法律实践的影响。[③]

以法学问题为关怀的中国法律史研讨，曾全面展现于20世纪前期法学家艾斯卡拉的经典著作中。[④] 作为法语世界研究现代中国法的先行者和1920年代中国政府的法律顾问，作者特别重视历史上的中国法律制度和思想，"基本概念"（第7～30页）、"中国法律精神"（第69～84页）等章节，对中国法的相关探讨都基于历史文献和传统精神。在立法制度、司法组织、法律教育和科学等部分，也都用了不少篇幅追述相关制度和状况的历史。当代研究中，谢和耐曾以《唐律》为中心、以西方观念为参照，简要论述了中国古代的法律责任观念。[⑤] 巩涛的习惯法研究对法学问题的探讨较为深入。他以法国等西方传统中的法律与习惯的关系为参照系，强调中国民间习惯与国

① Anne Cheng, "Filial Piety with a Vengeance: The Tension between Rites and Law in the Han," in *Filial Piety in Chinese Thought and History*, eds. Alan K. L. Chan & Sor-hoon Tan (London & New York: RoutledgeCurzon, 2004), 29－43.

② Zhang Ning, "Corps et peine capitale dans la Chine imperial: Les dimensions judiciaires et rituelles sous les Ming," *T'oung Pao* 94 (2008): 246－305.

③ Luca Gabbiani, "Pour en finir avec la barbarie: Folie et parricide en Chine à la fin de l'ère impériale (XVIIIe-XXe siècles)," *T'oung Pao* 95, No.4－5 (2009): 334－92; *id.*, "Insanity and Parricide in Late Imperial China (Eighteenth-twentieth centuries)," *International Journal of Asian Studies* 10, No.2 (2013): 115－41（〔法〕陆康著《清代法律文献视野中的精神病与杀父母》，郭瑞卿译，载徐世虹主编《中国古代法律文献研究》第7辑，社会科学文献出版社，2013，第433～454页；另一中译本为孙家红译《18－20世纪帝制中国晚期的因疯杀害尊亲属罪》，《法国汉学》第16辑，中华书局，2014（即出）。二者内容略有差别）。

④ Jean Escarra, *Le Droit Chinois: Conception et évolution, Institutions Législatives et Judiciaires, Science et Enseignement* (Pékin: Éditions H. Vetch; Paris: Librairie du Recueil Sirey, 1936) (English version: *Id.*, *Chinese Law: Conception and Evolution, Legislative and Judicial Institutions, Science and Teaching*, trans. Gertrude R. Browne (Cambridge: Harvard Law School, 1961).

⑤ Jacques Gernet, "A propos de la notion de responsabilité dans l' ancien droit chinois," in *Il diritto in Cina*, dir. Lionello Lanciotti (Florence: Olschki, 1978), 127－137; collected in Jacques Gernet, *L' intelligence de la Chine: le Social et le Mental* (Paris, Gallimard, 1994), 70－79（〔法〕谢和耐：《论责任观》，载氏著《中国人的智慧》，何高济译，上海古籍出版社，2004，第35～41页）。

家立法的相对疏离，以及在二者转换过程中官僚统治机制的决定性作用。① 梅凌寒（Frédéric Constant）以西方为参照，探讨中国传统社会调解和“仲裁”的状况及其性质，法学的问题意识较显著。② 但总体而言，此类成果数量相对有限。

研究视角和问题意识方面的这种特点，一方面与较为保守的法国法律史学界轻视中国法密切相关。他们一度否认中国历史上有法律可言，至少认为中国法律史缺乏研究价值，因此曾拒绝接纳中国法律史学的研究者作为法律史学会成员。这使法学家对中国法律史很少关注。尽管这种认识目前已有所改变，但毕竟积习已深，难以遽变。目前，在法国治中国法律史的学者中，隶属法科者，恐怕仅巴黎第十大学法学院的梅凌寒博士。③ 另一方面，法国汉学研究源远流长，在西方学界独树一帜，社会、经济和文化史分析为中国学研究者所关注和擅长。《通报》（*T'oung Pao*）、《中国研究》（*études Chinoises*）等在西方中国学研究界久负盛名的学术期刊，更成为中国法律史论文发表的主要阵地。此消彼长之下，在法国的中国法律史研究中出现上述现象，也就不难理解了。

三

法国的中国法律史研究，具有较强的国际性。由于法国汉学的悠久传统、法国与国际学界的密切联系，从事中国法律史研究的法国学者通常都具有较强的语言能力，不仅通晓汉语，而且能够运用日语和英语文献，特别是多能较熟练地运用英语进行交流和写作，有利于其密切关注国际学界的研究动态，便捷地与国际同行进行联络和交流，并有效地组织国际合作研究团队。例如，巩涛的相关长篇评论性论文，通过评述美国学者在相关领域的新

---

① *See*, *e. g.*, Jérôme Bourgon, “La coutume et le droit en Chine a la Fin de l'empire,” 54 *Annales. Histoire*, *Sciences Sociales* 54 (1999): 1073 - 107; *id.*, “Le droit coutumier comme phénomène d'acculturation Bureaucratique au Japon et en Chine,” *Extrême-Orient*, *Extrême-Occident* (*La Coutume et la Norme en Chine et au Japon*) 23 (2001): 125 - 43; *id.*, “Uncivil Dialogue: Law and Custom did not Merge into Civil Law under the Qing,” *Late Imperial China* 23 (2002): 50 - 90;〔法〕巩涛著《地毯上的图按：试论清代法律文化中的“习惯”与“契约”》，黄世杰译，载邱澎生、陈熙远编《明清法律运作中的权力与文化》，中研院、联经出版公司，2009，第215～253页。

② Frédéric Constant, “L' arbitrage en Chine, des Ming (1368 - 1644) jusqu' à nos jours,” *Revue de l' Arbitrage*: *Bulletin du Comité Français de l'Arbitrage* 1 (2013): 3 - 55.

③ 此承梅凌寒博士惠告。

近论著和译著，表述了作者对中国法律史研究的视野和对主要问题的关切及理解。① 用英语进行专业学术发言和讨论，对当代研习中国法律史的法国学者而言，基本都没有障碍。魏丕信、巩涛、陆康等法国学者，都常以英语写作和发表学术论文。前述巩涛主持的 LSC 研究项目，汇集了中国、美国、加拿大和瑞士等多国中青年学者，以英语作为主要工作语言，具有较广泛的国际性。此外，有些学者还具有特殊的小语种运用能力，如 Jacques Legrand、鄂法兰（Françoise Aubin）、梅凌寒等元代法或蒙古法学者都能够运用蒙文进行相关研究。②

除法国学者外，还有不少曾在法国攻读博士学位的其他国家学子，不乏个别在中国法律史领域学有建树者。这既体现了法国在相关学术领域的国际领先地位，也进一步加强了其国际化程度。20 世纪 30 年代的 Paul Ratchnevski 即其一例。作为俄罗斯裔的法国留学生，他师从汉学大家伯希和。其翻译和研究《元史·刑法志》的博士论文及其后续著译，已成为西方

① Jérôme Bourgon, "De quelques tendances récentes de la sinologie juridique américaine," *T'oung Pao* 84, No. 4/5 (1998): 380 – 414; *id.*, "Coutumes, pratiques et droit en Chine: Quelques remarques sur des termes couramment employés dans des ouvrages récents," *Études Chinoises* 22 (2003): 243 – 82. 其他较简短的书评更多，例如，*id.*, "Book Review on *Social Power and Legal Culture: Litigation Masters in Late Imperial China* (by Melissa Macauley)," *Harvard Journal of Asiatic Studies* 61 (2001): 183 – 198; *id.*, "Book Review on *Writing and Law in Late Imperial China: Crime, Conflict, and Judgment* (eds. Robert E. Hegel and Katherine Carlitz)," *T'oung Pao*, 94, No. 4 (2008): 405 – 14; Luca Gabbiani, "Book Review on *Thinking with Cases: Specialist Knowledge in Chinese Cultural History* (eds. Charlotte Furth, Judith T. Zeitlin and Ping-Chen Hsiung)," *The China Quarterly* 192 (2007): 1044 – 46。

② *See, e. g.*, Jacques Legrand, *L'administration dans la Domination Sino-Mandchoue en Mongolie Qalq-a: Version Mongole du Lifan Yuan Zeli* (Paris: Collège de France, Institut des Hautes Études Chinoises, 1976. 鄂法兰（Françoise Aubin）曾为 Paul Ratchnevski 的元代刑法经典译注编制索引；Paul Ratchnevsky et Frangoise Aubin, *Un Code des Yuan*, tome III, Index (Paris, Presses Universitaires de France, 1977). 梅凌寒相关蒙古法的研究，如 Frédéric Constant, "Questions autour du pluralism juridique sous la dynastie des Qing à travers l' exemple mongol," *Études Chinoises*, 26 (2007): 245 – 55；康斯坦（Frédéric Constant）:《从蒙古法看清代法律多元性》,《清史研究》2008 年第 4 期，第 127 ~ 143 页；收入张世明等编《世界学者论中国传统法律文化（1644 ~ 1911）》，第 423 ~ 460 页（"导言"部分有增补）; *id.*, "Le droit Ouïghour sous la domination sino-mandchoue (1759 – 1864)," *Droit et Culture* 53 (2008): 85 – 100; *id.*, "Le territoire mongol sous les Qing," *Bulletin de l' École Française d' Extrême-Orient* 97 (2013): 55 – 89; *id.*, *Le Droit Mongol sous les Qing* (1644 – 1911) (Paris: Collège de France, Institut des Hautes Études Chinoises, forthcoming)。

学界研习元代法律的重要参考文献。[①] 同时代的中国留学生胡养蒙在巴黎大学提交的博士论文，从哲学和法学角度探究名、分的概念，主要利用先秦诸子文献，从社会等级等礼制视角对名分问题进行了制度和思想史的解读，是该问题研究的早期成果，受到西方汉学家的一定关注。[②] 当然，在20世纪前期，虽然有数量可观的中国留学生前往法国研读法科，[③] 并以中国法律史为主题撰写博士论文，[④] 但据笔者在巴黎国家图书馆对其中部分论文的阅读经验，按照目前的学术标准，从论文的创意和学术价值而言，绝大多数论文都乏善可陈，即使在当时学界也鲜有影响。目前，基于前述法国法学界和汉学界对中国法律史地位的不同态度，在法国研习这一学科、攻读博士学位的国际学生数量很少，几乎都师从中国学研究的导师，分布在法国高等社会科学研究院（école des Hautes études en Sciences Sociales）、里昂东亚学院（Institut d' Asie Orientale）等为数不多的几个中国学研究机构。

结　语

作为中国学研究之分支，法国的中国法律史学秉承百余年以来的传统，因循小规模的精品风格，其研究团队和成果在国际学界得到相当认可。中国

---

① Paul Ratchnevski, *Un Code des Yuan*（thèse principale pour le doctorat ès lettres présentée à la Faculté des lettres de l'Université de Paris）（Paris: E. Leroux, 1937）. 后来续为四卷本：tome II and III（Paris: Presses universitaires de France, 1972, 1977）, tome IV（Paris: Collège de France, Institut des Hautes Études Chinoises, 1985）. 关于 Paul Ratchnevski 的个人背景，参见〔法〕鄂法兰著《法国的蒙古学研究》，耿昇译，载《蒙古学信息》1998年第1期，第28页。其中将该著作题名译为《元典章》，鉴于此书名另有专指，易于混淆；考虑到《元史·刑法志》源自《大元通制》这一背景，不如径作"《一部元代的法律典籍》"，或"《元通制》"。

② Hu Yan Mung, *étude Philosophique et Juridique de la Conception de "Ming" et de "Fen" dans le Droit Chinois*（Paris: Domat-Montchrestien, F. Loviton, 1932）. 该书由1920年代曾任中国政府法律顾问的巴黎大学法学教授艾斯卡拉（Jean Escarra）作序，收入"法律的社会与文化人类学研究"丛书；李约瑟《中国科技史》第2卷曾引用；Joseph Needham, *Science and Civilisation in China*, vol. 2, "History of Scientific Thought"（Cambridge: Cambridge Univ. Press, 1956）, 633。

③ 参见王伟《中国近代留洋法学博士考》，上海人民出版社，2011，第194～278页。留法的法科学生中，冯承钧于1911年获巴黎大学法学士学位后，转入法兰西学院从事文史研究（参见邹振环《冯承钧及其在中国翻译史上的贡献》，《学术月刊》1996年第4期，第49页），曾撰写教科书《中国法制史》（1923－1924年版；无出版者；很可能完成于当时在北大兼任教职期间），在当时留法学生中，是一位兼治史学和法学而卓有成就的学者。

④ 其博士论文的标题，参见同上。这些论文，通常在法国国家图书馆都有收藏。目录查询：http: //catalogue. bnf. fr/servlet/AccueilConnecte? erreur = 0&nerreur = 98&host = catalogue。

治法史者，既可从其研究成果中直接获得关于中国传统法的智识，也不难体察研习异国法史的各种局限，以及克服局限的各种努力。

同时，中国学者亦不乏潜在的优势。中国法史学者不少法、史兼修，有较强烈的法学关怀和问题意识，在近年来对法学的西方中心主义反思背景下，有望克服西方学者的某些学科性局限和偏见，更深刻地从法学视角思考中国问题，并对在中国语境下建构法学的中国理论做出原创性的贡献。另外，对中国的外国法研究者而言，由于电子化技术的发展和中国学界参与国际交流的日渐频繁，获得基本文献已较为便捷，外语交流也不再被视为畏途。如能尊重学术规律、借鉴法国学者重视研习基本文献的传统，潜心积累、薪火相传，中国学者对异国法及其历史的深入研究，也应该不再是遥不可及的梦想。

《中国古代法律文献研究》第八辑
2014年，第511~524页

泷川政次郎博士和中国法制史

〔日〕荊木　美行*

摘　要：在日中法制史研究方面留下巨大足迹的泷川政次郎博士（1897~1992），去世近20年了，但他的研究成果今天仍对我们这些后辈颇有裨益。博士擅长的领域是日中律令的比较研究。他精通日本史，对中国史也非常熟悉，因而能高屋建瓴、眼光独到地分析东亚世界中的日本和中国的关系，确立了独树一帜的研究领域。博士这些令他人望尘莫及的研究成果，源于自青年时代就开始对中国产生的好感和关心。博士在中国的研究活动大致可以分为三个部分，即收集书籍；研究中国法制史；参与法典的编纂。博士的渡海前往中国，与当时日本的对华政策有着密切关联，但是博士并没有像一部分日本人那样，以傲慢的态度对待当地民族。博士甚至将中国视为给日本带来很多恩惠的文化先进国，对其表现出极大的敬意和热爱，而且对中国人也怀着特别的善意。我们从当时博士所写的文章中就能感到他那种毫无差别意识的态度，书中看到的是一位只想专心致志探究史实的真诚研究者的身影。正因为这样，期待着今后日中两国的研究者能不拘于两国过去的不幸关系，对博士在中国的业绩作出公正的评价。

关键词：泷川政次郎　日中律令比较研究　中国法制史　法典编纂

泷川政次郎博士是法制史研究领域内一位工作勤奋，涉及面很广的学者。距博士1992年1月去世，时间已经过去20多年了，但博士的业绩并未随岁月

* 日本皇学馆大学史料编纂所教授。

流逝而风化，而是作为学术界共享的一份财产，至今仍给后辈带来裨益。

博士一生专门研究律令法，也通晓中国历史，将中国律令法的发展过程及其对日本的影响放在东南亚这一广阔的视野中，进行动态的大尺度研究，其研究独树一帜，无人能望其项背。他的这种成就，源于自年轻时就开始的对中国的关注和永不满足的探求心。本文主要聚焦于他与中国的关系，试就博士的学问作一番论述。

以下论述内容的材料来源，除了博士存世的多种著作外，还有岚义人著《泷川政次郎博士的人生之路》① 和岛善高著《泷川政次郎小传》② 等传记文章，以及博士与笔者亲切交谈的内容。本文以较多篇幅介绍了博士亲自书写的文章，因而在行文上注重以博士的语气叙述。

一

在此，首先介绍博士的经历，以展现博士与中国之间的深厚关系。

博士于明治 30 年（1897）生于大阪。大正 5 年（1917）进入旧制第一高等学校就读，毕业后升入东京帝国大学法科大学，大正 11 年（1922）从东京帝国大学法学部德国法学科毕业。毕业后曾在南满洲铁道株式会社工作过一段时间，但不久后，从大正 14 年（1925）起，任新创设的九州帝国大学法学部的副教授，开始了真正的研究工作。可是在昭和 2 年（1927）9 月，刚晋升为教授的博士卷入了教授之间的纷争，③ 被迫停职，并在两年后受到

---

① 见《裁判史话》（燃烧社，1997）“附录”。岚氏的文章是对原刊于《历史研究》327 号（新人物往来社，1992 年 5 月）“访问恩师”中的《泷川政次郎博士的人生之路》一文改写而成。此外，岚氏还在《书籍索引展望》6～1（1982 年 2 月）的“访问专家”栏目中的《原满洲国立中央图书馆筹备处长泷川政次郎氏》一文中，作为博士谈话的聆听者，援引了博士回顾在中国时期的珍贵谈话，这是一份介绍了博士在任“满洲国立中央图书馆”筹备处长时期的工作情况的珍贵记录。另外，岚氏还发表了其他介绍泷川博士文章，如《泷川先生与昭和史学的进展》（收入《回忆泷川政次郎先生》，回天发行所，1993 年 6 月）以及泷川政次郎著《日本法制史》下（讲谈社，1985 年 8 月）收录的解说“日本法制史的兴盛与泷川博士”等。笔者撰写本文时也参考了这些资料。

② 收入《梳理东京裁判》（慧文社，2006）。岛氏的文章如其本人所述，是根据过去发表的《在中国的泷川政次郎博士》（《古代文化》，1951 年 2 月）写成。该文还附有博士写给芝川荣助的书信照片等。另外，岛氏还发表过《泷川政次郎博士在北京》（《国学院大学日本文化研究所报》202，1999 年 5 月，后收入国学院大学日本文化研究所编《律令法及其周边》，汲古书院，2005 年 3 月），但内容与前述《泷川政次郎小传》重复。

③ 指昭和 2 年（1927）9 月在九州帝国大学法文学部发生的所谓“法文学部的内讧事件”。该事件发端于东季彦、风早八十二、泷川政次郎等五位教授向大工原银太郎总长提交的建议书，内容是弹劾同属法科的木村龟二教授，此事还被当时的报纸大大渲染了一番。

免职处分，饱尝精神痛苦。

后来博士回到东京，从昭和5年（1930）起，因其法学研究而获得著名的中央大学的教授职位，并于昭和9年（1934）在该校取得法学博士学位，暂时过上了充实的研究生活。

然而就在这一年的12月，博士突然转到“满洲国”司法部法学校任教授。原因是这一年博士写了一篇《大化改新管见》，发表于日本评论社发行的《经济往来》昭和9年2月号，其内容受到了教员团体和右翼分子的攻击，受到严厉谴责的博士只好暂时去“满洲国”躲避。关于这一点，此后在《日本奴隶经济史》（刀江书院，1930年11月）复刊之际，博士作了如下表白。该文篇幅较长，因属于珍贵的回忆录，故抄录如下：

> 该事件（京都大学的泷川事件）发生后不久，第一高等学校时代的同班同学冈崎嘉平太给了我忠告。他说：“你有着危险思想，它会危害到我们金瓯无缺的国体，你的名字已经上了文部当局者的黑名单了，对身边的情况你要小心啊。”但是，我没有理由停下学者的工作。在昭和9年4月，我那篇发表在《经济往来》杂志上题为“大化改新管见”的论文触犯了当局的忌讳，被禁止发行。这篇论文讲述了6世纪末，开始是隋灭了南朝的陈，借着统一了中国的余威，又企图灭了高句丽，恢复汉的四郡之地，将侵略的矛头指向了东方。接着，唐太宗、唐高宗继承其志，还暴露出更大的野心，企图灭了百济，征服与百济有着联系的日本。因此，我认为大化改新是一场改革，目的是为了对抗日益迫近的唐的军事压力，保全民族，维持国家独立，要废除以前的氏族国家联盟的脆弱的国家体制，建立强有力的中央集权国家。如果仅此而已，我的文章也不至于被禁止发行，但我过分强调了改造国家的必要性。文章中我写道，不管是中大兄皇子也好，别的谁也好，只要有人来担当这一重任就行，如果不下决心实行这一改造大业，日本就危险了。这种观点在当时会坏事。但是我现在觉得那桩禁止发行的事件是文部当局出于大局的考虑，有目的的一种打击手段。我认为古代日本也存在着奴隶制，这就伤到了国体的精华。也许当时文部当局感到非要把我从学术界驱逐出

最终，东季彦、风早八十二、泷川政次郎教授与木村龟二、山之内一郎、杉之原舜一助等六人，以三比三的两败结果告终，同年11月22日以“文官分限令”被处以停职处分。听说对泷川政次郎博士的处分出乎关系者的意外，但我们可以想象，对这一裁定最感到意外的应该是博士自己了。据说由于这场纷争和其后的3·15事件，九州大学法文学部因失去了多名教授而陷于半瘫痪状态。关于该事件，可参照《九州大学50年史》“通史”（九州大学50周年纪念会，1967年11月）第271页以后的内容。

去，于是便对我的一言一行进行监视。禁止发行的结果是，虽然我免于以不敬罪被起诉，但还是被赶下了中央大学教授的位置，无路可走。对奴隶制的研究工作曾给我带来了幸运，结果又让我蒙受了极大的不幸。奴隶制的研究可以说与我的命运有着很大的关联。(中略)

向沉溺在这种不幸深渊中的我伸出救援之手的，是当时的中央大学校长原嘉道和法学部部长林赖三郎两位。他们认为，《大化改新管见》一文充满着爱国之情，这一事件是意想不到的灾难，于是就将我推荐给新兴的满洲国的司法部法学校担任教授，同时兼任司法部参事官。我奋不顾身地一个人去了满洲，但直到二战结束之前，都无法再回到日本国内。

在满洲的这12年时间，我专心研究中国的法制史。昭和15年出版了《支那法制史研究》（有斐阁刊），昭和19年又与岛田正郎共同撰写了《辽律之研究》(大阪屋号书店刊)，这些是我当时的纪念品。凭借着这些研究成果，我对东洋史和日本史两方面都得以通晓，正可谓是因祸得福。(后略)①

今天，我们把这篇回忆录和《大化改新管见》加以对照，会发现有些地方可能是博士记忆有误。如文章中提到“我写道，不管是中大兄皇子也好，别的谁也好，只要有人来担当这一重任就行，如果没有谁出来下决心实行这一改造大业，日本这个国家就危险了”，但在《大化改新管见》一文中找不到直截了当表述这个意思的地方。

然而不管怎么说，这篇论文毕竟结合史料，对大化改新的原因和改革的基本方针进行了论述。即使从现在的研究水平来看，论点也还是很坚实的，对改新的评价也是稳妥的。换了今天，这些内容根本不会引起什么物议。我们完全可以认为，只是有一些内容指出了当时在国民教育中“大化改新”的形象出现了偏向，而这种观点使教育界感到不高兴。

对博士来说，尽管逃避到满洲是他在九州帝国大学受到免职处分后又一次非常无奈的事件，但实际上却成了他与中国结缘的契机。

诚然，博士这次并非第一次去中国大陆。在第一高等学校读书期间，他就在在昭和6年（1931）和昭和7年（1932）两次在满洲地区和朝鲜半岛进行长时间旅行，还在昭和8年（1933）的2月到4月到中国各地旅行，购买了一大批书籍回国。

① 见《增补日本奴隶经济史》收录的“增补版序并解题”，名著普及会，1986年12月。本文中的着重点均为笔者所加，以下不再说明。

在林赖三郎等人的斡旋下，在昭和9年（1934）的年底，仓促去“满洲国”赴任的博士在新京（现在的长春）就任“满洲国”司法部法学校教授，同时还兼任司法部参事官，参与了“满洲国”刑法和刑事诉讼法的制定和法冠制定，此外还历任“吉林高等法院”审判官等职。这段时期，他还得到了罗振玉的知遇。当时罗振玉位居观察院院长，是“满洲国”皇帝溥仪的老师。在这一时期，博士得以深入了解中国历史和文化，不断收集与中国法制史相关的贵重资料。

但是可惜的是，昭和12年（1937）2月受邻居失火殃及，他辛苦收集来的藏书都毁于大火。在火灾后不久的7月，博士从司法部法学校教授休职，以“满洲国”总务厅特约人员和满铁调查部特约人员的身份移居北京。当时正值南京陷落不久，12月他担任了“中华民国临时政府”的新民学院讲师，当时那是临时政府培养官吏的一个机构。①

靠着身兼数职，博士在经济上并不成问题，在北京他重新满腔热情地收集法制史料，收获颇丰（据博士自己回忆，收集到的书籍约有七万册之多）。② 不久，昭和14年（1939）8月休职到期，回到新京，并在翌年的昭和15年（1940）1月任“满洲建国大学”（长春大学至今还保留着该校校舍）教授，随即从昭和16年（1941）2月开始担任“满洲国”的中央图书馆筹备处长一职（“满洲建国大学”教授为兼职）。当时奉天市内的文溯阁四库全书也归中央图书馆管理，借此方便，博士能够自由地阅览这些宝贵的图书。

由上可见，除了藏书被烧毁之外，博士在中国居住的12年可以说是他人生中受益匪浅的时期，他得以有大量时间和财力去研究中国法制史，并收集用于这一研究的各种资料。但是随着战局的变化，博士这种充实的研究生活也发生了根本改变。昭和20年（1945）8月第二次世界大战结束，博士于12月被苏联俘虏，藏书也被苏联军队和中国国民党军队接收。昭和21年（1946）10月博士回到日本，但是如后所述，他投入大量费用收集到的中国法制史方面的藏书一册都没能带回日本。

二

以上简单地回顾了博士在中国的足迹，下面再就这一时期博士的活动作

① 另外，关于泷川博士工作过的新民学院，可详见岛善高著《国立新民学院初探》（《早稻田大学人文自然科学研究》52，1998年3月）。岛氏的论文尽管说是“初探”，却是一篇资料丰富、长达58页的大作，能让我们详细地了解新民学院的实际情况。

② 根据前述“访问专家”栏中“原满洲国立中央图书馆筹备处长泷川政次郎氏”31页的博士谈话内容。

一综合介绍。

博士在中国大陆的研究活动和工作大致可以分为三个部分：第一，收集书籍；第二，研究中国法制史；第三，参与“满洲国”和“中华民国临时政府”法典编纂的准备工作。

首先是收集书籍的活动。前面已经提到，博士在新京和北京曾热衷于收集书籍，其中最感兴趣的是中国法制史料。《资料战线》这份杂志曾以“支那法制关系图书目录泷川博士藏书”为题，介绍了博士自名书斋“泉石书屋”[①] 中的部分藏书（《资料战线》1～1、2、5，1940 年 8、9、12 月），其中可以看到很多清朝的法令集等珍贵的文献和善本。关于旅居北京期间的书籍收集，博士的下述叙述或许可供参考：

> 我在昭和 9 年 12 月被任命为满洲国司法部法学校教授兼司法部参事官，去了满州。此后一直到昭和 21 年 9 月，因二战结束而回到日本国内。在这段约 10 年的时间内，我在那里专心从事中国法制史的研究。其间，自昭和 12 年至昭和 14 年移居北京两年，受中华民国临时政府的委托，还担任了新民学院的讲师。我在北京的主要工作是收集那些尚未传入日本的中国近世法制史料。因为明清会典、会典事例之类，先前已由临时台湾旧惯调查会带入日本，但明清的则例类有许多尚未传入日本。由于这个关系，我在昭和 14 年回到新京，同时被任命为满洲国立中央图书馆筹备处长兼建国大学教授。图书馆筹备处的分所在奉天，管理着奉天的四库全书文溯阁的图书。因此，四库全书就处于我的管理之下，我能够随时进行阅览。
>
> 这样，在到二战结束而回到日本国内这段约 6 年的时间内，我处于这种状况。但回国时不许我带回一册图书，这让我抱憾终身。[②]

随着战败，博士家中的书籍被国民党军队没收，同时寄存在中央图书馆筹备处的书籍也被苏联军队抢走，所以一本都未能带回日本。这种遗憾之情也多见于上面引用的文章中。笔者也就这一点直接询问过博士本人，尽管事情已经过去将近四十年，但当时他说话时仍流露出了无比遗憾的神情。

当然，博士对珍贵的内容也亲自做了考证，留下了一些史料。《满支史说史话》（日光书院，1939 年 9 月）收录的《道光五年之热河都统告示》、

① 关于书斋名号的由来，可参照收入《法史零篇》（五星书林，1943 年 9 月）的《何绍基与菅先生》一文。

② 参见《法制史论丛》第 1 册“再版序”，名著普及会，1986 年 9 月，第 3 页。

《明之房契》、《零〈唐律明法类说〉考证》，以及《从法律看支那国民性》（大同印书馆，1951 年 5 月）收录的《民国初年满洲的惯行调查》等，就是其中的一部分。这些记录和照片总算还是一种安慰。

其次，谈谈中国法制史的研究。对博士本人来说，移居大陆是一件很无奈的事情，但是他并未因此而消沉，反而认为这是一个很好的机会，开始全身心地投入对中国法制史的研究。前面提到的法制史料的收集，其实也正是博士研究工作的一环。《满支史说史话》“序”是他在行将结束北京旅居生活之时所写，这篇文章很好地说明了博士当时的工作环境和研究情况。这里引用如下：

> 昭和 9 年 12 月受到满洲国司法部邀请，我去了大陆，那以后很快就过去五年。以支那事变为契机，移居北京后也快有两年了。在这 5 年左右的时间内，我几乎没有写出什么像样的东西。与其说是做学问，倒不如说是忙于将学问用于实际生活中，回想起来也颇觉惭愧。（中略）
>
> 即便如此，只要从事的工作与文教有关，报社和杂志社就会不断索稿，所以一直就不得不写一些零星研究的断片和短文，或者写一些碰巧见到的事物的考证来应付一下。那些断片和短文日积月累，有了一定数量，集中起来也可自成一本小册子。（中略）
>
> 如果这些零散的研究和考证中有连贯的东西，各篇的内容就有可能与东亚的法制史存在某种关联了。把日本、朝鲜、满洲和中国视为一体，试就其法律文化的发展过程进行研究，这是我多年来的愿望。说到我去中国大陆，目的和动机有许多，但实现我的夙愿才是深藏在我心中的最大目的。①

其实博士对中国法制史的研究工作，在去满洲之前就已经开始，其中包括作为经典论文而闻名的《令集解所见唐之法律史料》（原题《令集解所见唐之法律书》，《东洋学报》8－1，1929 年 8 月）以及《唐代奴隶制度之概说》（原题“唐代奴隶制度研究序说”，《社会学杂志》73，1930 年 5 月）、《论支那之韵文律〈宋刑统赋〉》（原题《论支那之韵文法律书〈宋刑统赋〉》，《法律学研究》27－6，1930 年 6 月）、《唐之告身与王朝之位记》（《社会经济史学》2－4、5、6，1932 年 7～9 月）、《敦煌出唐公式令年代考》〔原题《西域出土唐公式令断片年代考（1·2）》，《法学新报》42－8、10，1932 年 8、10 月〕、《论宋版〈算学源流〉》（《社会经济史学》3－5，1933 年 8 月）等，都是去满洲之前所写的论文。

---

① 泷川政次郎：《满支史说史话》“序”，第 1～3 页。

他在中国约12年之间所写的论文不胜枚举，具有代表性的可见《支那法制学研究》（有斐阁，1940年4月）、《满支史说史话》（前揭）、《从法律看支那国民性》（前揭）、《法史零篇》（前揭）所收录的各种论文。除此之外，与岛田正郎共同撰写的《辽律之研究》（大阪屋号书店，1943年1月）也是那一时代有纪念碑意义的大作。该书以《辽史》的记载为基础，尝试对辽律条文加以复原，研究方式颇为新颖。博士曾对笔者说过，为了完成这项研究工作，他将日本人不太过目的《辽史》反复地仔细通读。

另外，战后他在日本发表的一些论文中，也有很多内容充分利用了他在中国大陆获得的文化知识，表述了他的见解。比如，在《京制并都城制之研究》一文中，博士提出古代日本也曾有过与中国相同的设置多个首都的制度，这一新观点前人未曾提及，可以说在很大程度上借助了他在中国大陆对中国历代王朝的研究和对渤海都城遗址进行调查的成果。对此，博士自己也在该书的“序及解题”中有同样叙述：

> 律令制是为了维持中央集权国家体制的法律制度，它使所有的权力和财富集中到了帝王的居住地京城。因此不解读京及京中的规制，就无法理解律令制。故而著者多年留意于斯，不仅在日本，还去大陆、半岛的古都到处走走看看。我看了日中的很多古都，这一点著者以为不会落于他人之后。唐的东都洛阳、北宋的都城开封、南宋的都城杭州、高句丽的都城辑安及平壤、渤海的都城京城、明清的都城北京及南京，均为我曾游之地。特别是在北京住了两年，对其北郊留存的元大都的城墙、其西南郊留存的辽的南京析津府的城墙也都做过考察。[①]

上面提到的《满支史说史话》收录的《满洲史迹大鉴》、《东京城出土版位》、《东京城出土瓻尾》以及《法史零篇》收录的《北京史迹概观》、《北京官衙址》、《东京城再游记》等文章，均为调查时的记录，十分珍贵。博士将这些旅行记、调查记录仔细地写下来，对此我们十分佩服。

最后，谈谈博士参与法制建设工作的情况。如前所述，博士在“满洲国”兼任过司法部参事官，与“满洲国”的刑法和刑事诉讼法的编纂工作有很深的关系。博士发现，满洲地区的法律习惯受明清法制影响很深，因此这一时期，他在研究明清法制方面也投入了相当大的精力。

作为当时调查和研究的成果，有前述《支那法制学研究》所收录的

---

① 泷川政次郎：《法制史论丛》第2册“序及解题”，角川书店，1967，第1页。《京制并都城制之研究》后于1986年由名著普及会复刻。

《清律之成立》、《惯行调查与大清会典》、《清代司法制度概说》、《清代蒙古官爵考》、《清朝关于貂之法制》、《满洲建国当初之司法制度概观》、《满洲法冠考》、《鲜满支之土地符合惯行》；而《从法律看支那国民性》所收录的《法律所现之支那国民性》、《日本法理与支那法理》、《新支那法律之根本问题》等3篇，是对中国法的本质进行深入探讨的文化论。其中，《新支那法律之根本问题》尖锐地指出当时（根据末尾的注记，该文执笔日期为1940年5月）中国大陆法制方面的问题与研究对象，是一篇富有启发性的论文。据博士说，中国的现行法规介入了许多法权渊源非常不可靠的成文法，这些不足凭信的地方政府的成文法总是优先于国民政府的法令。而且，当这些成文法与国民政府的法令出现矛盾时，人们会通过贿赂的方式优先执行一方。其结果是，对中国法律在何处执行怎样的法律，在什么情况下适用哪条法律，实际上就无法清晰地加以把握。所以博士尖锐地指出，尽管有必要对中国的成文法规进行调查研究，但这是一项十分困难的工作。

值得注意的是，在执笔该文的同一时期，博士在同道的协助下，组织了一个名为“中国法制调查会”的团体。撰写于1940年5月10日的《中国法制调查会宗旨》登载在《从法律看支那国民性》卷末，现摘抄如下：

> 然而，在日本以前对中国法制的研究比较马虎，除了中华民国法制研究会之外，几乎没有其他机构在进行研究，值得一看的业绩也不是很多。我对这种现状感到气愤，便与在支那现地活动的同道交换看法，密切相互联系，准备以支那法制的调查研究为目的。今天组织支那法制调查会，旨在翻译法令，复刻珍稀资料，出版法令集，发表研究成果等。

与宗旨一起刊登的《中国法制调查会会则》第1条载，“本会名称为中国法制调查会，由从事中国法制的调查研究者组成”；第5条在“本会开展以下各种工作”中，列举了三项内容：1. 中国法制的调查及研究；2. 中国法令及法惯习相关资料之收集、介绍、翻译、复刻；3. 中国法制之出版。

关于调查会的具体活动情况未留下详细记录，但由中国法制调查会监修的《中华民国法制年鉴》（民国31年版，大同印书馆，1944年1月），对“中华民国临时政府”和“中华民国维新政府”等发布的重要法令进行了分类整理和介绍；另外郭卫原著、真锅藤治和郡司弘译注的《支那现行法律体系》（中国法制调查会，1942）的出版，也是其活动成果之一。

在这之前，博士于旅居北京时还创建了“泷川法律研究所”，[①] 以研究所之名出版了《日文新民六法全书》（新民印书馆，1939 年 6 月），此外还有《中华民国临时政府法规集》（新民印书馆，1939 年 6 月）、《司法资料第 270 号　中华民国民法亲族继承编修正案》（司法省调查部，1941 年 6 月）等。特别是《司法资料第 270 号　中华民国民法亲族继承编修正案》，是对 1939 年 8 月至 12 月在《法曹会杂志》（6－8～12）上刊登的董康个人设想的亲族法和继承法修正案的日文译本，重新附加了补注，使注释更为详尽。该详尽的注解，至今仍作为中国家族法的研究资料而发挥着作用。

三

博士渡海去中国，与当时日本的对华政策有着不可分的关联。而且博士在当地的活动，也与日本政府和军部的动向有着直接关系，这是事实。对此，可能已有各种议论。但是博士并没有像当时一部分日本人那样，以傲慢的态度对待当地民族。非但如此，博士甚至将中国作为给日本带来很多恩惠的文化先进国，表现出极大的敬意和热爱，而且对中国的知识人也怀着特别的好感。其实，我们从当时博士所写的文章中就能感受到他那种毫无差别意识的态度。倒不如说，他是从法制史研究者的立场出发，对中国和中国人进行了冷静且客观的观察。

博士之所以能对中国和中国人持有这种态度，我感到应该与他并非自告奋勇地去满洲这一点有关。1969 年 3 月，原书房将《满洲建国十年史》原稿作为《明治百年丛书》的第 1 册付印，在博士所写的“解题”中有以下一段话：

> 原本我就不是满怀热情为满洲建国而去满洲的人。由于那场笔祸事件，我被赶出了大学，是没有办法才去的满洲，满洲对我来说，可谓是一个发配地。因而，我对什么事情都不会精神十足地去做，对满洲国的演变一直采取冷眼旁观的态度。[②]

在博士旅居中国时期的著作中，有前述的《从法律看支那国民性》，该书的序言也充分体现了博士那种冷静的观察态度：

> 社会上也有一种倾向，有人担心本着严正的态度谈论支那国民性的

① 关于这个问题，可参照岛善高《泷川政次郎小传》第 388～391 页。

② 泷川政次郎监修《满洲建国十年史》“解题”，原书房，1969，第 33 页。

长短，这会不会对日支两国国民的亲善关系带来妨碍？但是我认为为了让日支两国国民能永续其间的亲善关系，必须要相互了解，取长补短。日支两国的联系是一种宿命性质的缘分，并非因好恶而可离合的那种浅薄的关系。支那的有识之士大概也不会希望日本人对他们尽说好听的话吧。而且，我想今天的日支关系不应该是互相说好话的那种像外人一样客客气气的关系。在这里我可以毫无忌讳地肯定，我对支那人怀着敬爱之意，希望与他们提携来建设东亚的新秩序，笔者的这种热情绝不落于他人之后。①

现在回顾起来，博士旅居中国期间的日中关系，对两国来说真是令人非常遗憾。在那个不幸的时代所发生的事件，至今仍在两国的关系上投下阴影。但是，对博士在学问上的业绩应加以客观评价。对我们来说，至关重要的是不为一时的感情所左右，而应虚心地享受博士学问上的成果。笔者迫切希望博士留下的学术业绩，今后能在日中两国的学术界得到正当的评价。

附：泷川政次郎博士著作目录②

I 著書

1. 《日本法制史》，中央大学 1924 年

2. 《法制史上より觀たる日本農民の生活　律令時代》（上、下），同人社書店 1926、1927 年（1943 年易名为“律令時代の農民生活”，刀江書院复刊；1988 年名著普及會复刊原本）

3. 《法制史料古文書類纂》，有斐閣 1927 年

4. 《日本社會史》（日本文化講座第 1 卷），大村書店 1928 年

5. 《日本法制史》，有斐閣 1928 年（1959 年角川書店复刊）

6. 《日本社會史》，刀江書院 1929 年

7. 《日本奴隸經濟史》，刀江書院 1930 年（1972 年增补复刊为《增補日本奴隸經濟史》）

8. 《令集解》（《新注皇学叢書》第 3 卷，与三浦周行共編），内外書籍株式會社 1931 年（同年 4 月易名为“定本令集解釋義”，单独出版，1982 年國書刊行會增补复刊）

9. 《歷史と社會組織》（《現代史學大系》第 4 卷），共立社書店 1931 年

① 泷川政次郎：《从法律看支那国民性》“序”，第 5 页。

② 本目录据《古代文化》44～11 刊载的“泷川政次郎著作目录”而略有增补。为检索之便，书名及出版社仍保留了日语原貌。

10. 《律令の研究》，刀江書院 1931 年（1966 年增补，1988 年名著普及會增补复刊）

11. 《法律史話》，巖松堂書店 1932 年

12. 《法史瑣談》，時潮社 1934 年

13. 《日本法制史概説》（《新講大日本史》第 11 卷），雄山閣 1939 年

14. 《満支史説史話》，日光書院 1939 年

15. 《日本社会經濟史論考》，日光書院 1939 年（增補新版《日本社會經濟史論考》）

16. 《支那法制史研究》，有斐閣 1940 年（1979 年易名为“中國法制史研究”，巖南堂書店复刊）

17. 《日本法制史研究》，有斐閣 1941 年（1982 年燃焼社复刊）

18. 《法律から見た支那國民性》，大同印書館 1941 年

19. 《法史零篇》，五星書林 1943 年

20. 《日本法律史話》，ダイヤモンド社 1943 年

21. 《遼律之研究》（与島田正郎共著），大阪屋號書店 1944 年

22. 《法曹話の泉》，穂高書房 1947 年

23. 《日本法制史の特色》，野村書店 1948 年

24. 《賣笑制度の研究》，穂高書房 1948 年

25. 《日本法制史》，乾元社 1949 年

26. 《中古の政治と法制》，研進社 1949 年

27. 《日本歷史解禁》，創元社 1950 年

28. 《法史閑話》，創元社 1951 年

29. 《裁判史話》，乾元社 1951 年（1997 年燃焼社复刊）

30. 《東京裁判をさばく》（上、下），東和社 1952・1953 年（1988 年創拓社增补复刊，2006 年慧文社复刊東和社版）

31. 《人物新日本史上代編》，明治書院 1953 年

32. 《日本人の歴史》，新潮社 1955 年（1983 年易名为“東洋史上より見た日本人の歴史”复刊）

33. 《別嬪と美人》（《粋人酔筆瀧川政次郎集》），住吉書店 1956 年

34. 《池塘春草》，青蛙房 1958 年

35. 《日本行刑史》青蛙房，1961 年

36. 《倩笑至味》，青蛙房 1963 年

37. 《非理法權天—法諺の研究—》，青蛙房 1964 年

38. 《遊女の歴史》，至文堂 1965 年

39. 《遊行女婦・遊女・傀儡女—江口・神崎の遊里—》，至文堂 1965

年（1976 年易名为“江口・神崎”复刊）

40.《律令格式の研究》（《法制史論叢》第 1 册），角川書店 1967 年（1986 年名著普及會复刊了）

41.《京制並に都城制の研究》（《法制史論叢》第 2 册），角川書店 1967 年（1986 年名著普及會复刊）

42.《律令賤民制の研究》（《法制史論叢》第 3 册），角川書店 1967 年（1986 年名著普及會复刊）

43.《律令諸制及び令外官の研究》（《法制史論叢》第 4 册），1967 年（1986 年名著普及會复刊）

44.《吉原の四季—清元“北州千歳壽”考證—》，青蛙房 1971 年

45.《元號考證》，千代田永田書房 1974 年

46.《萬葉律令考》，東京堂出版 1974 年

47.《長谷川平藏》，朝日新聞社 1975 年（1994 年中央公論社复刊）

48.《增補新版日本社會經濟史論考》，名著普及會 1983 年

49.《公事師・公事宿の研究》，赤坂書院 1984 年

50.《譯註日本律令九》（《令義解譯註篇》1），東京堂出版 1991 年

Ⅱ校訂、監修

51.《牧民金鑑》（荒井顯道原撰）（上、下），誠文堂新光社 1935 年

52.《貝原益軒集》（《近世社會經濟學説大系》），誠文堂新光社 1936 年

53.《日文滿洲制裁法規》，大同印書館 1937 年

54.《中華民國六法全書》，新民印書館 1938 年

55.《中華民國臨時政府法規集》，新民印書館 1938 年

56.《支那現行法律体系》（郭衛原著），大同印書館 1942 年

57.《余市》（地方史研究所編），北海道後志国余市町役場 1953 年

58.《秋田縣政史》（2 册），秋田縣議會事務局 1955 年

59.《後南朝史論集》（《後南朝史》編纂会編），新樹社 1956 年

60.《熊野》（地方史研究所編），秋田屋書店 1957 年

61.《秋田縣史》（16 册），秋田縣 1960～1966 年

62.《高千穗　阿蘇—綜合學術調查報告—》（地方史研究所編），神道文化會 1960 年

63.《出雲・隱岐》（地方史研究所編），平凡社 1963 年

64.《枚岡市史》（4 册），枚岡市史編纂委員会 1965～1967 年

65.《德川幕府縣治要略》（安藤博原撰），青蛙房 1965 年

66.《世事見聞録》（武陽隱士原著），青蛙房 1966 年

67.《枚方市史》，枚方市史編纂委員會 1966～1972 年

68.《滿洲建國十年史》(滿洲國政府編),原書房 1969 年

69.《熊野速玉大社古文書古記録》(熊野速玉大社編),清文堂出版 1971 年

70.《新釋令義解》(2 冊,薗田守良原著,律令研究會),汲古書院 1974 年

71.《人足寄場史—我が國自由刑・保安處分の源流—》(人足寄場顯彰會編),創文社 1974 年

72.《官版唐律疏議》(律令研究會),汲古書院 1975 年

73.《譯註日本律令》(全 11 册,律令研究會編),東京堂出版 1975 年

74.《式内社調査報告》(全 24 卷,別卷全 25 册,式内社研究會編),皇學館大學出版部 1976 ~ 1995 年

75.《支那ニ於ケル法典編纂ノ沿革》(淺井虎夫原著,律令研究會),汲古書院 1978 年

76.《佐藤誠實博士律令格式論集》,汲古書院 1991 年

Ⅲ頌壽記念論文集(各編纂委員會編纂)

77.《瀧川博士還曆記念論文集》東洋史篇、日本史篇(各 1 冊),中澤印刷 1957 年

78.《律令制の諸問題—瀧川政次郎博士米壽寿記念論集—》,汲古書院 1984 年

79.《瀧川政次郎先生米壽記念論文集神道史論叢》,國書刊行会 1984 年

《中国古代法律文献研究》稿约

《中国古代法律文献研究》为中国政法大学法律古籍整理研究所所刊，于1999年创刊，自2010年始改版为年刊，欢迎海内外同仁不吝赐稿。

《中国古代法律文献研究》以中国古代法律文献为主要研究对象，刊发原创性的学术论文、书评和研究综述。本刊以中文简体出版，来稿以2万字以下为宜，同时请附300字以内的中文摘要、关键词与英文标题；如是外文稿件，请作者授予本刊中文版的首发权利。已经公开发表（包括网络发表）过的中文稿件，请勿投稿。本刊采取同行专家匿名评审制度，将在收到稿件后两个月内回复作者有关采用与否的信息。

有关投稿中的版权问题，请作者自行妥善解决。

本刊投稿截止时间为6月30日。

来稿一经刊发，本刊将向作者寄赠该辑图书1册。

来稿请附作者简历、详细通讯地址、邮编、电子邮件等联系方式，以纸版或电子版形式，分别寄至：

（100088）北京海淀区西土城路25号中国政法大学法律古籍整理研究所赵晶收

电子邮箱：zhaojing0628@ gmail. com

《中国古代法律文献研究》编辑部

Journal of Chinese Ancient Legal Literature Studies

The Journal of Chinese Ancient Legal Literature Studies is edited by the Institute for Chinese Ancient Legal Documents, China University of Political Science and Law. It was published for four times during the period of 1999 – 2007. The Institute starts to publish it annually from 2010. Submission of papers both from domestic and overseas is welcomed.

The Journal mainly focuses on the research of the legal literature in ancient China, publishing original academic papers and book reviews, each of which should be no more than 20, 000 words. The journal will be published in simplified Chinese, please submit your paper with a Chinese abstract no more than 300 words, keywords and an English title. If it is a paper in other language, the authorization for publication of its Chinese version in this journal for the very first time will be appreciated. If the paper in Chinese was published in any form including on Internet, please don' t submit again. All the papers submitted will be reviewed and examined by the scholars in an anonymous manner. Whether it is accepted or not, the author will be informed within two months upon the receipt of the paper.

For copyright related matters, please properly address on your own in advance.

The deadline of submission is June, 30th annually.

Once the paper is published, the contributors will receive one copy of the Journal.

The paper for contribution, prepared in soft or hard copy, and supplied with a brief resume of the author and his/her detailed information for contact, such as the address, post code, and email etc, shall be sent to the following address:

Dr. Zhao Jing, Institute for the Research of Legal Literature in Ancient China, China University of Political Science and Law, Beijing (100088), China.

E - mail: zhaojing0628@gmail. com.

Institute for the Research of Legal Literature in Ancient China

China University of Political Science and Law

《中国古代法律文献研究》撰稿凡例

一　论文缮打格式

字体：中文请使用宋体简体字，英文请使用 Times New Roman。字号：正文五号字，注解小五号字。

二　标题层级

请依次使用一、（一）1.（1）A. a.

三　标点

请使用新式标点，除破折号、省略号各占两格外，其他标点均占一格。书刊及论文名均请使用《 》。

四　数字表示

公元纪年使用阿拉伯数字，中国年号、古籍卷数使用中文数字（年号例如建武二十五年、贞观八年、乾隆三十五年，卷数例如卷一〇、卷二三、卷一五四）。第一次涉及年号者，请用（ ）配加公元纪年。

五　注释体例

请采取当页脚注、每页连续编码的方式。

注释号码采用阿拉伯数字表示，作 ①、②、③……

再次征引，不需出现来源书刊或论文的全部信息，采用“作者，书名/论文名，页码”的形式。

引用古籍，应依次标明作者、书名、版本、卷数，如（清）顾炎武著，黄汝成集释：《日知录集释》卷一五，清道光十四年嘉定黄氏刻本，。

引用专著（包括译者）或新印古籍或古籍之点校整理本，应依次标明作者（包括译者）/整理者、书名、章/卷数、出版者、出版年代、版次（初版无需标明）、页码，如瞿同祖：《瞿同祖法学论著集》，中国政法大学出版社，1998，第 50 页；〔清〕黄宗羲著，全祖望补修，陈金生、梁运华点校：《宋元学案》第1册，中华书局，1986，第150页。

引用论文，应依次标明作者、论文名称、来源期刊/论文集名称、年代、卷次、页码，如徐世虹：《对两件简牍法律文书的补考》，载中国政法大学法律古籍整理研究所编：《中国古代法律文献研究》（第二辑），中国政法大学出版社2004年，第90页；张小也：《明清时期区域社会中的民事法秩序——以湖北汉川汈汊黄氏的〈湖案〉为心》，《中国社会科学》2005年第6期，第190页。

引用外文文献，依常规体例，如 Brian E. McKnight，*Law and Order in Sung China*，Cambridge University Press，1992，pp. 50－52.

图书在版编目（CIP）数据

中国古代法律文献研究. 第8辑/徐世虹主编. —北京：社会科学文献出版社，2014. 12

ISBN 978-7-5097-6755-9

Ⅰ. ①中… Ⅱ. ①徐… Ⅲ. ①法律-古籍研究-中国-文集 Ⅳ. ①D929-53

中国版本图书馆 CIP 数据核字（2014）第262140号

中国古代法律文献研究【第八辑】

主　　编／徐世虹

出 版 人／谢寿光
项目统筹／宋荣欣
责任编辑／宋　超

出　　版／社会科学文献出版社·近代史编辑室（010）59367256
地址：北京市北三环中路甲29号院华龙大厦　邮编：100029
网址：www.ssap.com.cn
发　　行／市场营销中心（010）59367081　59367090
读者服务中心（010）59367028
印　　装／北京季蜂印刷有限公司

规　　格／开　本：787mm×1092mm　1/16
印　张：33.5　字　数：629千字
版　　次／2014年12月第1版　2014年12月第1次印刷
书　　号／ISBN 978-7-5097-6755-9
定　　价／89.00元